Dipl.-Psych. G. Müller
Psychotherapeut
Brandenburger Ring 87 a
16303 Schwedt / Oder
8169022-00 Tel./Fax: 03332 / 42 14 51

Persönlichkeitsstörungen

Sabine C. Herpertz
Henning Saß

Unter Mitarbeit von

T. Bronisch
P. Buchheim
G. Dammann
S. Eucker
S. C. Herpertz
B. Herpertz-Dahlmann
I. Houben
K. Jünemann
H.-P. Kapfhammer
R. Müller-Isberner
R. Pukrop
H. Saß
E. M. Steinmeyer
D. Wälte
B. Wenning

27 Abbildungen
23 Tabellen

Georg Thieme Verlag
Stuttgart · New York

Bibliografische Information Der Deutschen Bibliothek

Die Deutsche Bibliothek verzeichnet diese Publikation in der Deutschen Nationalbibliographie; detaillierte bibliographische Daten sind im Internet über
http://dnb.ddb.de abrufbar

1. Auflage 2003

Wichtiger Hinweis: Wie jede Wissenschaft ist die Medizin ständigen Entwicklungen unterworfen. Forschung und klinische Erfahrung erweitern unsere Erkenntnisse, insbesondere was Behandlung und medikamentöse Therapie anbelangt. Soweit in diesem Werk eine Dosierung oder eine Applikation erwähnt wird, darf der Leser zwar darauf vertrauen, dass Autoren, Herausgeber und Verlag große Sorgfalt darauf verwandt haben, dass diese Angabe **dem Wissensstand bei Fertigstellung des Werkes** entspricht.

Für Angaben über Dosierungsanweisungen und Applikationsformen kann vom Verlag jedoch keine Gewähr übernommen werden. **Jeder Benutzer ist angehalten**, durch sorgfältige Prüfung der Beipackzettel der verwendeten Präparate und gegebenenfalls nach Konsultation eines Spezialisten festzustellen, ob die dort gegebene Empfehlung für Dosierungen oder die Beachtung von Kontraindikationen gegenüber der Angabe in diesem Buch abweicht. Eine solche Prüfung ist besonders wichtig bei selten verwendeten Präparaten oder solchen, die neu auf den Markt gebracht worden sind. **Jede Dosierung oder Applikation erfolgt auf eigene Gefahr des Benutzers.** Autoren und Verlag appellieren an jeden Benutzer, ihm etwa auffallende Ungenauigkeiten dem Verlag mitzuteilen.

© 2003 Georg Thieme Verlag
Rüdigerstraße 14
D- 70469 Stuttgart
Telefon: + 49/0711/8931-0
Unsere Homepage: http://www.thieme.de

Printed in Germany

Zeichnungen: Joachim Hormann, Stuttgart
Umschlaggestaltung: Thieme Verlagsgruppe
Umschlagfoto: Bildmaterial ® Copyright 1999 PhotoDisc, Inc.
Satz: Photocomposition Jung, F-67420 Plaine
Druck: Universitätsdruckerei Stürtz, Würzburg

ISBN 3-13-128231-2   1 2 3 4 5 6

Geschützte Warennamen (Warenzeichen) werden **nicht** besonders kenntlich gemacht. Aus dem Fehlen eines solchen Hinweises kann also nicht geschlossen werden, dass es sich um einen freien Warennamen handele.

Das Werk, einschließlich aller seiner Teile, ist urheberrechtlich geschützt. Jede Verwertung außerhalb der engen Grenzen des Urheberrechtsgesetzes ist ohne Zustimmung des Verlages unzulässig und strafbar. Das gilt insbesondere für Vervielfältigungen, Übersetzungen, Mikroverfilmungen und die Einspeicherung und Verarbeitung in elektronischen Systemen.

Vorwort

Dieses Buch gibt uns die Möglichkeit, das gegenwärtige psychiatrische, psychopathologische und psychotherapeutische Wissen über Persönlichkeitsstörungen umfassend zusammenzustellen. Wir hoffen, dass die Leserinnen und Leser von unserem Interesse an diesem Gebiet, unserer Begeisterung an den wachsenden wissenschaftlichen Erkenntnissen und schließlich auch von unserem Optimismus in der Therapie von Patienten mit Persönlichkeitsstörungen angesteckt werden. Wenn wir uns auch angesichts des wachsenden Anspruchs einer „evidence-based medicine" bemüht haben, die Darstellung auf gesichertes Wissen zu beschränken, so gewinnt die Beschreibung der einzelnen Persönlichkeitsstörungstypen nicht zuletzt durch die zugrunde liegenden klinischen Erfahrungen an Anschaulichkeit, Lebendigkeit und Plastizität, und in die Auswahl der Schwerpunkte und therapeutischen Empfehlungen sind auch subjektive Perspektiven der Herausgeber und der Autoren eingeflossen. Ausgangspunkt der systematischen Beschreibungen einzelner Persönlichkeitsstörungen sind stets konzeptionelle Überlegungen und Klassifikationsversuche, die Ordnung in ein Gebiet bringen, das vor noch nicht allzu langer Zeit mit hoher Heterogenität und Unschärfe attribuiert wurde.

An den Anfang stellen wir nach einer kurzen ideengeschichtlichen Einleitung (Kapitel 1) die Darstellung aktueller Klassifikationsversuche von Persönlichkeitsstörungen im Kapitel 2, die dem Folgenden eine begriffliche Ausgangsbasis verleihen und als roter Faden dienen soll. Kapitel 3 stellt die wichtigsten Grundlagen für das Verständnis der späteren Kapitel zusammen, indem es das, wenn auch zum Teil noch spärliche Wissen zur Ätiologie von Persönlichkeitsstörungen zusammenträgt. Diese Darstellung bezieht die unterschiedlichen Perspektiven der biologischen Psychiatrie, der analytisch-tiefenpsychologischen und lerntheoretischen Modellbildung sowie aktueller persönlichkeitspsychologischer Theorien ein. Für dieses Kapitel haben wir Autorinnen und Autoren gewinnen können, die aufgrund ihrer besonderen Expertise die jeweilige Theorie in den für die Persönlichkeitsstörungen wichtigsten Aspekten zusammenfassen. Leser, die sich einen schnellen klinischen Überblick verschaffen wollen oder auch nur auf der Suche nach Detailwissen bei einer einzelnen Persönlichkeitsstörung sind, werden sich auf das Kapitel 4 beschränken wollen, das detailliert und betont praxisrelevant die folgenden Themen bei jeder der im ICD-10 genannten Persönlichkeitsstörungen bearbeitet: Definition, Klassifikation, Epidemiologie, Ätiologie und Risikofaktoren, aufgeteilt nach biologischen und psychosozialen Faktoren, Symptomatik, Diagnostik, Differenzialdiagnosen und Komorbidität, weiterführende Diagnostik und schließlich psychotherapeutische Interventionen. Die Ausführungen zur Therapie berücksichtigen störungsspezifische Behandlungsansätze, wie sie von verschiedenen psychotherapeutischen Schulen angeboten werden, versuchen aber auch, schulenübergreifende Empfehlungen herauszustellen. Verschiedene klinische Fallbeispiele dienen der Illustration. Das Kapitel 5 bietet einige ergänzende Bemerkungen zur Psychotherapie bei Persönlichkeitsstörungen einschließlich erster Ergebnisse aus Effektivitätsstudien. Psychopharmakologische Interventionen werden im Kapitel 6 zusammenfassend dargestellt, da in erster Linie ein syndrombezogenes und weniger störungsspezifisches Prozedere angezeigt ist. Kapitel 7 gibt einen kurzen Überblick über Verlauf und Prognose von Persönlichkeitsstörungen, kurz deshalb, weil methodisch verlässliche Langzeitbeobachtungen noch in den Anfängen stehen. Da eine entwicklungspsychiatrische bzw. entwicklungspsychopathologische Perspektive unser Verständnis für die Entstehung und den Verlauf von psychischen Störungen erweitern und vertiefen kann, wurde ein entsprechendes Kapitel zu kinder- und jugendpsychiatrischen Aspekten von Persönlichkeitsstörungen berücksichtigt. Das Buch schließt mit einer forensischen Darstellung der Persönlichkeitsstörungen, die nicht nur konkrete Anhaltspunkte für die Begutachtungspraxis bietet, sondern auch grundsätzliche Aspekte von Verantwortlichkeit und Freiheit in Bezug auf Delikte, aber auch die eigene Persönlichkeitsentwicklung diskutiert. Den Lesern, die sich kurz orientieren oder das Buch im Rahmen von Prüfungsvorbereitungen nutzen wollen, sind einige didaktische Hilfen an die Seite gestellt. Am Ende jedes Kapitels findet sich eine Auflistung typischer Probleme und Fehler, die in Diagnostik und Therapie auftreten bzw. sich einschleichen können sowie eine stichpunktartige Zusammenfassung der wichtigsten Fortschritte der letzten Jahre. Auch wird der Leser regelmäßig in eigens gekennzeichneten Rubriken eine Zusammenfassung praxisrelevanter Schlussfolgerungen finden.

Es war uns ein Anliegen, den Stoff umfassend und durchdringend und dennoch verständlich, stringent und in sich konsistent aufzuarbeiten. Deshalb haben wir auf der einen Seite das Spezialwissen und die individuellen Perspektiven und Interessensschwerpunkte von einzelnen Autoren genutzt. Zum anderen haben wir in dem klinisch besonders wichtigen Kapitel 4 auf möglichst hohe Systematik und Einheitlichkeit in der Darstellung geachtet. Hier finden sich vielfältige Querverweise zu den allgemeineren und stärker theoriegeleiteten Kapiteln. Sehr hilfreich war, dass sich alle Autoren recht präzise an das vereinbarte Thema hielten, die der formalen Vereinheitlichung dienenden Ordnungsprinzipien berücksichtigten und schließlich auch (vielleicht auch manchmal mit schwerem Herzen) Kürzungen zustimmten, die Redundanz minimieren sollten. Für das gemeinsame Bemühen um das Gelingen dieses Buchprojektes möchten wir allen Autorinnen und Autoren sehr herzlich danken.

Viele Ideen, die in dieses Lehrbuch eingingen, stammen aus dem Austausch mit anderen Wissenschaftlern, aber auch mit jungen Kolleginnen und Kollegen an der Aachener Klinik und in Weiterbildungsveranstaltungen sowie mit Studenten in Vorlesungen und Seminaren. Das meiste allerdings haben wir von unseren Patienten gelernt, die uns ihr Vertrauen geschenkt haben, wenn wir anhand ihrer Berichte besser die Symptomatik, aber auch die lebensgeschichtliche Entwicklung von Patienten mit Persönlichkeitsstörungen verstehen konnten. Die Erfahrungen, die wir anhand ihrer Behandlungsverläufe machen konnten, haben erst die Weiterentwicklung von wirksamen Behandlungsansätzen möglich gemacht. Schließlich stammen wertvolle Anregungen und Präzisierungen, die in diesem Buch ihren Niederschlag gefunden haben, von Michael Linden, Dieter Naber und Fritz Hohagen, die das Manuskript kritisch durchgesehen haben. Vom Thieme Verlag sind insbesondere Susanne Schimmer zu erwähnen, die die Entstehung des Manuskriptes kontinuierlich begleitete sowie Anne Bleick und Ursula Biehl-Vatter, die die Ausgestaltung des Buches mit viel Interesse übernommen haben. Ihnen allen gebührt Dank.

Aachen, im Oktober 2002
Sabine C. Herpertz *Henning Saß*

Anschriften

Prof. Dr. med. Thomas Bronisch
Max-Planck-Institut
für Psychiatrie
Kraepelinstr. 10
80804 München

Prof. Dr. med. Peter Buchheim
Klinik für Psychiatrie und Psychotherapie
der Technischen Universität München
Klinikum rechts der Isar
Ismaningerstr. 22
81675 München

Dr. med. Dipl.-Psych. Gerhard Dammann
Psychiatrische Universitätsklinik
Wilhelm-Klein-Str. 27
4025 Basel
SCHWEIZ

Dipl-Psych. Sabine Eucker
Klinik für forensische Psychiatrie Haina
Aussenstelle Giessen
Licher Str. 106, Haus 7
35394 Giessen

Prof. Dr. med. Sabine C. Herpertz
Lehr- und Forschungsgebiet Experimentelle
Psychopathologie
Klinik für Psychiatrie und Psychotherapie
Universitätsklinikum Aachen, RWTH
Pauwelsstr. 30
52074 Aachen

Prof. Dr. med. Beate Herpertz-Dahlmann
Klinik für Kinder- und Jugend-
psychiatrie und -psychotherapie
Universitätsklinikum Aachen, RWTH
Neuenhofer Weg 21
52074 Aachen

Dipl.-Psych. Isabel Houben
Psychologische Psychotherapeutin
Morlaixplatz 27
52146 Würselen

Dipl.-Psych. Katharina Jünemann
Klinik für Psychiatrie
und Psychotherapie
Universitätsklinikum Aachen, RWTH
Pauwelsstr. 30
52074 Aachen

Prof. Dr. med. Hans-Peter Kapfhammer
Psychiatrische Universitätsklinik
Klinikum Innenstadt
Nußbaumstr. 7
80336 München

Dr. med. Rüdiger Müller-Isberner
Klinik für forensische Psychiatrie Haina
Hohe Lohr Weg 10
35114 Haina

Dipl.-Psych. Dr. rer. nat. Ralf Pukrop
Experimentelle Psychologie
Universitätsklinik Köln
Joseph-Stelzmann-Str. 9
50931 Köln

Prof. Dr. med. Henning Saß
Klinik für Psychiatrie
und Psychotherapie
Universitätsklinikum Aachen, RWTH
Pauwelsstr. 30
52074 Aachen

Prof. Dr. Eckhard M. Steinmeyer
Experimentelle Psychologie
Klinik für Psychiatrie und Psychotherapie
Universitätsklinik Köln
Joseph-Stelzmann-Str. 9
50931 Köln

Dipl.-Psych. Dr. Dieter Wälte
Klinik für Psychiatrie
und Psychotherapie
Universitätsklinikum Aachen, RWTH
Pauwelsstr. 30
52074 Aachen

Dipl.-Psych. Britta Wenning
Klinik für Psychiatrie
und Psychotherapie
Universitätsklinikum Aachen, RWTH
Pauwelsstr. 30
52074 Aachen

Inhaltsverzeichnis

1 Historischer Rückblick 1

1.1	Französische Konzepte	1
1.2	Angelsächsische Tradition	1
1.3	Deutschsprachige Schulen	2

2 Definition, Klassifikation und allgemeine Diagnostik von Persönlichkeitsstörungen 4

2.1	Persönlichkeit, Persönlichkeitszüge und Persönlichkeitsstörungen	4
2.1.1	Unterschiedliche Begriffe im Umfeld von Persönlichkeit und Persönlichkeitsstörungen	4
2.1.2	Die Beziehung zwischen Symptomen und Persönlichkeitszügen	4
2.2	Definition von Persönlichkeitsstörungen	5
2.3	Klassifikation von Persönlichkeitsstörungen	5
2.3.1	Historische Typologie	5
2.4	Vergleich moderner Klassifikationssysteme	8
2.5	Klinische Diagnostik der Persönlichkeitsstörungen	8
2.6	Dimensionale Erfassung von Persönlichkeitsstörungen	9
2.7	Instrumente zur Erfassung von Persönlichkeitsstörungen	10
2.8	Angaben Dritter	13
2.9	Reliabilitätsstudien zur Erfassung von Persönlichkeitsstörungen nach DSM-III-R und ICD-10	14
2.10	Validitätsstudien	14

3 Ätiologie 17

3.1	Biologische Störungsmodelle	17
3.1.1	Einleitung	17
3.1.2	Genetik	17
3.1.3	Hirnstrukturelle und hirnfunktionelle Auffälligkeiten	18
	Neuropsychologische Befunde	18
	Bildgebung	20
3.1.4	Neuro- und psychophysiologische Befunde	21
3.1.5	Biochemische Befunde – Transmitter und Neuromodulatoren	22
3.2	Psychoanalytische Konzeptbildung der Persönlichkeitsstörungen	26
3.2.1	Einleitung	26
3.2.2	Konzepte von Persönlichkeitsstörungen	27
	Das Unbewusste und die Struktur	27
	Identität und Abwehr	27
	Entwicklung der psychoanalytischen Theoriebildung von den Charakterpathologien zur Objektpsychologie	28
	Affekte und ihr Verhältnis zu Objektbeziehungen und Konflikten	29
	Pathologische Ich-Formationen und Widerstand	30
	Selbstpsychologische Theorien	30
	Interpersonelle Theorien	31
3.2.3	Psychoanalytische Diagnostik	31
	Das psychoanalytische Konstrukt „strukturelle Störung" und seine Diagnostik	31
	Das psychoanalytische Modell der Persönlichkeitsstörungen und seine Diagnostik	32
3.2.4	Von der Objektbeziehungstheorie zur Behandlung der schweren Persönlichkeitsstörungen	33

3.3	**Lerntheoretische Konzeptbildung**	40	3.4.2	Unzulänglichkeiten des kategorialen Diagnosesystems	52
3.3.1	Einleitung	40	3.4.3	Dimensionale Ansätze in der Persönlichkeitsforschung	53
3.3.2	Erwerb, Steuerung und Modifikation von Verhalten aus lerntheoretischer Sicht	40		Big-Five-Modell	53
3.3.3	Lerntheoretische Persönlichkeitskonstrukte	44		Basic-Six-Modell	54
3.3.4	Verhaltenstherapie und psychische Störungen	46		Psychobiologisches 7-Faktoren-Modell	54
				2-Faktoren-(Circumplex)Modelle	54
3.3.5	Lerntheoretische Modelle für Persönlichkeitsstörungen	47		Bottom-up-Ansatz	55
3.3.6	Kritischer Ausblick	49	3.4.4	Fragebogenverfahren zur Erfassung der dimensionalen Konzepte	56
3.4	**Konzeptbildung der Persönlichkeitsstörungen aus der Sicht der Persönlichkeitspsychologie und klinischen Psychologie**	52	3.4.5	Phänotypische, genotypische und klinische Charakterisierung dimensionaler Modelle	56
3.4.1	Einleitung	52			

4 Spezifische Persönlichkeitsstörungen: Diagnose, Ätiologie und Psychotherapie 60

4.1	**Paranoide Persönlichkeitsstörung**	60	4.3	**Dissoziale Persönlichkeitsstörung**	71
4.1.1	Definition	60	4.3.1	Definition	71
	Diagnosekriterien der paranoiden Persönlichkeitsstörung (F60.0) nach ICD-10	60		Diagnosekriterien der dissozialen Persönlichkeitsstörung (F 60.3) nach ICD-10	71
4.1.2	Klassifikation	60	4.3.2	Klassifikation	72
4.1.3	Epidemiologie und Risikogruppen	60	4.3.3	Epidemiologie und Risikogruppen	72
4.1.4	Ätiologie und Risikofaktoren	61	4.3.4	Ätiologie und Risikofaktoren	72
	Biologische Faktoren	61		Evolutionäre Perspektive	72
	Psychosoziale Faktoren	61		Biologische Faktoren	73
4.1.5	Symptomatik	61		Psychosoziale Faktoren	74
4.1.6	Differenzialdiagnose und Komorbidität	62	4.3.5	Symptomatik	74
			4.3.6	Differenzialdiagnose und Komorbidität	75
4.1.7	Weiterführende Diagnostik	62	4.3.7	Weiterführende Diagnostik	76
4.1.8	Psychotherapie	62	4.3.8	Psychotherapie und andere Interventionen	76
	Allgemeine Therapieziele	62			
	Therapeutische Beziehung und Gesprächsführung	62		Allgemeine Therapieziele	76
	Psychoedukation	63		Therapeutische Beziehung und Gesprächsführung	77
	Spezifische Behandlungsansätze	63		Spezifische Behandlungsansätze	77
	Behandlungsrahmen	64			
4.2	**Schizoide Persönlichkeitsstörung**	65	4.4	**Emotional instabile Persönlichkeitsstörung**	84
4.2.1	Definition	65	4.4.1	Definition	84
	Diagnosekriterien der schizoiden Persönlichkeitsstörung (F60.1) nach ICD-10	65		Diagnosekriterien der emotional instabilen Persönlichkeitsstörung (F60.3) nach ICD-10	84
4.2.2	Klassifikation	66	4.4.2	Klassifikation	84
4.2.3	Epidemiologie und Risikogruppen	66	4.4.3	Epidemiologie und Risikogruppen	85
4.2.4	Ätiologie und Risikofaktoren	66	4.4.4	Ätiologie und Risikofaktoren: Borderline-Typ	85
	Biologische Faktoren	66		Biologische Faktoren	85
	Psychosoziale Faktoren	66		Psychosoziale Faktoren	86
4.2.5	Symptomatik	66	4.4.5	Symptomatik: Borderline-Typ	87
4.2.6	Differenzialdiagnose und Komorbidität	67	4.4.6	Differenzialdiagnose und Komorbidität: Borderline-Typ	88
4.2.7	Weiterführende Diagnostik	68	4.4.7	Weiterführende Diagnostik: Borderline-Typ	89
4.2.8	Psychotherapie	68	4.4.8	Psychotherapie: Borderline-Typ	89
	Allgemeine Therapieziele	68		Therapeutische Beziehung und Gesprächsführung	90
	Therapeutische Beziehung und Gesprächsführung	69			
	Psychoedukation	69		Psychoedukation	90
	Spezifische Behandlungsansätze	69		Spezifische Behandlungsansätze	91
	Behandlungsrahmen	70			

	Behandlungsrahmen 95
	Wirksamkeitsnachweis, Effektivitätsstudien 96
4.4.9	Ätiologie und Risikofaktoren: Impulsiver Typ 98
	Biologische Faktoren 98
	Psychosoziale Faktoren 98
4.4.10	Symptomatik: Impulsiver Typ 98
4.4.11	Differenzialdiagnose und Komorbidität: Impulsiver Typ 99
4.4.12	Weiterführende Diagnostik: Impulsiver Typ 99
4.4.13	Psychotherapie: Impulsiver Typ 99
	Allgemeine Therapieziele 99
	Therapeutische Beziehung und Gesprächsführung 100
	Kognitiv-behaviorale Interventionen ... 100

4.5 Histrionische Persönlichkeitsstörung 102
- 4.5.1 Definition 102
- Diagnosekriterien der histrionischen Persönlichkeitsstörung (F60.4) nach ICD-10 102
- 4.5.2 Klassifikation 103
- 4.5.3 Epidemiologie und Risikogruppen 103
- 4.5.4 Ätiologie und Risikofaktoren 103
  - Biologische Faktoren 103
  - Psychosoziale Faktoren 103
- 4.5.5 Symptomatik 104
- 4.5.6 Differenzialdiagnose und Komorbidität 105
- 4.5.7 Weiterführende Diagnostik 105
- 4.5.8 Psychotherapie 106
  - Allgemeine Therapieziele 106
  - Therapeutische Beziehung und Gesprächsführung 106
  - Psychoedukation 106
  - Spezifische Behandlungsansätze 107
  - Behandlungsrahmen 108

4.6 Anankastische Persönlichkeitsstörung 110
- 4.6.1 Definition 110
  - Diagnosekriterien der zwanghaften Persönlichkeitsstörung (F60.5) nach ICD-10 110
- 4.6.2 Klassifikation 110
- 4.6.3 Epidemiologie und Risikogruppen 110
- 4.6.4 Ätiologie und Risikofaktoren 110
  - Biologische Faktoren 110
  - Psychosoziale Faktoren 111
- 4.6.5 Symptomatik 111
- 4.6.6 Differenzialdiagnose und Komorbidität 112
- 4.6.7 Weiterführende Diagnostik 113
- 4.6.8 Psychotherapie 113
  - Allgemeine Therapieziele 113
  - Therapeutische Beziehung und Gesprächsführung 113
  - Psychoedukation 114
  - Spezifische Behandlungsansätze 114
  - Behandlungsrahmen 116

4.7 Selbstunsichere Persönlichkeitsstörung 117
- 4.7.1 Definition 117
- Diagnosekriterien der selbstunsicheren Persönlichkeitsstörung (F60.6) nach ICD-10 117
- 4.7.2 Klassifikation 117
- 4.7.3 Epidemiologie und Risikogruppen 118
- 4.7.4 Ätiologie und Risikofaktoren 118
  - Biologische Faktoren 118
  - Psychosoziale Faktoren 118
- 4.7.5 Symptomatik 120
- 4.7.6 Differenzialdiagnose und Komorbidität 121
- 4.7.7 Weiterführende Diagnostik 122
- 4.7.8 Psychotherapie 123
  - Allgemeine Therapieziele 123
  - Therapeutische Beziehung und Gesprächsführung 123
  - Psychoedukation 124
  - Spezifische Behandlungsansätze 124
  - Behandlungsrahmen 129
  - Wirksamkeitsnachweis, Effektivitätsstudien 129

4.8 Dependente Persönlichkeitsstörung 132
- 4.8.1 Definition 132
  - Diagnosekriterien der dependenten Persönlichkeitsstörung (F60.7) nach ICD-10 132
- 4.8.2 Klassifikation 132
- 4.8.3 Epidemiologie und Risikogruppen 132
- 4.8.4 Ätiologie 132
  - Biologische Faktoren 132
  - Psychosoziale Faktoren 132
- 4.8.5 Symptomatik 133
- 4.8.6 Differenzialdiagnose und Komorbidität 134
- 4.8.7 Weiterführende Diagnostik 134
- 4.8.8 Psychotherapie 134
  - Allgemeine Therapieziele 134
  - Therapeutische Beziehung und Gesprächsführung 135
  - Psychoedukation 135
  - Spezifische Behandlungsansätze 135
  - Behandlungsrahmen 136

Sonstige spezifische Persönlichkeitsstörungen 137

4.9 Schizotypische Persönlichkeitsstörung 137
- 4.9.1 Definition 137
  - Diagnosekriterien der schizotypischen Persönlichkeitsstörung nach DSM-IV 138
- 4.9.2 Klassifikation 138
- 4.9.3 Epidemiologie und Risikogruppen 138
- 4.9.4 Ätiologie und Risikofaktoren 138
  - Biologische Faktoren 138
  - Psychosoziale Faktoren 138
- 4.9.5 Symptomatik 139
- 4.9.6 Differenzialdiagnose und Komorbidität 139
- 4.9.7 Weiterführende Diagnostik 139
- 4.9.8 Psychotherapie 139

4.10	Narzisstische Persönlichkeitsstörung	140	4.10.6	Differenzialdiagnose und Komorbidität ... 142
4.10.1	Definition	140	4.10.7	Weiterführende Diagnostik ... 143
	Diagnosekriterien der narzisstischen Persönlichkeitsstörung nach DSM-IV	140	4.10.8	Psychotherapie ... 143 Allgemeine Therapieziele ... 143
4.10.2	Klassifikation	140		Therapeutische Beziehung und Gesprächsführung ... 143
4.10.3	Epidemiologie und Risikogruppen	141		Psychoedukation ... 143
4.10.4	Ätiologie und Risikofaktoren	141		Spezifische Behandlungsansätze ... 144
	Biologische Faktoren	141		Behandlungsrahmen ... 146
	Psychosoziale Faktoren	141		
4.10.5	Symptomatik	141		

5 Allgemeines zur Psychotherapie ... 148

5.1	Krisenintervention	148	5.2	Wirksamkeitsnachweis, Effektivitätsstudien	149

6 Pharmakotherapie bei Persönlichkeitsstörungen ... 152

6.1	Einleitung	152		Behandlungsresultate mit Benzodiazepinen	155
6.2	Psychopharmakotherapie bei den unterschiedlichen Persönlichkeitsstörungsclustern	153		Behandlungsresultate mit Lithium und Antikonvulsiva	156
6.2.1	Psychopharmakotherapie bei Persönlichkeitsstörungen des Clusters A	153		Behandlungsresultate mit Opiatantagonisten	156
			6.2.3	Psychopharmakotherapie bei Persönlichkeitsstörungen des Clusters C	158
6.2.2	Psychopharmakotherapie bei Persönlichkeitsstörungen des Clusters B	154	6.3	Durchführung einer Pharmakotherapie bei Persönlichkeitsstörungen im Kontext der Arzt-Patient-Beziehung	159
	Behandlungsresultate mit Neuroleptika	154			
	Behandlungsresultate mit Antidepressiva	155			

7 Allgemeine Epidemiologie, Verlauf und Prognose ... 165

7.1	Prävalenz	165	7.3	Prognose	165
7.2	Verlauf	165			

8 Persönlichkeitsstörungen aus kinder- und jugendpsychiatrischer Sicht ... 167

8.1	Definition	167	8.5	Kontinuität von Persönlichkeitsmerkmalen und -störungen von der Kindheit bis ins Erwachsenenalter	170
8.2	Klassifikation	168			
8.3	Epidemiologie und Risikogruppen	168	8.5.1	Introversive Störungen	171
				Zwangserkrankungen	171
8.4	Ätiologie und Risikofaktoren	169	8.5.2	Extroversive Störungen	172
8.4.1	Biologische Faktoren	169		Hyperkinetisches Syndrom (Aufmerksamkeitsstörung mit Hyperaktivität)	172
	Temperament	169			
8.4.2	Psychosoziale Faktoren	169		Störungen des Sozialverhaltens	172

8.6	Symptomatik von spezifischen Persönlichkeitsstörungen im Jugendalter 173	8.7	Differenzialdiagnose und Komorbidität 174
	Borderline-Persönlichkeitsstörung 173	8.8	Therapie 174
	Antisoziale Persönlichkeitsstörung 174		

9 Persönlichkeit, Persönlichkeitsstörung und Verantwortung: forensisch-psychiatrische und anthropologische Aspekte 177

9.1	Einleitung 177	9.4	Verantwortlichkeit bei abnormen Persönlichkeiten 180
9.2	Definitionen 177	9.5	Wertgefüge, Freiheit und Verantwortlichkeit 180
9.3	Forensische Aspekte 178		

Sachverzeichnis 183

1 Historischer Rückblick

Henning Saß, Katharina Jünemann, Sabine C. Herpertz

In die heutigen Konzeptionen von Persönlichkeitsstörungen fließen verschiedene ideengeschichtliche Strömungen zu psychiatrisch-psychopathologischen Sichtweisen von abnormen Persönlichkeiten ein. Sie lassen sich in eine französische, eine anglo-amerikanische und eine deutsche Tradition gliedern (Saß 1987; Saß und Herpertz 1995).

1.1 Französische Konzepte

Im 18. Jahrhundert wurden psychische Erkrankungen grundsätzlich im Zusammenhang mit einer Störung der intellektuellen Fähigkeiten gesehen. Pinel (1809) unternahm in den Anfängen der wissenschaftlichen Beschäftigung mit abnormen Persönlichkeiten als Erster den Versuch, gestörte Persönlichkeit als nosologische Einheit herauszuarbeiten. In seinem Konzept einer „manie sans délire" sah er eine Beeinträchtigung der affektiven Funktionen bei ungestörten Verstandeskräften. Eines seiner Fallbeispiele zeigte deutliche emotionale Instabilität und dissoziale Tendenzen, also zwei bis heute für dieses Gebiet zentrale Merkmale. Ätiologisch erwog Pinel eine mangelhafte Erziehung oder eine perverse, zügellose Veranlagung, womit schon damals die bis heute aktuelle Streitfrage um eine mehr endogene oder eher biografisch entstandene Verursachung aufgeworfen war. Auch in Esquirols (1838) Beschreibungen der Monomanien finden sich viele Auffälligkeiten, die heute zum Gebiet der Persönlichkeitsstörungen gerechnet werden, insbesondere Veränderungen des Willens und der Gefühle, die – wie bei der von Pinel formulierten „manie sans délire" – bei unbeeinträchtigter Intelligenz vorliegen. Allerdings wurde das Konzept insofern überdehnt, als ganz umschriebene Verhaltensstörungen zum einzigen diagnostischen Kriterium eines bestimmten „Krankheitsbildes" wurden, etwa die Pyromanie, Kleptomanie, Erotomanie oder Mordmonomanie. Hieraus sind forensisch bedeutsame Missverständnisse entstanden, die sich trotz früher Kritik zum Teil bis in die heutigen Klassifikationssysteme fortgesetzt haben. Griesinger (1845), zum Beispiel, betonte im Zusammenhang mit forensischen Begutachtungen, dass die Tat als solche als Kriterium für eine psychische Erkrankung keinesfalls ausreicht, sondern das Vorliegen weiterer spezifischer Merkmale erforderlich ist.

Besonders folgenreich wurde Morels (1857) Lehre von den Degenerationen, die krankhafte Abweichungen vom normalen Bild des Menschen darstellten, entstanden durch schädliche Umgebungseinflüsse und durch weitergegebene Vererbung mit zunehmendem Schweregrad der Störung von Generation zu Generation bis zum Aussterben. Die Degenerationslehre von Morel wurde durch Magnan (1895) zur Auffassung einer gesetzmäßigen Abfolge bestimmter Krankheitsbilder weiterentwickelt. Er unterschied mehrere Grade von Degeneration, wobei für den Zusammenhang mit abnormen Persönlichkeiten vor allem die „dégénérés supérieurs" von Bedeutung sind. Wie bei den genannten Vorgängerkonzepten waren auch sie durch affektive Besonderheiten bei ungestörter Intelligenz charakterisiert. Ätiologisch postulierte Magnan eine Disharmonie im Zusammenspiel der zerebrospinalen Zentren, wodurch das psychische Equilibrium der Degenerierten gestört und eine besondere Empfindlichkeit verursacht werde. Vorstellungen einer im Nervensystem fundierten Dysbalance und Fragilität tauchten von da an im Denken über abnorme Persönlichkeiten immer wieder auf und führten in der „doctrine des constitutions" von Dupré (1925) zum Konzept einer „déséquilibration mentale" im Sinne einer hereditär verankerten psychopathischen Degeneration. Gemeinsam mit sozialdarwinistischem Gedankengut entstanden daraus später in Deutschland folgenschwere gedankliche Verirrungen über „lebensunwertes Leben" (Binding und Hoche 1920).

1.2 Angelsächsische Tradition

In der anglo-amerikanischen Psychiatrie bezog sich der Amerikaner Benjamin Rush (1812) auf Pinels Konzept der „manie sans délire" und beschrieb seinerseits Personen, die bei unbeeinträchtigtem Intellekt antisoziales/dissoziales Verhalten zeigten, mit dem Begriff der „moral alienation of the mind". Ähnlich einflussreich wurde in England das Konzept „moral insanity" von Prichard (1835).

Aufgrund der unterschiedlichen Bedeutungen des Begriffs „moral" in den verschiedenen Sprachräumen, kam es oft zu inhaltlichen Verkürzungen und Missverständnissen, die eine Tendenz zur Einengung der abnormen Persönlichkeiten auf einen Typus gewohnheitsmäßiger sozialer Devianz und Delinquenz begünstigten. Von den ursprünglichen Autoren war „moral" in einem umfassenderen Sinne verstanden worden; zum einen als psychologische Behandlungsmethode (im Sinne des „moral treatment"), zum anderen als Begriff für ethisch rechtmäßiges Verhalten und besonders für die Kräfte des Gefühls und des Willens im Unterschied zu denen des Intellekts.

Aus der zunehmenden Konzentration auf Individuen, die durch amoralisches, gesellschaftsschädigendes Verhalten und Delinquenz auffielen, ergab sich die Frage der Verantwortlichkeit dieser Personen. Dabei kollidierte die Integration der „moral insanity" in die psychiatrische Nosologie mit rechtlichen Ordnungsvorstellungen, etwa wenn Maudsley (1874) in seiner Schrift „Responsibility in mental diseases" für die Zuerkennung einer verminderten Schuldfähigkeit plädierte. Im Unterschied zu vielen seiner Zeitgenossen vertrat er die Ansicht, dass Menschen von ihren Emotionen und Impulsen zu Straftaten getrieben werden können.

Als Konsequenz der Einengung des Psychopathie-Begriffs auf gesellschaftsschädigende Formen schlug Patridge (1930) die Bezeichnung „sociopathy" für das Störungsbild psychopathischer Persönlichkeiten vor, die fortan im angelsächsischen Raum als Synonym für „psychopathy" verwandt wurde. Später ist Hendersons (1939) Begriff des unangepassten bzw. aggressiven Psychopathen in die angelsächsischen Konzepte einer vorwiegend durch antisoziale Züge bestimmten Persönlichkeitsstörung eingegangen. Gegenwärtig verwendet das Mental Health Act in Großbritannien den Begriff der „psychopathic disorder" im Sinne eines abnorm aggressiven und verantwortungslosen Verhaltens, doch weil „psychopathy" in Großbritannien darüber hinaus auch als Oberbegriff für verschiedene Persönlichkeitsanomalien dient, wird diese Definition seit Jahrzehnten kritisiert (Lewis 1974). Von Craft (1966) stammt eine der ersten operationalisierten Definitionen mit Ein- und Ausschlusskriterien für die Psychopathiediagnose im Sinne einer antisozialen Störung. Primäre Merkmale sind Mängel im mitmenschlichen Fühlen und eine Neigung zu impulsivem Handeln; als sekundäre Kriterien gelten Aggressivität, Mangel an Schuldgefühl und Mitleid, Strafunempfindlichkeit und die Unfähigkeit, aus Erfahrungen zu lernen. Die Diagnose einer Psychopathie liegt nicht vor, wenn eine Person unter einer Psychose sowie einer schwerwiegenden psychiatrischen Störung leidet oder die Straftat einer rein kriminellen Motivation entspringt.

Großen Einfluss auf die amerikanische Psychopathiekonzeption und die empirische Forschung über Psychopathie gewann schließlich Cleckleys Monographie „The mask of sanity" (1941), welche bis 1976 in fünf Neuauflagen erschien. Auch er begrenzte seine Definition des Psychopathen, die wegweisend für die heute wichtige Konzeption von Hare (1970, 1991) wurde, auf Personen mit antisozialem Verhalten, das keine adäquate Motivation erkennen lässt und nicht durch eine Psychose, Neurose oder geistige Behinderung bedingt ist. Zu den von Cleckley benannten 16 Kriterien zur Beschreibung von Psychopathie gehören u. a. oberflächlicher Charme und gute Intelligenz, Unzuverlässigkeit, Unwahrhaftigkeit, fehlende Ernsthaftigkeit, Mangel an Schuldgefühl oder Scham, Kritikschwäche, eingeschränkte Fähigkeit aus Fehlern zu lernen, Egozentrizität, Unfähigkeit zur Liebe, unpersönliche sexuelle Beziehungen und die Unfähigkeit einem Lebensplan zu folgen.

Daneben wurde das Konzept der abnormen Persönlichkeiten durch die psychoanalytische Charakterkunde und deren frühe Vertreter A. Meyer (1903) und S. Freud (1908) beeinflusst. Wegweisend wurden Alexanders Publikationen über den „neurotischen Charakter" (1928), in denen er zwischen einer primären und einer sekundären Form unterscheidet. Diese Differenzierung in einen ich-syntonen Psychopathen, der als Acting-out-Neurotiker vorwiegend die Umgebung stört, und in einen ich-dystonen Neurotiker, der vornehmlich unter sich selbst leidet, hat sich vor allem im angelsächsischen Raum etabliert.

1.3 Deutschsprachige Schulen

In Deutschland diente der Begriff „Psychopathie" zunächst als unspezifischer Oberbegriff für alle psychischen Abnormitäten. Koch benutzte erstmals die Bezeichnung „psychopathische Minderwertigkeiten" für ein „psychisches Zwischengebiet" und bereitete mit seiner gleichnamigen Monographie (1891–1893) die trotz aller Kritik immer noch gültigen Konzepte im Sinne einer Typologie vor, wobei der Ausdruck „Minderwertigkeit" ganz im Zusammenhang mit den Degenerationslehren zu sehen ist und eher organpathologisch als soziologisch wertend gemeint war. Koch unterschied angeborene von erworbenen psychopathischen Verfassungen, dabei fielen die meisten der späteren Psychopathentypen in die Gruppe der Personen mit angeborener psychischer Belastung. Seine Theorie zum Konzept der abnormen Persönlichkeiten war in Deutschland von ähnlich hoher Bedeutung wie die Arbeiten von Pinel in Frankreich, von Rush in den USA und von Prichard in Großbritannien.

Kraepelin entwickelte in den verschiedenen Folgen seines Lehrbuches ab 1883 das Konzept der psychopathischen Zustände allmählich im Sinne des heutigen Verständnisses von abnormen Persönlichkeiten. Der Begriff der „psychopathischen Persönlichkeit" erschien zum ersten Mal in der 7. Auflage (1903–1904), wo er vor allem unter dem Gesichtspunkt der Dissozialität stand. Auch anhaltende Zustände gestörter Stimmung und konstitutioneller Unruhe fielen dort noch in den Bereich psychopathischer Persönlichkeiten und gelangten erst in der 8. Auflage als Dispositionen für Depression, Manie, Erregtheit und Zyklothymie in das Kapitel über die manisch-depressive Erkrankung, was interessanterweise der aktuellen Einordnung von sog. subaffektiven Störungen unter die affektiven Erkrankungen entspricht.

Später folgten die konstitutionstypologischen Entwürfe von Kretschmer (1921), der annahm, dass es spezifische Korrelationen zwischen Körpertyp und Persönlichkeit gibt. Seine Aufteilung in eine pyknische, eine leptosome und eine athletische Konstitution und deren angenommene Verbindung zu spezifischen Charakteren wurde weitreichend bekannt, konnte in empirischen Untersuchungen jedoch nicht bestätigt werden.

Systematische Typenlehren wurden auch von anderen Wissenschaftlern dieser Zeit aufgestellt, so z. B. von den Schichttheoretikern Kahn (1928), Schultz (1928) und Homburger (1929) oder von Kretschmer (1921) und Ewald (1924), die mit den Reaktionstypologien verschiedene Verhaltensstile unterschieden.

Kurt Schneider versuchte in seiner Monographie „Die psychopathischen Persönlichkeiten" (1923) durch deskriptiv-symptomatologische Beschreibungen einen wertneutralen psychopathologischen Standpunkt einzunehmen. Er definiert als abnorme Persönlichkeiten solche Menschen, die aufgrund ihrer Persönlichkeitseigenschaften von einer uns vorschwebenden, aber nicht näher bestimmbaren Norm abweichen. Innerhalb dieses Modells können demnach auch außergewöhnlich kreative oder intelligente Menschen als abnorm gelten. Abnormität allein ist nach Kurt Schneiders zweischrittiger Definition noch keine ausreichende Bedingung für eine psychiatrische Störung. Die psychopathischen Persönlichkeiten hebt er als solche heraus, unter deren Abnormität die Betroffenen selbst und/oder die Gesellschaft leiden. Dieser Gedanke spiegelt sich strukturell und inhaltlich in der heutigen Definition von Persönlichkeitsstörung innerhalb der aktuellen Klassifikationssysteme wider, wenn es heißt: „Eine Persönlichkeitsstörung liegt nur dann vor, wenn Persönlichkeitszüge starr und wenig angepasst sind und zu persönlichem Leiden und/oder gestörter sozialer Funktionsfähigkeit führen." (ICD-10)

Im Einzelnen unterscheidet Kurt Schneider 10 Typen psychopathischer Persönlichkeiten: die Hyperthymischen, die Depressiven, die Selbstunsicheren (mit den Unterformen der Ängstlichen und Zwanghaften), die Fanatischen, die Geltungsbedürftigen, die Stimmungslabilen, die Explosiblen, die Gemütlosen, die Willenlosen und die Asthenischen. Seine Lehre hat die Klassifizierung der Persönlichkeitsstörungen bis in die Gegenwart entscheidend beeinflusst.

Fazit für die Praxis

Die Ideengeschichte der Persönlichkeitsstörungen ist gekennzeichnet durch eine Vermischung psychopathologischer Konzepte mit gesellschaftlichen Bewertungen. Dies hat die wissenschaftliche Beschäftigung mit den Persönlichkeitsstörungen erschwert und hat zu einer negativen Konnotation dieser diagnostischen Kategorie geführt, die trotz vieler gegenläufiger Bemühungen bis heute nicht ganz ausgeräumt ist.

Der Begriff der Psychopathie ist als Oberbegriff für verschiedene Persönlichkeitsanomalien trotz seiner geschichtlichen Wurzeln klinisch nicht mehr zu verwenden, da er aufgrund seiner weiteren Bedeutung als antisozialer, gefühlsarmer Persönlichkeitstypus die Gefahr von Missverständnissen birgt.

Die Frage nach einem möglichen Kontinuum zwischen seelischer Gesundheit, Persönlichkeitsvarianten und psychiatrischen Erkrankungen hat besonders die deutschen Psychiatrieschulen beschäftigt. Hier finden sich zwei Linien: Zum einen die Annahme eines Kontinuums bei Kretschmer mit graduellen Unterschieden zwischen normalen Persönlichkeitsmerkmalen, Psychopathien und endogenen Psychosen, zum anderen die Annahme einer kategorialen Trennung zwischen abnormer Persönlichkeit und endogenen Psychosen, die besonders von K. Schneider (aber z. B. auch von Birnbaum, Jaspers und Gruhle) vertreten wurde. Während inzwischen übereinstimmend nur quantitative und keine qualitativen Unterschiede zwischen der normalen Persönlichkeit und den Persönlichkeitsstörungen angenommen werden (Kap. 3.4), ist diese Forschungsfrage auf der anderen Seite des Kontinuums hin zu den psychiatrischen Erkrankungen weiterhin von aktuellem Interesse.

Literatur

Alexander F (1928) Der neurotische Charakter. Seine Stellung in der Psychopathologie und in der Literatur. Internationale Zeitschrift für Psychoanalyse 14:26–44
Binding K, Hoche A (1920) Die Freigabe der Vernichtung lebensunwerten Lebens. Ihr Maß und ihre Form. Meiner, Leipzig
Cleckley H (1941) The mask of sanity: An attempt to clarify some issues about the so-called psychopathic personality (5th edn. 1976). Mosby, St. Louis
Craft M (1966) The meanings of the term „Psychopath". In: Craft M (ed.) Psychopathic disorders and their assessment. Permagon, Oxford, pp. 1–31
Dupré E (1925) La doctrine des constitutions. In: Pathologie de l'imagination et de l'émotivité. Payot, Paris
Esquirol E (1838) Die Geisteskrankheiten in Beziehung zu Medizin und Staatsarzneikunde. Voss, Berlin
Ewald G (1924) Temperament und Charakter. Springer, Berlin
Freud S (1908) Charakter und Analerotik. Fischer, Frankfurt/M
Griesinger W (1845) Die Pathologie und Therapie der psychischen Krankheiten. Krabbe, Stuttgart
Hare RD (1970) Psychopathy: Theory and research. Wiley, New York
Hare RD (1991) Manual for the Hare Psychopathy Checklist-Revised. Multi Health Systems, Toronto
Henderson D (1939) Psychopathic states. Norton, New York
Homburger A (1929) Versuch einer Typologie der psychopathischen Konstitution. Nervenarzt 2:134–136
Kahn E (1928) Die psychopathischen Persönlichkeiten. In: Bumke O (Hrsg) Handbuch der Geisteskrankheiten. Spezieller Teil I, Bd. 4. Springer, Berlin, S. 227–487
Koch JLA (1891–1893) Die psychopathischen Minderwertigkeiten. Maier, Ravensburg
Kraepelin E. (1883–1915) Psychiatrie. Ein Lehrbuch für Studierende und Ärzte (1.–8. Aufl.). Barth, Leipzig
Kretschmer E (1921) Körperbau und Charakter (23./24. Aufl. 1961). Springer, Berlin
Lewis A (1974) Psychopathic personality: A most elusive category. Psychological Medicine 4:133–140
Magnan M, Legrain M (1895) Les dégénérés (état mental et syndromes épisodiques). Rueff, Paris
Maudsley H (1874) Responsibility in mental disease. King, London
Meyer A (1903) An attempt at analysis of the neurotic constitution. American Journal of Psychology 14:354–367
Morel BA (1857) Traité des dégénérescences physiques, intellectuelles et morales de l'espèce humaine et des causes qui produisent ces variétés maladives. Baillière, Paris London New York
Patridge GE (1930) Current conceptions of psychopathic personality. American Journal of Psychiatry 10:53–99
Pinel P (1809) Traité médico-philosophique sur l'aliénation mentale, 2ème ed. Brosson, Paris
Prichard JC (1835) A treatise on insanity and other disorders affecting the mind. Sherwood, Gilbert, Piper, London
Rush B (1812) Medical inquiries and observations upon the diseases of the mind. Kimber, Richardson, Philadelphia (Hafner Press, New York, 1962)
Saß H (1987) Psychopathie – Soziopathie – Dissozialität. Zur Differentialtypologie der Persönlichkeitsstörungen. Springer, Berlin Heidelberg New York
Saß H, Herpertz S (1995) Personality Disorders. In: Berrios G, Porter R (eds) A history of clinical psychiatry. Athlone, London, pp 633–645
Schneider K (1923) Die psychopathischen Persönlichkeiten, 1. Aufl. Thieme, Leipzig (9. Aufl. 1950)
Schneider K (1929) Typenbildung in der Kriminalstatistik. Monatsschr. Kriminol 20:332–337
Schneider K (1950) Klinische Psychopathologie, 5. Aufl. Thieme, Stuttgart, S. 31
Schultz JH (1928) Die konstitutionelle Nervosität. In: Bumke O (Hrsg.) Handbuch der Geisteskrankheiten, Bd. 5. Springer, Berlin, S. 28–111

2 Definition, Klassifikation und allgemeine Diagnostik von Persönlichkeitsstörungen

Thomas Bronisch

2.1 Persönlichkeit, Persönlichkeitszüge und Persönlichkeitsstörungen

Die Diagnosekategorie einer Persönlichkeitsstörung spielt seit der Einführung von DSM-III (1980) in der klinischen Psychiatrie wie in der Forschung eine große Rolle, da für sie eine eigene Achse zusammen mit den Entwicklungsstörungen reserviert wurde. Dies führte zu einem enormen Auftrieb von klinisch-empirischen Studien (Bronisch 1992).

2.1.1 Unterschiedliche Begriffe im Umfeld von Persönlichkeit und Persönlichkeitsstörungen

Bevor auf die Diagnosekategorie der Persönlichkeitsstörung näher eingegangen wird, soll zunächst eine Klärung unterschiedlicher Begriffe im Bereich „Persönlichkeit – Persönlichkeitsstörung" erfolgen.

Folgende Begriffe finden sich im Umfeld von Persönlichkeit und Persönlichkeitsstörung:
- Persönlichkeit,
- Temperament,
- Charakter,
- Charakterstörung/Charakterneurose/Charakterpanzerung,
- Persönlichkeitsstruktur,
- Persönlichkeitsstörungen,
- Psychopathie,
- Soziopathie.

Temperament bezeichnet die konstitutionsgebundene, individuelle Eigenart der Reaktionen im Bereich des Gefühls, Willens und Trieblebens (Peters 1990) (Kap. 8). Charakter vereint das Gesamtgefüge aller im Laufe des Lebens gleich bleibenden Grundzüge von Haltungen, Einstellungen, Strebungen, Gesinnungen und Handlungsweisen, die das Besondere des Individuums grundlegend bestimmen (Peters 1990).

Während der Begriff Temperament mehr die angeborenen, sprich konstitutionellen Eigenschaften eines Individuums akzentuiert, sind im Begriff **Charakter** die erworbenen Eigenschaften eines Individuums betont. Die Begriffe **Charakterstörung**, Charakterpanzerung und Charakterneurose sind aus der Psychoanalyse entlehnt und beinhalten Verformungen bzw. Störungen von Charakterzügen bedingt durch eine vor allem in der frühen Kindheit gestörte Entwicklung.

Persönlichkeitsstruktur, im Rahmen der psychoanalytischen Terminologie auch Charakterstruktur genannt, ist ein Konstrukt, das die erschlossene Gesamtheit des Persönlichkeitsaufbaus bezeichnet und sich u. U. von den äußerlich wahrnehmbaren Persönlichkeitszügen unterscheidet (Peters 1990).

Der Begriff der **Persönlichkeitsstörung** löste den der **Psychopathie** ab, der wegen seiner negativen Konnotation aufgegeben wurde und in den modernen internationalen Klassifikationsschemata der WHO seit 1974 nicht mehr zu finden ist. Neben dem pejorativen Beiklang des Begriffes Psychopathie wurde unter dieser Bezeichnung eine konstitutionelle Anlage im Sinne von Angeborensein und eine „Abweichung von einer uns vorschwebenden Durchschnittsbreite von Persönlichkeiten" (K. Schneider 1923) verstanden. Da der Begriff Psychopathie genauso wie der psychoanalytische Begriff Charakterneurose eine ätiologische Hypothese über die Entstehung der Persönlichkeitsstörungen enthält, sind beide Begriffe heute aufgegeben und durch den ätiologiefreien, rein beschreibenden Begriff Persönlichkeitsstörung ersetzt worden. Die Ursachen der Persönlichkeitsstörungen sind nach wie vor umstritten.

Der Begriff der **Soziopathie** meint schädigendes, seltener einfach abnormes Verhalten gegenüber der sozialen Umwelt (Peters 1990). Während sich dieser Begriff am ehesten mit dem Begriff der antisozialen Persönlichkeitsstörung deckt, wurde er im anglo-amerikanischen Sprachraum mit dem Begriff der Psychopathie synonym verwendet. Im Folgenden werden die Begriffe Persönlichkeit und Persönlichkeitsstörung eingesetzt.

2.1.2 Die Beziehung zwischen Symptomen und Persönlichkeitszügen

Bevor die Definition von Persönlichkeitsstörungen erläutert wird, muss noch auf die bis jetzt weitgehend ungeklärte Beziehung von Symptomen und Persönlichkeitszügen eingegangen werden.

Vor allem in der psychoanalytischen Literatur wird davon ausgegangen, dass Persönlichkeitszüge **ich-synton**, Symptome ich-dyston sind. Zudem werden Persönlichkeitszüge weitgehend als vor- oder unbewusst, Symptome dagegen als bewusst angesehen. Weiterhin werden Persönlichkeitszüge im Gegensatz zu Symptomen als dauerhaft und keinen Schwankungen unterworfen beschrieben; dies impliziert eine hohe Situationsinvarianz von Verhalten. Diese Kriterien zur Unterscheidung zwischen Symptomen und Persönlichkeitszügen eignen sich dementsprechend auch für die Einordnung von Persönlichkeitsstörungen und ihrer Beziehung zu klinischen Syndromen wie etwa Depression und Angst. Allerdings sind die angegebenen Kriterien nicht ganz unproblematisch: Persönlichkeitszüge wie eine Neigung zu zwischenmenschlicher Abhängigkeit und zu geringem Selbstwertgefühl können durchaus auch als ich-fremd empfunden werden und damit dem Betroffenen bewusst sein, d. h., Persönlichkeitszüge können auch **ich-dyston** sein. Empirische Studien haben gezeigt, dass erst bei depressiven und Angstzuständen Persönlichkeitszüge wie etwa zwischenmenschliche Abhängigkeit oder Überempfindlichkeit gegenüber Kritik auftreten oder sehr deutlich werden und mit Abklingen dieser Zustände wieder (weitgehend) verschwinden, d. h., es ist möglich, dass Persönlichkeitszüge wie Symptome episodisch auftreten oder fluktuieren. Weiterhin können bestimmte Persönlichkeitszüge wie eine Überempfindlichkeit gegenüber Kritik oder ein niedriges Selbstwertgefühl Auslöser für die Entwicklung einer depressiven Störung sein (Bronisch und Klerman 1991).

2.2 Definition von Persönlichkeitsstörungen

Die Definition von Persönlichkeitsstörungen modifiziert nach ICD-10 ist in Tab. 2.1 wiedergegeben und stimmt weitgehend mit der Definition nach DSM-IV überein. Sie entspricht der Definition von K. Schneider (1923), der die statistische Norm und sowohl das Leiden des Betroffenen als auch das Leiden der Umwelt an dem Betroffenen hervorhob.

Tabelle 2.1 Definition von Persönlichkeitsstörungen nach ICD-10

1. Die charakteristischen und dauerhaften inneren Erfahrungs- und Verhaltensmuster des Betroffenen weichen insgesamt deutlich von kulturell erwarteten und akzeptierten Vorgaben („Normen") ab. Diese Abweichung äußert sich in mehr als einem der folgenden Bereiche:
   – Kognition,
   – Affektivität,
   – zwischenmenschliche Beziehungen und die Art des Umganges mit ihnen.
2. Die Abweichung ist so ausgeprägt, dass das daraus resultierende Verhalten in vielen persönlichen und sozialen Situationen unflexibel, unangepasst oder auch auf andere Weise unzweckmäßig ist (nicht begrenzt auf einen speziellen „triggernden" Stimulus oder eine bestimmte Situation).
3. Persönlicher Leidensdruck, nachteiliger Einfluss auf die soziale Umwelt oder beides sind deutlich dem unter 2. beschriebenen Verhalten zuzuschreiben.
4. Nachweis, dass die Abweichung stabil, von langer Dauer ist und im späten Kindesalter oder der Adoleszenz begonnen hat.
5. Die Abweichung kann nicht durch das Vorliegen oder die Folge einer anderen psychischen Störung des Erwachsenenalters erklärt werden. Es können aber episodische oder chronische Zustandsbilder der Kapitel F0 bis F7 neben dieser Störung existieren oder sie überlagern.
6. Eine organische Erkrankung, Verletzung oder deutliche Funktionsstörung des Gehirns müssen als mögliche Ursache für die Abweichung ausgeschlossen werden (falls eine solche Verursachung nachweisbar ist, soll die Kategorie F07 verwendet werden).

Die Objektivität der Definition von Persönlichkeitsstörungen nach K. Schneider, DSM-III-R/IV und ICD-9/10 ist evident, wenn man für den Hintergrund des zu beurteilenden Verhaltens eine statistische Norm und nicht eine Idealnorm annimmt. Dadurch wird die Beurteilung weniger von religiösen, philosophischen, politischen und moralischen Ideologien abhängig gemacht.

Fazit für die Praxis

Sollte der Patient zwar in seiner Persönlichkeit auffällig sein, nicht jedoch die Kriterien einer Persönlichkeitsstörung erfüllen, empfiehlt es sich, diese Persönlichkeitszüge genauer zu beschreiben ohne Verwendung des Begriffes Persönlichkeitsstörung.

Die allgemeine Definition von Persönlichkeitsstörungen ist sehr einheitlich und in den gängigen internationalen Klassifikationssystemen von ICD-10 und DSM-III–IV nahezu identisch. Unterscheidungen finden sich dagegen hinsichtlich der Subtypologien von Persönlichkeitsstörungen.

Unklar bleibt bis zum heutigen Tag die genaue Abgrenzung von Persönlichkeitszügen und Symptomen vor allem im Bereich der affektiven Störungen und der Angststörungen.

2.3 Klassifikation von Persönlichkeitsstörungen

Bevor auf die einzelnen Typologien der Persönlichkeitsstörungen eingegangen wird, soll noch eine kurze historische Reminiszenz über Psychopathien bzw. Persönlichkeitsstörungen erfolgen, die nicht in die aktuellen Klassifikationsschemata aufgenommen wurden, obwohl sie in der Literatur (Lehrbücher, Gutachten, Monographien etc.) der klassischen (deutschen) Psychiatrie eine Rolle gespielt haben (Mombour und Bronisch 1998).

2.3.1 Historische Typologie

Der synoptische Vergleich einer großen Anzahl klassischer psychiatrischer Textbücher, Fachbücher und moderner Klassifikationssysteme einschließlich der verschiedenen ICD- und DSM-Versionen zeigt eine verwirrende und widersprüchliche Vielfalt von Typen, die sich in vier Untertypen gliedern lassen (Mombour und Bronisch 1998):
1. Typen, die in allen Textbüchern und Klassifikationssystemen zu finden sind, wie etwa der antisoziale, histrionische, anankastische Typ. Man kann sie als die „universell akzeptierten Typen" bezeichnen.
2. Typen, die sich lediglich in der Bezeichnung, jedoch nicht in der Beschreibung des Verhaltens unterscheiden. Ein Beispiel ist der asthenische Typ, beschrieben von K. Schneider (1923), der nahezu identisch ist mit dem dependenten Typ in den DSM- und ICD-Klassifikationssystemen (Kap. 4.8). In diese Gruppe mit eingeschlossen werden können Typen, die unter-

schiedlichen Kapiteln der Klassifikationssysteme zuzuordnen sind. Ein Beispiel ist die schizotypische Persönlichkeit (Kap. 4.9), welche in DSM im Kapitel der Persönlichkeitsstörungen und in ICD-10 im Kapitel der Schizophrenien zu finden ist.

3. Typen, die Teil des offiziellen Kanons in einem Klassifikationssystem sind, aber in anderen Klassifikationssystemen absolut ignoriert werden. Die narzisstische, die passiv-aggressive, die masochistische und die sadistische Persönlichkeitsstörung sind typische amerikanische (APA 1994) und psychoanalytische (Reich 1970) Diagnosen, die nicht in europäischen Systemen akzeptiert sind. Der Grund für diese Entscheidung ist möglicherweise die Tatsache, dass viele psychoanalytische Konzepte in den offiziellen Lehrbüchern in Amerika inkorporiert sind, jedoch in der europäischen Psychiatrie nicht anerkannt werden. Transkulturelle Aspekte können ebenfalls eine Rolle spielen. Persönlichkeitsstörungen wie z. B. die narzisstische (Kap. 4.9) und die passiv-aggressive Persönlichkeitsstörung werden in verschiedenen Kulturen unterschiedlich beurteilt. Europäische Psychiater gehen von der Vorstellung aus, dass ein Individuum mit einer Persönlichkeitsstörung grundsätzlich im Leben scheitern muss; daher kann ein erfolgreicher Narzisst nicht die Diagnose einer Persönlichkeitsstörung erhalten. In Nordamerika wird passiv-aggressives Verhalten als absolut pathologisch angesehen, während ein solches Verhalten im europäischen Bereich als Selbstverteidigung in totalitären Gesellschaften durchaus akzeptiert sein kann (siehe „Der brave Soldat Schwejk"). Weiterhin finden sich vor dem Zweiten Weltkrieg Typen in Lehrbüchern, Textbüchern und Klassifikationssystemen, die später nicht mehr zu finden sind. Hierzu gehören der sexuell Haltlose, die geborene Prostituierte, der Willenlose, der Kriegsdienstverweigerer, der Querulant, der politisch Fanatische, die infantile Persönlichkeit und andere Typen, die noch von Kraepelin und anderen klassischen Psychiatern bevorzugt wurden (Tab. 2.2).

Warum sind diese Diagnosen aus dem offiziellen Kanon der Persönlichkeitsstörungen verschwunden? Unsere Normen und moralischen Wertvorstellungen haben sich geändert. Niemand ist mehr irritiert von sexuell promiskuitivem Verhalten oder von einer Wehrdienstverweigerung, die ein Recht in einer demokratischen Gesellschaft darstellt. Der politisch Fanatische wird nicht mehr als Fall für die Psychiatrie angesehen, sondern womöglich bewundert von Leuten mit ähnlichen Vorstellungen (z. B. Fundamentalisten jeglicher Ideologie). Die streitbare Persönlichkeit kann ihre Forderungen mithilfe cleverer Rechtsanwälte oder Institutionen in westlichen Gesellschaften durchzusetzen versuchen, in denen entsprechende Anliegen durch Gewerkschaften und politische Parteien sozial abgesichert sind.

Das Konstrukt des „Willens" ist in der modernen Psychiatrie nicht mehr valide und ist teilweise durch Konzepte wie „Antrieb", „Arousal" und „Motivation" ersetzt worden. Was den infantilen Typ betrifft, so ist die ganze westliche Kultur „infantil" geworden, wenn man Fernsehsendungen mit hohen Einschaltquoten, die Regenbogenpresse, die Werbung etc. betrachtet. Um es zu wiederholen: Die Verhaltensweisen sind die gleichen geblieben, manche sind störend und unangenehm, aber sie werden nicht mehr als pathologisch angesehen und führen also auch nicht zu einer psychiatrischen Diagnose. Die Betroffenen können als „renormalisiert" bezeichnet werden.

4. Es existiert noch eine vierte Gruppe, nämlich die „potentiellen Kandidaten" für die Diagnose einer Persönlichkeitsstörung, die nur von den Psychoanalytikern als gestörte Persönlichkeiten eingestuft werden, während sie in der Gesellschaft als normale Variationen menschlichen Seins oder ausgesprochen nützliche Personen gelten. Gemeint sind Typen wie die „authoritarian personality" nach Adorno (1950), der „Marketing-Charakter" nach E. Fromm (1979), der „phallisch-narzisstische Charakter" nach Reich (1970) oder der „überwertige Charakter" nach Emrich (1992) und andere mehr. Doch haben diese Typen aus kulturellen Gründen keinen Eingang in den offiziellen Kanon der Persönlichkeitsstörungen gefunden (Tab. 2.3). „Der autoritär-zwanghaft-hortende Charakter, der sich im 16. Jahrhundert zu entwickeln begann und zumindest

Tabelle 2.2 Persönlichkeitsstörungen, die sich aufgrund veränderter Gesellschaftsverhältnisse „normalisiert" haben und nicht mehr in ICD-10 oder DMS-IV enthalten sind

Bezeichnung	Veränderte Vorstellungen
Haltlose, insbesondere sexuell Haltlose, auch sog. geborene Prostituierte	größere Akzeptanz sexueller Promiskuität
Willenlose	Aufgabe des Konzeptes des „Willens" in der Psychiatrie, ersetzt durch das Konzept „Antrieb"
„Dienstverweigerer"	z. T. auch bei den Willenlosen oder Haltlosen subsumiert; politische Berechtigung zur Kriegsdienstverweigerung
Fanatische (politisch, religiös)	größere Toleranz für politisches und religiöses Außenseitertum; weniger Sanktionen gegen Außenseiter
„Arbeitsscheue", „Gemeinschaftsunfähige", „Landstreicher"	leichtere Rückkehrmöglichkeit für „Aussteiger" in die bürgerliche Gesellschaft; erweitertes Sozialversicherungssystem; Verwendung anderer Diagnosen (z. B. Alkoholismus)
Querulanten	leichtere Akzeptanz von Rechtsansprüchen durch Versicherungen und Sozialsystem; Durchsetzung vermeintlicher Rechtsansprüche durch „clevere" Rechtsanwälte; Verwendung anderer Diagnosen (z. B. paranoid)
infantile Persönlichkeit	Infantilität als Bestandteil des kulturellen Lebens (z. B. Zeitschriften, Fernsehen, Discokultur, Lolitatyp)

2.3 Klassifikation von Persönlichkeitsstörungen

Tabelle 2.3 Persönlichkeitsstörungen aus der psychoanalytischen Literatur, die aber von der Gesellschaft akzeptiert und oftmals sehr geschätzt werden

Typ	Begründung
„phallisch-narzisstischer Charakter" (W. Reich)	„männliche(r)" Frau/Mann, erfolgreiche(r) Geschäftsfrau/-mann, Feminismus, Antifeminismus
„Marketing-Charakter" (E. Fromm)	angepasster, verwendungsfähiger Streber in der Leistungsgesellschaft
„authoritarian personality" (T.W. Adorno)	rückgratloser deutscher Untertanentyp; aufgrund deutscher Geschichts- und Staatstradition geschätzter Typus (Herrenmenschen und Untertanen = deutsche Gesellschaft)
„überwertige Persönlichkeit" (H. Emrich)	politische Fundamentalisten, die Männer und Frauen von Minderheiten oder feindlichen Gruppen töten oder foltern in der Überzeugung, richtig zu handeln

in der Mittelklasse vorherrschte, mischte sich allmählich mit dem **Marketing-Charakter** ..." Ich habe die Bezeichnung Marketing-Charakter gewählt, weil der einzelne sich selbst als Ware und den eigenen Wert nicht als 'Gebrauchswert', sondern als 'Tauschwert' erlebt... Das oberste Ziel des Marketing-Charakters ist die vollständige Anpassung, um unter allen Bedingungen des Persönlichkeitsmarktes begehrenswert zu sein. ... Keiner von ihnen hat ein Selbst, einen Kern, ein Identitätserleben." (Fromm 1979, S. 141–143)

Zusätzlich gibt es eine Reihe von Typen von Persönlichkeitsstörungen, die im Kapitel der Persönlichkeitsstörung des DSM-III-R/DSM-IV oder der ICD-10 deswegen fehlen, weil sie in ein anderes Kapitel verlagert wurden oder unter einem anderen Persönlichkeitstyp subsumiert werden, obwohl sie in der klassischen deutschen Psychiatrie und deren Literatur aufgeführt sind:

- depressive Persönlichkeitsstörung: Dysthymie,
- zyklothyme Persönlichkeitsstörung: Zyklothymie,
- hyperthyme Persönlichkeitsstörung: Hyperthymie,
- schizotypische Persönlichkeitsstörung: Schizophrenie (ICD-10).

Das Konzept der Persönlichkeitsstörungen wird von einigen Autoren auch grundsätzlich infrage gestellt, sowohl die Abgrenzung vom klinischen Syndrom als auch die Abgrenzung zur Dimension der Normalpersönlichkeit betreffend (Eysenck 1987). Stone (1993) hat einmal den Versuch im englischsprachigen Bereich unternommen, eine möglichst vollständige Liste positiver und negativer Persönlichkeitszüge zu erstellen, und ist dabei auf die Zahl von 500 negativen und 100 positiven Persönlichkeitszügen gekommen. Daher müssen bei zukünftigen empirischen Studien zur Validierung sowohl der Diagnose einer Persönlichkeitsstörung als auch der Diagnoseinstrumente die klinischen Syndrome sowie die oben erwähnten normalen Persönlichkeitstypen mit einbezogen werden (Bronisch und Klerman 1991). Ansätze in diese Richtung hat beispielsweise von Zerssen (2000) unternommen. Weiterhin stellt sich die

Tabelle 2.4 Typologien von Persönlichkeitsstörungen

Cluster	DSM-IV	DSM-III-R	ICD-10	ICD-9	K. Schneider
A	paranoide PS schizoide PS schizotypische PS	paranoide PS schizoide PS schizotypische PS	paranoide PS schizoide PS –	paranoide PS schizoide PS –	– – –
B	antisoziale PS	antisoziale PS	dissoziale PS	soziopath./ antisoziale PS	gemütlose + willenlose PS
	Borderline-PS	Borderline-PS	emotional instabile PS Borderline-Typus impulsiver Typus	explosible PS	explosible PS geltungsbedürftige PS
	histrionische PS narzisstische PS	histrionische PS narzisstische PS	histrionische PS (narzisstische PS)	hysterische PS –	– –
	–	–	–	–	fanatische PS
C	selbstunsichere PS abhängige PS zwanghafte PS	selbstunsichere PS abhängige PS zwanghafte PS	ängstliche PS abhängige PS anankastische PS	– asthenische PS anankastische PS	selbstunsichere PS asthenische PS anakastische PS (bei den selbstunsicheren PS)
	(bei affekt. Störungen)	(bei affekt. Störungen)	(bei affekt. Störungen)	affektive PS	Hyperthymie + depressive + stimmungslabile PS
	(passiv-aggressive PS)	passiv-aggressive PS	(passiv-aggressive PS)	–	–
	–	selbstschädigende PS	–	–	–
	–	sadistische PS	–	–	–
	–	–	andere	andere	–
	NOS	NOS	–	NOS	–

NOS (nicht anderweitig spezifiziert)

Frage, ob Persönlichkeitsstörungen wirklich andauernd sind oder ob es sich um Persönlichkeitszüge handelt, die zweifelsohne von hoher Stabilität sind und unter bestimmten lebensgeschichtlichen Belastungen zu Persönlichkeitsstörungen werden, allerdings häufig nur vorübergehend. Hieraus leiten sich aktuelle Vorschläge ab, Persönlichkeitszüge oder akzentuierte Persönlichkeitsstile auf Achse II, Persönlichkeitsstörungen aber auf Achse I zu kodifizieren (Livesley 2001) (Kap. 3.4.5).

2.4 Vergleich moderner Klassifikationssysteme

Tab. 2.4 gibt die **Typologien** moderner Klassifikationssysteme von Persönlichkeitsstörungen wieder, angefangen mit Kurt Schneider über ICD-9 und ICD-10 bis hin zu DSM-III-R und DSM-IV.

Bei Kurt Schneider fehlen die paranoide und schizoide Persönlichkeitsstörung, während bei ICD-10, DSM-III-R und DSM-IV die affektiven Persönlichkeitsstörungen bei den klinischen Syndromen subsumiert werden. Die schizotypische Persönlichkeitsstörung, neu eingeführt von DSM-III und in DSM-III-R und DSM-IV beibehalten, wird bei ICD-10 unter den schizophrenen Psychosen aufgelistet. Bei der Typologie von Kurt Schneider und ICD-9 fehlen die narzisstische und die passiv-aggressive Persönlichkeitsstörung (letztere in DSM-IV nur im Anhang zu finden), beide sind nie in die ICD-Klassifikation und andere offizielle europäische Klassifikationen aufgenommen worden. Obwohl die Borderline-Persönlichkeitsstörung als Diagnose eine lange Tradition hat, wurde diese in ihrer jetzigen Definition erst 1980 in DSM-III eingeführt. Leider herrscht auch bei den einzelnen Kriterien der jeweiligen Persönlichkeitsstörung nach DSM-IV und ICD-10 keine vollständige Übereinstimmung. Empirische Studien basieren auf den Kriterien der Persönlichkeitsstörung nach DSM-III, DSM-III-R bzw. DSM-IV.

Fazit für die Praxis

Ein Aufschwung der Forschung im Bereich der Persönlichkeitsstörungen erfolgte mit der Einführung von DSM-III im Jahr 1980 und der damit verbundenen Hervorhebung der Persönlichkeitsstörungen auf einer eigenen diagnostischen Achse.

Es besteht eine recht hohe Übereinstimmung zwischen ICD-10 (1992) und DSM-IV (1994), wenn die optionalen Persönlichkeitsstörungen bei ICD-10 mit einbezogen werden.

Allerdings sind die Kriterien der korrespondierenden Persönlichkeitsstörungen in ICD-10 und DSM-IV nicht identisch.

Darüber hinaus ist es in beiden Klassifikationssystemen möglich, die Diagnose einer anderen bzw. nicht anderweitig spezifizierten Persönlichkeitsstörung zu stellen.

Hierunter fallen auch Patienten, die zwar nicht die Kriterien einer einzigen Persönlichkeitsstörung, aber einzelne Kriterien verschiedener Persönlichkeitsstörungen erfüllen.

2.5 Klinische Diagnostik der Persönlichkeitsstörungen

Die Persönlichkeitsstörungen kann man, wie die Amerikaner empfehlen, in drei Hauptgruppen ordnen: Gruppe A (**Cluster A**) beinhaltet die paranoide, schizoide und schizotypische Persönlichkeitsstörung. Personen mit diesen Störungen werden häufig als sonderbar und exzentrisch bezeichnet. Gruppe B (**Cluster B**) beinhaltet die histrionische, narzisstische, antisoziale und Borderline-Persönlichkeitsstörung. Personen mit solchen Störungen werden häufig als dramatisch, emotional oder launisch bezeichnet. Gruppe C (**Cluster C**) beinhaltet die selbstunsichere, abhängige, zwanghafte und passiv-aggressive (im Anhang von DSM-IV enthalten) Persönlichkeitsstörung. Diese Menschen zeigen sich oft ängstlich oder furchtsam.

Das Cluster-Konzept wendet die kategoriale Erfassung von psychischen Störungen an, d. h., das Individuum hat oder hat nicht die entsprechende Persönlichkeit. In jedem Cluster werden spezifische Diagnosen durch Prototypen repräsentiert. Der Patient erhält eine spezifische Diagnose, wenn er eine gewisse Anzahl von Merkmalen des Prototyps erfüllt. Innerhalb der Cluster A, B, und C wird die Diagnose einer Persönlichkeitsstörung als prototypisch für das entsprechende Cluster angesehen, d. h. für das Cluster A die schizotypische, für Cluster B die Borderline- und für Cluster C die ängstliche Persönlichkeitsstörung (Bronisch 1999).

- Charakteristische Merkmale der paranoiden und schizoiden Persönlichkeitsstörungen (Cluster A):
  - seltsames, exzentrisches Verhalten,
  - ausgesprochene Affektarmut, Gefühlskälte,
  - bei vermeintlichen Kränkungen und Bedrohungen schnelles Umkippen der Stimmung in Wut und Zorn, u. U. auch Gewalttätigkeit,
  - Misstrauen, bis hin zum Gefühl der Bedrohung und zu paranoiden Vorstellungen,
  - fehlender zwischenmenschlicher Kontakt.
- Charakteristische Merkmale der dissozialen, emotional instabilen, histrionischen und narzisstischen Persönlichkeitsstörungen (Cluster B):
  - Impulsivität im affektiven Bereich aus mehr oder minder gravierenden Anlässen,
  - übermäßig starke Wut und Unfähigkeit, die Wut zu kontrollieren,
  - Tendenzen zur Selbstbeschädigung bzw. zu Suizidversuchen,
  - Tendenzen zur Fremdgefährdung, vor allem bei der dissozialen und narzisstischen Persönlichkeitsstörung,
  - wenig ausgeprägtes Selbstwertgefühl mit Gefühlen von Wut, Scham und Demütigung bei berechtigter und unberechtigter Kritik,
  - schneller Wechsel von Idealisierung und Entwertung von nahe stehenden Personen,
  - Probleme in der Regulierung von Nähe und Distanz zu anderen Menschen.
- Charakteristische Merkmale der ängstlichen, abhängigen, anankastischen und passiv-aggressiven Persönlichkeitsstörungen (Cluster C):
  - leichte Verletzbarkeit durch Kritik und Ablehnung,

- Übertreibung potentieller Probleme, körperlicher Gebrechen oder Risiken,
- andauerndes Angespannt- und Besorgtsein,
- Gefühl der Hilflosigkeit und Abhängigkeit,
- massive Trennungsängste,
- übermäßige Gewissenhaftigkeit und fehlende Flexibilität,
- passive Aggressivität.

An diese Kriterien sollte sich das klinische Interview bei der Erfassung der Gesamtgruppe der Persönlichkeitsstörungen halten. Gerade bei der Diagnostik von Persönlichkeitsstörungen ist die Information von anderen Personen wie z. B. Angehörigen, Freunden und Arbeitskollegen von besonderer Bedeutung, da die Patienten ihre Schwierigkeiten im Umgang mit anderen Personen bzw. ihre Probleme im Zurechtkommen im Alltag nicht immer wahrnehmen oder auch aus Scham verschweigen. Bei stationären Behandlungen ist die Beobachtung des Patienten, die Erprobung im Rahmen von Arbeits- und Beschäftigungstherapie sowie die Exposition zu Sozialkontakten im Rahmen von Gruppenaktivitäten von besonderer Bedeutung für die Diagnostik von gestörten sozialen Verhaltensweisen.

Eine ausführliche Anamnese mit Schwerpunkt auf der Lebensgeschichte mit dem Herausarbeiten von immer wiederkehrenden Verhaltensmustern, die sich besonders unter Belastungen zeigen, ist eine Conditio sine qua non für die Diagnostik von Persönlichkeitsstörungen. Für die Differenzialtypologie und letztlich die Therapie von besonderer Relevanz ist die Analyse der Störung in der Affektregulation, die sich zum einen in einem dominanten Affekt (z. B. Misstrauen bei der paranoiden Persönlichkeitsstörung), zum anderen in einer gestörten Affektmodulation (etwa Affektinkontinenz beim impulsiven Typ der emotional instabilen Persönlichkeitsstörung) äußern kann. Ein entsprechendes Modell zu „affektiven Teilleistungsstörungen" wurde von Linden (1995) vorgelegt. Es differenziert die primäre Affektstörung von der sekundären Störung der affektiven Kommunikation und sozialen Interaktion, die im Weiteren kognitive Schemata und schließlich eine weitreichende Anpassungsproblematik zur Folge hat.

Die Drei-Cluster-Einteilung ist im Rahmen von empirischen Studien nicht unwidersprochen geblieben, repräsentiert aber das „Spektrum-Modell" von psychiatrischen Störungen.

Ein weiteres Problem stellt das Auftreten multipler Diagnosen einer Persönlichkeitsstörung bei ein und demselben Individuum dar. Dabei erstrecken sich die Diagnosen der Persönlichkeitsstörungen über die Cluster A, B und C hinweg. In einer großen Stichprobe von stationär behandelten psychiatrischen Patienten fanden sich bis zu 7 verschiedene Persönlichkeitsstörungen pro Patient, bis zu 5 Diagnosen pro Patient in einem Poliklinik-Sample, wobei nur die Hälfte der Patienten eine einzige Diagnose aufwies. Daher wird auch von der „Breite der Psychopathologie" und nicht von „cooccurrence" oder „comorbity" gesprochen. Der Schweregrad der Persönlichkeitspathologie wird auch in Abhängigkeit von der Anzahl der Persönlichkeitsstörungen bei ein und demselben Patienten definiert (Bronisch 1999). Leonhard (1968) wies schon in seinem Buch über akzentuierte Persönlichkeiten auf den unterschiedlichen Schweregrad der Psychopathologie der Persönlichkeit hin.

2.6 Dimensionale Erfassung von Persönlichkeitsstörungen

Aufgrund der großen Überlappung von Persönlichkeitsstörungen und den nahezu willkürlichen Cut-off-Points für die Definition von Persönlichkeitsstörungen sind dimensionale Modelle von Persönlichkeitsstörungen entwickelt worden, die in Kap. 3.4 ausführlich dargestellt werden. Besonders hervorzuheben sind die **Circumplex-Modelle**, die davon ausgehen, dass interpersonelles Verhalten die zentrale Domäne für die Definition und Klassifikation der Persönlichkeit darstellt. Interpersonelles Verhalten spielte dabei seit Sullivan (1953) ein entscheidendes Konstituens auch im Bereich der Psychiatrie. Die meisten Theorie-geleiteten Modelle basieren auf alternativen Stilen interpersoneller Beziehungen und haben sich zum Ziel gesetzt, möglichst alle Persönlichkeitszüge einzuschließen und nicht nur diejenigen, die für den Kliniker relevant erscheinen.

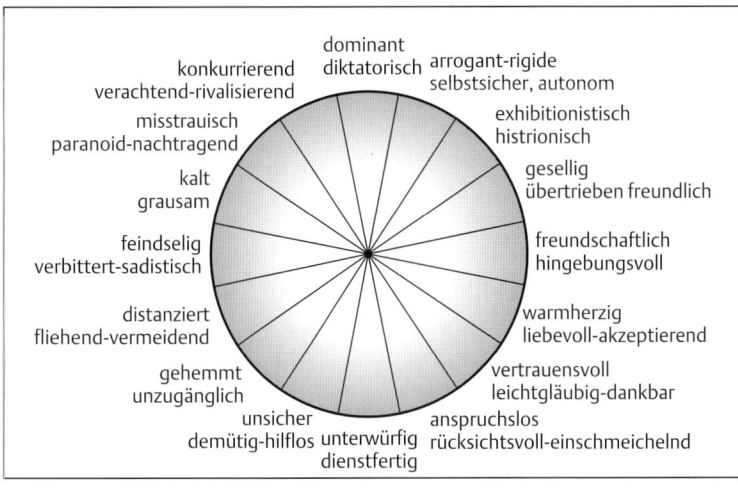

Abb. 2.1 Circumplex-Modell von Kiesler.

Leary (1957) entwickelte hierbei das erste Circumplex-Modell, welches von Kiesler (1983) weiterentwickelt wurde (Abb. 2.1).

Die zirkuläre Anordnung bringt die inhaltlichen Kategorien in einen systematischen, dimensionsabhängigen Zusammenhang. Benachbarte Kategorien korrelieren hoch positiv, während zwischen im Kreis entgegengesetzten Kategorien hohe negative Korrelationen bestehen. Diese Zusammenhangsbeziehungen hatte Leary (1957) selbst bereits empirisch zu untermauern versucht.

Kiesler (1983) geht von der Entwicklung von Persönlichkeitsstörungen durch eine interpersonelle Dynamik aus, die die Betroffenen dazu bringt, maladaptive Beziehungen aufrechtzuerhalten bzw. zu wiederholen, um eine wichtige menschliche Bindung nicht zu gefährden. Obwohl diese Beziehungen als nicht befriedigend oder sogar leidvoll erlebt werden, bleiben sie bestehen. Alternativen wurden nicht oder nicht zureichend gelernt und stellen eine Bedrohung des Selbstbildes/Selbstkonzeptes dar. Kiesler (1983) postulierte, dass alle interpersonellen Verhaltensweisen entlang der Hauptachsen eines zweidimensionalen Raumes zu beschreiben sind: Die eine Dimension (Zuneigung, Fürsorge) reicht von feindseligem bis zu freundlichem oder liebevollem Verhalten, die zweite (Macht, Kontrolle, Dominanz) reicht von unterwürfigem bis zu dominantem Verhalten. Er ging weiterhin davon aus, dass zwei miteinander kommunizierende Personen ihr Verhalten gegenseitig beeinflussen. Gewöhnlich besteht dabei Komplementarität, d. h., die Verhaltensweisen können dem Circumplex-Modell zugeordnet werden.

Millon (1981) entwarf ein anderes Circumplex-Modell, das die Dimensionen Affiliation und Emotionalität in den Mittelpunkt stellt und als Grundlage der Beschreibung Persönlichkeitstypen bzw. Persönlichkeitsstörungen nimmt (Abb. 2.2).

Eine Weiterentwicklung des Circumplex-Modells stellt L. Benjamins (1996) Modell der Structural Analysis of Social Behavior dar, das sie auf die Persönlichkeitsstörungen nach DSM-III-R anwandte. Benjamin differenziert einerseits zwischen intrapsychischen und interpersonellen Aspekten von Beziehung und andererseits dem Aspekt der innerpsychischen Regulierung und Normierung von Beziehung. Benjamin legt dabei besonderen Wert auf die Beziehung zwischen der erwachsenen Persönlichkeit und den Wahrnehmungen der frühen Erfahrungen in der sozialen Erziehung.

2.7 Instrumente zur Erfassung von Persönlichkeitsstörungen

Grundsätzlich stehen zur Erfassung von Psychopathologie und (pathologischen) Persönlichkeitszügen verschiedene Instrumente zur Verfügung, nämlich **Selbstbeurteilungsfragebogen**, **Checklisten** sowie **strukturierte** und **standardisierte Interviews**, die sich wiederum verschiedener Informationsquellen bedienen können (Patient, Angehörige, Krankengeschichte etc.). Selbstbeurteilungsinstrumente erfassen sehr viele falsch positive Diagnosen, kaum aber falsch negative, so dass sie vor allem als Screening-Verfahren eingesetzt werden. Bei Checklisten, mit einem freien Interview verbunden, werden dabei einzelne Items wie z. B. Diagnosekriterien vom Untersucher beurteilt. Bei strukturierten oder standardisierten Interviews werden dagegen Fragen vorgegeben, die sich auf die Diagnosekriterien beziehen. Während dem Untersucher bei den strukturierten Interviews Spielraum für zusätzliche, selbst formulierte Fragen bleibt, sind bei den standardisierten Interviews keine zusätzlichen Fragen erlaubt.

Erst der Einsatz von Diagnostikinstrumenten zur Erfassung von Persönlichkeitsstörungen ermöglichte dabei

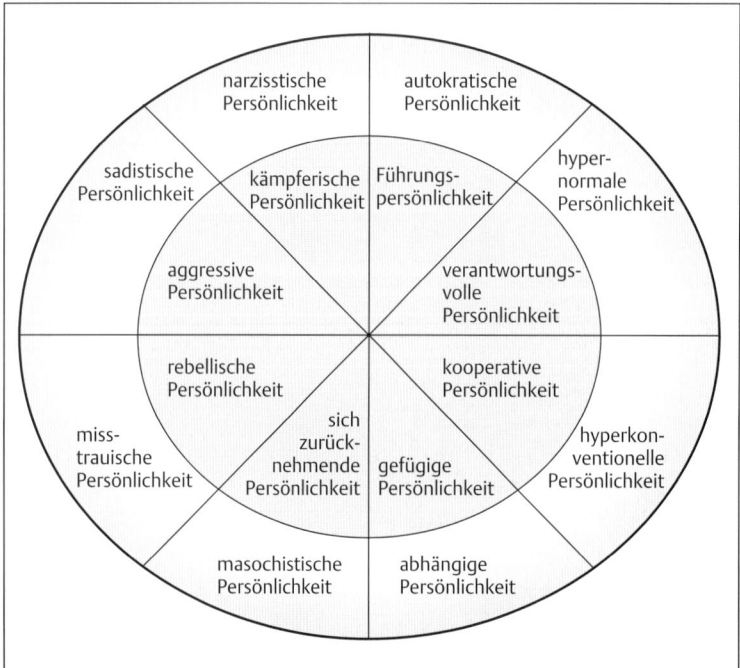

Abb. 2.2 Circumplex-Modell von Millon.

Tabelle 2.5 Instrumente zur Erfassung der Persönlichkeitsstörungen nach DSM-III/DSM-III-R/DSM-IV/ICD-10

Erhebungsinstrumente	Klassifikationssysteme	deutsche Version	Informationsquelle	Befragung in der Reihenfolge der Items zu den Persönlichkeitsstörungen	Prüffragen	Glossar/ Manual	Interviewdauer bzw. Dauer beim Ausfüllen des Fragebogens Min. x Range	
Personality Disorders Questionnaire (PDQ; Hyler et al. 1983/1987)	DSM-III/ DSM-III-R	+	Patient	+	–	–	20	–
Millon Clinical Multiaxial Inventory (MCMI; Millon 1983/1987)	<DSM-III-R>	–	Patient	–	–	–	?	?
Internationale Diagnose-Checklisten für Persönlichkeitsstörungen (IDCL-P; Bronisch et al. 1995)	DSM-III-R/ DSM-IV/ ICD-10	+	Patient Angehöriger Krankengeschichte	+	–	+	36	20–150 und mehr
Aachener Merkmalsliste für Persönlichkeitsstörungen (AMPS; Saß und Mende 1990)	DSM-III-R/ DSM-IV/ ICD-10	+	Patient Angehöriger Krankengeschichte	–	–	–	?	20–120 und mehr
Structured Interview for DSM-III Personality Disorders (SIDP; Pfohl et al. 1982)	DSM-III/ DSM-III-R/ DSM-IV	+	Patient Angehöriger –	–	+	+	90	?
International Personality Disorder Examination (IPDE; Loranger et al. 1994)	DSM-III/ DSM-III-R/ DSM-IV/ICD-10	+	Patient Angehöriger –	–	+	+	?	60–240 und mehr
Structured Clinical Interview for DSM-III Disorders AXIS II (SCID-II; First et al. 1995)	DSM-III/ DSM-III-R	+	Patient	+	+	+	?	60–240 und mehr
Personality Disorders Assessment Schedule (PAS; Tyrer et al. 1979)	<DSM-III-R> <ICD-10>	–	Patient Angehöriger	–	+	+	?	?

<> Fragebogen bzw. Interview ist ursprünglich nicht konzipiert zur Erfassung der Kriterien der Persönlichkeitsstörungen nach DSM-III/DSM-III-R/ICD-1.

In den letzten Jahren........   ja   nein

1a) Meine Gefühle gegenüber einer anderen Person können sich oft drastisch ändern.
1b) Leute, die ich verehrt habe, haben mich oft am Schluss enttäuscht.
2) Ich habe Dinge im Affekt getan (wie etwa die unten aufgelisteten), die mich in Schwierigkeiten bringen können.
   a) Mehr Geld ausgeben, als ich habe ☐
   b) Sexuelle Beziehungen mit Leuten, die ich kaum kenne ☐
   c) Zu viel trinken ☐
   d) Drogeneinnahme ☐
   e) Fressattacken ☐
   f) Ladendiebstähle ☐
3) Ich bin eine launische Person.
4a) Selten werde ich so ärgerlich, dass ich die Kontrolle verliere.
4b) Ich bin in mehr Handgreiflichkeiten geraten als die meisten Leute.
5a) Ich habe niemals gedroht, mich umzubringen.
5b) Ich habe mich oft versehentlich verletzt.
6a) Meine Freunde, meine Ziele oder meine Überzeugungen wechseln immer.
6b) Ich habe mehr als üblich Identitätskrisen.
7) Ich fühle mich die meiste Zeit leer oder gelangweilt.
8) Wenn ich weiß, dass eine Partnerschaft zu Ende geht, dann lasse ich sie friedvoll enden.

Abb. 2.3 Selbstbeurteilungsbogen über die Borderline-Persönlichkeitsstörung (Hyler und Rieder 1987).

eine **reliable Diagnostik** von Persönlichkeitsstörungen, während die Anwendung der operationalisierten Kriterien bei Persönlichkeitsstörungen allein keine Verbesserung der Reliabilität erbracht hatte. Tab. 2.5 gibt die wesentlichen Diagnostikinstrumente für die Diagnose von allen ICD-10/DSM-III-R-Persönlichkeitsstörungen wieder (Bronisch 1992).

In Abb. 2.3, 2.4 und 2.5 sind Ausschnitte aus drei prototypischen Diagnostikinstrumenten zur Erfassung der Persönlichkeitsstörungen nach DSM-III-R wiedergegeben. DSM-III-R wurde deswegen ausgewählt, weil hier für alle drei Diagnostikinstrumente eine deutsche Version existiert, die auch in empirischen Studien an deutschsprachigen Patienten erprobt wurde (siehe Reliabilitätsstudien, S. 15). Als Diagnosekategorie wurde die Borderline-Persönlichkeitsstörung nach DSM-III-R gewählt.

In Abb. 2.3 ist die Seite im Selbstbeurteilungsbogen Hyler (Hyler und Rieder 1987) über die Borderline-Persönlichkeitsstörung abgebildet. Für jedes Item der Borderline-Persönlichkeitsstörung ist für den Patienten/Probanden eine Frage reserviert, die mit „ja" oder „nein" beantwortet werden kann. Die positiv im Sinne von pathologisch beantworteten Fragen werden dann zusammengezählt und, wenn der Cut off Score der Persönlichkeitsstörung überschritten wird, erhält der Patient die Diagnose der entsprechenden Persönlichkeitsstörung. Es kann jedoch auch ein Summenscore über alle Persönlichkeitsstörungen hinweg gebildet werden. Um nicht zu viele falsch positive Antworten durch die Patienten/Probanden zu bekommen, wird im Rahmen des Fragebogens noch durch spezielle Fragen geklärt, ob die angegebenen Verhaltensweisen zu Problemen im Umgang mit anderen Menschen geführt haben oder ob der Betroffene darunter

Abb. 2.4 Items für die Borderline-Persönlichkeitsstörung im Rahmen der Münchner Diagnosen Checklisten nach DSM-III-R abgebildet (Bronisch et al. 1995).

Borderline-Persönlichkeitsstörung

Durchgängiges Verhaltensmuster von Instabilität im Bereich der Stimmung, der zwischenmenschlichen Beziehungen und des Selbstbildes.
Der Beginn liegt im frühen Erwachsenenalter und die Störung manifestiert sich in den verschiedensten Lebensbereichen.

⊙ **Ermitteln Sie die Art der Persönlichkeitszüge**

nein   Verdacht   ja

(1) Ein Muster von instabilen, aber intensiven zwischenmenschlichen Beziehungen, das sich durch einen Wechsel zwischen den beiden Extremen der Überidealisierung und Abwertung auszeichnet

(2) Impulsivität bei mindestens zwei potentiell selbstschädigenden Aktivitäten (z. B. Geldausgeben, Sexualität, Substanzmissbrauch, Ladendiebstahl, rücksichtsloses Fahren und Fressanfälle; nicht hierzu gehören Suizidversuch oder Selbstverstümmelung).

(3) Instabilität im affektiven Bereich (z. B. ausgeprägte Stimmungsänderungen von der Grundstimmung zu Depression, Reizbarkeit oder Angst, wobei diese Zustände gewöhnlich einige Stunden oder, in seltenen Fällen, länger als einige Tage andauern).

(4) Übermäßige, starke Wut oder Unfähigkeit, die Wut zu kontrollieren (z. B. häufige Wutausbrüche, andauernde Wut oder Prügeleien).

(5) Wiederholte Suiziddrohungen, -andeutungen oder -versuche oder andere selbstverstümmelnde Verhaltensweisen.

(6) Ausgeprägte und andauernde Identitätsstörung, die sich in Form von Unsicherheit in mindestens zwei der folgenden Lebensbereiche manifestiert:
• Selbstbild • sexuelle Orientierung
• Art der Freunde oder Partner
• langfristige Ziele oder Berufswünsche
• persönliche Wertvorstellungen

(7) Chronisches Gefühl der Leere oder Langeweile.

(8) Verzweifeltes Bemühen, ein reales oder befürchtetes Alleinsein zu verhindern (nicht hierzu gehören Suizidversuch oder Selbstverstümmelung).

Falls das Hauptmerkmal vorliegt sowie mindestens fünf der Kriterien (1) bis (8) erfüllt sind:

Borderline-Persönlichkeitsstörung   3 0 1 . 8 3

☐ nicht erfüllt   ☐ Verdacht   ☐ erfüllt

> 56. 0 1 2 ? 0 1 2 ?   Ein Muster instabiler und intensiver zwischenmenschlicher Beziehungen, das durch ein Alternieren zwischen dem Extrem der Überidealisierung und Abwertung charakterisiert ist
> DSM-III-R- Borderline-Persönlichkeitsstörung: 1
> Neigung, sich in intensive, aber instabile Beziehungen einzulassen, oft mit der Folge von emotionalen Krisen
> ICD-10 emotional instabile Persönlichkeitsstörung: 7
>
> Geraten Sie in intensive und stürmische Beziehungen mit anderen Menschen, mit häufigen Hochs und Tiefs? Ich meine, bei denen Ihre Gefühle mal ganz intensiv (heiß) und dann wieder sehr distanziert (kalt) sind oder von einem Extrem zum anderen wechseln?
> **Wenn ja:** Kann es Ihnen bei solchen Beziehungen passieren, dass Sie ein und dieselbe Person abwechselnd bewundern und dann wieder verachten?
> **Wenn ja:** Können Sie mir einige Beispiele nennen?
>
> In wie vielen verschiedenen Beziehungen hat sich das ereignet?
>
> Für eine positive Bewertung müssen alle drei Verhaltensweisen vorliegen: Insbilität, starke Gefühle und ein Wechsel zwischen Überidealisierung und Abwertung. Beim letztgenannten muss nicht ein ständiger Wechsel zwischen Überidealisierung und Bewertung vorliegen. Wenn die anderen geforderten Verhaltensweisen vorliegen, spielt es keine Rolle, auf welche Bezugsperson sie sich richten, ob z. B. auf Eltern, Personen des anderen Geschlechts, etc.
>
> 2 Die Beispiele verdeutlichen ein Muster von instabilen und intensiven Beziehungen (mehr als nur eine oder zwei), die durch ein Alternieren zwischen den Extremen der Überidealisierung und Abwertung charakterisiert ist
> 1 Die Beispiele verdeutlichen, dass eine oder zwei Beziehungen instabil, intensiv und durch ein Alternieren zwischen den Extremen der Überidealisierung und Abwertung charakterisiert waren.
> 0 Kriterium verneint oder nicht durch überzeugende Beispiele belegt.

Abb. 2.5 Item der Borderline-Persönlichkeitsstörung nach DSM-III-R aus dem IPDE (WHO 1994).

leidet. Sollte dies nicht der Fall sein, dann entfällt die Diagnose einer Persönlichkeitsstörung.

In Abb. 2.4 ist die Seite über die Borderline-Persönlichkeitsstörung im Rahmen der Münchner Diagnose-Checklisten (jetzt Internationale Diagnose-Checklisten) nach DSM-III-R abgebildet (Bronisch et al. 1995). Die Items der Borderline-Persönlichkeitsstörung sind der Reihe nach aufgelistet und können mit „nein", „Verdacht" oder „ja" vom Untersucher angekreuzt werden. Am Schluss erfolgt durch Addition die Einordnung hinsichtlich Vorhandensein oder Nichtvorhandensein dieser Diagnose. Die Checkliste ist handlich (pocket size) und kann nach einem klinischen Interview für alle Persönlichkeitsstörungen ausgefüllt werden, evtl. fehlende Angaben können vom Patienten selbst oder von einem nahen Angehörigen nachträglich erfragt werden. Es besteht aber auch die Möglichkeit, anhand der Checkliste ein Interview mit frei formulierten Fragen mit dem Patienten/Probanden durchzuführen, so wie es in den Reliabilitätsstudien erfolgt ist (S. 15). Weiterhin eignen sich die Checklisten auch für Krankengeschichtsauswertungen im Rahmen wissenschaftlicher Studien.

Schließlich ist in Abb. 2.5 eine Frage zu einem Item der Borderline-Persönlichkeitsstörung nach DSM-III-R aus dem IPDE abgebildet (WHO 1993). In der ersten Spalte ist das Kriterium „deutlich ausgeprägt" und „fraglich vorhanden" abgebildet. In der zweiten Spalte sind die Fragen vorgegeben, die der Interviewer dem Patienten/Probanden in jedem Fall stellen sollte. In der dritten Spalte ist noch eine Hilfestellung für die Beurteilung des Items gegeben. Dieses Vorgehen wiederholt sich für jedes Kriterium der einzelnen Persönlichkeitsstörungen nach DSM-III-R und ICD-10. Am Schluss können durch das Zusammenzählen der positiven, d. h. pathologischen Items die Diagnose oder die Diagnosen der Persönlichkeitsstörungen bei Überschreiten des Cut off Scores gestellt werden oder ein Summenscore gebildet werden.

2.8 Angaben Dritter

Der Vergleich verschiedener Informationsquellen (Patienten vs. Angehörige von Patienten) ist sicherlich von großem klinischen Interesse und sollte Teil der diagnostischen Erhebung bei Patienten mit Verdacht auf eine Persönlichkeitsstörung sein. Oftmals wird durch Persönlichkeitszüge des Patienten wie etwa misstrauisch-paranoide Züge oder Tendenzen zur Idealisierung und Entwertung die Wahrnehmung und Einschätzung der eigenen Person und die anderer verzerrt. Eine realistische Einschätzung der Äußerungen des Patienten erfordert daher einen Vergleich mit der Beschreibung des Patienten durch nahe Angehörige und Freunde. Da sich diese Patienten aber oftmals in pathologischen Beziehungen befinden, d. h. der Angehörige vielleicht ebenfalls pathologische Persönlichkeitszüge aufweist, sind die Informationen nicht eindeutig zu interpretieren. Auf der anderen Seite verweigern viele Patienten Fremdanamnesen, oder Angehörige fehlen bzw. verweigern den Kontakt mit dem Therapeuten.

Inzwischen liegen erste Studien vor, die sich mit dem Vergleich von Einschätzungen zur Persönlichkeit beschäftigen, die von Betroffenen und nahe stehenden Personen geäußert werden. So stellen Modestin und Puhan

(2000) heraus, dass ein Interview mit einem nahe stehenden Angehörigen nur in Einzelfällen zur Verbesserung der Validität der Diagnose einer Persönlichkeitsstörung führte. Riso et al. (1994), die die Personality Disorder Examination – eine Vorversion der heutigen International Disorder Examination – parallel bei Patienten und Informanten durchführten, berichteten über eine geringe diagnostische Konkordanz (Median Kappa = 0,01). Die Patienten gaben durchweg mehr Symptome einer Persönlichkeitsstörung an als die Informanten; diese aber berichteten auch Symptome, die von den Betroffenen selbst nicht benannt wurden. Interessant war das Ergebnis, dass die Angaben von Freunden valider waren als die von Angehörigen.

2.9 Reliabilitätsstudien zur Erfassung von Persönlichkeitsstörungen nach DSM-III-R und ICD-10

Die Reliabilität der Diagnostik von Persönlichkeitsstörungen wird mit dem Korrelationskoeffizienten Kappa gemessen. Kappa misst dabei, inwieweit die beobachtete Übereinstimmung zweier Diagnostiker von der nach Zufall zu erwartenden Übereinstimmung abweicht. Dabei beschränken sich die Studien auf **Interrater-Übereinstimmung** (zwei Untersucher, von denen einer den Patienten interviewt) und **Test-Retest-Reliabilität**. Bei den Test-Retest-Reliabilitätsstudien wurden die Patienten von zwei Untersuchern zu unterschiedlichen Zeitpunkten untersucht, wobei der Abstand zwischen den beiden Interviews in der Regel nur wenige Tage betrug. Bei der Selbstbeurteilung wurde der Fragebogen dem Patienten zweimal vorgelegt.

Verglichen werden die Ergebnisse im Hinblick auf die mögliche Diagnose einer Persönlichkeitsstörung. Weiter wird der „range" zwischen den niedrigsten und den höchsten Kappa-Werten bei einzelnen Persönlichkeitsstörungen dargestellt (je nach Patientenstichproben konnte in den einzelnen Reliabilitätsstudien nur eine begrenzte Anzahl von spezifischen Persönlichkeitsstörungen untersucht werden, da nicht genügend Fälle – mindestens fünf – von einem der beiden Untersucher als spezifische Persönlichkeitsstörung diagnostiziert worden waren).

Die Ergebnisse zeigen eine Test-Retest-Reliabilität von Kappa 0,62–0,80 für Persönlichkeitsstörung vs. keine Persönlichkeitsstörung. Für die einzelnen Persönlichkeitsstörungen liegen die Werte niedriger mit 0,17–1,0. Die mit dem IPDE ermittelten Kappa-Werte lagen für die verschiedenen Persönlichkeitsstörungen bei 0,76–0,96. Ein etwas schlechteres Bild ergibt sich mit 0,35–0,73 für die zeitlich weniger aufwändigen Diagnose-Checklisten. Kappa-Werte von 0,40 und mehr sind für die Reliabilität einer psychiatrischen Diagnose ausreichend, Kappa-Werte von 0,70 und mehr als ausgezeichnet einzuschätzen (Zimmerman 1994).

2.10 Validitätsstudien

Es sollte hier besonders betont werden, dass kein Außenkriterium für die Persönlichkeitsstörungen und damit auch für Diagnostikinstrumente vorliegt wie z. B. eine für eine Persönlichkeitsstörung spezifische Entwicklungsgeschichte oder ein biologischer Marker.

Als „gold standard" gilt nach Spitzer (1983) eine Konsensusdiagnose, die alle möglichen Informationsquellen wie behandelnde Ärzte, Pflegepersonal, Krankenakten und Fremdanamnese mit einschließt. Pilkonis et al. (1995) verglichen bei 108 Patienten mit nichtpsychotischen psychiatrischen Erkrankungen eine solche Konsensusdiagnose mit den durch zwei strukturierte Interviews erhobenen Diagnosen (PDE, SIDP-R) und fanden dabei eine mäßige Übereinstimmung (Persönlichkeitsstörung vs. keine Persönlichkeitsstörung: 0,55 bzw. 0,58).

Hinsichtlich Validität wird auch auf „concurrent validity" eingegangen, u. z. bezogen auf die Vergleichbarkeit der Instrumente untereinander und die Stabilität der Diagnose einer Persönlichkeitsstörung über längere Zeiträume hinweg, d. h. prädiktive Validität. Loranger et al. (1994) konnten hierbei bei einer Wiederholung des Interviews nach einem halben Jahr Kappa-Werte von 0,24–0,72 erzielen.

Fazit für die Praxis

Tabelle 2.6 Fazit für die Praxis

Diagnostikinstrumente
Selbstbeurteilungsfragebogen
Vorteile
Zur Erhebung wird wenig Zeit benötigt.
Der Patient füllt den Bogen selbst aus, ein klinisches Interview entfällt.
Nachteile
Wenig spezifisch, d. h., viele falsch positive Antworten.
Klinisches Wissen fließt nicht in die Beurteilung ein.
Werden der Komplexität von Persönlichkeitszügen nicht gerecht.
Checklisten/Interviews
Vorteile
Klinisches Wissen und Fremdinformation fließen in die Beurteilung ein.
Flexibles Fragen ist möglich.
Checklisten sind gut geeignet für klinische Beurteilung.
Nachteile
Checklisten sind zeitaufwändiger als Selbstbeurteilung durch Fragebogen.
Interviews sind sehr zeitaufwändig, sie dauern 1–5 Stunden und sind mehr für wissenschaftliche Studien geeignet

Mögliche Fehler und Probleme

Tabelle 2.7 Mögliche Fehler und Probleme

Mangel	Konsequenz
Kanon der Persönlichkeitsstörungen verändert sich im Lauf der Zeit.	Beachtung von gesellschaftlicher Stigmatisierung von Verhaltensweisen, z. B. Kriegsdienstverweigerung, Promiskuität, „querulatorisches Verhalten"
Einige Persönlichkeitsstörungen sind im Laufe von ca. 75 Jahren verschwunden, andere sind neu hinzugekommen, wieder andere sind über den Zeitraum stabil geblieben.	gesellschaftliche Billigung von an sich negativen Verhaltensweisen, z. B. Untertanentum, „Marketing-Charakter"
Pathologische Persönlichkeitszüge fluktuieren in ihrer Ausprägung in Abhängigkeit von klinischen Syndromen und Lebensereignissen, d. h., sie variieren über einen längeren Zeitverlauf.	Persönlichkeitsstörungen immer im Kontext von klinischen Syndromen sehen: Persönlichkeitszüge sind vom psychopathologischen Bild des Patienten abhängig.
Persönlichkeitsstörungen manifestieren sich erst im Rahmen von klinischen Syndromen oder manifestieren sich erst in belastenden Lebenssituationen.	Persönlichkeitsstörungen sind immer im Kontext von belastenden Lebensereignissen zu sehen: pathologische Züge treten hervor.
fehlende Validität der Persönlichkeitsstörungen	klinische Konsensus-Diagnosen anstreben
fehlende Übereinstimmung der Diagnostikinstrumente untereinander	immer Instrument angeben, mit dem Persönlichkeitsstörung erfasst wurde
Erfassung von „normalen" Persönlichkeitszügen zusätzlich zu den Persönlichkeitsstörungen fehlt bei den Checklisten und Interviews.	Einschluss von Erfassungsinstrumenten mit dimensionaler Diagnostik von Persönlichkeitsstörungen

Was hat sich in den letzten 5 Jahren verändert?

In modernen Studien werden neben der Erhebung der Persönlichkeitsstörung auch das oder die klinischen Syndrome mit erfasst.

In modernen Studien wird neben der kategorialen auch die dimensionale Erfassung der Persönlichkeit bzw. der Persönlichkeitsstörungen einbezogen.

Zunehmend werden innere und äußere Lebensgeschichte zu einer validen Diagnostik der Persönlichkeitsstörung herangezogen.

In diesem Zusammenhang erfolgen auch erstmals Versuche einer Standardisierung der Erfassung der Biografie. Hier ist für den deutschen Sprachraum das Biografische Persönlichkeitsinventar (BPI) zu nennen.

Literatur

Adorno TW, Frankel-Brunswik E, Levinson DJ, Sanford RN in Zusammenarbeit mit Aron B, Hertz Levinson M, Morrow W (1950, 1969) The authoritarian personality. Norton Library, New York

American Psychiatric Association (1994) Diagnostic and statistical manual for psychiatric disorders. 4th edition. American Psychiatric Association, Washington DC

Benjamin LS (1996) Interpersonal diagnosis and treatment of DSM personality disorders. (2nd edition). The Guilford Press, New York

Bronisch T (1992) Diagnostik von Persönlichkeitsstörungen nach den Kriterien aktueller internationaler Klassifikationssysteme. Verhaltenstherapie 2:140–150

Bronisch T (1999) Persönlichkeitsstörungen. In: Möller HJ, Laux G, Kapfhammer HP (Hrsg.). Psychiatrie und Psychotherapie. Springer, Berlin, Heidelberg, New York 1523–1558

Bronisch T, Klerman GL (1991) Personality functioning: change and stability in relationship to symptoms and psychopathology. J Pers Disorders 5:307–318

Bronisch T, Hiller W, Zaudig M, Mombour W (1995) Internationale Diagnosen Checklisten für die DSM-III-R und ICD-10 Persönlichkeitsstörungen (IDCL-P). Manual. Hans Huber, Bern, Stuttgart, Toronto

Dilling H, Mombour W, Schmidt MH (Hrsg.) (1991) Internationale Klassifikation psychischer Störungen. ICD-10, Kapitel V (F). Klinisch-diagnostische Leitlinien. Hans Huber, Bern

Emrich H (1992) Der überwertige Charakter: Prozeß, Identität und Wertewelt. In: Pflüger PM (Hrsg.) Gewalt – warum? Walter, Olten, Freiburg/Br., S. 31–61

Eysenck, H. (1987): The definition of personality disorders and the criteria appropriate for their description. J. Pers. Disord. 1 211–219

Fromm E (1979) Haben oder Sein. dtv, München

Hyler SE, Rieder RO (1987) Personality Disorders Questionnaire-Rivised (PDQ-R). New York State Psychiatric Institute (Originalversion 1983)

Kiesler DJ (1983) The 1982 interpersonal circle: a taxonomy for complementarity in human transactions. Psychol Review 90:185–214

Leary T (1957) Interpersonal diagnosis of personality. Roland, New York

Leonhard K (1968) Akzentuierte Persönlichkeiten. VEB, Berlin

Linden M (1995) Persönlichkeitsstörungen – Leitlinien in der Diagnostik und Therapie. Nervenheilkunde 14:127–135

Livesley WJ (2001) Commentary on reconceptualizing personality disorder categories using trait dimensions. J Pers Disorders 69:277–286

Loranger AW, Sartorius N, Andreoli A, Berner W, Buchheim P, Channabasavanna S.M, Coid B, Dahl A, Diekstra RFW, Jacobsberg LB, Mombour W, Ono Y, Regier DA, Tyrer P, von Cranach M (1994) IPDE: The International Personality Disorder Examination. The WHO/ADAMHA International Pilot Study of Personality Disorders. Arch Gen Psychiatry 51:215–224

Millon T (1981) Disorders of personality DSM-III: axis II. J. Wiley & Sons, New York, Chichester, Brisbane, Toronto

Millon T (1983) Millon Clinical Multiaxial Inventory Manual (3rd edition). Minneapolis, MN: National Computer Systems

Millon T (1987) Manual for the MCMI-II. Minneapolis, MN: National Computer Systems

Modestin J, Puhan A (2000) Comparison of assessment of personality disorder by patients and informants. Psychopathology 33:265–270

Mombour W, Bronisch T (1998) The modern assessment of personality disorders. Part 1: Definition and typology of personality disorders. Psychopathology 31:274–280

Peters UH (1990) Wörterbuch der Psychiatrie und der medizinischen Psychologie (4. Aufl.). Urban & Schwarzenberg, München, Wien, Baltimore

Pfohl B, Stangl D, Zimmerman M (1982) The structured interview for DSM-III personality disorders (SIDP). Iowa City, University of Iowa

Pilkonis PA, Heape CL, Proietti JM, Clark SW, McDavid JD, Pitts TE (1995) The reliability and validity of two structured diagnostic interviews for personality disorders. Arch Gen Psychiatry 52:1025–1033

Reich WR (1970) Charakteranalyse. Ed. 1 Selbstverlag, Wien 1933, Kiepenheuer und Witsch, Köln

Riso LP, Klein DN, Anderson RL, Crosby Quimette P, Lizardi H (1994) Concordance between patients and informants on the personality disorder examination. Am J Psychiatry 151:568–573

Saß H, Mende M (1990) Zur Erfassung von Persönlichkeitsstörungen mit einer Integrierten Merkmalsliste gemäß DSM-III-R und ICD-10. Profit-Verlag, München

Schneider K (1923) Die psychopathischen Persönlichkeiten. Franz Deuticke, Leipzig und Wien

Spitzer RL (1983) Psychiatric diagnosis: are clinicians still necessary? Compr Psychiatry 24:399–411

Stone MH (1993) Abnormalities of personality. WW Norton, New York, London

Sullivan HS (1953) The interpersonal theory of psychiatry. Norton, New York

Tyrer P, Alexander MS, Cicchetti D, Cohen MS, Remington M (1979) Reliability of a schedule for rating personality disorders. Br J Psychiatry 135:168–174

World Health Organization (WHO) (1993) Deutsche Fassung der International Personality Disorder Examination (IPDE). Mombour W, Zaudig M, Berger P, Guitierrez K, Berner W, Berger K, Cranach M von, Giglhuber O, Bose M von. Max-Planck-Institut für Psychiatrie, München, Psychiatrische Universitätsklinik Wien, Bezirkskrankenhaus Kaufbeuren unveröffentlicht

Zerssen D von (2000) Variants of premorbid personality and personality disorder: a taxonomic model of their relationships. Eur Arch Psychiatry Clin Neurosci 250:234–248

Zerssen D von, Pössl J, Hecht H, Black C, Garzynski E, Barthelmeß H (1998a) The Biographical Personality Interview (BPI) – a new approach to the assessment of premorbid personality in psychiatric research. Part I: development of the instrument. J Psychiat Research 32:19–25

Zerssen D von, Barthelmeß H, Pössl J, Black C, Garzynski E, Wessel E, Hecht H (1998b) The Biographical Personality Interview (BPI) – a new approach to the assessment of premorbid personality in psychiatric research. Part II: psychometric properties. J Psychiat Research 32:25–35

Zimmerman M (1994) Diagnosing personality disorders. A review of issues and research methods. Arch Gen Psychiatry 51:225–245

3 Ätiologie

3.1 Biologische Störungsmodelle

Sabine Herpertz

3.1.1 Einleitung

Bis in die Gegenwart hinein werden abhängig von der Schulenzugehörigkeit Persönlichkeitsstörungen entweder als Manifestation einer Disposition oder aber als psychogen aufgefasst. In den letzten Jahren nun entpuppt sich gerade die biologische Forschung als ein mögliches Bindeglied zwischen diesen dichotomen Auffassungen. Es mehren sich Befunde über neurobiologische und neurophysiologische Dysfunktionen, die zum einen auf genetische Faktoren zurückgeführt werden können, zum anderen aber auch als somatische Folge von spezifischen Lernerfahrungen und traumatischen Beziehungserfahrungen imponieren. So können Verwahrlosung und chronischer Stress in der Kindheit und Jugend zu erheblichen Beeinträchtigungen neurobiologischer Reifungsprozesse und damit einhergehenden emotionalen und kognitiven Störungen führen.

Historisch gesehen nahmen Fragen nach dem Zusammenhang von neurobiologischen Störungen und psychopathologisch bedeutsamen Veränderungen der Persönlichkeit ihren Ausgang von Einzelfallberichten über bemerkenswerte Verhaltensauffälligkeiten nach umschriebenen Hirnläsionen, z. B. Kopftraumata, Blutungen aus Aneurysmen der Arteria communicans anterior, frontal und temporal lokalisierten Tumoren oder auch psychochirurgischen Eingriffen. Besondere Bedeutung erlangte der Fall Phileas Gage, über den Harlow im Jahre 1868 berichtete. Gage erlitt als Arbeiter bei einer versehentlichen Dynamit-Explosion eine umschriebene Frontalhirnläsion. Eine ca. 1 m lange und 3 cm breite Eisenstange drang durch den Oberkiefer in das mittlere Vorderhirn ein und zerstörte insbesondere ventromediale Anteile des Frontallappens. Diese Verletzung blieb ohne gröbere intellektuelle Ausfälle, aber während Phineas Gage zuvor als ein verantwortungsvoller, verträglicher und sympathischer Mann galt, begann er nach dem Unfall seine Mitmenschen zu provozieren, sich über alle sozialen Konventionen hinwegzusetzen und schließlich unstet herumzuwandern: „Mr. Gage was no longer Mr. Gage". In der gegenwärtigen Forschung nun steht der Umkehrschluss im Mittelpunkt des Forschungsinteresses: Finden sich bei umschriebenen Persönlichkeitsstörungen neurobiologische oder neurophysiologische Normabweichungen?

3.1.2 Genetik

Die derzeitige Befundlage, beruhend auf Familien-, Zwillings- sowie molekulargenetischen Studien legt nahe, dass mehr als einzelne Persönlichkeitsstörungen Persönlichkeitsmerkmale, die ihrerseits eine Persönlichkeitsstörung konstituieren, eine genetische Basis haben. Kontrovers ist die Meinung dazu, ob eher basale Persönlichkeitsdimensionen bzw. übergeordnete Persönlichkeitsfaktoren wie z. B. Neurotizismus (Costa und McCrae 1990) oder Schadensvermeidung (Cloninger et al. 1994) genetisch determiniert sind, oder aber differenziertere und damit auch klinisch relevante Persönlichkeitseigenschaften (z. B. affektive Labilität, Unterwürfigkeit, soziale Vermeidung) (Jang et al., 2002) (Kap. 3.4). Einerseits berichteten Lesch et al. (1996) eine deutliche **genetische Basis für Neurotizismus** mit Nachweis einer kurzen Variante des Polymorphismus in der 5-HTT-Transporter-Gentranskription und Ebstein et al. (1996) eine Assoziation zwischen „Suche nach Neuem" (bzw. Reizsuche) und einer langen Variante des Polymorphismus im D4-Rezeptorgen. Andererseits konnte die Arbeitsgruppe um Livesley (Jang et al. 1996, Livesley et al. 1998) in ihrer kanadischen Zwillingsuntersuchung zeigen, dass eine Vielzahl von klinisch bedeutsamen Persönlichkeitseigenschaften bei monozygoten Zwillingen zwischen 0,26–0,56, bei dizygoten Zwillingspaaren dagegen nur zwischen 0,03–0,41 korrelierten. **Hereditätsschätzungen** lagen zwischen 35–56% bei einem Median von 47%. Dabei wurde der genetische Einfluss am höchsten bei Gefühllosigkeit, jugendlichem antisozialen Verhalten, Identitätsproblemen und sozialer Vermeidung, am geringsten bei selbstschädigendem Verhalten und rigidem Denkstil angegeben (Jang et al. 1996). Der größte Anteil der Varianz konnte durch einzigartige bzw. **individuumsspezifische Umwelteinflüsse** erklärt werden, die gegenüber umweltbezogenen (z. B. familiären) Faktoren deutlich dominierten; der Median lag hier bei 53%.

Allein die norwegische Arbeitsgruppe um Torgersen (1994, 2000) hat Zwillingsstudien bei einzelnen Persönlichkeitsstörungskategorien durchgeführt und berichtet über eine erhebliche genetische Bedeutung bei allen nach DSM-IV diagnostizierbaren Persönlichkeitsstörungen. Nach dieser Studie sollen genetische Faktoren zwischen 60–70% der Varianz erklären. Eine erhebliche methodische Einschränkung allerdings stellt der hohe Überlappungsgrad zwischen den einzelnen Persönlichkeitsstörungen dar, der die Berechenbarkeit störungsspezifischer Varianzen begrenzen dürfte.

Weitere Studien beschäftigen sich mit der Frage nach einer gemeinsamen genetischen Basis von psychiatri-

> **Spektrumhypothese der Persönlichkeitsstörungen**
>
> Cluster-A-PS - kognitive Desorganisation - schizophrene Psychosen
> Cluster-B-PS - Impulsivität - Impulskontrollstörungen
> Cluster-B-PS - affektive Hyperreagibilität - affektive Psychosen
> Cluster-C-PS - Angst - Angststörungen

Abb. **3.1** Spektrumhypothese von Persönlichkeitsstörungen.

schen Erkrankungen (Achse-I-Störungen im DSM-IV) und Persönlichkeitsstörungen (Achse-II-Störungen im DSM-IV). Sie beziehen sich u. a. auf ein Modell von Siever und Davis (1991), das sich auf eine Kontinuums- bzw. Spektrumvorstellung mit schweren, aber zeitlich begrenzten Symptommanifestationen auf der einen und milden, aber überdauernden Abnormitäten der Persönlichkeit auf der anderen Seite bezieht (Abb. 3.1). So konnte durch Familienuntersuchungen die genetische Nähe der durch Eigentümlichkeit des Denkens, der Wahrnehmung, der Sprache sowie des Verhaltens gekennzeichneten schizotypischen Persönlichkeitsstörung zur sog. Kernschizophrenie gezeigt werden. Allerdings konnte dieser Zusammenhang nicht für das ganze DSM-IV Cluster A der sonderbar-exzentrischen Persönlichkeiten gesichert werden. Eine gemeinsame genetische Belastung für die großen (major) affektiven Störungen und Cluster-B-Persönlichkeitsstörungen (dramatische, emotional-instabile und launische Persönlichkeiten) konnte zumindest für die Borderline-Persönlichkeitsstörung nicht eindeutig nachgewiesen werden (Pope et al. 1983, Torgersen 1994, New et al. 1995). Die Wahrscheinlichkeit für Angehörige von Patienten mit Borderline-Persönlichkeitsstörung, an einer Major Depression zu erkranken stieg nur dann an, wenn der Index-Borderline-Patient an einer zusätzlichen depressiven Erkrankung litt (Soloff und Millward 1983, Gunderson 1994, Torgersen 1994). Einzelne Studien weisen auf ein häufiges gemeinsames familiäres Vorkommen von Impulskontrollstörungen – insbesondere in Form von Substanzabusus – und Borderline-Persönlichkeitsstörung hin (Pope et a. 1993, Schulz et al. 1989). Allerdings mangeln diese Studien an einer standardisierten Erfassung der psychiatrischen Diagnosen bei den Angehörigen. Am ehesten verweist die Datenlage auf ein Kontinuum zwischen Cluster-C-Persönlichkeitsstörungen, also den ängstlich-furchtsamen Persönlichkeiten, und Angststörungen mit Komorbiditätsraten bis zu 60%.

Fazit für die Praxis

Persönlichkeitsstörungen und noch mehr Persönlichkeitsmerkmale haben eine eindeutige genetische Basis.

Schätzungsweise wird der größte Teil der Varianz von Persönlichkeitsmerkmalen, nämlich 53%, durch individuumspezifische Umweltfaktoren, 47% der Varianz durch genetische Faktoren und nur ein kleiner Teil durch familiäre Umweltfaktoren erklärt.

3.1.3 Hirnstrukturelle und hirnfunktionelle Auffälligkeiten

Neuropsychologische Befunde

Neuropsychologische Fragestellungen auf dem Gebiet der Persönlichkeitsstörungen bezogen wichtige Impulse aus Läsionsstudien, durch die genau definierte Hirnschädigungen Leistungseinbußen in spezifischen Testverfahren zugeordnet werden konnten. Valide Ergebnisse liegen bis heute allerdings erst aus Populationen antisozialer, impulsiver und emotional instabiler Persönlichkeiten vor.

Da Frontalhirnschädigungen, insbesondere solche mit **frontoorbitaler Lokalisation**, mit ganz beeindruckenden Persönlichkeitsauffälligkeiten einhergehen können, stehen neuropsychologische Untersuchungen von Frontalhirnfunktionen gewöhnlich im Mittelpunkt des Forschungsinteresses. Frontoorbitale bzw. ventromediale Areale des präfrontalen Cortex repräsentieren nach gegenwärtigen neurowissenschaftlichen Modellannahmen attentionale Prozesse der Prioritätensetzung und Verschiebung der Aufmerksamkeit, der kognitiven und z. T. behavioralen Inhibition sowie emotional/motivationale Funktionen wie die Wahrnehmung des emotionalen Bedeutungsgehaltes von Situationen in Bezug auf Belohnung und Bestrafung – wichtig für die Urteilsbildung in sozialen Situationen und die Steuerung des Sozialverhaltens – und schließlich die Affektkontrolle im Sinne der Extinktion von negativen Affekten. Daneben können auch exekutive Funktionen, die vorwiegend vom dorsolateral gelegenen präfrontalen Cortex übernommen werden, beeinträchtigt sein. Sie gehen mit Problemen u. a. in der Problemidentifikation, Handlungsplanung, Initiierung von Handlungsschritten und Handlungskontrolle einher. Beeinträchtigungen in den genannten kognitiven und emotionalen Funktionen erinnern in vielen Aspekten an psychopathologische Symptome, wie sie für die antisoziale und die Borderline-Persönlichkeitsstörung typisch sind (Abb. 3.2). Dabei ist insbesondere die Impulsivität von Bedeutung, also ein Persönlichkeitsmerkmal, das beiden Typen gemeinsam ist.

Als ein wesentliches kognitives Merkmal **impulsiver Persönlichkeiten** wird ein hohes Tempo der Denkprozesse auf Kosten von Genauigkeit und Sorgfalt angesehen (Barratt 1985). Diese kognitive Eigenart führt beispielsweise zu Leistungseinbußen in solchen Aufgaben, die den systematischen, sequenziellen Vergleich von visuellen Details erfordern (Dickman und Meyer 1988). Defizite hinsichtlich motorischer Planung, feinmotorischen Fertigkeiten und dem flexiblen Wechseln von motorischen Antworten wurden von Deckel et al. (1996) bei impulsiven Persönlichkeiten berichtet. White und Mitarbeiter (1994) fanden bei impulsiven Jugendlichen ebenfalls Beeinträchtigungen bei verschiedenen kognitiven Aufga-

Persönlichkeitsstörungen als Frontalhirnsyndrom?	
Persönlichkeitsveränderungen bei orbitofrontalen Hirnläsionen	**emotional instabile (Borderline und impulsiver Typ) und antisoziale Persönlichkeitsstörung**
• verminderte Selbstkontrolle	• auto-fremdaggressives Verhalten
• Impulsivität	• Impulsivität
• defizitäre planerische Fähigkeiten	• mangelnde Problemlösestrategien
• Unstetigkeit	• Unstetigkeit, Identitätsstörung
• andauernde Reizbarkeit	• Ärger- und Gewaltausbrüche
• Bedeutungsgehalt von Situationen in Bezug auf Belohnung/Bestrafung wird nicht erkannt	• Instabilität im zwischenmenschlichen Kontext
• emotionale Labilität	• emotionale Instabilität

Abb. 3.2 Persönlichkeitsstörungen und Frontalhirnsyndrom.

benstellungen, die die Fähigkeit zum flexiblen Wechsel des Aufmerksamkeitsfokus als auch die Unterdrückung bestimmter gelernter Antworten zugunsten der Initiierung neuer Lösungswege erfordern. Offensichtlich haben impulsive Persönlichkeiten Schwierigkeiten, laufende Gedanken zu stoppen und sie durch neue Denkwege auswechseln zu können.

Auf dem Gebiet der **Borderline-Persönlichkeitsstörung** liegen erst vereinzelte neuropsychologische Studien vor. Dass möglicherweise hirnorganische Faktoren an dem klinischen Erscheinungsbild der Borderline-Persönlichkeitsstörung beteiligt sind, legen die Studienergebnisse von van Reekum und Mitarbeitern (1993, 1996), Judd und Ruff (1993) sowie O'Leary und Mitarbeitern (1991) nahe. So wiesen van Reekum et al. (1993, 1996) bei einer Untergruppe von Borderline-Patienten neuropsychologische Auffälligkeiten nach, die auf Hirnreifungsstörungen oder aber erworbene Hirnschädigungen verwiesen und die mit dem Ausmaß und dem Schweregrad dieser Persönlichkeitsstörung korrelierten. Die von ihnen nachgewiesenen kognitiven Beeinträchtigungen bei einer Subgruppe von Patienten waren allerdings sehr unterschiedlich und nicht selektiv frontalen Arealen zuzuordnen. Kunert et al. (2002) fanden bei der systematischen Untersuchung von präfrontalen attentionalen Fähigkeiten keine Leistungsbeeinträchtigungen gegenüber Gesunden. Ebenfalls zeigten sich keine spezifischen frontalen Dysfunktionen in der Untersuchung von O'Leary (1991) sowie der von Judd und Ruff (1993). Allerdings berichteten diese Arbeitsgruppen über Leistungsdefizite bei visuell-spatialen Fertigkeiten, bei visuellen Diskriminationsaufgaben und insbesondere bei visuell-räumlichen Gedächtnisaufgaben. Insgesamt ist die bisherige neuropsychologische Befundlage nicht konsistent mit der Annahme einer präfrontalen Funktionsstörung bei Borderline-Patienten. Allerdings wurden bisher im Rahmen der allgemeinen „Kognitionslastigkeit" neuropsychologischer Studien nur vereinzelt Paradigmen eingesetzt, die geeignet wären, spezifische emotionale Funktionen des präfrontalen Cortex zu prüfen, die in Hinblick auf die Affektdysregulationsstörung von Borderline-Patienten von besonderer Bedeutung sein könnten.

Erste entsprechende Daten geben Hinweise darauf, dass unterschiedliche emotionale Verarbeitungsprozesse (z. B. Erkennen und Bewerten von Emotionen) bei der Borderline-Persönlichkeitsstörung dysfunktional ausfallen. So berichteten Hooley et al. (2000), dass Borderline-Patienten Schwierigkeiten zeigen, verbale emotionale Reize aus dem Arbeitsgedächtnis zu eliminieren. Ihre Patientinnen zeigten in einem Directed-forgetting-Paradigma einen Gedächtnisbias für Borderline-relevante Wörter. Arntz et al. (2000) berichteten einen „Aufmerksamkeitsbias" für negative emotionale Stimuli in einem Stroop-Paradigma, der sich über „Borderline-spezifische" Worte hinaus auf negative Stimuli i.A. generalisieren ließ. Gerade das Zusammenspiel von emotionalen bzw. motivationalen Prozessen auf der einen Seite und attentionalen Funktionen auf der anderen Seite könnte eine hohe Relevanz für Persönlichkeitsstörungen haben, die sich durch Mängel in der Selbstregulation auszeichnen. Motivationale und attentionale Systeme regulieren in gemeinsamer Abstimmung das Verhalten, und jedes System übt unter bestimmten Bedingungen einen inhibitorischen Einfluss auf das andere aus (Bottom-up- vs. Control-down-Regulation) (Derryberry und Tucker 1994) (Abb. 3.3). So werden bedrohliche Umweltreize via Thalamus und Amygdala prompt und in erster Präferenz verarbeitet; werden bedeutsame Inputs identifiziert, so aktiviert die Amygdala spezifische Hirnstammmechanismen, die der Bereitstellung notwendiger motorischer und autonomer Funktionen und damit adaptiven Verhaltensreaktionen (z. B. der Vermeidung) dienen. Über Amygdalakortikale Verbindungen wird die selektive Aufmerksamkeit für die bedrohlichen Reize erhöht. Umgekehrt stellen kortikale Regelkreise Feed-back-Verbindungen zu motivationalen, limbischen Regelkreisen her, um die Aufmerksamkeit von nicht-adaptiven Emotionen abzulenken. So können Emotionen als Distraktoren wirken, indem sie zu einer Bottom-up-Unterbrechung von laufenden mentalen Prozessen führen und auf diese Weise die Funktion z. B. des Arbeitsgedächtnisses stören oder aber eine situativ erforderliche Verhaltensinitiierung verhindern (Nigg 2000). Sowohl für die selbstunsichere als auch für die Borderline-Persönlichkeitsstörung konnte eine Hypervigilanz gegenüber emotionalen Stimuli berichtet werden, die attentionale Abläufe unterbricht und damit zielorientiertes Handeln beeinträchtigt (Arntz et al. 2000).

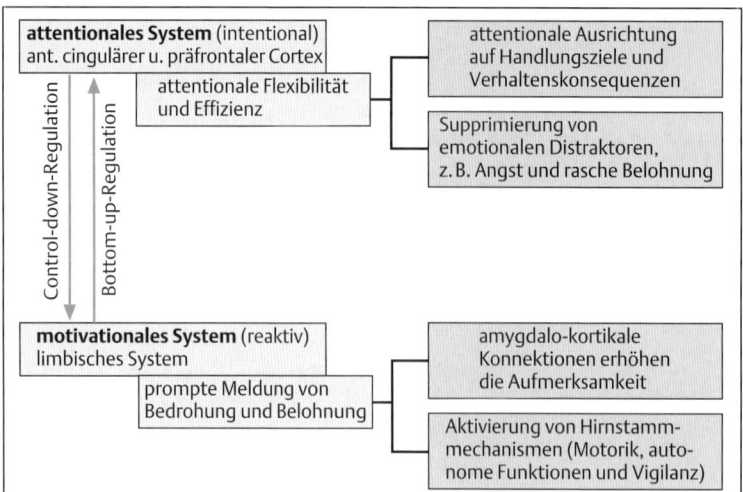

Abb. 3.3 Motivationale und attentionale Systeme der Selbstregulation (nach Derryberry und Tucker 1992).

Bildgebung

Bildgebungsstudien wurden bisher ausschließlich bei der **antisozialen Persönlichkeitsstörung** und der **Borderline-Persönlichkeitsstörung** durchgeführt.

Erst kürzlich wurde erstmals über eine strukturelle Veränderung des präfrontalen Cortex von gewalttätigen Straftätern im Sinne einer 11% Volumenminderung der grauen Substanz gegenüber Kontrollen berichtet (Raine et al. 2000). Mehrere Arbeitsgruppen, die sich der Positronenemissionstomographie (PET) bedienten, berichteten einen beidseitig verringerten Glucosemetabolismus präfrontal medial und lateral in einer unselektierten Population von Patienten mit Persönlichkeitsstörungen, der mit dem Schweregrad aggressiven Verhaltens negativ korrelierte (Goyer et al. 1994). Raine et al. (1994) fanden einen vergleichbaren Befund bei hochaggressiven Gefängnisinsassen, die wegen Mordes einsaßen. Spätere Arbeiten verwiesen auf einen über den präfrontalen Cortex hinausgehenden verringerten Glucosemetabolismus medio-temporal beidseits mit rechtshirniger Betonung (Volkow et al. 1995, Raine et al. 1997). Auf die Bedeutung ventromedialer präfrontaler Cortexareale für die Kontrolle aggressiver Verhaltensimpulse verweist eine PET-Studie an Normalprobanden während der Imagination einer aggressiven Szene (Pietrini et al. 2000). Je intensiver die vorgestellten aggressiven Impulse, desto deutlicher zeigte sich eine Abnahme des regionalen Blutflusses in medialen Abschnitten des orbitofrontalen Cortex. Die Bedeutung einer **abnormen frontotemporalen Funktion** bei antisozialen Persönlichkeiten wurde weiter unterstrichen durch Ergebnisse in einer lexikalischen Entscheidungsaufgabe zwischen emotionalen und neutralen Worten, die bei diesen Persönlichkeiten eine erhöhte frontotemporale Aktivierung in einer SPECT-Untersuchung aufzeigten (Intrator et al. 1997). Dieser Befund wurde als Ausdruck einer notwendigen erhöhten Anstrengung bei der Aufgabenlösung auf Seiten antisozialer Persönlichkeiten interpretiert, während Kontrollen kaum metabolische Reserven benötigen. Die genannten Befunde wurden bei einem Subtyp der antisozialen Persönlichkeitsstörung, der psychopathischen Störung erhoben. Während die antisoziale Persönlichkeitsstörung auf einer nahezu ausschließlich behavioralen Ebene auf die Beschreibung habitueller Delinquenz und Devianz reduziert wurde, zeichnet sich der psychopathische Typ durch bestimmte Charaktermerkmale wie Egozentrismus, mangelnde Empathie und Gefühlskälte aus (Cleckley 1941, Hare 1970) (Kap. 4.3). Der in der modernen angloamerikanischen Literatur häufig verwendete Begriff des Psychopathen bzw. der Psychopathy ist nicht zu verwechseln mit dem heute wegen seiner moralischen Konnotation weitgehend verlassenen Begriff der Psychopathie in der deutschsprachi-

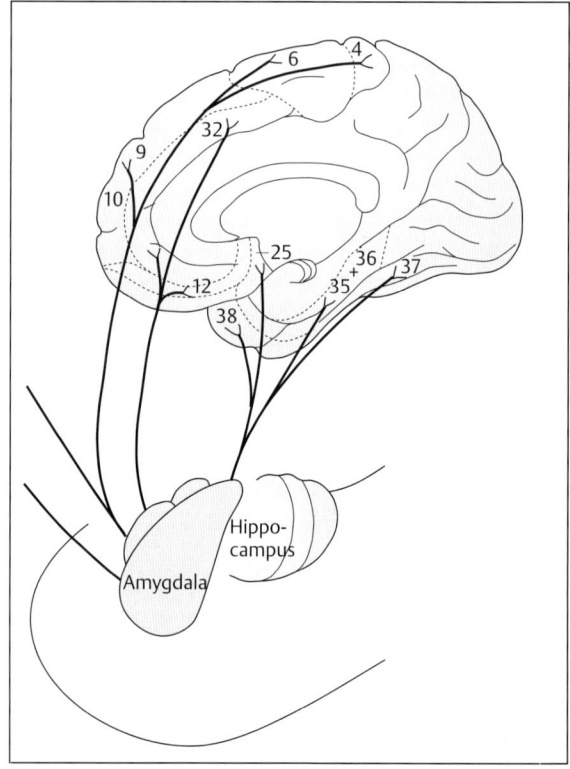

Abb. 3.4 Interkonnektionen zwischen Amygdala und Cortex (nach Nieuwenhuys et al. 1991).

gen Tradition, der einen Oberbegriff für alle Persönlichkeitsstörungstypen darstellte (Kap. 1).

Bei der Borderline-Persönlichkeitsstörung liegen bisher drei publizierte PET-Studien vor, die übereinstimmend Hinweise auf einen **Hypometabolismus im präfrontalen Cortex** fanden (de la Fuente et al. 1997, Goyer et al. 1994, Soloff et al. 2000). Strukturelle MRI-Untersuchungen verwiesen einmal auf eine frontale Volumenminderung (Lyoo 1998), ein anderes Mal auf eine Volumenreduktion des Hippocampus um 16% und der Amygdala um 8% (Driessen et al. 2000). Erste funktionelle Untersuchungen fokussieren auf das limbische System und seine wechselseitigen Interkonnektionen mit dem präfrontalen Cortex, dem in seinen ventromedialen Abschnitten die Aufgabe zukommt, Amygdala-vermittelte affektive Assoziationen zu modulieren bzw. zu dämpfen (Abb. 3.4).

Eine erste Studie mittels funktioneller Magnetresonanztomographie (fMRT) bei der Borderline-Persönlichkeitsstörung zeigte eine erhöhte Aktivierung im Bereich der Amygdala im Vergleich zu Kontrollen auf negative standardisierte Bildmotive (Herpertz et al. 2001a). Dabei ging die übersteigerte Amygdala-Aktivierung nicht mit einer eindeutigen Aktivierung im Bereich des ventralen präfrontalen Cortex einher, wie man dies von Studien an Probanden mit experimentell induzierter Traurigkeit und von depressiven Patienten kennt. Weiter fiel bei den BPS-Patientinnen eine Aktivierung im Bereich des fusiformen Gyrus auf, einer die holistische Wahrnehmung repräsentierenden Region des sekundären sensorischen Cortex, die eine reziproke Verbindung mit der Amygdala zeigt. Dieser Befund kann eine verschärfte Wahrnehmung motivational relevanter Reize bei der Borderline-Persönlichkeitsstörung anzeigen. Insgesamt wird bei der Borderline-Persönlichkeitsstörung eine Störung des thalamo-amygdalo-cortikalen Regelkreises diskutiert, was durch erste Befunde aus funktioneller Bildgebung gestützt wird.

> **Fazit für die Praxis**
>
> Mit der Spezifizierung neuropsychologischer Testverfahren und besonders der Weiterentwicklung der strukturellen und funktionellen Bildgebung mehren sich Hinweise auf eine biologische Basis der Persönlichkeitsstörungen, wobei sich die Forschung bisher weitgehend auf die antisoziale Persönlichkeitsstörung und die emotional instabile bzw. Borderline-Persönlichkeitsstörung beschränkt hat.
>
> Bei der antisozialen Persönlichkeitsstörung, zumindest wenn sie von Impulsivität begleitet ist, verweist eine lange Tradition an neuropsychologischen Untersuchungen auf eine präfrontale Dysfunktion, die dorsolaterale und ventromediale Areale einschließt. Die Bildgebung zeigt Funktionsstörungen in frontotemporalen Arealen an, insbesondere in solchen Regionen, die für die Verarbeitung emotionaler Reize und die Hemmung von Ärger und aggressiven Verhaltensimpulsen verantwortlich sind.
>
> Während die neuropsychologische Datenlage bei der Borderline-Persönlichkeitsstörung bisher wenig konsistent ist und insbesondere auf dem derzeitigen Kenntnisstand keine überzeugende präfrontale Funktionsstörung anzeigt, markieren erste Befunde aus PET und MRT limbische und präfrontale Auffälligkeiten, die eine Funktionsstörung im Bereich des thalamo-amygdalo-cortikalen Regelkreises nahe legen.

3.1.4 Neuro- und psychophysiologische Befunde

Die psychophysiologische Forschung hat auf dem Gebiet der **antisozialen Persönlichkeitsstörung** eine Tradition, die bis in die 1960er Jahre zurückgeht. Die meisten psychophysiologischen Untersuchungen an kriminellen Erwachsenen beziehen sich (wie schon die hirnfunktionellen Befunde) auf die Subgruppe der Psychopathen, die eine besonders schlechte Legalprognose haben soll.

Eine herabgesetzte elektrodermale Reaktion während der Antizipation von Gefahr oder Strafe zählt zu den am besten gesicherten psychophysiologischen Befunden bei Psychopathen (Kap. 4.3). Sie verweist auf **verminderte konditionierte Angstreaktionen**, die sich in der Unfähigkeit abbilden, aus Strafe zu lernen und mangelndes passives Vermeidungsverhalten zu zeigen (Hare 1970). Daneben finden sich verminderte Orientierungsreaktionen, d. h. herabgesetzte autonome Reaktionen auf neue, allerdings wenig motivierende Reize (Hare 1978), ein Befund, der eine reduzierte Aufmerksamkeitsfokussierung widerspiegelt. Berichte über reduzierte autonome Arousal-Reaktionen in Ruhe – wie insbesondere verminderte Anzahl an elektrodermalen Spontanfluktuationen, z.T auch langsame Ruheherzfrequenz und vermindertes Hautleitwertniveau – legen eine allgemeine Unteraktivierung von psychopathischen Persönlichkeiten nahe. Ein solch stabiles autonomes Under-Arousal, das mit den bereits beschriebenen strukturellen Veränderungen im Frontalhirn im Sinne einer Volumenminderung der grauen Substanz assoziiert sein soll (Raine et al. 2000), wird als aversiver Zustand erlebt und mit kompensatorischer Reizsuche beantwortet (sog. Sensation-Seeking-Theorie von Zuckerman 1974).

Nicht nur erwachsene antisoziale Persönlichkeiten, sondern bereits 8–12-jährige Kinder mit dissozialen Störungen zeigten eine Erniedrigung autonomer Parameter in Ruhe, auf allgemeine Umweltereignisse und schließlich auf Stressbedingungen hin (Raine 1997, Herpertz et al. 2001b). Darüber hinaus ist eine verminderte autonome Aktivität von hohem **prädiktiven Wert** für zukünftiges kriminelles Verhalten. So wiesen 15-jährige Jungen mit herabgesetzten autonomen Orientierungsreaktionen ein erhöhtes Risiko auf, im Alter von 24 Jahren kriminelles Verhalten zu bieten (Raine et al. 1990). Umgekehrt stellten ein hohes autonomes Arousal und eine ausgeprägte elektrodermale Orientierungsreaktion protektive Faktoren für eine delinquente Entwicklung dar (Raine et al. 1995). Insgesamt sprechen diese Befunde für eine hohe, altersunabhängige Stabilität des autonomen Erregungsniveaus, die einer hohen genetisch determinierten familiären Transmission unterliegen soll (Kap. 8).

In den letzten Jahren wird neben peripheren physiologischen Maßen der Startlereflex bei Fragestellungen zur emotionalen Reizverarbeitung bei Persönlichkeitsstörungen genutzt. So fanden Patrick et al. (1993) keine Potenzierung des Startlereflexes während der Präsentation von Dias mit ängstlichem Inhalt bei Gefängnisinsassen, die sich durch emotionales Unberührtsein, Gefühlskälte und fehlende Empathie auszeichneten. Nach einer Untersuchung von Herpertz et al. (2001c) beschränkt sich diese Beobachtung nicht auf eine abnorme Verarbeitung ängstigender Reize, sondern auf emotionale Stimuli allgemein, d. h. sowohl Stimuli angenehmer als auch unangenehmer Art. Im Gegensatz zu psychopathischen Persönlichkeiten zeigten ängstliche Individuen höhere Antwortamplituden als Normalprobanden, sowohl bei der Imagination Furcht auslösender Situationen als auch bei aversiven Bildmotiven (Cook et al. 1992). Daneben wurde eine ausgeprägte elektrodermale Reagibilität bei ängstlichen Persönlichkeiten beschrieben (Fowles 1988).

Auch EEG-Untersuchungen leisten einen Beitrag zu biologischen Korrelaten von überdauernden Persönlichkeitseigenschaften. So ist die frontale Asymmetrie, d. h. die rechts- oder linkshirnige Erhöhung der frontalen Aktivität im Elektroenzephalogramm (EEG), mit dem emotionalen Reaktionsstil eines Individuums assoziiert. So konnte am Tiermodell – und zwar bei 1–3-jährigen Rhesusaffen – gezeigt werden, dass es sich bei einer rechtsseitigen frontalen Überaktivität um ein stabiles Merkmal handelt, das mit der Höhe des Cortisolspiegels bei den Tieren korreliert und mit erhöhtem Vermeidungsverhalten assoziiert ist (Kalin et al. 1998). Auch EEG-Untersuchungen am Menschen, bei Erwachsenen und bei Kleinkindern, konnten eine intraindividuell stabile frontale Asymmetrie zeigen. Menschen mit tonisch erhöhter rechtsseitiger Aktivität sind in Affektinduktionsstudien empfindlicher gegenüber der Induktion von Angst und Ekel, also Gefühlen, die mit Vermeidungsverhalten einhergehen (Wheeler et al. 1993). Verminderte rechtsseitige Aktivität geht dagegen mit Furchtlosigkeit einher, wie sie sich bei Kindern mit Störung des Sozialverhaltens und bei antisozialen, psychopathischen Persönlichkeiten findet. Schließlich zeigen Kleinkinder mit erniedrigter linksseitiger Aktivität geringeres Annäherungsverhalten gegenüber unbekannten Menschen als gleichaltrige Kinder ohne dieses EEG-Muster (Davidson et al. 1993).

Fazit für die Praxis

Psychophysiologische Befunde haben eine hohe Validität auf dem Gebiet der antisozialen Persönlichkeitsstörung und ihrer Vorläufersyndrome im Kindes- und Jugendalter. Sie verweisen auf ein herabgesetztes Ruhe-Arousal und eine reduzierte autonome Reagibilität auf konditionierte und unkonditionierte Reize, die mit für diese Patientengruppe typischen Persönlichkeitsmerkmalen wie Reiz- und Erregungssuche, Angstlosigkeit und Gefühlsarmut in Beziehung stehen.

Ängstliche Persönlichkeiten zeigen ein psychophysiologisches Reaktionsmuster, das autonome Hyperreagibilität insbesondere auf Angstreize anzeigt.

Eine frontale Asymmetrie der Aktivität im EEG erlaubt Aussagen über den emotionalen Reaktionsstil eines Individuums: Dominanz von Gefühlen, die Annäherungsverhalten initiieren vs. Dominanz von Gefühlen, die Vermeidungsverhalten einleiten.

3.1.5 Biochemische Befunde – Transmitter und Neuromodulatoren

Nach einem Modell von Cloninger et al. (1993) werden 3 neurobiologisch verankerte Persönlichkeitsdimensionen unterschieden: Novelty Seeking als Suche nach Neuem und Belohnung sowie Empfinden von Erregung und Lust bei der Darbietung unbekannter Reize wird in Zusammenhang mit dem dopaminergen Transmittersystem, Harm Avoidance als starkes Reagieren auf aversive Stimuli, Vermeidung von Strafe und Misserfolg in Zusammenhang mit dem **serotonergen System,** Reward Dependence als Orientierung an Belohnung, insbesondere sozialer Zustimmung in Zusammenhang mit dem **noradrenergen System** gestellt.

Die von Cloninger angenommene spezifische genetische Fixierung von Temperamentsvariationen und monoaminergen Neurotransmittern konnte in dieser generellen Form allerdings nicht bestätigt werden. Entsprechende Untersuchungen zeigten beispielsweise keine Assoziation zwischen dem sog. S-Allel der 5-HTTLPR (serotonin transporter linked polymorphic region) und seiner als genetisch determiniert konzipierten Temperamentsdimension Schadensvermeidung, wohl aber zu den sog. Charakterdimensionen „Selbstlenkungsfähigkeit" und „Kooperativität" (Hamer et al. 1999), die von Cloninger aber als überwiegend lebensgeschichtlich geformt aufgefasst werden.

Die Assoziation von Cloningers Temperamentsfunktionen mit bestimmten Transmittersystemen konnte dagegen zumindest z. T. durch Befunde am Tiermodell gestützt werden. So konnte u. a. beim Primaten gezeigt werden, dass exploratives Verhalten, Verhaltensaktivierung auf Belohnungsreize hin, Extroversion sowie die Neigung zu positiver Affektivität vom basolateralen Kerngebiet der Amygdala und vom ventralen Striatum (Nucleus accumbens) und ihren dopaminergen Projektionen gesteuert wird (Robbins und Everitt 1992). Dies ist konsistent mit pharmakologischen Befunden, die darauf verweisen, dass Dopaminagonisten Verhaltensaktivierung erleichtern während Dopaminantagonisten exploratives Verhalten vermindern. Demgegenüber vermitteln monoaminerge Projektionen aus dem zentralen Amygdalakerngebiet auf den orbitalen präfrontalen Cortex, auf Hypothalamus, Hirnstammkerne sowie spinale Motoneurone Introversion, Verhaltenshemmung, Schadensvermeidung und negative Affektivität. Dieser Regelkreis konstituiert das Fight/Flight-System, d. h. die Entdeckung bedrohlicher oder frustrierender Umweltreize führt zu einer Aktivierung von Hirnstammkernen, die zu entsprechenden motorischen Reaktionen der Aggression oder der Flucht führen. Danach wären Persönlichkeitsmerkmale bzw. Temperamentseigenschaften wie Ängstlichkeit, Verhaltenshemmung oder auch Schadensvermeidung vorzugsweise in monoaminergen Projektionen auf Hirnstammzellen und spinalen Motoneuronen repräsentiert, die zu einer Aktivierung von autonomen und somatischen Angstreaktionen führen (Davis et al. 1987). Verbindungen zwischen Amygdala und präfrontalen Regionen könnten sich als neurofunktionelles Korrelat einer erhöhten selektiven Aufmerksamkeit für potenziell bedrohliche Stimuli herausstellen, wie man sie bei ängstlichen Persönlichkeiten findet (Derryberry und Reed 1994). Derzeitige Forschung konzentriert sich auf interindividuelle Unterschiede in der Funktion der genannten Hirnstrukturen und Transmittersystemen, die mit Unterschieden in basalen Persönlichkeits- bzw. Temperamentsdimensionen wie Extroversion vs. Introversion, exploratives Verhalten vs. Ängstlichkeit, positive vs. negative Affektivität assoziiert zu sein scheinen.

Das noradrenerge System wird nach neueren Erkenntnissen weniger mit Abhängigkeit von sozialer Belohnung als mit der **Reagibilität** eines Individuums auf seine Umwelt in Zusammenhang gebracht. Hochreagible Menschen zeigen eine hohe noradrenerge Aktivität, während starkes Rückzugsverhalten mit einer geringen noradrenergen Aktivität einhergeht (Steinberg et al. 1995). **Acetylcholin** ist an der Regulierung der Stimmung beteiligt, hierzu finden sich allerdings erst vereinzelte Daten aus Populationen von Patienten mit Persönlichkeitsstörungen. Schließlich scheinen opioide Projektionen höherer limbischer Areale auf den ventromedialen Hypothalamus mit sozialer Orientierung (Rothbart und Ahadi 1994) und Verträglichkeit, „affiliativeness" bzw. Abhängigkeit (Panksepp 1986) oder auch Cloningers Dimension „Abhängigkeit von Belohnung" assoziiert zu sein. Nach Panksepp (1986) sind **opioide** hypothalamische Projektionen für sozial verträgliches, freundliches und unterstützendes Verhalten verantwortlich, indem sie aggressive Tendenzen supprimieren. Bei der Regulierung des Sozialverhaltens sind bekanntermaßen auch geschlechtsabhängige Hormone und Modulatoren von Bedeutung. So spielt das Neuropeptid **Oxytocin** eine Schlüsselrolle im affiliativen Verhaltensstil der Säuger und wird bei den weiblichen Tieren unter dem Einfluss von Veränderungen in den Gonadotropinen mit Beginn der Adoleszenz vermehrt ausgeschüttet. Es bereitet die biologische Voraussetzungen für verstärktes beziehungssuchendes Verhalten und letztlich den Boden für die Aufzucht der Nachkommenschaft (Cyranowski et al. 2000). Demgegenüber geht mit der Pubertät männlicher Artgenossen eine vermehrte Testosteronausschüttung einher, die von einer verstärkten Suche nach Aktivität, Unabhängigkeit, Sich-selbst-beweisen-Wollen, aber auch Aggressivität begleitet wird. Während erhöhte Testosteronspiegel bei antisozialen Straftätern berichtet wurden (Virkkunen et al. 1994), ist der Zusammenhang von Oxytocin mit Persönlichkeitsmerkmalen oder Persönlichkeitsstörungen bisher nicht systematisch untersucht worden.

Wie die biologische Forschung auf dem Gebiet der Persönlichkeitsstörungen überhaupt, so sind auch Untersuchungen zu Transmitterfunktionen überwiegend bei der antisozialen und Borderline-Persönlichkeitsstörung durchgeführt worden. Dabei beschäftigten sich die Mehrzahl der bisherigen Studien mit den besonders problemträchtigen Persönlichkeitszügen der **Impulsivität** und **Aggressivität**, die in ihrem Zusammenhang mit Dysfunktionen der zentralen serotonergen Funktion untersucht wurden. Eine erniedrigte Konzentration von 5-Hydroxy-indolessigsäure (5-HIAA) im Liquor von depressiven Patienten nach vollendetem und anamnestisch bekanntem, teilweise Jahre zurückliegendem Suizidversuch wurde nicht nur bei Patienten mit depressiven Erkrankungen, sondern auch bei solchen mit Persönlichkeitsstörungen gefunden (Coccaro et al. 1989). Andere Befunde verweisen auch auf eine reduzierte serotonerge Aktivität im Zentralnervensystem von persönlichkeitsgestörten Patienten mit anderen Formen autoaggressiven Verhaltens. So berichteten Simeon et al. (1992) über eine signifikante negative Korrelation zwischen dem Schweregrad von Selbstverletzungsverhalten und der Anzahl von Imipraminbindungsstellen an Thrombozyten als Indikator präsynaptischer serotonerger Aktivität bei Patienten mit Borderline-Persönlichkeitsstörung und Herpertz et al. (1997) über eine inverse Korrelation der serotonergen Funktion, gemessen als Prolaktinkonzentration im Serum nach Gabe des Serotoninagonisten d-Fenfluramin, mit Impulsivität bei weiblichen Patienten mit autoaggressivem Verhalten. Ein Mangel an zentraler serotonerger Aktivität wurde auch bei Straftätern mit habituellem impulsiv-aggressivem Verhalten wiederholt berichtet (Virkkunen und Linnoila 1993) (Übersicht bei Herpertz und Sass 2000).

Schließlich wird bei Persönlichkeitsstörungen mit hoher Stressanfälligkeit, wie es insbesondere die Borderline-Persönlichkeitsstörung darstellt, nicht nur die reziproke Interaktion zwischen dem limbischen serotonergen System und Cortison zu beachten sein. Erkenntnisse aus der Stressforschung bei der posttraumatischen Belastungsstörung sind in Hinblick auf ihre Bedeutung für die Borderline-Persönlichkeitsstörung zu prüfen (Kapfhammer 2001) (Kap. 4.4). So scheinen in Kindheit und Pubertät, z.T. auch noch im Erwachsenenalter Hippocampus, Amygdala, präfrontaler Cortex und Corpus callosum eine hohe Vulnerabilität gegenüber einer erhöhten **Glucocorticoidausschüttung** aufzuweisen (Pynoos et al. 1997) und damit Strukturen, denen hinsichtlich des pathogenetischen Verständnisses der Borderline-Persönlichkeitsstörung wahrscheinlich eine wichtige Bedeutung zukommt (Kap. 4.4).

Bisherige Untersuchungen zum Cortisolserumspiegel und zum Dexamethasonhemmtest bei der Borderline-Persönlichkeitsstörung kamen zu widersprüchlichen Ergebnissen; hier steht eine systematische Untersuchung der Hypothalamus-Hypophysen-Nebennieren-Achse für die Zukunft an.

Fazit für die Praxis

Der Zusammenhang zwischen Impulsivität und einer Dysfunktion des zentralen serotonergen Systems ist überzeugend. Diese Befunde legen die Gabe von serotonerg wirksamen Substanzen bei persönlichkeitsgestörten Patienten mit selbst- und fremdschädigendem Verhalten nahe.

Die Forschung zum noradrenergen, cholinergen und opioiden System steht erst am Anfang.

Eine zukunftsträchtige Forschung beschäftigt sich mit der Beziehung von Transmittersystemen und Persönlichkeitsdimensionen. Erste Hinweise ergeben sich zu einem Zusammenhang zwischen monaminergen Transmitterfunktionen und Temperamentseigenschaften wie Extroversion vs. Introversion bzw. exploratives Verhalten vs. Ängstlichkeit.

Was hat sich in den letzten 5 Jahren verändert?

Die technischen Fortschritte auf dem Gebiet der funktionellen Bildgebung zeigen erstmals neurofunktionelle Korrelate wichtiger psychopathologischer Symptome (besonders Aggressivität, emotionale Hyperreagibilität) bei Patienten mit Persönlichkeitsstörungen.

Die biologische Forschung konzentriert sich nicht nur auf spezifische Persönlichkeitsstörungen, sondern auf klinisch relevante Persönlichkeitsmerkmale, wie sie bei Gesunden und in anderer quantitativer Ausprägung bei persönlichkeitsgestörten Individuen zu finden sind.

Die biologische Forschung erweitert die bisherige Perspektive in der Ätiologie von Persönlichkeitsstörungen, indem sie auf enge Interaktionen zwischen Disposition und Lern- bzw. Beziehungserfahrungen verweist. Hier werden zukünftig vermehrt Verbindungen zur Stressforschung hergestellt werden.

Literatur

Arntz A, Appels C, Sieswerda S (2000) Hypervigilance in borderlinie disorder: a test with the emotional stroop paradigm. Journal of Personality Disorders 14: 366–373

Barratt, ES (1985) Impulsiveness defined within a systems model of personality. In: Spielberger CD, Butcher JN (eds) Bd 5. Advances in personality assessment. Lawrence Earlbaum Associates, Hillsdale, N.J. S. 113–132

Cleckley H (1941) The mask of sanity: An attempt to clarify some issues about the socalled psychopathic personality (5th edn. 1976). Mosby, St. Louis

Cloninger CR, Przybeck TR, Svrakic DM, Wetzel RD (1994) The Temperament and Character Inventory (TCI): a guide to its development and use. Center for Psychobiology of Personality, St. Louis, MO

Cloninger CR, Svrakic DM, Przybeck TR (1993) A psychobiolgical model of temperament and character. Archives of General Psychiatry 50:975–990

Coccaro EF, Siever LJ, Klar HM, Maurer G, Cochrane K, Cooper TB, Mohs RC, Davis KL (1989) Serotonergic studies in patients with affective and personality disorders. Archives of General Psychiatry 46:587–599

Cook EW III, Davis TL, Hawk LW, Spence EW, Gautier CH (1992) Fearfulness and startle potentiation during aversive visual stimuli. Psychophysiology 29:633–645

Costa PT, McCrae RR (1990) Personality disorders and the five-factor model of personality. Journal of Personality Disorders 4:362–371

Cyranowski JM, Frank E, Young E, Shear K (2000) Adolescent onset of the gender difference in lifetime rates of major depression. Archives of General Psychiatry 57:21–27

Davis M, Hitchcock JM, Rosen JB (1987) Anxiety and the amygdala: Pharmacological and anatomical analysis of fear-potentiated startle paradigm. In: Bower G (Hrsg) The psychology of learning and motivation. Vol. 21 Academic Press, New York, S. 263–305

de la Fuente JM, Goldman S, Stanus E, Vizete C, Morlan I, Bobes J, Mendlewicz J (1997) Brain glucose metabolism in borderline personality disorder. Journal of Psychiatric Research 31:531–541

Deckel AW, Hesselbrock V, Bauer L (1996) Antisocial personality disorder childhood delinquency, and frontal brain functioning: EEG and neuropsychological findings. Journal of Clinical Psychology 52:639–650

Derryberry D, Reed MA (1994) Temperament and the self-organization of personality. Development and Psychopathology 6:653–676

Derryberry D, Tucker DM (1992) Neural mechanisms of emotion. Journal of Consulting and Clinical Psychology 60:329–338

Dickman SJ, Meyer DE (1988) Impulsivity and speed-accuracy tradeoffs in information processing. Journal of Personality and Social Psychology 54:274–290

Driessen M, Hermann J, Stahl K, Zwaan M, Meier S, Hill A, Osterheider M, Petersen D (2000) Magnetic resonance imaging volumes of hippocampus and the amygdala in women with borderline personality disorder and early traumatization. Archives of General Psychiatry 57:1115–1122

Ebstein R, Novick O, Umansky R, Priel B, Osher Y, Blaine D, Bennett E, Nemanov L, Katz M, Belmaker R (1996) D4DR exon III polymorphism associated with the personality trait of Novelty Seeking in normal hum volunteers. Nature Genetics 12:78–80

Fowles DC (1988) Psychophysiology and psychopathology: a motivational approach. Psychophysiology 25:373–391

Goyer PF, Andreason PJ, Semple WE, Clayton AH, King AC, Compton-Tomt BA, Schulz SC, Cohen RM (1994) Positron-emission tomography and personality disorders. Neuropharmacology 10:21–28

Gunderson JG (1994) Building structure for the borderline construct. Acta Psychiatrica Scandinavica 89, Supplementum 379:12–18

Hamer DH, Greenberg BD, Sabol SZ, Murphy DL (1999) Role of the serotonin transporter gene in temperament and character. Journal of Personality Disorders 13:312–328

Hare R (1970) Psychopathy. Wiley, New York

Hare RD (1978) Psychopathy and electrodermal responses to nonsignal stimulation. Biological Psychology 6:237–246

Herpertz S, Sass H (2000) Emotional deficiency and psychopathy. Behavioral Sciences & the law 18:567–580

Herpertz S, Sass H, Favazza A (1997) Impulsivity in self-mutilative behavior: psychometric and biological findings. Journal of Psychiatric Research 31:451–465

Herpertz SC, Dietrich TM, Wenning B, Erberich SG, Krings T, Thron A, Sass H (2001a) Evidence of abnormal amygdala functioning in borderline personality disorder: a functional MRI study. Biological Psychiatry 50:292–298

Herpertz SC, Werth U, Lukas G, Qunaibi BS, Schuerkens A, Kunert HJ, Freese R, Flesch M, Mueller-Isberner R, Osterheider M, Sass H (2001c) Emotion in criminal offenders in psychopathy and borderline personality disorder. Archives of General Psychiatry 58:737–745

Herpertz SC, Wenning B, Mueller B, Qunaibi M, Sass H, Herpertz-Dahlmann B (2001b) Psychophysiological responses in ADHD children with and without conduct disorder – im-

plications for adult antisocial behavior. Journal of the American Academy of Child and Adolescent Psychiatry 40:1222–1230
Hoffman Judd PH, Ruff RM (1993) Neuropsychological dysfunction in borderline personality disorder. Journal of Personality Disorders 7:274–284
Hooley JM, Hiller JB (2000) Personality and expressed emotion. Journal of Abnormal Psychology 109:40–44
Intrator J, Hare R, Stritzke P, Brichtswein K, Dorfman D, Harpur T, Bernstein D, Handelsman L, Schaefer C, Keilp J, Rosen J, Machac J (1997) A brain imaging (single photon emission computerized tomography) study of semantic and affective processing in psychopaths. Biological Psychiatry 42:96–103
Jang KL, Livesley WJ, Angleitner A, Riemann R, Vernon PA Genetic and environmental influences on the covariance of facts defining the domains of the five-factor model of personality. Personality and Individual Differences 33:83–101
Jang KL, Livesley WJ, Vernon PA, Jackson DN (1996) Heritability of personality disorder traits: a twin study. Acta Psychiatrica Scandinavica 94:438–444
Kalin NH, Larson C, Sketton SE, Davidson RY (1998) Asymmetric frontal brain activity, cortisol, and behavior associated with fear ful temperament in ohezees monkeys. Behavior and Neuroscience 112:286–292
Kapfhammer HP (2001) Trauma und Dissoziation – eine neurobiologische Perspektive. Persönlichkeitsstörungen – Theorie und Therapie PTT 5:4–27
Kunert HJ, Herpertz S, Saá H (2002) Frontale Dysfunktionen als ätiologische Faktoren bei der Borderline- und Antisozialen Persönlichkeitsstörung? In: H. Förstl (Hrsg.) Springer, Berlin, Heidelberg, New York, S. 215–238
Lesch KP, Bengel D, Heils A, Sabol SZ, Greenberg BD, Petri S, Benjamin J, Muller J, Hamer DH, Murphy DL (1996) Association of anxiety-related traits with a polymorphism in the serotonin transporter gene regulatory region. Science 274:1527–1531
Livesley WJ, Jang KL, Venon PA (1998) Phenotypic and genetic structure of traits delineating personality disorder. Archives of General Psychiatry 55:941–948
Lyoo IK, Han MH, Cho DY (1998) A brain MRI study in subjects with borderline personality disorder. Journal of Affective Disorders 50:235–243
New AS, Trestman RL, Siever LJ (1995) Borderline personality disorder. In: Hollander E, Stein DJ (Hrsg.) Impulsivity and aggression. John Wiley & Sons, Chichester, New York S. 153–173
Nieuwenhuys R, Voogd J, van Huijzen C (1991) Das Zentralnervensystem des Menschen. 2. überarbeitete Auflage. Springer, Berlin, Heidelberg, New York
Nigg JT (2000) On inhibition/disinhibition in developmental psychopathology: views from cognitive and personality psychology and a working inhibition taxonomy. Psychological Bulletin 2:220–246
O'Leary KM, Brouwers P, Gardner DL, Cowdry RW (1991) Neuropsychological testing of patients with borderline personality disorder. American Journal of Psychiatry 148:106–111
Panksepp J (1986) The neurochemistry of behavior. Annual Review of Psychology 37:77–107
Patrick CJ, Bradley MM, Lang PJ (1993) Emotion in the criminal psychopaths: startle reflex modulation. Journal of Abnormal Psychology 102:82–92
Pietrini P, Guazzelli M, Basso G, Jaffe K, Grafman J (2000) Neural correlates of imaginal aggressive behavior assessed by positron emission tomography in healthy subjects. American Journal of Psychiatry 157:1772–1781
Pope HG, Jonas JM, Hudson JI, Gunderson JG (1983) The validity of DSM-III borderline personality disorder: a phenomenologic treatment response, and long-term follow-up study. Archives of General Psychiatry 40:23–30
Pynoos RS, Steinberg AM, Ornitz EM, Goenjran AK (1997) Issues in the developmental neurobiology of traumatic stress. Annals of the New York Academy of Science 821:176–193

Raine A, Buchsbaum MS, La Casse L (1997) Brain abnormalities in murderers indicated by positron emission tomography. Biological Psychiatry 42:495–508
Raine A, Buchsbaum MS, Stanley J, Lottenberg S, Abel L, Stoddard J (1994) Selective reductions in prefrontal glucose metabolism in murderers. Biological Psychiatry 36:365–373
Raine A, et al. (1990) Evoked potential augmenting-reducing in psychopaths and criminals with impaired smooth-pursuit eye movements. Psychiatry Research 31:85–98
Raine A, Lencz T, Bihrle S, LaCasse L, Colletti P (2000) Reduced prefromtal grey matter volume and reduced autonomic activity in antisocial personality disorder. Archives of General Psychiatry 57:119–127
Raine A, Venables PH, Mednick SA (1997) Low resting heart rate at age 3 years predisposes to aggression at age 11 years: evidence from the Mauritius Child Health Project. Journal of the American Academy of Child and Adolescence Psychiatry 36:1457–1467
Raine A, Venables PH, Williams M (1995) High autonomic arousal and electrodermal orienting at age 15 years as protective factors against criminal behavior at age 29 years. American Journal of Psychiatry 152:1595–1600
Robbins TW, Everitt BJ (1996) Neurobehavioural mechanisms of reward and motivation. Current Opinion in Neurobiology 6:228–236
Rothbart MK, Ahadi SA (1994) Temperament and the development of personality. Journal of Abnormal Psychology 103:55–66
Schulz PM, Soloff PH, Kelly T, Morgenstern M, DiFranco R, Schulz SC (1989) A family history of borderline subtypes. Journal of Personality Disorders 3:217–229
Siever LJ, Davis KL (1991) A psychobiological perspective on the personality disorders. American Journal of Psychiatry 148:1647–1658
Simeon D, Stanley B, Frances MD, Winchel R et al (1992) Self-mutilation in personality disorders: psychological and biological correlates. American Journal of Psychiatry 149:221–226
Soloff PH, Meltzer CC, Greer PJ, Constantine D, Kelly TM (2000) A fenfluramine-activated FDG-PET study of borderline personality disorder. Biological Psychiatry 47:540–547
Soloff PH, Millward JW (1983) Psychiatric disorders in the families of borderline patients. Archives of General Psychiatry 40:37–44
Steinberg BJ, Trestman RL, Siever LJ (1995) The cholinergic and noradrenergic neurotransmitter systems affective instability in borderline personality disorder. In: Biological and neurobehavioral studies in borderline personality disorder. American Psychiatric Press Washington DC S 41–59
Torgersen S (1994) Genetics in borderline conditions. Acta Psychiatrica Scandinavica 89 (Suppl. 379):19–25
Torgersen S (2000) Genetische Aspekte bei Borderline-Störungen. In: Kernberg O, Dulz B, Sachsse U (Hrsg.) Handbuch der Borderline-Störungen. Schattauer, Stuttgart, New York, S.217–224
van Reekum R, Conway CA, Gansler D, White R, Bachman DL (1993) Neurobehavioral study of borderline personality disorder. Journal of Psychiatry and Neuroscience 18:121–129
van Reekum R, Links PS, Finlayson MA, Boyle M, Boiago I, Ostrander LA, Moustacalis E (1996) Repeated neurobehavioral study of borderline personality disorder. Journal of Psychiatry and Neuroscience 21:13–20
Virkkunen M, Kallio E, Rwalings R, Tokola R, Poland RE, Guidotti A, Nemeroff C, Bissette G, Kalogeras K, Karonen SL, Linnoila M (1994) Personality profiles and state aggressiveness in Finnish alcoholic, violent offenders, fire setters, and healthy volunteers. Archives of General Psychiatry 51:28–33
Virkkunen M, Linnoila M (1993) Brain serotonin, type II alcoholism and impulsive violence. Journal of Studies on Alcohol Suppl. 11:163–169
Volkow ND, Tancredi LR, Grant C, Gillespie H, Valentine A, Mullan N, Wang GJ, Hollster L (1995) Brain glucose metabolits in

violent psychiatric patients: a preliminary study. Psychiatry Research 61:243–253
Wheeler RE, Davidson RJ, Tomarken AJ (1993) Frontal brain asymmetry and emotional reactivity: a biological substrate of affective style. Psychophysiology 30:82–89
White JL, Moffitt TE, Caspi A, Bartusch DJ, Needles DJ, Stouthamer-Loeber M (1994) Measuring impulsivity and examining its relationship to delinquency. Journal of Abnormal Psychology 103:192–205
Zuckerman M (1974) The sensation seeking motive. In: Maher BA (ed) Vol 7. Experimental personality research. Academic Press, New York, San Francisco, London S 80–140

3.2 Psychoanalytische Konzeptbildung der Persönlichkeitsstörungen

Gerhard Dammann, Peter Buchheim

3.2.1 Einleitung

Persönlichkeitsstörungen können als fundamentale Verhaltens-, Erlebens- und Beziehungsstörungen verstanden werden, deren Ursachen in tief verwurzelten Aspekten der Persönlichkeit liegen. Die psychodynamischen Konzepte verstehen unter den Persönlichkeitsstörungen je nach Terminologie oder Schwerpunkt: Charakterneurosen (Freud, Reich), pathologische Ich-Veränderungen (bzw. Über-Ich-Formationen), pathologisches Selbst, Störungen im Bereich der Persönlichkeitsorganisation (Kernberg) oder allgemeiner ausgedrückt **strukturelle Störungen**, die wiederum eine gewisse typologische Stabilität aufweisen, die durch die Dominanz bestimmter dynamischer Objektbeziehungs-Themen zu erklären sind und die das charakteristische Bild der jeweiligen Persönlichkeitsstörung prägen. Als die beiden zentralen Aspekte aller Persönlichkeitsstörungen können die **Identitätsproblematik** und die **Beziehungsschwierigkeiten** aufgefasst werden.

Das bedeutet nach psychoanalytischer Sicht, dass alle Persönlichkeitsstörungen sich zwar einerseits – u. U. sogar extrem wie z. B. die schizoiden und die histrionischen Persönlichkeiten – durch ihr bestimmendes Konfliktmuster und ihr typologisches Erscheinungsbild (etwa in den Bereichen Introversion vs. Extraversion oder Abhängigkeit vs. Unabhängigkeit von anderen Menschen) unterscheiden, aber andererseits in zentralen Merkmalen, welche die Struktur betreffen (Reifegrad der Abwehrmechanismen, Vorhandensein eines integrierten Identitäts- oder Selbstkonzepts), einander ähnlich sind, was sie wiederum von den neurotischen oder normalen Persönlichkeitsorganisationen unterscheidet.

Es ist weiter davon auszugehen, dass sich narzisstische, depressive, hysterische, zwanghafte und andere strukturelle Dynamiken auf den verschiedensten Persönlichkeitsorganisationsniveaus finden lassen. Also auch normale Persönlichkeiten haben hysterische oder narzisstische Anteile. Erst wenn die entsprechende pathologische Konstellation die gesamte Persönlichkeit zu dominieren beginnt (z. B. tiefes Misstrauen bei der paranoiden Persönlichkeitsstörung, Lebensüberdruss bei der depressiven Persönlichkeitsstörung, der Wunsch im Mittelpunkt zu stehen bei der histrionischen Persönlichkeitsstörung) und so ein Ungleichgewicht und eine Rigidität vorliegen sowie die Störung in weiten Lebensbereichen manifest wird (Beziehungen, Arbeitsfähigkeit, Sexualität, Selbstwert, Frustrationstoleranz etc.), sollte von einer Persönlichkeitsstörung gesprochen werden.

Die folgenden Ausführungen zur psychodynamischen Theorie der Persönlichkeitsstörungen und zu der davon abgeleiteten klinischen Behandlungspraxis folgen im Wesentlichen einem objektpsychologischen Modell. Selbstpsychologische, interpersonelle und intersubjektivistische Modelle werden weniger ausführlich dargestellt, auch weil sie in der klinischen Behandlungswirklichkeit von schwerer persönlichkeitsgestörten Patienten und in den theoretischen Diskussionen in diesem Feld geringere Bedeutung haben oder konzeptionell weniger ausgearbeitet sind. Auch beziehen sich die Ausführungen schwerpunktmäßig auf die Borderline-Störung bzw. die Borderline-Persönlichkeitsorganisation (Kap. 3.2.3), weil zu dieser Störung die differenziertesten Konzeptbildun-

Tabelle 3.1 Glossar zu psychoanalytischen Begrifflichkeiten

Selbst	Begriff hat unterschiedliche Bedeutung in der Entwicklung der Psychoanalyse: nach C.G. Jung (1912): das Gesamt der bewussten und unbewussten Anteile des Psychischen, nach H. Hartmann (1950): das Gesamt des Es-Ich-Über-Ich-Systems, nach O. Kernberg (1975): die intrapsychische Struktur als Teil des Ichs; im gesunden Selbst werden die verschiedenen Selbstaspekte harmonisch zusammengeführt
Objekt	reale(r) oder phantasierte(r) Person (Gegenstand), durch welche(n) ein Trieb sein Ziel erreicht
Ich	sich im Laufe der Persönlichkeitsentwicklung bildender psychischer Apparat (bzw. Organisation), der die Wahrnehmung und Anpassung an die Außenwelt herstellt; umfasst z. B. Denken, Gedächtnis, Realitätskontrolle, Affektregulation, Angsttoleranz, Impulskontrolle
Struktur	Persönlichkeit, Charakter
Repräsentanzen	innere Beziehungen und Bilder von sich selbst und anderen
Abwehrmechanismen	Schutzmechanismen des Ichs gegen Triebansprüche (Affekte); bei Persönlichkeitsstörungen sind Spaltungen von Ich- und Objektrepräsentanzen zwischen „ganz gut" und „ganz böse" von besonderer Bedeutung
Übertragung	Projektion frühkindlicher Erfahrungen (besonders zu lebensgeschichtlich bedeutsamen Personen) auf aktuelle Beziehungen
Gegenübertragung	Gefühle des Analytikers bzw. Psychotherapeuten seinem Patienten gegenüber (Heimann 1950) (früher: nur unbewusste Reaktionen des Therapeuten auf die Übertragung des Patienten)

gen vorliegen. In Tab. 3.1 werden wichtige Begrifflichkeiten der psychoanalytischen Theorie in Form eines Glossars dargestellt.

3.2.2 Konzepte von Persönlichkeitsstörungen

Das Unbewusste und die Struktur

Alle psychodynamische Ansätze, auch die der Persönlichkeitsstörungen, folgen der Theorie eines **wirksamen dynamischen Unbewussten.**

Dieses Modell setzt sich wiederum aus den von Freud aufgegriffenen bzw. entwickelten Konzepten zusammen:
- das Unbewusste als ein psychisches System primärprozesshaften Funktionierens (Freud 1915),
- die Trieb- und Konflikttheorie (und die damit in Verbindung stehende Einschätzung von Sexualität),
- ein Konzept des Wunsches, der Motivation und der Affekte,
- das Konzept der Verdrängung,
- das Konzept des Widerstands,
- eine Ich-Psychologie, die die Voraussetzung für die Konzepte des Verdrängens und des Widerstandleistens ist.

Es kommen weitere metapsychologische Elemente hinzu wie Narzissmus und Ödipalität, Aggressionstheorie, Besetzungen und Objektbeziehungen. Die Ich-psychologischen und „kognitivistischen" Theoretiker der Psychoanalyse (Rapaport und Gill 1959) erweiterten die Metapsychologie um adaptive und handlungskonzeptuelle, die Objektbeziehungstheorie und kleinianische Psychoanalyse diese um die Modelle von Objekt- und Selbstrepräsentanzen sowie Destruktivität.

Die Vorstellung von einer tief verwurzelten, auch unbewussten „Persönlichkeit" prägte zentral die therapeutischen Vorstellungen der Psychoanalyse im Sinne einer *strukturellen Veränderung*, wie es Loewald (1960) treffend ausgedrückt hat: „Wenn 'strukturelle Veränderungen der Persönlichkeit des Patienten' irgendeine Bedeutung haben sollen, dann die, daß wir davon ausgehen, daß die Ich-Entwicklung im therapeutischen Prozeß der Psychoanalyse wieder aufgenommen wird. Und diese Wiederaufnahme der Ich-Entwicklung hängt von der Beziehung zu einem neuen Objekt, dem Analytiker, ab."

Identität und Abwehr

Im Zentrum der Persönlichkeitsstörung steht nach psychoanalytischer Auffassung eine „Identitätsproblematik". Das bedeutet, dass kein integriertes Bild von sich selbst und von anderen vorliegt, welches positive und negative Aspekte umfasst und halbwegs realistisch die Wirklichkeit abbildet. Die topographische Struktur (Ich, Über-Ich, Es), die die Psychoanalyse postuliert, ist wesentlich in diesen Prozess der Charakterbildung mit einbezogen. „**Über-Ich-Probleme**" (d. h. klinisch z. B. antisoziale Züge, mangelndes moralisches Bewusstsein) lassen sich u. a. durch sog. Spaltungsphänomene oder Projektionen bei der Identitätsentwicklung erklären. Die Spaltungs- und externalisierenden Projektionsprozesse haben eine (neutralisierende oder stabilisierende) Funktion, z. B. Unerträgliches intrapsychisch fernzuhalten, und werden deshalb als Teil der Abwehr aufgefasst, sie führen aber selbst auch zu neuerlichen „Problemen", etwa aufgrund der Realitätsverzerrungen, mit denen sie einhergehen.

Die **Struktur** (Persönlichkeitsorganisation) konstituiert sich (z. B. nach Kernberg) insbesondere durch:
- die (hierarchische Reife der) Abwehrmechanismen (z. B. omnipotente Kontrolle, Verneinung),
- das Vorhandensein bzw. das Ausmaß von Identitätsdiffusion,
- die Fähigkeit zur Realitätsprüfung,
- die Qualität der Objektbeziehungen, d. h. die innere Repräsentanz, dass Beziehungen und Bindungen etwas an sich Erstrebenswertes sind,
- die Fähigkeit zur Intimität und zum sexuellen Genießen,
- die ausreichende Integration von Aggression in die Persönlichkeit, d. h., weder Aggressionshemmung noch Frustrationsintoleranz,
- die Fähigkeit zu wirklicher Ambivalenz, d. h., intrapsychisch ein Einerseits und Andererseits integrieren zu können.

Bei der Erklärung der Identitätsproblematik bei schweren Persönlichkeitsstörungen hat das **Konzept der Spaltung** eine große Rolle erhalten. Die Funktion der Spaltung besteht darin, dass widersprüchliche Ich-Zustände aktiv voneinander getrennt gehalten werden oder nur alternierend erscheinen. Die Ausarbeitung des Konzepts der Spaltung (vor allem Rosenfeld) hat in der Psychoanalyse schwerer Störungen breite Akzeptanz gefunden. Dennoch bleibt die Frage offen, ob es sich um eine „frühe Spaltung" handelt, wie etwa Kernberg meint, die quasi im Sinne einer „frühen Störung" persistiert, oder ob „Spaltungen" nicht doch später entstehen können (hierbei wäre die Spaltung der Dissoziation näher). Schließlich bleibt unklar, warum „Spaltungen" so unterschiedliche Störungsbilder wie Borderline-Pathologie, Schizoidie, Sucht, psychosomatische Erkrankungen, Traumafolgen (Schwarz 1988) bedingen können.

Die Identitätsbildung selbst, die man auch als Bildung und Integration von Objektrepräsentanzen bezeichnen könnte, erfolgt vermutlich in Zuständen von Affektstürmen über Internalisierungen, Introjektionen und Mentalisierungsprozesse. Deshalb kann nach psychoanalytischer Sichtweise eine relativ stringente (und heuristisch wie therapeutisch wertvolle) Verbindung hergestellt werden zwischen
- realen Beziehungserfahrungen der Vergangenheit,
- Bindungsstilen,
- inneren Beziehungen und Bildern (Repräsentationen),
- Beziehungsphantasien,
- interpersonellen Beziehungsschwierigkeiten
- und dem Übertragungsgeschehen in der Therapie.

Sandler (1983) hat darauf hingewiesen, dass das Verständnis und die Behandlung von schweren Störungen stark von der Entwicklung (oder Entdeckung) sog. objektbezogener Abwehrmechanismen gefördert wurde, wozu u. a. die altruistische Abtretung, die Identifikation mit dem Aggressor (Anna Freud 1936), besonders aber die projektive Identifizierung (Klein 1946/1962) gehören; zuvor waren Abwehrmechanismen trieb- und konfliktbezogener verstanden worden.

Entwicklung der psychoanalytischen Theoriebildung von den Charakterpathologien zur Objektpsychologie

Die wesentlichen heutigen Konzeptionen (sogar die Objektpsychologie) basieren auf den Arbeiten Sigmund Freuds (1908), Karl Abrahams (1923, 1924) und Wilhelm Reichs (1928, 1933). Das Ich, so führte bereits Freud (1915) aus, entsteht durch den Niederschlag von Objektbeziehungen. Allerdings musste Freud selbst ab 1923 – und besonders in seinem Spätwerk ab 1933 – zentrale Modifikationen seiner ursprünglichen metapsychologischen Annahmen vornehmen, um tiefer liegenden seelischen Prozessen theoretisch gerecht werden zu können.

Von den frühen Mitarbeitern Freuds waren es insbesondere vier Analytiker, die Wesentliches zur Weiterentwicklung eines psychodynamischen Konzeptes der „Persönlichkeitsstörungen", die damals natürlich nicht so genannt wurden, beitrugen:
- Karl Abraham mit seine Überlegungen zum Charakter (etwa dem analen Charakter),
- Alfred Adler mit seinem Konzept der Hemmung und der Minderwertigkeit (der allerdings in der Folge zunehmend „intentionalistischer" in seinen Auffassungen wurde und bei Beibehaltung einer Konflikttheorie „das Unbewusste" aufzugeben begann),
- Sandor Ferenczi, der früh schon die Rolle des Traumas und eine aktivere, von Empathie gekennzeichnete Technik betonte,
- Wilhelm Reich insbesondere, der das Konzept des Charakterpanzers und des Charakterwiderstands wesentlich entwickelte.

Unabhängig von diesen legten zwei Analytikerinnen seit den 1930er Jahren ausgehend von kinderpsychoanalytischen Arbeiten den Baustein für zwei gegensätzliche, aber jeweils außerordentlich fruchtbare Entwicklungslinien:
- Die eine geht auf Anna Freud zurück mit ihrer Verfeinerung der Ich-Psychologie sowie mit ihrer Theorie der Abwehrmechanismen. Diese Ich-Psychologie, später etwa von Heinz Hartmann weiterentwickelt, ermöglichte es nun erstmals die synthetischen Leistungen des „Ichs" und dessen Pathologien wesentlich genauer zu untersuchen.
- Bei der anderen Analytikerin handelte es sich um Melanie Klein, die weniger die synthetischen und „kognitiven" Funktionen des Ichs und des Unbewussten im Auge hatte als vielmehr frühe, destruktive und vernichtende Aspekte des Seelenlebens des Menschen. „Sprachlose" Affekte, Neid aber auch „projektiv identifikatorische" Mechanismen wurden von ihr erstmals detailliert beschrieben.

Wesentlich für die Behandlung und das Verständnis der Persönlichkeitsstörungen wurde auch eine Entwicklung, die etwa 1950 einsetzte, als nämlich Paula Heimann die **Gegenübertragung** als einen wichtigen Zugang zum Patienten und nicht mehr als etwas Störendes identifizierte. War unter Gegenübertragung zunächst nur die unbewusste Reaktion des Therapeuten auf die Übertragung des Patienten gemeint gewesen, so hat sich der Begriff in der Folge stark geweitet. Später wurden auch die „Übertragungen" des Therapeuten auf den Patienten und sogar alle (bewussten wie unbewussten) von seiner äußeren Realität geprägten Gefühle des Therapeuten generell als Gegenübertragung verstanden. Diese Haltung wirkt bis heute nach, z. T. erwuchs sogar daraus das Problem, dass die Gegenübertragungsanalyse wichtiger wurde als die Übertragungsanalyse. Erst in den letzten 10 Jahren scheinen sich beide Linien, die kleinianische und die klassisch freudianische, in Verbindung bringen zu lassen, da inzwischen genügend kleinianische und von W. R. Bion stammende Überlegungen psychoanalytisches Gemeingut wurden und andererseits die extremsten Mythologeme dieser Schule („Neid des Säuglings auf die Brust der Mutter") durch die Säuglingsbeobachtung relativiert werden konnten.

Mit Edith Jacobsons (1964/1973) Buch „The self and the object world" und mit Margaret Mahlers entwicklungspsychologischen Phasen der „Separation und Individuation" kam in den 1960er und 1970er Jahren eine Öffnung der Ich-Psychoanalyse für neue Theorien in Gang. Mit Edith Jacobson (1964/1973) kann das Selbst als die intrapsychische Struktur verstanden werden, die sich als die Summe von Selbstvorstellungen in Verbindung mit den Objektvorstellungen bildet und die ihren Ursprung im Ich hat und in das Ich eingebettet ist. Das „Symbiosekonzept" Mahlers, das von einer ursprünglich rein symbiotischen Matrix zwischen Säugling und Mutter ausgeht, erwies sich zwar später als so nicht haltbar, hatte jedoch großen heuristischen Wert für das Verständnis der Persönlichkeitsstörungen.

Weitgehend unabhängig von den kleinianischen und freudianischen Kämpfen entwickelte der schottische Arzt Fairbairn (und später seine Schüler Guntrip und Sutherland) einen Theoriekomplex, der vielleicht (neben dem kleinianischen, besonders in seinen Weiterentwicklungen durch John Steiner, James Grotstein, Ronald Britton, um nur einige der wichtigen „Neo-Kleinians" zu nennen) der wichtigste überhaupt für das Verständnis der schweren Charakterstörungen werden sollte: die sog. **„Britische Objektpsychologie"**. Fairbairn war der erste, der die **Entwicklung des Selbst aus Objektbeziehungen** zurückführte. Er entwickelte eine Sicht der endopsychischen Struktur des Selbst bestehend aus Ich-Anteilen und verinnerlichten Objekten, deren Aufteilung durch Abwehrmechanismen geschieht. Allerdings stehen auch die Ich-Teilungen untereinander in einer dynamischen Beziehung. Für Fairbairn spielten Triebkonflikte keine so wesentliche Rolle mehr, weswegen dieser Ansatz von psychoanalytischer Seite zunächst lange kritisiert wurde.

Die Theorie der Objektbeziehungen markiert in gewisser Weise die „Moderne" innerhalb der Psychoanalyse, basiert doch auf ihr die heute beinahe universell vertretene Sicht, klinische Störungen als Folge traumatischer oder gestörter internalisierter Beziehungserfahrungen zu verstehen. Im Unterschied zu früheren Vorstellungen, die von einem undifferenzierten, symbiotischen (Mahler) oder narzisstischen Mutter-Kind-Zustand ausgingen, weisen neuere (z. T. auf René Spitz zurückgehende), auch entwicklungspsychologisch fundierte (Daniel Stern) Ansätze darauf hin, dass bereits ganz früh eine Matrix vorhanden ist, die differenzierte, wenn auch noch rudimentäre Selbst- und Objektbilder entstehen lässt. Durch den Spracherwerb und insbesondere durch affektiv bedeutsame Ereignisse kommt es zu einer zunehmenden Entwicklung von senso-motorischen Schemata über präsymbolische bis schließlich zu symbolischen Repräsentanzen (Kutter und Müller 1999, 201). Parallel dazu erfolgt die Ausbildung von Selbst- und Objektrepräsentanzen. Aber auch fusionär erlebten „High Peak Affect States" kommen für die weitere Entwicklung der Persönlichkeits-Organisation eine große Rolle zu. Mit der Entwicklung der damit einhergehenden Gedächtnisspuren bilden sich „synthetische Kräfte", welche die sich differenzierende psychische Organisation zusammenhalten und schließlich die „Ich-Synthese" (Nunberg 1930/1974) ermöglichen. Das Kind lernt, zwischen innen und außen zu unterscheiden, Selbst- und Objektrepräsentanzen trennen sich. Der Repräsentation des Objekts im Selbst geht der Vorgang der Introjektion (Ferenczi 1988) des Objekts in das Selbst voraus. Dieser Vorgang ist das Vorbild der späteren Identifizierung. Bei der frühen Internalisierung, die zur Unabhängigkeit von dem direkt bedürfnisbefriedigenden Objekt führt, „verschmilzt" (Sandler 1960) das rudimentäre Selbstschema mit dem Schema des Objekts. Damit entsteht eine Objektrepräsentanz im Ich, die geeignet ist, das wirkliche Objekt als Quelle narzisstischer Befriedigung zu ersetzen.

Bei dieser Entwicklung zunehmender Unabhängigkeit des Ich von den äußeren Objekten spielt das symbolisierende „Übergangsobjekt" (Winnicott 1951/1976) eine wichtige Rolle. Die Unabhängigkeit von diesem Objekt führt zu einem Zustand der „Objektkonstanz" (Hartmann 1950/1972). Es kommt auch zu einer Unabhängigkeit von quantitativen Objektaspekten, entscheidend wird die Qualität der Beziehungen und ihrer Besetzungen und ob sie befriedigend sind.

Ein weiteres Wachstum des Ichs ist möglich durch fortgesetzte projektive Identifikation mit der Mutter und nachfolgender Re-Introjektion, dadurch entsteht eine fortwährende Ich-Erstarkung (Freud 1923), „Ich-Integration" (Melanie Klein 1935/1962) oder permanente „Assimilierungen von inneren Objekten" (Heimann 1942). Entwicklungspsychologisch ist so – hier verkürzt dargestellt (ausführlicher zur Entstehung der Objektbeziehungen Kutter und Müller 1999) – die Basis für eine gesunde Persönlichkeit geschaffen, die neben einer genügenden libidinösen Besetzung der Selbstrepräsentanz in der Lage ist, reife Objektbeziehungen einzugehen. Das bedeutet, dass reifere Objektbeziehungen gleichermaßen die eigenen und die Bedürfnisse des anderen berücksichtigen. Im Sinne von Melanie Klein (1940/1962) korrespondiert diese Entwicklung auch mit der Entstehung der sog. „depressiven Position". Objekt und Selbst werden nicht mehr wie in der paranoid-schizoiden Position als Teilobjekte wahrgenommen, sondern als ganze Objekte, die sich als unzerstörbar (gegenüber den oral-sadistischen Angriffen) erwiesen haben. Das bedeutet, dass zu jeder reiferen Objektbeziehung auch die Einsicht in die zerstörerischen Anteile gehören. Bei dieser Entwicklung spielt die Beziehung zu einem dritten Objekt („dem Vater"), also die Triangulierung und die Versagung eine große Rolle.

Die psychoanalytische Objektbeziehungstheorie beinhaltet also das Vorhandensein von relevanten äußeren Objekten, internalisierten Objekten, die Selbst- und Objektrepräsentationscharakter haben können, die damit einhergehenden Affekte aber auch deren Beziehung untereinander sowie Abwehrfunktionen. Repräsentanzen bilden die Grundlage der psychischen Strukturen, die aus Selbst- und Objektvorstellungen unter der Dominanz eines bestimmten Affekts entstehen. Eine rein interaktionelle Auffassung von der Entstehung der psychischen Struktur, d. h. als reines Abbild realer Beziehungserfahrungen, erscheint deshalb unzureichend.

In der Theorie Otto F. Kernbergs wurden Ansätze der amerikanischen Ich-Psychologie etwa von Heinz Hartmann (Selbst, affektive und kognitive Repräsentanzen), der britischen Objektpsychologie, der entwicklungspsychologischen Theorien Jacobsons und Mahlers (Symbiose, Wiederannäherung, Individuation), Melanie Kleins und ihres Schülers Herbert Rosenfeld sowie die klassische freudianische Triebtheorie verbunden und zur amerikanischen Objektpsychologie (zu der auch Gabbard, Meissner, Akhtar u. a. gehören) amalgamiert. Es sind einige weitere bemerkenswerte Entwicklungslinien in der Psychoanalyse zu berücksichtigen, die z. T. auch im Widerspruch zur amerikanischen Objektpsychologie stehen, nämlich die unabhängigen objektpsychologischen Arbeiten von Balint, Winnicott, Masud Khan, die insgesamt mehr das Miteinander in der Therapie und die Wachstumsmöglichkeiten des Patienten betonen (und alle in gewisser Weise an Ferenczi anknüpfen), die Selbst-Psychologie Heinz Kohuts (aber auch Masterson, Adler u. a.), die „Neo-Freudianer" André Green und Léon Wurmser und schließlich die Intersubjektivisten und die Anhänger der „Theory of Mind" wie Peter Fonagy, Daniel Stern und Owen Renik.

Affekte und ihr Verhältnis zu Objektbeziehungen und Konflikten

In Objektbeziehungen abbildbare Struktur bildet sich vermutlich besonders dann aus, wenn es entwicklungsgeschichtlich zu **Spitzenaffekten** kommt (des Verlassenwerdens, der Angst, der Scham, der Wut, des Glücks, des Geborgenseins etc.). Dabei sind die Affekte des Babys nicht losgelöst von Interaktionen, sondern ihrerseits Folge von Beziehungen und ersten Bindungserfahrungen, Objektbeziehungen und beginnende Selbstkonzepte erzeugen wiederum Affektwahrnehmungen. Es ist deshalb nahe liegend zu postulieren, wie dies verschiedene Kliniker und Theoretiker unabhängig voneinander getan haben (Daniel Stern, Otto F. Kernberg), dass Veränderungen in der Psychotherapie dann erfolgen können, wenn der Patient (z. T. auch der Therapeut) in einen Zustand höherer emotionaler und damit einhergehender kognitiver Erregung gerät, was auch als „Connecting" bezeichnet wird.

Damit das Kleinkind die Mutter in dieser Phase „als Objekt verwerten" kann, wie wiederum Winnicott (1963/ 1974) es ausgedrückt hat, muss sich diese erst als „unzerstörbar" erwiesen haben, was die Angriffe des zunächst nach Symbiose zielenden Kindes betrifft, und nicht versucht haben sich wiederum manipulativ zu rächen. Eine Problematik die gerade bei persönlichkeitsgestörten Patienten eine große Rolle spielt, waren doch die primären Objekte „zerstörbar" oder „rächend". Technisch ist so auch zu erklären, wie wichtig es ist, dass sich der Therapeut einerseits nicht zerstören und nicht manipulieren lässt, andererseits aber – im Sinne des Realitätsprinzips – auch nicht per se unzerstörbar abgehoben ist.

Ähnlich wie für die objektpsychologische Auffassung von Struktur als (vergangene, perpetuierte und im Übertragungsgeschehen reaktivierte) Beziehungserfahrung (über Introjizierungs-, Verinnerlichungs- und Identifizierungsprozesse) muss auch für den Bereich der Konflikte, die in den letzten Jahren zugunsten der Selbsttheorie beim Verständnis von Persönlichkeitsstörungen etwas vernachlässigt wurden, beachtet werden, dass es sich um ein Modell mit mindestens 5 Ebenen handelt (Müller-Pozzi 1989, 113): den frühkindlichen, den verinnerlichten, den aktuellen und den Übertragungskonflikten sowie das Symptom als körperliche und erfahrbare Darstellung des Konflikts:

„Früher erlittenes Leid bleibt als ewig virulenter Widerspruch im Subjekt bestehen und konstituiert das, was wir den verinnerlichten Konflikt heißen... Diese Erfahrungen kreisen um frühe libidinöse, narzißtische und aggressive Wünsche und Schicksale, ihre Nichterfüllbarkeit und Abwehr innerhalb der gewünschten Objektbeziehung. Die verinnerlichten Konflikte manifestieren sich nach außen auf zwei unterschiedlichen Wegen: einmal in den sog. Symptom- und Ersatzbildungen, zum andern im Wiederholungszwang. Die Symptom- und Ersatzbildungen prägen die (unmittelbar nur in ihrem manifesten und nicht in ihrem wesentlichen latenten Gehalt zugängliche Ebene der Inhalte, der Träume und Phantasien des Diskurses, der Rede der freien Assoziationen. ... Da macht sich die Psychoanalyse den Wiederholungszwang zunutze... schmiedet sich ihr spezifisches Instrument, die Übertragung. ... Der verinnerlichte Konflikt wird im Übertragungskonflikt externalisiert. Das Geschehen in der psychoanalytischen Situation wird so zum äußeren Abbild der inneren psychischen Wirklichkeit." (Müller-Pozzi 1989, 114).

Pathologische Ich-Formationen und Widerstand

Wie für die Neurosen gilt auch für die Persönlichkeitsstörungen die klassische Entwicklungsformel „frühes Trauma – Abwehr – Latenz – Ausbruch der neurotischen Erkrankung – teilweise Wiederkehr des Verdrängten" (Freud 1939, 185). Während bei normalen und neurotischen Persönlichkeits-Organisationen das „normale Ich..., trotz seiner Symptome auf eine rationale Therapie mit der Auflösung seiner Symptome reagiert" (Eissler 1953), das Ich sozusagen im Therapeuten einen Verbündeten findet (therapeutische Ich-Spaltung, Ich-Übertragungen), kommt es bei den Persönlichkeitsstörungen, als zusätzliche Erschwernis, zu pathologischen Ich-Veränderungen mit erheblichen Konsequenzen für den therapeutischen Prozess bzw. die Technik (Freud 1937).

Die Abwehrformationen, die auch den Widerstand in der Therapie entstehen und erklären lassen, liegen dann in den „regelmäßigen Reaktionsweisen des Charakters" selbst (die sog. „Ich-Syntonizität" der Persönlichkeitsstörungen gehört hierzu), die sich gegen ihre Bewusstmachung wehren, und damit gegen „die Analyse überhaupt und somit gegen die Heilung" (Freud 1937). Doch über die Ich-Syntonizität der Charakterneurose hinausgehend finden sich weitere pathologische Ich-Veränderungen bzw. Widerstände, etwa transiente psychotische Prozesse, die man nach psychoanalytischer Auffassung, etwa bei Borderline-Störungen, sowohl als Abwehr wie auch als ein Einbrechen der Abwehr verstehen kann, destruktiver Narzissmus (Rosenfeld 1964) und schließlich im Rahmen schwerste Widerstände Masochismus, Strafbedürfnis und negative therapeutische Reaktion (Limentani 1981). Das „Ich" ist demnach kein Verbündeter mehr, sondern richtet sich gegen das Selbst und den anderen. Neuere psychoanalytische Ansätze haben in den letzten Jahrzehnten dazu beigetragen, diese Formen des Widerstands nicht nur zu beschreiben und zu verstehen (als Ausdruck unbewusster Strafbedürfnisse, narzisstischen Neides u. ä.), sondern auch in der psychotherapeutischen Arbeit mit diesen Patienten zu nutzen und zu verstehen, dass es ein „Hinweis des Patienten sein kann, daß das Wichtigste noch nicht verstanden ist... [oder daß die Analyse dabei ist, einen unerträglichen psychischen Schmerz auszulösen, der [oft] zu einem unerträglichen präödipalen Trauma gehört und um jeden Preis vermieden werden muß." (Beland 1989, 230).

Dabei ist generell davon auszugehen, dass zunehmende Erzeugung und nachfolgende Auflösung dieser Charakterwiderstände und pathologischen Identifizierungen sowie die Integration in eine reifere Ich-Struktur beim Patienten dazu führen, dass er reifere Triebwünsche, Wiedergutmachungsbedürfnisse, Trauer über das Gewesene und Abhängigkeitsgefühle entwickeln kann, was in der kleinianischen Terminologie als Erreichen der „depressiven Position" bezeichnet wird.

Selbstpsychologische Theorien

Die psychoanalytischen und tiefenpsychologischen Richtungen in Deutschland wurden in den letzten Jahrzehnten stark geprägt von selbstpsychologischen Theorien. Heinz Kohut (1971) versteht in seiner Theorie den „Narzissmus" (im Unterschied zur nach außen gerichteten Libido) als eine im Wesentlichen auf das eigene Selbst gerichtete primäre Triebkraft, die insbesondere für das Entstehen von Selbstwertgefühl und Selbstvertrauen zentral ist. Die entwicklungspsychologisch auf dem Vorhandensein eines narzisstischen „Größen-Selbst" und daraus folgenden „idealisierten Eltern-Imagines" basierende Theorie erklärt besonders das (durch Fixierungen entstehende) Vorhandensein von erhöhter Kränkbarkeit, Scham, Wut, Beziehungsabbrüchen und hypochondrischen Befürchtungen aus den nicht zu befriedigenden Größenansprüchen an sich selbst oder andere, wie sie bei Persönlichkeitsstörungen vorkommen.

Besonders im Umfeld der sog. humanistischen Psychotherapien, aber auch der in der Nachfolge Kohuts stehenden **supportiven,** psychoanalytischen Selbstpsychologie kommt der Förderung positiver Anteile des Patienten, dem aktiven Anerkennen seiner (in der Vergangenheit versagten) Bedürftigkeit und dem Ansprechen von früher erfolgten, schmerzhaften Übergriffen eine entscheidende verändernde Rolle zu.

Gerald Adler (1985) hat selbstpsychologische und Winnicottsche Ansätze in seinem Therapieverfahren zur Behandlung der Borderline-Störung verbunden. Der Therapeut wird so zeitweise zum haltenden, und erst viel später auch frustrierenden „Selbstobjekt". Diese hilfreiche Beziehung soll dem Patienten nicht nur eine korrigierende Erfahrung vermitteln, sondern auch die innere Grundlage für die Ausbildung weiterer adäquater, innerer und haltender Introjekte bilden.

Die Aufgabe des Therapeuten ist es, in dieser ersten Phase die unvermeidlich auftretende Wut auszuhalten, mit der der Patient das gute, aber die große Bedürftigkeit nicht stillen könnende Objekt zu zerstören sucht und mittels Klärungen und Deutungen zu bearbeiten. In dieser ersten Phase unterstützt der Therapeut – nicht eigentlich abstinent – die Vermittlung eines haltenden Objekts, in dem er seinem Patienten (in Zeiten von Ferienabwesenheit etwa) Postkarten schickt oder ihm einen Gegenstand quasi als „Übergangsobjekt" leiht. In einer späteren Phase der Therapie wird dem Patienten vermittelt, dass zum „good enough" (Winnicott 1965) auch eine „optimale Enttäuschung" gehört. Der Patient erfährt, dass seine Selbstobjekte die unrealistischen Vorstellungen, die von ihnen gebildet wurden, nicht einhalten können, dass Therapeuten z.B. nicht dauernd verfügbar sind, auch andere Patienten haben etc. In der abschließenden Therapiephase wird die optimale Autonomie der Patienten, die zuvor oftmals zwischen extremer Abhängigkeit und einer Art ‚Splendid Isolation' schwankte, bekräftigt. Archaische Über-Ich-Haftigkeit wird ebenso abgemildert wie das „fassadäre" Selbst, was echte, nicht narzisstische Objektliebe ermöglichen kann.

Interpersonelle Theorien

Die psychoanalytische Charakterkonzeption weist – spätestens seit Wilhelm Reich, aber auch Alfred Adler – eine große Nähe zur sozialen Dimension auf. Reich definiert den Charakter als: „die typische Reaktionsweise des Ichs auf das Es und die Außenwelt" oder als „erstarrter soziologischer Prozess einer bestimmten Epoche". Die Entwicklung eigenständiger (neo-psychoanalytischer) interpersoneller Theorien in den Vereinigten Staaten seit 1950, besonders durch Erich Fromm, Karen Horney und Harry S. Sullivan, war daher mehr als nahe liegend.

Die interpersonellen Theorien, die z.T. auch auf den bekannten Kreismodellen von Kiesler oder Leary gründen, analysieren Aspekte wie „Zuneigungsdimension" und „Statusdimension" und lenken die Wahrnehmung auf unterschiedliche Foci des aktiven oder passiven interpersonellen Verhaltens im „Selbst", im „Anderen" und im „Introjekt".

Ausgehend von ihrem Modell der Strukturanalyse sozialer Beziehungen (SASB) hat Lorna S. Benjamin (1993) auch therapeutische Überlegungen zu den Persönlichkeitsstörungen entwickelt. Neben der Entwicklung einer tragfähigen Arbeitsbeziehung soll die Bereitschaft des Patienten gefördert werden, eigene Interaktionsmuster zu erkennen und analysieren zu wollen. Die maladaptiven Interaktionsmuster werden unterbrochen und die unterschwellig vorhandenen interpersonellen Befürchtungen und Bedürfnisse thematisiert. Es finden sich zwar Elemente der Psychoanalyse wieder, eine Vorstellung von möglichem „Widerstand" aufseiten des Patienten bei diesen Interventionen existiert jedoch nicht. Die von tiefenpsychologisch-orientierten Therapeuten manchmal geäußerte Auffassung, dass es genügen könnte, „zuverlässig präsent zu sein" und das „negative Beziehungsangebot anzunehmen und auszuhalten", bleibt aber an der Oberfläche und führt meist nicht zu Veränderungen.

> **Fazit für die Praxis**
>
> Ausgehend von den oben dargestellten Entwicklungslinien könnte man folgende gegenwärtig wichtigsten Elemente in der psychoanalytischen Konzeptbildung der Persönlichkeitsstörungen benennen:
> - Spaltung (als organisierendes Prinzip oder als Abwehr),
> - Gegenübertragungsphänomene, die mit der Objektwelt des Patienten zu tun haben,
> - Selbstwertproblematik (Scham, Größenselbst, falsches Selbst),
> - spezifische Konflikte (etwa Autonomie-Abhängigkeitskonflikte),
> - Ich-Schwäche,
> - Über-Ich-Pathologien,
> - Identitätsdiffusion,
> - Hass, Neid, Aggression und andere frühe Affekte,
> - Perversionen und Süchte,
> - eine fundamentale Beziehungsstörung („Beziehung" bedeutet hier: Beziehung zu sich, zu anderen und zu Teilen von sich).

3.2.3 Psychoanalytische Diagnostik

Das psychoanalytische Konstrukt „strukturelle Störung" und seine Diagnostik

Für die psychodynamische Diagnostik von Persönlichkeitsstörungen sind im Gegensatz zu den Klassifikationssystemen DSM-IV oder ICD-10 weniger deskriptive Verhaltensweisen entscheidend als vielmehr das Vorhandensein und Ausmaß von sog. „struktureller Störung".

In der folgenden Aufzählung (Dammann 2000) finden sich die zentralen konstituierenden Elemente der psychischen Struktur bzw. des Persönlichkeitsorganisations-

niveaus im Überblick zusammengefasst wieder, deren minutiöse Diagnostik in den psychodynamischen Erstinterviews mit dem persönlichkeitsgestörten Patienten eine große Bedeutung zukommt:
- Identitätsdiffusion: Schwierigkeit, über ein kohärentes inneres Bild von sich und den anderen zu verfügen und es äußern zu können (Gefühle, immer Außenseiter zu sein, werden geäußert, z. T. sexuelle Identitätsschwierigkeiten),
- vorwiegende Abwehrmuster: Spaltung, Verleugnung oder Projektion vs. Rationalisierung oder Verdrängung bei höherer Persönlichkeitsorganisation,
- Qualität der Objektbeziehungen: z. B. manipulative oder von Misstrauen bestimmte Formen der Objektbeziehung; Fähigkeit zu Empathie, Fähigkeit Bindungen wieder zu lösen,
- psychosenahe Erlebnisweisen bei Labilisierung: manchmal dissoziativ bedingt; meist „pseudopsychotisch", d. h., Pat. kann Abstand dazu herstellen, häufig auch Entfremdungserlebnisse,
- Fähigkeit zur Selbstwahrnehmung oder Introspektionsfähigkeit: Spaltung beeinträchtigt die synthetischen und realitätsprüfenden Funktionen des Ichs,
- Fähigkeit mit unangenehmen Affekten umzugehen: Affekttoleranz, Selbstwertregulation,
- Kommunikations- und Kontaktschwierigkeiten: Schwierigkeiten, Grenzen anderer einzuhalten, Affekte anderer zu verstehen oder sich mitzuteilen (dadurch manchmal „arrogant" wirkendes Verhalten),
- sexuelles Verhalten oder sexuelle Hemmung: Perversionen, primäre Unfähigkeit, Sexualität zu genießen oder zu tolerieren, Promiskuität,
- Umgang mit Aggression und Hass: Über-Ich-Pathologie durch die Verzerrung der Objektrepräsentanzen in aggressiver Richtung und dem Vorherrschen von oraler Wut und Neid.

Neben diesen Aspekten der Struktur gibt es jedoch auch weitere typische deskriptive Muster, die für das Vorhandensein einer Persönlichkeitsstörung sprechen und mit der Struktur in Verbindung stehen (modifiziert nach Wurmser 1987):
- wiederholte Perioden von Arbeitsunfähigkeit oder schwerer Arbeitshemmung infolge überwältigender Gefühlszustände von rastloser Spannung, Angst, Selbstunwert, Niedergeschlagenheit oder Wut,
- Zustände veränderten Bewusstseins,
- lebensgefährliche selbstzerstörerische Handlungen, gewöhnlich impulsiver Natur,
- der manifeste „Wiederholungszwang": die sich immer wieder, gewöhnlich in ziemlich stereotyper Weise wiederholende und zwanghafte Abfolge symptomatischer Handlungen oder Erlebnisse und das überwiegende Gefühl mangelnder Freiheit,
- der süchtige oder emotionell abhängige Gebrauch von Alkohol und Drogen,
- pan-neurotische Symptomatik (Ängste, Zwänge etc.),
- Reagieren auf Spannung und Angst mit Aggression oder Dissozialität,
- schwere Störung der mitmenschlichen Beziehungen mit extremer Ambivalenz und einem Vorherrschen von „feindseliger Abhängigkeit", oder aber das fast völlige Fehlen von mitmenschlichen Beziehungen, bei denen tiefere Gefühle von Nähe und Intimität verspürt und gezeigt würden.

Das psychoanalytische Modell der Persönlichkeitsstörungen und seine Diagnostik

Kernberg, als wichtigster psychoanalytischer Theoretiker im Bereich der Persönlichkeitsstörungen, unterschied bis vor einigen Jahren neben dem neurotischen und dem psychotischen Persönlichkeitsorganisationsniveau ein sog. mittleres Strukturniveau und ein Borderline-Strukturniveau. Inzwischen fasst Kernberg sämtliche Persönlichkeitsstörungen, die (bei meist erhaltener Realitätstestung) Identitätsdiffusion und primitive Abwehrmechanismen aufweisen (also auch das mittlere Strukturniveau z. B. eines narzisstischen oder masochistisch-depressiven Patienten) unter dem Begriff der **Borderline-Persönlichkeitsorganisation** zusammen.

Unabhängig ob man diese Erweiterung des Borderline-Begriffs, der bei Nichtspezialisten auch zur Verwirrung beitragen kann, teilt, finden sich in der Kernbergschen Klassifikation die zentralen Kriterien, die für Persönlichkeitsstörungen konstitutiv sind wieder (s. o.). Mit einiger Berechtigung hätte man m. E. auch den übergeordneten Blickwinkel nicht auf die Borderline-Pathologie, wie Kernberg dies tut, sondern etwa auf den Narzissmus zentrieren können.

Ein modernes psychoanalytisches Schema der Persönlichkeitsstörungen hat Kernberg (1996, 1998) vorgelegt. Es verbindet die phänomenologischen und kategorialen Persönlichkeitsstörungsdiagnosen (wie etwa im DSM-IV) mit einem dimensionalen Aspekt, nämlich Introversion vs. Extraversion sowie dem psychoanalytischen Strukturbegriff, der die normale und neurotische Persönlichkeitsorganisation von eigentlichen Persönlichkeitsstörungen – dem „Borderline-Organisationsniveau" – unterscheidet und legt einen Schweregrad fest (Abb. 3.5).

Nach diesem Modell wäre die paranoide Persönlichkeitsstörung z. B. gekennzeichnet durch eine schwerwiegende strukturelle Störung und durch Introversion; sie findet sich in der Nähe der schizoiden und der schizotypischen Persönlichkeitsstörung, was im Übrigen auch mit dem DSM-IV Cluster A (exzentrisches Cluster) korrespondieren würde.

Eine Persönlichkeitsstörung könnte demnach z. B. folgendermaßen beschrieben werden: „narzisstische Persönlichkeitsstörung mit histrionischen Zügen auf Borderline-Persönlichkeitsorganisationsniveau".

Der Begriff „frühe Störung", der von psychoanalytischer Seite eine Zeitlang sehr häufig verwendet wurde, sollte vermieden und durch den Begriff „ich-strukturelle Störung", „Persönlichkeitsstörung", bzw. „Borderline-Persönlichkeitsorganisation" ersetzt werden, da er ein genetisch-entwicklungspsychologisches Modell dieser Störungen suggeriert, das in dieser Weise allgemeinverbindlich noch nicht entwickelt ist.

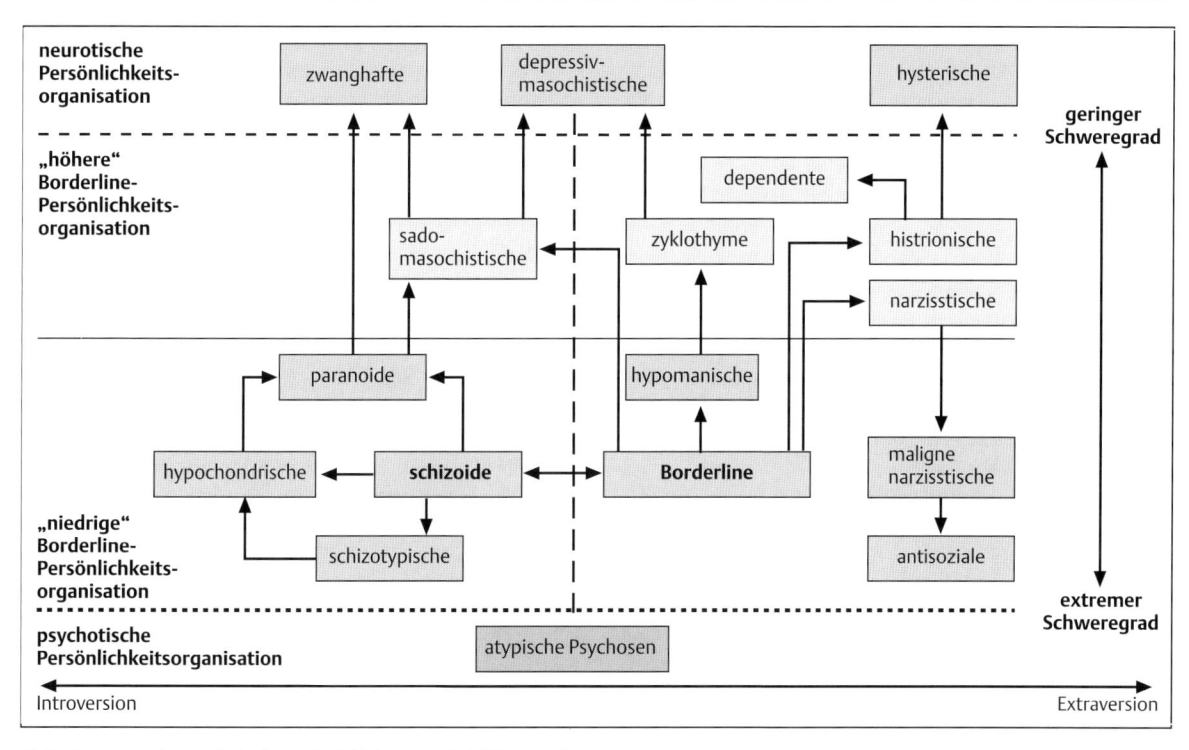

Abb. 3.5 Psychoanalytisches Modell der Persönlichkeitsstörungen.

3.2.4 Von der Objektbeziehungstheorie zur Behandlung der schweren Persönlichkeitsstörungen

Unter den objekt-psychologischen Ansätzen soll im Folgenden – auch wegen der daraus entwickelten therapeutischen Implikationen – der von Otto F. Kernberg näher dargestellt werden. Dieser Theorie zufolge werden affektiv nicht integrierbare oder differenzierbare Objekt- und Selbstrepräsentanzen – zum Schutz – durch (jeweils entweder) Idealisierung oder Entwertung partialisiert und auf die eigene Person oder eine andere „deponiert". Dadurch lassen sich zahlreiche der klinisch auffälligen Symptome der Patienten mit Persönlichkeitsstörungen (z. B. emotionale und interpersonelle Instabilität) erklären. Neben langjähriger klinischer Erfahrung (Kernberg 1975) wurden in den letzten Jahren auch zunehmend Versuche unternommen, den Kriterien der Psychotherapieforschung zu genügen (Clarkin et al. 1992), und Behandlungsansätze haben sich in Richtung eines lern- und lehrbaren Manuals entwickelt (Clarkin et al. 1999).

Ausgangspunkt ist die Vorstellung, dass die Schwierigkeiten von Patienten mit schweren Persönlichkeitsstörungen als im Hier und Jetzt erfolgte unbewusste Wiederholungen von pathologischen, internalisierten Beziehungen aus der Vergangenheit zu verstehen sind. Dabei bleiben unbewusste Konflikte in Form von Objektbeziehungen in der Persönlichkeit des Patienten eingebettet. Dadurch sind diese bis in die Gegenwart nicht nur wirksam, sondern werden in Form einer vom Patienten erlebten Realität immer wieder nachvollzogen (Wiederholungszwang). Während bei gesunden oder neurotischen Personen die internalisierten Objektbeziehungen eine gewisse Stabilität aufweisen und zumeist positive als auch negative Aspekte umfassen (Partialobjektbeziehungen), sind die Objektrepräsentationen aber auch die Selbstrepräsentanzen dieser Patienten geprägt vom zentralen Phänomen der Spaltung. Die Schwierigkeit in der Therapie dieser Patienten ist es, dass sich diese Objektrepräsentanzen in Form von Partialobjektbeziehungen (die meist in komplementären Paaren angeordnet sind) oszillierend rasch verändern können. Sie sind zumeist unbewusst, d. h., sie können zunächst nur selten vom Patienten – auch in ihrem Wechsel – wahrgenommen werden.

Das übergeordnete Ziel einer psychodynamischen Behandlung von Patienten mit schwerer Persönlichkeitsstörung, die im Sinne Kernbergs die Kriterien einer Borderline-Persönlichkeitsorganisation erfüllen, ist es, diejenigen zentralen Bereiche der internalisierten Objektbeziehung des Patienten zu verändern, die zu den (für die jeweilige Störung charakteristischen) sich ständig wiederholenden, maladaptiven Verhaltensauffälligkeiten und chronischen affektiven und kognitiven Störungen führen. Von einem objektpsychoanalytischen Standpunkt aus, könnte man diesen Prozess wie folgt beschreiben: rigide und primitive internalisierte Objektbeziehungen werden ebenso wie abgespaltene (z. B. gut-böse) Anteile in eine reifere, integrierte und flexiblere Form übergeführt. Dies geschieht in der Arbeit an Übertragung und Widerstand durch Deutung dieser Tendenzen. Deutung ermöglicht integrierende Internalisierung abgespaltener Anteile. Der Patient ist zunächst (auch emotional) nicht in der Lage, sich selbst und andere in der ganzen, Ambivalenz erfordernden Komplexität wahrzunehmen. Stattdessen herrschen archaische reduktionistische „Paare" vor, wo sich der Patient z. B. als misshandeltes Kind sieht, die Interaktionspartner (z. B. auch den Therapeuten) dagegen als Misshandler. Die Paarbildung kann sich jedoch – manchmal oszillierend rasch – auch umkehren, so dass er selbst zum „Misshandler" wird und der andere zum Misshandelten. Die durch die Therapie angestrebte Integration beider Pole zu einem internalisierten Bild wichtiger stabiler Bezugsfiguren führt dann zu der Möglichkeit, befriedigende Beziehungen zu führen, Impulse zu kontrollieren und Affekte zu modulieren. Deutungen sollten bei Patienten mit Persönlichkeitsstörungen metaphorisch formuliert werden (z. B. „Es ist beinahe so, als würde ein Teil von Ihnen in mir..." etc.).

Die heftigen **Gegenübertragungsgefühle**, die entstehen können, sind ein Charakteristikum für die Behandlung von Patienten mit Borderline-Persönlichkeitsorganisation. Die Gegenübertragung kann dabei intensive Gefühle auslösen, die selbst für erfahrene Therapeuten beunruhigend sein können, wie Hass, sexuelle Gefühle oder das Bedürfnis, dem Patienten realen Schutz zu geben etc. Oft bilden sich Übertragungs-Gegenübertragungspaare heraus, die in der Therapie wechselnd reaktiviert und gedeutet werden können (z. B. destruktives, bösartiges Kind und bestrafende, sadistische Eltern; ungewolltes Kind und vernachlässigende, selbstbezogene Eltern; missbrauchtes Opfer und sadistischer Angreifer). Der Umgang mit Gegenübertragungsimpulsen erfordert berufliche Erfahrung, Supervision und Selbsterfahrung. Allerdings stellt sie auch eine therapeutische Chance dar, wenn sie richtig genutzt wird (Gabbard und Wilkinson 1994). Von einer simplifizierten Arbeit mit dem Gegenübertragungskonzept, wie es sich zunehmend verbreitet, sollte Abstand genommen werden. Nicht jedes „Gefühl", das einem Patienten gegenüber empfunden wird oder das in einer Stunde auftaucht, ist deshalb schon „Gegenübertragung". Die Gegenübertragung ist vielmehr als eine (primär unbewusste) Reaktion auf die Übertragung des Patienten zu sehen (S. 26). Auch die eigene Übertragung, die wir einem Patienten gegenüber entwickeln, ist davon zu unterscheiden. Trotz der Wichtigkeit, mit der Gegenübertragung zu arbeiten, wäre es aus psychoanalytischer Sicht eine Verkürzung, wenn dies durch bloßes Ansprechen der eigenen Gefühle („Sie lösen in mir aus, dass ich mich jetzt total hilflos fühle") geschehen würde.

Ein stabiler Rahmen ist bei der Behandlung von Patienten mit Persönlichkeitsstörungen besonders wichtig. Es ist notwendig die Bedingungen des Rahmens (Ferienabwesenheit, ausgefallene Stunden, Umgang mit Krisen außerhalb der Sitzungen, Bezahlung etc.) frühzeitig, d. h. in einer noch weitgehend neutralen Atmosphäre, zu klären. Die Möglichkeit, in schwierigen therapeutischen Situationen immer wieder auf den Rahmen zu rekurrieren, eröffnet eine Art von früher Triangulierung aus der für beide hoch bedrohlichen Dyade (verwickelter Patient – verwickelter Therapeut), da der Analytiker immer beides ist, betroffener Akteur im Innen und „neutraler Hüter" des Rahmens im Außen. (Auf die Bedeutung früher ödipaler Triangulierungen bei schweren Störungen haben insbesondere die französischen Psychoanalytiker wie z. B. André Green hingewiesen.) Der Rahmen „schützt" also die Therapie. Er ermöglicht es, auch „Sorge" um den Patienten zu äußern. Die andere wesentliche Funktion ist, dass sich in der erfolgten Setzung des Rahmens und im Versuch des Patienten, diesen zu verschieben oder zu verzerren, oft genau die charakteristischen Schwierigkeiten (Widerstände etc.) des Patienten, manifestieren werden. Die Einhaltung des Rahmens darf aber nicht die Züge eines strafenden, „archaischen Über-Ichs" erhalten. Selbstverständlich gibt es auch Psychoanalytiker, die (weiterhin) gerade für die Behandlung von Borderline-Patienten das klassische Setting (höhere Frequenz, Liegen) empfehlen (Abend et al. 1983), die Ansätze sind heute jedoch weniger verbreitet als solche, die deutliche Modifikationen empfehlen.

Veränderung von Persönlichkeitsstörungen im psychodynamischen Sinn bedarf, wie aus dem oben dargestellten sichtbar wird, einer tief greifenden Veränderung von „Struktur". Dies kann nur in einem Setting erfolgen, das selbst eine Wiederbelebung der ursprünglichen pathogenen Objektbeziehung in der Übertragungsbeziehung darstellt. Etwas, das nur durch eine tiefe – den Patienten auch massiv (aber gerade nicht zu sehr) labilisierende – therapeutische Regression erreicht werden kann (Kinston und Cohen 1986). Die Integrierungsarbeit des Patienten in seiner inneren „Repräsentationswelt" erfolgt also in der realen Beziehung zum Therapeuten, der den Patienten (i. d. R. 2-mal wöchentlich) regelmäßig sieht. Die Wahrnehmung und Aufmerksamkeit des persönlichkeitsgestörten Patienten wird auf seine partialisierten und polarisierten internalisierten Selbst- und Objektbeziehungsrepräsentationen gelenkt, die immer wieder zu beängstigenden, undurchschaubaren, gähnend leeren oder verfolgenden subjektiven Erfahrungen führen. Außerdem sollte der Patient etwas von dem Repertoire an inneren Möglichkeiten, über die der Therapeut bereits verfügt, erfahren können.

Kernberg vertritt eine gestufte Vorgehensweise, die an seinem theoretischen objektpsychoanalytischen Modell angelehnt ist. Kernbergs Entwicklungspsychologie folgt im Wesentlichen der britischen Objektpsychoanalyse und besonders Mahler. Nach Kernbergs Auffassung (1993) ist zunächst die Diagnose und psychotherapeutische „Auflösung" der Identitätsdiffusion wichtig, gefolgt von den primitiven Abwehrmechanismen (wie Spaltungen, Leugnungen oder Projektive Identifikationen) und dann (am schwierigsten und erfahrungsabhängigsten, da am wenigsten „kognitiv" zu bewerkstelligen) der Übergang von primitiven internalisierten Teil-Objekt-Beziehungen (in den Selbst- und Objektrepräsentanzen) zu integrierten Objektbeziehungen.

Deutungen sind im Gegensatz zur klassischen ‚Talking Cure' (wo genetische, d. h. kindheitsbezogene Deutungen eine wichtige Bedeutung haben) eher als „Proto-Interpretationen" zu verstehen. Das heißt, sie dienen der systematischen Klärung der subjektiven Erfahrung des Patienten, konfrontieren ihn (nicht-aggressiv) mit seinem verbalen, nonverbalen und interaktionellen Verhalten und greifen unbewusste Dynamiken ausschließlich im Hier und Jetzt auf, wenn auch der Bezug zu realen kindlichen Erfahrungen durch diese Art der Deutungen immer evidenter werden kann. Erst im Laufe einer Therapie, wenn es zu einer Progression in Richtung „neurotischerer" Mechanismen gekommen ist, wird vermehrt in der Vergangenheit gearbeitet. Dazwischen werden oft (zeitlose und metaphorische) „Als-ob"-Deutungen angewandt.

Kernberg warnt davor, dass die reine Übertragungsanalyse zum Mittelpunkt der Therapiestunden wird. Die initialen und die langfristigen Behandlungsziele müssen ebenso wie die äußere Realität beachtet werden, was zu einer Modifikation der Übertragungsarbeit führt.

Die psychoanalytische Behandlung der persönlichkeitsgestörten Patienten steht demnach unter dem Ziel der Integration durch Deutung. Dabei verwendet der Therapeut als „Kanäle" zur Informationsgewinnung 1. das, was der Patient sagt (Inhalt; relevante Auslassungen; Hypothesen, die sich dadurch ableiten lassen), 2. wie er es sagt (Affekt; Mimik; auch szenische Elemente) und 3. die Analyse der ausgelösten Gegenübertragung.

Diese Integration durch Übertragungsdeutung wird nach Kernberg (Kernberg 1998, Clarkin et al. 1999) durch drei wesentliche Behandlungsstrategien erreicht, die die gesamte Therapiedauer als innere Richtschnur begleiten:
- Aufzeigen und (metaphorische) Deutung der dominanten (primitiven Teil-)Objektbeziehungsmuster des Patienten, die sich in der Übertragungsbeziehung zwischen Patient und Analytiker äußern,
- Identifizierung und Analyse von unbewussten, oszillierenden Selbst- und Objektrepräsentanzen des Patienten auf sich und den Therapeuten (Therapeut beschreibt die „Rollenpaare", z. B. Opfer – Täter).
- Es erfolgt die Integration der positiven und negativen Sichtweisen von sich und signifikanten Anderen. Der Patient erkennt disparate Aspekte des Selbst an.

Die Vorgehensweise wird bestimmt durch eine technisch neutrale Anwendung der drei zentralen psychoanalytischen Techniken:
- *Klärung*: Die subjektive Wahrnehmung des Patienten wird minutiös erfragt. Besonders Bereiche die vage oder konfus wirken, werden so lange geklärt, bis der Therapeut versteht, was der Patient meint, und bis der Patient den Therapeuten versteht.
- *Konfrontation*: Geklärte Bereiche, die widersprüchlich oder konflikthaft erscheinen, werden dem Patienten taktvoll konfrontierend mitgeteilt. Auch Bereiche, die weiterer Klärung bedürfen werden angesprochen. Häufig werden auch Diskrepanzen zwischen den drei Kommunikationskanälen des Patienten (verbal, nonverbal und Gegenübertragung) aufgezeigt.
- *Interpretation/Deutung im Hier und Jetzt* bezogen auf die Therapeuten-Patienten-Beziehung: Bewusstmachen von zunächst unbewusst wirksamen Objektbeziehungen, die entweder agiert oder als Symptom wahrgenommen werden.

Insbesondere die minutiöse Klärung, die bei neurotischen Patienten in dieser Form nicht notwendig ist, ermöglicht es, dass Selbstüberschätzungen, Verleugnungen oder Realitätsverzerrungen der Patienten mit Persönlichkeitsstörungen ausreichend deutlich werden. Der Ansatz hat eine gewisse Nähe zu der von Reich postulierten, allerdings damals kaum in tatsächlichen Therapien umgesetzten Charakteranalyse durch stringente Widerstandsanalyse: „Wir verfahren dabei so, ... dass wir den Charakterzug dem Patienten wiederholt isoliert vorführen müssen, so lange, bis er Distanz gewonnen hat und sich dazu einstellt, wie zu einem Symptom. Denn durch die Distanzierung und Objektivierung des neurotischen Charakters bekommt dieser etwas Fremdkörperhaftes" (Reich 1928). Allerdings wird das Fremdkörperhafte nicht ausgetrieben, sondern als Teil integriert. Die Behandlung von Persönlichkeitsstörungen erfordert oftmals den Einsatz von sog. Parametern (Eissler 1953), d. h. Abweichungen vom klassischen (psychoanalytischen) Setting. Zu den Besonderheiten der psychoanalytischen Behandlung von Persönlichkeitsstörungen finden sich z. B. auch Hinweise bei Liebowitz et al. (1986) und Stone (1992).

Wie auch die Verhaltenstherapie fordert die psychoanalytisch orientierte Psychotherapie, sofern sie mit schweren Störungen arbeitet (besonders Kernberg), ein sog. hierarchisches Vorgehen bei der Bearbeitung der vom Patienten dargebotenen Schwierigkeiten (nach Clarkin et al. 1999).
- Eigen- oder Fremdgefährdung,
- offene Gefährdung der Therapiefortsetzung (Pläne wegzuziehen, Stunden werden nicht bezahlt etc.),
- Unehrlichkeit oder Verschweigen wichtiger Tatsachen,
- Kontraktbrüche (andere Therapeuten werden aufgesucht, Medikamente nicht eingenommen),
- Acting-out (Ausagieren) während der Stunden (Weigerung am Ende der Stunde zu gehen, Beschädigung von Einrichtungsgegenständen),
- Acting-out zwischen den Stunden,
- Trivialisierungstendenzen in den Themen (z. B. Patient berichtet lächelnd von Banalitäten).

Kasuistik

Eine 33-jährige Borderline-Patientin, die kurz vor dem Abschluss einer Berufsausbildung steht, überlegt sich, aufgrund von Konflikten und Ängsten die Schule wenige Wochen vor der Abschlussprüfung nicht mehr zu besuchen. Während bei einem neurotischen Patienten aus der technischen Neutralität heraus nicht „eingegriffen" würde und man stattdessen gemeinsam versuchen würde zu verstehen, was die Situation bedeutet, ob das „Nichtbestehen" vielleicht sogar wichtig sein könnte etc., würde hier auch ein psychoanalytisch orientierter Psychotherapeut ggf. bei dieser Borderline-Patientin die technische Neutralität zunächst verlassen. Eine Intervention könnte wie folgt aussehen: „Ich denke, Sie sollten in die Schule zurückgehen. Was wie ein oberflächlicher Aufstand ausschaut, ist eigentlich eine Form selbstzerstörerischer Bestrafung und Sie sollten dem jetzt nicht nachgeben." Möglicherweise könnte man auch gemeinsam diskutieren, wie die Patientin diese kritische Zeit mit Hilfe „überbrücken" kann. Sobald möglich sollte jedoch sofort zur technischen Neutralität zurückgekehrt werden, beispielsweise: „Sie erinnern sich, letzten Monat musste ich Sie anweisen, zurück zur Schule zu gehen. Es war beinahe so, als hätten Sie damals Ihre eigene Selbstbesorgtheit bei mir deponiert um zur gleichen Zeit zu testen, ob ich erlauben würde, dass Sie sich schädigen. Nun, wo Sie die Prüfung bestanden haben, denke ich, dass es wichtig wäre, dass wir all Ihre Gefühle, die mit der Situation verbunden waren, einschließlich der negativen, gemeinsam anschauen. Und ich denke, dass wir auch besprechen sollten, was es für Sie bedeutet, dass ich in eine Position gebracht werden sollte, wo ich Sie zurück in die Schule schieben musste."

An diesem Beispiel zeigt sich die Verschränkung von aktiverer und supportiver Technik mit dem eigentlichen psychoanalytischen Instrumentarium in der Therapie von Persönlichkeitsstörungen. Möglicherweise kann der Grundsatz gelten, dass je schwerer das Ausmaß der Störung ist, es umso öfter behavioraler Strategien bedarf. Und dass es dafür umso wichtiger ist, diese mit umfassenden Deutungen wieder in den „Möglichkeitsraum" der Analyse zurückzuführen. Weiter gehende Ausführungen zur Technik psychodynamischer Behandlung bei Persönlichkeitsstörungen, auch in ihrer Abgrenzung zur Therapie neurotischer Störungen, sind dem Beitrag von Dammann (2000) zu entnehmen.

Fazit für die Praxis

Die Modifikationen in der modernen Psychoanalyse seit den 50er Jahren des letzten Jahrhunderts hat die Behandlungsmöglichkeiten von persönlichkeitsgestörten Patienten erheblich erweitert, was sich auch in empirischen Studien belegen ließ.

Diese Entwicklung geschah insbesondere durch das vertiefte **theoretische Verständnis:**
- von Gegenübertragung,
- von intrapsychisch vorhandenen destruktiven Prozessen, wie etwa Neid,
- der zentralen Rolle des Therapeuten bei der Reaktivierung in der Übertragung und beim verstehenden Aushalten („containen") dieser Prozesse und der Bedeutung einer neuen, hilfreichen Beziehungserfahrung,
- der rigiden, von Spaltungsphänomenen beherrschten Objektwelten dieser Patienten,
- der narzisstischen oder Selbst-Problematik
- sowie einer notwendigen, aktiveren und im Hier und Jetzt arbeitenden psychoanalytischen Technik.

Diese Haltung bedingt folgende **praktischen technischen Leitlinien:**
- Starke Betonung der Stabilität des Behandlungsrahmens. Ausagierendes („acting-out") Verhalten wird dadurch blockiert, dass der Therapievertrag den Verhaltensweisen Einhalt gebietet, die den Patienten, andere Personen oder die Therapie gefährden.
- Technische Neutralität, z. B. die Weigerung, dem Patienten in seiner Sichtweise über ein Geschehen rasch Recht zu geben, ist notwendig, muss aber dem Patienten erklärt werden.
- Deutungen bei Patienten mit Persönlichkeitsstörungen sollten vor allem die unbewusste Gegenwartsbeziehung in der Übertragung umfassen und nicht zu früh die Vergangenheit betreffen, da genetische (d. h. die Vergangenheit betreffende) Deutungen potenziell regressionsfördernd sein können oder die Tendenz des Patienten, sich seinen realen Schwierigkeiten nicht zu stellen, verstärken können. Das Verwenden von Deutungen hilft dem Patienten, Brücken zwischen seinen Gefühlen und seinen Handlungen zu errichten.
- In die integrierende Deutung fließen neben der Übertragungsanalyse die Analyse der inneren Repräsentanzenwelt und die Gegenübertragungsanalyse ein. Der Therapeut steht demnach auf der Seite des beobachtenden Ichs, die jedoch bei Patienten mit Persönlichkeitsstörungen sehr unterschiedlich ausgebildet sein kann. Er steht dagegen nicht (oder weit weniger) aufseiten des Über-Ichs, des Es, des agierenden Ichs, der Außenwelt oder eines diffusen „aufseiten des Patienten".
- Insgesamt ist die Förderung einer (leichteren) positiven Übertragung wichtig, d. h. aber nicht, dass diese aktiv gedeutet oder angesprochen werden sollte.
- Zentral ist die Thematisierung agierter negativer Übertragungen, idealerweise solcher, die innerhalb der Therapie auftauchen, im Weiteren die Analyse der Spaltungsmechanismen.
- Der Patient sollte mit verleugneten Inhalten seiner Situation oder gefährlichen Situationen rasch konfrontiert werden. Selbstzerstörerische Verhaltensweisen werden durch Klärung und Konfrontation dem Patienten zunehmend „verunmöglicht", so dass sie zunehmend ich-dyston werden und Belohnungsaspekte durch Krankheitsgewinn verloren gehen.
- Die wichtigsten unbewussten Identifikationsphantasien, nach denen ein Patient seine Beziehung gestaltet, sollten herausgearbeitet werden.
- Aufgrund der Tendenz von Borderline-Patienten zu projektiven Mechanismen, Verzerrungen und Problemen bei der Realitätstestung ist der therapeutische Umgang aktiver, d. h. von mehr verbaler Teilnahme geprägt als bei neurotischen Patienten. Längere Schweigepausen sollten aktiv unterbrochen werden.
- Ziel ist auch eine Steuerung hin zu einem verbesserten Realitätsbezug. Klärungen, Konfrontationen, auch Deutungen sollten in diese Richtung zielen. Die Entzerrung der Bilder heutiger oder früher Bezugspersonen und die Korrektur verzerrter Wahrnehmungen des Patienten bezogen auf den Therapeuten kann notwendig sein.

Mögliche Fehler und Probleme

Klinisch bestehen – aus einer psychodynamischen Konzeptionsbildung der Behandlung heraus – in der Arbeit mit persönlichkeitsgestörten Patienten zahlreiche Gefahren, die beachtet werden sollten:

Nachdem Persönlichkeitsstörungen in der Vergangenheit zu selten diagnostiziert wurden und man viele Persönlichkeitsstörungen als neurotische oder psychotische Störungen missverstand, scheint heute beinahe eine Inflation des Begriffs „Persönlichkeitsstörung" vorzuliegen.

Diagnostische Fehleinschätzungen führen zu unmodifizierten, d. h. nicht störungsspezifischen Therapien.

Therapievereinbarungen sollten klar und akzeptabel sein (Termine, Dauer der Behandlung, Honorar u. ä.).

Es eine aktivere und oftmals konfrontativere Haltung gefordert, die im Kontrast stehen kann zur klassischen Neurosetechnik, die vorwiegend in psychoanalytischen Ausbildungen gelehrt wird.

Es findet sich häufig eine zu passive, abwartende Haltung (gerade bei Abbruchdrohungen des Patienten).

Es wird kein Gleichgewicht gefunden zwischen notwendiger Flexibilität und gleichzeitiger Strukturiertheit des Settings. Leicht kann im Erleben des Patienten aus zu großer Flexibilität eine „Anarchie" (Dominieren des „Es") werden oder aus einer allzu großen Strukturiertheit eine „Diktatur" (Über-Ich-Impression). Beide Extreme korrespondieren mit typischen inneren Objektbeziehungen der Patienten.

Patient und Therapeut müssen häufig Abschied nehmen von der Vorstellung „totaler" Veränderung in allen Bereichen des Lebens durch die Therapie.

Einsichten durch die Therapie und aktive Veränderungen (Arbeit, Finanzen etc.) sollten sich ergänzen.

Während stationäre Einrichtungen leicht zu einer „Handlungshypertrophie" (agierender Aktivismus in Richtung sozialer, beruflicher Rehabilitation etc.) tendieren und dagegen die Ebene des Verstehens vernachlässigen, findet sich (häufiger etwa) bei niedergelassenen psychoanalytisch orientierten Psychotherapeuten eher das entgegengesetzte Phänomen: eine „Verstehenshypertrophie" und eine Handlungshemmung (z. B. der Therapeut begegnet auch dann noch dem Patienten mit reinem Verstehenwollen, wenn die äußere Lebenssituation desolat ist).

Es besteht die Gefahr, dass Deutungen zu stark den interpersonellen Bereich, das „Außen" betreffen, oder aber sie tendieren in Richtung „früher" (d. h. genetische Deutungen). In beiden Fällen besteht die Gefahr, dass der – gefährlichere? – mittlere Bereich, wo es um Hier-und-Jetzt-Übertragungsdeutungen gehen könnte, vermieden wird.

Gefährlich erscheint eine zu frühe Traumafokussierung bei vorhandener Ich-Schwäche. Problematisch ist allerdings auch, wenn trotz klarer posttraumatischer Symptomatik keine traumaspezifischen Strategien (Exposition etc.) im Laufe der Therapie zum Einsatz kommen.

Zahlreiche Therapeuten haben in ihrer Arbeit eine stark supportive oder an interpersonellen Problemen orientierte Haltung und vermeiden es, destruktive intrapsychische Prozesse der Patienten anzugehen.

Eine falsch verstandene Neutralität führt zu einer Hemmung des Therapeuten, andere Personen mit einzubeziehen (z. B. andere Therapeuten, Familienangehörige).

In vielen Fällen kommt es zur Vermengung diverser Rollen (Therapeut, Trainer, Kumpel) (was Machtphantasien nährt).

Selbstoffenbarungen („self-disclosure"), d. h. die Mitteilung von Gegenübertragungsreaktionen werden unsachgemäß eingesetzt und belasten den Patienten.

Es bilden sich schwer auflösbare chronische (z. B. positive) Übertragungsformen (man einigt sich nach einem gewissen Erfolg). Hiermit kann die Tendenz verbunden sein, Entwicklungen beim Patienten zu sehen, wo in Wirklichkeit Stagnation eingetreten ist.

Der Therapeut oder das Team „verkennen" Gegenübertragungsreaktionen und agieren diese konkordant bzw. komplementär aus.

Der Therapeut wird zum einzigen Lebensinhalt des Patienten.

Bestimmte Bereiche (etwa die soziale Situation oder die Sexualität) bleiben aus der Therapie ausgeklammert.

Narzisstische (Bedürftigkeit, Selbstwert etc.) und Borderline-Dynamiken (Spaltungen etc.) werden eher identifiziert und bearbeitet als Perversionen, schizoide oder sado-masochistische Dynamiken, die sich jedoch ebenfalls häufig bei Patienten mit Persönlichkeitsstörungen finden.

Was hat sich in den letzten 5 Jahren verändert?

Wiederentdeckung der Trauma-Konzeption durch die Psychoanalyse:

Nachdem insbesondere bereits der Psychoanalytiker Ferenczi in seinem Spätwerk auf die Zusammenhänge von Traumatisierungen und schweren Störungen hinwies und modifizierte Techniken empfahl, wird seit einigen Jahren auch von führenden psychoanalytischen Theoretikern die genetische Bedeutung der Realtraumata wieder stärker beachtet (Herman et al. 1989). Entscheidend ist dabei neben technischen Implikationen, dass es spezifische traumatische Übertragungen zu geben scheint. Allerdings ist zu beachten, dass nach heutigem Kenntnisstand Traumatisierungen nur ein, wenn auch wichtiger Faktor, zur Erklärung der Borderline-Störung sind, weshalb in der Diskussion der traumatischen Genese vor Simplifizierungen, wie sie heute häufig vertreten werden, zu warnen ist.

Manualgeleitete psychodynamische Therapie (TFP):

Entsprechend dem Manual zur dialektisch-behavioralen Therapie (DBT) (Linehan 1993) wurde auch von Seiten der psychodynamischen Therapien erstmals ein störungsspezifisches, trainierbares und empirisch gestütztes Therapiemanual für Borderline-Patienten und andere Persönlichkeitsstörungen entwickelt: die übertragungsfokussierte Psychotherapie (Transference Focused Psychotherapy; TFP) (Clarkin et al. 2001). Das Verfahren sieht Therapievereinbarungen, Supervision, Abweichung von der technischen Neutralität, eine verfahrensspezifische Skala zur Manualtreue und Manualkompetenz etc. vor. Es liegen inzwischen auch deutschsprachige Arbeiten zur TFP vor (Buchheim und Dammann 2001; Dammann et al. 2000).

Mentalisierung und Bindungstheorie:

Die Borderline-Störung wird von einigen Theoretikern als eine Mentalisierungsstörung verstanden. Der sog. Theory of Mind und der Bindungstheorie folgend, wird das Denken des Kindes durch das Denken der primären Bezugspersonen im Entstehen mit geformt. Besonders die Mutter benennt und „containt" die frühen (sonst nicht aushaltbaren) Affekte des Kindes. Das Denken (folglich auch als affektive Modulierung verstehbar) ist demnach immer auch das Denken des anderen. Zentral erscheint also für diesen Entwicklungsschritt die Fähigkeit, sich in das Denken des anderen hineinversetzen zu können. Sind die primären Bezugspersonen dazu nicht in der Lage, unterbleibt diese Entwicklung oder bleibt rudimentär. Der Patient kann (nicht symbolisierte) Affekte selbst nicht „containen", sich selbst nicht trösten; das andere Objekt wird somit nicht (sicher gebunden) integriert, sondern bleibt wie als fremdartige, bedrohliche Lakune (in der Sprache dieser Theorie „alien other") präsent. Aufgabe des Therapeuten ist es demnach, diesen internalisierenden Schritt dadurch nachzuholen, dass er dem Patienten mitteilt, was in dessen Innerem („mind") vorgeht (Fonagy 1991, Dammann 2001b). Es ist inzwischen erwiesen, dass Borderline-Patienten auffällig häufig unsicher gebunden sind und dass der jeweilige Bindungsstil prognostische Bedeutung für die Therapie hat (Diamond et al. 1999).

Intersubjektivismus:

Inzwischen gibt es einige psychoanalytische Theoretiker, die in der Psychoanalyse stärker den gemeinsam von Patient und Therapeut geschaffenen intersubjektiven Raum betonen, wodurch beide, Therapeut und Patient, fast gleichermaßen in den therapeutischen Prozess und die (konstruktivistische) Schaffung dieser Wirklichkeit beteiligt wären. „Allerdings wäre der analytische Prozess unvollständig als Denken in Gegenwart des anderen im Sinne einer Zwei-Personen-Situation verstanden, vielmehr werden immer multiple Rollen, oder (multiple selves) auf beiden Seiten (zu einer 4-, 8- – oder noch mehr – -Personen-Psychologie) aktiviert." (Dammann 2001b).

Empirische Studien:

Inzwischen konnten randomisierte und kontrollierte Studien auch für den Bereich psychoanalytischer Therapien empirisch eindrucksvoll den Beweis der Wirksamkeit antreten (Stevenson und Meares 1992, Bateman und Fonagy 1999). Es kam in diesen Therapien zu ähnlichen Reduktionen von Verhaltensexzessen (Selbstverletzung u. ä.) wie in den Verhaltenstherapien, und dies ohne technische Fokussierung auf das Verhalten selbst (etwa mittels Fertigkeitentraining) (Dammann und Kächele 2001, Dammann 2001a).

Annäherung zwischen den kognitiven-behavioralen und den psychodynamischen Therapien:

Es hat den Anschein, als würde vonseiten der kognitiv-behavioralen Therapeuten-Phänomene wie die Beziehung, die Übertragung und Gegenübertragung, die Psychodynamik (O-Variable), der Widerstand (Reaktanz), die Repräsentanzenwelt (Schemata, hierzu besonders Young 1990) stärker beachtet werden und mehr Wert auf Selbsterfahrung in der Ausbildung gelegt werden. Umgekehrt besteht vonseiten psychodynamischer Therapeuten inzwischen ein größeres Interesse an Expositionstechniken, Fertigkeiten-Training nach Linehan (1993) und auch operationalisierter Diagnostik bei Persönlichkeitsstörungen.

Neurobiologie, Affektregulation und Gedächtnis:

Generell erleben die psychoanalytischen Theorien insbesondere durch das vertiefte Verständnis von Gedächtnisphänomenen (Verdrängung) und affektiven Prozessen (etwa im Bereich der Funktionen der Amygdala) gegenwärtig durch die neurobiologische Forschung (Bildgebung, „cognitive neuroscience") eine Renaissance (Kandel 1999, Masling 2000), was sich auch in der Gründung der Zeitschrift „Neuro-Psychoanalysis" abbildet.

Literatur

Abend, S.M.; Porder, M.S.; Willick, M.S. (1983) Borderline Patients: Psychoanalytic Perspectives, International Universities Press, New York

Abraham, K. [1923; 1924] (1969) Ergänzungen zur Lehre vom Analcharakter; Beiträge der Oralerotik zur Charakterbildung, In: K. Abraham Psychoanalytische Studien zur Charakterbildung und andere Schriften, Fischer, Frankfurt, pp. 184–217

Adler, G. (1985) Borderline psychopathology and its treatment. Jason Aronson, New York

Bateman A, Fonagy P. (1999) Effectiveness of partial hospitalization in the treatment of borderline personality disorders: a randomized controlled trial. American Journal of Psychiatry. 156:1563–9

Beland H. (1989) Ichveränderung durch Abwehrprozesse und die Grenzen der Analyse. Zeitschrift für Psychoanalytische Theorie u Praxis. 4: 225–49

Benjamin, L.S. (1993) Interpersonal diagnosis and treatment of personality disorders. Guilford, New York

Buchheim P, Dammann G. (2001) Erfahrungen mit Training und Anwendung der TFP. In: Psychotherapie der Borderline-Persönlichkeit: Manual zur Transference-Focused Psychothera-

py (TFP). Clarkin JF, Yeomans FE, Kernberg OF. Hrsg. Stuttgart: Schattauer. 295–321
Clarkin, J.F.; E. Marziali, H. Munroe-Blum (Eds.) (1992) Borderline Personality Disorder: Clinical and Empirical Perspectives, Guilford, New York
Clarkin, J.F.; Yeomans, F.; Kernberg, O.F. (1999) Psychotherapy for borderline personality. John Wiley, New York (dt.: dies. unter Mitarbeit von Buchheim P, Dammann G. Psychotherapie der Borderline-Persönlichkeit: Manual zur Transference-Focused Psychotherapy (TFP), Stuttgart: Schattauer. 2001
Dammann G. (2000) Psychoanalytische Therapie bei Persönlichkeitsstörungen. In: Praxis der Psychotherapie. Ein integratives Lehrbuch: Psychoanalyse, Verhaltenstherapie, Systemische Therapie. 2. neu bearbeitete und erweiterte Auflage. Senf W, Broda M. Hrsg. Stuttgart, New York: Thieme. 2000; 395–406
Dammann G. (2001a) Aktuelle Kontroversen und Forschungsansätze bei der psychodynamischen Behandlung von Borderline-Persönlichkeitsstörungen. In: Langzeit-Psychotherapie: Perspektiven für Therapeuten und Wissenschaftler. Stuhr U, Leuzinger-Bohleber M, Beutel M. Hrsg. Stuttgart: Kohlhammer. 379–409
Dammann G. (2001b) Bausteine einer 'Allgemeinen Psychotherapie' der Borderline-Störung. In: Psychotherapie der Borderline-Störungen. Dammann G, Janssen PL. Hrsg. Stuttgart, New York: Thieme. 232–57
Dammann G, Buchheim P, Clarkin JF, Kernberg OF (2000) Einführung in eine übertragungsfokussierte, manualisierte psychodynamische Therapie der Borderline-Störung. In: Handbuch der Borderline-Störungen. Kernberg OF, Dulz B, Sachsse U. Hrsg. Stuttgart, New York: Schattauer. 461–481
Dammann G, Kächele H (2001) Resultate der psychodynamischen Behandlung von Borderline-Störungen. Nervenheilkunde. 20(1):31–37
Diamond D, Clarkin JF, Levine H, Levy KN, Foelsch PA, Yeomans FE (1999) Borderline conditions and attachment: A preliminary report. Psychoanalytic Inquiry. 19:831–84
Eissler KR (1953) The effect of structure of the ego on psychoanalytic technique. Journal of the American Psychoanalytic Association 1:104–43
Ferenczi, S. (1988) Ohne Sympathie keine Heilung. Das klinische Tagebuch von 1932, S. Fischer, Frankfurt/M
Fonagy P (1991) Thinking about thinking: some clinical and theoretical considerations in the treatment of a borderline patient. International Journal of Psychoanalysis. 72:639–56
Freud A. (1936) Das Ich und die Abwehrmechanismen. In: Die Schriften der Anna Freud. Bd. 1. München: Kindler. 1980; 191–355
Freud S. (1908) Charakter und Analerotik, Gesammelte Werke, 7, 203 ff
Freud S. (1915) Das Unbewußte. GW, 10, 263–303
Freud S. (1923) Das Ich und das Es. GW, 13, 235–90
Freud S. (1937) Die endliche und die unendliche Analyse. GW, 16, 57–99
Freud S. (1939) Der Mann Moses und die monotheistische Religion. GW 16, 101–246
Gabbard GO, Wilkinson SM (1994) Management of countertransference with borderline patients. Washington, DC: American Psychiatric Press
Hartmann, H. (1950) Bemerkungen zur psychoanalytischen Theorie des Ichs. In:. H. Hartmann. Ich-Psychologie. Stuttgart: Klett-Cotta 1972, 119–44
Heimann, P. (1942) A contribution to the problem of sublimation and its relation to processes of internalization. International Journal of Psychoanalysis 23:8–17
Heimann, P. (1950) On countertransference. International Journal of Psychoanalysis 31:81–84
Herman, J.L.; Perry, J.C.; van der Kolk, B.A. (1989) Childhood trauma in borderline personality disorder. American Journal of Psychiatry, 146, 490–495
Jacobson E (1964) Das Selbst und die Welt der Objekte. Frankfurt am Main: Suhrkamp 1973

Jung CG (1912) Über die Psychologie des Unbewußten. Gesammelte Werke Band 7. Rascher, Zürich, Stuttgart
Kandel ER (1999) Biology and the future of psychoanalysis. American Journal of Psychiatry. 156:505–24
Kernberg OF (1975) Borderline-Störungen und pathologischer Narzißmus. Frankfurt am Main: Suhrkamp 1975
Kernberg, O.F. (1993) The psychotherapeutic treatment of the borderline patient. In: J. Paris (Ed.) Borderline Personality Disorder. Etiology and Treatment, American Psychiatric Press, Washington, pp. 261–284
Kernberg, O.F. (1996) A psychoanalytic theory of personality disorders. In: J.F. Clarkin; M.F. Lenzenweger (Eds.) Major Theories of Personality Disorder, Guilford, New York, pp. 106–140
Kernberg, O.F. (1998) Die Bedeutung neuerer psychoanalytischer und psychodynamischer Konzepte für die Befunderhebung und Klassifikation von Persönlichkeitsstörungen, In: H. Schauenburg, H.J. Freyberger, M. Cierpka, P. Buchheim (Hrsg.) OPD in der Praxis. Konzepte, Anwendungen, Ergebnisse der Operationalisierten Psychodynamischen Diagnostik, Hans Huber, Bern, pp. 55–68
Kinston W, Cohen J (1986) Primal repression: clinical and theoretical aspects. International Journal of Psychoanalysis 1986; 67: 337–56
Klein M. (1935) The psychoanalytic play technique, its history and significance. In: M. Klein. Das Seelenleben des Kleinkindes, Stuttgart: Klett, 1962, 44–71
Klein, M. (1940) Die Trauer und ihre Beziehungen zu manisch-depressiven Zuständen. In: M. Klein. Das Seelenleben des Kleinkindes, Stuttgart: Klett, 1962, 72–100
Klein M. (1946) Notes on some schizoid mechanisms. In: M. Klein. Das Seelenleben des Kleinkindes, Stuttgart: Klett, 1962, 101–26
Kohut, H. (1971) The analysis of the self. A systematic approach to the psychoanalytic treatment of narcisstic personality disorders. International Universities Press, New York
Kutter P, Müller T (1999) Psychoanalyse der Psychosen und Persönlichkeitsstörungen. In: W. Loch, H. Hinz (Hrsg.) Die Krankheitslehre der Psychoanalyse, 6. Auflage, Stuttgart: Hirzel, 1999; 193–287
Liebowitz MR, Stone MH, Turkat ID (1986) Treatment of personality disorders. In: A.J. Frances, R.E. Hales (Eds.) American Psychiatric Association annual review, Vol. 5, American Psychiatric Press, Washington, pp. 356–393
Limentani A (1981) On some positive aspects of the negative therapeutic reaction. International Journal of Psychoanalysis 62: 379–90
Linehan MM (1993) Cognitive-behavioural treatment of borderline personality disorder. The Guildford Press, New York
Loewald H. (1960). Zur therapeutischen Wirkung der Psychoanalyse. In: H. Loewald (Hrsg.) Psychoanalyse. Stuttgart: Klett Cotta
Masling J (2000) Empirical evidence and the health of psychoanalysis. Journal of the American Academy of Psychoanalysis. 28:665–85
Müller-Pozzi H (1989) Da muß denn doch die Hexe dran: Über die Bedeutung und Funktion von Metapsychologie im psychoanalytischen Denken. Zeitschrift für Psychoanalytische Theorie u Praxis. 4:111–25
Nunberg H (1930) Die synthetische Funktion des Ich. Int Z Psa., 16:301–18
Rapaport D, Gill M. (1959) The points of view and assumptions of metapsychology. International Journal of Psychoanalysis 40:152
Reich W (1933) Charakteranalyse. Köln: Kiepenheuer & Witsch; 1970
Reich W (1928) Über Charakteranalyse, Internationale Zeitschrift für Psychoanalyse, 14, 180–196
Rosenfeld H (1964) On the psychopathology of narcissism: a clinical approach. International Journal of Psychoanalysis 45:332–7
Sandler J. (1960) The background of safety. International Journal of Psychoanalysis 41:352–6

Sandler J (1983) Die Beziehung zwischen psychoanalytischen Konzepten und psychoanalytischer Praxis. Psyche. 1983; 37:577–95

Schwarz F (1988) Spaltungsprozesse und Spaltungserlebnisse aus psychoanalytischer Sicht. In: Klußmann R, Mertens, W, Schwarz F (Hrsg.) Aktuelle Themen der Psychoanalyse. Berlin, Heidelberg, New York: Springer. 35–45

Stevenson J, Meares R (1992) An outcome study of psychotherapy for patients with borderline personality disorder. American Journal of Psychiatry. 149:358–62

Stone MH (1992) Treatment of severe personality disorders, In: A. Tasman, M.B. Riba (Hrsg.) Review of Psychiatry, Vol. 11, American Psychiatric Press, Washington, pp. 98–115

Winnicott DW (1951) Übergangsobjekte und Übergangsphänomene. In: D.W. Winnicott. Von der Kinderheilkunde zur Psychoanalyse. München: Kindler. 1976; 300–19

Winnicott DW (1963) Die Psychotherapie von Charakterstörungen. In: D.W. Winnicott. Reifungsprozesse und fördernde Umwelt. München: Kindler. 1974; 267–84

Winnicott DW (1965) The maturational processes and the facilating environment: studies in the theory of emotional development. London: Hogarth Press

Wurmser L (1987) Flucht vor dem Gewissen. Analyse von Über-Ich und Abwehr bei schweren Neurosen. Berlin: Springer

Young JE (1990) Schema-focused cognitive therapy for personality disorders: a schema-focused approach. Sarasota, FL.: Professional Resource Exchange

3.3 Lerntheoretische Konzeptbildung

Isabel Houben, Dieter Wälte

3.3.1 Einleitung

Bis vor wenigen Jahren verhielt sich die Verhaltenstherapie gegenüber den Persönlichkeitsstörungen, deren Konzepte zum einen aus der psychiatrischen Psychopathielehre stammen, zum anderen auf tiefenpsychologischen Modellen basieren, sehr zurückhaltend. Erst Ende der 1980er Jahre begannen lerntheoretisch orientierte Behandler mit der Entwicklung von Therapieprogrammen für diese Patientengruppen (Linehan 1987, Turkat 1996), und ein Kapitel über Persönlichkeitsstörungen (Fiedler 2000) fand sich erst in der 2. Aufl. des 2-bändigen Lehrbuchs der Verhaltenstherapie (Margraf 1996, 2000).

Die Ursachen für diese Zurückhaltung sind vielfältig. Schon mit dem Konzept „Persönlichkeit" sind Annahmen verbunden, die mit klassischen behavioristischen Auffassungen überhaupt nicht und mit kognitionstheoretischen nur wenig mehr vereinbar sind. Diese Annahmen beziehen sich vor allem auf den dem Persönlichkeitskonzept innewohnenden Gedanken der Prädisposition als Ursache für die situationsübergreifende Konsistenz und zeitüberdauernde Stabilität des Verhaltens. Lerntheoretische Konzepte gehen demgegenüber davon aus, dass das Verhalten jedes Menschen durch seine spezifische Lerngeschichte, die dort wirksam gewordenen Verstärkungsmuster und die aktuell aufrechterhaltenden Bedingungen bedingt ist. Lerntheoretisches Argument gegen die Annahme von Persönlichkeitseigenschaften als Ursache für das in einer bestimmten Situation gezeigte Verhalten ist nicht zuletzt auch die daraus resultierende Festschreibung: „Ich bin nun mal so, ich kann es nicht ändern".

Darüber hinaus kamen methodische Vorbehalte gegenüber psychiatrischen Diagnosen allgemein zum Tragen, die sich insbesondere gegen deren mangelnde Operationalisierung und daraus resultierende geringe Reliabilität und Validität richteten. Bei den Persönlichkeitsstörungen kommen außerdem Komorbiditätsprobleme hinzu, die sich zum einen auf die Überlappung zwischen den einzelnen Persönlichkeitsstörungen, zum anderen auf die Abgrenzung der Persönlichkeitsstörungen von anderen klinischen Störungen beziehen (Kap. 2.3.1). Weitere Kritik zielte auf die mit den Persönlichkeitsstörungsdiagnosen verbundenen stigmatisierenden Konnotationen, die sich aus deren Herkunft aus früheren Psychopathielehren ergaben. Dies führte zu dem Vorschlag, den Begriff der Persönlichkeitsstörungen ganz zu ersetzen und stattdessen von „komplexer Störung des zwischenmenschlichen Beziehungsverhaltens" zu sprechen (Fiedler 2000).

Erst ab Mitte der 1980er Jahre wurden erste lerntheoretische Konzepte zur Entwicklung und zur Behandlung von Persönlichkeitsstörungen formuliert, die diese als Beziehungsstörungen mit überdauernden, unflexiblen und sozial wenig angepassten Verhaltensauffälligkeiten betrachten. Diese Modelle gehen davon aus, dass sich diese dysfunktionalen zwischenmenschlichen Verhaltensmuster aus einer Wechselwirkung ungünstiger biologischer, sozialer und psychologischer Faktoren entwickelt haben, unter diesen frühen ungünstigen Bedingungen aber ursprünglich sinnvolle Coping-Strategien bzw. Mechanismen zum Schutz der eigenen zwischenmenschlichen Vulnerability waren.

Um die früheren Vorbehalte der Verhaltenstherapie gegen die Persönlichkeitsstörungskonzepte und den inzwischen erfolgten Einstellungswandel zu begründen, werden im Folgenden zunächst die lern- und kognitionstheoretischen Annahmen zur Verhaltensformung sowie zur Persönlichkeitsentwicklung beschrieben und anschließend lerntheoretische Auffassungen zur Entwicklung von Persönlichkeitsstörungen vorgestellt.

3.3.2 Erwerb, Steuerung und Modifikation von Verhalten aus lerntheoretischer Sicht

Als Lerntheorien werden jene Ansätze zur Beschreibung und Erklärung von Verhalten bezeichnet, die sich aus dem zu Beginn des vergangenen Jahrhunderts von Watson (1913) begründeten *Behaviorismus* entwickelt haben. Zentrale Forderung des behavioristischen Wissenschaftsmodells war die größtmögliche Objektivität der Beobachtungsdaten, die dann als erreicht galt, wenn die Daten mithilfe von Apparaten und weitgehend unabhängig vom Versuchsleiter registrierbar waren. Verwertbar waren somit extern gegebene Reize auf der einen und messbare Reaktionen der Sinnesorgane, Muskeln und Drüsen auf der anderen Seite. Der klassische Behaviorismus ging davon aus, dass Verhalten vollständig erklärbar ist durch seine auslösenden Bedingungen, die darauf folgende Reaktion und die sich daraus ergebenden Konsequenzen. Zwischen dem Reiz und der Reaktion mögen biochemische Prozesse, innere Motive und andere nicht beobachtbare Phänomene anzusiedeln sein, so lange diese jedoch nicht objektiv messbar sind, befinden sie sich aus Sicht der klassischen Behavioristen in einer für die Beschreibung, Erklärung, Vorhersage und Modifikation von Verhalten nicht benötigten „Black Box".

Das behavioristische Modell fußt zum einen auf den Untersuchungsbefunden des russischen Physiologen Iwan Pawlow (1849–1936), der 1904 den Nobelpreis für seine Untersuchungen zum Speichelfluss und zur Magensekretion erhalten hatte. Bei seinen Versuchen hatte er Hunden Schläuche in die Verdauungsorgane eingepflanzt, durch die die Sekrete nach außen flossen, wenn die Hunde gefüttert wurden. Als Zufallsbefund war beobachtet worden, dass die Hunde nach einiger Zeit bereits Speichelsekretion aufwiesen, wenn sie das Futter sahen, später sogar schon, wenn sie die Schritte des Versuchsleiters hörten, der das Futter brachte. Pawlow richtete daraufhin sein gesamtes Forschungsinteresse auf die Untersuchung dieses Phänomens und entwickelte das Paradigma des **klassischen Konditionierens** (Pawlow 1927/1972). Das klassische Konditionieren bezieht sich auf die überdauernde Veränderung von Verhalten auf der Reflexebene. Beobachtbar ist, dass ein für den Organismus zunächst neutraler Reiz (z. B. ein Glockenton), wenn er mehrmals kurz vor einem biologisch relevanten Reiz (z. B. Futtergabe) dargeboten wird, später für sich allein eine biologisch signifikante Reaktion (z. B. Speichelfluss) auslösen kann.

Eine andere Quelle für das behavioristische Modell waren die Beobachtungen Edward L. Thorndikes (1898) am Verhalten von Katzen, die sich aus einem Käfig zu befreien versuchten. Er postulierte im **Gesetz des Effekts**, dass Verhalten durch seine Konsequenzen kontrolliert wird. Annahme war, dass das Individuum zur Erreichung seines Ziels nach dem Prinzip von Versuch und Irrtum zunächst eine Vielzahl möglicher Verhaltensweisen zeigt. Von diesen werden diejenigen wiederholt und beibehalten, die positive Konsequenzen haben, solche, die negative Konsequenzen haben, werden aufgegeben. Im Unterschied zu den Reiz-Reiz-Verbindungen, die Pawlows Hunde gelernt hatten, lernten Thorndikes Katzen nun Reiz-Reaktions-Verbindungen, die in Abhängigkeit von der erreichten Befriedigung verstärkt oder abgeschwächt wurden.

Pawlows Befunde zum klassischen Konditionieren, Watsons strenge Anforderungen an die Messbarkeit der Untersuchungsdaten und insbesondere Thorndikes Annahmen zur Verhaltensformung aufgrund positiver bzw. negativer Konsequenzen bildeten die Grundlage für die Arbeiten von Burrhus Frederick Skinner, der die wissenschaftliche Psychologie des 20. Jahrhunderts maßgeblich beeinflusst hat. Skinner postulierte, dass eine Wissenschaft vom Verhalten in der Lage sein muss, Beziehungen zwischen Aktivitäten und Umweltbedingungen empirisch, d. h. durch Beobachtung zu bestimmen. Seine **experimentelle Verhaltensanalyse** benötigt keine Theorien über die im Individuum ablaufenden motivationalen, emotionalen oder kognitiven Prozesse, alles Verhalten kann analysiert und vorhergesagt werden, indem man die ihm folgenden Konsequenzen experimentell variiert.

Skinner (1953) entwickelte das Paradigma des **operanten Konditionierens**, dessen Grundannahme es ist, dass sich die Auftretenswahrscheinlichkeit eines operanten Verhaltens aufgrund seiner Konsequenzen ändert. Operant ist Verhalten dann, wenn es Auswirkungen auf die Umwelt hat, d. h. wenn sich etwas in der Umwelt ändert, nachdem das Individuum das Verhalten spontan gezeigt hat. So ist das Picken der Taube auf eine Taste dann operant, wenn es etwas bewirkt, z. B. das Öffnen eines Futtermagazins oder die Auslösung eines Stromschlags. Die Auftretenswahrscheinlichkeit eines operanten Verhaltens verändert sich durch positive und negative Verstärker, durch Löschung oder Bestrafung. Positive Verstärker erhöhen die Auftretenswahrscheinlichkeit eines Verhaltens, wenn sie ihm folgen. Ein Beispiel hierfür ist die Belohnung, die ein Kind bekommt, wenn es eine gute Zensur erhalten hat. Ein negativer Verstärker erhöht die Auftretenswahrscheinlichkeit eines Verhaltens, wenn er durch das Verhalten beendet wird. Demzufolge erhöht ein unangenehmes Geräusch, das durch das Anlegen des Sicherheitsgurtes beendet wird, die Auftretenswahrscheinlichkeit des Anschnallens. Löschung senkt die Auftretenswahrscheinlichkeit eines Verhaltens, weil kein positiver Verstärker folgt, Bestrafung senkt die Auftretenswahrscheinlichkeit eines Verhaltens, weil eine negative Konsequenz folgt.

Wesentlich für die Veränderung von Verhalten ist zusätzlich die Verhaltenskontingenz, d. h. die Art der Beziehung zwischen dem operanten Verhalten und der ihm folgenden Konsequenz. Die Verhaltenskurve variiert deutlich in Abhängigkeit davon, ob z. B. jede gewünschte Reaktion oder nur jede 10., ob kontinuierlich oder erst wieder nach einem bestimmten Zeitraum verstärkt wird.

Skinner ging davon aus, dass sämtliche komplexen Verhaltensweisen, die ein Organismus im Laufe seines Lebens erwirbt, das Ergebnis von Verstärkungsmustern sind. Die experimentelle Verhaltensanalyse hat die Aufgabe, diese Verstärkungsmuster im Labor zu analysieren und zu variieren, um so das Verhalten im Sinne operant konditionierter Verhaltensketten zu erklären und veränderbar zu machen. Das Individuum nimmt bei der Konditionierung eine passive Rolle ein, sein Verhalten wird vorhersagbar geformt durch die Umweltereignisse, die es mit seinem Handeln bewirkt.

Gegen diese strikte behavioristische Auffassung erhob sich in den 1950er Jahren zunehmend Kritik. Mehr und mehr Ergebnisse aus Untersuchungen zur Verhaltensmodifikation ließen sich mit dem klassischen lerntheoretischen Modell nicht mehr erklären.

Hier war insbesondere die **Theorie des sozialen Lernens** von Albert Bandura (1977a) wegweisend. In seinen Untersuchungen fand er, dass Kinder, die Erwachsene beim Schlagen einer Puppe beobachtet hatten, später häufiger aggressives Verhalten zeigten als Kinder einer Kontrollgruppe, die die Modelle nicht beobachtet hatten. Dieser Effekt zeigte sich auch, wenn die Modelle in einem Film oder sogar als Zeichentrickfiguren auftraten.

Bandura nimmt in der Theorie des sozialen Lernens an, dass das Verhalten eines Modells umso wahrscheinlicher imitiert wird, wenn

- beobachtet wird, dass es verstärkt wird,
- das Modell als positiv wahrgenommen wird,
- der Beobachter sich aufgrund einer wahrgenommenen Ähnlichkeit mit dem Modell identifiziert,

- die Beobachtung des Modells verstärkt wird,
- das Verhalten des Modells sich vom Verhalten anderer Modelle klar unterscheidet,
- der Beobachter von seiner körperlichen oder z. B. finanziellen Kapazität her in der Lage ist, das Verhalten zu imitieren.

Die Theorie des Modell- oder Imitationslernens erklärt – ohne die Annahmen zum Einfluss von Verstärkung auf die Auswahl von Verhaltensmöglichkeiten zu verwerfen – zahlreiche Lernphänomene, die mit dem orthodoxen skinnerschen Modell der Verhaltensformung nicht ohne weiteres vereinbar sind. So können durch Beobachtung komplexe und umfangreiche Handlungsabläufe viel schneller erworben werden, als wenn sie den umständlichen Prozess von Eliminierung und Verstärkung im Versuch-und-Irrtum-Verfahren zu durchlaufen hätten. Ferner wäre das Überleben des Einzelnen und damit letztlich auch der jeweiligen Art erheblich bedroht, wenn z. B. der Umgang mit Gefahren individuell und spezifisch ausschließlich durch positive oder negative Verstärkung erlernt werden müsste.

In der englischsprachigen, insbesondere der angloamerikanischen Psychologie war das behavioristische Modell von den 1920er bis in die 1960er Jahre hinein das vorherrschende Forschungsparadigma. Durch die beginnende Entwicklung in der Informatik erhielten jedoch in den 1960er und 1970er Jahren auch in der Psychologie zunehmend wieder solche Fragestellungen Bedeutung, die sich auf Prozesse menschlicher Informationsverarbeitung bezogen. Das Forschungsinteresse richtete sich nun auf Phänomene, die die Behavioristen als nicht wissenschaftlich, weil nicht direkt beobachtbar verworfen hatten: Prozesse des Wahrnehmens, Denkens, Planens, Erinnerns, Bewertens, Entscheidens, die dem Individuum die Kontrolle über sein Handeln ermöglichen. Dieser Paradigmenwechsel wurde unter dem Begriff der „kognitiven Wende" zusammengefasst.

Die „kognitive Wende" in der Psychologie und Psychotherapie der 1960er Jahre ist zwar keine Erfindung der Verhaltenstherapie, letztere hat jedoch von allen therapeutischen Strömungen die Grundgedanken kognitiver Ansätze, wie z. B. der strukturalen Linguistik (Chomsky 1957), der interaktionalen Persönlichkeitsmodelle (Michel 1973) und der kognitiven Sozialpsychologie (de-Charms 1968), besonders konsequent in die Erklärungsmodelle menschlichen Verhaltens und psychischer Störungen aufgenommen.

Mit der Weiterentwicklung von Theorie und Methode der klassischen Verhaltenstherapie wurde es möglich, kognitive Variablen (Wahrnehmen, Denken, inneres und verdecktes Sprechen, Informationsaufnahme und -verarbeitung, Erwartungen) in die Erklärung des Verhaltensprozesses einzuführen. Es zeigte sich, dass es hierbei nicht notwendig wurde, die klassische Lerntheorie zu verwerfen, sondern es genügte, den zu eng gefassten Lernbegriff (Reiz-Reaktions-Schema) zu erweitern. Nun wurden kognitive Prozesse als Bindeglied zwischen Reizen und Reaktionen dargestellt. In der Übergangsphase der „kognitiven Wende der Verhaltenstherapie" akzeptierte man Kognitionen zunächst nur als Vermittler (Mediatoren) zwischen den äußeren Reizbedingungen und dem offenen, beobachtbaren Verhalten. Die heutige Verhaltenstherapie lässt sich jedoch von der bereits im Altertum philosophisch formulierten Annahme leiten, dass den kognitiven Prozessen eine echte Steuerungs- oder Kausalfunktion für das Verhalten zukommt: „Menschen werden nicht durch Dinge gestört, sondern durch ihre Anschauungen von ihnen." (Epiktet). In den Untersuchungen der kognitiven Verhaltenstherapie steht die Suche nach zentralen Kognitionen im Mittelpunkt, die zum einen Auswirkungen auf offenes Verhalten und Emotionen haben und zum anderen durch Emotionen beeinflussbar sind (Hautzinger 1994).

Als Hauptvertreter dieser Auffassung, die sich in den 1980er Jahren zunehmend durchsetzte, sind vor allem Beck (1976), Ellis (1977), Lazarus (1978) und Meichenbaum (1979) zu nennen. Ausgangspunkt dieser kognitiven Therapien ist die Annahme, dass Kognitionen einen Einfluss auf Entstehung, Verlauf und Veränderung psychischer Störungen haben. Neuere Ansätze, zu denen z. B. die Netzwerkmodelle (Bower 1981, Lang 1988) und kognitiv-biobehaviorale Modellansätze (Otto 1992) zu rechnen sind, bemühen sich um eine Integration von biologischen, emotionalen und kognitiven Faktoren und überwinden damit vorschnelle Kausalitätsannahmen über Kognitionen, die am Anfang der kognitiven Wende noch diskutiert wurden. Aber auch in den neuen Modellen behalten kognitive Variablen einen wesentlichen Stellenwert bei der Erklärung von psychischen Störungen.

Eines der einflussreichsten neueren Modelle ist das **Konzept der Selbstregulation** (Kanfer et al. 1991). Nach diesem Modell werden alle inneren und äußeren verhaltenswirksamen Größen auf drei unterschiedlichen Ebenen betrachtet:

- α-Variablen umschreiben Einflüsse der externen, physikalischen Umgebung ebenso wie eigenes und fremdes Verhalten.
- β-Variablen bilden kognitive Prozesse und Inhalte ab (Denken und Gedanken, Planen und Pläne, Problemlösen, Selbstbeobachtung, Selbststimulation, Vorstellen, Entscheiden, Wahrnehmung von internalen biologischen Ereignissen und die Reaktion darauf, Werte, Ziele, Meta-Kognitionen), also Vorgänge, die vom Individuum selbst initiiert werden können.
- Als γ-Variablen versteht man die biologisch-somatische Ausstattung des Menschen, die vielfach automatisiert das Verhalten steuert.

Während α- und γ-Variablen im Wesentlichen eine Fremdsteuerung bewirken, sind β-Variablen hauptsächlich mit selbstregulativen Prozessen in Beziehung zu sehen. Als Selbstregulation wird das komplexe und dynamische Zusammenwirken dieser Variablen zur Steuerung des eigenen Verhaltens bezeichnet, bei denen β-Variablen ein besonderes Gewicht haben (Reinecker 2000). Der Prozess der Selbstregulation wird von Kanfer in drei Stufen unterteilt:

1. Selbstüberwachung und Selbstbeobachtung: Das Individuum kann die eigene Handlung unterbrechen und das eigene Tun überprüfen.
2. Selbstbewertung: Das Individuum nimmt einen Vergleich zwischen selbst aufgestellten Kriterien („Was

3.3 Lerntheoretische Konzeptbildung

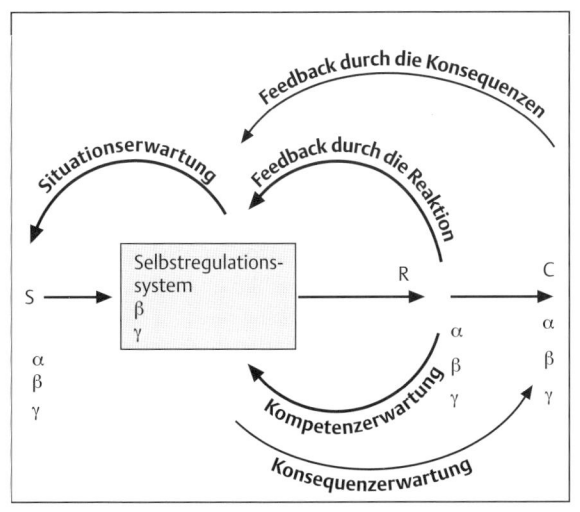

Abb. 3.6 Selbstregulationsmodell (modifiziert nach Kanfer u. a. 1991).

sollte ich tun") und dem selbst Beobachteten („Was tue ich") vor.
3. Selbstverstärkung: Diese richtet sich nach dem Grad der Abweichung zwischen Standard und erbrachter Leistung.

Nach diesem Konzept bilden Kognitionen den Kernbestandteil der Selbstregulation, der alle internen Prozesse – so auch biologisch-somatische Merkmale (γ-Variablen) – zusammenfasst, die zwischen Reizaufnahme und Verhalten vermitteln (Reinecker 1999).

In älteren Modellvorstellungen wurde den β-Variablen lediglich eine Filterfunktion zugesprochen, bei der wahrgenommene Reize aus der α- und γ-Ebene auf der β-Ebene verarbeitet wurden und das Filtrat die Auslenkung einer Reaktion beeinflusste. Die neueren nonlinearen Selbstregulationsmodelle (Kanfer et al. 1991) führten zu einem Übergang von einem filtrierenden zu einem (selbst)regulierenden Organismus. Es werden im Wesentlich zwei Feedback-Schleifen eingeführt: zum einen korrigiert eine Person ihr Verhalten anhand von Konsequenzen und zum anderen vergleicht sie ihr Verhalten mit bestimmten Standards (negative Feedback-Schleife). Eine Feedforward-Schleife beeinflusst die Wahrnehmung von Umgebungsreizen (α-Variablen). Ergänzend wäre nach dem Konzept von Bandura (1977b) hinzuzufügen, dass eine Person bereits vor ihrer Reaktion Erwartungen über ihr Reaktionspotenzial (Selbstwirksamkeits- bzw. Kompetenzerwartung) und über das Eintreten möglicher Konsequenzen (Konsequenzerwartungen) hat (Abb. 3.6).

Die nonlinearen Selbstregulationsmodelle erlauben die Unterscheidung von zwei zeitlich zu differenzierenden Selbstregulationszyklen:
- In einem korrektiven Zyklus befindet sich das Individuum im unmittelbaren Kontakt mit der Situation, der Handlung, dem Ergebnis und den Konsequenzen.
- In einem antizipatorischen Zyklus stellt sich die Person eine Handlung und ihre Konsequenzen vor. Sie trifft somit Entscheidungen über zukünftiges Verhalten aufgrund des vorgestellten (antizipierten) Verhaltens und dessen möglichen Konsequenzen.

Das dargestellte Selbstregulationsmodell lässt sich auch mit den sog. Erwartung-mal-Wert-Theorien fundieren, die zu den wichtigsten und bestuntersuchten Theorien der grundlagenwissenschaftlichen Psychologie gehören. Danach lässt sich Verhalten vorhersagen
- aus der subjektiven Erwartung darüber, dass einer bestimmten Handlung ein Ereignis/Ergebnis folgt oder nicht folgt,
- aus den subjektiven Bewertungen von Handlungsergebnissen oder -zielen (Valenzen).

„Betrachtet man therapeutische Problemstellungen aus der Perspektive der Erwartung-mal-Wert-Theorien, kommt man zu der Schlussfolgerung, dass die gegenwärtig in der Psychotherapie noch vorherrschende Unterteilung in entweder klärungsorientierte oder bewältigungsorientierte Therapieformen nicht der menschlichen Natur entspricht. Reflektieren und Handeln sind für das menschliche Leben und seine Probleme gleichermaßen wichtig, keines von beiden ist verzichtbar." (Grawe 2000, 319)

Je nach Ausprägung und Art der Situationsstrukturierung sind situationsspezifische, bereichsspezifische oder generalisierte Konstruktoperationalisierungen angemessen. Wenn sich eine Person in einer subjektiv wohlbekannten, eindeutigen, kognitiv relativ gut strukturierbaren Situation befindet, reichen spezifische subjektive Erwartungen und Valenzen für die Beschreibung, Rekonstruktion und Prognose des Verhaltens aus. In subjektiv neuartigen, mehrdeutigen, kognitiv kaum oder nur schlecht strukturierbaren Situationen (psychische Krankheit) sind generalisierte Erwartungshaltungen wichtiger als spezifische (Krampen 1991).

Es lassen sich folgende generalisierte Erwartungen unterscheiden (Krampen 1991):
- Situationsereigniserwartung: die Erwartung, dass ein bestimmtes Ereignis in einer Situation auch ohne Zutun des Individuums eintritt,
- Kompetenzerwartung (Situationshandlungserwartung): die Erwartung einer Person, dass ihr in einer Situation Handlungsalternativen zur Verfügung stehen,
- Konsequenzerwartung: die Erwartung einer Person, dass auf bestimmte Ereignisse bestimmte Konsequenzen folgen,
- subjektive Bewertungen (Valenzen) der Handlungsergebnisse und Ereignisse,
- subjektive Bewertungen (Valenzen) der Folgen.

Diese Aspekte verdeutlichen, dass Selbstregulation hauptsächlich kognitive Prozesse erfordert, die man dem Bereich der sog. „kontrollierten Informationsverarbeitung" zuordnet. Im Kontext der kontrollierten Informationsverarbeitung wird die Fähigkeit zur Selbstreflexion als zentrales Merkmal des Menschseins beschrieben. Damit ist – wie oben ausgeführt – gemeint, dass Personen sich selbst zum Objekt ihrer Betrachtung machen können und über ein „Selbst" verfügen, das hier als die Summe kognitiver Regler bezeichnet wird.

Fasst man die hier exemplarisch dargestellte Entwicklung behavioristischer und kognitiver Verhaltensmodelle zusammen, so zeigt sich, dass die zunehmende Komplexität der Modelle menschlichen Verhaltens implizit auch zu einer Weiterentwicklung des zugrunde liegenden Menschenbildes führte. Von der Reiz-Reaktionsmaschine des orthodoxen Behaviorismus, deren Verhalten ausschließlich durch externe Bedingungen gesteuert wurde, gewinnt der Mensch als Informationsverarbeitungssystem Autonomie, indem er die Reizsituation kognitiv erfasst, bewertet und seine Handlungen entsprechend steuert (Revenstorf 1989).

Fazit für die Praxis

Von Beginn des 20. Jahrhunderts bis in die 1960er Jahre hinein beruhten psychologische Modelle zur Vorhersage von Verhalten auf den strengen Anforderungen an die Messbarkeit der Untersuchungsdaten, wie sie der orthodoxe Behaviorismus gefordert hatte. Verhalten wurde erklärt aufgrund seiner Auslösebedingungen und der nachfolgenden Konsequenzen.

Mit der „kognitiven Wende" wurden Erklärungsmodelle entwickelt, die die handlungssteuernden Prozesse von Wahrnehmen, Denken, Planen und Entscheiden als Bindeglied zwischen Reizen und Reaktionen einbezogen.

Neuere Selbstregulationsmodelle nehmen zusätzlich Rückkopplungsschleifen an, die auch korrektive und antizipatorische Kognitionen bei der Handlungssteuerung abbilden.

3.3.3 Lerntheoretische Persönlichkeitskonstrukte

Modelle zur Persönlichkeit enthalten, so unterschiedlich die zugrunde liegenden Anschauungen sein mögen, zwei grundlegende Annahmen: Diese beziehen sich zum einen auf die Individualität, zum anderen auf die Konsistenz der Eigenschaften. Das Konstrukt Persönlichkeit beruht demnach auf der Annahme, dass eine Person die Umwelt in einzigartiger, charakteristischer Weise erlebt und ähnliche Situationen in vergleichbarer Weise erleben wird. Zur Beschreibung von Persönlichkeit setzt die Forschung zwei Methoden ein:
- Der **idiographische Ansatz** geht von der Unvergleichbarkeit des Individuums aus und versucht, anhand von Einzelfallbeschreibungen die jeweiligen Charakteristika einer Person zu erfassen.
- Der **nomothetische Ansatz** hingegen nimmt an, dass sich Persönlichkeit durch ein Bündel von allgemeingültigen Eigenschaften beschreiben lässt, wobei sich Unterschiede zwischen Individuen im Ausprägungsgrad dieser Eigenschaften manifestieren.

Aufgaben nomothetischer Persönlichkeitstheorien sind zum einen das Auffinden von Beschreibungskategorien, denen der Einzelne zugeordnet werden kann, mit dem Ziel, Vorhersagen über sein zukünftiges Verhalten zu treffen. In der angewandten Psychologie spielt dies z. B. in der betrieblichen Personalauswahl eine Rolle. Zum anderen gilt es, allgemeine Gesetze für die Ursachen der gefundenen Unterschiede zwischen einzelnen Individuen zu finden. Dies betrifft auch die Frage nach dem Einfluss ererbter Persönlichkeitsdispositionen oder spezifischer Umweltbedingungen (Amelang und Bartussek 1981).

Verschiedene Auffassungen gab es in der Persönlichkeitsforschung darüber, wie die Kategorien für individuelle Unterschiede zu beschreiben und zu erfassen seien. Alltagspsychologisch ordnen wir eine Person einer bestimmten Eigenschaftskategorie zu, indem wir von einem in einer bestimmten Situation beobachteten Verhalten Rückschlüsse auf die zugrunde liegende Eigenschaft ziehen. So beurteilen wir jemanden, der uns zur Begrüßung anlächelt, als freundlich, jemanden, der uns den Weg weist, als hilfsbereit etc. Implizit bedeutet dies, dass wir erwarten, dass diese Person auch in Zukunft (Stabilität) und in verschiedenen Situationen (Konsistenz) das für die angenommene Eigenschaft typische Verhalten zeigen wird. Wir verlassen also die Ebene der reinen Verhaltensbeobachtung und -beschreibung und erklären uns die Einzelbeobachtung durch die Annahme eines konstanten Personenmerkmals (Heider 1958). Dies erleichtert uns den Umgang mit der Komplexität zwischenmenschlichen Verhaltens, unterliegt aber einer hohen Fehlerrate.

Zur Beschreibung der interindividuellen Unterscheidungsmerkmale werden von den verschiedenen Forschungsrichtungen unterschiedliche Begriffe benutzt. Die ältesten Ansätze zielen darauf ab, Menschen aufgrund bestimmter Merkmale in sich nicht überschneidende **Typen** einzuteilen. Hierzu zählen Galens Versuche, Temperamentsunterschiede mit dem Überwiegen bestimmter Körperflüssigkeiten zu erklären oder Sheldons und Kretschmers konstitutionstypologische Ansätze, die einen Zusammenhang zwischen Charaktereigenschaften und dem Körperbau suchten (Amelang 1985).

Einen anderen Forschungsansatz stellen die Eigenschaftstheorien dar, die annehmen, dass es eine bestimmte Anzahl von Persönlichkeitseigenschaften gibt, mit denen alle Menschen beschrieben werden können, wobei sich Unterschiede zwischen Individuen im Ausprägungsgrad der einzelnen Eigenschaften manifestieren. Die Anzahl der Eigenschaften, die zur Persönlichkeitsbeschreibung als ausreichend angenommen wird, unterscheidet sich je nach Forschungsrichtung und Fragestellung (Saß et al. 1996; Kap. 3.4).

Ob nun von Eigenschaft, Typus, Trait oder Charakter gesprochen wird, alle Begriffe enthalten die Annahme, dass es sich bei den Merkmalen zur Beschreibung der Persönlichkeit um Dispositionen handelt, die eine Vorhersage auf künftiges Verhalten der Person erlauben. Zu diskutieren bleibt die Frage, ob die meist durch Selbstbeurteilungsfragebögen gemessenen Persönlichkeitseigenschaften tatsächlich mit dem in einer bestimmten Situation gezeigten Verhalten kongruent sind.

Im klassischen Behaviorismus stellt sich diese Frage nicht, da er ohnehin nur beobachtbares Verhalten als Daten gelten lässt und davon ausgeht, dass dieses ausschließlich durch Verstärkungsprozesse erworben ist. Persönlichkeitseigenschaften werden als theoretische Konstrukte betrachtet, die sich selbst nicht messen lassen, sondern nur aus Verhaltensstichproben erschlossen werden können. Verhaltensunterschiede zwischen Menschen werden als Ergebnis unterschiedlicher Lernerfahrungen interpretiert und auf eine spezifische Reizsituation zurückgeführt. Dispositionen im Sinne ererbter Charakterunterschiede werden konsequenterweise abgelehnt. Watson (zit. nach Zimbardo 1992) formulierte dies 1914 so:

„Gebt mir ein Dutzend gesunde, gut gebaute Kinder und meine eigene spezifizierte Welt, um sie darin großzuziehen, und ich garantiere, daß ich irgendeines aufs Geratewohl herausnehme und es so erziehe, daß es irgendein beliebiger Spezialist wird, zu dem ich es erwählen könnte – Arzt, Jurist, Künstler, Kaufmann, ja sogar Bettler und Dieb, ungeachtet seiner Talente, Neigungen, Absichten, Fähigkeiten und Herkunft seiner Vorfahren".

Watson widersprach damit den zu seiner Zeit vorherrschenden Theorien über den Einfluss ererbter Charaktereigenschaften auf das Verhalten und die Persönlichkeitsentwicklung des Menschen. Er nahm stattdessen **Habit-Systeme** als gelernte Verhaltensrepertoires höherer Ordnung an, die sich weitgehend ohne Zutun des Individuums in verschiedenen Entwicklungsstufen durch selektive Verstärkung ausbilden. Die Persönlichkeit stellt den Endpunkt der Entwicklung dar und umfasst unterschiedliche Habit-Systeme wie z. B. das religiöse, das patriotische, das elterliche, das eheliche oder das persönliche (Kleidung, Tischsitten) System von Verhaltensmustern (1930, zit. nach Amelang und Bartussek 1981).

Ein erster Schritt, über die Beobachtung des offen gezeigten (*operant*) Verhaltens hinaus, auch das innere Erleben des Menschen in die Verhaltensanalyse zu integrieren, war die Einbeziehung verdeckter (*coverant*), sich in Gedanken abspielender Prozesse (Homme 1965). So wurde angenommen, dass *coverants* einerseits auf das Verhalten und andererseits auch auf die Umwelt wirken. Die Konsequenz des Gedankens „Ich schaffe das schon" könnte z. B. sein, dass man sich weniger ängstlich in eine Prüfung begibt, was dann wiederum zu einer guten Note führen mag.

Durch die Einbeziehung von Gedanken in die Analyse der individuellen Verhaltens- und Verstärkungspläne wurde die behavioristische Sichtweise zwar erheblich erweitert, die Beschreibung des individuellen Verhaltens blieb aber letztlich idiographisch und an Verallgemeinerung nicht interessiert.

Auch kognitive Ansätze betonten spezifische und individuelle Aspekte der Persönlichkeit. Kellys Theorie der persönlichen Konstrukte (Kelly 1955) ging von einer aktiven kognitiven Konstruktion der Umwelt durch das Individuum aus. Grundannahme war, dass Menschen nicht hilflos den Einflüssen der Umwelt ausgeliefert sind, sondern Interpretationsprozesse nutzen, um sich – ebenso wie Wissenschaftler – die auf sie einwirkenden Ereignisse zu erklären und Vorhersagen auf zukünftige Ereignisse zu treffen. Diese Interpretationsprozesse nennt Kelly **persönliche Konstrukte** und definiert sie als die Überzeugung einer Person darüber, wie sehr sich zwei Dinge gleichen und von einem dritten unterscheiden. So könnte eine Person ihre Wahrnehmung der Menschen, mit denen sie in Interaktion steht, nach dem persönlichen Konstrukt Hilfsbereitschaft vs. Gleichgültigkeit organisieren, wenn sie beschreibt, dass ihr Bruder und ihre beste Freundin sich darin gleichen, dass sie ihr in schwierigen Situationen helfen, die Mutter sich jedoch von diesen beiden unterscheidet, indem sie sich in solchen Situationen zurückzieht. Kelly postuliert, dass man, um einen einzelnen Menschen zu verstehen, sich in sein System persönlicher Konstrukte eindenken muss, denn hiervon hängt ab, wie er fühlt, handelt und neu auftretende Situationen interpretiert. Die Gesamtmenge an persönlichen Konstrukten macht die Persönlichkeit aus und ist nach Kelly vollkommen idiographisch.

Die soziale Lerntheorie von Rotter (1954) wandte sich stärker der Frage nach verallgemeinerbaren Merkmalen zur Unterscheidung zwischen Individuen zu. Rotter ging von der Grundannahme aus, Persönlichkeit sei die Menge der Reaktionsmöglichkeiten einer Person in einer sozialen Situation. Das Verhalten wird als zielorientiert angesehen und durch Erfahrungen im Sinne von Verstärkungsmechanismen erworben und beeinflusst. Als verhaltensdominierend werden dabei die beiden kognitiven Variablen **Erwartung einer Verstärkung** und **Verstärkungswert** angesehen. Das Verhaltenspotenzial, d. h. die Wahrscheinlichkeit dafür, dass ein Verhalten auftritt, wird als Funktion aus der Erwartung, mit dem Verhalten ein Ziel (= Verstärker) zu erreichen, und dem subjektiv beurteilten Wert des erwarteten Verstärkers betrachtet. Für die Persönlichkeitspsychologie interessant sind dabei weniger die spezifischen Erwartungen in einer einzelnen Situation, sondern generalisierte Erwartungen, in denen Individuen sich systematisch unterscheiden und die vor allem in neuen und intransparenten Situationen eine Rolle spielen. Rotter formulierte als allgemeines Unterscheidungsmerkmal zwischen Personen die Erwartung bezüglich des **Locus of Control (of reinforcement)**, d. h. des Ortes oder der Instanz, den eine Person für die Konsequenzen ihres Verhaltens verantwortlich macht (oft missverständlich mit „Kontrollüberzeugung" übersetzt). Das Merkmal ist dimensional definiert und variiert kontinuierlich zwischen den Polen „externaler und internaler Locus of Control". Ein eher externaler Locus of Control bedeutet, dass die Person Verstärkung für ihr Handeln eher unabhängig von ihrem eigenen Zutun erwartet, d. h. durch Glück, Schicksal oder den guten Willen anderer. Personen mit eher internalem Locus of Control hingegen erwarten Bekräftigung für ihr Verhalten in Abhängigkeit vom eigenen Zutun, d. h. aufgrund von Anstrengung, Fähigkeit oder Geschicklichkeit. Zahlreiche Untersuchungen befassten sich mit Unterschieden im Verhalten und Erleben von Personen mit externalem vs. internalem Locus of Control. So fanden sich z. B. Unterschiede in der sozialen Beeinflussbarkeit sowie im Problemlöse- und Leistungsverhalten. Auch zeigten verschiedene Untersuchungen, dass „Externale" größere Schwierigkeiten haben, ihre physiologischen Reaktionen zu kontrollieren und somit anfälliger für Stress und psychische Fehlanpassungen sind (Amelang und Bartussek 1981).

Walter Mischel (1968) setzte sich mit der dispositionell orientierten Eigenschaftsforschung kritisch auseinander, indem er deren Annahme über intersituative Konsistenz und zeitliche Stabilität gemessener Verhaltensdispositionen infrage stellte. Aus Korrelationsstudien zur externen Validierung von Persönlichkeitseigenschaften schloss er, dass die Persönlichkeitsforschung den Nachweis von Verhaltenskonsistenzen bislang nicht erbracht habe, so dass geschlossen werden müsse, dass der überwiegende Teil unseres Denkens, Handelns und unserer Einstellungen nicht durch Eigenschaften determiniert wird. Alternativ schlägt Mischel eine kognitive Theorie der Persönlichkeit vor, die annimmt, dass menschliches Verhalten durch die kognitive Verarbeitung der Beobachtung bedeutsamer Modelle und bestimmter Reiz-Reaktions-Erfahrungen erworben und verändert wird. Betont wird hierbei die aktive Rolle der Person bei der Organisation ihrer Interaktion mit der Umwelt. Verhalten wird nicht mehr situations- *oder* dispositionsdeterminiert gesehen, sondern es werden komplexe Interaktionsprozesse zwischen individuellen Faktoren, situativen Auslösern und dem aktuell gezeigten Verhalten angenommen. Der interaktionistische Ansatz Mischels geht von einer *adaptiven Flexibilität* des menschlichen Verhaltens aus und nimmt an, dass bestimmte Person-Variablen zwar Einfluss auf das Verhalten haben, und zwar umso mehr, je weniger stark und deutlich die situativen Hinweisreize sind, dass der Mensch aber letztlich durch aktive Entscheidungs- und kognitive Selbstregulationsprozesse in der Lage ist, sich unterschiedlichen situationalen Anforderungen anzupassen.

Fazit für die Praxis

Persönlichkeitskonzepte spielen in der klassischen Lerntheorie keine Rolle, da sich die jeweils zugehörigen Grundannahmen widersprachen.

Neuere Ansätze nehmen an, dass sich menschliches Verhalten aus komplexen Interaktionsprozessen zwischen Person- und Umgebungsvariablen ergibt. Demnach werden Verhalten und Kognitionen des Individuums einerseits von den situativen Umweltgegebenheiten beeinflusst, es gestaltet auf der anderen Seite durch sein Verhalten aber auch aktiv seine Umgebung.

3.3.4 Verhaltenstherapie und psychische Störungen

Obwohl die Prinzipien der Lerntheorie bereits in den ersten Jahrzehnten des 20. Jahrhunderts formuliert wurden, dauerte es bis in die späten 60er Jahre, bis sich die Verhaltenstherapie zu einer eigenständigen Therapieform entwickelte. Einige Behavioristen unternahmen zunächst Versuche, die zu dieser Zeit sehr verbreiteten psychodynamischen Modelle zur Entstehung von Neurosen als Folge von Angstabwehr zu Lernprinzipien in Beziehung zu setzen. So nahmen z. B. Dollard und Miller (1950) an, dass eine unreduzierte hohe Triebspannung entsteht, wenn ein Konflikt zwischen erlernter Angst und einem Grundtrieb (z. B. Sexualität oder Aggressivität) besteht, der bei normalem Verhalten durch eine operante Reaktion reduziert werden würde, beim Neurotiker jedoch, der die Wahrnehmung des Grundtriebes verdrängt, zu einem Symptom führt. Die hohe Triebspannung blockiert gleichzeitig die Suche nach alternativen Verhaltensmöglichkeiten zur Konfliktlösung und führt zu physiologischen Effekten, die den Spannungszustand noch mehr steigern und so das neurotische Fehlverhalten zusätzlich aufrechterhalten. Soziale Faktoren spielen eine entscheidende Rolle in Hinblick auf die Frage, unter welchen Bedingungen Angst entsteht, auf die Verfügbarkeit sozial anerkannter, Angst reduzierender Verhaltensalternativen, aber auch auf die Frage nach dem Nutzen von Symptomen.

Je mehr sich ab den 1960er Jahren die Verhaltenstherapie als Behandlungsform durchsetzte, umso deutlicher war sowohl auf psychoanalytischer wie auf verhaltenstherapeutischer Seite der Wunsch, sich klar voneinander abzugrenzen. Kanfer und Phillips (1975) sehen die grundlegenden Unterschiede zwischen tradierten Therapieverfahren und der Verhaltenstherapie zunächst darin, dass sie für ein klar definiertes problematisches Verhalten ein sorgfältig geplantes Behandlungsprogramm aufstellt und durchführt. Hinsichtlich der Ätiologie werden solche problematische Verhaltensweisen nicht als „Krankheiten" gesehen, die sich auf Fehlentwicklungen der Persönlichkeit zurückführen lassen, sondern als erlernte Reaktion, die für den Patienten nachteilige Konsequenzen hat. Dementsprechend zielt die Behandlung auch nicht auf die Krankheit oder den unbewussten Konflikt, um so die Persönlichkeit des Patienten nachreifen zu lassen, sondern das Behandlungsprogramm wird auf das jeweilige Verhaltensproblem des einzelnen Patienten zugeschnitten. Nicht relevant ist hierfür ein diagnostisches Etikett, das einer Verfassung oder einer Persönlichkeit angeheftet wird.

Zur Erfassung des jeweiligen Problemverhaltens, seiner aufrechterhaltenden Bedingungen und der daraus folgenden Konsequenzen schlagen Kanfer und Phillips (1975) die Verhaltensformel $S \Rightarrow O \Rightarrow R \Rightarrow KV \Rightarrow K$ vor, wobei

- S die Stimulusbedingungen in der Innen- und Außenwelt,
- O die biologische Ausstattung des Organismus,
- R das Reaktionsrepertoire auf der Verhaltens-, der kognitiven, der emotionalen und der physiologischen Ebene,
- K die auf die Reaktion folgenden Konsequenzen,
- KV die Kontingenzverhältnisse, d. h. Häufigkeit, Zeitpunkt und Umfang der auf die Reaktion folgenden Konsequenzen darstellen.

Eine vollständige Beschreibung der einzelnen Elemente der Verhaltensgleichung dient dazu, alle Bedingungen zusammenzufassen, die für die Auftretenswahrscheinlichkeit des problematischen Verhaltens relevant sind. Sind diese erkannt, lassen sich lerntheoretisch begründete Prozeduren einsetzen, um entweder die unerwünschte Reaktion zu verlernen oder zu ersetzen oder um die auslösenden oder aufrechterhaltenden Bedingungen zu verändern. Hierzu ist es nicht notwendig, zugrunde liegende psychopathologische Prozesse anzunehmen, der Begriff „Symptom" impliziert lediglich die zu modifizierende unerwünschte Reaktion.

Die Verhaltens- und Bedingungsanalyse sind bis heute Grundlage des verhaltenstherapeutischen Behandlungsplans und stellen für jeden Patienten und jedes problematische Verhalten eine idiographische „Diagnose" dar (Kanfer und Phillips 1975). Die allgemeine Entwicklung in der Krankenversorgung, die auch Verhaltenstherapeuten zu Dokumentation und Diagnosenverschlüsselung verpflichtet, sowie die offensichtlichen Vorteile, die eine interdisziplinär gültige diagnostische Klassifikation psychischer Störungen für die Kommunikation in Wissenschaft und Praxis bietet, führte dazu, dass die Ablehnung psychiatrischer Diagnosen in der Verhaltenstherapie aufgegeben wurde. Die Einführung der operationalisierten Diagnosesysteme ICD-10 und DSM-IV, deren Kriterien sich auf beobachtbares Verhalten beziehen und an deren Konzipierung lerntheoretisch orientierte Forscher intensiv mitarbeiteten, relativierte zudem die methodischen Vorbehalte, die sich auf die mangelhafte Operationalisierung und Reliabilität der Diagnosen bezogen (Margraf 2000).

Fazit für die Praxis

Grundlage verhaltenstherapeutischer Diagnostik war die Ablehnung des psychiatrischen Krankheitsmodells, allerdings relativierte die Einführung der operationalisierten psychiatrischen Diagnosesysteme zumindest die methodischen Vorbehalte.

Psychische Störungen wurden als Ergebnisse dysfunktionaler Lernprozesse betrachtet und durch eine individuelle Verhaltensgleichung beschrieben, die Auslösebedingungen, Organismusvariablen, Reaktionen, Konsequenzen und Kontingenzverhältnisse erfasste.

3.3.5 Lerntheoretische Modelle für Persönlichkeitsstörungen

Einer der ersten Forscher, die in den frühen 1980er Jahren ein Modell für die Entstehung von Persönlichkeitsstörungen aus lerntheoretischer Perspektive entwickelten, war Theodore Millon (Millon 1996). In seiner **biosozialen Lerntheorie der Persönlichkeitsstörungen** beschreibt er die Entwicklung sowohl gesunder als auch gestörter Persönlichkeit als Ergebnis der lebenslangen Wechselwirkung zwischen Organismus- und Umwelteinflüssen. Bei vergleichbarer biologischer Ausstattung kann sich die Persönlichkeit von Individuen deutlich unterschiedlich entwickeln, je nachdem, welchen Umwelteinflüssen sie ausgesetzt sind. Die biologischen Einflussfaktoren können die Umwelterfahrungen eines Individuums formen, begrenzen und fördern. Diese Einflussrichtung ist umkehrbar, d. h. die biologischen Voraussetzungen können auch durch Umgebungsbedingungen verändert werden, indem z. B. das neuronale Wachstum in frühen Entwicklungsjahren durch deprivierende oder fördernde Reizsituationen beeinflusst wird. Gleichzeitig wird ein Rückkopplungseffekt z. B. in Form von Reaktionen der Eltern auf die biologisch vorgegebenen Besonderheiten des Kindes angenommen, der letztlich dazu führt, dass das Kind seine Umwelt aktiv so gestaltet, dass seine biologischen Dispositionen verstärkt werden.

Millon unterscheidet 4 Stadien der umgebungsabhängigen biologischen Entwicklung:

- Die „**sensory-attachment stage**" von der Geburt bis zum 18. Lebensmonat ist gekennzeichnet durch die Entwicklung von sensorischen Funktionen und Bindungsverhalten. Beide dienen in diesem Stadium der Hinwendung zu lebenserhaltenden und dem Schutz vor lebensbedrohenden Stimuli (pleasure-pain polarity). Deprivation, aber vermutlich auch ein Überangebot an in dieser Phase relevanten Reizen kann zu neurophysiologischen Veränderungen führen, die sich später in pathologischen Entwicklungen des Bindungsverhaltens niederschlagen können.
- Die „**sensorimotor-autonomy stage**" zwischen dem 12. Lebensmonat und dem 6. Lebensjahr ist durch die Entwicklung von Prozessen aktiver Gestaltung und passiver Anpassung an die Umgebung gekennzeichnet (passive-active polarity). Ausgebildet werden auf neuro- und psychophysiologischer Ebene sensumotorische Fertigkeiten und damit verbundene autonomere Verhaltensmöglichkeiten. Millon (1996) nimmt an, dass eine Unterstimulierung in dieser Phase zu passivem, dependentem Verhalten, eine Überstimulierung (d. h. das Kind kann ohne Anleitung oder Grenzsetzung alles erkunden) zu wenig verantwortlichem, egoistischem Verhalten führen kann.
- Die Phase zwischen dem 11. und 15. Lebensjahr bezeichnet Millon (1996) als „**pubertal gender identity stage**". Diese Phase ist gekennzeichnet durch die Entwicklung der hormonellen und psychischen Bedingungen zur Pflege von Nachkommenschaft und zur individuellen Fortpflanzungsfähigkeit (other-self polarity). Die erheblichen körperlichen, hormonellen und sozialen Veränderungen, mit denen Jugendliche in dieser Phase konfrontiert sind, führen zur Ausbildung von Geschlechtsidentität und Ablösung von der Herkunftsfamilie. Hierzu ist der Anschluss an Gruppen von Gleichaltrigen erforderlich, mit denen Wünsche, Phantasien und Geheimnisse geteilt werden. Eine Unterstimulation z. B. durch das Fehlen von Gleichaltrigengruppen führt dazu, dass Jugendliche ohne soziale Relativierung mit den in dieser Phase heftigen Impulsen und Affekten allein gelassen sind, wodurch die emotionale Reifung letztlich gestört werden kann. Eine übermäßige Identifikation mit Gleichaltrigen, die aus dem Wunsch entsteht, nicht verspottet oder ausgestoßen zu werden, kann nach Millon zu einer Akzentuierung gruppen- und geschlechtsrollenkonformen Verhaltens führen.
- Überlappend mit den beiden vorgenannten Entwicklungsphasen, nämlich im Alter von 4 bis 18 Jahren, nimmt Millon (1996) die „**intracortical integration stage**" an. Es entwickeln sich zum einen intellektuelle Fähigkeiten, was mit einer Erhöhung der Komplexität neuraler Verbindungen einhergeht. Gleichzeitig lernt das Kind, Konsistenz und Kontinuität in sein Leben zu bringen, indem es seine Wahrnehmung, sein Denken und seine Emotionen organisiert und in die Umgebungsbedingungen integriert. Ein Lerndefizit in diesem Stadium kann dazu führen, dass das Selbst unklar von anderen und der Reizumgebung abgegrenzt wird, so dass Ablenkbarkeit sowie ziel- und planloses Agieren die Folge sein können. Auf der anderen Seite kann ein Überangebot an geordnetem, integrativem und

konsistentem Denken und Fühlen zu mangelnder Selbstbestimmung, zu rigiden Problemlösestrategien sowie zu einem eingeschränkten Spektrum an emotionalem Ausdruck führen.

Die mit jeder Phase einhergehenden Entwicklungsaufgaben unterliegen Prozessen des klassischen und operanten Konditionierens sowie des Modelllernens. Millon (1996) betont, dass die Verhaltensformung des Kindes weniger durch aktive Erziehungsbemühungen der Eltern beeinflusst wird als vielmehr durch das, was das Kind alltäglich und beiläufig am Modell der Eltern wahrnimmt. Zum Lernen pathologischer Verhaltensmuster können drei Arten von Erlebnissen führen: Zunächst sind es solche, die beim Kind eine unbestimmte Angst, z. B. zu versagen oder verlassen zu werden, hervorrufen. Halten diese länger an, entwickelt es generalisierte Abwehrstrategien, die das Angstgefühl via negativer Verstärkung zwar reduzieren, langfristig jedoch dazu führen, dass keine adäquaten Bewältigungsmöglichkeiten gelernt werden. Die andere Erlebnisklasse umfasst solche, die unangepasste Verhaltensweisen operant verstärken oder durch Modelllernen formen. Die dritte schließlich bezieht sich auf das nicht oder ungenügende Lernen adaptiven Verhaltens, z. B. durch geringen sozialen Kontakt oder Fehlen von Modellen für Konfliktlöseverhalten. Quellen pathogener Lernprozesse können zum einen anhaltend und tiefgreifend sein, hierzu gehören Gefühle und Einstellungen der Eltern, Verstärkungsmethoden, familiäre Kommunikationsformen, Lerninhalte und Familienstrukturen. Zum anderen können sich infolge einzelner traumatisierender Erlebnisse pathogene Coping-Strategien entwickeln.

Anders als Millon, der von einer weitgehend vergleichbaren Grundausstattung, jedoch unterschiedlichen pathogenetischen Einflüssen der Interaktionsprozesse zwischen Individuum und Umwelt ausging, betont das **Diathese-Stress-Modell**, das seit langem zur Erklärung psychischer Störungen herangezogen wird, stärker eine spezifische dispositionelle Vulnerabilität. Für den Bereich der Persönlichkeitsstörungen schlägt Fiedler (1995; 2000) vor, das Modell so einzusetzen, dass sich sowohl die krisenhaften Zuspitzungen, aber auch die zeitliche Permanenz des Verhaltens bei den Persönlichkeitsstörungen abbilden lässt. Dabei wird bei Menschen, die später Persönlichkeitsstörungen entwickeln, eine dispositionelle Empfindlichkeit, Labilität oder Verletzlichkeit angenommen. Diese Vulnerabilität ist zum einen abhängig von der diathetischen Prädisposition, die durch genetische Einflüsse und/oder prä-, peri- oder postnatale Schädigungen entsteht. Zusätzlich zu dieser Diathese wird die Vulnerabilität allerdings durch psychosoziale Einflüsse in der frühkindlichen Entwicklung beeinflusst. Annahme ist, dass die Vulnerabilität insbesondere in sozialen Situationen zu Stress und Belastung führt, so dass Persönlichkeitsstörungen, die sich aufgrund ungünstiger diathetischer und/oder psychosozialer Bedingungen entwickelt haben, überwiegend als **Störungen des zwischenmenschlichen Beziehungsverhaltens** betrachtet werden können. Die problematischen Verhaltensweisen der Person mit einer Persönlichkeitsstörung können dann als in bestimmten Situationen sogar adaptive Eigenarten betrachtet werden, die den Umgang mit schwierigen sozialen Situationen ermöglichen und die eigene Verletzlichkeit schützen. Zu krisenhaften Zuspitzungen interpersoneller Situationen kann es dann kommen, wenn der jeweilige Interaktionspartner den Wunsch nach Vulnerabilitätsschutz nicht erkennt und durch negative Rückkopplung schließlich genau die Verhaltensweisen zeigt, vor der sich der Betroffene schützen will (interpersonelle Regelkreise), z. B. Menschen mit paranoider Persönlichkeitsstörung, die durch ihr tiefes Misstrauen und ihre ständige Kontrolle bei den Interaktionspartnern Heimlichkeit geradezu provozieren.

Interessante Aspekte zur empirischen Untermauerung der biosozialen Lernmodelle gestörten Verhaltens bieten Forschungsergebnisse zur Neuroplastizität (Braun und Bogerts 2001). Hier wird gezeigt, dass insbesondere die erfahrungsgesteuerte funktionelle Reifung des limbischen Systems gegenüber frühem sensorischen, emotionalen und sozialen Stimulusentzug bzw. traumatisierenden psychosozialen Umweltkonstellationen vulnerabel ist. Von Belang für die therapeutische Arbeit ist dabei insbesondere die Frage, inwieweit solche induzierten Fehl- bzw. Unterfunktionen von Synapsen in späteren Entwicklungsstadien nachreifen bzw. ersetzt werden können. Die Autoren gehen davon aus, dass trotz der höheren Spezifität und geringeren Plastizität des Erwachsenengehirns weiterhin Möglichkeiten zu deklarativem und prozeduralem Lernen bestehen. Die therapeutische Beeinflussbarkeit ist dabei umso größer, je besser es gelingt, die Plastizität des Erwachsenengehirns zu optimieren bzw. die Restplastizität zu nutzen. Dies sei dann zu erreichen, wenn durch eine Aktivierung limbischer Strukturen emotionale Mechanismen mit einbezogen werden.

Am einflussreichsten für die Entwicklung therapeutischer Strategien erwiesen sich die Arbeiten von Aaron Beck und Mitarbeitern (Beck und Freeman 1995). Sie entwickelten ein Erklärungs- und Behandlungskonzept für Persönlichkeitsstörungen, das ebenfalls von einer Interaktion genetisch vorgegebener, biologisch entwickelter und zwischenmenschlich erlernter Faktoren als Grundlage der Persönlichkeit ausgeht, sich jedoch eher auf die kognitiven Prozesse des Wahrnehmens und Bewertens und der daraus resultierenden Verhaltenssteuerung bezieht. Annahme ist, dass die affektive und motivationale Reaktion und das daraus resultierende Verhalten in einer gegebenen Situation in hohem Maße von der kognitiven Bewertung durch das Individuum abhängt, d. h., der emotionalen Reaktion ist ein Informationsverarbeitungsprozess vorgeschaltet, der die Entscheidung für eine Verhaltensstrategie vorbereitet. Angenommen wird, dass diese Bewertungsprozesse beim Menschen in hohem Maße von „Schemata" gesteuert werden, die relativ stabil, situationsübergreifend und charakteristisch sind und als grundlegende Einheiten der Persönlichkeit gesehen werden. Persönlichkeitszüge sind dann die im Verhalten sichtbaren Endpunkte einer Kettenreaktion aus spezifisch gerichteter Wahrnehmung, schemageleiteter Bewertung, automatischen Gedanken, emotionaler Reaktion und Auswahl einer charakteristischen Verhaltensstrategie.

Bei Menschen mit Persönlichkeitsstörungen ist bereits die Wahrnehmung einer Situation voreingenommen, es werden häufiger und konsistenter als bei anderen Menschen inadäquate, nicht adaptive Schemata aktiviert und daraus folgend dysfunktionale automatische Gedanken aufgerufen. Dies führt zu emotionalen Fehlreaktionen, so dass systematisch inadäquate, selbstboykottierende Verhaltensstrategien ausgewählt werden. Beck et al. postulierten für jede Persönlichkeitsstörung ein kognitiv-behavioral-emotionales Profil, das sich aus typischen Annahmen über das Selbstbild, das Bild über Mitmenschen, aus Grundannahmen, bevorzugten Strategien und Hauptaffekten zusammensetzt. Als Ursache für die mangelnde Flexibilität dieser Profile nehmen Beck und Freemann an, dass Menschen mit Persönlichkeitsstörungen genetisch bedingt z. B. zu emotionalen Überreaktionen neigen und daher eine besonders hohe Sensibilität gegenüber Angst auslösenden Situationen wie Ablehnung, Trennung oder Täuschung aufweisen. Das Individuum wird die Annahme entwickeln, es sei von katastrophaler Bedeutung, abgelehnt, getäuscht oder getrennt zu werden und wird als selbstschützende Strategie solche Situationen zunehmend meiden. Hierdurch erhält die Überzeugung hohe affektive Wertigkeit, so dass sie zunehmend rascher und generalisierter aktiviert wird. So kommt es zu sich selbst erhaltenden Kreisläufen, in denen das Individuum bereits seine Wahrnehmung so gestaltet, dass diese zur Bestätigung seiner dysfunktionalen Überzeugungen beiträgt. Gleichzeitig werden solche Informationen ausgeblendet, die den Annahmen widersprechen oder andere Interpretationsmöglichkeiten eröffnen könnten. Hieraus ergibt sich die hohe Änderungsresistenz der dysfunktionalen Denkmuster.

Von Young (1990) stammt ein weiterer kognitionstheoretischer Erklärungs- und Behandlungsansatz für Persönlichkeitsstörungen. Anders als Beck und seine Mitarbeiter versuchte Young in seinem schematheoretischen Ansatz jedoch nicht, für die einzelnen Persönlichkeitsstörungstypen spezifische Informationsverarbeitungsprozesse zu identifizieren, sondern ging allgemeiner davon aus, dass **frühe fehlangepasste Schemata** bei der späteren Entwicklung von Persönlichkeitsstörungen eine zentrale Rolle spielen. Ähnlich wie der Ansatz von Millon nimmt auch Young an, dass diese extrem stabilen Denkmuster durch anhaltende Interaktionseinflüsse in der Kindheit entstehen, wobei einer biologischen Disposition ein zusätzlicher, wenn auch geringerer Einfluss zugesprochen wird.

Young nimmt an, dass diese frühen fehlangepassten Schemata absolute, zentrale Überzeugungen bezüglich des Selbstbildes enthalten, somit als zur Identität gehörend erlebt und trotz ihrer Dysfunktionalität vom Individuum beibehalten werden. Die 15 von Young postulierten frühen fehlangepassten Schemata beziehen sich auf 5 primäre Entwicklungsbereiche (Autonomie, Zugehörigkeit, Selbstwert, Angemessenheit der Erwartungen an sich selbst und andere und Akzeptieren und Einhalten realistischer Grenzen des eigenen Verhaltens). Beispiele sind die Überzeugung, alleine nicht zurechtzukommen (dependence) oder für Unglück und Krankheit anfällig zu sein (vulnerability to harm and illness).

Jede Persönlichkeitsstörung lässt sich nach Young auf 2 oder 3 der von ihm identifizierten frühen fehlangepassten Schemata zurückführen. Die hohe Änderungsresistenz der Schemata ergibt sich aus drei von Young angenommenen Mechanismen, mit denen das Individuum willentlich oder unwillentlich das Wahrnehmen, Denken, Bewerten und Verhalten so steuert, dass eine Veränderung verhindert wird: Schema-Maintainance geschieht durch Überbewertung schemabestätigender und Leugnung oder Uminterpretation von nicht mit dem Schema übereinstimmenden Informationen sowie durch Verhalten, das im Sinne einer selbsterfüllenden Prophezeiung zur Bestätigung des Schemas führt. Als Schema-Avoidance bezeichnet Young den Prozess, dass Gedanken, die das Schema aktivieren könnten, aversive Gefühle, die aufgrund der Aktivierung des Schemas entstehen, bzw. Situationen, die das Schema auslösen könnten, blockiert bzw. vermieden werden, so dass keine Erfahrungen gemacht werden können, die das Schema infrage stellen könnten. Schema-Compensation wird von Young als Versuch des Individuums beschrieben, durch überschießende oder dysfunktionale gegensteuernde Prozesse das mit den Schemata verbundene Selbstwertdefizit auszugleichen, was langfristig wiederum zu negativen Konsequenzen führt und somit zur Verfestigung des Schemas beiträgt.

Zwar betonen die bisher entwickelten lerntheoretischen Konzepte unterschiedliche Aspekte, gemeinsam ist ihnen aber, dass Persönlichkeitsstörungen als Coping-Strategien gesehen werden, die das Individuum in der Interaktion mit anderen entwickelt hat, um anhaltende Belastungen oder Schädigungen zu bewältigen oder um sich vor solchen Schädigungen zu schützen. Obwohl diese Strategien im Erwachsenenalter zu zahlreichen, sich wiederholenden Schwierigkeiten führen, ist die Person nicht mehr ohne weiteres in der Lage, die fest im Persönlichkeitsgefüge verankerten Denk- und Verhaltensmuster zu hinterfragen oder aufzugeben.

Fazit für die Praxis

Seit den 1980er Jahren bestehen lerntheoretisch begründete Erklärungsmodelle für Persönlichkeitsstörungen, die von einer lebenslangen Wechselwirkung zwischen biologisch vorgegebenen Organismusvariablen und der die spezifische Lerngeschichte beeinflussenden Umgebungsvariablen annehmen.

Therapeutisch ist dabei die Annahme von Bedeutung, dass Verhaltensmuster, die in der Beziehungsgestaltung des Erwachsenen als nicht adaptiv oder störend beurteilt werden, ursprünglich dazu dienten, das Individuum vor selbstwertschädigenden Erfahrungen zu schützen.

3.3.6 Kritischer Ausblick

Trotz der enormen Fortschritte der lerntheoretischen und kognitiven Konzeptbildung kann nicht geleugnet werden, dass auch die Verhaltenstherapie noch weit von einem umfassenden Modell entfernt ist, aus dem sich die Psychotherapie der Persönlichkeitsstörungen ableiten ließe. Vielmehr haben die bisher erarbeiteten ätiologischen Konzepte (klassische Konditionierung, operante Konditionierung, Lernen am Modell, Selbstregulation, psychophysiologische Prozesse) lediglich heuristische Funktion, aus denen die Pathogenese der Persönlichkeitsstörungen einigermaßen rational rekonstruierbar ist.

Für die weitere Modellbildung dürften vor allem folgende Fragen relevant sein:
- Welche Beziehung besteht zwischen den emotionalen Prozessen und den Kognitionen bei persönlichkeitsgestörten Patienten? Dabei wird es nicht um eine Wiederholung des Postulats gehen, dass emotionale Prozesse die Folge von irrationalen Kognitionen sind, da nicht immer eindeutig zu bestimmen ist, ob die Kognitionen nicht auch als post-emotionale Phänomene zu werten sind. Diese Frage ist deshalb von besonderer Bedeutung, da kognitive Interventionsversuche bei Patienten mit Persönlichkeitsstörungen oft dann zum Scheitern verurteilt sind, wenn die Patienten so stark emotional involviert sind (z. B. Patienten mit einer Borderline-Störung), dass erst die „Herunterregulierung" der Emotionen eine kognitive Intervention als sinnvoll erscheinen lässt. Wiederum andere Patienten (antisoziale Persönlichkeitsstörung) lassen die Etablierung von bestimmten Kognitionen (moralische Standards, die für die Selbstregulation nötig sind) erst gar nicht erkennen, weil offenbar in einer kritischen Lebensphase eine emotionale Involviertheit oder die Perspektivenübernahme von anderen Menschen nicht gelungen ist.
- Wie lassen sich die Erkenntnisse aus der Entwicklungspsychologie mit den lerntheoretischen Konzeptbildungen verzahnen? Für ein vertieftes Verständnis der Ätiologie der Persönlichkeitsstörung konzentriert sich der lerntheoretisch-kognitive Ansatz noch zu sehr auf eine intraindividuelle statusbezogene Betrachtungsweise, bei der die entwicklungspsychologische und interaktionelle Perspektive noch zu stark ausgeblendet werden. Insgesamt dürften sowohl grundlagenorientierte Spezialgebiete (z. B. Familienentwicklung, Motivation und Handlungssteuerung, moralische Sozialisation) als auch Spezialgebiete aus der angewandten Entwicklungspsychologie (z. B. Kindesmisshandlung und Vernachlässigung, aggressives Verhalten, Delinquenz) die Theorieentwicklung bereichern.
- Wie lassen sich biologische Strukturen und Prozesse, die für die Emotionsregulierung (z. B. limbisches System) und die willentliche Handlungssteuerung (präfrontaler Cortex) relevant sind, in eine verhaltenstherapeutische Modellbildung zur Ätiologie der Persönlichkeitsstörungen integrieren? Die moderne Verhaltenstherapie geht in ihren Modellannahmen von einem sog. Decider-orientierten Ansatz aus, welcher die Verantwortlichkeit und den freien Willen der Persönlichkeit unterstellt (Lieb 1996). Welche Grenzen hat diese Prämisse, wenn man sie vor dem Hintergrund der biologischen Befunde diskutiert? Wird in Zukunft das Postulat der prinzipiellen Selbstregulation vor dem Hintergrund neuerer biologischer Erkenntnisse noch Bestand haben? Allerdings könnte das Prinzip der Selbstreflektivität, dem die potenzielle Möglichkeit inhärent ist, aus bestehenden Gedanken immer wieder neue Gedanken zu konstruieren, zukünftige biologische Erkenntnisse, die dem Menschen einen freien Willen absprechen, in die Schranken verweisen.
- Welche Möglichkeiten eröffnet die Integration von verhaltenstherapeutischen Konstrukten und neuropsychologischen Erkenntnissen für das Verständnis von Persönlichkeitsstörungen? Matthews und Wells (1996, 2000) konnten kürzlich zeigen, dass solche Integrationsbemühungen für das Verständnis von psychischen Krankheiten fruchtbar sind, auch wenn bisher noch nicht geprüft wurde, ob diese Modellvorstellungen sich auch speziell auf die Ätiologie von Persönlichkeitsstörungen übertragen lassen. In dem sog. Selbst-Referenz-Prozessmodell (S-REF, self-regulatory executive function) postulieren sie für die Selbstregulation ein übergeordnetes Steuersystem, die Selbstregulatorische Exekutivfunktion, das als Oberzentrum den Einstrom von Informationen aus basalen Prozessen steuert und abgespeicherte Selbsteinschätzungen (Schemata) veränderten Anforderungen anpasst. Bei Patienten mit psychischen Störungen ist die Selbst-regulatorische Exekutivfunktion in der Weise gestört, dass eine verstärkte kapazitätsfordernde Selbst-Fokussierung (z. B. „Sorgen", „Grübel-Strategien") adaptive Kognitionen verdrängt und die Flexibilität der Informationswahrnehmung aus basalen Prozessen reduziert. Da das System hauptsächlich mit der Verarbeitung von gespeicherten Selbsteinschätzungen beschäftigt ist, kommt es zu Handlungsdefiziten und einer verzerrten Wahrnehmung von Fremdsignalen. Das führt schließlich zur Aufrechterhaltung von dysfunktionalen Plänen und Selbsteinschätzungen. Psychische Störungen halten sich nach diesem Modell aufrecht durch eine verstärkte negative Selbst-Fokussierung, die im Selbst-Regulationssystem eine pathologische selbstreferenzielle Schleife produziert, welche so viel kognitive Kapazität bindet, dass neue Informationen nicht mehr aufgenommen werden können. Dementsprechend wird eine (Persönlichkeits)-Störung nicht durch besonders belastende Umweltreize aufrechterhalten, sondern durch eine individualspezifische Informationsverarbeitung, die sich durch ein pathologisches System der Selbstreferenz auszeichnet.

Die Klärung dieser Fragen dürfte die theoretische Reichweite des lerntheoretisch-kognitiven Ansatzes zur Diagnostik und Therapie von Persönlichkeitsstörungen erheblich bereichern.

Fazit für die Praxis

Neuere lerntheoretische und kognitive Konzepte haben dazu geführt, dass sich die moderne Verhaltenstherapie als multimodaler Therapieansatz von einer ganzheitlichen Betrachtung des Menschen mit seinem Eingebettetsein in soziale Lebensbezüge und einer individuellen Lerngeschichte leiten lässt.

Der Mensch wird als ein bio-psycho-soziales Wesen verstanden: Außen- und Innenwelt, Gedanken, Gefühle, physiologische Reaktionen und beobachtbares Verhalten sind interaktiv und bedingen einander systematisch.

Charakteristisch für die kognitive Verhaltenstherapie ist mehr ihr prinzipieller methodischer Standpunkt als die Fixierung auf spezielle theoretische Konzepte oder Techniken, ihre Basis ist heute die gesamte empirische Psychologie mit ihren Nachbardisziplinen.

Es steht weniger die Persönlichkeitsstörung als solche im Mittelpunkt der Therapie, vielmehr richtet sich die Behandlung auf die komplexen Probleme im zwischenmenschlichen Interaktionsbereich, die mit vielen spezifischen psychischen Störungen einhergehen.

Die Behandlung setzt eine differenzierte Diagnostik (Verhaltensdiagnose und -analyse) voraus, die in konkrete Therapieziele in Absprache mit dem Patienten münden. Bezogen auf individuell vereinbarte Therapieziele werden konkrete Interventionen durchgeführt. Für die Zielerreichung, die mit Methoden der Qualitätskontrolle laufend evaluiert wird, erledigt der Patient auch Hausaufgaben, um neue Verhaltensweisen einzuüben.

Der Gesamtbehandlungsplan beschränkt sich nicht nur – wie oft noch der Verhaltenstherapie unterstellt wird – auf rein symptomatische Behandlungen, sondern wirkt neben der direkten Symptombehandlung auch auf die intrapsychischen oder interpersonellen Faktoren, welche für die Entstehung und Aufrechterhaltung von Persönlichkeitsstörungen besonders relevant sind.

Was hat sich in den letzten 5 Jahren verändert?

Während in der Entwicklungsphase der Verhaltenstherapie erhebliche Vorbehalte gegen die Diagnostik und Therapie von Persönlichkeitsstörungen bestanden haben, bereiteten neue Modelle auf der Basis kognitiver, biologischer und interaktionistischer Schwerpunktsetzungen den Nährboden dafür, dass besonders in den letzten Jahren das Indikationsspektrum der Verhaltenstherapie sich auch auf diese Störungsgruppe erweitert hat.

Dabei lässt sich ein Trend wie bei den Achse-I-Störungen feststellen, spezifische Persönlichkeitsstörungen unter Einbeziehung von Therapiemanualen zu behandeln. Insbesondere für die Behandlung der Borderline-Persönlichkeitsstörung ist ein wachsendes Interesse festzustellen, verhaltenstherapeutische Interventionsprogramme auch empirisch zu validieren.

Auf theoretischer Ebene ist ein verstärktes Bemühen erkennbar, den Prozess der Selbstregulation bei der Persönlichkeitsstörung besser zu verstehen. Auch wenn kognitiven Konzepten der Informationsverarbeitung dabei noch ein besonderer Stellenwert eingeräumt wird, erhalten ergänzende biologische, emotionale und interaktionistische Variablen ein stärkeres Gewicht.

Mit der stärkeren Berücksichtigung von nicht-kognitiven Konstrukten bei der Erklärung von Persönlichkeitsstörungen distanziert sich die Verhaltenstherapie stärker von der „kognitiven Wende" und entwickelt sich zu einer Disziplin, die sich um die Integration verschiedener empirischer Befunde bemüht.

Literatur

Amelang M, Bartussek D (1981) Differentielle Psychologie und Persönlichkeitsforschung. Stuttgart: Kohlhammer

Amelang M (1985) Historische Bedingtheit der empirischen Persönlichkeitsforschung. In: Herrmann Th, Lantermann ED (Hrsg). Persönlichkeitspsychologie. München: Urban & Schwarzenberg

Bandura A. Self-efficacy. Psychological Review. (1977b) 84:191–215

Bandura A (1977a) Social learning theory. Englewood Cliffs, NJ: Prentice Hall

Beck AT (1976). Cognitive therapy and the emotional disorders. New York: Brunner/Mazel

Beck AT, Freemann A (1955) Kognitive Therapie bei Persönlichkeitsstörungen. 3. Aufl. Weinheim: PVU; 1995

Bower GH (1981). Mood and memory. American Psychologist, 36, 129–148

Braun K, Bogerts B (2001) Erfahrungsgesteuerte neuronale Plastizität – Bedeutung für Pathogenese und Therapie psychischer Erkrankungen. Nervenarzt 1:3–30, 2001

Chomsky N (1957). Syntactic structures. Mounton. S'Gravenhage

De Charms R (1968). Personal causation. The internal affective determinants of behavior. New York: Academic Press

Dollard J & Miller NE (1950) Personality and psychotherapy: An analysis in terms of learning, thinking and culture. New York: McGraw-Hill

Ellis A (1977). Die rational-emotive Therapie. München: Pfeiffer Verlag

Fiedler P (2000) Persönlichkeitsstörungen. In: Margraf J (Hrsg) Lehrbuch der Verhaltenstherapie. 2. Aufl. Berlin: Springer; 395–411

Fiedler P (1995) Persönlichkeitsstörungen. Weinheim: Psychologie Verlags Union

Grawe K (2000). Allgemeine Psychotherapie. In Senf W & Broda M: Praxis der Psychotherapie. Stuttgart: Thieme. 314–325

Hautzinger M (1994). Kognitive Verhaltenstherapie bei psychischen Erkrankungen. München: Qintessenz

Heider F (1958) The psychology of interpersonal relationships. New York: Wiley

Homme LE (1975) Control of coverants, the operants of mind. Psychological Record. 15:501–511

Kanfer FH, Phillips JS (1975). Lerntheoretische Grundlagen der Verhaltenstherapie. München: Kindler

Kanfer FH, Reinecker H & Schmelzer D (1991). Selbstmanagement-Therapie. Springer Verlag. Berlin

Kelly GA (1955). A theory of personality: The psychology of personal constructs. (2 vols). New York: Norton

Krampen G (1991). Fragebogen zu Kompetenz- und Kontrollüberzeugungen (FKK). Handanweisung. Hogrefe. Göttingen

Lang PJ (1988). Fear, anxiety and panic: context, cognition, and visceral arousal. In S. Rachman & J.D. Maser (Eds.)., Panic: Psychological perspectives (pp. 219–236). Hillsdale, New Jersy: Erlbaum

Lazarus AA (1978). Multimodale Verhaltenstherapie. Fachbuchhandlung für Psychologie. Frankfurt

Lieb H (1996). Selbstmanagement – das verhaltenstherapeutische Erbe Frederik Kanfers. In: Reinecker HS & Schmelzer D. Verhaltenstherapie Selbstregulation Selbstmanagement. Göttingen: Hogrefe. 83–105

Linehan MM (1987) Dialectic behavior therapy for borderline personality disorder: Theory and method. Bulletin of the Menninger Clinic 51: 261–276

Margraf J (2000) (Hrsg.) Lehrbuch der Verhaltenstherapie. Band 1/Band 2. 2. vollst. überarb. und erw. Aufl. Berlin: Springer; (1. Aufl. 1996)

Matthews G & Wells A (2000). Attention, automaticity, and affective disorder. Behav Modif, 24, 69–93

Meichenbaum DW (1979). Kognitive Verhaltensmodifikation. Urban & Schwarzenberg. München

Michel W (1973). Toward a cognitive social learning reconceptualization of personality. Psychol. Rev., 80, 252–283

Millon Th (1996). Disorders of Personality – DSM-IV and Beyond. Theodore Millon with Roger D. Davis. 2nd ed. New York: Wiley

Mischel W (1968). Personality and assessment. New York: Wiley

Otto MW (1992). Normal and abnormal information processing. A neuropsychological perspective on obsessive compulsive disorder. The Psychiatric Clinics of North America, 15 (4), 825–848

Pawlow IP (1972). Conditioned reflexes. London: Oxford University Press: 1927. Dt. Ausg.: Die bedingten Reflexe. München, Kindler Verlag

Reinecker H (1999). Methoden der Verhaltenstherapie. In: Reinecker H. (Hrsg.) Lehrbuch der Verhaltenstherapie. Tübingen: dgvt-Verlag. 150–333

Reinecker H (2000). Selbstmanagement. In: Margraf J (Hrsg.) Lehrbuch der Verhaltenstherapie. Band 1. 2. vollst. überarb. und erw. Aufl. Berlin: Springer.(1. Aufl. 1996). 525–540

Revenstorf D (1989). Psychotherapeutische Verfahren. Bd. 2. Verhaltenstherapie. 2. Aufl. Stuttgart: Kohlhammer, Urban

Rotter JB (1954). Social learning and clinical psychology. Englewood Cliffs, NY: Prentice Hall

Saß H, Houben I, Herpertz S, Steinmeyer EM (1996). Kategorialer versus dimensionaler Ansatz der Diagnostik von Persönlichkeitsstörungen. In: Schmitz B, Fydrich Th, Limbacher K (Hg.) Persönlichkeitsstörungen: Diagnostik und Psychotherapie. Weinheim: Psychologie VerlagsUnion; 42–55

Skinner BF (1953). Science and human behavior. New York: Macmillan

Thorndike EL (1898). Animal intelligence. Psychological Review Monograph Supplement. 2(4, whole No. 8)

Turkat ID (1996). Die Persönlichkeitsstörungen. Bern: Huber

Watson JB (1913). Psychology as the behaviorist views it. Psychological Review. 20:158–77

Wells A & Matthews G (1996). Modelling cognition in emotional disorders: the S-REF model. In: Behav. Res. Ther, 34, 881–888

Young JE (1990). Cognitive therapy for personality disorders: a schema-focused approach. Professional Resource Exchange, Sarasota, Florida

Zimbardo PG (1992). Psychologie. 5. Aufl. neu übers. und bearb. von S. Hoppe-Graff und B. Keller. Springer, Berlin

3.4 Konzeptbildung der Persönlichkeitsstörungen aus der Sicht der Persönlichkeitspsychologie und klinischen Psychologie

Eckhard Michael Steinmeyer, Ralf Pukrop

3.4.1 Einleitung

In der internationalen Fachliteratur herrscht weitgehende Einigkeit darüber, dass das zurzeit gültige kategoriale Diagnosesystem für Persönlichkeitsstörungen, das 9 (ICD-10) bzw. 10 (DSM-IV, Achse II) diagnostische Kategorien vorsieht (Kap. 2), diesem Phänomenbereich nicht erschöpfend gerecht wird und daher durch ein dimensionales System zu ersetzen oder wenigstens zu ergänzen ist. Die inhaltliche und formale Festlegung der relevanten Dimensionen zur Beschreibung von Persönlichkeitsstörung ist Gegenstand aktueller und intensiver Forschung auf diesem Gebiet.

3.4.2 Unzulänglichkeiten des kategorialen Diagnosesystems

Ein kategorialer Ansatz zur Klassifikation eines Phänomenbereiches ist idealtypischerweise nur dann sinnvoll, wenn die Erfassungseinheiten einer Kategorie homogen sind, klare Kategoriengrenzen existieren und sich die Kategorien gegenseitig ausschließen. Diese Voraussetzungen sind für die Persönlichkeitsstörung-Kategorien zumindest in der vorliegenden Form i. d. R. nicht erfüllt, was sich durch folgende empirisch fundierte Argumente belegen lässt:

- Die aktuelle Auswahl der Persönlichkeitsstörung-Kategorien ist weder theoretisch noch empirisch ausreichend begründet. Es handelt sich dabei weniger um theoriegeleitete Konzepte als vielmehr um **Sammlungen von Verhaltensbeschreibungen**, die einer großen Bandbreite klinischer Erfahrungen und diverser theoretischer Rahmenmodelle entstammen (Davis und Millon 1995). Damit einher geht auch ein Mangel an expliziten Definitionen für die diagnostischen Konstrukte (Livesley et al. 1992).

- Die Verteilungsform diagnostischer Kriterien weist keine Diskontinuitäten auf, die eine Festlegung eindeutiger pathologischer Grenzen rechtfertigen könnten (Widiger und Costa 1994). Zudem legen empirische Untersuchungen eine ähnliche Strukturierung von Persönlichkeitsmerkmalen in klinischen und nicht klinischen Populationen mit und ohne Persönlichkeitsstörung nahe (Livesley et al. 1992, Pukrop et al. 1998, 2000). Diese Befunde unterstützen die Annahme einer Kontinuitätshypothese, die davon ausgeht, dass der Übergang von normalen zu klinisch auffälligen Persönlichkeitsmerkmalen quantitativ (kontinuierlich) und nicht qualitativ (diskret) charakterisierbar ist. Dies führt in der klinischen praktischen Diagnostik oft zu dem Problem **kategorialer Grenzfälle**, die einige, aber nicht hinreichend viele Kriterien erfüllen, um einer Kategorie eindeutig zugeordnet werden zu können. Bei einer dimensionalen Beschreibung gehen diese subklinischen Informationen nicht verloren. Ein kategorialer Ansatz hingegen ist durch die klinisch und empirisch begründete Einführung von Cut-Off-Werten jederzeit in einen dimensionalen Ansatz zu integrieren. Dies ist im umgekehrten Fall jedoch nicht möglich.

- Die **Reliabilität** der kategorialen Einschätzung ist unbefriedigend. Die Interraterreliabilität ist für dimensionale Einschätzungen höher als für kategoriale Urteile (Widiger 1992).

- Die **konvergente Validität** verschiedener Fragebögen und Interviews zur Erfassung von Persönlichkeitsstörungen (z. B. SCID-II, PDE) ist niedrig und entspricht nicht testtheoretischen Standards: Kappa- und Median-Werte als Maß für die Konvergenz reichen von 0,35–0,50 für standardisierte Interviews, von 0,21–0,38 für klinische und standardisierte Interviews sowie von 0,08–0,42 für Fragebögen und Interviews (Clark et al. 1997). Da Individuen aufgrund dieses Konvergenzmangels in Abhängigkeit vom verwendeten Instrument unterschiedlichen diagnostischen Kategorien zugeordnet werden, sind Forschungsergebnisse in diesem Bereich höchst divergent. Dies impliziert weitreichende Folgen für alle weiteren Forschungsbereiche und klinisch-therapeutischen Anwendungsfelder, in denen Persönlichkeitsstörungen eine Rolle spielen (z. B. in der Vulnerabilitäts- und Früherkennungsforschung oder in Therapien, deren Durchführung und Erfolg durch komorbide Persönlichkeitsstörungen stark beeinflusst werden können).

- Während sich das Konvergenzkriterium auf einzelne Persönlichkeitsstörungen anwenden lässt, betrifft der Mangel an **diskriminanter Validität** – oder klinisch ausgedrückt – der hohe Anteil an Komorbidität zwischen einzelnen Persönlichkeitsstörungen deren Verhältnis untereinander. Der durchschnittliche Anteil multipler Diagnosen reicht bei einzelnen Persönlichkeitsstörungen von 85–100% (Widiger und Rogers 1989). Für die Borderline-Persönlichkeitsstörung besteht z. B. eine Überlappung mit anderen Persönlichkeitsstörungen von 90–97% (Gunderson et al. 1991). Der geringe Grad an Diskriminierbarkeit zeigt sich auch darin, dass das DSM-System nicht erschöpfend ist: Die am häufigsten gewählte diagnostische Kategorie auf Achse II ist die nicht näher bezeichnete PS. Es ist daher insgesamt sehr fragwürdig, von Komorbiditäten im Sinne gemeinsam auftretender, aber ätiologisch und prognostisch klar unterscheidbarer Diagnosen zu sprechen.
- Die **Stigmatisierungsgefahr** bei der Vergabe einer Persönlichkeitsstörungsdiagnose ist groß, da sie sich auf die Person als solche und nicht nur auf als ich-dyston erlebte Symptome bezieht. Diese Gefahr lässt sich mithilfe eines multidimensionalen Beschreibungssystems, mit dem auch klinisch unauffällige Personen charakterisiert werden können, verringern.

Fazit für die Praxis

Die kategoriale Diagnostik ist für den klinischen Diagnostiker aufgrund der verschiedenen operationalisierten Diagnosesysteme und Checklisten praktisch gut zu handhaben und entspricht dem allgemeinen medizinischen Denken.

Allerdings führen die empirisch wenig begründbaren und in der Anzahl pro Persönlichkeitsstörung verschiedenen Kriterien zusammen mit den empirisch nicht begründeten Cut-Off-Werten und den Kategorienüberschneidungen häufig zur Diagnose von Mehrfachstörungen, die die Auswahl und Anwendung einer effektiven und spezifischen Therapie erschweren.

3.4.3 Dimensionale Ansätze in der Persönlichkeitsforschung

Das Forschungsbemühen zur empirischen Identifikation geeigneter dimensionaler Modelle zur Beschreibung von Persönlichkeitsstörungen ist durch folgende drei Strategien gekennzeichnet:

- Die einzelnen Kriterien der Persönlichkeitsstörungen oder die übergeordneten Diagnosekategorien des DSM werden faktorenanalytisch auf ihre dimensionale Struktur hin untersucht. Dabei kann jedoch weder auf der kriterialen noch der kategorialen Ebene die vom DSM vorgegebene Struktur von 10 Persönlichkeitsstörungen konsistent identifiziert werden. Darüber hinaus bleibt dieser Ansatz auf die im DSM enthaltenen Merkmale beschränkt.
- Persönlichkeitsstörungsdiagnosen werden zu einem für die normale Persönlichkeit entwickelten dimensionalen Modell in Beziehung gesetzt und als Extremausprägungen auf den jeweiligen Dimensionen rekonstruiert. Ein Hindernis dieses Ansatzes ist jedoch der fehlende Konsens hinsichtlich eines gültigen dimensionalen Persönlichkeitsmodells zur Beschreibung der nicht klinischen Persönlichkeit (s. u.)
- In einem Bottom-up-Ansatz wird eine umfassende Sammlung klinischer relevanter Beschreibungen von Persönlichkeitsmerkmalen angelegt, die dann mithilfe psychometrischer Analysen hinsichtlich ihrer Struktur untersucht, im Hinblick auf Redundanzen reduziert und im Bezug zu Persönlichkeitsstörungen dimensionalisiert wird.

Auf der phänotypischen Ebene werden eine Anzahl auf den ersten Blick recht unterschiedlicher dimensionaler Modelle zur Beschreibung der normalen Persönlichkeit diskutiert, die im Folgenden skizziert werden sollen:

Big-Five-Modell

Im Rahmen dimensionaler Ansätze zur Strukturierung der menschlichen Persönlichkeit wird derzeit ein **Fünf-Faktoren-Modell** mit seinen entsprechenden Varianten (Becker 1998, Costa und McCrae 1990) favorisiert. Gemäß diesem Modell wird die Persönlichkeit eines Menschen von den individuellen Ausprägungen auf den 5 als weitgehend robusten angesehenen Persönlichkeitsfaktoren Neurotizismus, Extraversion, Offenheit für Erfahrung, Verträglichkeit und Gewissenhaftigkeit determiniert, wodurch sich auch alternative Konzeptionen 3-dimensionaler Modelle (Eysenck 1987; Eysenck und Eysenck 1968) integrieren lassen. Nach Watson, Clark und Harkness (1994) weisen alle Big-Three-Modelle trotz unterschiedlicher Terminologie eine vergleichbare Struktur auf. So wird der dritte Eysencksche Faktor „Psychotizismus" z. B. als Kombination aus „Verträglichkeit" und „Gewissenhaftigkeit" verstanden (Baumann 1993), während „Neurotizismus" und „Extraversion" mit den gleichnamigen Big-Five-Faktoren identifizierbar sind. Dagegen zeigt die „Offenheits"-Skala keine substanziellen Korrelationen mit den Dimensionen der Drei-Faktor-Modelle (Watson, Clark und Harkness 1994). Zur Erfassung der Big Five liegt die deutsche Version (Ostendorf und Borkenau 1994) des NEO-FFI-Fragebogenverfahrens von Costa und McCrae (Borkenau und Ostendorf 1993) vor.

Die **Big-Five-Struktur** normaler Persönlichkeiten erscheint stabil genug, um auch für klinische Populationen Gültigkeit beanspruchen zu können (Steinmeyer et al. 1994, Saß et al. 1996, Herpertz et al. 1997, Pukrop et al. 1998) und damit der Universalitätsforderung zu genügen. In diesem Kontext haben z. B. Costa und McCrae (1990), Schroeder, Wormworth und Livesley (1992), Trull (1992) sowie Wiggins und Pincus (1989) empirische Zusammenhänge zwischen Persönlichkeitsfaktoren und Persönlichkeitsstörungen ermittelt (Fiedler 1996 für eine zusammenfassende Darstellung). Ähnliche Ausprägungen von Persönlichkeitsstörungen auf den zugrunde liegenden, globalen Persönlichkeitsfaktoren können auch eine Erklärung für die häufig zu beobachtenden diagnostischen Überlappungen zwischen verschiedenen Persönlichkeitsstörungen, die Komorbiditäten und die Möglichkeit einer kategorialen Zusammenfassung der Persönlichkeitsstörungen zu Clustern (wie es im DSM-III und etwas modifiziert im DSM-IV konzipiert wurde) abgeben.

Basic-Six-Modell

Andresen legte kürzlich (1995, 2000, 2002) ein **Sechs-Faktoren-Modell** vor, nach dem die Big Five um einen Faktor der „Risiko- und Kampfbereitschaft, Suche nach Wettbewerb" (R) ergänzt werden müssen. Eine gemeinsame Faktorenanalyse von 14 überwiegend international etablierten Persönlichkeitsinventaren konnte diesen Strukturvorschlag bestätigen. Das Modell von Andresen postuliert drei Subsysteme, die je zwei der Basisfaktoren umfassen (Neurotizismus/Extroversion, Offenheit/Gewissenhaftigkeit, Aggressivität/Risikobereitschaft), die einen synergistisch-antagonistischen Bezug zueinander aufweisen und im selben Bereich der Persönlichkeiten (z. B. Neurotizismus/Extroversion im Kernbereich des Temperaments) operieren. Zusätzlich zu den 6 normalen Dimensionen wird ein globaler Störungsfaktor gefunden (Andresen 2000, 2002), der in weiterführenden hoch auflösenden faktorenanalytischen Studien als stark obliques Analogmodell zur 6-dimensionalen Grundstruktur aufgefächert werden kann. Nach diesem Modell von Andresen können zwar Persönlichkeitsstörungen strukturell und psychopathologisch aus der Normalpersönlichkeit abgeleitet werden, dies bedeute aber nicht eine hinreichende statistische Vorhersagbarkeit von Störungsvarianz aus Normalvarianz. Damit steht diese Modell im Widerspruch zu anderen Modellen (z. B. zum Big-Five-Modell), die postulieren, dass normale Dimensionen in ihren Skalenextremen Persönlichkeitsstörungen beinhalten.

Psychobiologisches 7-Faktoren-Modell

Cloninger et al. (1993) schlägt ein 7-dimensionales, sog. **psychobiologisches Modell** vor, in dem 4 stärker genetisch verankerte und sehr früh in der Lebensspanne manifeste Temperamentseigenschaften (harm avoidance, novelty seeking, reward dependence, persistence) und 3 eher durch die Umwelt determinierte und im frühen Erwachsenenalter ausgereifte Charakterdimensionen (self-directedness, cooperativeness, self-transcendence) integriert werden. Patienten mit Persönlichkeitsstörungen zeichnen sich nach diesem Modell generell durch niedrige Werte auf den Charakterdimensionen „self-directedness" und „cooperativeness" aus. Zur Charakterisierung bestimmter Persönlichkeitsstörungen werden von den Autoren jeweils zusätzliche Profileigenschaften auf den anderen 5 Dimensionen postuliert. Obgleich sich einige empirische Evidenzen für dieses populäre Modell finden, ist die Kritik in aktuellen Publikationen angewachsen. Weder die genetischen Implikationen noch die phänotypische Struktur des Modelles ließen sich in unabhängigen Arbeitsgruppen bestätigen (Herbst et al. 2000).

Das Persönlichkeitsmodell nach Cloninger weist mit seinen 7 übergeordneten Faktoren abgesehen von terminologischen Unterschieden ebenfalls eine große Affinität zum Big-Five-Konzept auf (Wills et al. 1994, Zuckerman und Cloninger 1996). So beschreiben etwa „harm avoidance", eine der 4 Cloninger-Komponenten des Temperaments, und „self-directedness" als eine Komponente der Charakterdefinition zwei Aspekte des Neurotizismus (Ängstlichkeit und Mangel an Ich-Stärke), zwei andere Temperamentskomponenten, nämlich „novelty seeking" und „persistence" stehen in enger Beziehung zur Extraversion und zur Gewissenhaftigkeit, während die weiteren Charakterkomponenten „cooperativeness" und „self-transcendence" mit Verträglichkeit und Offenheit korrespondieren. Einzig die Beziehung der Komponente „reward dependence" zum Big-Five-Modell erscheint etwas unklar. Allerdings ist darauf hinzuweisen, dass deutliche konzeptionelle und terminologische Diskrepanzen hinsichtlich der Zuordnung von Persönlichkeitsmerkmalen zu Temperaments- und Charakterzügen zwischen Cloningers Modells und beispielsweise den Auffassungen etwa von Akiskal (1996) bestehen, der seine 4 subklinischen „fundamental states of manic-depressiv insanity" der Persönlichkeit (dysthymic, hyperthymic, irritable, cyclothymic) in Anlehnung an Kraepelin (1913) als Temperamentsdimensionen sieht.

2-Faktoren-(Circumplex)Modelle

Ein Modell, das eine direkte Zuordnung der Persönlichkeitsstörungen zu allerdings nur zwei Persönlichkeitsdimensionen vornimmt, ist der **Interpersonale Circumplex** (Kiesler 1982, 1996; Leary 1957; Wiggins 1982) (vgl. Kap. 2). Dabei werden die beiden unabhängig voneinander (orthogonal) konzipierten Achsen inhaltlich zumeist im Sinne bipolarer Dimensionen als „Dominanz vs. Unterwürfigkeit" und „Liebe vs. Hass" gedeutet. In dieser durch die beiden Dimensionen aufgespannten Ebene lassen sich 8 Persönlichkeitstypen kreisförmig in Oktanten anordnen, wobei die Nähe zum Kreismittelpunkt die pathologische Intensität zum Ausdruck bringen soll. Verschiedene Versuche, diesen 8 (bzw. 16, bei Kiesler 1982) Segmenten die Persönlichkeitsstörungen vollständig zuzuordnen, sind jedoch gescheitert, da die beiden Dimensionen allenfalls die interpersonale Komponente der Persönlichkeitsstörungen erfassen können (McLemore und Brokaw 1987, Soldz et al. 1993, Wiggins 1982).

Becker (1998) diskutiert aufgrund faktorenanalytischer Untersuchungen die Unkorreliertheit und somit Unabhängigkeit der Big-Five-Faktoren voneinander kritisch, sieht in der Annahme von 5 Dimensionen eine Überdifferenzierung und kommt aufgrund seiner Dimensionalisierungsuntersuchungen ebenfalls zu einem Circumplex- bzw. Oktantenmodell der Persönlichkeit mit den beiden Faktoren (Big-two-Modell) „hohe seelische Gesundheit" vs. „geringe seelische Gesundheit" und „starke Verhaltenskontrolle" vs. „geringe Verhaltenskontrolle" sowie den beiden „Nebenfaktoren" „soziale Anpassung" vs. „Zügellosigkeit" und „Gehemmtheit" vs. „Selbstaktualisierung". Hierbei zeigt sich eine empirische Assoziation seiner Dimensionen mit den Big-Five-Faktoren derart, dass „geringe seelische Gesundheit" mit „emotionaler Labilität" (Neurotizismus), „soziale Anpassung" mit „Gewissenhaftigkeit", „geringe Verhaltenskontrolle" mit „Offenheit für Erfahrung", „Selbstaktualisierung" mit „Extraversion" und „Zügellosigkeit" mit „Aggressivität" korreliert sind.

Eine Einordnung der nach den DSM-IV-Kriterien konzipierten 10 Persönlichkeitsstörungen in das 2-dimensionale System zeigt nach Becker (1998) eine niedrige Ladung aller Persönlichkeitsstörungen auf der seelischen Gesundheitsdimension, wobei die histrionische, die antisoziale und die narzisstische Persönlichkeitsstörung mit zusätzlichen hohen Ladungen auf den Dimensionen „geringe Verhaltenskontrolle" und „Zügellosigkeit", die schizoide, schizotypische, vermeidende und zwanghafte Persönlichkeitsstörung mit hohen Ladungen auf den Dimensionen „Hemmung" und „hohe Verhaltenskontrolle" positioniert sind.

In neuester Zeit hat von Zerssen (1994, 1998) auf der Basis seines „Biographischen Persönlichkeitsinterviews" (BPI) zur retrospektiven Erfassung der prämorbiden Persönlichkeit sowie unter Anwendung zweier Persönlichkeitsfragebogen ein ähnliches Circumplexmodell der Persönlichkeit faktorenanalytisch herausgearbeitet. Hierbei kontrastiert die 1. Dimension seines Circumplexmodells einen „affektiven" Typus (manic; relaxed, easy-going and melancholic) und einen „neurotoiden" Typus (anxious, insecure; unrealistic, dreamy, and nervous, tense types), die 2. Dimension einen „inkonstanten" (manic and nervous, tense) von einem „konstanten" (anxious, insecure and melancholic) Typus. Aus der Kombination der errechneten Merkmalsmuster differenziert von Zerssen (1998) folgende 6 klinisch relevanten Typen der prämorbiden Persönlichkeit: manischer Typus, melancholischer Typus, ängstlich, unsicherer Typus, nervös gespannter Typus sowie ein unrealistischer, verträumter Typus und ein entspannter, Easy-going-Typus.

Von Zerssen (1998) nimmt aufgrund theoretischer Überlegungen und unter Berücksichtigung empirischer Befunde eine hypothetische Lokalisation der Persönlichkeitsstörungen nach DSM-III-R im dimensionalen Gefüge seines Circumplexmodells der prämorbiden Persönlichkeitstypen vor. Demnach sollen die PS des Clusters A (paranoide, schizotypische und schizoide Persönlichkeitsstörung) als Extremvarianten des „unrealistischen, verträumten Typus" vorwiegend eine hohe Ladung auf der „Neurotoid"-Dimension, die antisoziale und Borderline-Persönlichkeitsstörung als Extremvarianten seines „nervös, gespannten Typus" hohe Ladungen zusätzlich auf der inkonstanten Dimension zeigen. Die restlichen Persönlichkeitsstörungen des Clusters B (histrionische und narzisstische) sieht von Zerssen als Extremvarianten seines „manischen Typus" mit hoher Ausprägung inkonstanter Verhaltenszüge. Die Persönlichkeitsstörungen des Clusters C werden einmal als Extremvarianten seines „ängstlich, unsicheren Typus" mit hohen Mischladungen auf der Neurotoid- und Konstanzdimension gesehen (vermeidende, selbstunsichere Persönlichkeitsstörung), während die dependente und zwanghafte Persönlichkeitsstörung vorwiegend als Extremvarianten des „melancholischen Typus" aufgefasst werden.

Fazit für die Praxis

Diese Persönlichkeitsmodelle fokussieren aufgrund ihres hohen Abstraktionsniveaus auf zentrale varianzstarke Komponenten der Persönlichkeitsbeschreibung und können der Differenziertheit der phänotypischen Ebene von Persönlichkeitsstörungen somit nicht erschöpfend gerecht werden.

Die Persönlichkeitsstörungen werden in diesen Modellen als Extremausprägungen auf den jeweiligen Dimensionen betrachtet. Problematisch ist jedoch die Tatsache, dass eine Extremausprägung an sich noch keinen pathologischen Gehalt aufweist und die zusätzliche Eigenschaft der Maladaptivität einer extremen Ausprägung nur zirkulär zu definieren ist: Eine extreme Persönlichkeitseigenschaft ist maladaptiv, wenn eine Persönlichkeitsstörung vorliegt (und umgekehrt).

Bottom-up-Ansatz

Zur Beschreibung der klinisch auffälligen oder gestörten Persönlichkeit sind Modelle formuliert worden, die eher einem Bottom-up-Ansatz in Form einer umfangreichen Sammlung von Merkmalen aus der gesamten klinischen Literatur folgen. Diese Ansätze gelangten zu einer weitgehenden Einigkeit hinsichtlich phänotypischer Beschreibungsdimensionen für Persönlichkeitsstörungen (Livesley et al. 1998). Exemplarisch kann hier der empirisch umfassend gesicherte Ansatz von Livesley erläutert werden: Auf der Basis einer ausführlichen Literaturrecherche und klinischer Ratings hinsichtlich der Prototypizität der gefundenen Merkmale für Persönlichkeitsstörungen konnten 100 Traits identifiziert werden, die in ihrem Umfang weit über das DSM-System hinausgehen und eine ausreichend umfassende Kontentvalidität für den Bereich der Persönlichkeitsstörungen beanspruchen können. Diese 100 Traits lassen sich mithilfe psychometrischer Analysen zu einem 18 Dimensionen umfassenden Selbstbeurteilungsfragebogen (Dimensional Assessment of Personality Pathology; DAPP) mit folgenden Beschreibungsfacetten zusammenfassen: Ablehnung, affektive Labilität, Ängstlichkeit, Argwohn, Ausdrucksarmut, Herzlosigkeit, Identitätsprobleme, Intimitätsprobleme, kognitive Verzerrungen, Narzissmus, Oppositionshaltung, Reizsuche, Selbstschädigung, soziale Vermeidung, unsichere Bindung, Unterwürfigkeit, Verhaltensprobleme, Zwanghaftigkeit. Diese 18 Dimensionen zeigen weitgehende Übereinstimmung mit den unabhängig entwickelten Modellen von Clark und Harkness (1992) und weisen zudem eine stabile Struktur in klinischen wie auch nicht klinischen Populationen auf (Livesley et al. 1998).

> **Fazit für die Praxis**
>
> Die Bottom-up-Ansätze, wie sie von Livesley oder in leicht veränderter Form auch von Clark vorgelegt werden, führen in ihrer differenzierten Erfassung eines sehr breiten Spektrums klinisch relevanter Verhaltensweisen zu einer dimensionalen Diagnostik von Persönlichkeitsstörungen, die auf eher niedrigem Abstraktionsniveau einen umfassenden und auch praktisch umsetzbaren Einblick in die Struktur der Persönlichkeitsstörungen ermöglicht.

3.4.4 Fragebogenverfahren zur Erfassung der dimensionalen Konzepte

Folgende validierte und ausreichend reliable deutschsprachige Verfahren liegen zur Erfassung der genannten dimensionalen Konzepte vor (Tab. 3.2):

Tabelle 3.2 Selbstbeurteilungsinventare zur dimensionalen Erfassung der Persönlichkeit

Verfahren	Itemzahl	erfasste Konstrukte
NEO-Fünf-Faktoren-Inventar (NEO-FFI; Borkenau und Ostendorf 1993)	60	Neurotizismus, Extraversion, Verträglichkeit, Offenheit, Gewissenhaftigkeit
Sechs-Faktoren-Test (SFT; von Zerssen 1994)	54	Neurotizismus, Extraversion, Aggressivität, Offenheit, Gewissenhaftigkeit, Frömmigkeit
Temperament- und Charakterinventar (TCI; Cloninger et al. 1994)	240	Schadensvermeidung, Neugierverhalten, Belohnungsverhalten, Beharrungsvermögen, Selbstlenkungsfähigkeit, Kooperativität, Selbsttranszendenz
Dimensional Assessment of Personality Pathology (DAPP; Livesley et al. 1992)	290	emotionale Dysregulation, dissoziales Verhalten, Gehemmtheit, Zwanghaftigkeit

3.4.5 Phänotypische, genotypische und klinische Charakterisierung dimensionaler Modelle

Versucht man die o.g. unterschiedlichen Modelle und Ansätze zu integrieren und die scheinbaren Widersprüche in den phänotypischen Strukturen aufzulösen, ist es sinnvoll, von einer hierarchischen Organisation der Persönlichkeit auszugehen. Die faktorielle Struktur höherer Ordnung der klinischen Bottom-up-Ansätze resultiert in 4 übergeordneten Beschreibungsdimensionen, die weitgehende Ähnlichkeit mit den Big-Five-Faktoren aufweisen (lediglich für den umstrittenen 5. Faktor „Offenheit" konnten wiederholt keine Beziehungen zu klinischen Diagnosen oder Traits gefunden werden). So ähneln die Faktoren höherer Ordnung aus dem Ansatz von Livesley et al. (emotionale Dysregulation, dissoziales Verhalten, Gehemmtheit und Zwanghaftigkeit) den Big-Five-Faktoren Neurotizismus, Verträglichkeit (negativer Pol), Introversion und Gewissenhaftigkeit.

In der gegenwärtigen Forschung stellt sich vorrangig die Frage nach der externen Validierung der verschiedenen hierarchischen Ebenen; d.h., welche phänotypische Ebene (vier übergeordnete Faktoren oder differenzierbare und beschreibungsintensive Subebenen) wird auf einer physiologischen und letztlich genetischen Ebene realisiert. Primär wird in diesem Forschungsbereich die höchste Hierarchieebene der übergeordneten Faktoren (aber auch der drei DSM-Cluster) als zentrale phänotypische Ebene mit jeweils unabhängiger genetischer Grundlage und spezifischen physiologischen Korrelaten betrachtet. Untergeordnete Ebenen (wie die Subfacetten der Faktoren des Big-Five-Modells oder die 18 Dimensionen des DAPP-Modells) werden als Subkomponenten konzipiert, die keine eigenständigen Entitäten bilden, sondern in ihrer Summe mit dem jeweils übergeordneten Faktor identisch sind. Das alternative Modell geht in seinen theoretischen Überlegungen dagegen von der Annahme aus, dass es sich bei den Merkmalen auf einer unteren Hierarchieebene der Persönlichkeitsorganisation nicht um überdifferenzierte Subkomponenten, sondern um separate und eigenständig existente Entitäten mit unabhängiger genetischer Grundlage handelt, die gemeinsam in Erscheinung treten und sich mit mathematischen Dimensionierungsmethoden auf einer klinisch weniger relevanten hohen Abstraktionsebene eher artifiziell phänotypisch zusammenfassen lassen. Die gegenwärtig verfügbare empirische Evidenz spricht eindeutig für das letztere Modell (Livesley et al. 1998). So bleibt z.B. ein substanzieller Anteil genetischer Varianz der Subfacetten der Big-Five-Faktoren übrig, wenn man den genetisch bedingten Varianzanteil des übergeordneten Faktors (z.B. Neurotizismus) auspartialisiert. Ein an ca. 1000 Zwillingspaaren evaluiertes Modell zur genetischen Varianzaufklärung zeigt nur eine geringe Übereinstimmung mit einem Modell, das eine genetische Grundlage nur für die 4 übergeordneten Faktoren der Persönlichkeit postuliert (Jang et al., 2002). Dagegen finden sich hinreichende Belege für ein theoretisches Modell, das eine polygenetische Bestimmung einer größeren Anzahl untergeordneter, unabhängig voneinander existenter Traits annimmt. Erste vorsichtige Schätzungen der Anzahl dieser genotypisch charakterisierbaren Traits gehen von etwa 25–30 Merkmalen aus, die sich am ehesten als differenzierbare Subfacetten einer psychophysiologischen, neurokognitiven und biochemischen externen Validierung darstellen.

Um die mit mathematischen Reduktionsmethoden gefundene phänotypische Konvergenz auf 4 (oder in Circumplexmodellen auch 2) Komponenten zu erklären, müssen darüber hinaus gemeinsame und gleichgerichtete Einflussfaktoren für die untergeordnete Traitebene angenommen werden. Dafür kommen sowohl genetische regulatorische Einflüsse (wie sie etwa für das serotonerge System nachgewiesen werden konnten) sowie Umwelteinflüsse (z. B. gleichzeitige Verstärkung genetisch unterschiedlich determinierter Merkmale) infrage. Diese Konvergenzeffekte führen dann zu den mithilfe multivariater Methoden identifizierbaren Dimensionen, insbesondere den 4 robusten Faktoren Neurotizismus, Extraversion, Verträglichkeit und Gewissenhaftigkeit. Der gleiche Effekt kann auch erklären, warum in klinischen Populationen häufig ein oder zwei varianzstarke Faktoren gefunden werden, die auf der phänotypischen Ebene 2-dimensionale Circumplexmodelle favorisieren. Auf der anderen Seite kann nur die praktisch unendliche Zahl möglicher kombinatorischer Effekte der genotypisch bestimmten Merkmale der Vielfalt menschlicher Persönlichkeiten in ausreichendem Sinne gerecht werden.

Neben der **genotypischen** und der **phänotypischen Beschreibungsebene** ist für den klinisch-diagnostischen Ansatz auch eine praktisch verwendbare Ebene notwendig, da die nötige Menge an Information zur vollständigen Erfassung von Geno- und Phänotyp i. d. R. im klinischen Alltag nicht aufzubringen ist. Für die allgemeine Diagnose einer Persönlichkeitsstörung (und damit auch ihre Definition) ist daher ein Kern von relevanten Charakteristika erforderlich, der in einer empirischen und theoretischen Beziehung zu den dimensionalen Grundlagen einer umfassenden Beschreibung steht. Dazu könnte man auf die allgemeinen Persönlichkeitsstörungskriterien des DSM zurückgreifen, die allerdings wenig differenziert und empirisch evaluiert sind. Eine weitere Möglichkeit bestünde in der Definition einer Persönlichkeitsstörung als fehlangepasste Extremvariante phänotypischer Beschreibungsdimensionen, was jedoch die Schwierigkeit beinhaltet festzulegen, was eine Fehlanpassung ist, ohne den Begriff der Persönlichkeitsstörung zirkulär zu verwenden. Eine dritte Alternative zur Definition der Persönlichkeitsstörung wurde kürzlich von Livesley (1998) vorgelegt. Danach werden Persönlichkeitsstörungen über das Scheitern in wenigstens einer von drei möglichen Persönlichkeitsfunktionen definiert:

- Selbstsystem: die Fähigkeit, stabile und integrierte Repräsentationen des eigenen Selbst und anderer Personen zu entwickeln,
- zwischenmenschliche Beziehungen: die Fähigkeit, intime Bindungen einzugehen,
- gesellschaftliche Beziehungen: die Fähigkeit, prosoziales Verhalten zu zeigen und kooperative Beziehungen aufzubauen.

Fazit für die Praxis

Eine mögliche Neuordnung des diagnostischen Prozesses der Persönlichkeitsstörungen könnte folgendermaßen aussehen:

- Das Vorhandensein einer Persönlichkeitsstörung wird auf Achse I diagnostiziert (mit Hilfe klinischer Kernkriterien).
- Eine differenziertere phänotypische Profilanalyse wird auf Achse II vorgenommen.
- Die dimensionale Diagnostik auf Achse II kann sich im Prinzip an jede Achse-I-Diagnose (und nicht nur die einer Persönlichkeitsstörung) anschließen, für die eine weiter gehende Persönlichkeitsdiagnostik Relevanz besitzt.
- Es gibt kein Rationale dafür, Persönlichkeitsstörungen als grundsätzlich verschieden von anderen Achse-I-Störungen zu konzipieren.

Was hat sich in den letzten 5 Jahren verändert?

Während der Bereich der Persönlichkeitsstörungen lange Zeit eher im Hintergrund empirisch wissenschaftlichen Forschungsinteresses gestanden hat, ist in den letzten Jahren eine verstärkte Forschungsaktivität auf diesem Feld zu beobachten.

Schwerpunkt des empirischen Forschungsbemühens ist die Entwicklung und Validierung eines Spektrummodells, wobei unter der Annahme einer Kontinuitäts- und Universalitätshypothese versucht wird, gemeinsame Strukturmerkmale und Beschreibungsdimensionen der Normalpersönlichkeit, der Persönlichkeitsstörungen und der Achse-I-Störungen zu identifizieren und zu einem diagnostischen System zu integrieren.

Im Sinne einer multimodalen Diagnostik werden sowohl phänotypische und genotypische wie auch psychophysiologische, neurokognitive und biochemische Untersuchungsebenen in die Forschungsbemühungen einbezogen mit dem Ziel, die unterschiedlichen Beobachtungsebenen in Beziehung zu setzen und zu einem theoretischen Gesamtkonzept zu modellieren.

Die empirische Forschung hat dimensionale Konzepte gegenüber kategorialen Ansätzen präferiert.

Die praktisch diagnostisch eher wenig brauchbaren, hoch abstrahierten Beschreibungsdimensionen der Persönlichkeitspsychologie sind zugunsten differenzierterer, klinisch relevanter Subfacetten zur Dimensionierung möglicher Spektrumsmodelle in den Hintergrund getreten.

Literatur

Akiskal HS (1996) The temperament foundations of affective disorders. In Ch. Mundt et al.: Interpersonal Factors in the Origin and Course of Affective Disorders. Gaskell, London, England, 3–30

Andresen B (1995). Risikobereitschaft (R) – der sechste Basisfaktor der Persönlichkeit: Konvergenz multivariater Studien und Konstruktexplikation. Zeitschrift für Differentielle und Diagnostische Psychologie 16:210–236

Andresen B (2000). Six basic dimensions of personality and a seventh factor of generalized dysfunctional personality: a diathesis system covering all personality disorders. Neuropsychobiology 41:5–23

Andresen B (2002) Hamburger Persönlichkeits-Inventar (HPI). Hogrefe, Göttingen

Baumann U (1993) Persönlichkeitsforschung in der Psychiatrie. In Berger, M., Möller, H.J. & Wittchen, U. (Hrsg.), Psychiatrie als empirische Wissenschaft). Basel: Karger

Becker P (1998) A Multifacets circumplex model of personality as a basis for the description and therapy of personality disorders. Journal of Personality Disorders, 23, 12–20

Borkenau P, Ostendorf F (1993) NEO-Fünf-Faktoren Inventar (NEO-FFI) nach Costa & McCrae. Handanweisung. Göttingen Hogrefe

Clark LA, Livesley WJ, Morey L (1997) Personality disorder and assessment: the chalange of construct validity. Journal of Personality Disorders, 11, 205–231

Cloninger CR, Svarkic, DM & Przybeck TR (1993) A psychobiological model of temperament and character. Archives of General Psychiatry, 50 (12), 975–990

Cloninger CR, Przybeck TR, Svrakic DM, Wetzel RD (1994) The Temperament and Character Inventory (TCI): a guide to its development and use. Center for Psychobiology of Personality, St. Louis, MO

Costa PT, McCrae RR (1992) Revised NEO Personality Inventory (NEO-PI-R). Psychological Assessment Resources, Odessa, FL

Costa PT & McCrae RR (1990) Personality disorders and the five-factor model. Journal of Personality Disorders, 4, 362–371

Davis R, Millon, T (1995) On the importance of theory on the taxonomy of personality disorders. In WJ Livesley (ed.), The DSM-IV Personality Disorders. New York: Guilford

Eysenck H (1987) The definition of personality disorders and the criteria appropriate for their description. Journal of Personality Disorders, 1, 211–219

Eysenck HJ, Eysenck SBG (1968) Manual of the Eysenck Personality Inventory. San Diego, CA.: Educational and Industrial Testing Service

Fiedler P (1996) Persönlichkeitsstörungen. Psychologie Verlags Union: Beltz

Gunderson JG, Zanarini MC, Kisiel CL (1991) Borderline personality disorder: a review of data on DSM-III-R descriptions. J Personal Disord. 5:340–352

Harkness AR (1992) Fundamental topics in the personality disorders: Candidate trait dimensions from lower regions of the hierarchy. Psychological Assessment, 4, 251–259

Herbst HJ, Zonderman AB, McCrae RR, Costa PT (2000) Do the dimensions of the temperament and character inventory map a simple genetic architecture: evidence from molecular genetics and factor analysis. Am J Psychiatry. 157:1275–1280

Herpertz S, Steinmeyer EM, Woschnik M, Saß H (1997) Persönlichkeit und Persönlichkeitsstörungen. Eine facettentheoretische Analyse der Ähnlichkeitsbeziehungen. Zeitschrift für Klinische Psychologie, 26, 109–117

Jang KL, Livesley WJ, Angleitner A, Riemann R, Vernon PA (2002) Genetic and environmental influences on the covariance of facets defining the domains of the five-factor model of personality. Personality and Individual Differences, 33:83–101

Kiesler DJ (1982) The 1982 interpersonal circle. A taxonomy for complementarity in human transactions. Psychological Review, 90, 185–214

Kiesler DJ (1996) The 1982 interpersonal circle: An analysis of DSM-III personality disorders. In T. Millon & L. Klerman (Eds.). Contemporary directions in psychopathology. Toward the DSM-IV. New York: Guilford Press

Kraepelin E (1913) Psychiatrie, Vol,2, 8th ed. Barth, Leipzig (engl. Transl. in: Kraepelin, E. (1921). Manic-depressive insanity and parnoia. Churchill Livingstone, Edinburgh

Leary T (1957) Interpersonal diagnosis of personality. New York: Roland

Livesley WJ, Jackson DN & Schroeder ML (1992) Factorial structure of traits delineating personality disorders in clinical and general population samples. Journal of Abnormal Psychology, 101, 432–440

Livesley WJ, Jang KL, Vernon PA (1998) Phenotypic and genetic structure of traits delineating personality disorder. Arch Gen Arch. 55:941–948

McLemore CW & Brokaw DW (1987) Personality disorders as dysfunctional interpersonal behavior. Journal of Personality Disorders, 1, 270–285

Pukrop R, Herpertz S, Saß H, Steinmeyer EM (1998) Personality and personality disorders. A facet theoretical analysis of the similarity relationships. J Personal Disord. 12:226–246

Pukrop R, Sass H, Steinmeyer EM (2000) Circumplex models for the similarity relationships between higher order factors of personality and personality disorders: An empirical analysis. Compr Psychiatry. 41:1–9

Schroeder ML, Wormworth JA & Livesley WJ (1992) Dimensions of personality disorders and the five-factor model of personality. In Costa, P.T. & Widiger, T.A. (Hrsg.). Personality disorders and the five-factor model of personality (117–127). Washington D.C., American Psychological Association

Saß H, Steinmeyer EM, Ebel H et al. (1996) Untersuchungen zur Kategorisierung und Dimensionierung von Persönlichkeitsstörungen. Zeitschrift für Klinische Psychologie, 24, 239–251

Soldz S., Budman S, Demby A. & Merry J (1993) Representation of personality disorders in circumplex and five – factor space. Exploration with a clinical sample. Psychological Assessment, 5, 41–52

Steinmeyer EM, Pukrop R, Herpertz S, Saß H (1994) Facettentheoretische Konstruktvalidierung von NEO-FFI und SFT. In: Möller HJ, Engel R & Hoff R (Hrsg.). Befunderhebung in der Psychiatrie. Springer Verlag

Trull TJ (1992) DSM-III-R personality disorders and the five-factor model of personality: An empirical comparison. Journal of Abnormal Psychology, 101, 553–560

Watson D, Clark LA & Harkness AR (1994) Stuctures of personality and their relevance to psychopathology. Journal of Abnormal Psychology, 103, 18–31

Widiger TA & Costa A (1994) Personality and personality disorders. Journal of Abnormal Psychology, 103,78–91

Widiger T (1992) Categorical versus dimensional classification:implications from and for research. J Personal Disord. 6:287–300

Widiger T, Rogers JH (1989) Prevalence and comorbidity of personality disorders. Psychiatric Annals. 19:132–136

Wiggins TA & Pincus A (1989) Conceptions of personality disorders and dimensions of personality. Journal of Consulting and Clinical Psychology, 1, 305–316

Wiggins J (1982) Circumplex models of interpersonal behavior in clinical psychology. In Kendall, P., Butcher, J. (Hrsg.), Handbook of Research Methods in Clinical Psychology. New York, Wiley

Wills TA, Vaccaro D & McNamara G (1994) Novelty seeking, risk taking and related constructs as predictors of adolescent substance use: an application of Cloningers theory. Journal of Substance Abuse 6, 1–20

Zerssen Dv (1994) Persönlichkeitszüge als Vulnerabilitätsfaktoren. Probleme ihrer Erfassung. Fortschritte in Neurotologie und Psychiatrie, 62, 1–13

Zerssen Dv (1998) „Melancholic" and „manic" types of personality as premorbid structures in affective disorders. In

Mundt Ch (Ed.). Interpersonal Factors in the Origin and Course of Affective Disorders. Gaskell, London

Zerssen Dv, Tauscher R & Pössel J (1994) The relationship of premorbid personality to subtypes of an affective illness. A replication study by means of an operationalized procedure for the diagnosis of personality structures. Journal of Affective Disorders, 32, 61–72

Zuckermann M & Cloninger CR (1996) Relationship between Cloningers, Zuckmans and Eysencks dimensions of personality. Personality and Individual Differences, 21, 283–285

4 Spezifische Persönlichkeitsstörungen: Diagnose, Ätiologie und Psychotherapie

4.1 Paranoide Persönlichkeitsstörung
Sabine C. Herpertz, Britta Wenning

4.1.1 Definition

Der Begriff „paranoid" findet sich in der Beschreibung ganz unterschiedlicher psychiatrischer Störungsbilder, der paranoiden Schizophrenie, der wahnhaften Störung und schließlich als paranoide Persönlichkeitsstörung. Letztere ist von psychotischen Erkrankungen eindeutig abzugrenzen und charakterisiert Menschen mit ausgeprägtem Misstrauen und Argwohn, verbunden mit der durchgehenden Tendenz, die Motive anderer als bedrohlich, feindselig und zurückweisend zu interpretieren.

Das heutige Konzept der paranoiden Persönlichkeitsstörung erinnert an historische Lehrbuchbeschreibungen des „Pseudoquerulanten" (1903–1904) und des „Streitsüchtigen" bei Kraepelin, der „expansiven Persönlichkeit" bei Kretschmer (1921) oder auch des „fanatischen" Menschen bei K. Schneider (1923).

In den modernen Klassifikationssystemen wird die paranoide Persönlichkeitsstörung folgendermaßen operationalisiert:

Diagnosekriterien der paranoiden Persönlichkeitsstörung (F60.0) nach ICD-10

Die Störung ist zu diagnostizieren, wenn mindestes 3 Kriterien erfüllt sind:
1. übertriebene Empfindlichkeit bei Rückschlägen und Zurücksetzung,
2. Neigung zu ständigem Groll, wegen der Weigerung, Beleidigungen, Verletzungen oder Missachtungen zu verzeihen,
3. Misstrauen und eine starke Neigung, Erlebtes zu verdrehen, indem neutrale oder freundliche Handlungen anderer als feindlich oder verächtlich missgedeutet werden,
4. streitsüchtiges und beharrliches situationsunangemessenes Bestehen auf eigenen Rechten,
5. häufiges ungerechtfertigtes Misstrauen gegenüber der sexuellen Treue des Ehe- oder Sexualpartners
6. Tendenz zu stark überhöhtem Selbstwertgefühl, das sich in ständiger Selbstbezogenheit zeigt,
7. Inanspruchnahme durch ungerechtfertigte Gedanken an Verschwörungen als Erklärungen für Ereignisse in der näheren Umgebung und in aller Welt.

Von Millon und Davis (1996) werden unterschiedliche Typen von paranoiden Persönlichkeiten differenziert: **paranoide-narzisstische Persönlichkeiten** zeigen ausgeprägte Allmachtsphantasien verbunden mit mangelnden sozialen Fertigkeiten. Forensisch bedeutsam können **paranoid-antisoziale** Persönlichkeiten wegen expansivquerulatorischen, aber auch feindselig-kämpferischen Verhaltensweisen bis hin zu Zügen des „Kampffanatikers" werden. **Paranoid-anankastische** Persönlichkeiten zeichnen sich durch Rigidität sowie ein starres, fanatisches Festhalten an Regeln und moralischen Vorsätzen aus.

4.1.2 Klassifikation

Bei aller Ähnlichkeit der paranoiden Persönlichkeitsstörung zwischen ICD-10 und DSM-IV finden sich im Detail auch Unterschiede. So gehen Züge der narzisstischen Persönlichkeitsstörung in die diagnostischen Kriterien der paranoiden Persönlichkeit nach ICD-10 ein, nämlich die Tendenz zu einem überhöhten Selbstwertgefühl in Verbindung mit einem ausgeprägten Egozentrismus.

4.1.3 Epidemiologie und Risikogruppen

Prävalenzangaben in der Gesamtbevölkerung werden zwischen 0,5% und 2,5% angegeben (Bernstein et al. 1993). Die WHO-Studie an einem unselektierten ambulanten und stationären psychiatrischen Patientengut, die Persönlichkeitsstörungen auf der Basis der ICD-10 Klassifikation mittels der IPDE erhob, berichtete über eine Prävalenz von 2,4% (Loranger et al. 1994). Aus Studien an persönlichkeitsgestörten Populationen werden Angaben zwischen 11% und 22% berichtet (Morey 1988). Möglicherweise wird die paranoide Persönlichkeitsstörung auch zu selten diagnostiziert, da die Patienten weniger wegen ihres Misstrauens und ihres paranoiden Beziehungsstils als wegen Schwierigkeiten bei der Stressbewältigung, Konflikten am Arbeitsplatz oder auch partnerschaftlich/familiären Problemen Hilfe suchen (Turkat und Banks 1987). Flüchtlinge und Immigranten werden gelegentlich als Risikogruppen für die Entwicklung einer paranoiden Persönlichkeitsstörung genannt.

4.1.4 Ätiologie und Risikofaktoren

Biologische Faktoren

Erwähnenswert sind Befunde aus **High-Risk-Studien**, die ein gehäuftes Vorkommen der paranoiden Persönlichkeitsstörung bei Angehörigen von Patienten mit chronischer Schizophrenie und wahnhafter Störung berichteten (Kendler et al. 1984). Von den Verwandten ersten Grades von Patienten mit paranoider Persönlichkeitsstörung zeigten 4,8% eine wahnhafte Störung, 0,8% eine schizophrene Psychose. Systematische Untersuchungen zu biologischen Befunden bei der paranoiden Persönlichkeitsstörung liegen nicht vor.

Psychosoziale Faktoren

Zu familiären Belastungsfaktoren bei der paranoiden Persönlichkeitsstörung ist wenig Gesichertes bekannt. Es wird diskutiert, dass paranoide Persönlichkeiten aus einem wenig liebevollen, rigiden, kontrollierenden, z. T. auch sadistisch-erniedrigenden Elternhaus stammen (Cameron 1963, Bohus et al. 2000). Das Kind lernt, anderen Menschen nicht zu vertrauen, vielmehr mit hoher Wachsamkeit subtile Hinweise der Feindseligkeit und Ausbeutung zu erkennen und hierauf mit Gegenangriffen zur Selbstverteidigung zu reagieren. In einem Klima der Erniedrigung innerhalb der Familie einerseits und eines misstrauisch nach außen abgeschirmten Familienzusammenhalts andererseits werden für paranoide Persönlichkeiten typische zwischenmenschliche Verhaltensweisen als Versuch des Selbstschutzes verständlich: **Interpersonelle Ängste** werden als Reaktion auf Missgunst und soziale Bedrohung interpretiert, das Gefühl von Minderwertigkeit durch das hartnäckige Bemühen um sozialen Aufstieg und Überlegenheit kompensiert. Aus kognitiver Perspektive entstehen viele Eigenschaften der paranoiden Persönlichkeit aus der Überzeugung, mit einer gefährlichen, ausbeuterischen Umwelt konfrontiert zu sein und sich nur auf eigene Kräfte verlassen zu können. In einer Welt des „Fressen-oder-Gefressenwerdens" (Beck und Freeman 1993) wird die Umwelt misstrauisch beobachtet und kontrolliert, müssen eigene Schwächen und Unzulänglichkeiten verborgen oder die Schuld auf andere verschoben werden.

Fazit für die Praxis

Genetische Befunde verweisen auf eine mögliche familiäre Häufung von schizophrenen Spektrumerkrankungen.

Paranoide Persönlichkeiten stammen gehäuft aus Familien, die sich durch einen rigiden, kontrollierenden und erniedrigenden Erziehungsstil auszeichnen und sich gegenüber einer vermeintlich feindseligen, neidischen Umgebung abschotten.

4.1.5 Symptomatik

Schon in der ersten Kontaktaufnahme wirken paranoide Persönlichkeiten gespannt, misstrauisch, gezeichnet von nagendem Groll und stets bereit zum Angriff im Falle vermeintlicher Kränkungen und Zurücksetzungen. Im affektiven Erleben des paranoiden Menschen dominiert **Misstrauen**, das sich sowohl auf harmlose Bemerkungen oder unbedeutende Verhaltensweisen anderer Menschen als auch auf Zweifel an der Loyalität und Glaubwürdigkeit von Freunden und Partnern bezieht. Typische Problemfelder liegen am Arbeitsplatz, wo sie sich von Kollegen schlecht behandelt und ausgenutzt fühlen sowie immer wieder in Konflikte mit Autoritätspersonen geraten. Ihr kontrollierendes, disziplinierendes und streitbares Verhalten erzeugt nicht selten Gegenwehr, die dann als Ausdruck der Feindseligkeit und der Unterdrückung durch andere Menschen gewertet wird. Ihre **kritisierende** und **anklagende** Haltung führt auch in eine zunehmende soziale Isolierung hinein, wobei sie andere für ihre zwischenmenschlichen Probleme verantwortlich machen und die Reflexion eigener Verantwortlichkeiten verweigern. Auf empfundene Verletzungen und Kränkungen reagieren paranoide Persönlichkeiten expansiv-aggressiv und/oder mit lang anhaltender Feindseligkeit.

Vor allem ist eine hohe Empfindsamkeit gegenüber Kränkungen, Benachteiligung und Misserfolgen hervorzuheben, die zu Fehlwahrnehmungen von zwischenmenschlichen Ereignissen und kämpferischer sowie auch beharrlicher Einforderung eigener Rechte (z. B. auch in Form langwieriger Rechtsstreitigkeiten) führt.

Kasuistik

Ein 45-jähriger Patient suchte wegen chronischer Kopfschmerzen die psychiatrisch-psychotherapeutische Behandlung auf. Kopfschmerzen kenne er seit der Kindheit, aber mit wachsenden Problemen am Arbeitsplatz hätten sie sich in den letzten 2 Jahren bis zur Unerträglichkeit gesteigert. Im Verlauf eines steilen beruflichen Aufstiegs innerhalb eines mittleren Unternehmens bekleidete er eine herausragende Position, die ihn mit großem Stolz erfüllte. Nie aber konnte er seinen beruflichen Erfolg genießen, weil er glaubte, Mobbing-Opfer seiner Arbeitskollegen zu sein. So war er davon überzeugt, dass seine Kollegen aus Eifersucht und Missgunst danach trachteten, ihn bei seinen Vorgesetzten anzuschwärzen. Mit höchster Anstrengung suchte er jeden Fehler und die geringste Schwäche zu meiden, weil er davon überzeugt war, dass er dann Zielscheibe des Spottes werde. Gegenüber seinen Vorgesetzten forderte er hartnäckig ein, die Kollegen abzumahnen. Der resultierende jahrelange berufliche Dauerstress führte immer mehr zur Erschöpfung, die er aber auch nächsten Angehörigen nicht mitteilen konnte. Er glaubte, vor seiner Frau als schwach dazustehen und formulierte die Sorge, von ihr nicht mehr geachtet oder gar verspottet zu werden. Fernerhin befürchtete er, gegenüber seinen Kindern an Autorität zu verlieren.

Aus einer türkischen Immigrantenfamilie stammend, hatte er eine sehr restriktive, rigide und einengende Erziehung genossen. Bereits als 5-Jähriger wurde er angehalten, im Stehimbiss der Eltern mitzuarbeiten, mit Beginn der Schulzeit wurde er zum Hoffnungsträger für den sozialen Aufstieg der ganzen Familie. Seine Eltern vermittelten ihm die Sicht, in der deutschen Gesellschaft nur durch äußerste Härte und größtmögliche Leistung überleben zu können. Schonung erfuhr er nur, wenn er unter quälenden Kopfschmerzen litt.

Seine Befürchtung, ausgegrenzt und zurückgewiesen zu werden, drohte im Setting einer psychotherapeutischen Station Realität zu werden, indem er seine Mitpatienten in Bezug auf Reinlichkeit, Ordnung und Einhaltung von Nichtraucherzeiten hartnäckig kontrollierte und sie beschuldigte, ihn mit Regelübertretungen persönlich ärgern zu wollen. Er reichte Beschwerdeschreiben bei der Klinikleitung ein.

Fazit für die Praxis

Ausgeprägtes Misstrauen, Argwohn sowie die Überzeugung, sich in einer missgünstigen oder feindseligen Welt behaupten zu müssen, zeichnet die paranoide Persönlichkeitsstörung aus.

Weitere Merkmale sind eine sensitive Empfindlichkeit gegenüber vermeintlichen Zurücksetzungen und Kränkungen, nagender Groll sowie eine expansiv-aggressive Tendenz, sich gegenüber vermeintlichen Angriffen zur Wehr zu setzen.

Typische Problemfelder liegen am Arbeitsplatz, besonders typisch sind paranoide Persönlichkeiten, die sich als Mobbing-Opfer erleben. Aber auch nahe stehenden Menschen können sie nicht vertrauen.

Von forensischer Bedeutung sind querulatorische Entwicklungen sowie paranoid-antisoziale Entwicklungen mit feindselig-kämpferischem Verhalten bis hin zu Gewalttaten.

4.1.6 Differenzialdiagnose und Komorbidität

Die paranoide Persönlichkeitsstörung ist von der wahnhaften Störung mit Verfolgungswahn abzugrenzen, die sich durch umschriebene und nicht mehr einfühlbare paranoide Vorstellungen auszeichnet. Bei der paranoiden Persönlichkeitsstörung entsteht hingegen häufig ein durchaus realer Teufelskreis von Selffulfilling Prophecies, denn Misstrauen, Argwohn, Unterstellungen und rigide Kontrolle anderer Menschen führen nicht selten dazu, dass der paranoide Mensch gemieden wird und ihm gegenüber Informationen zurückgehalten werden.

Fernerhin ist die paranoide Persönlichkeitsentwicklung vom Eifersuchtswahn abzugrenzen, wie er infolge kortikaler Schädigungen bei chronischer Alkoholabhängigkeit zuweilen beobachtet wird.

Es gibt keine empirischen Befunde dafür, dass sich eine Häufung der paranoiden Persönlichkeitsstörung im Vorfeld oder als komorbide Störung von Wahnstörungen oder schizophrenen Erkrankungen findet. Bei paranoiden Persönlichkeiten finden sich gehäuft somatoforme Schmerzstörungen und eine Agoraphobie.

Auf dem Gebiet der Persönlichkeitsstörungen gibt es Überlappungen besonders mit der narzisstischen und der zwanghaften Persönlichkeitsstörung.

4.1.7 Weiterführende Diagnostik

Die Anwendung strukturierter Interviews wie die International Personality Disorder Examination (IPDE; Loranger et al. 1996) und das Standardisierte Klinische Interview zur Diagnostik psychischer Störungen (SKID II; Wittchen et al. 1997) können zur Sicherung der Diagnose beitragen.

4.1.8 Psychotherapie

Britta Wenning, Sabine C. Herpertz

Allgemeine Therapieziele

Menschen mit einer paranoiden Persönlichkeitsstörung stellen eine große Herausforderung für einen Psychotherapeuten dar. Ihre Persönlichkeitsstruktur führt dazu, dass sie ihre Mitmenschen als kränkend, feindselig oder bedrohlich wahrnehmen. Sie machen andere für ihre Probleme verantwortlich, weshalb sie immer wieder in Konflikte geraten oder sich in die Isolation zurückziehen. Aufgrund dieser Externalisierungstendenz leiden häufig nahe Bezugspersonen mehr unter den Beziehungsproblemen der paranoiden Persönlichkeiten als diese selber, so dass die Betroffenen auch nur selten Änderungsbedarf sehen. Begeben sie sich dennoch in Behandlung, sind meist Krisensituationen oder auch somatoforme Störungen die Auslöser.

Dem Grundsatz folgend, den Patienten dort abzuholen, wo er steht, sollte der Therapeut nicht eine direkte Persönlichkeitsveränderung des Patienten anstreben. Dieser Intention würden sich paranoide Patienten in der Regel zu Beginn der Behandlung ohnehin widersetzen. Millon (1981) nennt daher folgende Therapieziele: Den Patienten **von seinem Misstrauen befreien** und ihm zeigen, dass er seine Ängste so mitteilen kann, dass seine Mitmenschen nicht mit Erniedrigung und Unverständnis reagieren. Im Gefolge wird es darum gehen, **soziale Kompetenzen** zu verbessern bzw. aufzubauen. Begleitend sollte versucht werden, irritierende Umweltfaktoren zu identifizieren und gegebenenfalls zu reduzieren. Die klinische Erfahrung zeigt, dass Vertrauen in Beziehungen und Bindungskompetenzen am ehesten durch die Erfahrung einer sicheren, unterstützenden therapeutischen Beziehung und einer kontinuierlichen Bearbeitung aktueller Krisen- und Konfliktsituationen aufgebaut werden kann (s. u.).

Therapeutische Beziehung und Gesprächsführung

Für den Therapieerfolg und die weitere Prognose ist entscheidend, ob es gelingt, eine tragfähige und vertrauensvolle therapeutische Beziehung aufzubauen und zu festigen (Herpertz und Saß 2002). Dies gestaltet sich allerdings häufig schwierig, da die Betroffenen enge Beziehungen und Intimität fürchten. Zur Überwindung von

Misstrauen und Argwohn ist daher eine klare „professionelle" Haltung notwendig: Therapeuten sollten den Patienten mit Geduld, Ehrlichkeit und Respekt begegnen, sie sollten Humor und Ironie ebenso vermeiden wie zu viel zwischenmenschliche Wärme (The Quality Assurance Project 1990). Es ist wichtig, weder mit dem Patienten in missbilligende oder aggressive Diskussionen über seine Erfahrungen zu geraten noch ihm fälschlicherweise zuzustimmen, wenn er es verlangt. Therapeuten sollten versuchen, die **Balance** zu halten zwischen **Neutralität** in Bezug auf die verzerrten Ansichten über andere und **Sorge und Verständnis** für die Lage des Patienten. Gelingt dies nicht, besteht die Gefahr, dass paranoide Patienten therapeutische Interventionen leicht als verurteilend und kränkend erleben und die Behandlung frühzeitig abbrechen.

Kasuistik

Eine 40-jährige Patientin nimmt im Rahmen ihrer stationären Psychotherapie an der ersten Gruppentherapie teil. Sie gibt an, dass sie nicht wisse, was richtig sei, was sie tun solle. Im weiteren Verlauf der Gruppe bricht aus ihr heraus, sie könne nicht teilnehmen, sie habe ein Problem mit der Leiterin, könne dies aber nicht in der Gruppe besprechen. Um eine aggressive Diskussion zu vermeiden, vereinbart die Leiterin im kurzen Zweiergespräch mit der Patientin, dass diese ihre Gedanken und Gefühle in einem Brief niederschreibt, um diesen anschließend zu besprechen. Der Brief enthält Anklagen, Vorwürfe und enttäuschte Erwartungen. Bevor jedoch das Gespräch stattfinden kann, kommt es in der nächsten Gruppe zu einem Ausbruch der Patientin: Sie wirft sich auf den Boden und ruft, die Therapeutin solle ihr vom Leib bleiben. Sie bestimme doch, wo es in der Gruppe langgehe. Indem die Therapeutin entgegnet, dass dies richtig sei, dass sie den Rahmen und die Grenzen bestimme, aber dass die Patientin ihren Platz in der Gruppe habe und sie mit ihr arbeiten möchte, korrigiert sie die verzerrte Sichtweise der Patientin und erneuert gleichzeitig ihr Beziehungsangebot. Die Patientin sieht sich zunächst nicht in der Lage, weiterhin an der Gruppe teilzunehmen, kann aber das Angebot eines gemeinsamen Gespräches im Beisein ihrer Einzeltherapeutin annehmen. Hier berichtet sie, dass sie sich von der Gruppenleiterin ähnlich zurückgesetzt fühle wie von ihrer Mutter und dass sie einen „Geschwisterneid" in der Gruppe erlebe.

Psychoedukation

Psychoedukative Maßnahmen kommen den Besonderheiten der paranoiden Persönlichkeitsstörung entgegen: Aufbauend auf einer tragfähigen therapeutischen Beziehung tragen sie „zur Entängstigung bei" und geben „besonders misstrauischen, sozial ängstlichen oder affektiv instabilen Patienten Halt und einen Orientierungsrahmen mit mäßigem Anspruch an Nähe und Beziehungsintensität" (Schmitz 2000). Auf einer sachlichen Ebene werden gemeinsam zunächst Merkmale sowie Stärken und Schwächen, anschließend die zwischenmensch-

lichen Problemsituationen einer wachsamen Persönlichkeit herausgearbeitet. Besondere Beachtung sollten das Selbstbild, das Bild über die Mitmenschen sowie Hauptannahmen, -strategien und -affekte finden (Beck und Freeman 1993).

Kognitiv-behavioral-emotionales Profil der paranoiden Persönlichkeitsstörung:
- **Selbstbild:** Sie sehen sich selbst als aufrichtig und anständig und glauben gleichzeitig, unzulänglich, unvollkommen und untauglich zu sein.
- **Bild über Mitmenschen:** Sie betrachten andere Menschen als Betrüger, Verräter und Verschwörer, die sie manipulieren, demütigen und diskriminieren wollen.
- **Hauptannahmen:** „Ich bin anderen Menschen gegenüber verletzlich", „Ich kann anderen Menschen nicht trauen", „Ich muss immer auf der Hut sein", „Andere Menschen sind unfreundlich, täuschen mich, sie wollen mich hintergehen und ausnutzen".
- **Hauptstrategien:** Sie sind wachsam, vorsichtig und misstrauisch. Sie suchen jederzeit nach Hinweisen, die angenommene verdeckte Motive oder Feinde entlarven.
- **Hauptaffekte:** Sie spüren Ärger über die angeblich schlechte Behandlung und eine quälende Angst vor wahrgenommener Bedrohung.

Sodann erfährt der Patient, wie sein individueller Stil auf der interpersonellen Ebene einen sich selbst aufrecht erhaltenden Teufelskreis bewirkt: Da sein misstrauisches Verhalten für seine Mitmenschen nicht nachvollziehbar ist, erzeugt er erst recht Ablehnung und Misstrauen, wodurch er sich in seinen Grundannahmen und Strategien bestätigt fühlt und sie auch zukünftig anwenden wird. In dieser Behandlungsphase wird dem Patienten die Freiheit gelassen zu entscheiden, „inwieweit er sich mit den erarbeiteten Informationen auch im persönlichen Bezug auseinandersetzen" (Schmitz 2000) und konkrete Schritte zur Förderung seiner psychosozialen Fertigkeiten unternehmen möchte (s. u.).

Spezifische Behandlungsansätze

Unabhängig von der therapeutischen Ausrichtung gilt die paranoide Persönlichkeitsstörung als besonders schwer zu behandeln. Übereinstimmung besteht in den verschiedenen Therapieschulen ebenfalls darin, eine **supportive Behandlungsform** zu favorisieren, in der aktuelle Krisen- und Konfliktsituationen besprochen werden.

Psychodynamische Ansätze

Verschiedene Autoren (The Quality Assurance Project 1990, Meissner 1978) weisen darauf hin, zunächst sehr zurückhaltend in der Anwendung von Übertragungsdeutungen zu sein, da diese die paranoiden Gefühle und Vorstellungen intensivieren könnten. Vielmehr benötige der Patient Transparenz und Sachlichkeit, damit ihm sämtliche Ziele und Interventionen sinnvoll erscheinen und er sich auf die Behandlung einlassen könne. Biographische Bezüge sollten nur zur Entlastung des Patienten, nicht aber für Deutungen genutzt werden: Sein Misstrauen und seine latente Aggressivität seien lebensgeschichtlich verständlich, als Schutz- und Abwehrfunktion sinnvoll, jedoch heutigen Interaktionspartnern gegenüber nicht angemessen (Herpertz und Saß 2002). Freeman und Gunderson (1989) ermutigen, in der Besprechung aktueller **Beziehungserfahrungen** auch gefühlsmäßige Aspekte zu thematisieren. Beginnend mit Ängsten und Befürchtungen, stelle insbesondere die Bearbeitung von Schuld- und Schamgefühlen einen wichtigen Meilenstein in der Therapie dar.

Kognitiv-behaviorale Ansätze

In der kognitiven Therapie werden zu Beginn **konkrete Problemsituationen** bearbeitet, um das Gefühl der Eigeneffizienz zu erhöhen. Dieses Vorgehen beruht auf der Annahme, dass paranoide Menschen daran zweifeln, effektiv mit anderen umgehen zu können bzw. Täuschungen und Angriffe der Mitmenschen zu durchschauen und verhindern zu können (Beck und Freeman 1993). Gleichzeitig seien sie überzeugt, einigermaßen überleben zu können, seien sie nur vorsichtig und wachsam genug. Gelinge es in der Therapie nun, Fertigkeiten zur Lösung aktueller Konfliktsituationen aufzubauen und somit das Gefühl der Eigeneffizienz zu stärken, könnte der Patient seine Wachsamkeit und Abwehrhaltung schrittweise abbauen. Dies wird sich auch förderlich auf die Zusammenarbeit in der Therapie auswirken: Im weiteren Verlauf sollte es dem Patienten immer mehr möglich sein, sich zu öffnen, eigene Schwächen anzuerkennen und Vertrauen in den Therapeuten zu setzen. Unter dieser Voraussetzung können weitere kognitive und **verhaltenstherapeutische Techniken** wie Protokolle über dysfunktionale Gedanken, Kontinuumstechnik, Verhaltensexperimente oder Kommunikationstraining eingesetzt werden, um automatische Gedanken zu modifizieren, eine Neubewertung der eigenen Kompetenzen vorzunehmen oder eine realistischere Einschätzung über die Absichten und Handlungen anderer Menschen zu entwickeln. In diesem Zusammenhang sollten insbesondere die Auswirkungen des misstrauischen und unfreundlichen Verhaltens des Patienten auf seine Mitmenschen Beachtung finden. Nicht selten fühlen sich diese in Frage gestellt und gekränkt, so dass sie ihrerseits mit Argwohn und Ablehnung reagieren. Dies ihm entgegengebrachte Verhalten führt dazu, dass sich der Patient in seinen Annahmen bestätigt fühlt, der Teufelskreis schließt sich.

Begleitend zu den ausgeführten Interventionen sollten ungünstige und irritierende Umweltsituationen im Privatleben oder Beruf identifiziert werden, um sie nach Möglichkeit zu verändern oder auch zu verlassen. Beispielsweise lassen sich nicht in jedem Fall familiäre Konfliktsituationen lösen, so dass der Auszug aus dem Elternhaus eine sinnvolle Alternative für einen jungen Patienten darstellen könnte.

Behandlungsrahmen

Zu Beginn der Behandlung ist zur Förderung einer tragfähigen therapeutischen Beziehung und zur Förderung der Perspektivenübernahme ein Einzelsetting zu empfehlen. Im weiteren Verlauf, insbesondere zum Aufbau sozialer Kompetenzen, sollte ein Gruppensetting in Erwägung gezogen werden. Gruppentherapie und die dort entstehenden interaktionellen Konfliktsituationen bieten die Möglichkeit, reale Aspekte der Wahrnehmung und Gedanken zu bestätigen sowie die paranoiden Ideen zu überprüfen.

Fazit für die Praxis

Therapeuten sollten ihr Hauptaugenmerk auf den Aufbau einer tragfähigen und vertrauensvollen Beziehung richten.
Unabhängig von der therapeutischen Ausrichtung sind supportive Interventionen zu bevorzugen.
Inhaltlich ist auf die Lösung aktueller Krisen- und Konfliktsituationen zu fokussieren.

Mögliche Fehler und Probleme

Die paranoide Persönlichkeitsstörung wird zu selten diagnostiziert!
Da sich paranoide Persönlichkeiten selten wegen ihres spezifischen Beziehungsstils, sondern wegen somatoformer Schmerzsyndrome oder auch Angststörungen psychotherapeutische Hilfe suchen, werden paranoide Persönlichkeitsmerkmale nicht erkannt. Misstrauen, eine hohe Empfindsamkeit gegenüber Benachteiligungen, eine ständige Kontrolle der Glaubwürdigkeit und Loyalität anderer Menschen sowie eine hohe Konfliktbereitschaft sollten an eine paranoide Persönlichkeitsentwicklung denken lassen.
Paranoide Persönlichkeitsmerkmale werden besonders bei Menschen mit narzisstischer Persönlichkeitsstörung übersehen.
Hinter den Größenphantasien und dem anspruchsvollen, arroganten Verhalten narzisstischer Persönlichkeiten werden die Angst vor Erniedrigung und Verspottung sowie das Erleben einer feindseligen, bedrohlichen Umwelt übersehen, die für die paranoide Persönlichkeitsstörung typisch sind.
Bei anhaltenden Klagen über Mobbing an verschiedenen Arbeitsplätzen ist an eine paranoide Persönlichkeitsstörung zu denken!
Das feindselige Verhalten von Arbeitskollegen kann auch Folge des spezifischen Beziehungsstils paranoider Persönlichkeiten sein. Paranoide Persönlichkeiten verweigern die Reflexion eigener Verantwortlichkeiten an zwischenmenschlichen Problemen.

> Therapeutisch sind folgende Fehler und Probleme zu beobachten:
> Der Patient sollte nicht zur Selbstenthüllung gedrängt werden.
> Auf den Einsatz von Übertragungsdeutungen sollte verzichtet werden.
> Realistische Wahrnehmungen und Interpretationen des Patienten sollten nicht geleugnet werden.

Was hat sich in den letzten 5 Jahren verändert?

> Die paranoide Persönlichkeitsstörung ist bisher nicht Gegenstand systematischer empirischer Untersuchungen geworden. Nicht zuletzt deshalb sind Veränderungen in der Konzeptbildung nicht zu verzeichnen.

Literatur

Beck AT, Freeman A (1993) Kognitive Therapie der Persönlichkeitsstörungen. 2. Auflage, Beltz PsychologieVerlagsUnion, Weinheim

Bernstein DP, Useda D, Siever LJ (1993) Paranoid personality disorder: review of the literature and recommendations for DSM-IV. Journal of Personality Disorders 7:53–62

Bohus M, Stieglitz RD, Fiedler P, Berger M (2000) Persönlichkeitsstörungen. In: Berger M (Hrsg.) Psychiatrie und Psychotherapie. Urban & Schwarzenberg, Muenchen, Wien, Baltimore, S. 772–845

Cameron N (1963) Personality development and psychopathology: a dynamic approach. Houghton Mifflin, Boston

Freeman PS, Gunderson JG (1989) Treatment of personality disorders. Psychiatric Annals, 19:147–153

Herpertz S, Saß H (2002) Persönlichkeitsstörungen. In: Ahrens S & Schneider W (Hrsg.) Lehrbuch für Psychosomatik und Psychotherapie. 2. erweiterte und überarbeitete Ausgabe. Schattauer Verlag, S. 221–244

Kendler KS, Masterson CC, Ungaro R, Davis KL (1984) A family history study of schizophrenia-related personality disorders. American Journal of Psychiatry 141:424–427

Kretschmer E (1921) Koerperbau und Character. Springer, Berlin

Loranger AW, Sartorius N, Andreoli A (1994) The International Personality Disorders Examination. Archives of General Psychiatry 51:215–224

Loranger AW, Susman VL, Oldham HM, Russakoff LM (1996) International Personality Disorder Examination (IPDE): A structural interview for DSM-IV and ICD-10 personality disorders. German Translation by Mombour W et al. New York Hospital Cornell Medical Center, Westchester Divisi White Plain, New York

Meissner WW (1978) The paranoid process. Aronson, New York

Millon T (1981) Disorders of personality: DSM-III, Axis II. Wiley, New York

Millon T, Davis RD (1996) Disorders of personality. DSM-IV and beyond, 2nd edition. Wiley, New York

Morey LC (1988) Personality disorders in DSM-III-R: convergence, coverage, and internal consistencey. American Journal of Psychiatry 145:573–577

Schmitz B (2000) Kognitive Verhaltenstherapie bei Persönlichkeitsstörungen. In: Senf W & Broda M (Hrsg.) Praxis der Psychotherapie. Thieme, Stuttgart, S. 421–439

Schneider K (1923) Die psychopathischen Persoenlichkeiten. Thieme, Leipzig

The Quality Assurance Project (1990) Treatment outlines for paranoid, schizotypical and schizoid personality disorders. Australian and New Zealand Journal of Psychiatry 24, 339–350

Turkat ID, Banks DS (1987) Paranoid personality and its disorder. Journal of Psychopathology and Behavioral Assessment 9:295–304

Wittchen HU, Zaudig M, Schramm E, Spengler P, Mombour W, Klug I, Horn R (1997) Strukturiertes Klinisches Interview für DSM-IV. Beltz Test, Weinheim

4.2 Schizoide Persönlichkeitsstörung

Sabine C. Herpertz, Britta Wenning

4.2.1 Definition

Die diagnostische Kategorie der schizoiden Persönlichkeitsstörung beschreibt Personen mit distanziert-kühlen, schroffen und einzelgängerischen Verhaltensweisen, die über eine nur eingeschränkte emotionale Erlebnis- und Ausdrucksfähigkeit verfügen.

Der Begriff „Schizoidie" geht auf Bleuler (1911) zurück, der bei Angehörigen von schizophrenen Patienten Verhaltensauffälligkeiten wie soziale Isolation oder einen absonderlichen Kommunikationsstil beobachtete. Er nahm eine Übergangsreihe zwischen dem schizoiden Charakter und latenten Verlaufsformen der Schizophrenie mit ihren typischen Denkstörungen und sozialen Dysfunktionen an. Die Annahme eines fließenden Übergangs zwischen Charakterbesonderheiten und psychotischen Erkrankungen finden sich auch in der Vorstellung eines Kontinuums vom schizothymen Temperament über den schizoiden Typus zur schizophrenen Psychose bei Kretschmer (1921). Obwohl der Zusammenhang zwischen Schizophrenie und schizoider Persönlichkeit Gegenstand einer Anzahl von Studien wurde, bleibt die Datenlage doch etwas uneinheitlich. So haben soziale Zurückgezogenheit sowie introvertiertes, scheues und kühles Verhalten keine eindeutige Beziehung zur Schizophrenie gezeigt (Parnas et al. 1982), eher Eigenschaften wie Überempfindlichkeit gegenüber Kritik, Denk- und Kommunikationsstörungen sowie exzentrisches, launenhaftes Verhalten (Spitzer et al. 1979, Parnas et al. 1982).

Der historische Begriff der „Schizoidie" wurde seit DSM-III (APA 1980) in die schizoide und die schizotypische Persönlichkeitsstörung (Kap. 4.9) differenziert, wobei nur noch die letztere Persönlichkeitsmerkmale der Spektrum-Schizophrenie beschreibt. Die schizoide Persönlichkeitsstörung ist im ICD-10 folgendermaßen operationalisiert:

Diagnosekriterien der schizoiden Persönlichkeitsstörung (F60.1) nach ICD-10

Die Störung ist zu diagnostizieren, wenn mindestes 3 Kriterien erfüllt sind:
1. wenige oder überhaupt keine Tätigkeiten bereiten Vergnügen,

2. emotionale Kühle, Distanziertheit oder flache Affektivität,
3. geringe Fähigkeit, warme, zärtliche Gefühle oder auch Ärger anderen gegenüber zu zeigen,
4. anscheinende Gleichgültigkeit gegenüber Lob oder Kritik,
5. wenig Interesse an sexuellen Erfahrungen mit einer anderen Person (unter Berücksichtigung des Alters),
6. übermäßige Vorliebe für einzelgängerische Beschäftigungen,
7. übermäßige Inanspruchnahme durch Phantasie und Introspektion,
8. Mangel an engen Freunden oder vertrauensvollen Beziehungen (oder höchstens zu einer Person) und fehlender Wunsch nach solchen Beziehungen,
9. deutlich mangelnde Sensibilität im Erkennen und Befolgen gesellschaftlicher Regeln.

Fazit für die Praxis

Historische Konzeptionalisierungen der Schizoidie als typische prämorbide Persönlichkeitseigenschaften oder Ausdünnungsformen schizophrener Erkrankungen finden sich heute im Konzept der schizotypischen Persönlichkeitsstörung nach DSM-IV (Kap. 4.9), nicht aber der schizoiden Persönlichkeitsstörung wieder.

4.2.2 Klassifikation

Die schizoide Persönlichkeitsstörung ist in den beiden gängigen Klassifikationssystemen ICD-10 und DSM-IV sehr ähnlich operationalisiert.

4.2.3 Epidemiologie und Risikogruppen

Da schizoide Persönlichkeiten selten psychiatrische oder psychotherapeutische Hilfe suchen, ist ihre Prävalenz in klinischen Populationen gering und wird beispielsweise in der WHO-Untersuchung mit 1,8% unter ambulanten und stationären psychiatrischen Patienten angegeben (Loranger et al. 1994). In der amerikanischen Allgemeinbevölkerung liegt die Häufigkeit der schizoiden Persönlichkeitsstörung nach einer Feldstudie von Kalus et al. (1993) zwischen 0,5% und 1,5%. Spezifische Risikogruppen sind nicht bekannt.

4.2.4 Ätiologie und Risikofaktoren

Biologische Faktoren

Ein biologischer Zusammenhang zwischen schizophrenen Erkrankungen und schizoider Persönlichkeitsstörung konnte nicht bestätigt werden.

Psychosoziale Faktoren

Gesicherte Befunde zur Pathogenese der schizoiden Persönlichkeitsstörung liegen nicht vor, so dass die am meisten verbreiteten, aber im Vergleich zu anderen Persönlichkeitsstörungen insgesamt wenig ausgearbeiteten Theoriebildungen nur kurz zusammengefasst seien.

Psychoanalytisch wurde die zwischenmenschliche Scheu als **Abwehr** gegen nahe und intime Beziehungen oder auch eigene Gefühle der Angst und Wut aufgefasst und mit Störungen der frühen Mutter-Kind-Beziehung in Zusammenhang gebracht. Ausgangspunkt einer schizoiden Persönlichkeitsentwicklung seien mangelhafte Erfahrungen von Intimität, emotionaler und körperlicher Nähe. Hierauf reagieren schizoide Menschen defensiv mit Beziehungsvermeidung sowie mit der Unfähigkeit, Gefühle adäquat wahrzunehmen und zu kommunizieren.

Verhaltenstherapeutische Modelle verweisen auch auf Schwierigkeiten im Umgang mit gefühlvollen Beziehungen, die aus **Lerndefiziten** resultieren, z. B. durch permanente zwischenmenschliche Konfliktvermeidung. In der biosozialen Lerntheorie (Millon und Davis 1996) werden verwöhnende und schonende Verhaltensweisen der Erziehungspersonen angenommen, die das Kind zum Ausweichen vor Belastungen und Reizen veranlassen. Aus Mangel an Erfahrungen mit interpersonellen Situationen verfügen schizoide Persönlichkeiten folglich nicht über die notwendigen Fertigkeiten, befriedigende Beziehungen aufzubauen.

Fazit für die Praxis

Biologische Zusammenhänge zu schizophrenen Spektrumerkrankungen konnten für die schizoide Persönlichkeitsstörung empirisch nicht gesichert werden.

Zur Ätiologie der schizoiden Persönlichkeitsstörung ist wenig Gesichertes bekannt. Diskutiert wird eine Beziehungsvermeidung aus mangelnder Erfahrung emotionaler Nähe bzw. aus unzureichenden Kompetenzen in gefühlhaften Beziehungen heraus.

4.2.5 Symptomatik

Der Kommunikationsstil schizoider Persönlichkeiten ist unempathisch, spröde, schroff, so dass sie von anderen Menschen **distanziert** oder auch uninteressiert, gleichgültig erlebt werden. Ihre Gestik wirkt verschlossen, z.T. steif und ungelenk, ihr Ausdrucksverhalten entbehrt alles, was eigene Gestimmtheit mitteilen oder Bezogenheit auf den Gesprächspartner ausdrücken könnte. Der Affekt des Schizoiden ist **kühl** und resultiert aus der Unfähigkeit zur Produktion eines warmen Gefühls. Schizoide Menschen leben zurückgezogen, verfügen häufig nur über vereinzelte Kontakte zu anderen Menschen und kaum je über wirkliche Bindungen. Sie entwickeln keine Neugierde auf andere Menschen, vielmehr wird Zusammensein mit anderen als langweilig oder fremdartig erlebt. Sie beschreiben sich selbst als „Kopfmenschen", die keinen anderen Menschen brauchen und am liebsten allein sind. Wenn partnerschaftliche Beziehungen überhaupt eingegangen werden, so bleiben sie distanziert und der Grad der Nähe wird fixiert durch Regeln und Rituale. Ihre Genussfähigkeit ist eingeschränkt und sie sind nicht oder nur intellektuell zugänglich für Reize, die bei anderen Menschen Emotionen der Freude, der Wut, der Angst oder auch der Trauer auslösen. Es dominiert eine Unberührbarkeit gegenüber emotionalen Reizen aus der Umwelt.

Der gezeichnete Prototyp einer schizoiden Persönlichkeit begibt sich kaum in Behandlung, er leidet nicht unter seiner Kontaktarmut und seiner sonderlinghaften Lebensweise. Häufiger haben wir es mit Menschen zu tun, deren schizoide Züge mäßig ausgeprägt sind. Sie empfinden ihr Leben als zunehmend öde und sinnlos und leiden unter ihrer mangelnden Erlebnisfähigkeit in partnerschaftlichen Beziehungen und ihrer Unfähigkeit, Nähe herzustellen und zu genießen. Depressive Verstimmungen stellen sich gewöhnlich im Rahmen von gescheiterten Beziehungsversuchen ein.

Kasuistik

Es stellt sich ein 38-jähriger Betriebswirt mit dem Wunsch einer stationären Psychotherapie vor. Er wirkt in der ersten Kontaktaufnahme unruhig, unnahbar, stellt kaum Blickkontakt her. Nähere Informationen zu seinen Problemen sind nur durch viele Nachfragen erhältlich. Er berichtet, unter einer zunehmenden Isolierung zu leiden. Während der Studentenzeit habe er lockeren Kontakt zu einer Studentenverbindung gehabt, am Wochenende habe er recht regelmäßig an Treffen teilgenommen, bei denen er – nach Genuss einiger Gläser Bier – auch aufgetaut sei und sich an den Gesprächen beteiligt habe. Auch wenn er sich damals schon irgendwie anders als seine Kommilitonen erlebt habe, so habe er sich selbst beruhigt mit seinen Fortschritten im Studium, mit seinem Verbindungsleben und schließlich auch damit, dass Frauen an ihm interessiert gewesen seien und es auch einige kurze Kontakte gegeben hätte. Solche partnerschaftlichen Beziehungsversuche seien allerdings nie von aufregenden sexuellen Erlebnissen oder gar intensiveren Gefühlen begleitet gewesen, wie er dies von anderen jungen Männern gehört habe, und die Frauen hätten sich bald enttäuscht von ihm abgewandt und ihm vorgeworfen, in seiner Nähe zu erfrieren. Die Trennungen hätten ihn wenig berührt, bis vor einem halben Jahr eine Frau nach 2-jähriger Partnerschaft ihn verlassen hätte. Zu dieser Frau habe er sich mehr hingezogen gefühlt, er habe ihre Eigenständigkeit und Ausgeglichenheit bewundert. Es sei sogar von Heirat und Familiengründung die Rede gewesen, schließlich hätten die meisten Bekannten und Arbeitskollegen inzwischen eine Familie. Er sei aber doch immer wieder davor zurückgeschreckt, sich eine gemeinsame Wohnung zu suchen und eines Tages hätte sie ihn wegen eines anderen Mann verlassen. Sehe er heute in die Zukunft, so wisse er nicht, welche Ziele er noch verfolgen könne und wer oder was ihm überhaupt etwas im Leben bedeuten könne.

Fazit für die Praxis

Die führenden Merkmale der schizoiden Persönlichkeitsstörung sind Kühle und Distanziertheit im zwischenmenschlichen Kontakt, eingeschränkte emotionale Erlebnis- und Ausdrucksfähigkeit sowie scheues, skurriles, sonderlinghaftes Verhalten.

Behandlung suchen typischerweise Menschen mit mäßig ausgeprägten schizoiden Zügen, die unter ihrer Unfähigkeit leiden, nahe Beziehungen zu anderen Menschen herstellen und genießen zu können.

4.2.6 Differenzialdiagnose und Komorbidität

Die schwierigste Differenzialdiagnose ergibt sich zu leichteren Formen der **Asperger-Störung**, die ebenfalls durch eine anhaltende Beeinträchtigung in der sozialen Interaktion gekennzeichnet ist. Allerdings finden sich bei letzterer repetitive Verhaltensmuster sowie eine Einengung der Interessen und Aktivitäten. Eine schizoide Persönlichkeitsstörung ist auch abzugrenzen von schizophrenen Persönlichkeitswandlungen, die sich durch Kontaktscheue und Anhedonie auszeichnen, daneben häufig auch Züge des schizophren Eigentümlichen, Unzugänglichen und Uneinfühlbaren aufweisen.

Im Bereich der Persönlichkeitsstörungen sind Schizoide insbesondere von selbstunsicheren und schizotypi-

	Kontaktschwäche soziale Isoliertheit Einzelgängertum		
	schizotypische PS	schizoide PS	selbstunsichere PS
Motivationshintergrund	soziale Ängstlichkeit bis hin zu paranoiden Befürchtungen	Desinteresse an zwischenmenschlichen Kontakten	Angst vor Kritik, Zurückweisung und Beschämung
begleitende Symptome	Verzerrungen in Denken und Wahrnehmung skurrile, exzentrische Verhaltensweisen	mangelnde emotionale Erlebnisfähigkeit	Minderwertigkeitsgefühle, nagende Selbstzweifel Entscheidungsunfähigkeit

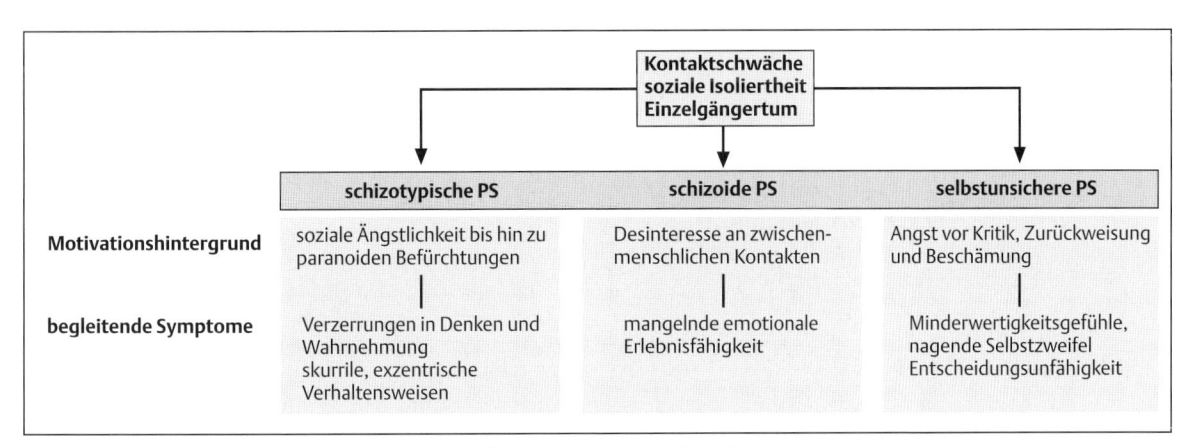

Abb. 4.1 Differenzialtypologie in Verbindung mit dem Symptom „Soziale Isoliertheit".

Diagnose	Phänomenologie	Auslöser
schizoide PS	Leben wird als öde und sinnlos erlebt, Leiden unter mangelnder Erlebnis- und Genussfähigkeit, Leiden unter der Unfähigkeit, nahe Beziehungen herzustellen.	gescheiterte Beziehung
Borderline-PS	Gefühl völligen Verlassenseins, anaklitische Depression, Leeregefühle, Gefühl böse und inakzeptabel zu sein. Vermischung von Angst, Ärger und Verzweiflung.	Ambivalenz zwischen Wunsch nach Nähe und Angst vor Identitätsverlust
histrionische PS	Enttäuschung, Erschöpfung, nagende Selbstwertzweifel, Gefühl der Selbstentfremdung, Langeweile.	Trennungen, Niederlagen, Lebensmitte
zwanghafte PS	Befürchtungen zu versagen, Überforderung, Schuldgefühle, Erschöpfung, fühlt sich gekränkt und missachtet.	Überforderung, Kränkungserlebnisse
selbstunsichere PS	Erleben von Versagen, Minderwertigkeit, Einsamkeit, Gefühle des Nicht-dazu-Gehörens, Ausgestoßensein, quälende Ambivalenz wischen Beziehungswunsch und Zurückweisungsangst, Gefühle von Beschämung, der Lächerlichkeit preisgegeben zu sein.	soziale Versagens- und Beschämungssituationen, Verführungssituationen
dependente PS	Gefühl völliger Hilflosigkeit und Schutzlosigkeit, Gefühl innerer Zerstörtheit, Passivität.	Trennung, Tod, Alleinsein
narzisstische PS	Beschämung, Gefühl der Wertlosigkeit, Stimmungswechsel in Abhängigkeit vom Selbstwertgefühl, verzweifelte Verstimmung vermischt sich mit Enttäuschungswut.	Kränkungen in Trennungssituationen, Niederlagen in kompetitiven Situationen, Lebensmitte

Abb. 4.2 Unterschiede im depressiven Erleben in Abhängigkeit von der Persönlichkeitsstörung.

schen Persönlichkeiten abzugrenzen, da eine Überlappung hinsichtlich der Symptomatik „soziale Isoliertheit" vorliegt (Abb. 4.1). Schizoide und selbstunsichere Personen leben zurückgezogen und isoliert; während aber der selbstunsichere Mensch aus Angst vor Kritik und Ablehnung soziale Kontakte meidet, ist der Schizoide eher gleichgültig gegenüber seinen Mitmenschen und richtet seine Interessen auf Hobbies oder intellektuelle Inhalte aus. Unterschiede zur schizotypischen Persönlichkeitsstörung, mit der der Schizoide Isoliertheit und mangelnde Erlebnisfähigkeit teilt, liegen in der hohen sozialen Ängstlichkeit, in Verzerrungen des Denkens und des Wahrnehmens sowie in skurrilen, exzentrischen Verhaltensweisen auf Seiten der schizotypischen Persönlichkeitsstörung.

An komorbiden Erkrankungen findet sich am häufigsten eine Major Depression, die zumeist der Grund darstellt, therapeutische Hilfe zu suchen. Dabei zeigt das depressive Erleben bestimmte Charakteristika, die sich von dem bei anderen Persönlichkeitsstörungen unterscheidet (Abb. 4.2).

Fazit für die Praxis

Eine klinisch-therapeutisch wichtige Differenzialdiagnose ergibt sich zum Asperger-Autismus, zuweilen auch zu schizophrenen Persönlichkeitswandlungen.

Die Differenzialtypologie zur selbstunsicheren und schizotypischen Persönlichkeitsstörung beruht auf der genauen Analyse der motivationalen Hintergründe für das Einzelgängertum (Abb. 4.1).

4.2.7 Weiterführende Diagnostik

Zur Abgrenzung der schizoiden Persönlichkeitsstörung von einer schizophrenen Spektrumerkrankung im Sinne einer schizotypischen Persönlichkeit, einer schizophrenen Persönlichkeitswandlung im Rahmen von Defektsyndromen oder auch in Vorläuferstadien psychotischer Erkrankungen kann die Bonner Skala für die Beurteilung von Basissymptomen (Gross et al. 1987) Anwendung finden, die hilft, auch leichtere formale Denkstörungen sowie Wahrnehmungsstörungen der verschiedenen sensorischen Modalitäten zu identifizieren.

4.2.8 Psychotherapie

Britta Wenning, Sabine C. Herpertz

Allgemeine Therapieziele

Diese Patienten suchen nur sehr selten einen Therapeuten auf. Erst schmerzhafte oder ängstigende Veränderungen in ihren Lebensumständen (z. B. Verlust der einzigen nahe stehenden Person) oder komorbide Achse-I-Störungen wie Depressionen oder soziale Phobien bringen sie in psychotherapeutische Behandlung. Kriseninterventionen sollten auf die akuten Symptome fokussieren (Kap. 5.11) und nicht das Ziel einer verbesserten sozialen Anpassung verfolgen. Kommt der schizoide Patient wegen einer spezifischen psychischen Störung in Behandlung, so obliegt es dem Therapeuten, kritisch zu prüfen, ob er beispielsweise ausschließlich die Depression behandelt oder auch die Problematik der schizoiden Lebensweise behutsam zur Sprache bringt. Wegen ihrer schizoiden Persönlichkeitseigenarten kommen in der Regel nur Menschen mit mäßiggradiger Ausprägung in Behandlung. Diese erleben ihr Leben zunehmend als sinnlos und leer oder leiden unter ihrer Beziehungsunfähigkeit und eingeschränkten Genussfähigkeit.

Das erste Therapieziel wird darin liegen, eine **tragfähige, vertrauensvolle therapeutische Beziehung** aufzubauen, so dass später dieses Beziehungsmodell auf Interaktionen mit anderen Menschen übertragen werden kann. Ist dies gelungen, so sollte in der zweiten Therapiephase der Fokus auf die **Beziehungsangst** und den **defizitären Beziehungsstil** gelegt werden. Der Patient sollte behutsam darin unterstützt werden, sein Rückzugsverhalten und sein Einzelgängertum ansatzweise aufzugeben und zwischenmenschliche Kontakte oder soziale Aktivitäten aufzubauen. Hier wird vor allem auch eine Stärkung der sozialen Fertigkeiten notwendig sein. Sodann wird auch das dritte Therapieziel zunehmend an Bedeutung gewinnen, nämlich die Bereitschaft, sich für **emotionale Erfahrungen** zu öffnen. In diesem Zusammenhang ist die Förderung von Affektwahrnehmung, -differenzierung und -ausdruck ein wichtiger Schwerpunkt.

Therapeutische Beziehung und Gesprächsführung

Es gibt bislang keine generellen Regeln für die Gestaltung der therapeutischen Beziehung in der Behandlung einer schizoiden Persönlichkeit; als hilfreich hat sich allerdings erwiesen, die Behandlung nach dem Tempo und der Individualität des Patienten auszurichten (The Quality Assurance Project 1990). Das gewöhnlich ausgeprägte Autonomiebedürfnis des schizoiden Menschen, sein Distanzbedürfnis und seine Näheängste sollten in der therapeutischen Beziehung besondere Berücksichtigung finden. Zu empfehlen ist deshalb, zunächst einen **sachlichen, zurückhaltenden Gesprächsstil** einzunehmen und dem Patienten die Nähe-Distanz-Regulation in der therapeutischen Beziehung zu überlassen. Dies kann etwa dazu führen, dass die Sitzungen von ausgedehnten Phasen des Schweigens gekennzeichnet sind und der Patient nur auf geduldiges Nachfragen hin berichtet. Erst im weiteren Verlauf sollte der Therapeut verstärkt als Modell für eine (erfahrungs)offene und interessierte Beziehungsgestaltung dienen, in der auch Gefühlserleben und -ausdruck eine Bereicherung darstellen.

Psychoedukation

Zur Erhöhung der Compliance ist eine ausgedehnte ressourcenorientierte und stützende Informations- und Motivierungsphase einzuplanen. Im Einzelfall wird die gesamte Behandlung aus diesen Strategien bestehen:
- gemeinsames Erarbeiten der Funktionalität sowie der Dysfunktionalität der Isolation des Patienten: Sinnhaftigkeit und Schutz versus mangelnde Unterstützung,
- Analyse des **individuellen Feedback-Kreislaufs** bestehend aus geringen sozialen Interaktionen, eingeschränkten sozialen Fertigkeiten, Misserfolgen bei versuchter Kontaktaufnahme und folgendem verstärkten Rückzug,
- Verdeutlichung des Wertes zwischenmenschlicher Beziehungen,
- Besprechung von Möglichkeiten, die Umweltbedingungen den eigenen Möglichkeiten und Bedürfnissen besser anzupassen.

Im weiteren Verlauf wird es darum gehen, vorsichtige Versuche des Patienten zur Kontaktaufnahme bzw. zur Intensivierung bestehender Beziehungen anzuerkennen und zu fördern, aber auch die Beendigung leidvoller, belastender Beziehungen zu unterstützen. Bei einem begrenzten Anteil der Patienten kann allerdings der Therapieerfolg in einer Akzeptanz und zufriedenstellenderen Gestaltung des Alleinseins bestehen.

Spezifische Behandlungsansätze

Psychodynamische Ansätze

Aus psychoanalytischer Sicht ist die schizoide Persönlichkeit durch den Versuch charakterisiert, das Selbst durch Rückzug von realen Beziehungen vor Ablehnung zu schützen. Diese defensive Struktur wurde mit Störungen der frühen Mutter-Kind-Beziehung in Verbindung gebracht. Der objektpsychoanalytische Ansatz beruht auf der Annahme, dass gesunde Selbstentwicklung nur dialogisch in Beziehungen und emotionaler Wechselwirkung entstehen kann (Kohut 1979). Um eine substanzielle Änderung zu ermöglichen, muss – diesem Ansatz folgend – mit der therapeutischen Beziehung eine bedeutsame emotionale Beziehung aufgebaut werden, die besser an die **emotionalen Bedürfnisse** des Patienten angepasst ist als diejenigen, die originär die defensive Isolation hervorgerufen haben. Ebenfalls bestehe die Notwendigkeit, mit den frühen emotionalen Bedürfnissen und deren Nicht-Beachtung oder -Erfüllung in Berührung zu kommen (The Quality Assurance Project 1990). Dies ermöglicht dem Patienten, seinen **enthaltsamen Lebensstil** als (in der Kindheit) sinnhaften, aber im weiteren Lebensverlauf ungeeigneten und nachteiligen Selbsthilfeversuch nachzuvollziehen.

■ Kasuistik

Ein junger Mann kommt in die stationäre Behandlung, nachdem die zunehmend komplexer werdenden Beziehungen während des Erwachsenwerdens und in der Ausbildung zu einer depressiv-ängstlichen Dekompensation mit fast vollständigem Rückzug aus sozialen Situationen führte. Die Suche nach nicht-ängstigenden Beziehungen begleitet von extremer Unsicherheit bezüglich eigener Gefühle und der Gefühle anderer sowie der Angst vor Ablehnung zog sich durch das bisherige Leben des Patienten.

In einem gemeinsamen Gespräch mit den Eltern wirkte die Mutter emotional flach und hilflos und der Vater fordernd und bestimmend. Aus diesem Eindruck heraus thematisierte der Patient in den folgenden Einzelgesprächen die Beziehung zu seinen Eltern. Der schützende Rahmen ermöglichte ihm eine Wiederbelebung seiner kindlichen Bedürfnisse. Er habe die Reaktionen der depressiven Mutter auf seine Bedürfnisse nach Zuwendung und emotionalem Austausch als völlig unzureichend erlebt. Sie habe unter Depressionen gelitten und sei bis zu seinem 12. Lebensjahr mehrfach in stationär-psychiatrischer Behandlung gewesen; sie habe Kindererziehung eher als Pflicht begriffen. Den Vater habe er als sehr streng und unberechenbar erlebt. Dieser habe sich wenig um die Erziehung gekümmert, er sei für die Bestrafung zuständig gewesen. Der Patient erkannte die Sinnhaftigkeit seines sehr kontrollierenden, bemüht rationalen Umgangs mit Gefühlen, verbunden mit der Suche nach positiver Resonanz auf eigene Gefühlsäußerungen einerseits und der dominierenden Angst vor fehlender Reaktion bzw. Ablehnung andererseits.

Sollte dieses Vorgehen als zu bedrohlich erlebt werden, so wird ein eher interpersoneller Ansatz mit einem zurückhaltenden Einsatz von Deutungen empfohlen (Dammann 2000). Bemerkenswert erscheint der Hinweis, dass sich Therapeuten in der Behandlung schizoider Persönlichkeiten ihrer eigenen Gefühle bewusst sein sollten. Einerseits können sie genutzt werden, um dem Patienten die Gefühle zu beschreiben, die durch ihr Verhalten beim Gegenüber ausgelöst werden können; durch die behutsame Konfrontation mit seinem verbalen, nonverbalen und interaktionellen Verhalten können noch unbewusst ablaufende Dynamiken im Hier und Jetzt aufgegriffen werden. Andererseits ist die Fähigkeit notwendig, durch die Behandlung ausgelöste Gefühle wie Langeweile, Hilflosigkeit, Unfähigkeit oder Frustration selbst zu ertragen.

Verschiedene Autoren weisen auf den besonderen Nutzen von **interaktionell-psychodynamischen Gruppentherapien** zur Verbesserung der Beziehungsfähigkeit hin (Herpertz und Saß 2002, Fiedler 2000). Sie zeichnen sich im Gegensatz zu verhaltenstherapeutischen Gruppenverfahren durch weniger Ziel- und Handlungsorientiertheit aus. Vielmehr können sie ein Beziehungs- und Übungsfeld für das Sich-Öffnen, das Annehmen von Feedback sowie für das Einüben zwischenmenschlicher Kompetenzen und Konfliktlösungsstrategien sein.

Kognitiv-behaviorale Ansätze

Die kognitive Verhaltenstherapie bietet einige spezifische Strategien, die in der Behandlung schizoider Patienten hilfreich sind:

Zur Verbesserung der Selbst-Einsicht bieten sich **Protokolle über dysfunktionale Gedanken** und mit diesen in Zusammenhang stehenden Gefühlen an. Zu Beginn kann es notwendig sein, dem Patienten eine Auflistung angenehmer und unangenehmer Gefühle sowie deren körperliche Korrelate, Ausdrucksmöglichkeiten und Funktionen auszuhändigen. Im weiteren Verlauf lassen sich dann Intensitätsabstufungen der wahrgenommenen Emotionen oder auch Aufzeichnungen der Reaktionen von Mitmenschen auf begrenzte Selbstöffnungen integrieren. Es sollte darauf geachtet werden, sehr differenziert bei Selbst- und Erfahrungsberichten nachzufragen, da diese Patienten zu einer globalen, unspezifischen Sicht- und Ausdrucksweise neigen (Beck et al. 1993). Diese Strategie ermöglicht es dem Patienten, vor dem Hintergrund seiner eingeschränkten Kontakt- und Erlebnisfähigkeit, die möglicherweise vorhandenen – wenn auch geringfügigen – angenehmen Erfahrungen wahrzunehmen.

Die **Stärkung der sozialen Fertigkeiten** sollte durch direktere Interventionen wie Rollenspiele oder In-vivo-Übungen erfolgen. Hier bietet sich insbesondere die Teilnahme an einer sozialen Kompetenzgruppe an.

Aus Sicht verschiedener Therapieschulen hat sich der Einsatz von **Wahrnehmungsübungen** zur Verbesserung der Sensorik und der Körperwahrnehmung z. B. durch Atemübungen und Achtsamkeitsübungen (Thich Nhat Hanh 1995) als wirksam und unterstützend erwiesen.

Behandlungsrahmen

Es sollte im Einzelfall geprüft werden, ob einer Einzel- oder Gruppenbehandlung den Vorzug gegeben wird. Für einige Patienten mag eine Einzeltherapie weniger ängstigend wirken, wenn sie sich nach einer längeren Phase der Isolation in Behandlung begeben und sich zunächst nur einem Menschen öffnen müssen. Für andere hingegen ist die Gruppenbehandlung zu bevorzugen, da hier die Möglichkeit besteht, die Kontaktaufnahme weniger intensiv zu gestalten. Außerdem kann eine Verbesserung der sozialen Kompetenzen vorzugsweise in einer Therapiegruppe erreicht werden. Optimal wäre eine Parallelbehandlung, um ungewohnte oder ängstigende Beziehungserfahrungen mit Gruppenteilnehmern in der Einzelbehandlung auffangen und mit Unterstützung verarbeiten zu können.

Eine Rückfallprävention durch häufige Nachsorgegespräche/-kontakte bietet die Möglichkeit zu verhindern, dass die Patienten wieder in ihre bekannte Isolation zurückfallen.

Fazit für die Praxis

In der Behandlung schizoider Patienten sollte der Therapeut einen sachlichen, zurückhaltenden Gesprächsstil wählen.

Der Fokus ist auf eine Verbesserung von Emotionswahrnehmung und -ausdruck sowie auf eine Lösung des Beziehungskonfliktes zu legen.

Es bietet sich eine Integration psychodynamischer und kognitiv-behavioraler Interventionen an.

Eine Kombination von Einzel- und Gruppentherapien ist zu empfehlen.

Mögliche Fehler und Probleme

Es kommen eher Patienten mit mäßiger schizoider Persönlichkeitsprägung als solche mit dem Vollbild einer schizoiden Persönlichkeitsstörung in die psychiatrisch-psychotherapeutische Behandlung. Sie kommen mit depressiven Syndromen, seltener auch mit psychosomatischen Störungen zur Behandlung.

Der Therapeut sollte nicht versucht sein, dem Patienten gesellschaftliche Werte und Normen wie Freundeskreis und Familie aufzudrängen.

Schizoide Patienten sind häufig unempfänglich für Verstärkung in Form von Lob.

Verbesserungen erfordern viel Zeit.

Hoffnungslosigkeit des Patienten und mangelndes Vertrauen in die Beziehung erschweren das Aufrechterhalten einer warmherzigen, unterstützenden Haltung.

Unzureichende Reflexion über und mangelnde Kompetenz im Umgang mit ausgelösten Affekten wie Hilflosigkeit oder Unverständnis erfordern regelmäßige Supervision.

Was hat sich in den letzten 5 Jahren verändert?

Prospektive Studien unterstützen die Abgrenzung der schizoiden Persönlichkeitsstörung von schizophrenen Spektrumerkrankungen.

Literatur

American Psychiatric Association (1980) Diagnostic and statistical manual of mental disorders, third edition, DSM-III. In: American Psychiatric Association. Deutsche Bearbeitung und Einführung von Koehler K und Saß H. Washington, Weinheim, Basel

Beck AT, Freeman A et al. (1993) Kognitive Therapie der Persönlichkeitsstörungen. PsychologieVerlagsUnion, Weinheim

Bleuler E (1911) Dementia praecox oder Gruppe der Schizophrenien. Deuticke, Leipzig, Wien

Dammann G (2000) Psychoanalytische Therapie bei Persönlichkeitsstörungen – Allgemeines. In: Senf W, Broda M (Hrsg.) Praxis der Psychotherapie. Thieme, Stuttgart, S. 395–406

Fiedler P (2000) Integrative Psychotherapie bei Persönlichkeitsstörungen. Hogrefe, Göttingen

Herpertz S, Saß H (2002) Persönlichkeitsstörungen. In: Ahrens S und Schneider W (Hrsg.) Lehrbuch für Psychosomatik und Psychotherapie. 2. erweiterte und überarbeitete Ausgabe. Schattauer Verlag, S. 221–244

Gross G, Huber G, Klosterkötter J, Linz M (1987) Bonner Skala für die Beurteilung von Basissymptomen. Springer, Berlin, Heidelberg, New York

Kalus O, Bernstein DP, Siever LJ (1973) Schizoid personality disorder: a review of current status and implications for DSM-IV. Journal of Personality Disorders 7:43–53

Kohut H (1979) Die Heilung des Selbst. Suhrkamp, Frankfurt a. M.

Kretschmer E (1921) Körperbau und Character. Springer, Berlin

Loranger AW, Sartorius N, Andreoli A et al. (1994) The International Personality Disorders Examination. Archives of General Psychiatry 51:215–224

Millon T, Davis RD (1996) Disorders of personality. DSM-IV and beyond, 2nd edition. Wiley, New York

Parnas J, Schulsinger F, Schulsinger H, Mednick SA, Teasdale TW (1982) Behavioral precursers of schizophrenia spectrum. A prospective study. Archives of General Psychiatry 39:658–664

Spitzer R, Endicott J, Gibbon M (1979) Crossing the border into borderline personality and borderline schizophrenia: the development of criteria. Archives of General Psychiatry 36:17–24

The Quality Assurance Project (1990) Treatment outlines for paranoid, schizotypal and schizoid personality disorders. Australian and New Zealand Journal of Psychiatry 24, 339–350

Thich Nhat Hanh (1995) Lächle deinem eigenen Herzen zu. Wege zu einem achtsamen Leben. Herder, Freiburg

4.3 Dissoziale Persönlichkeitsstörung

Rüdiger Müller-Isberner, Sabine Eucker, Sabine C. Herpertz

4.3.1 Definition

Von ihrem äußeren Erscheinungsbild her kann die dissoziale Persönlichkeitsstörung sehr vielgestaltig sein. Die Bandbreite des devianten Verhaltens variiert zwischen kleinen, lässlichen Lügen und Betrug in großem Stil, Manipulationen und Ausbeutung, kleinen Sticheleien über Bedrohung bis zu offenen Tätlichkeiten und brutaler Aggression.

Die dissoziale Persönlichkeitsstörung sollte von einfacher rezidivierender Delinquenz abgegrenzt werden, wie sie bei chronischen Rückfalltätern vorliegt (Saß 1987). Gerade in Hinblick auf forensische Fragestellungen nach Schuldfähigkeit und Prognose sollte die Etikettierung mit einer medizinischen Diagnose für solche Formen der Dissozialität vorbehalten sein, bei denen konflikttächtige Verhaltensweisen in einem erkennbaren Zusammenhang mit psychopathologisch relevanten Auffälligkeiten der Persönlichkeit stehen. Im Einzelnen wird die dissoziale Persönlichkeitsstörung im ICD-10 folgendermaßen operationalisiert:

Diagnosekriterien der dissozialen Persönlichkeitsstörung (F 60.3) nach ICD-10

Die Störung ist zu diagnostizieren, wenn mindestens 4 Kriterien erfüllt sind:
- dickfelliges Unbeteiligtsein gegenüber den Gefühlen anderer und Mangel an Empathie,

- deutliche und andauernde Verantwortungslosigkeit und Missachtung sozialer Normen, Regeln und Verpflichtungen,
- Unvermögen zur Beibehaltung längerfristiger Beziehungen,
- sehr geringe Frustrationstoleranz und niedrige Schwelle für aggressives, auch gewalttätiges Verhalten,
- Unfähigkeit zum Erleben von Schuldbewusstsein und zum Lernen aus Erfahrung, besonders aus Bestrafung,
- Neigung, andere zu beschuldigen oder vordergründige Rationalisierungen für das eigene Verhalten anzubieten, durch das die Person in einen Konflikt mit der Gesellschaft gerät,
- andauernde Reizbarkeit.

4.3.2 Klassifikation

Für die sozial devianten Persönlichkeitsformen finden sich unterschiedliche diagnostische Kategorien: die antisoziale Persönlichkeitsstörung nach DSM-IV, die dissoziale Persönlichkeitsstörung nach ICD-10 und das Konzept der Psychopathy, das auf Cleckley (1941/1976) zurückgeht und in der derzeitigen Form von Hare (1970, 1991) ausgearbeitet wurde. Zwischen diesen Konzepten finden sich bedeutsame Unterschiede.

Das DSM-IV-Konzept der antisozialen Persönlichkeitsstörung ist nicht kritiklos geblieben, weil sich der entsprechende Merkmalskatalog weitgehend auf die Auflistung sozial störenden Verhaltens beschränkt und weniger Merkmale beschreibt, die als Indikatoren einer tiefgreifenden Störung der Charakterentwicklung aufgefasst werden können (Herpertz und Saß 1999). Die Folge sind eine überhöhte Diagnosehäufigkeit, eine geringe zeitliche Stabilität der Diagnose, eine mangelhafte Berücksichtigung des Schweregrades der Symptome und ein großer diagnostischer Überschneidungsbereich mit der Symptomatik von Substanzmissbrauch (Cunningham und Reidy 1998). Schließlich impliziert die diagnostische Kategorie ein Geschlechtsbias gegenüber dem männlichen Geschlecht, was sich z. B. darin abbildet, dass sich früh einsetzendes sozial abweichendes Verhalten bei jungen Mädchen zwar als Prädiktor für die Entwicklung schwerer dissozialer Charakterpathologien, nicht aber für die spätere Diagnosestellung einer antisozialen Persönlichkeitsstörung erwies (Rutherford et al. 1999).

Wie aus den genannten diagnostischen Kriterien zu ersehen ist, beschreibt die ICD-10-Konzeption demgegenüber neben delinquenten Verhaltensweisen auch psychopathologische Auffälligkeiten im Bereich der Emotionalität und der zwischenmenschlichen Beziehungsgestaltung. In der Psychopathy-Konzeption von Hare (1970, 1991), die in den letzten Jahren zunehmende Bedeutung erfährt, werden neben einem dissozialen Lebensstil und Impulsivität Auffälligkeiten in der Emotionalität im Sinne einer hohen Angsttoleranz, darüber hinaus aber auch einer emotionalen Unberührtheit im Allgemeinen differenziert herausgearbeitet (Herpertz und Saß 2000, Herpertz et al. 2001).

4.3.3 Epidemiologie und Risikogruppen

Die dissoziale Persönlichkeitsstörung ist häufig. Für Männer werden Prävalenzen zwischen 3–7% angegeben, für Frauen zwischen 1–2% (APA 1994/1995; Robins et al. 1991). Epidemiologische und Entwicklungsstudien zeigen, dass die aggressive Form antisozialen Verhaltens bereits im Alter von 2 Jahren beginnt und, besonders bei Jungen, ein höchst stabiles Verhaltensmuster darstellt (Cummings et al. 1989). Deshalb stellen Kinder und Jugendliche mit Störung des Sozialverhaltens eine Risikogruppe für die Entwicklung einer dissozialen Persönlichkeitsstörung dar (vgl. Kap. 8).

4.3.4 Ätiologie und Risikofaktoren

Es gibt eine Vielzahl biologischer Befunde zur dissozialen Persönlichkeitsstörung. Diese Befunde sind wichtig und werden unser Verständnis über diese Störung sowie Möglichkeiten effektiver Intervention verbessern. Eines aber ist sicher: Es ist die Interaktion unserer biologischen Ausstattung mit unserer jeweiligen Umwelt, in der wir aufwachsen, die vorhandene Anlagen entweder supprimiert oder zur Expression bringt. Insofern schließen sich soziale, psychologische und biologische Erklärungsmodelle antisozialen Verhaltens keineswegs aus, sie sind vielmehr eine jeweils notwendige Ergänzung des anderen. Im Übrigen kann gesagt werden, dass kein einziges der heute bekannten biologischen, psychologischen oder sozialen Merkmale für sich allein genommen hinreichende oder notwendige Voraussetzung für antisoziales Verhalten darstellt.

Will man sich der Ätiologie kriminellen und gewalttätigen Verhaltens annähern, ist es erforderlich, eine entwicklungsgeschichtliche Perspektive einzunehmen. Eine derartige Perspektive untersucht die kontinuierliche Interaktion biologischer, psychologischer und sozialer Faktoren über das ganze Leben des Individuums hinweg, die dessen Verhalten, Emotionen und Kognitionen determiniert. Eine derartige Perspektive trägt der Tatsache Rechnung, dass sehr unterschiedliche Ätiologien oder Entwicklungspfade im Erwachsenenalter zu ähnlichen Ergebnissen kommen können (Hodgins 2001). Dies zeigen auch Longitudinalstudien, die unser Wissen über die Entwicklung dissozialer Persönlichkeitsstörungen deutlich erweitert haben (Übersicht von Loeber und Farrington, 1997). Hypothesenbildungen zur Entwicklung der dissozialen Persönlichkeitsstörung finden sich bei Dishion und Patterson (1997), Hypothesen zum antisozialen Verhalten psychisch Kranker bei Hodgins et al. (1998), eine zusammenfassend-kritische Betrachtung zum Stand der Forschung bei Farrington (1997).

Evolutionäre Perspektive

Das, was uns als „dissoziale Persönlichkeitsstörung" imponiert, ist aus evolutionärer Sicht nichts anderes als eine **schlechte Anpassung** zwischen Individuum und Umwelt: In einer früheren Umwelt, in der die Konkurrenz um limitierte (Nahrungs)Ressourcen einen überwiegenden Anteil an Handlungsprozessen beansprucht, stellen Verhaltensprogramme, die ein hohes Maß an Rücksichtslosigkeit, spontaner Aggressivität und hochentwickelte Raubstrategien beinhalten, sich als höchst adaptiv, also vernünftig und das Überleben sichernd dar.

Ungeachtet ihres Überlebenswertes in einer primitiveren Umgebung sind Programme antisozialen Denk- und Handlungsstils in unserer heutigen Kultur problematisch, da sie mit Gruppennormen kollidieren. Hochentwickelte Raub-, Konkurrenz- und Ausbeutungsstrategien, die in einer primitiveren Umgebung sinnvoll waren, passen nicht in die heutige Zeit einer hochindividualisierten und hochtechnologisierten Gesellschaft mit spezialisiertem kulturellen und sozialen Aufbau. Was dem Überleben unter primitiven Verhältnissen förderlich war, passt nicht in ein soziales Milieu, wird dort als „abnorm" identifiziert und als „dissoziale Persönlichkeitsstörung" bezeichnet (Beck, Freeman et al. 1993).

Biologische Faktoren

Für das Vorhandensein eines **erheblichen genetischen Faktors** als Basis einer dissozialen Persönlichkeitsstörung gibt es eine überwältigende Evidenz (Übersicht bei Carey und Goldmann 1997). So konnte gezeigt werden, dass genetische Faktoren zur Entwicklung von Kriminalität (Bock und Goode, 1996), aggressivem Verhalten (Coccaro et al. 1994), Impulsivität (Gottesman und Goldsmith 1994), einer dissozialen Persönlichkeitsstörung (Cadoret et al. 1995; Lyons et al. 1995) sowie zu Alkoholismus (Bierut et al. 1998; Lappalainen et al. 1998) und Drogenabhängigkeit (Merikangas et al. 1998) beitragen. Wenngleich antisoziales Verhalten über weite Bereiche ein erlerntes Verhalten ist (Eron 1997), wird die Vulnerabilität bezüglich negativer Umwelteinflüsse durch biologische Faktoren moduliert (Hodgins 1996; Farrington 1997). Von der Konzeption an nimmt jedes Individuum seine Umwelt unterschiedlich wahr und reagiert unterschiedlich darauf. Hereditäre Faktoren scheinen die Sensitivität gegenüber Schädigungen durch die Umwelt zu beeinflussen und scheinen auch gewisse Fähigkeiten zu limitieren, wie beispielsweise die Fähigkeit, Stress zu bewältigen (Kendler et al. 1993) oder aber die verbale Intelligenz, beides Merkmale, die mit aggressivem und antisozialem Verhalten assoziiert sind (Kratzer und Hodgins 1999). Sie determinieren die entsprechenden Verhaltensmerkmale aber nicht. Sie konstituieren vielmehr Vulnerabilitäten, die dann durch andere Faktoren im Laufe der Entwicklung gestärkt oder geschwächt werden.

Unser derzeitiges empirisches Wissen über die biologische Basis der dissozialen Persönlichkeitsstörung ist erheblich und in ständigem Wachsen begriffen (Kap. 3.1). Es umfasst Befunde aus der Transmitterforschung, der Bildgebung sowie der Neuro- und Psychophysiologie. Bezüglich offen-aggressiven und impulsiven Verhaltens kommt einer **Minderfunktion des zentralen serotonergen Systems** eine entscheidende Rolle zu (Berman et al. 1997; Carey und Goldmann 1997). Während der Zusammenhang zwischen erniedrigtem Serotoninspiegel und Aggressivität gesichert ist, sind diesbezügliche Zusammenhänge bei Dopamin und Noradrenalin noch weitgehend unklar (Berman et al. 1997). Darüber hinaus soll Testosteron eine fördernde Rolle für aggressives Verhalten spielen (Virkkunen et al. 1994; Brain und Susman 1997), Cortisol eine hemmende (van Goozen et al. 1998). Untersuchungen der Hirnstrukturen und Hirnfunktionen fanden Beziehungen zwischen Auffälligkeiten in **temporalen und frontalen Strukturen** und antisozialem Verhalten (Henry und Moffitt 1997; Raine et al. 2000) (Kap. 3.1.3). Insbesondere fronto-orbitalen Abschnitten kommt eine wichtige Bedeutung in der Inhibition von Gedanken und Verhaltensimpulsen sowie im Erkennen des emotionalen Bedeutungsgehaltes von Situationen in Bezug auf Belohnung und Bestrafung zu (Pietrini et al. 2000, Kunert et al. 2000). Neuere Befunde aus der funktionellen Bildgebung verweisen auf eine Kerngruppe schwerst antisozialer, psychopathischer Persönlichkeiten (Psychopathy-Konzept von Cleckley 1941/1976), die sich in der Verarbeitung von affektiven Informationen von anderen Menschen unterscheiden (Intrator et al. 1997). Neben den Persönlichkeitsmerkmalen Furchtlosigkeit, Sensation-seeking-Verhalten und Impulsivität stellen Auffälligkeiten im **psychophysiologischen Reaktionsstil** wichtige Prädiktoren für den frühen Beginn eines stabilen und ausgeprägten Delinquenzverhaltens dar (Raine et al. 1998; Herpertz et al. 2001) (Kap. 3.1.4). Neuere Befunde zu verminderten psychophysiologischen Reaktionen gegenüber emotionalen Reizen verweisen auf eine mangelhafte emotionale Hemmung aggressiver Impulse wie sie gewöhnlich aus Gefühlen des Mitleides mit potenziellen Opfern oder auch aus Angst vor Bestrafung resultiert (Herpertz et al. 2001). Umfassende Darstellungen der biologischen Grundlagen von Aggressivität und Antisozialität finden sich bei Hodgins (1996) und Volavka (1995).

Prä- und perinatale Komplikationen stehen in Zusammenhang mit aggressivem und impulsivem Verhalten sowie mit gewalttätiger Kriminalität bei jenen Männern, die früh ihre Delinquenzkarriere beginnen (Hodgins et al. 2001). Die meisten Personen, die in den z.Zt. laufenden Longitudinalstudien erfasst wurden, kamen zwischen 1944–1966 zur Welt. Bei denen, die in den späten 40er und frühen 50er Jahren geboren wurden, dürften spezifische Schwangerschafts- und Geburtskomplikationen häufiger vorgekommen sein als bei solchen Menschen, die davor oder danach zur Welt kamen (Hodgins 2001). Beispielsweise waren gewisse Verhaltensweisen ihrer Mütter, wie Rauchen und Trinken während der Schwangerschaft, was beides erwiesenermaßen mit Impulsivität, Konzentrationsproblemen, Aufmerksamkeitsschwierigkeiten, Verhaltensstörungen und Gewaltkriminalität in der Nachkommenschaft assoziiert ist (Ferguson et al. 1998; Hunt et al. 1995; Wakschlag et al. 1997), in dieser Zeit häufiger als in den vorangegangenen oder darauf folgenden Generationen. Hinzu kommt, dass diese Menschen auch wegen gynäkologischer Praktiken während der Zeit als sie geboren wurden besonderen Risiken ausgesetzt waren. Beispielsweise wissen wir, dass Männer, deren Mütter während der Schwangerschaft Phenobarbital bekamen – zu jener Zeit eine gängige gynäkologische Praxis –, einen geringeren verbalen Intelligenzquotienten haben als die Norm (Reinisch et al. 1995). Unterdurchschnittliche verbale Intelligenz aber ist mit einem frühen Beginn antisozialen Verhaltens assoziiert (Crocker und Hodgins 1997).

Mehr als frühere Generationen dürfte die Nachkriegsgeneration Umweltgiften ausgesetzt gewesen sein, die geeignet sind, das zentrale Nervensystem zu schädigen. Derartige Schädigungen aber mindern auch die Fähigkeit zur Selbstkontrolle. Beispielsweise konnte gezeigt werden, dass eine Beziehung zwischen aggressivem Verhalten und Delinquenz junger Männer und deren Lebensbleibelastung besteht (Needleman et al. 1996). Die bislang wenig beachtete Frage der Schädigung der Nachkriegsgeneration durch Umweltgifte könnte einer der Gründe für ein generelles Ansteigen antisozialen Verhaltens dieser Generation sein. Dies mag die Basis des Ansteigens von Kriminalitätsraten in vielen Ländern während der gleichen Periode sein (Robins et al. 1991).

Psychosoziale Faktoren

Umweltbedingungen, die antisoziales Verhalten fördern, sind insgesamt weniger systematisch untersucht als biologische Faktoren. Die vorliegende Datenlage verweist auf zwei Bereiche von Kindheitserfahrungen, die für die Delinquenzentwicklung bedeutsam sind: zum einen **Familienvariablen** wie Abwesenheit der Eltern, Vernachlässigung, Scheidung, körperlicher und sexueller Missbrauch sowie disziplinierendes elterliches Verhalten (Rutter 1971; Dutton und Hart 1992), zum anderen außerfamiliäre Faktoren, insbesondere das Verhalten von **Peer-Gruppen** und **schulische Einflüsse** (Rutter 1997, Marshall und Cooke 1999). Bereits vergleichsweise früh (ab 10 Jahren) beginnen Antisoziale sich zusammenzuschließen, wobei die gemeinsame Einnahme legaler und illegaler psychoaktiver Substanzen bei der Entwicklung krimineller Verhaltensweisen eine große Rolle spielt (Thornberry und Krohn 1997).

Eron (1997) sowie Shaw und Winslow (1997) unterstreichen die Bedeutung der Interaktion zwischen dem Verhalten 'schwieriger Kinder' und dem inkonsistenten Erziehungsverhalten der Eltern, wodurch antisoziales Verhalten verstärkt und prosoziales Verhalten ignoriert wird. Falls beispielsweise wegen hereditärer und/oder pränataler Faktoren ein Kind Tendenzen zeigte, impulsiv oder aggressiv oder als Antwort auf Stress eher emotional denn instrumentell zu reagieren, dürften viele dieser Eltern unfähig gewesen sein, in systematischer Weise ein Lernumfeld zu schaffen, das diesen Tendenzen entgegenwirkt. Sie mögen dieses dysfunktionale Verhalten möglicherweise eher positiv verstärken, sei es durch das Modellieren ähnlichen Verhaltens oder durch nicht systematisches Sanktionieren unangemessener Verhaltensweisen. Weiterhin dürften solche Eltern unfähig sein, ihre Kinder in angemessener Weise außerfamiliären Erziehungshilfen zuzuführen, die geeignet sein könnten, Impulsivität und Aggressivität zu mindern.

Schließlich bestehen auch deutliche Zusammenhänge zwischen der Allgegenwart von schwerster Gewalt in den Massenmedien und der Entwicklung gewalttätigen Verhaltens (Huesmann et al., 1997).

Fazit für die Praxis

Basis der dissozialen Persönlichkeitsstörung ist eine genetische Vulnerabilität, wobei der Phänotyp in der Regel nur bei ungünstigen Entwicklungsbedingungen zur Expression gebracht wird.

Identifizierte bedeutsame biologische Faktoren sind:
- ein frontales Funktionsdefizit, das eine Minderung der Impulskontrolle, eine Inflexibilität des Denkens sowie emotionale Beeinträchtigungen fördert,
- hohe Spiegel freien Testosterons sowie niedrige Spiegel von Serotonin und Corticotropin im Liquor und z. T. auch im Serum, die mit Impulsivität, Aggressivität und Alkoholmissbrauch assoziiert sind,
- geringes autonomes Arousal, das durch Reiz- und Abenteuersuche zu kompensieren gesucht wird sowie geringe autonome Reagibilität, die mit Furchtlosigkeit und Gefühlsarmut assoziiert ist.

Maladaptive familiäre und außerfamiliäre Erziehungseinflüsse spielen ebenfalls eine wichtige Rolle.

4.3.5 Symptomatik

Die Phänomenologie der dissozialen Persönlichkeitsstörung stellt sich wie folgt dar: Die Strategien Kampflust, ausbeuterisches Verhalten und Raubverhalten sind überentwickelt, die Strategien Empathie, Gegenseitigkeit und soziale Sensibilität unterentwickelt (Beck und Freeman 1993).

Sich selbst sehen diese Menschen im Allgemeinen als **autonome, starke Einzelgänger**. Manche sehen sich von der Gesellschaft ausgenutzt und schlecht behandelt und rechtfertigen das Schädigen anderer damit, dass sie ja selbst schikaniert würden. Andere wiederum sehen sich als Raubtier in einer Welt, in der das Motto gilt: „Fressen oder gefressen werden", „The winner takes it all" und in der es normal oder gar wünschenswert und notwendig ist, gegen soziale Regeln zu verstoßen. Ihrer Meinung nach sind andere Menschen entweder Ausbeuter, die es verdienen, aus Vergeltung ausgebeutet zu werden, oder sie sind schwach und verletzlich und sind daher selber schuld, wenn sie Opfer werden, sie verdienen es geradezu. Die Grundannahme und Grundeinstellung der dissozialen Persönlichkeit ist, dass andere Menschen dazu da sind, um parasitär ausgenutzt zu werden. Weitere Annahmen lauten: „Ich muss auf der Hut sein" und „Ich muss angreifen, sonst werde ich zum Opfer". Die dissoziale Persönlichkeit glaubt auch, „Andere Menschen sind Dummköpfe" oder „Andere Menschen sind Ausbeuter, daher habe ich auch das Recht, sie auszubeuten". Der dissoziale Mensch glaubt, er sei berechtigt, Regeln zu verletzen. Schließlich seien Regeln willkürlich, hätten die Aufgabe, die „Habenden" vor den „Habenichtsen" zu schützen und würden letztendlich nur von Dummköpfen eingehalten. Die konditionale Annahme dissozialer Menschen lautet: „Wenn ich andere nicht herumstoße, manipuliere, ausbeute oder angreife, bekomme ich nie das, was ich verdiene". Instrumentelle oder imperative Annahmen sind: „Überwältige den anderen, bevor er dich überwältigt", „Du bist jetzt dran", „Greif zu, du verdienst es", „Nimm dir, was du kannst". Die Hauptstrategien der dissozialen Persönlichkeiten sind in zwei Kategorien zu unterteilen. Die nach außen hin erkennbare dissoziale Persönlichkeit attackiert, beraubt und betrügt andere ganz offen. Dieser Typus kommt regelhaft mit dem Gesetz in Konflikt. Der subtilere Typ, der „Täuschungskünstler", verführt andere, betrügt sie und beutet sie mittels gerissener, subtiler Manipulation aus (Beck und Freeman 1993). Dieser Typus vermag im Windschatten des Strafrechts strafbare Handlungen zu vermeiden und mag beispielsweise als erfolgreicher Geschäftsmann sogar zu sozialem Ansehen kommen, wenngleich bei näherer Betrachtung die gesamte Lebensbewältigung antisozial und parasitär ist.

Hinsichtlich der Affektivität ist ein besonders bedeutsames Leitsymptom der dissozialen Persönlichkeitsstörung der **Mangel an Empathie** und damit die Unfähigkeit, einen Mitleidsaffekt zu empfinden. Beim Subtyp der psychopathischen Persönlichkeit findet sich über eine defizitäre Empathie hinaus eine allgemeine **Gefühlsarmut** (emotional detachment), die das mangelnde Mitgefühl, das Fehlen von Empfindungen der Reue und Schuld, die pathologische Angstfreiheit (Herpertz und Saß 2000), aber auch ein Gefühl der Verbundenheit, der Zuneigung und Verantwortung für einen anderen Menschen berührt.

Der kognitive Stil von Menschen mit dissozialer Persönlichkeitsstörung ist durch **Impulsivität** und **fehlende Reflexionsfähigkeit** geprägt. Der gesamte Denkstil ist im Konkreten und Anschaulichen verhaftet, er ist handlungs- und gegenwartsorientiert. Dissoziale Persönlichkeiten haben erhebliche Defizite im Erkennen von Problemsituationen, in Konsequenz-orientiertem Denken und im Entwickeln alternativer Lösungsstrategien und realistischer Zweck-Mittel-Abwägungen. Ihre Urteilsbildungsprozesse sind abgekürzt und haben eher impressionistischen Charakter, ihre Problemlösungsstrategien sind kurzschlüssig und folgen rigiden Mustern. Aufgrund der hohen Impulsivität und fehlenden Reflexionsfähigkeit mangelt es Dissozialen an emotionaler Selbstkontrolle. Häufig dominieren Affekte von Wut und Ärger die Emotionalität der Dissozialen, beispielsweise über die Ungerechtigkeit, dass andere Menschen etwas besitzen, das eigentlich nur sie selbst verdienen.

Kasuistik

Als Herr U. 43-jährig nach einer Vergewaltigung in den psychiatrischen Maßregelvollzug eingewiesen wurde, hatte er bereits 18 Jahre seines Lebens im Gefängnis verbracht. Zur Zeugung war es im Rahmen einer nur kurz andauernden Zufallsbekanntschaft gekommen. Die bei der Geburt 17-jährige Mutter rauchte und trank während der gesamten Schwangerschaft nicht unerheblich, hatte in dieser Zeit häufig wechselnde Beziehungen zu Männern, von denen sie auch geschlagen wurde. Vorsorgeuntersuchungen während der Schwangerschaft wurden nicht durchgeführt. Die Geburt verlief verzögert. Im Alter von drei Jahren fiel der Junge im Kindergarten durch Erregungszustände und häufiges Schlagen anderer Kinder auf. Im Alter von viereinhalb Jahren erklärten die Kindergärtnerinnen, sie würden mit ihm nicht mehr fertig werden. Eine vom Jugendamt vorgeschlagene Unterbringung bei einer Pflegefamilie lehnte die mit der Erziehung des Jungen völlig überforderte Mutter ab. In der Schule kam es dann zu täglichen Schlägereien im Pausenhof, wobei eine erhebliche Brutalität zutage trat. Ab dem 3. Schuljahr wurde mit zunehmender Häufigkeit die Schule geschwänzt. Der 8-Jährige schloss sich Jugendbanden an, begann zu rauchen und fiel durch vielfache Ladendiebstähle auf und wurde häufig von der Polizei nach Hause gebracht. Mit 11 Jahren war er das erste Mal massiv alkoholisiert, ab dem 12. Lebensjahr konsumierte er wechselnde Drogen. Mit 13 Jahren begann eine eindeutige kriminelle Karriere: Teilnahme an gemeinschaftlicher sexueller Nötigung: Heimunterbringung, dort vielfaches Ausreißen. Mit 14 Jahren: Erstes Erscheinen vor dem Jugendrichter mit Unterbringung in der Kinder- und Jugendpsychiatrie unter den Diagnosen Aufmerksamkeitsdefizit-Hyperaktivitätsstörung mit Störung des Sozialverhaltens. Mit 16 Jahren: 3 Jahre Jugendstrafe nach einer Serie von 31 schweren Einbrüchen und einer Vielzahl von Körperverletzungen. Bis zur Einweisung in den Maßregelvollzug insgesamt sieben Verurteilungen in Eigentums-, Gewalt- und Sexualdelinquenz. Bei Aufnahme in der forensischen Klinik fielen im Persönlichkeitsbild ein erheblich übersteigertes Selbstwertgefühl, ein erhöhtes Stimulationsbedürfnis, betrügerisch-manipulatives Verhalten, ein völliger Mangel an Gewissensbissen oder Schuldbewusstsein auf. Die Gefühle waren oberflächlich, es bestand eine deutliche Gefühlskälte mit völlig fehlender Empathie, eine unzureichende Verhaltenskontrolle, ein hohes Maß an Impulsivität und Verantwortungslosigkeit sowie eine fehlende Bereitschaft und Fähigkeit, Verantwortung für das eigene Handeln zu übernehmen. Am schillerndsten imponierte die Grandiosität. Diagnostisch erfüllte Herr U. die Kriterien einer dissozialen Persönlichkeitsstörung; daneben entsprach er auch den Kriterien der „Psychopathy" von Hare mit einem PCL-R-Score von 33.

Fazit für die Praxis

Die dissoziale Persönlichkeitsstörung ist durch ein tiefgreifendes Muster von Missachtung und Verletzung der Rechte anderer (DSM-IV) und einer großen Diskrepanz zwischen dem Verhalten und den geltenden sozialen Normen (ICD-10) gekennzeichnet.

Die Kerngruppe der Persönlichkeiten mit „Psychopathy" zeichnet sich durch Gefühlsarmut, mangelnde Empathie, fehlende Schuldgefühle und eine parasitäre Gestaltung zwischenmenschlicher Beziehungen aus.

4.3.6 Differenzialdiagnose und Komorbidität

Differenzialdiagnostisch muss auf antisoziales und delinquentes Verhalten, das ausschließlich im Rahmen einer schizophrenen oder manischen Episode auftritt, geachtet werden, was als Ausschlusskriterium gilt. Allerdings schließt das Vorliegen einer psychotischen Erkrankung eine gleichzeitig bestehende dissoziale Persönlichkeitsstörung nicht aus. Eine dissoziale Persönlichkeitsstörung findet sich auch gehäuft bei Menschen mit Grenzbegabung.

Patienten mit dissozialer Persönlichkeitsstörung zeigen häufig Substanzmissbrauch oder auch eine Substanzabhängigkeit, so dass ggf. beide Diagnosen zu vergeben sind. Allerdings sollte delinquentes Verhalten, welches in direktem Zusammenhang mit einer **Suchterkrankung** auftritt, nicht zur Diagnose einer dissozialen Persönlichkeitsstörung führen.

Auf dem Gebiet der Persönlichkeitsstörungen liegen die engsten Beziehungen zwischen der dissozialen und der narzisstischen Persönlichkeitsstörung, doch liegen bei letzterer gewöhnlich keine ausgeprägten Tendenzen zu Impulsivität, Aggressivität und Betrügereien vor. Schließlich können noch symptomatologische Überschneidungen in Teilbereichen mit der histrionischen, der Borderline- und der paranoiden Persönlichkeitsstörung bestehen.

4.3.7 Weiterführende Diagnostik

Nicht nur in Forschungsfragen sondern für forensische und hier insbesondere prognostische Fragestellungen hat sich die **Psychopathy-Checkliste** (PCL-R, Hare 1991), die inzwischen in revidierter Form vorliegt, bewährt. Die PCL-R stellt eine aus 20 klinischen Kriterien zusammengesetzte Ratingskala dar, die anhand eines semistrukturierten Interviews und aufgrund detaillierter zusätzlicher Informationen aus Kranken- und ggf. Gerichtsunterlagen ausgefüllt wird. Der Gesamtwert, der zwischen 0–40 liegen kann, erlaubt eine Einschätzung, inwie weit ein bestimmtes Individuum den Kriterien eines prototypischen Psychopathen entspricht. Da die vollständige Ausarbeitung der PCL-R mehrerer Stunden bedarf, wurde inzwischen auch eine Screening-Version konzipiert, die PCL-SV (Hart et al. 1995). Sie besitzt dieselbe Faktorenstruktur wie die PCL-R mit jeweils 6 Items zu affektiv-interpersonellem und zu sozial abweichendem Verhalten. Der Gesamtwert liegt zwischen 0–24, wobei ein Wert von 18 auf der PCL-SV als äquivalent mit einem Wert von 30 in der PCL-R anzusehen ist (Hare 2000).

4.3.8 Psychotherapie und andere Interventionen

Rüdiger Müller-Isberner, Sabine Eucker

Allgemeine Therapieziele

Die dissoziale Persönlichkeitsstörung ist ein gravierendes, soziales und gesellschaftliches Problem. Der durch diese Menschen verursachte materielle und immaterielle Schaden ist enorm. Von daher sind Interventionen dringend geboten. In der Behandlung, in die sich dissoziale Menschen in aller Regel nur im Zusammenhang mit Sanktionen oder auf Veranlassung anderer begeben, geht es darum, die Wahrscheinlichkeit zukünftiger krimineller Handlungen zu vermindern. Die bei psychisch kranken Rechtsbrechern anzuwendenden kriminalpräventiven Interventionen sind im Prinzip die gleichen, wie bei gesunden Straftätern, nur, dass eben die psychische Störung zusätzlich zu adressieren ist (Harris und Rice 1997, Müller-Isberner 1998, Hodgins und Müller-Isberner 2000).

Bezüglich der Behandelbarkeit aktiv antisozialen Verhaltens waren die 50er und 60er Jahre des letzten Jahrhunderts von einer großen Euphorie gekennzeichnet, die mit der breit rezipierten Übersichtsarbeit von Martinson (1974) ein jähes Ende fand: Es machte sich ein breiter Pessimismus bezüglich therapeutischer Interventionen bei Straftätern breit.

Erst Mitte der 80er Jahre wurde es durch einen methodischen Fortschritt möglich, die Hinweise für die Wirksamkeit therapeutischer Interventionen deutlicher darzustellen. Dieser Fortschritt bestand aus der Entwicklung und Einführung des statistischen Werkzeuges der Meta-Analyse. Diese Methode erleichtert die Kombination von unterschiedlichsten Daten aus verschiedenen Studien. Dabei lässt sich nicht nur die Größenordnung von Auswirkungen bestimmen, sondern darüber hinausgehend wird eine Untersuchung der Variablen, die diese Auswirkungen beeinflussen, ermöglicht. So lässt sich beispielsweise eine Aussage darüber machen, welche Behandlungsmaßnahme welche Effekte in welchem Kontext auf welche Personen zeigt. Im Bereich der Straftäterbehandlung wurde auf diese Weise untersucht, ob die Intervention eine Auswirkung auf die Rückfallhäufigkeit hat, aber auch, ob solche Variablen wie Typus, Quantität und Qualität der Behandlung deren Effektivität beeinflussen. Seit einer Serie meta-analytischer Evaluationen von Behandlungsstudien, die konsistent positive Behandlungseffekte aufwiesen, ist nunmehr empirisch belegt, dass Straftäterbehandlung in der Lage ist, Rückfallkriminalität zu vermindern (Übersichten bei: Mc Guire 1995, Gendreau 1996 und Lösel 1998).

Interventionen vom präventiven bzw. rehabilitativen Typus führen zu einer leichten bis mittleren Reduktion von Rückfallkriminalität. Der mittlere Effekt kriminalpräventiver Interventionen betrug über eine Reihe unterschiedlicher Settings hinweg 0,05–0,18. Sofern die Interventionen klinisch gesehen als angemessen zu bezeichnen waren, konnten Korrelationen zwischen angemessener Behandlung und reduzierter Rückfälligkeit von 0.30 nachgewiesen werden. Dies bedeutet, dass die durch angemessene Behandlungen erreichbare Minderung der Rückfallkriminalität im Vergleich zu Kontrollgruppen bei ca. 40% liegt (Andrews et al. 1990, Lipsey 1992).

Bezüglich differenzieller Effekte brachte die Studie von Andrews et al. (1990) einen entscheidenden Durchbruch. Hier wurden die einbezogenen Studien nach Variablen klassifiziert, deren Einfluss auf Behandlungseffektivität klinisch und theoretisch von Bedeutung erschien. Die Autoren schlugen drei Hauptprinzipien vor, auf denen eine effektive Straftäterbehandlung basieren sollte. Diese Prinzipien nannten sie Risiko-, Bedürfnis- und Ansprechbarkeitsprinzip (Tab. 4.1).

Auf der Basis dieser Prinzipien untersuchten Andrews et al. (1990) mithilfe der Meta-Analyse über 150 Studien.

Tabelle 4.1 Prinzipien erfolgreicher Straftäterbehandlung

1. **Risikoprinzip**
   - Intensivere Angebote sollen Hochrisikofällen vorbehalten bleiben.
2. **Bedürfnisprinzip**
   - Kriminalpräventive Interventionen müssen auf solche Klientenmerkmale abzielen, die nach empirischem Kenntnisstand kriminogene Faktoren sind.
3. **Ansprechbarkeitsprinzip**
   - Auswahl der Methoden gemäß dem handlungsorientierten Lernstil der Straftäter und Ausrichtung auf die spezifischen Behandlungsziele.

Davon waren 30 Studien ausschließlich auf Maßnahmen des Regelvollzuges beschränkt, die übrigen 120 Studien wurden in angemessene, unspezifische und unangemessene Behandlungsverfahren unterteilt, je nachdem, ob sie die Kriterien von Risiko, Bedürfnis oder Ansprechbarkeit erfüllten. Die erhaltene mittlere Effektrate der als angemessen betrachteten Behandlungsansätze war mit 0,32 dabei signifikant höher als die der unspezifischen (0,10) und der unangemessenen Behandlungsansätze (-0,07) oder der reinen Sanktionen (-0,08). Die negativen Effektraten von -0,07 bzw. -0,08 deuteten darauf hin, dass sowohl die ausschließliche Sanktion als auch die Anwendung unangemessener Verfahren eher noch zu einer Steigerung der Rückfallraten führt. Weitere äußerst anspruchsvolle und ausführliche Meta-Analysen von Straftäterbehandlungen wurden von Lipsey (1992) und Lipsey und Wilson (1993, 1998) publiziert. Sie bestätigten die Ergebnisse von Andrews et al. (1990).

Die empirischen Studien zeigen, dass erfolgreiche Programme Methoden verwenden, die dem handlungsorientierten Lernstil von Straftätern gerecht werden. Methoden, für deren Wirksamkeit es eine empirische Evidenz gibt, sind: Modellernen, Rollenspiele, abgestufte Erprobung, Verstärkung, konkrete Hilfestellungen, Ressourcen-Bereitstellung und kognitive Umstrukturierung (Andrews und Bonta, 1998).

Erfolgreiche Behandlungsprogramme zielen nicht auf irgendwelche Persönlichkeitsauffälligkeiten, sondern auf solche Klientenmerkmale, die nach dem empirischen Kenntnisstand **kriminogene Faktoren** sind (Rice et al., 1992). Im Einzelnen sind dies: antisoziale Ansichten, Einstellungen und Gefühle, Kontakte zu anderen Dissozialen, Identifikation mit kriminellen, antisozialen Rollenmodellen und Werten, Impulsivität, Mangel an sozialen und zwischenmenschlichen Fähigkeiten, selbstschädigende Anpassungsstrategien, Unfähigkeit zu planen und konzeptionell zu denken, Unfähigkeit, Schwierigkeiten vorherzusehen und zu umgehen, Egozentrik, Externalisierung von Verantwortung, konkretistisches, starres und zuweilen irrationales Denken, Störungen der Selbstkontrolle, Störungen des Selbstmanagements, schlechte Problemlösungsfähigkeiten sowie substanzgebundene Abhängigkeiten.

Fazit für die Praxis

Erfolgreiche Programme sind multi-modal, intensiv, hochstrukturiert, behavioral oder kognitiv-behavioral, werden mit Integrität und Enthusiasmus, eher in Freiheit als in Institutionen betrieben und zielen eher auf hohe denn auf niedrige Risiken.

Angemessene Programme sind multi-modal und intensiv bezüglich der Gesamtlänge und der Anzahl der Stunden.

Strategien, die auf Bestrafung abzielen, klientenzentrierte Fallarbeit oder traditionelle Psychotherapie erwiesen sich als erheblich weniger wirksam, einige tendierten gar dazu, bei bestimmten Tätergruppen die Kriminalprognose zu verschlechtern.

Erfolgreiche Programme verwenden Methoden, die dem handlungsorientierten Lernstil von Straftätern gerecht werden.

Erfolgreiche Behandlungsprogramme zielen weniger auf Persönlichkeitsmerkmale als auf Klientenmerkmale, die nach dem heutigen empirischen Kenntnisstand kriminogene Faktoren sind.

Therapeutische Beziehung und Gesprächsführung

Empirische Daten zeigen, dass die Behandler in erfolgreichen Behandlungsprogrammen eine kritisch-offene, engagierte, aber klar abgegrenzte betreuende Beziehung zum Klienten haben und stets die Autorität über die Behandlung behalten (Andrews 1995). Unbedingt zu vermeiden ist, dass auf der einen Seite der Behandler die kritische Distanz und damit die Behandlungsautorität verliert, auf der anderen Seite der Behandler dem Straftäter mit Zynismus und Resignation begegnet.

Spezifische Behandlungsansätze

Effizienzstudien lassen den Schluss zu, dass in der Straftäterbehandlung in erster Linie kognitiv-behaviorale Ansätze angezeigt sind, wobei es sich allerdings nicht um ein einheitlich verwendetes und eindeutig definiertes Konstrukt handelt. Der historischen Entwicklung in der Straftäterbehandlung folgend kann man zwischen den von Ende der 60er Jahre bis in die 70er Jahre hinein dominierenden traditionellen Ansätzen, den seit Mitte der 70er Jahre verstärkt angewandten kognitiv-behavioralen Methoden und seit Anfang der 80er Jahre den multimodalen kognitiv-behavioralen Programmpaketen und dem Rückfallvermeidungsmodell unterscheiden (Übersicht bei Eucker 1998) (Tab. 4.2).

Die Implementierung kognitiv-behavioraler Straftäterbehandlung ist keineswegs einfach. Eine Übertragung vorhandenen Wissens in die Praxis bereitet Schwierigkeiten. Diese beruhen vor allem auf andersartigen therapeutischen Traditionen. Die Anwendung von hochstrukturierten Gruppenverfahren stößt bei Mitarbeitern, die bislang das unstrukturierte „4-Augen-Setting" als einzige Methode kannten, auf erhebliche Vorbehalte. Trainingsverfahren werden oft als Behandlungsmethode, die unterhalb der Würde akademischer Abschlüsse ist, bewer-

Tabelle 4.2 Kognitiv-behaviorale Ansätze in der Straftäterbehandlung

1. Traditionelle Ansätze
2. Kognitiv-behaviorale Methoden
3. Rückfallvermeidungsmodell
4. Multimodale kognitiv-behaviorale Programmpakete

tet. Hier gilt es, viel Überzeugungsarbeit zu leisten und spezielle Trainingsprogramme zu etablieren.

Komorbide Störungen sind entweder zusätzlich direkt zu adressieren (z. B. Substanzmissbrauch) oder erfordern eine Anpassung der Behandlungsprogramme (z. B. bei Grenzbegabung). In jedem Falle stellen sie eine Erschwernis in der Behandlung der dissozialen Persönlichkeitsstörung dar.

Traditionelle Ansätze

Traditionelle verhaltenstherapeutische Methoden folgen den Prinzipien des operanten und des klassischen Konditionierens. Einzelne Methoden sind:
- *Token-Economies:* Bei dieser überwiegend in den 70er Jahren angewandten Methode wird sozial erwünschtes Verhalten dadurch aufgebaut, dass es mit generalisierten Verstärkern, den sog. Tokens, zeitkontingent verstärkt wird, die dann später von dem Probanden gegen Vergünstigungen eingetauscht werden.
- *Therapieverträge:* Einer ähnlichen Veränderungslogik folgen die auch heute noch häufig angewandten Therapieverträge, in denen genau festgelegt wird, unter welchen Bedingungen der Straftäter was von dem Behandler zu erwarten hat und umgekehrt.
- *Aversionsmethoden:* Bei den vor allem in der Sexualstraftäterbehandlung angewandten aversionstherapeutischen Methoden wird versucht, das Problemverhalten dadurch abzubauen, indem man es mit einem aversiven Reiz wie z. B. Ammoniakgeruch koppelt.
- *Umkonditionierung:* Ebenfalls in der Sexualstraftäterbehandlung werden der Logik des klassischen Konditionierens entsprechend Konditionierverfahren eingesetzt, um sexuelle Erregung mit nicht devianten sexuellen Reizen zu koppeln bzw. sexuelle Erregung und deviante sexuelle Reize zu entkoppeln.
- Anwendung *traditioneller behavioraler Ansätze* bei der Gestaltung des therapeutischen Milieus.

Während einzelnen traditionellen verhaltenstherapeutischen Methoden insgesamt nur noch wenig Bedeutung in der Straftäterbehandlung zukommt, finden lerntheoretische Prinzipien aus der traditionellen Verhaltenstherapie, z. B. unmittelbare soziale Verstärkung für prosoziales Verhalten, überwiegender Verzicht auf sozial bestrafendes Verhalten, strukturiertes Vorgehen etc., durchaus ihren Eingang in Empfehlungen für die Gestaltung einer effizienten, die Veränderung in Richtung prosoziales Verhalten fördernden Beziehung zwischen Behandler und Straftäter bzw. der Probanden untereinander.

Kognitiv-behaviorale Methoden

Ab Mitte der 70er Jahre finden sich in der Straftäterbehandlung zum einen verstärkt Programme zum Aufbau von Verhaltensfertigkeiten, zum anderen Programme, die gezielt kognitive Prozesse adressieren. Die hierunter zu subsumierenden Methoden sind den kognitiv-behavioralen Methoden im engeren Sinn zuzuordnen:
- *Training sozialer Fertigkeiten:* Darüber, was eigentlich soziale Fertigkeiten sind, existiert kein einheitliches Konzept. In einigen Programmen wird auf spezielle Mikrofertigkeiten wie Blickkontakt, Gesten etc. abgehoben, in anderen auf molarere Fähigkeiten wie Initiieren und Aufrechterhalten eines Kontaktes, Selbstsicherheit, Fähigkeit zum Verhandeln oder interpersonelle Fähigkeiten im heterosexuellen Bereich. Vermittelt werden diese Fertigkeiten mit den Techniken des Instruktionslernen, des Rollenspiels, des Lernens am Modell, des Einübens, der gezielten Rückmeldung, der sozialen Verstärkung und der Hausaufgaben.
- *Verdeckte Konditionierungsmethoden:* Bei diesen, vor allem in der Sexualstraftäterbehandlung angewandten Methoden wird davon ausgegangen, dass interne Prozesse den gleichen Lerngesetzmäßigkeiten unterliegen wie offen beobachtbares Verhalten. Deliktvorbereitende Planungen oder Phantasien werden in der Vorstellung durch Übung mit negativen Konsequenzen gekoppelt, um sie so abzubauen.
- *Kognitive Umstrukturierung:* Grundidee der Verfahren zur kognitiven Umstrukturierung ist, dass schlecht angepasste Verhaltensweisen durch dysfunktionale Denkmuster verursacht werden.
- Gemeinsame Techniken in allen Verfahren sind didaktische Einführungen über die Bedeutung von derartigen Denkmustern, Vorstellen von Beispielen für diese Denkmuster, Identifikation der den dysfunktionalen Verhaltensweisen zugrunde liegenden Denkmuster, Selbstbeobachtung dieser Denkmuster mit Tagebüchern, Überprüfen dieser Denkmuster an Hand empirischer bzw. rationaler Kriterien unter Zuhilfenahme von Techniken wie dem sokratischen Dialog, Gruppendiskussionen, Hausaufgabenprotokollen mit gezielten Fragen und das Einüben alternativer, funktionaler Denkmuster.
- Von besonderer Bedeutung in der Straftäterbehandlung sind zum einen Techniken zur Modifikation von Verleugnungs- und Bagatallisierungsprozessen und deliktfördernden Einstellungen bei Sexualstraftätern, zum andern die auf der Grundlage des Stress-Inokulationstrainings entwickelten Methoden zur Emotionsregulation.
- *Empathietraining:* In nahezu jedem Programm zur Straftäterbehandlung findet sich ein Modul zur Empathie bzw. zur Bewusstwerdung der Folgen einer Viktimisierung. Techniken hierbei sind Information über unmittelbare, kurzfristige und langfristige Folge einer Viktimisierung durch Diskussion, Lesen von Opfer-Berichten, didaktischen Diskurs, die offene und vollständige Darstellung des eigenen Delikts im Brief und/ oder in der Gruppe und durch die Einnahme der Perspektive des Opfers in Rollenspielen bzw. schriftlichen Darstellungen.

- *Dilemmadiskussionen*: Geführte Gruppendiskussionen über hypothetische moralische Dilemmata, so z. B. „Was ist zu tun, wenn ein naher Angehöriger nur mit einem Medikament, das nicht zu finanzieren ist, eine Chance hat zu überleben?" werden in der Straftäterbehandlung eingesetzt, um die Entwicklung von Werten zu fördern.
- *Interpersonales Problemlösetraining*: Kernstück des interpersonalen Problemlösetrainings ist die Vermittlung der Fertigkeit, ein Problem als solches überhaupt zu erkennen, alternative Lösungsmöglichkeiten zu entwickeln und zu bewerten, das Überlegen von Schritten, die zur Zielerreichung erforderlich sind, Ursache-Wirkungs-Zusammenhänge zu bedenken und zukunftsorientiert zu denken.
- *Entscheidungsmatrix*: Bei dieser Technik geht es um zwei Entscheidungen, zum einen um die Entscheidung, straffrei zu bleiben, zum anderen um die Entscheidung, ein erneutes Delikt zu begehen. Für jede Entscheidung soll der Straftäter sowohl die positiven als auch die negativen Konsequenzen benennen, und nochmals bei den positiven und negativen Konsequenzen zwischen lang- und kurzfristigen Konsequenzen unterscheiden

Relapse Prevention (Rückfallvermeidungsmodell)

Das aus der Suchtbehandlung stammende Rückfallvermeidungsmodell fand seit Anfang der 80er Jahre einen immer stärkeren Eingang in die Straftäterbehandlung. Mit Marshall und Anderson (1996) kann man drei prinzipielle Anwendungsmöglichkeiten des Rückfallvermeidungsmodells in der Straftäterbehandlung unterscheiden:
- weitgehend methoden- und inhaltsoffenes Paradigma für die Konzeptionalisierung, Planung und Durchführung einer individuellen Behandlung, in dem sämtliche therapeutische Maßnahmen einschließlich der Gestaltung des Entlassungsumfeldes in einer auch für den Patienten nachvollziehbaren Weise integriert werden,
- strukturierte Methode zur selbstkontrollierten Vermeidung von Rückfällen,
- externes Risikomanagement durch die Bereitstellung eines sozialen Empfangsraums und von Nachsorgebedingungen, die sich aus dem individuellen Rückfallvermeidungsplan des einzelnen Straftäters ableiten.

Pithers (1990) bezeichnet die beiden erstgenannten Anwendungsmöglichkeiten als die „interne Selbstmanagementdimension", die als dritte genannte Anwendungsmöglichkeit als die „externe Supervisionsdimension" des Rückfallvermeidungsmodells. Empirische Arbeiten liegen nur aus dem Bereich der Sexualstraftäterbehandlung vor. Hierbei steht der empirische Beleg aus, dass das sehr aufwändige Rückfallvermeidungsmodell trotz seiner bestechenden Evidenz zur Behandlung von „rückfälligen" Straftätern anderen kognitiv-behavioralen Methoden überlegen ist (Marshall und Anderson 1996) (Tab. 4.3).

Tabelle 4.3 Anwendungsmöglichkeiten des Rückfallvermeidungsmodells in der Straftäterbehandlung

1. Interne Selbstmanagementdimension
   - Paradigma für Konzeptionalisierung, Planung und Durchführung einer individuellen Behandlung
   - strukturierte Methode zur selbstkontrollierten Vermeidung von Rückfällen
2. Externe Supervisionsdimension

Grundannahme des Rückfallvermeidungsmodells ist, dass „Rückfälle nicht einfach vom Himmel fallen". Bei kriminellem Verhalten handelt es sich im Rückfallvermeidungsmodell um erlerntes Verhalten, das durch interne und externe Faktoren im Sinne von „Angestoßenwerden" motiviert wird, und im Sinne von „Sichaufschaukeln" verstärkt wird. Intern motivierende Faktoren können bestimmte Gedanken, Phantasien, Wahrnehmungen und Gefühle sein, extern motivierende Faktoren beispielsweise die Verfügbarkeit von Alkohol, Drogen, Waffen oder potenziellen Opfern. Intern verstärkende Faktoren können z. B. das Gefühl von Macht, Euphorie etc. sein, extern verstärkende Faktoren Geld, die Anerkennung von Freunden etc.

Man nimmt in diesem Modell an, dass jedem kriminellen Verhalten eine multimodale **Verhaltenskette**, auch Deliktzirkel oder Deliktszenario, vorangeht, z. B.: Krach mit der Partnerin – Gefühl des Abgelehntseins – Ärger – Konsum von Alkohol – Zuschlagen. Jedes Stadium der zum Delikt führenden Verhaltenskette wird explizit erarbeitet, als Risikosituation beschrieben und als Warnzeichen benannt. Für jede Risikosituation werden Bewältigungsstrategien entwickelt und erlernt, die den Deliktzirkel unterbrechen. Je früher der Deliktzirkel unterbrochen werden kann, desto geringer ist das Rückfallrisiko. Dem eigentlichen Rückfall geht der sog. Fast-Rückfall voraus, der in der Straftäterbehandlung überwiegend als jegliches Auftreten oder Phantasieren eines Bestandteils des Deliktzirkels definiert wird.

Im Rückfallvermeidungsmodell zur Sexualstraftäterbehandlung werden drei kognitiv-emotionale Mechanismen beschrieben, die die Fehlentscheidung, immer höhere Risikosituationen aufzusuchen, ermöglichen:
- **„Der innere Schweinehund"** (PIG: problem of immediate gratification): Hierunter wird verstanden, dass sexuelles Verhalten und damit auch sexuell-delinquentes Verhalten eine unmittelbar belohnende und damit stark verhaltenssteuernde Wirkung hat.
- **„Scheinbar irrelevante Entscheidungen"** (apparantly irrelevant decisions): Hierunter wird der unvollständige Versuch verstanden, den Konflikt zwischen dem inneren Schweinehund, d. h. dem Drang zur Bedürfnisbefriedigung durch sexuell-delinquentes Verhalten, und der Einsicht, das sexuell-delinquente Verhalten zu kontrollieren, zu lösen. Der Sexualstraftäter begibt sich in immer höhere Risikosituationen und rechtfertigt diese Fehlentscheidungen vor sich und anderen mit Entschuldigungen. Man kann grob drei Formen von „Entschuldigungen" unterscheiden:
  – die Verleugnung, die abstreitet,
  – die Rationalisierung, die rechtfertigt,
  – die Projektion, die Dritte anklagt.

- **Rückfallschock** (abstinence violation effect): Hierunter wird die negative emotionale Reaktion auf einen Fast-Rückfall oder einen Rückfall verstanden. Dieser Fast-Rückfall oder Rückfall bestärkt den Sexualstraftäter in seiner Vorstellung, dass er unfähig ist, sein sexuell-delinquentes Verhalten zu kontrollieren, was wiederum zu einem Anstieg der dysphorischen Verfassung führt (z. B. „Es hat eh keinen Zweck, es nutzt ja doch nichts, jetzt kommt's auch nicht mehr drauf an, ist eh alles egal"), die ihrerseits wiederum häufig den Beginn des Deliktzirkels darstellt und im Sinne eines Teufelkreises den Deliktzirkel „anstößt und aufschaukelt".

Hinsichtlich der Therapiemethodik handelt es sich bei dem Rückfallvermeidungsmodell um einen **psychoedukativen Ansatz**, in dem die dargestellten Konzepte mithilfe von Erläuterungen, Beispielen, Parabeln, Metaphern, Übungen oder strukturierten Gruppendiskussionen vermittelt werden. Günstig ist der Einsatz von schriftlichen Arbeitsmaterialien und Hausaufgaben. Für die Bearbeitung der individuellen Problematik können sämtliche bereits genannten kognitiv-behavioralen Methoden zur Anwendung kommen, wobei für ihre spezifische Anpassung auf das Rückfallvermeidungsmodell auf die Übersichtsarbeiten von Laws (1989), Marshall und Eccles (1996) sowie Eucker (2002) verwiesen werden soll. Die Ergebnisse werden in einem Rückfallvermeidungsplan zusammengefasst, der alle notwendigen und hinreichenden Bedingungen des individuellen Rückfallprozesses beschreibt, d. h. die chronischen Risikofaktoren, die Lebensstilinterventionen, die Warnzeichen, die Bewältigungsstrategien, den Deliktzirkel und den Fast-Rückfall. Weiterhin enthält der Rückfallvermeidungsplan die schriftliche Vereinbarung, sich im Falle eines Fast-Rückfalls sofort mit dem Behandler in Verbindung zu setzen. Insgesamt ist unbedingt zu berücksichtigen, dass stabile verhaltenswirksame Änderungen Zeit, Redundanz und sehr viel Übung erfordern.

Multimodal kognitiv-behaviorale Programmpakete (R&R-Programm)

Die Zusammenfassung all der genannten Methoden mit den notwendigen Materialien in einem übersichtlichen und gut anwendbaren Manual, d. h. die Entwicklung eines **multimodalen kognitiv-behavioralen Programmpakets**, stellt das Desiderat der Straftäterbehandlung dar.

Das sicherlich am weitesten verbreitete und einflussreichste multimodale kognitiv-behaviorale Programmpaket ist das von Ross und Fabiano (1985) Anfang der 80er Jahre in Kanada entwickelte Reasoning Rehabilitation Program, kurz R&R-Programm (Übersicht bei Gretenkord, 2002). Untersuchungen an kanadischen Straftätern zwischen 1990–1994 ergaben, dass die Anzahl der erneuten Verurteilungen bei Straftätern, die am R&R-Training teilgenommen hatten, um 20% reduziert werden konnten (Robinson, 1995).

Das Training ist so aufgebaut, dass es auch von fachfremden Mitarbeitern appliziert werden kann. Es besteht aus 35 durchstrukturierten Sitzungen à zwei Stunden, die in einem Zeitraum von 8–12 Wochen durchgeführt werden. Es ist sowohl im stationären als auch im ambulanten Setting durchführbar. Ziel ist die Vermittlung von kognitiven Fähigkeiten, die mit erfolgreichem sozialen Verhalten assoziiert sind. Dies geschieht in den aufeinander aufbauenden Programmmodulen Selbstkontrolle, Meta-Kognitionen, soziale Fertigkeiten, interpersonale Problemlösefähigkeiten, kreatives Denken, kritisches Denken, Übernahme der sozialen Perspektive, Entwicklung von Werten und Emotionsregulation.

Angewandte Methoden sind Gruppendiskussionen, Rollenspiele, strukturierte Denkaufgaben, Spiele und audio-visuelle Präsentationen. Der Prozess der Informationsvermittlung, d. h. eine interessante und anregende Gestaltung der einzelnen Sitzungen, ist wichtiger als der Inhalt der Sitzungen.

Kasuistik

Der jetzt 23-jährige Herr S. wurde wegen einer Brandstiftungsserie im alkoholisierten Zustand, Diebstählen, einer Körperverletzung im alkoholisierten Zustand und einer sexuellen Nötigung in den Maßregelvollzug eingewiesen. Bei seiner Aufnahme gibt er an, dass er keine Ahnung habe, was er in der Klinik solle. Das Gericht habe ihm da etwas untergeschoben. Im Stationsalltag ist Herr S. zurückgezogen und dadurch weitestgehend unauffällig. In der Gruppe der Mitpatienten hat er eine Außenseiterposition. Auffallend sind massive Verstimmungszustände, die unvorhersehbar durch geringfügige Frustrationen ausgelöst werden. In diesen Phasen zieht er sich gänzlich zurück, fordert seine Verlegung in die JVA und beschäftigt die Klinikmitarbeiter durch die Bearbeitung seiner umfänglichen schriftlichen Beschwerden. Auf Station fällt in diesen Zeiten auf, dass die Fernsehprogramme immer wieder zum Ärgernis der Mitpatienten verstellt sind. Weiterhin steht Herr S. im Verdacht, für die kleineren Diebstähle auf Station verantwortlich zu sein. Sämtliche Gespräche mit ihm drehen sich im Kreise. Er weiß auch nicht, was die anderen immer gegen ihn haben. Herr S. wird in das R&R-Programm überwiesen, an dem er nach anfänglicher Skepsis engagiert teilnimmt: „Endlich mal etwas, womit man etwas anfangen kann". Während des Trainings beginnen sich die Gespräche mit ihm zu verändern. Differenziert beschreibt er Alltagsprobleme, wägt unterschiedliche Problemlösungen unter Berücksichtigung ihrer Folgen ab und bedenkt dabei, welche Auswirkungen sein Verhalten auf die anderen hat. So spricht er an, dass er in der Regel sein monatliches Taschengeld unmittelbar nach Erhalt ausgegeben hat, und sich dann an den Kaffee- und Zigarettenvorräten der Mitpatienten bediene. Die Mitpatienten würden das schon mitkriegen. Es sei klar, dass sie sauer auf ihn seien. Er entwickelt einen monatlichen Finanzplan, den er einhält. Die Diebstähle hören auf. Im Stationsalltag ist er häufiger im Gespräch mit seinen Mitpatienten zu beobachten. Er hört zu, setzt sich mit kritischen Anmerkungen auseinander und handelt beispielsweise die Wahl des Fernsehprogramms aus, statt sich wie vorher beleidigt zurückzuziehen. Die Grundstimmung wird stabiler. Bei kleinen Ärgernissen stellt er sich die Frage, ob es nicht hilfreichere Gedanken gibt als immer nur auf die anderen zu schimpfen. Er erkundigt sich aktiv nach Ausbildungsmöglichkeiten und einer Teilnahme an der Rückfallvermeidungsgruppe.

stufte Erprobung, Verstärkung, konkrete Hilfestellungen, Ressourcen-Bereitstellung und kognitive Umstrukturierung.

Erreichbar sind Effektraten von bis zu 0,3.

Fazit für die Praxis

Methoden, für deren Wirksamkeit es eine empirische Evidenz gibt, sind: Modelllernen, Rollenspiele, abge-

Mögliche Fehler und Probleme

Die dissoziale Persönlichkeitsstörung wird zu selten diagnostiziert!
Typische Konstellationen für diagnostische Fehleinschätzungen sind:
- Anstelle der dissozialen Persönlichkeitsstörung wird eine narzisstische oder eine Borderline-Persönlichkeitsstörung diagnostiziert. Diagnostische Fehleinschätzungen können dadurch vermieden werden, dass sich Diagnostiker ausschließlich an der Symptomatologie und nicht an ätiologischen Aspekten orientieren.
- Die dissoziale Persönlichkeitsstörung wird übersehen, wenn gleichzeitig oder aus der Vorgeschichte eine schizophrene oder bipolare affektive Erkrankung bekannt sind.
- Die dissoziale Persönlichkeitsstörung wird fälschlicherweise nicht diagnostiziert, wenn auch eine Suchterkrankung vorliegt.

Die Diagnosestellung sollte ergänzt werden durch die Bezeichnung des verwandten Klassifikationssystems bzw. Instrumentes. Die Angabe wird notwendig aufgrund der gravierenden konzeptionellen Unterschiede zwischen ICD-10, DSM-IV und dem Psychopathy-Konzept von Cleckley und Hare.

Die Behandlung zielt auf solche Persönlichkeitsauffälligkeiten, die überhaupt keine kriminogenen Faktoren sind. Diese Gefahr besteht vor allem bei der unreflektierten Übertragung von bekannten Therapieverfahren auf die Straftäterbehandlung.

Der Grundsatz „Die Straftaten sind inakzeptabel, nicht aber der Straftäter" wird in der Behandlungsbeziehung nicht eingehalten. So kann auf der einen Seite der Behandler die kritische Distanz und damit die Behandlungsautorität verlieren (Manipulation), auf der anderen Seite kann der Behandler den Straftäter als Person gänzlich ablehnen (Zynismus, Resignation, „Moralpredigten", Bestrafungen).

Die Behandlung zielt auf das „Reden über Verhalten", nicht aber das Verhalten selbst ab. Entscheidend ist das, was der Straftäter tut, nicht das, was er in der Therapiesitzung erzählt

Die Behandlung zielt auf eine einzelne Auffälligkeit ab. Stehen einzelne Auffälligkeiten sehr im Vordergrund des Befundes, z. B. die Impulsivität, besteht die große Gefahr, dass andere relevante kriminogene Faktoren in der Behandlung erst gar nicht angegangen werden.

„In der Praxis ist alles ganz anders". In der Straftäterbehandlung besteht die große Gefahr, dass die Behandlung „verwässert". So gibt es immer wichtige und aktuelle Dinge, die unbedingt sofort zu besprechen sind, und hundert Gründe, warum gerade bei diesem Straftäter die therapeutische Strategie so modifiziert werden muss, das sie als solche gar nicht mehr erkennbar ist.

Was hat sich in den letzten 5 Jahren verändert?

Mit Zunahme unseres Wissens über die dissoziale Persönlichkeitsstörung haben sich die Grenzen zwischen den biologischen und den psychosozial ausgerichteten Verstehensmodellen zunehmend verwischt. Je besser wir verstehen, wie Gene ihre Wirkung entfalten, umso besser verstehen wir, *wie* die Umwelt auf unsere Entwicklung einwirkt.

Es ist ein bedeutsamer Erkenntnisgewinn hinsichtlich biologischer Faktoren in der Genese der dissozialen Persönlichkeitsstörung zu verzeichnen. Neuere Befunde unterstützen insbesondere die Auffassung, dass aggressives und dissoziales Verhalten, das bereits in der Kindheit (insbesondere vor dem 10. Lebensjahr) zu beobachten ist, als bester Prädiktor einer späteren dissozialen Persönlichkeitsstörung aufgefasst werden kann.

Beschreibungen dissozialer Persönlichkeiten beschränken sich nicht auf die Aufzählung delinquenter Verhaltensweisen, sondern fokussieren auf psychopathologisch relevante Persönlichkeitsmerkmale.

In den letzten Jahren sind die dargestellten strukturierten Therapieprogramme in breitem Maße implementiert worden.

Die im Strafvollzug entwickelten Behandlungsmethoden sind auf solche Rechtsbrecher übertragen bzw. adaptiert worden, bei denen neben einer dissozialen Persönlichkeitsstörung bedeutsame weitere psychische Störungen bestehen (z. B.: Schizophrenie, bipolare Störung, Minderbegabung).

Literatur

American Psychiatric Association (1995) Diagnostic and statistical manual of mental disorders, fourth edition, DSM-IV In: American Psychiatric Association. Deutsche Bearbeitung von Saß H, Wittchen J, Zaudig M Washington, Weinheim, Basel

Andrews D, Bonta J. (1998) The Psychology of Criminal Conduct. Cincinnati, Anderson, (vol.)

Andrews D, Zinger I, Hoge RD, Bonta J, Gendreau P, Cullen FT (1990) Does correctional treatment work?: A clinically relevant and psychologically informed meta-analysis. Criminology 28:369–404

Andrews D (1995) The Psychology of Criminal Conduct and Clinical Criminology. In Stewart L, Stermac L, Webster C (eds,) Clinical Criminology: Toward Effective Correctional Treatment. Toronto, Correctional Service of Canada, 130–150

Beck AT, Freeman A (1993) Kognitive Therapie der Persönlichkeitsstörungen. 2. Auflage, Beltz PsychologieVerlagsUnion, Weinheim

Berman ME, Kavoussi RJ, Coccaro EF (1997) Neurotransmitter correlates of aggression and violence. In: Stoff DM, Freiling J, Maser JD (eds.) Handbook of Antisocial Behavior. Wiley, pp 305–313

Bierut LJ, Dinwiddie SH, Begleiter H, Crowe RR, Hesselbrock V, Nurnberger, JI, Porjesz B, Schuckit MA, Reich T (1998) Familial transmission of substance dependence: Alcohol, marijuana, cocaine, and habitual smoking. Archives of General Psychiatry 55:982–8

Bock GR, Goode JA (1996) Genetics of Criminal and Antisocial Behaviour, eds., Chichester: Wiley

Brain PF, Susman EJ (1997) Hormonal Aspects of Aggression and violence. In: Stoff DM, Breiling J, Maser JD, eds. Handbook of Antisocial Behavior. Wiley, 314–23

Cadoret RJ, Yates WJ, Troughton E, Woodworth MA, Stewart MA (1995) Genetic-environmental interaction in the genesis of aggressivity and conduct disorders. Archives of General Psychiatry 52:916–24

Carey G, Goldman D (1997) The Genetics of Antisocial Behavior. In: Stoff DM, Breiling J, Maser JD, eds. Handbook of Antisocial Behavior. Wiley, 243–54

Cleckley H (1976) The mask of sanity: an attempt to clarify some issues about the socalled psychopathic personality. (5th ed) St Louis Mosby (1st ed. 1941)

Coccaro EFSJM, Klar HM, Horvath TB, Siever LJ (1994) Familial correlates of reduced central serotonergic system function in patients with personality disorders. Archives of General Psychiatry 51:318–24

Crocker, AG, Hodgins S (1997) The criminality of noninstitutionalized mentally retarded persons: Evidence from a birth cohort followed to age 30. Criminal Justice and Behavior, 24, 432–454

Cummings EM, Iannotti RJ, Zahn-Waxler C (1989) Aggression between peers in early childhood: Individual continuity and developmental change. Child Development 72:887–95

Cunningham MD, Reidy TJ (1998) Antisocial personality disorder and psychopathy: diagnostic dilemmas in classifying patterns of antisocial behavior in sentencing evaluations. Behavioral Science and the Law 16(3):333–351

Dishion TJ, Patterson GR (1997) The timing and severity of antisocial behavior: Three Hypothesis Within an Ecological Framework. In: Stoff DM, Breiling J, Maser JD, eds. Handbook of Antisocial Behavior. Wiley, 205–17

Dutton DG, Hart SD (1992) Evidence for long-term, specific effects of childhood abuse and neglect on criminal behavior in men. International Journal of Offender Therapy and Comarative Criminology 36:129–137

Eron LD (1997) The Development of Antisocial Behavior From a Learning Perspective. In: Stoff DM, Breiling J, Maser JD, eds. Handbook of Antisocial Behavior. Wiley, 140–7

Eucker S (2002) Relapse Prevention. In: Müller-Isberner R, Gretenkord L, eds. Psychiatrische Kriminaltherapie Band 1. Lengerich, Pabst Science Publishers, S. 18–28

Eucker S (1998) Verhaltenstherapeutische Methoden in der Straftäterbehandlung. In Kröber H-L, Dahle KP (eds.) Sexualstraftaten und Gewaltdelikte. Heidelberg, Kriminalistik Verlag, Hüthig GmbH, 189–210

Farrington DP (1997) A Critical Analysis of Research on the Development of Antisocial Behavior From Birth to Adulthood. In: Stoff DM, Breiling J, Maser JD, eds. Handbook of Antisocial Behavior. Wiley, 234–40

Ferguson DM, Woodward LJ, Horwood J (1998) Maternal smoking during pregnancy and psychiatric adjustment in late adolescence. Archives of General Psychiatry 55:721–7

Gendreau P (1996) Offender rehabilitation: What we know and what needs to be done. Criminal Justice and Behavior, 23, 144–161

Gottesman II, Goldsmith HH (1994) Developmental psychopathology of antisocial behavior: Inserting genes into its ontogenesis and epigenesis. In: Nelson CA, ed. Threats to Optimal Development. Erlbaum, 69–104

Gretenkord L (2002) Das Reasoning und Rehabilitation Programm. In: Müller-Isberner R, Gretenkord L, eds. Psychotherapie und Psychoedukation in der psychiatrischen Kriminaltherapie. Lengerich, Pabst Science Publishers, S. 29–40

Hare R (1970) Psychopathy. Wiley, New York

Hare R (1991) Manual for the Hare Psychopathy Checklist-Revised, edn., Toronto: Multi-Health Systems, (vol.)

Hare RD (2000) Eigenschaften von antisozialen Borderline-Patienten und Psychopathen: Konsequenzen für das Gesundheitswesen und das Strafrechtssystem. In: Kernberg O, Dulz B, Sachsse U (Hrsg.) Handbuch der Borderline-Störungen. Schattauer, Stuttgart, New York S. 393–412

Harris G, Rice M (1997) Mentally Disordered Offenders: What Treatment Research Says about Effective Service In: Webster C, Jackson M (eds.): Impulsivity. New York, London: Guildford, 361–393

Hart SD, Cox D, Have RD (1995) Manual for the Hare Psychopathy Checklist: Screening Version (PCL : SV). Mit dt. Handbuchbeilage von Roland Freese. Multi-Health Systems Inc., Toronto

Henry B, Moffitt TE (1997) Neuropsychological and Neuroimaging Studies on Juvenile Delinquency. In: Stoff DM, Breiling J, Maser JD, eds. Handbook of Antisocial Behavior. Wiley, 280–8

Herpertz S, Sass H (1999) Personality disorders and the law, with a German perspective. Current Opinion in Psychiatry 12(11):689–693

Herpertz SC, Sass H (2000) Emotional deficiency and psychopathy. Behavioral Sciences & the Law 18:567–580

Herpertz SC, Wenning B, Mueller B, Qunaibi M, Sass H, Herpertz-Dahlmann B (2001) Psychophysiological responses in ADHD children with and without conduct disorder – implications for adult antisocial behavior. Journal of the American Academy of Child and Adolescent Psychiatry 40(10): 1222–1230

Herpertz SC, Werth U, Lukas G, Qunaibi BS, Schuerkens A, HJ Kunert, R Freese, M Flesch, R Mueller-Isberner, M Osterheider, Sass H (2001) Emotion in criminal offenders with psychopathy and borderlien personality disorder. Archives of General Psychiatry 58:737–745

Hodgins S, Côté G, Toupin J (1998) Major mental disorders and crime: An etiological hypothesis. In: Cooke D, Forth A, Hare RD, eds. Psychopathy: Theory, Research and Implications for Society. Kluwer, 231–56

Hodgins S, Kratzer L, McNeil, TF (2001) Obstetrical complications, parenting, and risk of criminal behavior. Archives of General Psychiatry, 58, 746–752

Hodgins S, Müller-Isberner R (eds.) (2000) Violence, Crime and Mentally Disordered Offenders: Concepts and Methods for effective Treatment and Prevention, London: Wiley, (vol.)

Hodgins S (1996) Biological Factors implicated in the Development of Criminal behavious. In: Linden R, ed. Criminology: A Canadian Perspective, 3rd ed. Harcorut, Brace & Company, 199–235

Hodgins S (2001) The Major Mental Disorders and Crime: Stop Debating and Start Treating and Preventing. International journal of law and psychiatry, 427–446

Huesmann LR, Moise JF, Podolski, C-L (1997) The Effects of Media Violence on the Development of Antisocial behavior. In: Stoff DM, Breiling J, Maser JD, eds. Handbook of Antisocial Behavior. Wiley, 181–93

Hunt E, Streissguth AP, Kerr B, Olson HC (1995) Mothers' alcohol consumption during pregnancy: Effects on spatial-visual reasoning in 14-year-old children. Psychological Science 6:339–42

Intrator J, Hare R, Stritzke P, Brichtswein K, Dorfman D, Harpur T, Bernstein D, Handelsman L, Schaefer C, Keilp J, Rosen J, Machac J (1997) A brain imaging (single photon emission computerized tomography) study of semantic and affective processing in psychopaths. Biological Psychiatry 42:96–103

Kendler KS, Neale MC, Kessler RC, Heath AC, Eaves LJ (1993) A Longitudinal Twin Study of Personality and Major Depression in Women. Archives of General Psychiatry 50:853–62

Kratzer L, Hodgins S (1999) A typology of offenders: A test of Moffitt's theory among males and females from childhood to age 30. Criminal Behaviour and Mental Health 9, 57–73

Kunert HJ, Herpertz S, Saß H (2000) Frontale Dysfunktionen bei der Borderline- und antisozialen Persönlichkeitsstörung: neuropsychologische Befunde. Persönlichkeitsstörungen – Theorie und Therapie PTT 4:210–221

Lappalainen J, Long JC, Eggert M, Ozake N, Tobin RW, Brown GL, Naukkarinen H, Virkkunen M, Linnoila M, Goldman D (1998) Linkage of antisocial alcoholism to the serotonin 5-HT1B receptor gene in two populations. Archives of General Psychiatry 55:989–95

Laws DR (ed.) (1989) Relapse Prevention with sex offenders. New York: The Guilford Press

Lipsey MW, Wilson DB (1998) Effective intervention for serious juvenile offenders. In: Loeber R, Farrington DP (eds.) Serious & violent juvenile offenders. Thousand Oaks, Sage CA, 313–345

Lipsey MW, Wilson DB (1993) The efficacy of psychological, educational, and behavioral treatment. American Psychologist, 48,1181–1209

Lipsey MW (1992) Juvenile delinquency treatment: A meta-analytic inquiry into the variability of effects. In: Cook TD, Cooper H, Cordray DS, Hartman H, Hedges V, Light RJ, Louis TA, Mosteller F (eds.), Meta-analysis for explanation. Newbury Park, Sage CA, 83–127

Loeber R, Farrington DP (1997) Strategies and Yields of Longitudinal Studies on Antisocial Behaviour. In: Stoff DM, Breiling J, Maser JD, eds. Handbook of Antisocial Behavior. Wiley, 125–39

Lösel F (1998) Evaluationen der Straftäterbehandlung: Was wir wissen und noch erforschen müssen. In Müller-Isberner R, Gonzalez Cabeza S (eds.), Forensische Psychiatrie. Forum: Bad Godesberg, S. 29–51

Lyons MJ, True WJ, Eisen SA, Goldberg J, Meyer JM, Faraone SV, Eaves LJ, Tsuang MT (1995) Differential heritability of adult and juvenile antisocial Traits. Archives of General Psychiatry 52:906–15

Marshall LA, Cooke DJ (1999) The childhood experiences of psychopaths. a retrospective study of familial and societal factors. Journal of Personality Disorders 13(3):211–225

Marshall WL, Anderson D (1996) An evaluation of the benefits of the relapse prevention programs with sex offenders. Sexual Abuse, 8, 209–221

Marshall WL, Eccles A (1996) Cognitive behavioral treatment of sex offenders. In: van Hasselt VB, Hersen M (eds.): Sourcebook of Psychological Treatment Manuals for Adult Disorders. New York: Plenum, 295–332

Martinson R (1974) What works? Questions and answers about prison reform. Public Interest, 10, 22–54

McGuire J. (ed.) (1995) What Works: Reducing Reoffending. Guidelines from Research and Practice, New York

Merikangas KR, Stolar M, Stevens DE, Goulet J, Preisig MA, Fenton B, Zhang H, O'Maley SS, Rounsaville BJ (1998) Familial transmission of substance use disorders. Archives of gereral psychiatry 55:973–9

Müller-Isberner R (1998) Ein differenziertes Behandlungskonzept für den psychiatrischen Maßregelvollzug. Organisationsfragen und methodische Aspekte. In Wagner E, Werdenich W (eds.) Forensische Psychotherapie. Psychotherapie im Zwangskontext von Justiz, Medizin und sozialer Kontrolle. Wien, Facultas Universitätsverlag, 197–209

Needleman HL, Riess, JA, Tobin MJ, Biesecker GE, Greenhouse JB (1996) Bone lead levels and delinquent behavior. JAMA 275:363–9

Pietrini P, Guazzelli M, Basso G, Jaffe K, Grafman J (2000) Neural correlates of imaginal aggressive behavior assessed by positron emission tomography in healthy subjects. American Journal of Psychiatry 157(11):1772–1781

Pithers WD (1990) Relapse prevention with sexual aggressors: A method for maintaining therapeutic gain and enhancing external supervision. In: Marshall WL, Laws DR, Barbaree HE (eds.): Handbook of sexual assault: Issues, theories, and treatment of the offender. New York: Plenum Press, 343–361

Raine A, Lencz T, Bihrle S, LaCasse L, Colletti P (2000) Reduced prefromtal grey matter volume and reduced autonomic activity in antisocial personality disorder. Archives of General Psychiatry 57(2):119–127

Raine A, Reynolds C, Venables PH, Mednick SA, Farrington DP. (1998) Fearlessness, stimulation-seking, and large body size at age 3 years as early predispositions to childhood aggression at age 11 years. Archives of General Psychiatry;55:745–751

Reinisch JM, Sanders SA, Mortensen EL, Rubin DB (1995) In utero exposure to phenobarbital and intelligence deficits in adult men. JAMA 274:1518–25

Rice ME, Harris GT, Cormier C (1992) Evaluation of a maximum security therapeutic community for psychopaths and other mentally disordered of fenders. Law and Human Behavior, 16, 399–412

Robins LN, Tipp JPT (1991) Antisocial Personality: The diagnosis. In: Robins LN, Regier DA, eds. Psychiatric Disorders in America: The Epidemiologic Catchment Area Study. The Free Press, 258–90

Robinson D (1995) The impact of cognitive skills training on post-release recidivism among Canadian federal offenders. Research Report. Correctional research and development, Correctional Service of Canada, Ottawa, Ontario

Ross RR, Fabiano E (1985) Time to think: A cognitive model of delinquency prevention and offender rehabilitation. Johnson City, Tennessee, Institute of Social Sciences and Arts Inc.

Rutherford MJ, Cacciola JS, Alterman AI (1999) Antisocial personality disorder and psychopathy in cocaine-dependent women. American Journal of Psychiatry 156:849–856

Rutter M (1971) Parent-child separation: Psychological effects on the children. Journal of Child Psychology and Psychiatry 12:233–260

Rutter M (1997) Antisocial Behavior: Developmental Psychopathology Perspectives. In: Stoff DM, Breiling J, Maser JD, eds. Handbook of Antisocial Behavior. Wiley, 115–24

Saß H (1987) Psychopathie – Soziopathie – Dissozialität. Zur Differentialtypologie der Persönlichkeitsstörungen, edn., Berlin, Heidelberg, New York: Springer, (vol.)

Shaw DS, Winslow EB (1997) Precursors and Correlates of Antisocial Behavior From Infancy to Preschool. In: Stoff DM, Breiling J, Maser JD, eds. Handbook of Antisocial Behavior. Wiley, 148–58

Thornberry TP, Krohn MD (1997) Peers. Drug Use, and Delinquency. In: Stoff DM, Breiling J, Maser JD, eds. Handbook of Antisocial Behavior. Wiley, 218–33

van Goozen SHN, Matthys W, Cohen-Kettenis PT, Gispen-de Wied C, Wiegant VM, van Engeland H (1998) Salivary cortisol and cardiovascular activity during stress in oppositional-defiant disorder boys and normal controls. Biological Psychiatry 43:531–539

Virkkunen M, Rawlings R, Tokola R, Poland R, Guidotti A, Nemeroff C, Bissette G, Kalogeras K, Karonen SL, Linnoila M (1994) CSF biochemistries, glucose metabolism, and diurnal activity rhythms in alcoholic, violent offenders, fire setters, and healthy volunteers. Archives of General Psychiatry 51:20–27

Volavka J (1995) Neurobiology of Violence, edn., London: American Psychiatric Press, (vol.)

Wakschlag L, Lahey B, Loeber R, Green S, Gordon R, Leventhal B. (1997) Maternal smoking during pregnancy and the risk of conduct disorder in boys. Archives of General Psychiatry 54:670–6

4.4 Emotional instabile Persönlichkeitsstörung

Sabine C. Herpertz, Britta Wenning

4.4.1 Definition

Die emotional instabile Persönlichkeitsstörung, so wie sie in der ICD-10-Klassifikation konzeptionalisiert ist, umfasst zum einen den klinisch sehr bedeutsamen **Borderline-Typus**, zum anderen den **impulsiven Typus**. Unter Berücksichtigung der sehr unterschiedlichen klinischen Bedeutung wird bei den folgenden Ausführungen die Betonung bei der Borderline-Persönlichkeitsstörung liegen.

Der Begriff „Borderline" stiftet bis heute einige Verwirrung, ist er doch ursprünglich von Vertretern der Psychoanalytischen Schule gewählt worden, um einen Zwischenbereich zwischen neurotischen und psychotischen Erkrankungen zu beschreiben. Diese alte Begriffsbedeutung findet sich heute noch im psychoanalytischen Nosologie-Modell von Kernberg, der auf einer Schweregraddimension die Borderline-Persönlichkeitsorganisation als zwischen psychotischer und neurotischer Persönlichkeitsorganisation stehend auffasst. Klinisch stellte die Borderline-Persönlichkeitsstörung lange eine recht undifferenzierte Restkategorie für diagnostisch schwer fassbare und/oder therapeutisch schwierige Patienten dar.

Entsprechend der Klassifikationssysteme und den Ergebnissen einer intensiven empirisch-experimentellen Forschung ist das heutige Konzept der Borderline-Persönlichkeitsstörung durch vier wichtige Symptomkomplexe gekennzeichnet: **Impulsivität, affektive Instabilität, Instabilität in der Beziehungsgestaltung** und **Identitätsstörung**. Zusätzlich sind noch **dissoziative Erlebnisweisen** zu nennen, die bei einer Subgruppe von Patienten klinisch sogar im Vordergrund stehen.

In der Tradition der europäischen Psychiatrie findet sich seit jeher die impulsive bzw. explosible, reizbare Persönlichkeitsstörung. Danach werden Impulskontrollverluste weniger auf einzelne krisenhafte Zuspitzungen zurückgeführt als vielmehr eng mit dem Temperament eines Menschen verbunden als überdauernde impulsive Verhaltensbereitschaft aufgefasst. So konnte empirisch gezeigt werden, dass sich impulsive Verhaltensweisen über die Lebenszeit immer wieder in recht verschiedenen und wechselnden Verhaltensmanifestationen niederschlagen können und gewöhnlich begleitet sind von Planlosigkeit und mangelnder Zukunftsorientiertheit (Herpertz 2001). Hiervon abweichend findet sich im DSM-IV die auf Achse I kodifizierte **intermittierende explosible Störung,** die spontane Gewaltausbrüche ohne gleichzeitiges Vorhandensein einer Borderline- oder antisozialen Persönlichkeitsstörung beschreibt.

Diagnosekriterien der emotional instabilen Persönlichkeitsstörung (F60.3) nach ICD-10

Die **Diagnose des impulsiven Typus** wird gestellt, wenn zum einen mindestens 3 der Kriterien 1–5 erfüllt sind und zum anderen das 2. Kriterium vorliegt. Die **Diagnose des Borderline-Typus** wird gestellt, wenn zum einen mindestens 2 der unter dem impulsiven Typus genannten Kriterien 1–5 erfüllt sind und sich zum anderen zusätzlich mindestens 1 der Kriterien 6–10 findet:

1. deutliche Neigung, unerwartet und ohne Berücksichtigung der Konsequenzen zu handeln,
2. wechselnde, instabile Stimmung,
3. die Fähigkeit vorauszuplanen ist gering,
4. Ausbrüche intensiven Ärgers können zu oft gewalttätigem und explosiblem Verhalten führen,
5. gewalttätiges und explosibles Verhalten wird leicht ausgelöst, wenn impulsive Handlungen von anderen kritisiert oder behindert werden,
6. Störungen und Unsicherheiten über das Selbstbild, Ziele und die „inneren Präferenzen" (einschließlich der sexuellen),
7. chronisches Gefühl innerer Leere,
8. Neigung zu intensiven, aber unbeständigen Beziehungen kann zu wiederholten emotionalen Krisen führen,
9. übermäßige Anstrengungen, nicht verlassen zu werden,
10. Suiziddrohungen oder selbstschädigende Handlungen (diese können auch ohne deutliche Auslöser vorkommen).

Beim **impulsiven Typus** (F60.30) sind die wesentlichen Charakterzüge emotionale Instabilität und mangelnde Impulskontrolle. Ausbrüche von gewalttätigem und bedrohlichem Verhalten sind häufig, vor allem bei Kritik durch andere. Beim **Borderline-Typus** (F60.31) sind einige Kennzeichen emotionaler Instabilität vorhanden, zusätzlich finden sich oft die Kriterien 6–10 erfüllt.

4.4.2 Klassifikation

Die Klassifikation der Borderline-Persönlichkeitsstörung bleibt bis heute etwas verwirrend, weil es bei aller Ähnlichkeit zwischen ICD-10 und DSM-IV in der Grundkonzeption doch einige bedeutsame Unterschiede gibt (Herpertz und Saß 2000). Im ICD-10 steht die Impulsivität im Mittelpunkt der diagnostischen Kriterien; sie wird nicht nur in Form der Aufzählung konkreter dysfunktionaler auto- oder fremdaggressiver Verhaltensweisen genannt, sondern darüber hinausgehend als Planlosigkeit beschrieben, als Unfähigkeit auf nahe liegende Ziele zugunsten zukünftiger Belohnungsreize zu verzichten

(Delay-of-Gratification-Paradigma), sowie als Neigung, aversive Verhaltenskonsequenzen nicht zu antizipieren. Im DSM-IV dagegen wird die Instabilität von Stimmung, Verhalten und Beziehungsgestaltung in den Mittelpunkt der Diagnose gerückt. Weitere Unterschiede liegen darin, dass Hinweise auf dissoziative oder paranoide Erlebnisweisen im ICD-10 gänzlich fehlen.

Der impulsive Typus, der sich neben dem Borderline-Typus nur im ICD-10, nicht aber im DSM-IV findet, beschreibt Persönlichkeiten mit mangelhafter Impulskontrolle und Affektsteuerung, die leicht erregbar zu gewalttätigem und bedrohlichem Verhalten neigen. Unbesonnene, kurzschlüssige aggressive Verhaltensweisen treten dabei insbesondere reaktiv auf Kritik und Zurückweisung auf.

Fazit für die Praxis

Im ICD-10 wird bei der emotional instabilen Persönlichkeitsstörung der impulsive und der Borderline-Typus unterschieden, während im DSM-IV die impulsive Persönlichkeitsstörung keine Berücksichtigung findet. Insgesamt besteht kein Zweifel, dass die Borderline-Persönlichkeitsstörung die größere klinische Bedeutung hat.

Bei beiden Typen stehen die emotionale Instabilität und die Impulsivität im Vordergrund der Diagnose; hinzu treten bei der Borderline-Persönlichkeitsstörung eine Identitätsstörung, eine Instabilität in der Beziehungsgestaltung sowie dissoziative Erlebnisweisen.

4.4.3 Epidemiologie und Risikogruppen

Die Prävalenzrate der Borderline-Persönlichkeitsstörung in der Allgemeinbevölkerung kann mit ca. 1,5% angegeben werden. Die diagnostischen Kriterien der Borderline-Persönlichkeitsstörung erfüllen 8–11% aller ambulant (Widiger und Weissman 1991) und 14–20% aller stationär (Modestin et al. 1983) behandelten psychiatrischen Patienten, in klinischen Populationen von persönlichkeitsgestörten Patienten werden sehr viel höhere Angaben (30–40%) gemacht. Schließlich findet sich die Borderline-Persönlichkeitsstörung gehäuft bei Patienten mit Essstörungen sowie in Suchtpopulationen.

Der impulsive Typus der emotional instabilen Persönlichkeitsstörung ist insgesamt seltener und wird in einem unausgesuchten psychiatrischen Patientengut mit 4,5% angegeben. Typische Risikogruppen stellen Straftäter und süchtige Patienten dar.

Während im klinischen Bereich bis zu 80% der Borderline-Patienten weiblich sind (Widiger und Weissman 1991), wird die Borderlinepersönlichkeitsstörung unter Gefängnisinsassen und Patienten forensischer Kliniken als die zweithäufigste Persönlichkeitsstörungsdiagnose (nach der antisozialen Persönlichkeitsstörung) angegeben. Die Tatsache, dass selbstschädigendes Verhalten als diagnostisches Kriterium beim Borderline-Typus, streitsüchtiges Verhalten dagegen als obligates Kriterium beim Impulsiven Typus genannt wird, führt zu einem Geschlechts-*Bias* in der Weise, dass bei weiblichen Individuen vorzugsweise eine Borderline-Persönlichkeitsstörung, bei männlichen dagegen eine impulsive Persönlichkeitsstörung vergeben wird. Letztlich ist die Frage der Geschlechtsverteilung nicht hinreichend geklärt.

Fazit für die Praxis

Die Borderline-Persönlichkeitsstörung hat eine Prävalenzrate von 1,5% in der Allgemeinbevölkerung, ca. 15% in einem unselektierten psychiatrischen Patientengut und weit höheren Raten in Populationen von Patienten mit Persönlichkeitsstörungen, Essstörungen und Suchterkrankungen.

Der impulsive Typus der emotional instabilen Persönlichkeitsstörung kommt in einem unausgesuchten psychiatrischen Patientengut seltener vor. Es ist davon auszugehen, dass die Prävalenzraten unter Suchtpatienten und forensischen Patienten höher liegt.

Aufgrund der nicht unerheblichen Unterschiede in der Symptomatik und Genese werden die beiden Persönlichkeitsstörungen im Weiteren nacheinander dargestellt.

4.4.4 Ätiologie und Risikofaktoren: Borderline-Typ

Biologische Faktoren

Familien- und Zwillingsuntersuchungen zu genetischen Aspekten sind bisher selten und zeigen keine eindeutigen Ergebnisse. Eine erste, kürzlich publizierte Studie verweist auf eine **deutliche familiäre Häufung** der Borderline-Persönlichkeitsstörung (Torgersen et al. 2000); der genetische Einfluss macht sich besonders an zentralen Merkmalen wie emotionale Labilität und geringe Stresstoleranz fest (Kap. 3.1).

Die als zentrales Merkmal der Borderline-Persönlichkeitsstörung angesehene Affektdysregulation wird als Ausdruck eines schwierigen Temperamentes (Paris et al. 1994) bzw. einer primären affektiven Vulnerabilität aufgefasst (Linehan 1993, Silk 2000), die in der Interaktion mit einer traumatisierenden Beziehungsgeschichte und mangelhaften Lernerfahrungen zur Ausbildung einer Borderline-Persönlichkeitsstörung führt. Diese **affektive Vulnerabilität** äußert sich in einer hohen Empfindsamkeit gegenüber emotional relevanten Stimuli, in einer gesteigerten Affektintensität sowie in einer verzögerten Rückbildung affektiver Auslenkungen. Dabei wird unter Berücksichtigung erster neurobiologischer Befunde ursächlich eine Hypersensitivität des limbischen Systems diskutiert, die dispositionell vorhanden und/oder Folge chronischer Stressbelastungen sein kann (Corrigan et al. 2000, Herpertz et al. 2001). So ist die Amygdala als zentrale Struktur des limbischen Systems Ort hoher synaptischer Plastizität, indem schon eine begrenzte Anzahl geeigneter afferenter Erregungen auf dem Wege direkter thalamo-amygdalarer Konnektionen zu einer überdauernden Effizienzsteigerung der Erregungsübertragung [sog. Long Term Potentiation] führen können. Im Weiteren gibt es erste Hinweise, dass die übererregbare Amygdala einer unzureichenden Kontrolle jener präfrontalen, ventromedial und orbital gelegenen Hirnstrukturen unterliegt, die auf dem Wege eines thalamo-cortico-amygdalaren Regelkreises modulierend und inhibierend auf die limbische Erregung einwirken (Kap. 3.1.2). Störungen in diesem Regelkreis können viele Charakteristika in der Symptomatik von Borderline-Patienten erklären. Beispielsweise ist eine Hyperaktivität der Amygdala von einer Übererregung des Hippocampus gefolgt, die die Funktionalität von deklarativen Gedächtnisprozessen stört und Amygdala-vermittelte emotionale Erinnerungen dominiert (Kap. 3.1). Hier können Parallelen zu dem bei der posttraumatischen Belastungsstörung beschriebenen Trauma-Gedächtnis angenommen werden, das sich dadurch auszeichnet, dass das Trauma nur ungenügend in seinen Kontext von Zeit, Raum, vorangegangenen und nachfolgenden Informationen und anderen autobiografischen Erinnerungen integriert ist und durch sensorische Reiz-Reiz-Assoziationen leicht aktiviert wird (Ehlers und Clark 1999) (Abb. 4.3).

Psychosoziale Faktoren

In der Lebensgeschichte von Patienten mit Borderline-Persönlichkeitsstörung finden sich regelhaft eine Vielfalt von gravierenden psychosozialen Belastungsfaktoren. Hierzu zählen insbesondere **schwerwiegende Vernachlässigung, sexuelle Missbrauchs- und elterliche Gewalterfahrungen** in der Kindheit (Herman 1989, Ogata und Silk 1990, Rohde-Dachser 1996, Paris 2000), eine chaotische und feindselige Familienatmosphäre und ein invalidierender Erziehungsstil. Erfahrungen sexuellen Missbrauchs oder körperlicher Misshandlungen, die sich bei 60–80% aller Borderline-Patienten finden, führen – besonders wenn sie sich über einen längeren Zeitraum erstrecken – bei Kindern in besonderer Weise zu Defiziten in der Entwicklung adäquater Affektsteuerung und Verhaltenskontrolle. Die erst in Reifung begriffenen Regulations- und Bewältigungsmöglichkeiten werden überfordert und gerade wachsende Orientierungen und Wertvorstellungen hochgradig erschüttert. An typischen psychopathologischen Symptomen nach Misshandlungen werden überschießende Reagibilität, expansive Verhaltensauffälligkeiten und eine verminderte Fähigkeit zum verbalen Ausdruck von emotionalem Erleben angegeben (Resch 1996). Diese traumatische Erfahrungen wirken sich deshalb besonders gravierend auf die weitere Persönlichkeitsentwicklung aus, weil sie sich gewöhnlich vor dem Hintergrund einer **invalidierenden Umwelt** ereignen, die die situationsadäquaten Wahrnehmungen und Emotionen des betroffenen Kindes missachtet oder hierauf unberechenbar reagiert (Linehan 1993). Des Weiteren werden die Familieninteraktionen von Borderline-Patienten häufig als desorganisiert, chaotisch, konfliktreich und feindselig beschrieben (Links 1992). Auf diese Weise gefährden sie auch die Entwicklung langfristiger Zielorientierungen und moralischer Normen, die in erster Linie durch Beobachtung, Identifikation und Internalisierung elterlichen Verhaltens gelernt werden.

Fazit für die Praxis

Die Borderline-Persönlichkeitsstörung ist auf dem Gebiet der Persönlichkeitsstörungen am meisten beforscht worden.

Bei der Borderline-Persönlichkeitsstörung verweisen erste neurobiologische Befunde auf ein hyperreagibles-limbisches System, das einer unzureichenden kortikalen Kontrolle unterliegt.

Die Lebensgeschichte von Borderline-Patienten zeichnet sich durch gravierende traumatische Erlebnisse aus, insbesondere durch Erfahrungen von körperlicher und sexueller Gewalt.

Abb. **4.3** Neurobiologisches Modell der Genese der Borderline-Persönlichkeitsstörung.

gesteigerte Amygdalaaktivität erhöhte Sensitivität? verzögerte Habituation?	herabgesetzte Aktivität des ventromedialen präfrontalen Kortex unzureichende Top-down-Kontrolle
• moduliert Speicherung und Abruf emotionaler Ereignisse (Verbindung mit Hippocampus) • erhöht selektive Aufmerksamkeit für emotionale Ereignisse (Verbindung mit präfrontalem Kortex) • sensibilisiert Wahrnehmung für emotionale Ereignisse (Verbindung mit sensorischem Kortex) • Initiierung von Verhaltenskorrelaten der Angst (Verbindung mit Mittelhirn) • Initiierung von vegetativen Stressreaktionen (Verbindung mit Hypothalamus)	• Emotionen bestimmen das Handeln • emotionale Ereignisse werden nur eingeschränkt herausgefiltert • laufende kognitive Prozesse werden auch durch unbedeutende emotionale Stimuli unterbrochen • eingeschränkte Steuerung des Emotionsausdrucks

intensive, verzögert abklingende Affekte auch schon auf geringe Stressoren hin mit hoher Retention im Gedächtnis

4.4.5 Symptomatik: Borderline-Typ

Zentrales Merkmal der Borderline-Persönlichkeitsstörung ist eine Störung der Affektregulation im Sinne einer **erhöhten affektiven Reagibilität**. Borderline-Patienten reagieren bereits auf schwach ausgebildete, emotional relevante Stimuli mit intensiven, rasch aufschießenden Affekterregungen. Dabei können die Patienten unterschiedliche Gefühlsqualitäten der Angst, der Wut oder Verzweiflung häufig nicht voneinander differenzieren, sondern neigen zu einer undifferenzierten dysphorischen Verstimmung, die in quälenden, aversiven Spannungszuständen kumuliert. So erleben Borderline-Patientinnen häufig intensive und lang anhaltende Episoden von aversiver innerer Anspannung, die als äußerst peinigend erlebt werden (Stiglmayr et al. 2001). Typische Auslöser der Verstimmungen sind reale oder angenommene Erfahrungen von Verlassenwerden und Zurückweisung, daneben wird aber auch zwischenmenschliche Nähe oft bedrohlich erlebt. Diese typischen Auslösesituationen haben zu tun mit einer ungelösten Ambivalenz zwischen Bedürfnissen nach Bindung und einer gegenläufigen Sorge um Autonomieverlust (Fiedler 1997), die im Übrigen zu sehr instabilen zwischenmenschlichen Beziehungen mit häufigen Wechseln zwischen Trennungs- und Wiederannäherungsprozessen führen.

Die negativen Stimmungsauslenkungen und die daraus folgenden **aversiven Spannungszustände** stehen in einem engen Zusammenhang mit den für Borderline-Patienten typischen selbstschädigenden Verhaltensweisen wie parasuizidale Handlungen, Selbstverletzungen, bulimische Ess/Brechattacken, Glücksspiel oder episodische Alkohol- oder Drogenexzesse. Sie werden eingesetzt, die Spannungszustände zu lindern und quälende negative Gefühle zu vermeiden. Hieraus ergibt sich eine hohe Komorbidität mit Essstörungen, besonders Bulimia nervosa, sowie mit Störungen infolge der Einnahme psychotroper Substanzen (Zanarini et al. 1989) (S. 92). Der typische Ablauf von Spannungsaufbau und Spannungslösung (Abb. 4.4) führt bei vielen Patienten zu einer baldigen Habituierung von Selbstbeschädigungen, die sich im Sinne der operanten Konditionierung aus dem Erlebnis der negativen inneren Verstärkung begründet.

Die meisten Patienten mit Borderline-Persönlichkeitsstörung versuchen – dies im Gegensatz zu antisozialen Persönlichkeiten – ihre Impulse zurückzuhalten bzw. zu unterdrücken. Allerdings sind diese Kontrollversuche wenig ausdifferenziert und flexibel und nicht eingebettet in überdauernde stabile Motivationslagen, die geeignet wären, sich gegenüber andrängenden affektiven Regungen und plötzlichen Handlungsimpulsen zu behaupten. Dies führt zu einem unberechenbaren Wechsel zwischen angespanntem Zurückhalten von affektiven Regungen und Impulsen auf der einen Seite und plötzlichen Affekt- und Verhaltensdurchbrüchen auf der anderen Seite (Herpertz und Saß 1997). Zusätzlich zu einer affektiven Instabilität zeigen Patienten mit Borderline-Persönlichkeitsstörung in Zeiten akuter lebensgeschichtlicher Belastungen das Vollbild einer Major Depression mit schweren Schlafstörungen, Grübeln und tiefgreifender Hoffnungslosigkeit oder eine Panikstörung mit anfallsweise auftretenden heftigen vegetativen Angstsymptomen.

Borderline-Persönlichkeiten zeichnen sich im Weiteren durch eine ausgeprägte Instabilität des Selbstbildes und der Selbstwahrnehmung aus, die sich zum einen als quälendes Gefühl der Inkohärenz, zum anderen als mangelnde Zukunftsorientierung und Lebensplanung (mit der Folge von häufigen Ausbildungsabbrüchen und Stellenwechseln sowie wahllosen Kontakten mit unterschiedlichen Peer Groups) oder auch als übersteigerte Rollenidentifikation darstellt. Die Störung der Selbstidentität kann auch Aspekte der Geschlechtsidentität beinhalten und sich dann als Wechsel zwischen heterosexueller und homosexueller Partnerwahl oder auch als transsexuelle Strebungen manifestieren. Im Weiteren ist das negative Selbstbild bestimmt von einem negativen Selbstwertgefühl, das von kognitiven Grundannahmen bestimmt ist, nichts wert, schlecht und schuldig zu sein. Typische kognitive Schemata nach Young und Swift (1988) sind: „Keiner würde mich lieben oder in meiner Nähe sein wollen, wenn er mich richtig kennen lernen würde", „Ich bin ein schlechter Mensch. Ich verdiene es, bestraft zu werden." Zudem neigen die Patienten zu einem dichotomen Denkstil („Schwarz-weiß-Denken"), der die heftigen emotionalen Reaktionen weiter verstärkt. Werden die frühen Schemata durch relevante Ereignisse aktiviert, so treten kognitive Verzerrungen und intensive Affekte in verstärktem Maße auf und tragen zu der Manifestation problematischer Verhaltensweisen bei.

Typisch für die Borderline-Persönlichkeitsstörung sind auch kindliche und dissoziative Amnesien, Depersonalisationserlebnisse und schließlich Zustände verminderter Schmerzwahrnehmung oder auch Bewegungslosigkeit, die an Freezing-Phänomene erinnern, die man von Säugetieren in Situationen existentieller Bedrohung kennt (Bohus et al. 2000a). Pseudopsychotische Symptome von Patienten mit Borderline-Persönlichkeitsstörung, die in Zuständen ausgeprägter Dissoziation oder affektiver Erregung auftreten können, sind von echten paranoiden Vorstellungen und Halluzinationen, wie sie bei Patienten mit schizophrenen Störungen vorkommen, abzugrenzen. Gewöhnlich handelt es sich um panikartige Zuspitzungen von Befürchtungen, die in einem inhalt-

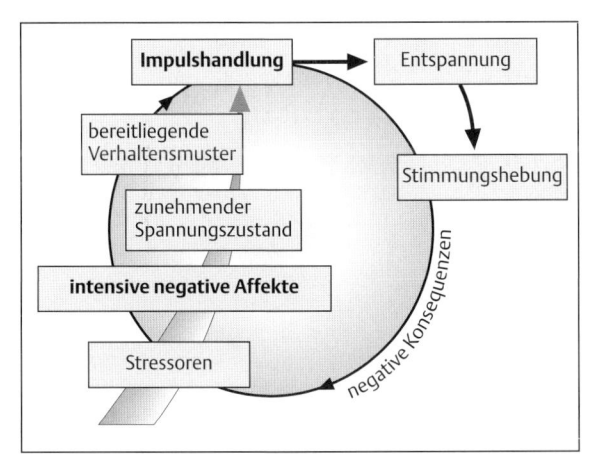

Abb. 4.4 Typischer Ablauf von Spannungsaufbau und Spannungslösung im Kontext von selbstschädigenden Verhaltensweisen bei der Borderline-Persönlichkeitsstörung.

lichen Zusammenhang mit traumatischen Ereignissen stehen, um Pseudohalluzinationen oder intrusives Wiedererleben in Form von sensorischen Eindrücken, die erlebt werden, als würden sie gerade im gegenwärtigen Moment geschehen und nicht als Erinnerung an eine vergangene Erfahrung. Flash-backs in Form sich aufdrängender Bilder und Körpersensationen sowie Intrusionen (sich aufdrängende Gedanken und Affekte) können bei Patienten mit schweren traumatischen Erlebnissen in der Vorgeschichte symptomatologisch dominieren.

Kasuistik

Eine 21-jährige Patientin kam wegen massiver Selbstverletzungen und einer gemischt anorektisch-bulimischen Essstörung in stationäre Behandlung. Seit ungefähr zwei Jahren fügte sich die Patientin mit einer Rasierklinge unzählige oberflächliche Verletzungen am ganzen Körper zu. Zuweilen gab es kein größeres unverletztes Hautareal mehr. Auf der Station geriet sie in heftige Wutaffekte, die mehrfach zur Zerstörung von Mobiliar führten; ein anderes Mal wurde sie von quälenden Angstaffekten überwältigt. Selbstschädigende Handlungen traten jeweils im Zusammenhang mit Situationen auf, in denen sich die Patientin kritisiert und beschuldigt fühlte. Schon angedeutete kritische Bemerkungen führten dazu, dass sie sich insgesamt schlecht, schuldig und wertlos fühlte und mit heftiger Wut oder aber quälenden Gefühlen der Verzweiflung und Einsamkeit reagierte. In diesen Situationen geriet sie in eine unruhige, gespannte Verfassung. Sport, Erbrechen und Selbstverletzungen dienten dazu, den Spannungszustand kurzzeitig zu lindern.

Eine 28-jährige Patientin suchte die stationäre Behandlung wegen einer Vielfalt selbstschädigender Verhaltensweisen auf. Bereits seit dem 14. Lebensjahr fügte sie sich selbst Schnitt- und Brandverletzungen zu, im Weiteren geriet sie immer wieder in Alkoholexzesse, in denen sie sich bis zur Besinnungslosigkeit betrank. Sie berichtete über plötzliche Stimmungsschwankungen, die wie „Wechselduschen" zwischen Verzweiflung und aufgedrehter Getriebenheit waren. Mehrfach war sie im Rahmen unklarer Zustände von Bewusstlosigkeit als Notfall in eine Neurologische Klinik gebracht worden. Wegen Stimmen, die sie zum Suizid aufforderten, erhielt sie seit Jahren hohe Dosen an Neuroleptika und Benzodiazepinen; sie hörte jeweils dieselbe männliche Stimme, die sie an den Großvater erinnerte, der sie als Kind sexuell missbraucht hatte. Auf genauere Nachfrage gab die Patientin an, dass sie wisse, dass es sich nicht wirklich um eine Stimme handle, sondern sich alte Erinnerungen ganz lebhaft aufdrängten. Mit dem Ehemann kam es zu heftigen Auseinandersetzungen und zwischenzeitlichen Trennungen. Ausbildungen zur Krankenschwester und Erzieherin hatte sie abgebrochen, nachdem zunächst viel versprechende Kontakte zu Kolleginnen und Vorgesetzten im Streit geendet hatten.

Fazit für die Praxis

Eine Störung der Affektregulation ist das führende Merkmal der Borderline-Persönlichkeitsstörung. Sie äußert sich in plötzlichen, kurzwelligen Stimmungsschwankungen, die typischerweise mit einem quälend erlebten Spannungszustand einhergehen.

Selbstschädigende Verhaltensmuster wie Selbstverletzungen, Ess/Brechattacken, Alkohol- und Drogenexzesse oder auch Eigenblutentnahme werden eingesetzt, aversive Spannungszustände kurzfristig abzubauen. Insbesondere bei Männern finden sich auch fremdaggressive Verhaltensstörungen.

Weitere Merkmale sind Planlosigkeit, Frustrationsintoleranz, Störung der Selbstidentität sowie eine instabile Beziehungsgestaltung.

Dissoziative Erlebnisweisen finden sich vorzugsweise bei schwer traumatisierten Patienten, die z.T. auch die Kriterien einer Posttraumatischen Belastungsstörung erfüllen.

Die Rate der vollendeten Suizide wird zwischen 5–10% angegeben (Paris et al. 1989).

4.4.6 Differenzialdiagnose und Komorbidität: Borderline-Typ

Mit Einführung der operationalisierten Diagnosesysteme kann die Borderline-Persönlichkeitsstörung von Erkrankungen aus dem schizophrenen und affektiven Spektrum hinreichend abgegrenzt werden.

Differenzialdiagnostische Schwierigkeiten ergeben sich heute am ehesten zur Posttraumatischen Belastungsstörung, die allerdings auch im Sinne einer komorbiden Verfassung zusätzlich zur emotional instabilen Persönlichkeitsstörung vorliegen kann. Unterscheidendes Merkmal zur **Posttraumatischen Belastungsstörung** ist der zeitliche Zusammenhang des Auftretens von Symptomen einer Posttraumatischen Belastungsstörung mit einem Ereignis außergewöhnlicher Bedrohung oder katastrophenartigen Ausmaßes. Eine allgemeine affektive Hyperreagibilität und selbstschädigende Verhaltensweisen sind im Weiteren kein typisches Symptom einer Posttraumatischen Belastungsstörung. Im Einzelfall sehr schwierig kann die diagnostische Abgrenzung der Borderline-Persönlichkeitsstörung von einer **andauernden Persönlichkeitsveränderung nach Extrembelastung** sein, insbesondere wenn jene zeitlich bis in die Adoleszenz zurückreicht.

Auf dem Gebiet der Persönlichkeitsstörungen gibt es häufige Überlappungen mit der histrionischen und der dependenten Persönlichkeitsstörung. Fernerhin trägt ein nicht unerheblicher Anteil der Borderline-Patienten auch selbstunsichere Persönlichkeitsmerkmale. In forensischen Populationen begegnet man nicht selten männlichen Patienten, die neben Borderline-Merkmalen auch antisoziale und narzisstische Persönlichkeitszüge zeigen.

Die häufigsten komorbiden Diagnosen sind neben der Posttraumatischen Belastungsstörung depressive Syndrome sowohl in Form der Major Depression (Abb. 4.2) als auch der dysthymen Störung, im Weiteren Angststörungen, Essstörungen sowie Substanzabusus und Substanzabhängigkeit.

Fazit für die Praxis

Schwierige Differenzialdiagnosen können sich gegenüber der Posttraumatischen Belastungsstörung und der andauernden Persönlichkeitsveränderung nach Extrembelastung ergeben.

Auf dem Gebiet der Persönlichkeitsstörungen zeigen viele Borderline-Patienten zusätzlich histrionische, dependente, narzisstische oder antisoziale Persönlichkeitszüge.

4.4.7 Weiterführende Diagnostik: Borderline-Typ

Bei differenzialdiagnostischen Schwierigkeiten können strukturierte Interviews wie IPDE und SKID II (Kap. 2.3) Verwendung finden, wobei die Borderline-Diagnose die höchste zeitliche Stabilität aufweist. Ein weit verbreitetes semistrukturiertes Interview zur spezifischen Erfassung der Borderline-Persönlichkeitsstörung stellt das von Gunderson et al. (1981, 1989) konzipierte Diagnostic Interview for Borderline Patients (DIB/DIB-R) dar. Allerdings weicht die Definition der Borderline-Persönlichkeitsstörung, auf der das Interview beruht, z. T. von der DSM-Klassifikation ab und schließt Elemente der psychodynamischen Borderline-Theorie ein. Es werden fünf Funktionsbereiche abgefragt: soziale Anpassung, impulsive Handlungsmuster, Affekte, psychotische Erlebnisse und interpersonelle Beziehungen. Als Borderline-spezifische Selbstbeurteilungsfragebögen sind der Borderline-SyndromIndex (Conte et al. 1980) als ein globaler Indikator für die Borderline-Störung, und das Inventory of Personality Organization (Clarkin et al. 1999) als ein Instrument zur Erfassung der Persönlichkeitsorganisation nach dem psychodynamischen Konzept von Kernberg zu nennen. Bei speziellen differenzialdiagnostischen Fragen sollten differenzielle neuropsychologische Untersuchungen und die kranielle Computertomographie Anwendung finden. Von Bohus und Mitarbeitern (2001) wurde zur Erhebung der typischen Symptomatik von Borderline-Patienten die Borderline-Symptom-Liste entwickelt, die insbesondere auch die spezifischen affektiven Phänomene erhebt und sich auch für die Verlaufskontrolle unter Therapie eignet.

4.4.8 Psychotherapie: Borderline-Typ

Sabine C. Herpertz, Britta Wenning

Allgemeine Therapieziele

Die Bereitschaft von Patienten mit dem Borderline-Typ der emotional instabilen Persönlichkeitsstörung sich in Behandlung zu begeben ist im Vergleich mit den meisten anderen Persönlichkeitsstörungen hoch. Die subjektiv meist deutlich erlebte Behandlungsbedürftigkeit hängt zum einen mit der Schwere und dem autodestruktiven Charakter der Störung, zum anderen aber auch damit zusammen, dass die Symptomatik – zumindest in einigen Aspekten – **ich-dyston** erlebt wird. So werden die Stimmungsschwankungen und plötzlichen depressiven Einbrüche quälend oder zumindest labilisierend empfunden wie auch dissoziative Erlebnisse von den Patienten selbst als fremdartig und störend bewertet werden. Deshalb bemühen sich Patienten mit Borderline-Persönlichkeitsstörung meist wegen der Symptomatik selbst und nicht nur wegen begleitender Achse-1-Störungen um eine Behandlung. Kommen Borderline-Patienten mit komorbiden Diagnosen in Behandlung, so bildet die Persönlichkeitsstörung den Fokus der Behandlung und eine ggf. begleitende Essstörung, Zwangsstörung, Suchterkrankung usw.

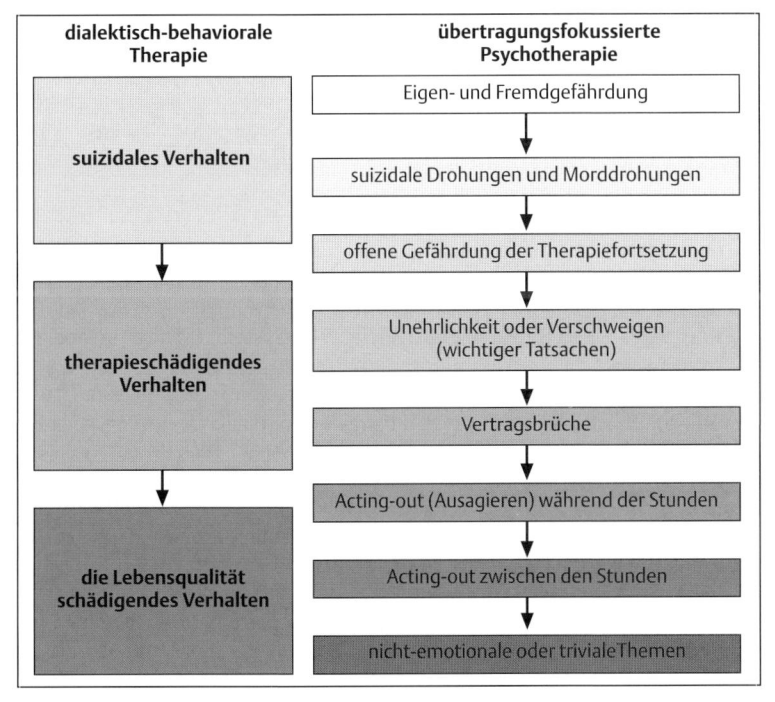

Abb. 4.5 Hierarchisierung von Themen im therapeutischen Prozess mit Patienten mit Borderline-Persönlichkeitsstörung aus Sicht der dialektisch-behavioralen Therapie (Linehan et al. 1991) und der übertragungsfokussierten Psychotherapie (Kernberg 1989).

dialektisch-behaviorale Therapie	übertragungsfokussierte Psychotherapie
suizidales Verhalten	Eigen- und Fremdgefährdung
	suizidale Drohungen und Morddrohungen
therapieschädigendes Verhalten	offene Gefährdung der Therapiefortsetzung
	Unehrlichkeit oder Verschweigen (wichtiger Tatsachen)
	Vertragsbrüche
	Acting-out (Ausagieren) während der Stunden
die Lebensqualität schädigendes Verhalten	Acting-out zwischen den Stunden
	nicht-emotionale oder triviale Themen

erfordert ein gegenüber der reinen Achse-I-Störung modifiziertes Vorgehen.

Da die Störung der Affektregulation als zentrales Merkmal der BPS aufgefasst werden kann, wird das erste Therapieziel darin liegen, eine **Verbesserung der Emotionsregulation und Spannungstoleranz** zu erreichen, wobei es gewöhnlich der erste Therapieschritt ist, nichtselbstschädigende Formen des Umgangs mit heftigen Affekten und abrupten Handlungsimpulsen zu erlernen (Linehan et al. 1993, Kernberg 1989). Entstehen selbstschädigende Verhaltensweisen bevorzugt aus dissoziativen Zuständen heraus, so ist die Fokussierung des Bewusstseinszustandes im Hier und Jetzt ein weiteres vordringliches Behandlungsziel. Erlebt sich der Patient seinen Affekten nicht mehr hilflos ausgesetzt und bleiben affektive Überflutungsreaktionen aus, so kann in einer zweiten Therapiephase die **Verarbeitung** bedeutsamer, d. h. gewöhnlich **traumatischer Beziehungserfahrungen** behutsam erfolgen. Ziele einer dritten Behandlungsphase, die im ambulanten Versorgungsbereich eher parallel zu den beiden anderen Themenschwerpunkten verfolgt werden, liegen in der Aufrechterhaltung bzw. **Wiedererlangung selbstständiger Lebensführung und Arbeitsfähigkeit** unter Einbeziehung sozialtherapeutischer Maßnahmen. Klinische Erfahrungen legen nahe, dass die Prognose weniger von der Schwere der Symptomatik als von der Fähigkeit zur Alltagsbewältigung abhängt, insbesondere ob ein schulischer, beruflicher oder privater Bereich zur Verfügung steht, der zur Stabilisierung des Selbstwertgefühls genutzt werden kann.

Einig sind sich beide großen Psychotherapieschulen darin, dass konkrete, hierarchisch geordnete Ziele zu formulieren sind, die den Behandlungsverlauf strukturieren (Abb. 4.5).

Fazit für die Praxis

Patienten mit emotional instabiler Persönlichkeitsstörung zeigen gewöhnlich eine hohe subjektive Behandlungsbedürftigkeit.
Die Behandlung wird in Therapiephasen mit konkreten Therapiezielen strukturiert.

Therapeutische Beziehung und Gesprächsführung

Die Gestaltung der therapeutischen Beziehung ist bestimmt von der zuverlässigen Einhaltung eines **realistischen Beziehungsangebotes**, das eine sorgfältige Reflexion von Nähe und Distanz voraussetzt. Die Gesprächsführung ist aktiv und direkt, eigene Emotionen des Therapeuten werden in adäquater Form eingebracht, um ein Modell für eine gelungene Emotionsregulation anzubieten. Empathische Kommunikation mit BPS-Patienten schließt ein:

- aufmerksames, zugewandtes, vorurteilsfreies Zuhören und Wahrnehmen,
- eine dialektische Verstehensweise (Linehan 1993), die geprägt ist von einem Gleichgewicht aus bedingungsloser Akzeptanz und Forderung nach Veränderung, d. h. von einer Synthese aus „Akzeptanz und Veränderung", „Standfestigkeit und mitfühlender Flexibilität" und „wohlwollendem Fordern und Versorgen",
- das fortgesetzte Bemühen, heftige, qualitativ diffuse und damit häufig nicht kommunizierbare Affekte des Patienten versuchsweise in Worte zu fassen, diese Versuche kritisch mit dem Erleben des Patienten abzugleichen und zu korrigieren, bis größtmögliche Übereinstimmung hergestellt ist,
- Gedanken lesen – es werden versuchsweise Gedanken formuliert, die vom Patienten nicht verbalisiert werden,
- die nachhaltige Validierung traumatisierender Beziehungserfahrungen.

Psychodynamisch betrachtet übernimmt der Therapeut **Hilfs-Ich-Funktionen**. Die therapeutische Haltung ist von Anfang an ressourcenorientiert, auf die Übernahme von Verantwortung und Mobilisierung von Selbstheilungskräften bedacht. Es werden frühzeitig Ziele erarbeitet, die von Patient und Therapeut gleichermaßen geteilt werden. Die Anwendung spezifischer Behandlungstechniken wird stets reflektiert in Hinblick auf die Auswirkungen auf die therapeutische Beziehung.

Während der Patient größtmögliche Unterstützung erfährt beim Versuch der Bewältigung von Spannungszuständen und autodestruktiven Handlungsimpulsen, hat sich im Umgang mit selbstschädigenden Handlungen eine neutrale Matter-of-Fact-Haltung bewährt. Sie schließt die ggf. notwendige Wundversorgung ein, vermeidet aber kontingente therapeutische Krisengespräche, um keine sozialen Verstärkungsprozesse zu initiieren.

Fazit für die Praxis

Es ist eine hinsichtlich Nähe und Distanz gut reflektierte therapeutische Haltung angezeigt, die an Ressourcen der Patienten anknüpft, bei dem Einsatz therapeutischer Interventionen auf hohe Transparenz achtet und ein Gleichgewicht von Akzeptanz und Unterstützung auf der einen sowie Forderung nach Veränderung auf der anderen Seite berücksichtigt.

Psychoedukation

Eine sorgfältige Aufklärung über die wichtigsten Merkmale der Störung schafft eine gute Basis für den Aufbau einer vertrauensvollen therapeutischen Beziehung. Dabei werden sowohl die **Stärken des Persönlichkeitsstils** (Schmitz 1999) herausgearbeitet, insbesondere die große Empfindsamkeit, das oft ausgeprägte Einfühlungsvermögen und die hohe Aufmerksamkeit für alle emotionalen Aspekte der Umwelt als auch seine **dysfunktionalen Zuspitzungen,** z. B. quälende Stimmungsschwankungen, geringe Stresstoleranz und Ausdauer sowie konfliktreiche Beziehungen. Im Weiteren wird ein **Modell über die Entstehung und Aufrechterhaltung der Störung** vermittelt. Es geht davon aus, dass die emotional instabile Persönlichkeitsstörung als Folge einer angeborenen oder früh erworbenen emotionalen Vulnerabilität sowie schwerwiegender, häufig traumatisierender Beziehungserfahrungen aufgefasst werden kann. Herausgestellt wird insbesondere der Zusammenhang zwischen kindlicher Traumatisierung und Affektvermeidung (z. B. in Form von dissoziativen Phänomenen, selbstschädigenden Handlungen) sowie übersteigerten Stressreaktionen (z. B. erhöhtes Arousal, heftige Angstreaktionen, Schlafstörungen). Dabei wird die subjektive Sinnhaftigkeit der Symptomatik anerkannt (beinhaltet sie doch erhöhte Vorsicht gegenüber potenziell aversiven zwischenmenschlichen Erfahrungen und autoprotektive Mechanismen) bei gleichzeitiger Herausarbeitung ihrer Untauglichkeit für die Bewältigung der Gegenwart und der Analyse der negativen interpersonellen Implikationen des Persönlichkeitsstils (z. B. Verhinderung einer erfolgreichen Stressbewältigung und positiver Beziehungserfahrungen). Informationen über die Störung beinhalten u. a.:

- den Zusammenhang von Affektdysregulation, Spannungszuständen und selbstschädigenden Impulshandlungen (Abb. 4.4),
- das Wechselspiel von dichotomem Denken und Stimmungsschwankungen,
- Aufklärung darüber, dass selbstschädigendes Verhalten, chronische Suizidalität und Dissoziation kurzfristig erfolgreiche, aber langfristig untaugliche „Problemlösungsversuche" darstellen, die das Erlernen neuer, situationsadäquater Strategien zur besseren Affektregulation und Spannungstoleranz verhindern,
- Darstellung der Folgen traumatisierender Erlebnisse: intrusives Wiedererleben, Besonderheiten des Trauma-Gedächtnisses.

Vorsicht geboten ist gegenüber der Entwicklung einer „Borderline-Identität", die sich zu einem Widerstand gegenüber Veränderung ausbilden kann und im Sinne einer Selbststigmatisierung die soziale Isolation verstärken kann.

Fazit für die Praxis

Psychoedukative Interventionen beziehen sich auf die Herausarbeitung der Stärken und Schwächen des Persönlichkeitsstils und auf die Bereitstellung von Modellen zur Entstehung und Aufrechterhaltung der Störung. Therapeutische Interventionen werden vor dem Hintergrund dieser Modelle erklärt und erfahren dadurch eine hohe Transparenz.

Spezifische Behandlungsansätze

Psychodynamische Ansätze

Für Patienten mit Borderline-Persönlichkeitsstörung und darüber hinausgehend auch für Patienten mit anderen Cluster-B-Persönlichkeitsstörungen wurde eine spezifische psychodynamische Psychotherapie, die übertragungsfokussierte Psychotherapie (**Transference-Focused Psychotherapy, TFP**) entwickelt. Das Konzept der TFP basiert auf einem objektbeziehungstheoretischen, psychodynamischen Verständnis der Borderline-Persönlichkeitsorganisation einschließlich ichpsychologischer Störungsaspekte (Kap. 3.2). Ausgangspunkt dieser Therapiemethode ist die Auffassung, dass die Schwierigkeiten des Patienten als im Hier und Jetzt erfolgte unbewusste Wiederholungen von pathologischen, internalisierten Beziehungen aus der Vergangenheit zu verstehen sind. Erfahrungen im Hier und Jetzt aktivieren die affektgeladenen internalisierten Beziehungsmuster, die wiederum die Wahrnehmung der aktuellen Realität formen. Ziel der Behandlung ist eine tief greifende Veränderung der psychischen Struktur durch eine Lockerung der fixierten internalisierten Objektbeziehungen und eine Integration der abgespaltenen Selbst- und Objektrepräsentanzen. Es liegt inzwischen ein störungsspezifisches, trainierbares und empirisch gestütztes Therapiemanual vor, das u. a. klare Vorgaben bezüglich Therapievereinbarungen, Umgang mit Regelüberschreitungen, Abweichung von der technischen Neutralität sowie eine verfahrensspezifische Skala zur Manualtreue und Manualkompetenz beinhaltet (Clarkin et al. 1999, deutsche Version Clarkin et al. 2001, Buchheim und Dammann, 2001). Das der Therapie zugrunde liegende Konzept ist, eine schrittweise Veränderung der inneren Repäsentanzenwelt dadurch zu erreichen, dass in der Übertragungsbeziehung dominante Objektbeziehungsmuster und deren zugehörige Affekte wiederbelebt werden, der polarisierte und gespaltene Charakter der Selbst- und Objektrepräsentanzen bzw. die Funktion der dabei mobilisierten primitiven Abwehrmechanismen verdeutlicht wird und schließlich die Integration positiver und negativer Sichtweisen von sich selbst und anderen erfolgt. Deshalb ist der zentrale Ansatzpunkt dieser Therapie die Analyse der Übertragung, in der sich die psychischen Konflikte des Patienten darstellen.

Benutzte Techniken sind **Klärung** und **Konfrontation** besonders im Zusammenhang mit selbstschädigenden Verhaltensweisen, **Grenzsetzungen** gegenüber agierendem Verhalten sowie der Einsatz von **Deutungen im Hier und Jetzt**, um dem Patienten zu helfen, Verbindungen zwischen seinen Handlungen und Gefühlen herzustellen. Demgegenüber treten genetische Deutungen und regressionsunterstützende Interventionen ganz in den Hintergrund. Das verbal vom Patienten geäußerte Material wird stets unter sorgfältiger **Beachtung der Gegenübertragungsgefühle** verstanden, d. h. die eigenen Reaktionen als vom Patienten induzierte Rollen und damit als wichtige Informationsquellen aufgefasst. Besondere Aufmerksamkeit kommt negativen Übertragungen zu, um auch wütende und feindselige Anteile der Selbst- und Objektrepäsentanzen in den therapeutischen Prozess einzubeziehen. Hier ist vom Therapeuten eine hohe Toleranz gegenüber intensiven negativen Affekten vonseiten des Patienten gefordert, was insbesondere deshalb schwierig sein kann, weil die Übertragungs- und Gegenübertragungsrollen als Folge der hohen Instabilität des Patienten kurzfristig wechseln können. Die Behandlungsmethode ist darauf angelegt, einen Nachreifungsprozess zu initiieren mit Stärkung der Ich-Funktionen im Sinne einer reiferen Impulskontrolle, Angsttoleranz und Realitätsprüfung sowie einer verbesserten Fähigkeit zum Aufbau befriedigender Beziehungen.

Kognitiv-behaviorale Ansätze

Unter den kognitiv-behavioralen Therapieformen ist die **dialektisch-behaviorale Therapie (DBT)** die wohl verbreitetste und am besten empirisch validierte Methode zur Behandlung von Patienten mit emotional instabiler Persönlichkeitsstörung. Sie wurde von M. Linehan (1993) als störungsspezifische Psychotherapie von chronisch suizidalen Patienten mit Borderline-Persönlichkeitsstörung entwickelt. Hierbei handelt es sich um ein kognitiv-verhaltenstherapeutisches Verfahren, das Aspekte der Zen-Philosophie, Techniken der Gestalt- und Körpertherapie sowie die Betonung dialektischer Prozesse und Strategien einbezieht. Letztere stellen eine Gegenposition zum dichotomen Denkmuster von Borderline-Patienten dar und fördern das Aushalten von Widersprüchen und Veränderung. Die DBT beruht auf einer biosozialen Theorie, die eine konstitutionell verankerte emotionale Vulnerabilität im Sinne einer gestörten Affektregulation annimmt, die eine weitere Akzentuierung dadurch erfährt, dass Lernerfahrungen der Invalidierung die Fähigkeit zur Emotionsregulation weiter herabsetzen. Die typischen maladaptiven Verhaltensmuster von Borderline-Patienten, also Selbstverletzungen, anderes selbstschädigendes und parasuizidales Verhalten sowie die interpersonellen Schwierigkeiten werden als Versuche verstanden, unerträgliche Affekte und damit einhergehende Spannungszustände zu regulieren. DBT-Therapieprogramme umfassen Gruppen- und Einzeltherapie. Die standardisierte Gruppentherapie dient der Vermittlung spezieller Fertigkeiten („Skillstraining") zur Verbesserung der Spannungstoleranz, der Emotionsregulation und der sozialen Kompetenz sowie der erhöhten Achtsamkeit gegenüber dem momentanen inneren Erleben (Linehan 1993). In der Einzeltherapie wird die Motivation zur Veränderung erarbeitet, bestimmte Fertigkeiten weiter gefördert und es werden im Sinne einer kognitiven Umstrukturierung spezifische automatisierte Gedanken und kognitive Schemata identifiziert und verändert. Weitere Schwerpunkte in der Einzeltherapie sind Übungen zur Emotionsexposition, die darauf abzielen, aversive Emotionen auszuhalten sowie die Analyse verstärkender Konsequenzen (Kontingenzmanagement) (Bohus und Berger 1996, Bohus et al. 2000a).

Der Ablauf der Therapie ist sehr strukturiert und gliedert sich entsprechend des Manuals in drei **Behandlungsphasen**: in der ersten Phase wird nach hierarchisch geordneten Problem- und Zielbereichen auf die Reduktion von suizidalen und parasuizidalen Verhaltensweisen fokussiert, im Weiteren auf die Verringerung therapiegefährdenden Verhaltens und schließlich solcher Verhaltensweisen, die die Lebensqualität erheblich beeinträchtigen. Ziel dieser Behandlungsphase ist die Verbesserung der Fähigkeit zur Affektregulation und der Abbau selbstschädigenden Problemverhaltens. In der zweiten Phase sollen die posttraumatischen Belastungsreaktionen verringert werden, wobei thematische Schwerpunkte die Akzeptanz des Traumas und die häufig blockierte Trauer sind. Die dritte Behandlungsphase schließlich zielt auf die Integration traumatischer Erfahrungen in das Selbstkonzept und die zunehmende Ausrichtung auf Zukunftsplanung und -gestaltung.

Die Einhaltung der Reihenfolge der Therapiephasen ergibt sich aus der Notwendigkeit, dass dem Patienten adaptive, nicht-selbstschädigende Formen des Umgangs mit heftigen Affekten und abrupten Handlungsimpulsen zur Verfügung stehen müssen, bevor traumatische Beziehungserfahrungen in den Blickpunkt rücken, so dass Überflutungsreaktionen verhindert werden, die in kaum zu bewältigende Therapiekrisen einmünden (Herpertz 1999). In der ersten Behandlungsphase steht deshalb die Vermittlung von Fertigkeiten im Umgang mit heftigen, überwältigenden Affekten und selbstschädigenden Handlungsimpulsen im Vordergrund. Sie hat eine differenzierte **Verhaltens- und Situationsanalyse** zur Voraussetzung. Hier werden typische selbstschädigende Verhaltensstörungen in ihrem zeitlichen Ablauf und situativen Bezügen genau erfasst. Dabei wird die Kette von auslösendem Ereignis, affektiven Reaktionen, begleitenden Kognitionen und resultierenden reziproken Interaktionen zwischen Umwelt und Patient genau und schlüssig nachvollzogen. Die Patienten werden angeleitet, bei Auftreten selbstschädigender Impulse den situativen Kontext sowie die begleitenden Affekte und Kognitionen zu protokollieren. Auf diese Weise können individuell typische Auslösesituationen herausgearbeitet werden. Das Wissen um typische gefährdende situative Konstellationen erleichtert es, den mehr oder weniger gewohnheitsmäßigen Ablauf frühzeitig zu erkennen und seine vermeintlich unaufhaltsame Zuspitzung zu unterbrechen. Hier ist es wichtig herauszuarbeiten, dass zwischen autodestruktivem Handlungsimpuls und der -durchführung fast immer ein zumindest mehrere Sekunden, meist aber sehr viel längerer Zeitraum liegt, in dem Versuche der Verhaltenshemmung wirksam werden oder eben auch vom Patienten unterlassen werden können. Auf diese Weise verändert sich im Laufe der Therapie das subjektive Erleben des Ausgeliefertseins an dranghafte Impulse bzw. des Kontrollverlustes hin zu einem aktiven Entscheidungsprozess, der den Patienten in seiner Selbstverantwortlichkeit stärkt. Hieran schließt sich die **Ausarbeitung eines individuellen Krisenplans** an, der Möglichkeiten der Stimuluskontrolle, der Ablenkung, der Nutzung sozialer Unterstützung sowie der Entwicklung adaptiver Formen der Spannungsabfuhr beinhaltet (Herpertz 2001). Spannungsabfuhr wird gewöhnlich in intensiven sensorischen Erlebnissen (z. B. thermische und taktile Reize) sowie in sportlichen Aktivitäten an der eigenen Leistungsgrenze erfahren, während typische Entspannungstechniken häufig nicht toleriert werden. Techniken der Selbstfürsorge und des Selbstschutzes müssen detailliert in der Einzeltherapie ausgearbeitet und in ihrer Effizienz überprüft werden, da die Patienten über wirksame Coping-Strategien verfügen müssen, bevor auf Verzicht dysfunktionaler Verhaltensmuster therapeutischerseits gedrängt wird. Ansonsten kann in dieser Therapiephase das Arbeitsbündnis belastet werden und frühzeitiger Therapieabbruch drohen.

Im Rahmen der Verhaltensanalyse fällt auf, dass Borderline-Patienten zunächst selten in der Lage sind, ihre Affekte differenziert zu benennen. Meist berichten sie über einen diffusen negativen Affekt oder auch über einen mit Körpersymptomen einhergehenden Spannungszustand, der als sehr quälend erlebt wird und auf Entlastung drängt (Westen et al. 1992). Therapeutische Interventionen richten sich deshalb auf die **Veränderung von Affekterleben und Affektausdruck** durch Anleitung zur frühzeitigen Wahrnehmung, nicht-bewertender Beschreibung und prägnanter Benennung von erlebten Affekten. Auch wird die Aufmerksamkeit des Patienten auf die Differenzierung von primären und sekundären Affekten gelenkt. Technisch schließt dieser Therapieschritt das aktive Nachfragen nach Gefühlen, das Anbieten von Gefühlsbegriffen sowie das Ansprechen nonverbaler Signale ein. Ziel ist es, dass anstelle undifferenzierter, überwältigender dysphorischer Affekte und psychophysischer Spannungszustände differenziertere Empfindungen entstehen können, die dann auch als Gefühle von Enttäuschung, Kränkung, Traurigkeit und Wut sprachlich fassbar werden. Solche abgrenzbaren und benennbaren Gefühle lassen sich besser kontrollieren, auch indem sie anderen mitgeteilt werden können. In dieser Therapiephase können Rollenspiele und Videotechnik dazu beitragen, die Selbstwahrnehmung und den adäquaten Ausdruck von Emotionen zu fördern.

Ein weiterer Therapieschritt liegt in der adäquaten **Wahrnehmung zwischenmenschlicher Prozesse.** Einerseits werden die Patienten in ihrer häufig richtigen, wenn auch sehr empfindsamen Wahrnehmung zwischenmenschlicher Ereignisse bestätigt, um nicht die für die Primärfamilie typischen invalidierenden Erfahrungen zu wiederholen. Andererseits werden den oft extremen Interpretationen realistischere kontinuierliche Denkmuster gegenübergestellt. Da das Schwarz-weiß-Denken den Wechsel zwischen extremen Affektlagen unterhält oder auch verstärkt, gilt ein Therapieziel dem Abbau des dichotomen Denkens. In der sog. Kontinuumtechnik werden die Patienten angehalten, zunächst die Extrempositionen, z.B. zum Begriff „Vertrauenswürdigkeit", zu operationalisieren, also welche Eigenschaften jemand hat, der vertrauenswürdig oder nicht vertrauenswürdig ist, um nachfolgend zu prüfen, wo eine bekannte Person auf diesem Kontinuum zwischen den beiden Polen anzusiedeln ist (Schmitz 1996). Weiterhin finden hier Techniken der kognitiven Umstrukturierung im Sinne der Aktivierung, Überprüfung und Modifikation von Kernschemata Anwendung. Ein weiterer Fokus kann die kritische Reflexion von Attributionen und ihren plötzlichen Wechseln zwischen externaler und internaler Attribution sowie das Be- und Abwerten von Situationen und sich selbst darstellen.

Traumazentrierte Ansätze

Kindliche Traumata sind ein weit verbreitetes, allerdings nicht notwendiges Merkmal bei Patienten mit Borderline-Persönlichkeitsstörung. Von allen Therapieschulen wird die Auffassung geteilt, dass traumaassoziierte Aspekte der Störung therapeutisch beachtet werden müssen (Work Group on practice guideline for the treatment of patients with borderline personality disorder 2001). Während die Mehrzahl der Autoren empfiehlt, die Bearbeitung biografischer Traumata in eine spätere Behandlungsphase zu verlegen (Linehan et al. 1991, Herpertz et al. 2001, Work Group 2001), wird von einigen Autoren das gesamte Spektrum der Borderline-Symptomatik als Coping-Strategie zur Bewältigung von chronifizierten posttraumatischen Symptomen verstanden und entsprechend eine traumazentrierte Psychotherapie in den Mittelpunkt gerückt, die allerdings der emotionalen Vulnerabilität und labilen Stressphysiologie der Patienten Rechnung trägt und ein modifiziertes, vorsichtigeres Vorgehen gegenüber der posttraumatischen Belastungsstörung empfiehlt (Reddemann und Sachsse 2000, Reddemann 2001).

Traumazentrierte Psychotherapieverfahren gliedern sich gewöhnlich in drei Therapiephasen: **Stabilisierung, Traumaexposition, Trauer und Neuorientierung.** In der ersten Therapiephase werden Techniken erlernt, mit denen die Patienten Kontrolle über ihre Vorstellungswelt (aufdrängende Bilder, Gedanken, Affekte) gewinnen können. Hierbei handelt es sich insbesondere um **imaginative Techniken** wie die Vorstellung eines „sicheren inneren Ortes", eines „inneren Helfers", eines Tresors, in dem alles bedrängende Material abgeschlossen werden kann, von positiven Gegenbildern (Reddemann 2001) oder auch um kognitive Übungen, Intrusionen kommen und gehen zu lassen (Ehlers 1999). Solche Übungen sollen den Patienten in die Lage versetzen, wenigstens für kurze Zeit aus quälenden Zuständen heraustreten und die Selbstkontrolle wiedererlangen zu können, während sie selber häufig die Erfahrung gemacht haben, dass Versuche der bewussten Gedankenunterdrückung zu einer Verstärkung intrusiver Erlebnisse führen. Im Weiteren werden typische Auslöser für intrusives Wiedererleben identifiziert. Es schließen sich eigentliche **Traumaexpositionstechniken** an:

- *Imaginatives Nacherleben* des Traumas (Foa und Rothbaum 1998): Der Patient wird aufgefordert, das Trauma vor seinem inneren Auge in allen Einzelheiten, einschließlich seiner Gedanken und Gefühle, in der Reihenfolge der Ereignisse nachzuvollziehen. Er beschreibt in der Ich-Form und im Präsens, was er erlebt. Durch die wiederholte Exposition an den angstauslösenden Reiz soll Habituation erzielt werden, des Weiteren zielt diese Technik auf die Elaboration des Trauma-Gedächtnisses und die Identifikation der individuell verschiedenen negativen Interpretationen des Traumas (Ehlers 1999).
- Bei der *Bildschirmtechnik* (Bandler 1988) wird das traumatische Ereignis betrachtet „wie ein alter Film". Die Szene wird zunächst von außen betrachtend möglichst affektarm und unbeteiligt geschildert, in den weiteren Durchgängen werden mehr und mehr Affekte zugelassen bis schließlich für kurze Momente so viel an Erleben realisiert wird, wie gerade tolerabel ist.
- Bei der *Beobachter-Technik* (Reddemann 2001) wird das Trauma aus der distanzierten Sicht eines inneren Beobachters betrachtet. Hierbei handelt es sich um die schonendste Technik.
- Beim *Eye Movement Desensitization and Reprocessing (EMDR;* Shapiro 1995) werden traumaassoziierte Bilder, Kognitionen, Affekte und Körpersensationen aktiviert und dann ein traumähnlicher Zustand durch horizontale Augenbewegungen induziert. Hierbei han-

Schulenübergreifende Psychotherapie der Borderline-Persönlichkeitsstörung

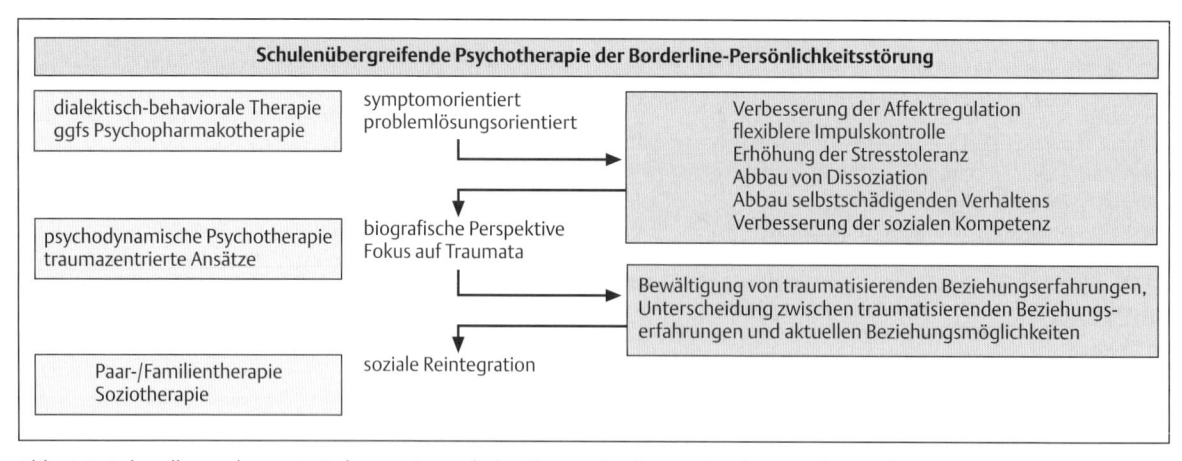

dialektisch-behaviorale Therapie ggfs Psychopharmakotherapie	symptomorientiert problemlösungsorientiert	→	Verbesserung der Affektregulation, flexiblere Impulskontrolle, Erhöhung der Stresstoleranz, Abbau von Dissoziation, Abbau selbstschädigenden Verhaltens, Verbesserung der sozialen Kompetenz
psychodynamische Psychotherapie traumazentrierte Ansätze	biografische Perspektive Fokus auf Traumata	→	Bewältigung von traumatisierenden Beziehungserfahrungen, Unterscheidung zwischen traumatisierenden Beziehungserfahrungen und aktuellen Beziehungsmöglichkeiten
Paar-/Familientherapie Soziotherapie	soziale Reintegration		

Abb. 4.6 Behandlungsphasen im Rahmen einer schulenübergreifenden Psychotherapie der Borderline-Persönlichkeitsstörung.

delt es sich um eine im Vergleich zu den anderen Verfahren weniger kontrollierbare Technik, wobei der spezifische Effekt der Augenbewegungen bisher nicht bewiesen ist.

In der dritten Therapiephase dominiert die therapeutische Arbeit an dysfunktionalen Interpretationen des Traumas und seiner Konsequenzen unter besonderer Berücksichtigung von **Schuld-** und **Schamgefühlen**. Ein wichtiger Schritt ist die Entwicklung der **Fähigkeit zu trauern**, die die Akzeptanz einschließt, dass traumatische Erlebnisse lebenslang präsent bleiben und nicht psychotherapeutisch – etwa im Sinne einer Katharsis – auslöschbar sind.

Schulenübergreifende Ansätze

Insbesondere im stationären Behandlungsrahmen können schulenübergreifende Therapieansätze realisiert werden, wobei in frühen Therapieabschnitten ein symptomorientiertes, in erster Linie kognitiv-verhaltenstherapeutisches Vorgehen angezeigt ist, dass auf die Reduktion grob dysfunktionalen Verhaltens und die Verbesserung von Affektregulation ausgerichtet ist, während in fortgeschrittenen Therapien entsprechend eines psychodynamischen Denkansatzes die biografische Rekonstruktion bedeutsamer Kindheitsepisoden und Beziehungserfahrungen vorherrscht und die „Dimension unbewusster Konflikte hinter offenkundigen Erlebnis- und Verhaltensweisen" (Kapfhammer 1996, S. 159) berücksichtigt wird (Herpertz 1999). Hilfreich ist das Konzept von Luborsky et al. zum zentralen Beziehungskonflikt (1990), das als Manual vorliegt und darauf abzielt, motivationale Grundmuster der Beziehungsgestaltung in den Beziehungen der Außenwelt und insbesondere in der therapeutischen Beziehung zu identifizieren wie z.B. die ängstliche Vermeidung von zwischenmenschlicher Nähe und Vertrauen, der schuldhafte Verzicht auf Selbstidentität und Selbstbehauptung oder die unlösbare Ambivalenz zwischen Grundbedürfnissen nach sozialer Geborgenheit und sozialer Unabhängigkeit. Sie können die bei BPS-Patienten oft so widersprüchlichen und verwirrenden Verhaltensmanifestationen in einen sinnhaften Verstehenszusammenhang bringen, wodurch die erlebnisbegleitenden kognitiven Prozesse gefördert und eine Verhaltenskontrolle erhöht werden können. Die Anwendung eines schulenübergreifenden Therapieansatzes setzt voraus, dass die therapeutischen Interventionen von Anfang an sorgfältig in Hinblick auf ihre Auswirkungen auf Übertragungs- und Gegenübertragungsprozesse reflektiert werden. (Abb. 4.6)

Kasuistik

Grund für die Aufnahme der 23-jährigen Patientin waren ausgeprägtes selbstverletzendes Verhalten und eine gemischt anorektisch-bulimische Symptomatik. Während der ersten stationären Behandlung stand zunächst eine genaue Analyse ihres Problemverhaltens und des situativen Kontextes im Vordergrund: Die selbstschädigenden Handlungen traten jeweils im Zusammenhang mit Situationen auf, in denen sich die Patientin kritisiert und beschuldigt fühlte. Sie nahm schon geringste negative interpersonelle Verstimmungen wahr und reagierte hierauf mit heftigem, qualitativ diffusem negativem Affekt. Dieser quälend erlebte Zustand konnte inso weit differenziert werden, dass zunächst ein wütender, später ein verzweifelter, einsamer Affekt vorherrschte. Im Sinne der kognitiven Generalisierung führten schon angedeutete kritische Bemerkungen dazu, dass sie sich insgesamt schlecht, schuldig und wertlos fühlte. In jenen Situationen geriet sie in eine unruhige, gespannte Verfassung. Sport, Erbrechen und am wirksamsten Selbstverletzungen dienten dazu, den Spannungszustand kurzzeitig zu lindern.

Die Patientin wurde in ihrer richtigen, wenn auch sehr empfindsamen Wahrnehmung von interpersonellen Situationen bestätigt, gleichzeitig aber auch motiviert, resultierende typische kognitive Verzerrungen im Sinne der Dichotomie und Generalisierung zu verändern. Hier wurde sowohl das Schwarz-weiß-Denken unter Anwendung der Kontinuumstechnik Fokus der Behandlung als auch die Identifizierung kognitiver Grundannahmen, die insbesondere so aussahen: „Menschen wollen mich verletzen und ausnutzen. Ich muss mich schützen und angreifen, bevor ich schutzlos werde.", „Meine Wut ist fürchterlich und unkontrollierbar." Es wurden genaue Verhaltensabläufe besprochen, die an die Stelle selbstschädigenden Verhaltens treten konnten. Der Umgang mit Konfliktsituationen in der therapeutischen Beziehung diente einmal als Modell, zum anderen als emotionale korrektive Erfahrung, dass Kritik an konkreten Verhaltensweisen nicht eine Ablehnung ihrer gesamten Person meinte und nicht zum Beziehungsabbruch führte.

Bei drängenden Selbstverletzungsimpulsen kam der Patientin eine größtmögliche Unterstützung insbesondere durch das Pflegepersonal zu, die im Gespräch bereits erlernte Fertigkeiten aufgriffen und deren konkrete Umsetzung mit der Patientin erarbeiteten. Wurden dennoch Selbstverletzungen ausgeführt, so waren sie nicht von Zuwendung gefolgt, vielmehr wurde die Patientin aufgefordert, im Selbststudium eine genaue Verhaltensanalyse aufzustellen.

Während eines zweiten geplanten stationären Aufenthaltes lag der Fokus auf der Besprechung traumatischer biografischer Erfahrungen wie der frühe Tod des Vaters und der sexuelle Missbrauch durch ein Familienmitglied als pubertierendes Mädchen, die ihre Gefühle von Schlecht- und Schuldigsein verständlich machten und zu einer deutlichen Entlastung führten.

Fazit für die Praxis

Der derzeitige Forschungsstand rechtfertigt die Einbeziehung der Erkenntnisse und Methoden unterschiedlicher Psychotherapieschulen.

Einen besonderen Beitrag leistet die dialektisch-behaviorale Therapie, da sie auf die zentralen Merkmale der emotional instabilen Persönlichkeitsstörung, Affektdysregulation und selbstschädigendes Verhalten, fokussiert.

Traumaarbeit erfolgt erst nach sorgfältiger Prüfung der Möglichkeiten des Patienten, aversive Gefühle tolerieren zu können ohne auf selbstschädigendes Verhalten oder dissoziative Zustände zurückzugreifen. Gewöhnlich wird sie erst in der fortgeschrittenen Therapie einbezogen.

Behandlungsrahmen

Es besteht Einigkeit darüber, dass eine wirksame psychotherapeutische Behandlung von Borderline-Patienten mindestens zwei Jahre erfordert. Wird ein stationärer Behandlungsrahmen gewählt, so kann die damit verbundene multimodale, hochfrequente Behandlung mit einem kombinierten Angebot aus Einzel- und Gruppentherapien den Therapieprozess beschleunigen, wobei zur Vermeidung regressiver Tendenzen eine zeitliche Befristung auf gewöhnlich 3 Monate angezeigt ist.

Stationäre Psychotherapie erfordert eine sorgfältige Vorbereitung in Form von einem oder zwei Vorgesprächen. Sie haben die Aufgabe, gemeinsam mit dem Patienten Problembereiche abzustecken und vorläufige Therapieziele festzulegen, die im Laufe der Behandlung differenzierter herausgearbeitet werden können. Gegebenenfalls werden frühere ungünstige Behandlungsverläufe reflektiert und mögliche Konfliktbereiche identifiziert, die sich zu Gefährdungsmomenten für die geplante Therapie entwickeln können. Es wird dem Patienten der Behandlungsansatz dargestellt und erklärt sowie die exakte Behandlungsdauer festgelegt. Es wird ein Behandlungsvertrag abgeschlossen, der zum therapiegefährdenden Verhalten einschließlich der Grenzen der Behandelbarkeit Stellung nimmt sowie zu außerklinischen Aktivitäten, wie u. a. häusliche Besuche, Pflege von Freundschaften und Bekanntschaften und Maßnahmen der beruflichen Rehabilitation, die der Entwicklung einer regressiven Versorgungshaltung unter stationären Bedingungen entgegenarbeiten. Eine gut strukturierte Vorbereitungsphase einschließlich der Erarbeitung eines auf den Patienten individuell zugeschnittenen Behandlungsvertrages vermeidet manchen ungünstigen Behandlungsverlauf, der in einer Krisensituation seinen Ausgang nimmt und immer neue krisenhafte Zuspitzungen produziert, wenn das Therapieende in Sicht gerät.

Typische stationäre Behandlungsmodule sind:
- *Einzeltherapie*
- *Fertigkeitentraining*
- *Bezugsgruppe:* Die Bezugsgruppe, die die Gesamtheit aller Borderline-Patienten auf der Station umfasst, bespricht Verhaltensanalysen, schlägt Maßnahmen zum Krisenmanagement einschließlich Ausgangsregelungen vor, kann Veränderungen im Therapieprogramm und in den Stationsregeln anstoßen (Bohus und Haaf 2001). Neben den konkreten Hilfestellungen, die die Patienten sich anbieten, beinhaltet diese Gruppe Möglichkeiten der Identifizierung, Solidarisierung und Entlastung.
- *Themenzentrierte Gruppentherapie:* Sie dient der Vermittlung von störungsspezifischem Wissen sowie der Nutzung des interaktionellen Geschehens auf der Station als Modell für interpersonelle Probleme und Übungsfeld zur Verbesserung des Interaktionsstils und der sozialen Kompetenz (Herpertz 2001). Die Schwierigkeiten der Gruppenmitglieder können als Spiegel der Beziehungsschwierigkeiten außerhalb der Gruppen angesprochen und verstanden werden. Gerade Patienten, deren Störung sich im Alltag in habituellen Beziehungskonflikten niederschlägt, profitieren von einer Therapieform, bei der diese Prozesse und ihre eigene Beteiligung daran innerhalb der Gruppe erlebnisnah untersucht und verstanden werden können. Gruppentherapeutische Settings bieten sich an, weil problematische interpersonelle Verhaltensweisen direkt beobachtet und alternative Verhaltensstrategien in der wenig bedrohlichen Gemeinschaft mit Mitpatienten, die ähnliche Probleme haben, ausprobiert werden können. Die Gruppe wird insbesondere dann als wohlwollend und hilfreich erlebt, wenn die Fähigkeit von Borderline-Patienten zu einer sensiblen Wahrnehmung zwischenmenschlicher Ereignisse einschließlich all ihrer Zwischentöne von der Gruppe positiv beantwortet wird und sie gleichzeitig mit ihren oft extremen Interpretationen konfrontiert werden. So können maladaptive Kommunikations- und Beziehungsmuster selbstkritisch wahrgenommen und neue Interaktionsstile ausprobiert werden (Springer und Silk 1996). Die Patienten

beginnen zu verstehen, wie sie aktiv gestaltend an der Entstehung ihrer Beziehungsschwierigkeiten beteiligt sind.
- *Körpertherapie:* Körperorientierte Therapieformen können die Wahrnehmung und Erfahrung des eigenen Körpers einschließlich seiner interozeptiven Signale fördern sowie Wahrnehmungsübungen zum Zusammenspiel von Gefühlserleben und körperlichen Gefühlsreaktionen beinhalten. In möglichst geschlechtshomogenen Gruppen kann der Zugang zum eigenen Körperempfinden durch Einbeziehen von erlebnisorientierten Techniken der integrativen Bewegungstherapie und der Tanztherapie erleichtert werden. Übungen zur mimischen und gestischen Kommunikation von Gefühlen können zur verbesserten Affektregulation beitragen.
- *Nicht-verbale Behandlungsverfahren* wie Gestaltungs- und Kunsttherapie können einen neuen Zugang zu Gefühlen und Bedürfnissen eröffnen. In diesem Therapiebaustein geht es darum, mit unterschiedlichen Materialien kreativ und handwerklich zu arbeiten, inneren Erlebnissen ihren individuellen Ausdruck zu verleihen, Entlastung zu finden und eigene Entfaltungsmöglichkeiten zu fördern. Schließlich kann auch das Erlebnis, als Gruppe an einem gemeinsamen Projekt zu arbeiten, in das jeder Wünsche und Stärken einbringen kann, die eigene soziale Kompetenz, die Kooperations- und Konfliktfähigkeit erhöhen.

Fazit für die Praxis

Bei schwerem selbstschädigendem Verhalten ist eine stationäre Psychotherapie über einen begrenzten Zeitraum angezeigt, da hier ein multimodales, hochfrequentes Therapieangebot gemacht werden kann.

Auch in der ambulanten Therapie, die mindestens 2 Jahre dauert, werden möglichst Einzel- und Gruppentherapie angeboten.

Wirksamkeitsnachweis, Effektivitätsstudien

Zur dialektisch-behavioralen Psychotherapie liegen inzwischen eine Reihe von kontrollierten Therapieverlaufs- und Effektivitätsstudien vor. In einer Vergleichsstudie zwischen DBT und „therapy as usual" (von Verhaltenstherapeuten und tiefenpsychologisch orientierten Therapeuten durchgeführte nicht störungsspezifische Behandlungen) konnte eine signifikante Überlegenheit der DBT insbesondere hinsichtlich Compliance, Verringerung von stationären Krankenhausaufenthalten und Abnahme von selbstschädigendem Verhalten erzielt werden (Linehan et al. 1991, 1993). In ersten Studien zur Wirksamkeit von stationären dialektisch-behavioralen Behandlungsprogrammen konnten in einer unkontrollierten Prä-Post-Untersuchung zum Zeitpunkt 1 Monat nach Therapieende signifikante Verbesserungen in allen relevanten psychopathologischen Dimensionen und eine hochsignifikante Reduktion der Selbstverletzungen nachgewiesen werden (Bohus et al. 2000b). Die detaillierten Effektstärken lagen in Bereichen zwischen 0,7 und 1,4. Ergebnisse aus einer ersten deutschen kontrollierten Studie werden demnächst vorliegen. Weitere laufende Studien vergleichen die Wirksamkeit von stationärer und ambulanter Psychotherapie bei der Borderline-Persönlichkeitsstörung.

Erste Studien zur **Effizienzevaluation** der TFP sind noch nicht abgeschlossen. Hinsichtlich psychodynamischer Therapie verweist allerdings eine kontrollierte Studie auf die Wirksamkeit von teilstationärer tiefenpsychologischer Psychotherapie; hier konnten gegenüber Patienten mit unspezifischer psychiatrisch-psychotherapeutischer Behandlung signifikante Verbesserungen hinsichtlich der Symptomatik einschließlich selbstschädigenden Verhaltens und des allgemeinen Funktionsniveaus festgestellt werden (Bateman und Fonagy 1999).

Fazit für die Praxis

Bei Patienten mit Borderline-Persönlichkeitsstörung ist ein störungsspezifisches Behandlungskonzept angezeigt, das unterschiedliche Therapiephasen mit definierten Zielen umfasst. Besondere Bedeutung haben in frühen Behandlungsabschnitten kognitiv-behaviorale Behandlungsformen, die auf eine Verbesserung der Affektregulation und eine Reduktion dysfunktionalen Verhaltens abzielen (Tab 4.4). Erst wenn heftige Affekte ohne Rückgriff auf selbst- oder fremdschädigende Impulshandlungen gesteuert werden können, sollte die meist sehr belastete und traumatische Lebensgeschichte unter Rückgriff auf Traumaexpositionstechniken und psychodynamische Interventionen zum thematischen Fokus werden (Tab. 4.5).

Tabelle **4.4** Kognitiv-behaviorale Techniken zur Verbesserung von Affektregulation und Impulskontrolle (modifiziert nach Herpertz 2001)

1. Verhaltens- und Situationsanalyse
   - exakte Analyse und Aufzeichnung des Problemverhaltens
   - Identifizieren von typischen situativen Auslösern
   - Anleitung zur Selbstbeobachtung
   - Selbstverstärkung und Stimuluskontrolle
2. Erarbeitung eines Krisenplans zur Vorbeugung selbst- und fremdschädigender Verhaltensstörungen
   - Möglichkeiten der Ablenkung
   - Erarbeiten einer adaptiven Spannungsabfuhr
   - soziale Unterstützung suchen
   - Bedarfsmedikation
3. Anleitung zur Affektwahrnehmung und -differenzierung
   - Affekte nicht-bewertend beschreiben
   - Differenzierung primärer und sekundärer Affekte
   - aktives Anbieten von Gefühlsbegriffen
   - Affektqualitäten lernen zu benennen
   - Verbalisieren von non-verbalen Gefühlsäußerungen
   - Übungen zum Affektausdruck
   - Herbeiführen angenehmer Gefühle
4. Anleitung zur adäquaten Wahrnehmung zwischenmenschlicher Interaktionen
   - Validierung der Wahrnehmung zwischenmenschlicher Ereignisse

(Fortsetzung nächste Seite)

Tabelle 4.4 (Fortsetzung)

- Konfrontation mit extremen Interpretationen
- Nutzung der Kontinuumstechnik
- Training zur Erhöhung der sozialen Kompetenz unter Nutzung des Rollenspiels und der Videotechnik

5. Kognitive Interventionen
   - Aufzeigen und Abbau kognitiver Verzerrungen, z. B. dichotomen Denkens
   - kritische Reflexion von Attributionen und ihren plötzlichen Wechseln zwischen externaler und internaler Attribution
   - Identifikation und Veränderung von kognitiven Grundannahmen und Bewertungen

Tabelle 4.5 Techniken zur Bearbeitung von traumatisierenden Beziehungserfahrungen (modifiziert nach Herpertz 2001)

1. Erlernen von Techniken zur Bewältigung intrusiver Erlebnisse
   - Imaginationstechniken, z. B. „sicherer innerer Ort", „innerer Helfer"
   - kognitive Techniken

Tabelle 4.5 (Fortsetzung)

2. Traumaexposition, z. B.
   - imaginatives Nacherleben des Traumas
   - Bildschirm- und Beobachtertechnik
3. Traumatisierende Beziehungserfahrungen als Grundlage des zentralen Beziehungskonfliktes
   - Identifizierung motivationaler Grundmuster der Beziehungsgestaltung
   - Der Beziehungskonflikt wird auf unterschiedlichen Beziehungsebenen verstanden.
   - Verstehen der Auswirkungen früherer Erfahrungen auf die gegenwärtige Beziehungsgestaltung
   - Erkennen der biografischen Sinnhaftigkeit bisheriger Bewältigungstechniken und Konfrontation mit ihrer aktuellen Unangemessenheit
4. Integration von Traumata
   - Akzeptanz des Traumas
   - Trauerarbeit
   - Fokus auf Schuld- und Schamgefühlen
   - Implikationen für die zukünftige Beziehungsgestaltung

Mögliche Fehler und Probleme

Die Auswirkungen der gestörten Affektregulation werden unterschätzt:
Heftige Affektausbrüche und selbstschädigendes Verhalten werden missverstanden als Agieren und Erpressungsversuch. Außerdem wird nicht selten übersehen, dass es sich bei Wut um einen sekundären Affekt handeln kann, hinter dem Angst und Verzweiflung zunächst nicht sichtbar werden.

Stimmungsschwankungen werden für autochthon gehalten:
Die Stimmungsschwankungen von Borderline-Patienten treten gewöhnlich in Reaktion auf zwischenmenschliche Ereignisse oder aber Erinnerungen auf. Die Auslöser können allerdings so gering sein, dass sie von den Patienten nicht wahrgenommen werden oder die Patienten ihr eigenes Erleben invalidieren. In Hinblick auf die Behandlung ist es wichtig, dass Auslösesituationen systematisch erarbeitet werden.

Affektdysregulation und Impulskontrollstörung werden als voneinander unabhängig betrachtet:
Um die Kontrolle von Handlungsimpulsen flexibler und wirksamer gestalten zu können, braucht der Patient ein Störungsmodell, das sein als unkontrollierbar erlebtes Verhalten in ein Bedingungsgefüge setzt, das einzelne Aspekte in einem zeitlichen Ablauf differenzieren lässt.

Die Borderline-Persönlichkeitsstörung wird bei Männern übersehen:
Da selbstschädigendes Verhalten als eigenständiges diagnostisches Kriterium bei der Borderline-Persönlichkeitsstörung genannt ist, sich aber überwiegend bei Frauen, sehr viel seltener dagegen bei Männern findet, drohen Männer, die aggressive Ausbrüche zeigen, diagnostisch fehlklassifiziert zu werden.

Organische Persönlichkeitsveränderungen mit ganz ähnlicher Symptomatik werden übersehen:
Neben einer sorgfältigen Anamneseerhebung können neuropsychologische Testverfahren vor diagnostischem Irrtum schützen.

Folgende Behandlungsfehler sind zu vermeiden:
- Unvorbereiteter Behandlungsbeginn
- Diffuse oder überhöhte Zielsetzung, mangelnde Zielreflexion in der laufenden Therapie
- Fehlende Festlegung eines Behandlungsrahmens einschließlich der zeitlichen Dimension
- Unzureichende Anleitung bei der Herstellung von Verhaltensanalysen
- Forderung nach Verzicht auf das Problemverhalten ohne Erarbeitung konkreter Fertigkeiten für einen adaptiven Umgang mit unerträglichen Affekten und Spannungszuständen
- Verlust der Balance in der therapeutischen Beziehung zwischen Unterstützung und Forderung nach Veränderung
- Frühzeitige oder forcierte Traumaarbeit ohne vorauslaufende Analyse der Fähigkeiten zur Affektregulation und Stressbewältigung

Was hat sich in den letzten Jahren verändert?

Die Ansicht, bei der Borderline-Persönlichkeitsstörung handle es sich um einen Übergangsbereich zu psychotischen Erkrankungen, ist endgültig aufgegeben.

Selbstverletzungen sind typischerweise ein maladaptiver Bewältigungsversuch von quälenden Spannungszuständen, die aus unregulierten negativen Affekten entstehen.

Es gibt erste neurobiologische Befunde, die stützen, dass eine Störung der Affektregulation ein ganz wesentliches Merkmal der Borderline-Persönlichkeitsstörung ist.

Aktuelle therapeutische Entwicklungen sind insbesondere in der Ausarbeitung störungsspezifischer, manualgeleiteter Therapieprogramme zu sehen, deren Wirksamkeit empirisch überprüft wird.

Eined Kombination von Einzel- und Gruppenbehandlung ist angezeigt, wobei ambulante und stationäre Gruppentherapien mit einer diagnostisch homogenen Patientengruppe durchgeführt werden.

Hohe Strukturiertheit der Behandlung mit Differenzierung von Therapiephasen

Einsatz von Traumaexpositionstechniken

4.4.9 Ätiologie und Risikofaktoren: Impulsiver Typ

Biologische Faktoren

In der Genese des impulsiven Typs der emotional instabilen Persönlichkeitsstörung werden in erster Linie biologische Faktoren diskutiert. So wird die impulsive Persönlichkeitsstörung insbesondere mit frontalen Schädigungen in Zusammenhang gebracht (van Reekum 1993, White et al. 1994), die sich in exekutiven (selbststeuernden, selbstkontrollierenden) Funktionsstörungen manifestieren. Hierzu zählen beispielsweise Schwierigkeiten, ein kognitives Antwortmuster zu entwerfen und zu initiieren, es abhängig von Umweltanforderungen zu verändern oder auch gegenüber interferierenden Einflüssen zu behaupten. Bei Verletzungen frontaler Hirnabschnitte wurden sog. pseudopsychopathische Syndrome beschrieben, die sich durch einen ungehemmten, unreflektierten, unberechenbaren Verhaltensstil auszeichnen.

In den letzten Jahren wird zunehmend diskutiert, ob sich die impulsive Persönlichkeitsstörung hinreichend von einer bis ins Erwachsenenalter persistierenden **Aufmerksamkeitsdefizit-/Hyperaktivitätsstörung** (ADHS) bzw. von einem hyperkinetischen Syndrom abgrenzen lässt oder ob die ADHS zumindest einen gravierenden Risikofaktor für die Entwicklung einer impulsiven Persönlichkeitsstörung darstellt. Die ADHS stellt eine im Kindesalter auftretende, in hohem Maße genetisch determinierte Störung dar, die sich durch die Symptomtrias Aufmerksamkeitsstörung, Hyperaktivität und Impulsivität auszeichnet. Erste Symptome der motorischen Unruhe, der erhöhten Ablenkbarkeit und der mangelnden Ausdauer zeigen sich bereits vor dem 7. Lebensjahr und gehen mit meist erheblichen Schulproblemen einher. Früher ging man davon aus, dass es sich um eine Störung einer bestimmten Entwicklungsphase handelt, die sich in der Adoleszenz zurückbildet. Inzwischen aber gibt es eine Anzahl von Befunden, die eine Persistenz der Störung bis ins Erwachsenenalter bei mindestens einem Drittel der betroffenen Patienten nahe legen. Allerdings verändert sich die Symptomatik in der Weise, dass beim Erwachsenen das Aufmerksamkeitsdefizit und z. T. auch die Impulsivität im Vordergrund stehen, während sich die Hyperaktivität nur noch als innere Unruhe und Unfähigkeit zur Entspannung anamnestisch erfragen lässt.

Typische klinische Symptome des Erwachsenen sind erhöhte Ablenkbarkeit, mangelnde Ausdauer, besonders bei Routineaufgaben, Schwierigkeiten Wesentliches von Unwesentlichem zu unterscheiden, erhöhte Vergesslichkeit und Arbeitsleistungen, die unter den intellektuellen Kapazitäten liegen. Die Impulsivität manifestiert sich in Desorganisation, chaotischer Zeitplanung, geringer Frustrationstoleranz sowie Risikosuche. Schließlich findet sich bei Patienten mit adultem ADHS auch eine Stimmungslabilität, die z. T. Züge der Affektinkontinenz trägt.

Auch wenn die Forschungsaktivitäten zur genaueren Klärung des Zusammenhangs von ADHD und impulsiver Persönlichkeitsstörung bisher nicht abgeschlossen sind, so ist wegen möglicher therapeutischer Konsequenzen – Gabe von Psychostimulanzien zusätzlich zu verhaltenstherapeutischen Interventionen – eine sorgfältige kindliche Verhaltensanamnese und neuropsychologische Untersuchung von Aufmerksamkeitsfunktionen angezeigt.

Psychosoziale Faktoren

Spezifische psychosoziale Faktoren sind bisher für die impulsive Persönlichkeitsstörung nicht herausgearbeitet worden, dies nicht zuletzt deshalb, weil in empirischen Untersuchungen, die sich gewöhnlich an DSM IV anlehnen, keine Differenzierung gegenüber der Borderline-Persönlichkeitsstörung erfolgt.

Fazit für die Praxis

Bei der impulsiven Persönlichkeitsstörung werden in erster Linie biologische Entstehungsfaktoren diskutiert.

Neben frontalen Läsionen ist insbesondere an die adulte Form der Aufmerksamkeitsdefizit-/Hyperaktivitätsstörung zu denken.

4.4.10 Symptomatik: Impulsiver Typ

Der impulsive Typ der emotional instabilen Persönlichkeitsstörung beschreibt Persönlichkeiten mit mangelhafter Impulskontrolle und Affektsteuerung, die leicht erregbar zu Ausbrüchen von gewalttätigem und bedrohlichem Verhalten neigen. **Unbesonnene, kurzschlüssige aggressive Verhaltensweisen** treten dabei insbesondere reaktiv auf Kritik hin auf. Individuen mit impulsiver Persönlichkeitsstörung orientieren sich an nahe liegenden Zielen, auf die sie nicht zugunsten zukünftiger Belohnungsreize verzichten können (Delay-of-Gratification-Paradigma), und sind unfähig, zukunftsorientierte Problemlösestrategien zu entwickeln. In affektiv hoch geladenen Situation erscheinen sie nur eingeschränkt in der Lage, aversive Verhaltenskonsequenzen zu antizipieren. Im Kontakt wirken impulsive Persönlichkeiten durchgehend angespannt, ruhelos, rastlos und klagen über quälende Langeweile, die sie durch Fernsehen und Computerspiele, aber auch durch risikobehaftete Freizeitaktivitäten zu kompensieren suchen.

■ Kasuistik

Ein 35-jähriger Mann kam per Gerichtsauflage in Behandlung. Er war zum wiederholten Mal wegen Körperverletzungen an seiner Ehefrau angeklagt. Seinen Angaben zufolge waren die körperlichen Angriffe jeweils in Situationen aufgetreten, die von quälender Eifersucht und Verlassenheitsängsten geprägt waren. Eine zunehmende ängstlich-wütende Anspannung versuchte er jeweils durch Alkohol zu beruhigen; die einsetzende enthemmende Wirkung des Alkohols wurde allerdings oft der Zeitpunkt, an dem letzte Kontrollversuche wegfielen. In seinen zwischenmenschlichen Beziehungen dominierte ein hohes Maß an Selbstbezogenheit und Anspruchlichkeit, was auf zusätzlich vorhandene narzisstische Persönlichkeitszüge hinwies.

Ein 24-jähriger Patient, der im Rahmen eines Strafverfahrens wegen wiederholter Brandstiftungen begutachtet wurde, berichtete, dass er von Kindheit an große Probleme im Umgang mit Aggressionen habe. Er könne Aggressionen nicht kontrollieren, sei ein „explosibler Mensch". Werde er z. B. auf der Straße versehentlich angerempelt, so sei es mehrfach vorgekommen, dass er auf denjenigen eingeschlagen habe. Aus Sorge, in Streit zu geraten, vermeide er zunehmend Situationen, in denen er vielen Menschen begegne. Er habe nicht nur Probleme in der Beherrschung von Wutgefühlen, sondern er gerate auch in plötzliche emotionale Verfassungen der Verzweiflung und Aussichtslosigkeit. Seit seine letzte Freundin sich vor einem halben Jahr von ihm getrennt habe, sei er vereinsamt, habe Selbstmordgedanken und gerate in quälende Spannungszustände, in denen er sich wiederholt im Bereich der Unterarme mit einem Messer verletze. Hinsichtlich seiner schulischen Laufbahn habe er vor zwei Jahren den Realschulabschluss nachholen können, seitdem habe er Berufsausbildungen schon mehrfach abgebrochen wegen Konflikten mit Vorgesetzten und auch weil er nicht wisse, welches Berufsziel er verfolgen wolle. Am Anfang sei eine neue Ausbildung spannend und eine Herausforderung für ihn, werde er aber mit Routineaufgaben beauftragt, so verliere er schnell das Interesse und komme seinen Verpflichtungen nicht nach.

4.4.11 Differenzialdiagnose und Komorbidität: Impulsiver Typ

Eine adulte Aufmerksamkeitsstörung zeichnet sich neben Aufmerksamkeitsdefiziten insbesondere durch motorische Überaktivität (z. B. erkennbar an ständiger Unruhe der Hände und Beine sowie Bewegungsdrang) und Impulsivität aus. Bis heute sind klinische Kriterien der differenzialdiagnostischen Klärung nicht abschließend geklärt. Deshalb sollte bei Verdacht auf eine impulsive Persönlichkeitsstörung immer eine neuropsychologische Untersuchung erfolgen. Sollten sich hier neben der Impulsivität gravierende Aufmerksamkeitsstörungen zeigen, so ist (zusätzlich zur Psychotherapie) an eine pharmakologische Behandlung mit Psychostimulanzien zu denken.

Es sollten organische Persönlichkeitsveränderungen ausgeschlossen werden, die insbesondere bei Frontalhirnschädigungen mit einer ähnlichen Symptomatik einhergehen können. Auch sollte an eine Minderbegabung gedacht werden.

4.4.12 Weiterführende Diagnostik: Impulsiver Typ

Neben der Verwendung strukturierter Interviews können Impulsivitätsfragebögen eingesetzt werden, wie die auch in deutscher Version vorliegende Barratt-Impulsivitäts-Skala (Barratt 1985) oder die Impulsiveness Questionnaire von Eysenck et al. (1985).

Eine differenzierte neuropsychologische Untersuchung bei Verdacht auf ADHS umfasst die Prüfung von Alertness, selektiver Aufmerksamkeit und Daueraufmerksamkeit und damit Aufgaben, wie sie z. B. in der Testbatterie zur Aufmerksamkeitsprüfung (TAP; Zimmermann und Fimm 1995) angeboten werden. Da sich im Kindesalter Defizite in der behavioralen Inhibition als bedeutsam herausgestellt haben, kann auch die Stop Signal Task (Logan 1994) Anwendung finden.

4.4.13 Psychotherapie: Impulsiver Typ
Britta Wenning, Sabine C. Herpertz

Für den impulsiven Typ der emotional-instabilen Persönlichkeitsstörung liegen derzeit noch keine störungsspezifischen therapeutischen Ansätze vor. Aufgrund der Parallelität in der Symptomatik kann angenommen werden, dass zum Borderline-Typ vergleichbare therapeutische Interventionen auch auf Patienten mit dem impulsiven Typus anwendbar sind.

Allgemeine Therapieziele

Ziele in der Behandlung impulsiver Persönlichkeiten sind, die Selbstregulationsfähigkeiten und die Problemlösestrategien zu verbessern und sie dadurch zu mehr Selbstkontrolle, zielorientiertem Handeln und erhöhtem Durchhaltevermögen zu befähigen.

Therapeutische Beziehung und Gesprächsführung

Der Therapeut hat in hohem Maße edukative, strukturierende und verstärkende Funktionen. Da impulsive Persönlichkeiten in ihrem Lebenslauf gewöhnlich viel Kritik und negativen Sanktionen ausgesetzt waren, ist es wichtig, dem negativen Selbstbild dieser Patienten eine therapeutische Haltung der Akzeptanz und des Wohlwollens entgegenzusetzen und die Stärken eines impulsiven Persönlichkeitsstils wie hohe Vitalität, Energie und häufig auch Kreativität herauszustellen.

Kognitiv-behaviorale Interventionen

Spezifische Interventionen zur Verbesserung der Verhaltenskontrolle werden von der kognitiven Verhaltenstherapie angeboten. Zur Förderung der Selbstkontrolle (Kanfer 1977, Kanfer et al. 1991) sollten die Patienten zunächst zu einer **Selbstbeobachtung** (self-monitoring) des problematischen Verhaltens und seiner Bedingungen – beispielsweise mithilfe eines Verhaltenstagebuches – angeleitet werden. Sie erlernen, eine Verhaltensanalyse eigenständig durchzuführen, um Einflussfaktoren erkennen und Veränderungsziele benennen und ansteuern zu können. Selbstbeobachtungen können bereits in dieser frühen Therapiephase zu motivationsfördernden Unterbrechungen in den dysfunktionalen Verhaltensketten oder zu Änderungen des beobachteten Verhaltens führen. Des Weiteren bieten sich Strategien der **Stimuluskontrolle** an: Die physikalische und soziale Umgebung wird derart verändert, dass das impulsive Verhalten nicht mehr ausgelöst wird und damit das Zielverhalten wahrscheinlicher wird. Der Therapeut sollte den Patienten dazu anleiten, eine problematische Verhaltenskette möglichst früh zu unterbrechen, da alternative Verhaltensweisen kaum mehr initiiert werden können, wenn die Durchführung eines bestimmten Problemverhaltens bereits sehr weit fortgeschritten ist (Reinecker 1996). Sollten Umgebungsreize von der Person selbst nicht verändert werden können, bieten sich verbale **Selbstinstruktionen** an (Meichenbaum 1977). Angemessene Selbstverbalisationen können helfen, spontane Handlungsimpulse zu stoppen und das eigene Verhalten zu planen, zu steuern und zu kontrollieren. Der Aufbau systematischer und strukturierter Verhaltensweisen kann durch ein **Problemlösetraining** unterstützt werden. Der Patient lernt, Probleme oder Vorhaben in eine Reihe aufeinander aufbauende Schritte zu zerlegen und diese sukzessiv durchzuarbeiten. Mögliche Schritte können sein (Kaiser und Hahlweg 1996):

- Problem- und Zieldefinition,
- Entwicklung von Lösungsmöglichkeiten,
- Bewertung von Lösungsmöglichkeiten,
- Entscheidung über die beste Lösungsmöglichkeit,
- Planung der Umsetzung,
- Rückblick und Bewertung.

Fazit für die Praxis

Bei insgesamt höherer Ähnlichkeit im therapeutischen Vorgehen wie beim Borderline-Typ sollten Strategien der Stimuluskontrolle und verhaltensregulierender verbaler Selbstinstruktionen frühzeitig erlernt werden.

Typische Fehler und Probleme

Bei der impulsiven Persönlichkeitsstörung wird nicht an eine organische Hirnschädigung oder an die adulte Form der Aufmerksamkeitsdefizit-/Hyperaktivitätsstörung gedacht. Entsprechend erfolgt keine adäquate Behandlung, die spezifische pharmakologische Behandlungsmöglichkeiten mit einbezieht.
- Fehlende Festlegung eines gut strukturierten Behandlungsrahmens
- Forderung nach Verzicht auf das Problemverhalten ohne Erarbeitung konkreter Fertigkeiten zur Verbesserung der Selbstkontrolle
- Beschränkung auf eine psychotherapeutische Behandlung bei vorhandenem Aufmerksamkeitsdefizit

Was hat sich in den letzten 5 Jahren verändert?

Einsatz von Psychostimulanzien (z. B. Methylphenidat) bei vorhandener Aufmerksamkeitsdefizitstörung zusätzlich zu psychotherapeutischen Maßnahmen.

Literatur

Bandler R (1988) Veränderung des subjektiven Erlebens. Fortschritte und Methoden des NLP. Jungermann, Paderborn

Barratt ES (1985) Impulsiveness subtraits: arousal and information processing. In: Spence JT, Izard CE, eds. Motivation, emotion, and personality. North-Holland: Elsevier Science Publishers B.V. 137–146

Bateman A, Fonagy P (1999) Effectiveness of partial hospitalization in the treatment of borderline personality disorder: a randomized controlled trial. American Journal of Psychiatry 156:1563–1569

Bohus M, Berger M (1996) Die Dialektisch-Behaviorale Psychotherapie nach M. Linehan. Ein neues Konzept zur Behandlung von Borderline-Persönlichkeitsstörungen. Nervenarzt 67:911–923

Bohus M, Haaf B (2001) Dialektisch-behaviorale Therapie der Borderline-Störung im stationären Setting. Verhaltenstherapie & psychosoziale Praxis 33(4):619–642

Bohus M, Haaf B, Stiglmayr C, Pohl U, Böhme R, Linehan MM (2000b) Evaluation of inpatient dialectical-behavioral therapy for borderline personality disorder. A prospective study. Behavior Research and Therapy 38:875–887

Bohus M, Limberger M, Sender I, Gratwohl T, Stieglitz R (2001): Entwicklung der Borderline-Symptom-Liste. Psychotherapie, Psychosomatik und medizinische Psychologie 51: 1–11

Bohus M, Stieglitz RD, Fiedler P, Berger M (2000a) Persönlichkeitsstörungen. In: Berger M (Hrsg.) Psychiatrie und Psychotherapie. Urban & Schwarzenberg, München, Wien, Baltimore, S. 772–845

Buchheim P, Dammann G (2001) Erfahrungen mit Training und Anwendung der TFP. In: JF Clarkin, FE Yeomans, OF Kernberg (Hrsg.) Psychotherapie der Borderline-Persönlichkeit: Manual zur Transference-Focused Psychotherapy (TFP). Schattauer, Stuttgart, S. 295–321

Clarkin JF, Yeomans F, Kernberg OF (1999) Psychotherapy for borderline personality. John Wiley, New York (dt.: dies. unter Mitarbeit von Buchheim P, Dammann G. Psychotherapie der Borderline-Persönlichkeit: Manual zur Transference-Focused Psychotherapy (TFP), Stuttgart: Schattauer. 2001

Conte HR, Plutchik P, Karasu TB, Jerrett J (1980) A self-report Borderline-Scale. Discriminative validity and preliminary norms. Journal of Nervous and Mental Disease 168:428–435

Corrigan FM, Davidson A, Heard H (2000) The role of dysregulated amygdalic emotion in borderline personality disorder. Medical Hypotheses 54:574–579

Ehlers A (1999) Posttraumatische Belastungsstörung. Hogrefe, Göttingen

Ehlers A, Clark DM (1999) A cognitive model of posttraumatic stress disorder. Behavior Research and Therapy 38(4):319–345

Eysenck SBG, Pearson PR, Easting G, Allsopp JF (1985) Age norms for impulsiveness, venturesomeness and empathy in adults. Personality and Individual Differences 6:613–619

Fiedler P (1997) Differentielle Indikation und differentielle Psychotherapie bei Persönlichkeitsstörungen. Vortrag anläßlich der Mitteldeutschen Psychiatrietage in Halle 1997

Foa EB, Rothbaum BO (1998) Treating the trauma of rape. Cognitive-behavior therapy of PTSD. Guilford, New York

Gunderson JG et al (1981) The diagnostic interview for borderline patients. American Journal of Psychiatry 138:896–903

Gunderson JG, Frank AF, Ronningstam EF, Wachter S, Lynch VJ, Wolf PJ (1989) Early discontinuance of borderline patients from psychotherapy. Journal of Nervous and Mental Disease 177:38–45

Herman JL (1989) Childhood trauma in borderline personality disorder. American Journal of Psychiatry 146:490–495

Herpertz S (1999) Schulenübergreifende Psychotherapie der Borderline-Persönlichkeitsstörung. In: Saß H, Herpertz S (Hrsg.) Psychotherapie der Persönlichkeitsstörungen. Thieme, Stuttgart, New York S 116–132

Herpertz SC (2001) Impulsivität und Persönlichkeit. Zum Problem der Impulskontrollstörungen. Kohlhammer Verlag, Stuttgart

Herpertz SC, Dietrich TM, Wenning B, Erberich SG, Krings T, Thron A, Sass H (2001) Evidence of abnormal amygdala functioning in borderline personality disorder: a functional MRI study. Biological Psychiatry 50(4):292–298

Herpertz SC, Saß H (1997) Impulsivität und Impulskontrolle – Zur psychologischen und psychopathologischen Konzeptionalisierung. Nervenarzt 68:171–183

Herpertz SC, Saß H (2000) Die Sichtweise der Borderline-Persönlichkeitsstörung in der historischen und aktuellen psychiatrischen Klassifikation. In: Kernberg OF, Dulz B, Sachsse U (Hrsg.) Handbuch der Borderline-Störungen. Schattauer-Verlag, Stuttgart, New York, S 115–124

Kaiser A & Hahlweg K (1996) Kommunikations- und Problemlösetraining. In: J Margraf (Hrsg.) Lehrbuch der Verhaltenstherapie. Springer, Berlin, S. 371–386

Kanfer FH (1977) Selbstmanagement-Methoden. In: FH Kanfer & AP Goldstein (Hrsg.) Möglichkeiten der Verhaltensänderung (2.Aufl.). Urban & Schwarzenberg, München, S. 350–406

Kanfer FH, Reinecker H & Schmelzer D (1991) Selbstmanagement-Therapie. Springer, Heidelberg

Kapfhammer HP (1996) Psychotherapeutische Verfahren in der Psychiatrie. Nervenarzt 66:157–172

Kernberg OF (1989) The narcissistic personality disorder and the differential diagnosis of antisocial behavior. Psychiatric Clinics of North America 12:553–570

Linehan MM (1993) Cognitive-behavioural treatment of borderline personality disorder. The Guilford Press, New York

Linehan MM, Amstrong HE, Suarez A, Allmon D, Heard HL (1991) Cognitive-behavioral treatment of chronically parasuicidal borderline patients. Archives of General Psychiatry 48:1060–1064

Linehan MM, Hart HE, Armstrong HE (1993) Naturalistic follow-up of a behavioral treatment for chronically suicidal borderline patients. Archives of General Psychiatry 50:971–974

Links PS (1992) Family environment and family psychopathology in the etiology of borderline personality disorder. In: Clarkin JF, Marziali E, Munroe-Blum H (eds.) Borderline personality disorder. Clinical and empirical perspectives. Guilford, New York pp 45–66

Logan GD (1994): A user's guide to the stop signal paradigm. In D Dagenbach & TH Carr (Eds) Inhibitory processes in attention, memory, and language, pp 189–239. San Diego: Academic Press

Luborsky L, Barber JP, Crits-Christoph K (1990) Theory-based research for understanding the process of dynamic psychotherpy. Journal of Consulting and Clinical Psychology 58(3):281–287

Meichenbaum DW (1977) Cognitive-behavior modification. Plenum Press, New York

Modestin J, Albrecht W, Tschaggelat W, Hoffmann H (1983) Diagnosing borderline: a contribution of the question of ist conceptual validity. Archiv für Psychiatrie und Nervenkrankheiten 233(5):359–370

Ogata SN, Silk KR (1990) Childhood sexual and physical abuse in adult patients with borderline personality disorder. American Journal of Psychiatry 147:1008–1013

Paris J (2000) Kindheitstrauma und Borderline-Persönlichkeitsstörung. In: Kernberg O, Dulz B, Sachsse U (Hrsg.) Handbuch der Borderline-Störungen. Schattauer, Stuttgart, New York, S. 159–166

Paris J, Nowlis D, Brown R (1989) Predictors of suicide in borderline personality disorder. Canadian Journal of Psychiatry 34(1):8–9

Paris J, Zweig-Frank H, Guzder J (1994) Psychological risk factors for borderline personality in female patients. Comprehensive Psychiatry 35:301–305

Reddemann L (2001) Imagination als heilsame Kraft. Zur Behandlung von Traumafolgen mit ressourcenorientierten Verfahren. Pfeiffer bei Klett-Cotta, Stuttgart

Reddemann L, Sachsse U (2000) Traumazentrierte Psychotherapie der chronifizierten, komplexen Posttraumatischen Belastungsstörung vom Phänotyp der Borderline-Persönlichkeitsstörungen. In: O. Kernberg, B. Dulz, U. Sachsse (Hrsg.) Handbuch der Borderline-Störungen. Schattauer, Stuttgart, S. 555–572

Reinecker H (1996) Methoden der Verhaltenstherapie. In: DGVT (Hrsg.) Verhaltenstherapie, Theorien und Methoden. DGVT, Tübingen, S. 170

Resch F (1996) Entwicklungspsychopathologie des Kindes- und Jugendalters. Beltz. Psychologie Verlags Union, Weinheim

Rohde-Dachser C (1996) Psychoanalytische Therapie bei Borderlinestörungen. In: Senf W, Broda M (Hrsg.) Praxis der Psychotherapie. Thieme, Stuttgart, New York, S. 297–301

Schmitz B (1996) Verhaltenstherapie bei Persönlichkeitsstörungen. In: Senf W, Broda M (Hrsg) Praxis der Psychotherapie. Thieme, Stuttgart, New York S 318–333

Schmitz B (1999) Kognitive Verhaltenstherapie bei Patienten mit Persönlichkeitsstörungen: Behandlungsansätze und Psychoedukation. In: Saß H, Herpertz S (Hrsg.) Psychothera-

pie von Persönlichkeitsstörungen. Thieme, Stuttgart, S 25–47
Shapiro F (1995) Eye Movement Desensitization and Reprocessing: basic principles, protocols and procedures. Guilford, New York
Silk KR (2000) Borderline personality disorder. Overview of biological factors. The Psychiatric Clinics of North America 23(1):61–75
Springer T, Silk KR (1996) A review of inpatient group therapy for borderline personality disorder. Harvard Revue of Psychiatry 3(5):268–278
Stiglmayr C, Shapiro DA, Stieglitz RD, Limberger MF, Bohus M (2001): Experience of aversive tension and dissociation in female patients with borderline personality disorder – a controlled study. Journal of Psychiatric Research. 35(2):111–118
Torgersen S, Lygren S, Oien PA, Skre I, Onstad S, Edvardsen J, Tambs K, Kringlen E (2000) A twin study of personality disorders. Comprehensive Psychiatry 41(6):416–425
Van Reekum, R. (1993). Acquired and developmental brain dysfunction in borderline personality disorder. Canadian Journal of Psychiatry, 38: 4–10
Westen D, Moses MJ, Silk KR, Lohr NE, Cohen R, Segal H (1992) Quality of depressive experience in borderline personality disorder and major depression: when depression is not just depression. Journal of Personality Disorders 6(4):382–393
White JL, Moffit TE, Caspi A, Bartusch DJ, Needles DJ, Stouthamer-Loeber M (1994) Measuring impulsivity and examining its relationship to delinquency. Journal of Abnormal Psychology 103:192–205
Widiger TA, Weissman MM (1991) Epidemiology of borderline personality disorder. Hospital and Community Psychiatry 42(10):1015–1021
Work Group on Borderline Personality Disorder (2001) Practice Guideline for the treatment of patients with borderline personality disorder. American Journal of Psychiatry (Supplement) 158, No. 10
Young J, Swift W (1988) Schema-focused cognitive therapy for personality disorders. Part 1. International Cognitive Therapy Newsletter 4(5):13–14
Zanarini MC, Gunderson JG, Frankenburg FR (1989) Axis I phenomenology of borderline personality diorder. Comprehensive Psychiatry 30(2):149–156
Zimmermann, P, Fimm, B (1995). Testbatterie zur Aufmerksamkeitsprüfung (TAP). Herzogenrath: PsyTest

4.5 Histrionische Persönlichkeitsstörung

Sabine C. Herpertz, Britta Wenning

4.5.1 Definition

Hauptmerkmale der histrionischen Persönlichkeitsstörung sind die hohe Abhängigkeit von äußerer Aufmerksamkeit, Bestätigung und Anerkennung, die Suggestibilität und Neigung zu affektiver Labilität und rasch wechselndem, oberflächlichen Gefühlsausdruck.

Vorläuferkonzept der histrionischen Persönlichkeitsstörung ist beispielsweise der geltungsbedürftige Psychopath von K. Schneider (1923), der sich durch Dramatik, theatralisches Verhalten und fortwährendes Streben nach Aufmerksamkeit auszeichnete. Auch die hysterische Neurose mit im Vordergrund stehenden Konversionssymptomen und dissoziativen Phänomenen wird als ideengeschichtlicher Vorläufer der histrionischen Persönlichkeitsstörung angesehen.

Der historischen Persönlichkeitsstörung ging die hysterische Persönlichkeitsstörung voraus, die erstmals in die 2. Version des DSM (1968) aufgenommen wurde und als zentrale Merkmale die Dramatisierungstendenz, die Unreife und Dependenz herausstellt. Verschiedene Kriterien wurden für ihr Geschlechtsbias kritisiert (verführerisch, unreif, eitel, abhängig), so dass in nachfolgenden Versionen der Wunsch nach Aufmerksamkeit sowie die exzessive Emotionalität in den Mittelpunkt des Konzeptes gestellt wurde. Ebenfalls um eine geschlechtsspezifische Diagnosestellung zu vermeiden, wurde ab DSM-III die hysterische Persönlichkeitsstörung in die histrionische umbenannt. Den historischen Ursprüngen des Krankheitskonzeptes „Hysterie" Anfang des 17. Jahrhunderts lag nämlich die Annahme zugrunde, dass eine Abnormität des Uterus (griechisch: hystera) verantwortlich für die Krankheitssymptome sei (Edward Jorden 1603). An die Stelle einer sexistischen Bezeichnung trat allerdings ungewollt der betroffene Frauen und Männer gleichermaßen stigmatisierende Begriff (Hoffmann und Eckhardt-Henn 2000) der histrionischen Persönlichkeitsstörung, der auf „Histrio", den Straßenschauspieler und Komödianten im alten Rom, zurückgeht.

Diagnosekriterien der histrionischen Persönlichkeitsstörung (F60.4) nach ICD-10

Die Störung ist zu diagnostizieren, wenn mindestens 3 Kriterien erfüllt sind:
1. Dramatisierung bezüglich der eigenen Person, theatralisches Verhalten, übertriebener Ausdruck von Gefühlen,
2. Suggestibilität, leichte Beeinflussbarkeit durch andere oder Umstände,
3. oberflächliche und labile Affektivität,
4. andauerndes Verlangen nach Aufregung, Anerkennung durch andere und Aktivitäten, bei denen die betreffende Person im Mittelpunkt der Aufmerksamkeit steht,
5. unangemessen verführerisch in Erscheinung und Verhalten,
6. übermäßiges Interesse an körperlicher Attraktivität.

Zusätzliche Symptome können sein:
7. Egozentrik, Selbstbezogenheit, erhöhte Kränkbarkeit,
8. andauernd manipulatives Verhalten zur Befriedigung eigener Bedürfnisse.

Fazit für die Praxis

Sowohl die Bezeichnung als auch die Operationalisierung der histrionischen Persönlichkeitsstörung stellten den Versuch einer geschlechtneutralen Konzeptionalisierung dar, während Vorläuferkonzepte wegen ihres Geschlechtsbias kritisiert wurden.

4.5.2 Klassifikation

Die histrionische Persönlichkeitsstörung ist in den beiden gängigen Klassifikationssystemen ICD-10 und DSM-IV sehr ähnlich operationalisiert.

4.5.3 Epidemiologie und Risikogruppen

Die Prävalenz in der Allgemeinbevölkerung wird mit 2–3% geschätzt, die WHO-Untersuchung (Loranger et al. 1994) gibt 4,3% unter behandelten Patienten im ambulanten und stationären Rahmen an. Kontrovers wird die Frage der Geschlechtsverteilung diskutiert. Empirische Studien zum **Geschlechtsbias** in der Diagnostik von Persönlichkeitsstörungen kamen abhängig von der gewählten Methode und der untersuchten Population zu recht unterschiedlichen Ergebnissen. In den viel diskutierten Studien von Warner (1978), in denen unterschiedliche Persönlichkeitsstörungstypen in Fallvignetten wiederholt Diagnostikern zur Beurteilung vorgelegt wurden, wobei jeweils nur das Geschlecht des Patienten ausgetauscht wurde, zeigte sich, dass bei Vorgabe des männlichen Geschlechtes zu 41% eine antisoziale Persönlichkeitsstörung, bei Vorgabe des weiblichen Geschlechtes zu 76% eine hysterische Persönlichkeitsstörung diagnostiziert wurde. Slavney und Chase (1985) berichteten, dass das weibliche Geschlechtsbias gegenüber der Vergabe der histrionischen Persönlichkeitsstörung bei männlichen Diagnostikern ausgeprägter sei. Betrachtet man im Weiteren diagnostische Erhebungen zur Prävalenz der histrionischen Persönlichkeitsstörung auf der Basis von halbstrukturierten Interviews, die sich an DSM-III Kriterien orientierten, so findet sich keine Dominanz des weiblichen Geschlechts (Reich 1987, Nestadt et al. 1990). Insgesamt legen die Studien nahe, dass nicht die operationalisierten Diagnostiksysteme (zumindest seit ihrer Überarbeitung im DSM-III) ein Geschlechtsbias implizieren, es vielmehr auf generelle stereotype Geschlechtserwartungen zurückgeht, die sich in klinisch-intuitiven Diagnosen jenseits der Operationalisierungskriterien niederschlagen (Herpertz und Saß 2000).

Bei ebenfalls etwas widersprüchlicher Datenlage scheint die histrionische Persönlichkeitsstörung gehäuft bei Patienten mit Konversionssymptomen und dissoziativen Störungen vorzukommen.

4.5.4 Ätiologie und Risikofaktoren

Biologische Faktoren

Insgesamt gibt es keine empirisch hinreichend belegten Befunde für neurobiologische Faktoren in der Genese der histrionischen Persönlichkeitsstörung. Auf eine mögliche genetische Disposition verweisen Familienuntersuchungen von Cloninger und Guze (1970), die eine erhöhte Prävalenz der Hysterie im Allgemeinen und der Somatisierungsstörung im Besonderen bei Töchtern soziopathischer Väter berichteten, oder auch die Arbeit von Luisada et al. (1974), die in ihrer empirischen Untersuchung an 27 histrionischen Männern eine Häufung antisozialer Handlungen herausstellten. In ähnlicher Weise schlossen Lilienfeld et al. (1986) aus vergleichbaren Familienuntersuchungen, dass histrionische Persönlichkeiten eine antisoziale Persönlichkeit entwickelten, wenn sie männlich, und eine Somatisierungsstörung, wenn sie weiblich waren.

Fasst man die histrionische Persönlichkeitsstörung als überzogene Anpassung an die Geschlechterrolle auf, so können in der Ausgestaltung des histrionischen Verhaltensmusters biologische Faktoren diskutiert werden. Mädchen zeigen mit Beginn der Pubertät eine deutliche Zunahme in affiliativen Beziehungsmustern, d. h., sie suchen enge soziale Beziehungen sowie Intimität und übernehmen gezielt Verantwortung in zwischenmenschlichen Beziehungen. Dieser Verhaltensstil erweist sich als stabil, also als zeit- und kulturunabhängig (Feingold 1994). Nach jüngeren Befunden ist zu vermuten, dass diesem Verhalten neurobiologische Veränderungen mit Einsetzen der Pubertät zugrunde liegen (Cyranowski et al. 2000). Das Neuropeptid Oxytocin spielt eine Schlüsselrolle im affiliativen Verhaltensstil der Säuger und wird unter dem Einfluss von Veränderungen in den Gonadotropinen mit Beginn der Adoleszenz vermehrt ausgeschüttet. Es bereitet die biologische Voraussetzungen für verstärktes beziehungssuchendes Verhalten und letztlich den Boden für die Aufzucht der Nachkommenschaft (Cyranowski et al. 2000). Bei unsicheren Bindungen zu den eigenen Eltern werden intime Beziehungen von Mädchen noch früher und in intensiverer Form gesucht. Demgegenüber setzt bei Jungen mit der Pubertät unter dem Einfluss ansteigender Testosteronspiegel (Virkkunen et al. 1994) und in Übereinstimmung mit anderen reproduktiven Aufgaben im Verlauf der menschlichen Evolution eine verstärkte Suche nach Aktivität, Unabhängigkeit, Sich-selbst-Beweisen ein. Psychosozialer Stress manifestiert sich entsprechend gelernter und biologisch vorgeprägter Verhaltensmuster bei Männern eher als sozial störendes, insbesondere dissoziales Verhalten, bei Frauen als depressive Störungen, vermehrtes Kreisen um die eigene emotionale und körperliche Befindlichkeit oder auch als vermehrtes Verlangen nach Bindung und abhängigen Beziehungsmustern.

Psychosoziale Faktoren

Nach klassischer psychoanalytischer Auffassung ist die Hysterie das Ergebnis psychischer **Verdrängungs- und Abwehrprozesse**, die eng verknüpft sind mit dem Ödipuskomplex (Freud 1905). Modernere psychoanalytische Auffassungen halten eine frühe mütterliche Deprivation für das zentrale Merkmal einer pathogenen frühkindlichen Umwelt, die das weibliche Kind veranlasse, sich in besonderer Weise dem Vater zuzuwenden (Marmor 1951). Es nehme eine kulturell vorgegebene extreme weibliche Identität an, die in einer erotisierenden Beziehung mit dem Vater weiter verstärkt werde. Folge sei eine oberflächliche, unreife Selbstrepräsentanz, die über unbewusste Inszenierungen immer wieder versuche, etwas vorzugeben, was sie nicht sei (Mentzos 1980). Diese Beschreibung erinnert an Jaspers (1913), der als Grundzug der Hysterie „mehr scheinen als sein" herausstellte. An die Stelle einer normalen Persönlichkeitsentwicklung über Prozesse der Introjektion und Identifikation mit den Eltern trete eine „Mimikry kultureller Stereotypien" (Horowitz 1991), die insbesondere bestimmt sei von einer situationsabhängigen Affektivität und dem lebenslang gelernten Versuch, sich in soziale Interaktionen möglichst affektiv einzubringen. (Shapiro 1965, Horowitz 1991). Mentzos (1980) weist schließlich darauf hin, dass dem hysterischen Charakter auch eine narzisstische Selbstwertproblematik zugrunde liegen könnte (Hoffmann und Eckhardt-Henn 2000).

Nach Auffassung der Lerntheorie schaffen sowohl die **Verstärkung** aufmerksamkeitssuchenden Verhaltens als auch **elterliche Lernmodelle** die Voraussetzungen für ein histrionisches Rollenverhalten, das die Entwicklung eines stabilen sozial-bezogenen Selbstkonzeptes verhindere (Millon und Everly 1985). Beck und Freeman (1993) stellen heraus, dass im Kindesalter Belohnung eher für ansprechendes Aussehen, reizendes Wesen, Charme und vor allem für eine „globale Verkörperung einer bestimmten Rolle", typischerweise in Gestalt eines extremen Stereotyps der geschlechtlichen Rolle, erfolge als für interaktionelle Kompetenz und besonnene Problemlösungen. Insbesondere bei zwischenmenschlichen Schwierigkeiten werde die interaktionelle Kompetenz, die in der gelernten Rolle liege, als Versuch der Problemlösung eingesetzt. So kommt nach Auffassung kognitiver Verhaltenstherapeuten der Anpassung an kulturelle Rollenvorgaben und insbesondere an die Geschlechterrolle eine große Bedeutung in der Genese histrionischer Persönlichkeitsmerkmale zu (Beck und Freeman 1993). Dem ständigen Bemühen um Anpassung lägen bestimmte tief greifende und sehr stabile kognitive Schemata zugrunde, die sich insbesondere um die grundlegende Annahme gruppieren: „Ich bin unzulänglich und unfähig, mein Leben selbst zu bewältigen, der Schlüssel zum Überleben ist, aufgrund aller Handlungen von praktisch jedem geliebt zu werden." (Beck und Freeman 1993, S. 189). Folge sei eine große Angst vor Ablehnung. Beziehungsschwierigkeiten würden stets durch Anpassung des Rollenverhaltens bewältigt, was zu oberflächlichem, wechselndem Rollenverhalten führe, welches sich im späteren Leben als inadäquate Problemlösestrategie erweise.

Die histrionische Persönlichkeit wird unabhängig von der psychotherapeutischen Schule verstärkt als Ausdruck einer tief greifenden **Selbstwertproblematik** aufgefasst (Mentzos 1980, Beck und Freeman 1993). Jene verhindert die Ausbildung einer reifen, authentischen Persönlichkeit, die einen konstanten Hintergrund schafft, aus dem aktuelle Situationen erlebt und flexibel bewältigt werden können. Fehlt eine solche tragende Selbstidentität, entsteht einerseits eine Fixierung auf Anerkennung und Bewunderung durch andere sowie andererseits eine Entfremdung vom eigenen Innenleben: es erscheint fremd, bedrohlich und das Wissen über sich selbst wird zeitweilig aktiv gemieden (Beck und Freeman 1993). An die Stelle eines positiv besetzten und stabilen Selbstbildes tritt eine andauernde gehetzte Suche nach Selbstwertstabilisierung durch äußere Bestätigung und Anerkennung. Frauen werden auf dem Hintergrund einer stärkeren Ausrichtung auf zwischenmenschliche und nahe Beziehungen diese Anerkennung in einem anderen Kontext suchen als Männer, die Selbstwertzweifel eher in Einfluss, Macht und beruflichem Erfolg zu kompensieren suchen. Bei der Frau wird insbesondere äußerliche Wirkung und die Art der Gestaltung zwischenmenschlicher Beziehungen, beim Mann sozialer „Ruhm" und Erfolg in den Dienst exhibitionistischer Wünsche gestellt. Dabei orientieren sich die Geschlechter nicht nur an eigenen, biologisch vorgegebenen und gelernten Stärken, sondern auch an den Rollenerwartungen, die ihnen gesellschaftlich und hier insbesondere vom anderen Geschlecht entgegengebracht werden.

Fazit für die Praxis

Der vom Wunsch nach sozialer Anerkennung und größtmöglicher Aufmerksamkeit bestimmte Verhaltensstil histrionischer Persönlichkeiten ist häufig als Versuch der Selbstwertstabilisierung unter Bezugnahme auf allgemeine Rollenerwartungen und insbesondere auf die Geschlechterrolle aufzufassen.

An der Ausgestaltung histrionischer Verhaltensmuster sind kulturelle Rollenerwartungen, elterliche Lernmodelle als auch biologisch begünstigtes, geschlechtsspezifisches Rollenverhalten beteiligt.

4.5.5 Symptomatik

Im Vordergrund der histrionischen Persönlichkeitsstörung steht der ausgeprägte und andauernde Wunsch nach Aufmerksamkeit, Anerkennung und Im-Mittelpunkt-Stehen. Diese Personen zielen darauf ab, anders und mehr zu erscheinen, als sie sind und zeigen eine überzogene Anpassung an kulturelle Rollenvorgaben und insbesondere an die Geschlechterrolle. Sie haben Gespür für die Atmosphäre und das in einer Situation Erreichbare und finden nicht selten Erfolg in beruflichen Aktivitäten, die exhibitionistisches und selbstbezogenes Verhalten belohnen. Der interaktionelle Stil kann schwanken zwischen Zuvorkommenheit sowie bewundernd-submissivem Benehmen (besonders gegengeschlechtlichen Interaktionspartnern gegenüber) und trotzig-abweisenden sowie aggressiven Verhaltensweisen. Insbesondere auf der Verhaltensebene können sich geschlechtsspezifische Unterschiede zeigen (Herpertz und Saß 2000). Histrionische Frauen stellen sich typischerweise verführerisch und flirtig dar und zeigen eine emotionalisierte, erotisierende und kindlich-unreife Kontaktaufnahme. Demgegenüber dominieren bei histrionischen Männern die Darstellung extremer Männlichkeit, „machohaftes" und provokatives Verhalten sowie ruhelose Eroberungszüge. Unabhängig vom Geschlecht zeigen histrionische Persönlichkeiten eine Neigung zu affektiver Labilität und rasch wechselndem, oberflächlichem Gefühlsausdruck. Gewöhnlich haben sie Schwierigkeiten, den Ausdruck ihrer Gefühle situationsangepasst zu dosieren. Sie zeigen einen Mangel an gleichmäßig durchgehaltenen Zielen und Wertorientierungen mit der Folge von Unbeständigkeit insbesondere im zwischenmenschlichen und partnerschaftlichen Bereich.

Leiden und Behandlungsbedürftigkeit treten meist dann auf, wenn die Anstrengungen, die in dem andauernden Werben um Sympathie und Anerkennung liegen, zur Erschöpfung geführt haben, Erfolge und Eroberungen bei nachlassender Attraktivität und Leistungsfähigkeit ausbleiben oder dann, wenn sich Enttäuschungen in nahen Beziehungen einstellen, der erhoffte Lohn der versorgenden Beziehung (versorgend sowohl im Sinne von fürsorglich, liebevoll als auch insbesondere im Sinne narzisstischer Stabilisierung) ausbleibt. So sehr es viele histrionische Persönlichkeiten verstehen, sich effektvoll in Szene zu setzen, rufen sie dann negative Empfindungen in ihrer Umgebung hervor, wenn ihr Verhalten zu sehr die Attitüde des Unechten, Demonstrativen oder Dramatisierenden trägt, die Leichtigkeit des Beziehungsspiels im Gefolge von Kränkungen, Zurückweisungen und nagenden Selbstwertzweifeln verloren geht. So wird also therapeutische Hilfe typischerweise im Rahmen von depressiven Verstimmungen der Lebensmitte gesucht, die sich entweder im Kontext enttäuschender Partnerschaften oder Trennungsängste oder aber bei Erlebnissen des Versagens, des Verlierens in kompetitiven Konstellationen oder von der Konfrontation mit eigenen Leistungsgrenzen ausgebildet haben.

Kasuistik

Eine 50-jährige Architektin kommt nach einer Tablettenintoxikation in suizidaler Absicht in Behandlung. Die Tabletteneinnahme erfolgte aus einem Streit mit ihrem getrennt lebenden Ehemann um Unterhaltszahlungen heraus. Der Ehemann, Chefarzt in einer benachbarten Klinik hatte sich ein halbes Jahr zuvor von ihr getrennt und lebte jetzt mit einer deutlich jüngeren Frau zusammen, die er am Arbeitsplatz kennen gelernt hatte. Seit der Trennung war die Patientin mehrfach in Ohnmacht gefallen und hatte ihren Mann lautstark und z. T. unter Suiziddrohungen veranlassen wollen zu ihr zurückzukehren. In der Anfangszeit der Behandlung wurden diensthabende Ärzte regelmäßig in der Nacht wegen heftigem Drehschwindel oder dramatischen Weinanfällen zu ihr gerufen. Zur Vorgeschichte berichtete die Patientin, dass die ersten Jahre der Ehe wie in einem Glücksrausch verlaufen seien, ihr Mann habe ihr zu Füßen gelegen und sie habe ihn, wo immer sie konnte, in seiner Karriere unterstützt. In den letzten Jahren der Ehe habe ihr Mann sich zunehmend von ihr zurückgezogen, habe ihr vorgeworfen, dass sie ihn einenge und mit ihren Gefühlen regelrecht ersticke. Sie habe angefangen, immer mehr an sich zu zweifeln, habe sich nichts mehr zugetraut und sei schließlich in verzweifelte und suizidale Stimmungslagen geraten.

Ein 38-jähriger ehemaliger Hochleistungssportler wird nach einer dramatischen Rettungsaktion der Feuerwehr (er wird nach 2 Stunden und nach Hinzuziehen seines ambulanten Psychotherapeuten überredet, vom Dach seines Hauses herunterzusteigen) in die Psychiatrische Klinik eingewiesen. Er könnte nicht mehr weiterleben, nachdem seine Ehefrau ihn wegen eines Geschäftsfreundes verlassen habe und ihm jeden Umgang mit seinen Kindern verbiete. Vom ersten Tag an hofiert der Mann attraktive Mitpatientinnen, bietet sich als einfühlsamer Gesprächspartner an und erzählt spannende Geschichten über seine Karriere als Fechter. Nach wenigen Tagen bittet der Patient in guter Stimmung um seine Entlassung und hat offensichtlich eine Liebesbeziehung zu einer Mitpatientin begonnen.

Fazit für die Praxis

Häufiger Anlass für eine Behandlung sind dramatisch anmutende suizidale Krisen in Trennungssituationen, die zu einer Aktualisierung der Selbstwertproblematik geführt haben.

4.5.6 Differenzialdiagnose und Komorbidität

Häufige Behandlungsgründe stellen somatoforme Störungen, Konversionssyndrome, dissoziative Störungen, Angststörungen sowie depressive Belastungsreaktionen (Abb. 4.2) und dysthyme Entwicklungen dar.

Am wichtigsten sind Überschneidungen mit anderen Persönlichkeitsstörungen. Bei der Borderline-Persönlichkeitsstörung finden sich ebenfalls rasch wechselnde Emotionen, sind hier jedoch von einer größeren Tiefe im Erleben gekennzeichnet. Mit der antisozialen Persönlichkeitsstörung haben die histrionischen Personen die Tendenz zu Impulsivität, Oberflächlichkeit, Reizsuche, Egozentrizität, Verführung und Manipulation gemein, nicht jedoch das gewohnheitsmäßige antisoziale Verhalten mit Streben nach materiellem Gewinn. Mit der narzisstischen Persönlichkeit besteht Übereinstimmung in der Suche nach Aufmerksamkeit und Anerkennung, doch fehlen dort die emotionale Wechselhaftigkeit sowie die dramatischen und unreifen Tendenzen. Allerdings findet sich zumindest bei der intuitiven Diagnosestellung eine Tendenz, die histrionische Persönlichkeitsstörung bevorzugt bei Frauen, die narzisstische Persönlichkeitsstörung dagegen bevorzugt bei Männern zu vergeben (Kap. 4.10).

Klinisch wichtig ist die Abgrenzung von „pseudohysterischen" Bildern im Vorfeld, seltener in der abklingenden Phase psychotischer Störungen unterschiedlicher Genese. Symptomatische Überlappungen finden sich hinsichtlich Aggravation, dramatischer Überzeichnung und appellativem Verhalten.

4.5.7 Weiterführende Diagnostik

Die Anwendung strukturierter Interviews wie die International Personality Disorder Examination (IPDE; Loranger et al. 1994) und das Standardisierte Klinische Interview zur Diagnostik psychischer Störungen (SKID II Wittchen et al. 1997) können die Diagnose sichern.

4.5.8 Psychotherapie

Britta Wenning, Sabine C. Herpertz

Allgemeine Therapieziele

Menschen mit einer histrionischen Persönlichkeitsstörung suchen eher selten wegen ihrer persönlichen Eigenarten oder wegen zwischenmenschlicher Probleme einen Psychotherapeuten auf. Behandlungsanlass sind häufiger schwere depressive Verstimmungen und Konversionsstörungen. Sie treten meist in Zeiten erneuter Labilisierung des Selbstwertgefühls auf oder wenn flexible Rollenanpassungen nicht gelingen (Liebowitz et al. 1986). Daher sollte das primäre Behandlungsziel in der Entwicklung eines stabilen Selbstbildes und eines autonomen Lebensentwurfes jenseits von Rollenkonformität und Stimmungsabhängigkeit liegen. Den Patienten sollte zu mehr Selbstkontrolle und Struktur, zu **Authentizität und Selbstbewusstheit** verholfen werden. Voraussetzung ist eine Verbesserung der regelhaft gestörten Selbst- und Umgebungswahrnehmung, indem die Aufmerksamkeit der Patienten gezielt auf internale und externale Prozesse gerichtet wird. Darüber hinaus sollten eine Verbesserung der Emotionsdifferenzierung und -regulation, hier vor allem auch das bewusste Erleben und angemessene Ausdrücken von Gefühlen sowie das Aushalten von Langeweile angestrebt werden.

Aufgrund der Unbeständigkeit sowohl in der Beziehungsgestaltung als auch in der Verfolgung von persönlichen Zielen sollten möglichst **konkrete, teilweise auch kurzfristig erreichbare Ziele** mit großer Bedeutung für die Patienten festgelegt werden, so dass die Therapiemotivation und der Durchhaltewillen ausreichend hoch sind, um durch eine kontinuierliche Behandlung beständige Veränderungen zu erreichen.

Therapeutische Beziehung und Gesprächsführung

Aufgrund der Tendenz histrionischer Patienten, dependente Rollen in Beziehungen einzunehmen, ist es wahrscheinlich, dass sie ihrem Therapeuten in Erwartung eines omnipotenten Helfers beggnen: „Er ist endlich derjenige, der – wenn ich nur eindringlich und charmant genug darum bitte – all' meine Probleme lösen wird!" Daher ist es besonders wichtig, zu Beginn Möglichkeiten und Grenzen sowie Aufgaben einer Psychotherapie klar und transparent mit dem Patienten zu besprechen und ihn aktiv in die Behandlungsplanung einzubeziehen (Fleming 1996). Ansonsten besteht die Gefahr, die Balance zwischen notwendiger innerer Distanz und mitfühlendem Beteiligtsein zu verlieren und in das dramatisierende Agieren verstrickt zu werden. Im weiteren Verlauf ist es hilfreich, den Patienten mittels Fragen dazu zu bringen, dass er selbständig Lösungen entwickelt und Probleme aktiv löst sowie ihn anschließend für kompetentes Verhalten zu verstärken. Gleichzeitig sollte die therapeutische Beziehung den Patienten so viel Struktur, Halt und Sicherheit geben, dass sie sich trauen, sich selbst kennen und behaupten zu lernen.

Psychoedukation

Aufgrund des spezifischen Denk- und Wahrnehmungsstils der histrionischen Persönlichkeiten erscheint die Vermittlung eines **Modells** zum **Zusammenhang zwischen Wahrnehmung, Kognition, Emotion und Verhalten** wesentlich (Abb. 4.7).

Shapiro (1965) nennt drei zentrale kognitive Merkmale dieser Patientengruppe: Sie konzentrieren sich beim Denk- und Wahrnehmungsprozess nicht aktiv und durchgängig, sie sind besonders empfänglich für momentgebundene sinnliche Eindrücke und weisen deshalb vor allem in konfliktreichen Gebieten ein erhebliches Defizit an Faktenwissen auf. Ihr Denken und ihre Erinnerung sind global und diffus. Vor dem Hintergrund, dass „die kognitive Theorie davon ausgeht, dass Gedanken einen starken Einfluss auf Emotionen ausüben, folgt daraus, dass globale, übertriebene Gedanken zu globalen, übertriebenen Emotionen führen" (Beck et al. 1993, S. 191). Da sich diese **Wahrnehmungsverzerrungen** im

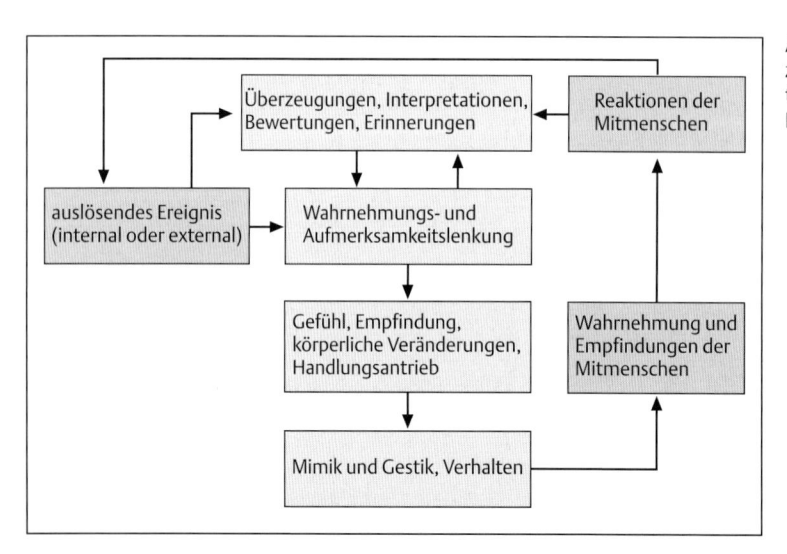

Abb. **4.7** Modell zum Zusammenhang zwischen Wahrnehmung, Kognition, Emotion und Verhalten bei der histrionischen Persönlichkeitsstörung.

therapeutischen Prozess immer wieder bemerkbar machen, ist vor der inhaltlichen Bearbeitung von Problemen dem histrionischen Patienten eine Vorstellung von seinem spezifischen Wahrnehmungsstil und seinen Auswirkungen zu vermitteln. Im weiteren Verlauf kann in den betreffenden Situationen auf bereits Geklärtes verwiesen werden oder das aktuelle Geschehen anhand des Modells verdeutlicht werden.

Spezifische Behandlungsansätze

Psychodynamische Ansätze

Hysterische Neurosen sind die ersten und bis heute zentralen Anwendungsgebiete der Psychoanalyse (Mentzos 1980). Dennoch finden sich nur wenige psychoanalytische Arbeiten, die sich mit der Therapie der histrionischen Persönlichkeitsstörung beschäftigen.

Zunächst wird es in der psychoanalytischen Therapie darum gehen, die tatsächlich vorhandene Not der Patienten hinter dem – häufig destruktiven – agierenden Verhalten zu entdecken und zu verstehen. Dabei ist das **Agieren als sinnvoller und auch kreativer Problemlöseversuch** zu begreifen. Die Patienten benötigen einen geschützten Raum, in dem sie sich in der Beziehung mit ihrem Therapeuten reinszenieren können. Gelingt es dem Therapeuten, das Verhalten des Patienten geduldig und einfühlsam zu spiegeln, ohne es als unecht und dramatisierend abzuwerten, kann der histrionische Patient auf diesem Wege zu einer Neubewertung, einem Neulernen und einem Erwerb von Kontrollmöglichkeiten befähigt werden (Eckhardt-Henn und Hoffmann 2000). Ähnlich dem Agieren ist auch der Umgang mit der Hyperemotionalität. Hinter den sekundären, nach außen übersteigert dargestellten Affekten finden sich primäre, als bedrohlich erlebte Emotionen wie Schuld, Scham, Minderwertigkeit, Verlassenheitsängste oder innere Leere. Dies führt häufig zu einer Aktualisierung der Selbstwertproblematik, der Angst vor der eigenen Nichtigkeit bei fehlender Anerkennung durch andere. In dieser Therapiephase geht es um die Verarbeitung bedeutsamer biografischer Erfahrungen und Beziehungskonstellationen, die die Ausbildung einer reifen Selbstidentität und eines **stabilen Selbstbildes** verhindert haben. Erst eine längerfristige Behandlung bewirkt die Entwicklung eines stabilen Selbstkonzeptes, das eine individuelle Gestaltung des eigenen Lebensweges jenseits von stereotyper (Geschlechts)Rollenanpassung ermöglicht.

Kognitiv-behaviorale Ansätze

Kognitive Therapeuten sehen als Schwerpunkt in der Behandlung histrionischer Patienten, den Betroffenen zu **systematischerem, problemfokussiertem Denken** zu verhelfen, in dem Sinne, dass man „dem Hysteriker das Denken beibringen muss" (Allen 1977). Der kognitive Ansatz könnte daher als besonders angemessen und erfolgversprechend angesehen werden. Allerdings entwickeln histrionische Patienten aufgrund ihres Denkstils ebenfalls einen sehr wechselhaften und dramatischen Lebensstil, der dem strukturierten Therapieansatz genau entgegengesetzt ist. Damit diese Gegensätzlichkeit nicht zu einem vorzeitigen Therapieabbruch führt, erfordert der kognitiv-behaviorale Ansatz von dem Therapeuten eine konsequente, aber einfühlsame Beharrlichkeit. Dies schafft die Voraussetzung, den Patienten mit diesem völlig neuen Ansatz zur Wahrnehmung und Verarbeitung von Erlebnissen vertraut zu machen.

Zu Beginn der Behandlung erscheint es wichtig, mit dem Patienten einen generellen Zeitplan für die Therapiesitzungen zu vereinbaren, um den Patienten so zu strukturieren, dass er die Aufmerksamkeit auf jeweils nur ein Thema richtet und dieses intensiv bespricht. Um dem Bedürfnis des Patienten entgegenzukommen, die aufregenden Ereignisse der vergangenen Woche mitteilen zu können, könnte ein festgelegter und zeitlich begrenzter Teil des Therapiegespräches dafür reserviert werden.

Abhängig von den Zielen des Patienten kann eine Vielzahl kognitiv-behavioraler Techniken zum Einsatz kommen: Identifikation und Bekämpfung automatischer Gedanken einschließlich verhaltenstherapeutischer Experimente zur Gedankenüberprüfung, Techniken zur Förderung der Selbstkontrolle (Hausaufgaben, Selbstbeobachtung, Selbstmanagement), Aktivitätsplanung sowie Entspannungs-, Problemlösungs- und Selbstbehauptungstraining (Beck und Freeman 1993). Als unverzichtbare Techniken haben sich die **Überprüfung dysfunktionaler Gedanken** und die **Förderung der Selbstkontrolle** erwiesen. Zunächst ist es notwendig, den Patienten ausführlich das Führen der Protokolle, d. h. das Spezifizieren von Ereignissen, Gedanken und Gefühlen, zu erläutern. Gelingt es den Patienten dann, ihre automatischen Gedanken wahrzunehmen, ermöglicht dieser kognitive Überwachungsprozess – ohne die Kognitionen konkret anzugehen –, die Impulsivität allmählich zu kontrollieren. „Wenn sie lernen, vor dem Reagieren lange genug einzuhalten, um ihre Gedanken zu erfassen, haben sie bereits einen wichtigen Schritt in Richtung Selbstkontrolle getan" (Beck und Freeman 1993).

Zur Bearbeitung von Beziehungskonflikten im Privat- und Berufsleben empfiehlt Fiedler (2000) ein **psychosoziales Konfliktmanagement**. Dabei sei es nicht sinnvoll, die Defizite und Dysfunktionalität der Persönlichkeit in den Mittelpunkt zu stellen, sondern vielmehr aktuelle zwischenmenschliche Krisen zu „nutzen". Unter Behalt positiver Motive (Erhalt der Beziehung, soziale Anerkennung, Selbstschutz) und unter Nutzung ihrer Personeneigenarten kann es dann gelingen, gemeinsam mit dem Patienten konkrete Konfliktlösungen sowie Verhaltensänderungen zu erarbeiten.

Schulenübergreifender Ansatz

Horowitz (1997) entwickelte einen theoretisch fundierten Ansatz, der kognitive und psychodynamische Prinzipien in einen **phasenorientierten Behandlungsplan** integriert. Da er anhand eines prototypischen Therapieverlaufs konkrete Handlungsanweisungen gibt, sollen diese ausführlich dargestellt und z. T. wörtlich widergegeben werden. In der ersten Phase richten sich die Interventionen auf die wechselhaften Gemütszustände, in der zweiten auf den dysfunktionalen Kommunikationsstil und die Abwehr-Kontrollprozesse sowie in der dritten auf irrationale und konflikträchtige Sichtweisen über sich selbst und über andere.

Da histrionische Patienten häufig durch Ängste, Depressionen sowie impulsives, risikoreiches Verhalten oder z. T. auch Substanzmissbrauch labilisiert sind, empfiehlt Horowitz, sich in der ersten Behandlungsphase auf eine **Stabilisierung der mentalen Zustände** zu konzentrieren. Dabei könnten folgende Techniken hilfreich sein:

- Unterstütze das Unterlassen von Handlungen, die zwar eine kurzfristige Erleichterung verschaffen, aber eine Selbstschädigung riskieren.
- Verschreibe nicht vorschnell Medikamente und entwickle keine Lösungen für soziale Situationen als Reaktion auf eindringliches Bitten, schnellstmöglich Probleme zu beenden; ebenso wenig erscheine gleichgültig gegenüber Leiden.
- Höre empathisch zu, ohne den intensiven Gefühlsausdruck als „theatralisch" zu betrachten.
- Beschreibe Gemütszustände mit spezifischen, konkreten Begriffen.
- Stelle eine Reihe von aufeinander folgenden Fragen, um eine Ursache-Wirkung-Kette von Ereignissen zu entwickeln.
- Fördere bei dem Patienten das „Denken vor dem Handeln".
- Richte die Aufmerksamkeit des Patienten sowohl auf interne, mentale als auch auf externe Ereignisse, damit er eine zeitliche Reihenfolge des Geschehens entwickelt und zukünftige Ereignisse zu antizipieren lernt.

Ist der Patient ausreichend stabil, können in der zweiten Phase **Kommunikationsstrategien und Abwehrmechanismen** aufgezeigt und modifiziert werden. Empfohlene Strategien:

- Sei ein Modell, indem du klar und ruhig über bislang unaussprechliche Themen sprichst.
- Reagiere nicht auf nonverbale Provokationen, so dass sich soziale Rollen verschieben. Vermeide Flirten, unangebrachten Humor oder Kritik.
- Zeige dem Patienten Wechsel in vorgetäuschte Gefühle auf.
- Verstärke angemessenen verbalen Ausdruck als eine Möglichkeit, Aufmerksamkeit zu erhalten.
- Zeige dem Patienten, wie somatische Reaktionen oder drängende Bilder in Worte gefasst werden können. Benutze keine Hypnose oder geführte Imagination als einen schnellen Weg zu intensivem emotionalem Ausdruck; diese Techniken führen wahrscheinlich zu untermodulierten Zuständen ohne Einsicht.
- Unterbinde die Tendenz, schnell ein unangenehmes oder konfliktreiches Thema fallen zu lassen. Dies zeigt sich häufig in Aussagen wie „Ich weiß es nicht", oder „Ich werde genau das tun".
- Zeige dem Patienten, wie man rationale Intentionen herleitet anstatt gewohnheitsmäßig irrationale Annahmen über andere Personen zu machen.
- Lehre den Patienten, Entscheidungen zu überdenken und gegebenenfalls zu ändern.
- Fördere die Verantwortungsübernahme für eigene Handlungen.

In der dritten Phase unterstützt der Therapeut den Patienten, interpersonales Verhalten zu modifizieren und **Konzepte über die eigene Identität und über Beziehungen** zu integrieren:

- Identifiziere Befürchtungen, allein gelassen zu werden sowie dysfunktionale Überzeugungen, dass das Selbst unfähig ist, basale Lebensaufgaben zu bewältigen.
- Zeige exzessive Abhängigkeit und Idealisierung von unzuverlässigen Personen auf.
- Identifiziere und verändere irrationale Annahmen unwert, dreckig, schlecht oder schwach zu sein.
- Fördere realistische, positive und kompetente Selbstkonzepte; unterstütze authentische Wege, Aufmerksamkeit, Zuneigung und Unterstützung zu erhalten.
- Identifiziere abrupte Rollenwechsel von z. B. aktiv-passiv, Erwachsener-Kind, Liebender-Hassender, Verführer-Opfer oder triumphierender Sieger-schmählicher Verlierer.
- Lege offen, dass gegenwärtige emotionale Reaktionen auf dysfunktionalen Überzeugungen und unangemessene Rollen, die in der Vergangenheit erworben wurden, basieren und zeige, wie diese in der Zukunft geändert werden können durch das Anwenden und Wiederholen neuer Konzepte und Handlungen.

Vor dem Hintergrund, dass die therapeutische Beziehungserfahrung wahrscheinlich die bedeutsamste authentische Erfahrung im Leben des Patienten ist, weist Horowitz darauf hin, ausreichend Zeit für die Beendigung der Therapie einzuplanen.

Fazit für die Praxis

Horowitz stellt einen prototypischen Behandlungsplan für eine schulenübergreifende Psychotherapie histrionischer Patienten vor und gibt zahlreiche konkrete Interventionsanweisungen.

Allerdings macht er keine Angaben über die Wirksamkeit des vorgeschlagenen Behandlungsansatzes.

Behandlungsrahmen

Zunächst ist eine ambulante Einzeltherapie zu empfehlen, da eine Gruppentherapie, in denen die emotionalen und interaktionellen Defizite offen gelegt und von Gruppenmitgliedern zurückgemeldet werden, die Patienten ängstigen und überfordern könnte. Sie werden die wohlgemeinte Kritik als vernichtend erleben, sich verschließen oder aggressiv gegenhalten, so dass eine konstruktive Arbeit unmöglich wird. Bei ausreichender Stabilisierung und Introspektion der Patienten ist zur Förderung der sozialen Kompetenz eine Gruppentherapie anzustreben.

Fazit für die Praxis

Das therapeutische Klima ist einerseits sicher und Halt gebend zu gestalten, andererseits muss Aktivität und selbstständiges Problemlösen verstärkt werden.

Die Behandlung histrionischer Persönlichkeiten sollte in Therapiephasen mit konkreten Therapiezielen strukturiert werden.

Therapieschwerpunkte sind Emotionsregulation und -stabilisierung, Selbst- und Fremdwahrnehmung sowie die Entwicklung eines stabilen Selbstbildes.

Mögliche Fehler und Probleme

Geschlechtsbias bei der Diagnosevergabe:
Im Rahmen der klinischen bzw. intuitiven Diagnosevergabe wird die histrionische Persönlichkeitsstörung bevorzugt bei Frauen gestellt und bei Männern übersehen.

Differenzierung zwischen dramatischem emotionalen Ausdruck bei histrionischen Persönlichkeiten und erhöhter Sensitivität und Intensität des emotionalen Erlebens bei Borderline-Persönlichkeiten:
Personen mit histrionischer Persönlichkeitsstörung zeichnen sich durch eine dramatische Kommunikation von Emotionen aus, die sich in dieser Heftigkeit im Erleben nicht wiederfinden. Die Stimmungsschwankungen von Borderline-Patienten stehen im Zusammenhang mit einer Hyperreagibilität im Erleben von emotional relevanten Ereignissen.

Folgende Behandlungsfehler sind zu vermeiden:
In die Rolle des Retters zu geraten, zu viel Verantwortung zu übernehmen, Lösungen vorzuschlagen, Schuld für fehlende Veränderungen in der Therapie auf sich zu nehmen.

Fehlendes Einfühlungsvermögen und Abwertung des Patientenverhaltens als unecht und theatralisch.

Zu viel Verstärkung für dramatische Erlebnisberichte, z. B. durch „Verschwendung" der Therapiezeit.

Zu wenig Verstärkung für selbstsicheres und kompetentes Verhalten.

Was hat sich in den letzten 5 Jahren verändert?

Im Rahmen der multiaxialen Diagnostik wird die histrionische Persönlichkeitsstörung eindeutig abgegrenzt von Konversionsstörungen und dissoziativen Störungen, die auch bei Personen mit anderen Persönlichkeitsakzentuierungen (z. B. Borderline- und selbstunsichere Persönlichkeitsstörung) auftreten können.

Horowitz entwickelt einen integrativen Ansatz für die Behandlung histrionischer Persönlichkeiten.

Literatur

Allen DW (1977) Basic treatment issues. In: Horowitz M (Ed.) Hysterical personality. Jason Aronson, New York, S. 317

American Psychiatric Association (1968) Diagnostic and statistical manual of mental disorders. 2nd version. In: American Psychiatric Association (Hrsg.) American Psychiatric Press, Washington

Beck AT, Freeman A (1993) Kognitive Therapie der Persönlichkeitsstörungen. 2. Auflage Beltz PsychologieVerlagsUnion, Weinheim

Cloninger CR, Guze SB (1970) Psychiatric illness and female criminality. The role of sociopathy and hysteria in antisocial women. American Journal of Psychiatry 127:303–311

Cyranowski JM, Frank E, Young E, Shear K (2000) Adolescent onset of the gender difference in lifetime rates of major depression. Archives of General Psychiatry 57:21–27

Eckhardt-Henn A, Hoffmann SO (2000) Zur psychodynamischen/psychoanalytischen Therapie der Histrionischen Persönlichkeitsstörung. Persönlichkeitsstörungen – Theorie und Therapie PTT 4:160–167

Feingold A (1994) Gender differences in personality. Meta-analysis. Psychological Bulletin 116:429–456

Fiedler P (2000) Integrative Psychotherapie bei Persönlichkeitsstörungen. Hogrefe, Göttingen

Fleming B (1996) Kognitiv-verhaltenstherapeutische Behandlung der histrionischen Persönlichkeitsstörung. In: Schmitz B, Fydrich T & Limbacher K (Hrsg.) Persönlichkeitsstörungen: Diagnostik und Psychotherapie. PsychologieVerlags-Union, Weinheim, S 219–243

Freud S (1905) Drei Abhandlungen zur Sexualtheorie. Fischer, Frankfurt

Herpertz SC, Saß H (2000) „Die Hysterie" – ein Frauenleiden? Zur Geschlechtsverteilung bei der histrionischen Persönlichkeitsstörung. Persönlichkeitsstörungen – Theorie und Therapie PTT 3:151–176

Hoffmann SO, Eckhardt-Henn A (2000) Von der Hysterie zur histrionischen Persönlichkeitsstörung: ein historischer und konzeptioneller Überblick. Persönlichkeitsstörungen – Theorie und Therapie PTT 4:128–137

Horowitz MJ (1991) Hysterical personality stile and the histrionic personality disorder. Jason Aronson, Northvale, NJ

Horowitz MJ (1997) Psychotherapy for histrionic personality disorder. The Journal of Psychotherapy Practice and Research 6, 93–107

Jaspers K (1913/1953) Allgemeine Psychopathologie. 6. Auflage Springer, Berlin, Göttingen, Heidelberg

Jorden E (1603, 1991) A brief discourse of a disease called suffocation of the mother. In: MacDonald M (Hrsg) Witchcraft and hysteria in Elizabethan London. Edward Jorden and the Mary Glover case Tavistock Routledge, London

Liebowitz MR, Stone MH, Turkat ID (1986) Treatment of personality disorders. In: Frances AJ, Hales RE (Eds.) American Psychiatric Association annual review – Vol. 5. American Psychiatric Press, Washington, pp. 356–393

Lilienfeld SO, van Valkenburg C, Larntz K, Akiskal HS (1986) The relationship of histrionic personality disorder to antisocial personality and somatization disorder. American Journal of Psychiatry 143:718–722
Loranger AW, Sartorius N, Andreoli A et al. (1994) The International Personality Disorders Examination. Archives of General Psychiatry 51:215–224
Loranger, A.W. (1996). International Personality Disorder Examination. IPDE. ICD-10 Modul. Bern: Huber
Luisada PV, Peele R, Pittard EA (1974) The hysterical personality in men. American Journal of Psychiatry 131:518–522
Marmor J (1951) Orality in the hysterical personality. Journal of the American Psychoanalytic Association 1:656–671
Mentzos S (1980) Hysterie. Zur Psychodynamik unbewußter Inszenierungen. Kindler, München
Millon T, Everly GS (1985) Personality and its disorders: a biosocial learning approach. Wiley, New York
Nestadt G, Romanoski AJ, Chahal R, Merchant A, Folstein MF, Gruenberg EM, McHugh PR (1990) An epidemiological study of histrionic personality disorder. Psychological Medicine 20:413–422
Reich J (1987) Sex distribution of DSM-III personality disorders in psychiatric outpatients. American Journal of Psychiatry 144:485–488
Schneider K (1923) Die psychopathischen Persönlichkeiten. Thieme, Leipzig
Shapiro D (1965) Neurotic stiles. Basic Books, New York
Slavney PR, Chase G (1985) Clinical judgement of self-dramatization: A test of the sexist hypothesis. British Journal of Psychiatry 146:614–617
Virkkunen M, Kallio E, Rwalings R, Tokola R, Poland RE, Guidotti A, Nemeroff C, Bissette G, Kalogeras K, Karonen SL, Linnoila M (1994) Personality profiles and state aggressiveness in Finnish alcoholic, violent offenders, fire setters, and healthy volunteers. Archives of General Psychiatry 51:28–33
Warner R (1978) The diagnosis of antisocial and hysterical personality disorders. An example of sex bias. Journal of Nervous and Mental Disease 166:839–845
Wittchen HU, Zaudig M, Schramm E, Spengler P, Mombour W, Klug I, Horn R (1997) Strukturiertes Klinisches Interview für DSM-IV. Beltz Test, Weinheim

4.6 Anankastische Persönlichkeitsstörung

Sabine C. Herpertz, Britta Wenning

4.6.1 Definition

Hauptmerkmale der anankastischen bzw. zwanghaften Persönlichkeitsstörung sind Gewissenhaftigkeit, Perfektionismus, Rigidität, Genussunfähigkeit und Normentreue.

Vorläuferkonzept ist der anankastische Psychopath K. Schneiders (1923), der als Variation der selbstunsicheren Psychopathie aufgefasst wurde und bei dem Insuffizienz- und Schulderleben in besonderer Weise herausgearbeitet wurden. Der von der Psychoanalyse konzipierte „Analcharakter" zeigt ganz ähnliche Züge und wird als prämorbide Persönlichkeitsstruktur des Zwangsneurotikers aufgefasst. Beide historischen Konzepte sahen die Zwangsstörung in einer Übergangsreihe mit der anankastischen Persönlichkeitsstörung; der zwanghafte Mensch dekompensiere unter situativen Belastungen zu ich-dystonen Zwangssymptomen.

Entsprechend der ICD-10 Klassifikation wird die zwanghafte Persönlichkeitsstörung folgendermaßen charakterisiert:

Diagnosekriterien der zwanghaften Persönlichkeitsstörung (F60.5) nach ICD-10

Die Störung ist zu diagnostizieren, wenn mindestes 3 Kriterien erfüllt sind:
1. übermäßiger Zweifel und Vorsicht,
2. ständige Beschäftigung mit Details, Regeln, Listen, Ordnung, Organisation oder Plänen,
3. Perfektionismus, der die Fertigstellung von Aufgaben behindert,
4. übermäßige Gewissenhaftigkeit, Skrupelhaftigkeit und unverhältnismäßige Leistungsbezogenheit unter Vernachlässigung von Vergnügen und zwischenmenschlichen Beziehungen,
5. übermäßige Pedanterie und Befolgen von Konventionen,
6. Rigidität und Eigensinn,
7. unbegründetes Bestehen auf die Unterordnung anderer unter eigene Gewohnheiten oder unbegründetes Zögern, Aufgaben zu delegieren,
8. Andrängen beharrlicher und unerwünschter Gedanken oder Impulse.

4.6.2 Klassifikation

Im Gegensatz zur deutschsprachigen Tradition wird in den modernen Klassifikationssystemen die zwanghafte Persönlichkeitsstörung eindeutig abgegrenzt von den Zwangsstörungen, die den neurotischen (ICD-10) oder den Angststörungen (DSM-IV) zugeordnet werden. Die Trennung von Zwangsstörung und anankastischer Persönlichkeitsstörung wird durch Familienuntersuchungen gestützt, die keine Häufung an Zwangsstörungen in Familien von zwanghaften Persönlichkeiten fanden (Nestadt et al. 2000).

4.6.3 Epidemiologie und Risikogruppen

In der Gesamtbevölkerung wird eine Prävalenz der zwanghaften Persönlichkeitsstörung von 2% angegeben. In psychiatrischen Populationen werden Angaben von 3,6% in der WHO-Untersuchung (Loranger et al. 1994), z. T. aber auch bis zu 9% genannt. Spezifische Risikogruppen sind nicht bekannt.

4.6.4 Ätiologie und Risikofaktoren

Biologische Faktoren

Eine Zwillingsuntersuchung von Clifford et al. (1980) verweist auf eine signifikant höhere Korrelation zwanghafter Persönlichkeitsmerkmale bei eineiigen gegenüber zweieiigen Zwillingen.

Mögliche biologische Aspekte in der Ätiologie der zwanghaften Persönlichkeitsstörung sind bisher wenig untersucht worden. Eine herabgesetzte Prolaktinantwort in Challenger-Tests könnte als möglicher Indikator einer gestörten zentralen serotonergen Funktion bei der zwanghaften Persönlichkeitsstörung aufgefasst werden

(Stein et al. 1996). Hier bleiben die Ergebnisse weiterer Studien abzuwarten.

Psychosoziale Faktoren

Die Psychoanalyse ging früher davon aus, dass sowohl mit der Zwangssymptomatik als auch mit der zwanghaften Charakterbildung anal-aggressive und anal-erotische Strebungen und damit eine anal-aggressive Triebproblematik abgewehrt würden. In der modernen psychoanalytischen Literatur wird demgegenüber eine Psychodynamik herausgearbeitet, die drei wesentliche Aspekte umfasst (Shapiro 1981, Hoffmann und Hochapfel 1999): Das **Streben nach emotionaler Autarkie,** d. h. keinen anderen zu brauchen, im Weiteren die Vermeidung von autonomen Handlungen, um jeder Fehlermöglichkeit aus dem Wege zu gehen und schließlich das Gefühl des Getriebenseins, wobei der zwanghafte Mensch das Gefühl hat, einen imaginären Kontrolleur „im Nacken sitzen" zu haben, und er über das Geleistete nie Befriedigung empfinden kann. Von Mentzos (1989) wird der Konflikt „**Gehorsam versus Sich-Auflehnen**" als eine Variation des Abhängigkeits-Autonomie-Konfliktes als grundlegend für die zwanghafte Persönlichkeitsstörung angesehen. Bei einer einseitigen Orientierung an Regeln und Normen versucht der anankastische Mensch im Sinne eines autoprotektiven Lösungsversuches den elterlichen Verboten und Restriktionen zu entsprechen, um auf diese Weise der drohenden Schuld zu entgehen.

Sullivan (1953) hat auf dem Hintergrund seiner interpersonellen Theorie eine basale Verunsicherung und Hilflosigkeit in zwischenmenschlichen Beziehungen bei anankastischen Persönlichkeiten herausgestellt, die versucht werde, durch Genauigkeit, Sorgfalt und übermäßige Anpassung an Regeln und Normen zu kompensieren. Aus Sicht der interpersonellen (Benjamin 1987), aber auch der biosozialen Lerntheorie (Millon und Davis 1996) wird ein **überkontrollierender, bestrafender Erziehungsstil** als wichtiger kausaler Faktor in der Persönlichkeitsentwicklung zum Anankasten herausgestellt. In einer Atmosphäre der ständigen Kontrolle und Begrenzung von vitalen Impulsen erwacht weder Stolz über neu erworbene Fähigkeiten noch Neugierde, sich fremden Situationen auszusetzen und Herausforderungen zu bewältigen. Autonome Bestrebungen bzw. die eigene Identitätsbildung werden nicht nur nicht positiv verstärkt, sondern mit Kritik und Ermahnungen geahndet. Das im eigenen Selbstvertrauen verunsicherte Kind lernt, allen Strebungen zu widerstehen, die von Bestrafung bzw. negativen Konsequenzen gefolgt sind, und stattdessen die elterliche Normenwelt bedingungslos zu übernehmen. Gleichzeitig aber führt ein einseitig bestrafender Erziehungsstil zu wachsenden Aggressionen gegen die Eltern, die mit der Angst vor Zerstörung der Beziehung und heftigen Schuldgefühlen einhergehen. Diese Ängste führen im Sinne eines Teufelskreises zu einer noch stärkeren Normorientierung und einem noch unausweichlicheren Anpassungsdruck. Inzwischen finden sich auch erste empirische Befunde, die auf einen überprotektiven Erziehungsstil bei gleichzeitigem Beziehungsmangel verweisen (Nordahl et al. 1997).

Kognitiv-behavioral orientierte Autoren stellen den formalistischen, detailorientierten und auf **perfektionistische Problemlösung** ausgerichteten Denkstil heraus. Bei einer Unfähigkeit zur nuancierten Beurteilung werden Gedanken oder Ereignisse als gut oder schlecht bzw. als richtig oder falsch bewertet. Das charakteristische Denkmuster wird von Beck und Freeman (1993) in dem Satz „Wenn ich mich nicht hundertprozentig an meine Prinzipien halte, versinke ich im Chaos" zusammengefasst. Auch der Psychoanalytiker Shapiro (1981) verfolgt eine kognitive Perspektive, wenn er eine „aktive Unaufmerksamkeit" gegenüber neuen Informationen als zentrales Problem zwanghafter Menschen sieht. Alles von außen kommende Spontane und Neue wird als Bedrohung eigener Denkstrukturen und des eigenen Wertesystems aufgefasst, so dass die Außenwelt ähnlich scharf und rigide kontrolliert werden muss wie eigene, unberechenbar erscheinende Affekte und Impulse.

Fazit für die Praxis

Die typischen Verhaltensmuster der zwanghaften Persönlichkeitsstörung können als eine Anpassungsleistung an eine rigide, überkontrollierende Umwelt aufgefasst werden, die individuelle Autonomiebestrebungen als Bedrohung familiärer (oder auch gesellschaftlicher) Ordnungsstrukturen erlebt.

Eigenständige Handlungsentwürfe und Problemlösungen werden nicht gelernt, mit der Folge mangelhaften Selbstvertrauens und der verstärkten Orientierungssuche in anscheinend bewährten, klaren und häufig hierarchisch organisierten Systemen.

4.6.5 Symptomatik

Bereits vom äußeren Erscheinungsbild wirken anankastische Persönlichkeiten auf **Ordentlichkeit, Akkuratheit** und Anpassung bedacht. Dabei lassen sie sowohl eine persönliche Note als auch Natürlichkeit und Leichtigkeit vermissen. Während sie für ihre Verlässlichkeit und ihre Einsatzbereitschaft geschätzt werden, prädisponiert sie ihr verspanntes, überkorrektes, unflexibles und pedantisches Auftreten zu einer Außenseiterstellung. Soziale Kontakte werden auch erschwert durch ihre Fixierung an Normen und Regeln, deren Einhaltung sie nicht nur von sich selbst fordern sondern auch bei ihren Mitmenschen überwachen.

Alle Aufgaben und Tätigkeiten werden mit hoher Gründlichkeit und Genauigkeit durchgeführt. Sie eignen sich deshalb für berufliche Tätigkeiten in der Organisation und Verwaltung. Ihr Streben, alles so richtig und perfekt wie irgend möglich zu machen, kann ihre berufliche Produktivität aber auch deutlich mindern, insbesondere wenn Eigenständigkeit, Kreativität und Entwicklung gefordert ist. In Phasen der Veränderung und Umstrukturierung oder bei einer wachsenden Vielfalt von Aufgaben auf dem Wege des beruflichen Aufstieges kann es zu einer kritischen Überforderungssituation mit drohender Dekompensation kommen.

Im zwischenmenschlichen Bereich treten Verlässlichkeit, Verantwortungsgefühl, Treue und Beständigkeit positiv hervor, Strenge und **Rigidität** kennzeichnen aber nicht nur den Umgang mit sich selbst, sondern auch mit anderen Menschen. Die starren, moralisch anspruchsvollen und prinzipientreuen Verhaltensmuster werden eigensinnig vertreten und anderen aufgenötigt. Aggressive Impulse werden z. B. gegenüber untergeordneten Mitarbeitern durch Insistieren auf einzuhaltende Regeln und auf Übernahme „bewährter" Arbeitsstrategien kaschiert. Ihr anhedonistischer Lebensstil, ihre misstrauische Skepsis gegenüber allen Äußerungen der Freude, Lebendigkeit oder Ausgelassenheit belasten die persönlichen Beziehungen. Durchaus vorhandene emotionale Bindungen können nicht ausgedrückt werden, vielmehr werden eigene Gefühle als bedrohlich erlebt und müssen stets kontrolliert werden. So leiden die Partner anankastischer Persönlichkeiten unter ihrer mangelnden Spontanität, ihrer Sachlichkeit zur falschen Zeit sowie auch unter ihrer fehlenden Heiterkeit im Alltag.

Zwanghafte Persönlichkeiten zeigen eine erhöhte Vulnerabilität, eine depressive Symptomatik, somatoforme und hypochondrische Beschwerden auszubilden. Auch die Anorexia nervosa und sexuelle Funktionsstörungen werden bei der anankastischen Persönlichkeitsstörung häufig beschrieben (Herpertz-Dahlmann et al. 2001). Lebensgeschichtliche Zuspitzungen bzw. Dekompensationen ereignen sich typischerweise in beruflichen Überforderungs- oder Kränkungssituationen und können zu hartnäckigen Arbeitsstörungen bis hin zum Rentenbegehren führen. Nachlassende Leistungsfähigkeit und Flexibilität mit zunehmendem Alter können eine Zuspitzung zwanghafter Persönlichkeitsmerkmale mit sich bringen.

Kasuistik

Ausgeprägte Schlafstörungen, chronische Kopfschmerzen und eine depressive Verstimmung veranlassen einen 50-jährigen städtischen Beamten psychiatrisch-psychotherapeutische Behandlung aufzusuchen. Die Beschwerden hätten vor 1–2 Jahren begonnen und seien von zunehmender Intensität. Mit Gedanken an die Arbeit gehe er abends zu Bett, morgens stehe er gerädert wieder auf, voller Angst, den Aufgaben des Tages nicht gerecht zu werden. Er mache sehr viele Überstunden, weil er nach Dienstschluss die gesamte Tagesabrechnung noch einmal durchgehe, ob ihm irgendein Fehler unterlaufen sei. Bei seinen Vorgesetzten sei er als sehr zuverlässig bekannt, aber er höre auch vermehrt kritische Äußerungen, dass er zu umständlich und zu langsam sei. Bei seinen Arbeitskollegen sei er nie beliebt gewesen. Früher habe man ihn Streber und „Mr. Controlletti" geschimpft, inzwischen mache man eher Witze über ihn, dass er sich abends wohl nicht nach Hause traue. Bis Mitte 40 sei er beruflich recht erfolgreich gewesen und sei im Rahmen von innerbetrieblichen Bewerbungen mehrfach aufgestiegen. Er glaube, die Probleme hätten eingesetzt, als vor 3 Jahren das gesamte Abrechnungswesen des Amtes umgestellt worden sei und er als stellvertretender Abteilungsleiter die Veränderungen umsetzen sollte. Damals habe er angefangen, bis spät in den Abend hinein zu arbeiten, habe detaillierte Pläne entworfen, wie die datentechnische Umsetzung zu erfolgen habe, auf welche Weise die Mitarbeiter fortzubilden seien, wie Anwendungsfehler identifiziert werden könnten usw. Er sei nicht zu praktikablen Lösungen gekommen, die Mitarbeiter hätten sich beim Abteilungsleiter beschwert und es sei ein ziemliches Chaos ausgebrochen. Damals hätten die Schlafstörungen begonnen, wenig später der Grübelzwang und dann die Ängste morgens zur Arbeit zu gehen. Seit 6 Wochen sei er nun krankgeschrieben.

In seiner Familie finde er zwar viel Verständnis und Rückhalt bei seiner Frau, mit seinem 15-jährigen Sohn gerate er aber zunehmend in Konflikte. Der treibe sich abends in Diskotheken herum, komme trotz seines Verbotes spät nach Hause, höre laut widerliche Technomusik und sei in seinen Schulleistungen abgesunken. Er habe schlimmste Befürchtungen, dass der Sohn einen schlechten Weg nehme, aber alle Warnungen oder Drohungen hätten keine Wirkung. Es sehe sich in seiner väterlichen Autorität nicht mehr ernst genommen, was sein Selbstvertrauen weiter schwäche. Er hätte als Jugendlicher so ein Verhalten gegenüber dem Vater nie gewagt, er könne die heutige Zeit mit ihrer Disziplinlosigkeit und mangelnden Achtung vor Erfahrung und Wissen nicht verstehen.

Fazit für die Praxis

Die zwanghafte Persönlichkeitsstörung zeichnet sich durch hohe Normenorientierung, rigides Denken und Perfektionismus aus. Zwanghafte Verhaltensweisen können im beruflichen Umfeld lange adaptiv sein und von sozialer Anerkennung und Erfolg begleitet sein. Zum kränkend erlebten Leistungseinbruch mit oft hartnäckigen Arbeitsstörungen kann es im Falle der Änderung des Tätigkeitsprofils oder der Notwendigkeit neuer Lösungswege kommen.

Probleme im partnerschaftlichen und familiären Umfeld stellen sich durch mangelnde Lebendigkeit und Genussfähigkeit, Unfähigkeit zum Ausdruck von Zuneigung sowie durch eine kontrollierende Haltung gegenüber anderen Menschen ein. Eigene Gefühle, Antriebe oder sexuelle Lust werden bedrohlich erlebt und müssen unterdrückt werden.

4.6.6 Differenzialdiagnose und Komorbidität

Die Differenzierung der zwanghaften Persönlichkeitsstörung gegenüber umschriebenen Zwangsgedanken und Zwangsimpulsen ist klinisch gelegentlich notwendig. Obwohl beide Störungen Gemeinsamkeiten in der Neigung zu Ritualen und der Einschränkung des emotionalen Ausdrucks zeigen können, konnte die Annahme einer Spektrumbeziehung nie empirisch gestützt werden. In Untersuchungen an Patienten mit Zwangsstörungen wird über eine komorbide Persönlichkeitsstörungsdiagnose bei zwei Dritteln der Patienten berichtet, über die gleichzeitig bestehende Diagnose einer zwanghaften Persönlichkeitsstörung bei einem Drittel der Patienten (Bejerot et al. 1998).

Ähnlich wie die abhängige wird auch die zwanghafte Persönlichkeitsstörung als Risikofaktor für die Entwicklung depressiver Störungen (Abb. 4.2) angesehen. Nach einer Untersuchung von Devanand et al. (2000) war bei älteren Patienten mit dysthymen Störungen die anankastische Persönlichkeitsstörung am häufigsten vertreten. Auch wird über eine Häufung der zwanghaften Persönlichkeitsstörung im Langzeitverlauf von Patientinnen mit Anorexia nervosa berichtet (Poston et al. 2000).

Deutliche Überschneidungen mit der zwanghaften Persönlichkeitsstörung, z. T. aber auch mit der dependenten Persönlichkeitsstörung zeigt Tellenbachs „Typus melancholicus". Hierbei handelt es sich um die Beschreibung eines prämorbiden Persönlichkeitstyps, der zu depressiven Erkrankungen prädisponiert und durch Gewissenhaftigkeit, Pflichtbewusstsein, Harmoniestreben und Sich-Einordnen charakterisiert ist. Auf dem Gebiet der Persönlichkeitsstörungen ist die Abgrenzung insbesondere zur schizoiden Persönlichkeitsstörung notwendig; beide Typen zeigen soziale Distanziertheit, doch folgt dies bei zwanghaften Persönlichkeiten eher aus der übermäßigen Betonung von Pflichten und der Angst vor der vermeintlichen Unberechenbarkeit von Gefühlen, während bei der schizoiden Persönlichkeitsstörung generell die Fähigkeit zur Intimität und Gefühlsempfindung reduziert ist. Schließlich findet sich ein Hang zum Perfektionismus und zur Kritik an anderen Menschen auch bei der narzisstischen Persönlichkeitsstörung. Allerdings fehlt narzisstischen Menschen der Aspekt der Selbstkritik, der bei der zwanghaften Persönlichkeitsstörung gewöhnlich überstark ausgeprägt ist.

Fazit für die Praxis

Zwanghafte Persönlichkeiten erkranken gehäuft an dysthymen Störungen, die von einer allgemeinen Lebensunzufriedenheit begleitet sind. Daneben prädisponiert der „Typus melancholicus", der viele zwanghafte, z. T. auch dependente Merkmale trägt, zu depressiven Episoden.

Sie zeigen ein erhöhtes Risiko für die Entwicklung restriktiver Essstörungen sowie somatoformer und hypochondrischer Beschwerden.

4.6.7 Weiterführende Diagnostik

Die Diagnose ist klinisch eindeutig zu stellen. Zwanghaftigkeit als Persönlichkeitsdimension kann beispielsweise mit Selbstbeurteilungsskalen wie dem Dimensional Assessment of Personality Pathology (DAPP; Livesley et al. 1992) oder dem NEO-FFI (Borkenau und Ostendorf 1993) erhoben werden (Kap. 3.4.3).

4.6.8 Psychotherapie

Britta Wenning, Sabine C. Herpertz

Allgemeine Therapieziele

Menschen mit einer zwanghaften Persönlichkeitsstörung kommen nur selten wegen problematischer Aspekte ihrer Persönlichkeit in Behandlung, obwohl sie manchmal wahrnehmen, dass z. B. ihr Perfektionismus und ihre Inflexibilität zu beruflichen und zwischenmenschlichen Problemen führt. Häufig sind andere Beschwerden oder verschiedene als ich-dyston erlebte Achse-I-Störungen Auslöser des Therapiewunsches. Kritische Überforderungssituationen in Phasen beruflicher oder lebensgeschichtlicher Veränderungen sowie wachsender Aufgabenvielfalt oder Verantwortung können zu Depressionen, somatoformen und hypochondrischen Beschwerden, Arbeitsstörungen und sexuellen Funktionsstörungen führen. Darüber hinaus leiden Patienten mit einer zwanghaften Persönlichkeitsstörung gehäuft unter einer Angst- oder Zwangsstörung. Auch wenn dem Therapeuten der gewissenhafte Persönlichkeitsstil des Patienten direkt auffällt, sollten zunächst die von dem Patienten geschilderten Beschwerden in den Mittelpunkt der Behandlung gestellt werden. Auf diesem Wege wird der Aufbau einer therapeutischen Beziehung erleichtert (s. u.) und ein frühes aggressives Gegenhalten aufgrund des Kontrollbedürfnisses des Patienten vermieden. Meist erscheint es unumgänglich, bisherige Lebensleitsätze und -ziele behutsam zu reflektieren und möglicherweise neue Perspektiven zu entwickeln. Hier bieten sich beispielsweise typische Überforderungssituationen am Arbeitsplatz an wie die verspätete Auftragserledigung infolge eines überhöhten Sicherheitsbedürfnisses. Im weiteren Verlauf der Psychotherapie wird es zunehmend möglich sein, den Patienten zu motivieren, sich auf neue – vor allem emotionale – Erfahrungen einzulassen und sich in zwischenmenschlichen Situationen mehr auf das aktuelle Gefühl zu verlassen als auf die bestehenden dysfunktionalen Normen und Regeln. Das übergeordnete Therapieziel besteht also darin, mit dem Patienten seine Strenge und Unerbittlichkeit infrage zu stellen und ihm zu **mehr Gefühlsorientierung, Spontanität, Risikobereitschaft und Offenheit** zu verhelfen, um ihm auf diesem Wege eine aktive Umgestaltung seines einschränkenden Lebensstils zu ermöglichen. Es sollte keine grundlegende Umstrukturierung der Persönlichkeit angestrebt werden, da zentrale Eigenschaften wie Sorgfalt und Zuverlässigkeit gesellschaftlichen Werten entsprechen und in gemäßigter Form zu befriedigenden Sozialkontakten und Arbeitsbedingungen beitragen können.

Therapeutische Beziehung und Gesprächsführung

Der Aufbau einer tragfähigen, vertrauensvollen Beziehung kann bei zwanghaften Patienten aufgrund ihrer Rigidität, ihrer Angst vor der vermeintlichen Unkontrollierbarkeit von Gefühlen und ihrer sozialen Distanziertheit erschwert sein. Daher erscheint es sinnvoll, zunächst **auf einer sachlichen und problemorientierten Ebene** mit dem Patienten zu arbeiten, ihm ein rationales Erklärungsmodell für seine Störung anzubieten und die therapeutische Beziehung behutsam aufzubauen. Diese sollte erst langsam emotional enger werden, ansonsten könnte ein früher Therapieabbruch die Folge sein (Beck und Freeman 1993). Versteckter Aggressivität ist wohlwollend zu begegnen. Anankastische Patienten sind besonders sensibel für Anzeichen von Dominanz und Submission in der Beziehungsgestaltung, weshalb eine gleichberechtigte Zusammenarbeit erstrebenswert ist. Sie bietet ein Modell der Beziehungsgestaltung an, das dem Kontrollbedürfnis des Patienten Rechnung trägt (The Quality Assurance Project 1985). Im weiteren Verlauf sollte die konkrete therapeutische Beziehung verstärkt als **korrektive emotionale Erfahrung** dienen und dem Patienten ermöglichen, sich auf neue (Beziehungs)Erfahrungen einzulassen. Dabei sollte sich der Therapeut um ein Beziehungsangebot bemühen, dass durch die aus der klientenzentrierten Psychotherapie stammenden Merkmale Empathie, Kongruenz und Wertschätzung charakterisiert ist.

Psychoedukation

Eine angemessene und akzeptierbare Aufklärung des Patienten über seine spezifischen Probleme, deren Ätiologie, Behandlungsmöglichkeiten und Prognose trägt wesentlich zum Vertrauen in die Therapie und zum Therapeuten bei und fördert die Bereitschaft zur aktiven und eigenverantwortlichen Mitarbeit. Psychoedukative Maßnahmen eröffnen einen weniger defizitorientierten als vielmehr ressourcenorientierten therapeutischen Zugang, indem neben den Schwächen und Problemen des Persönlichkeitsstils vor allem die Stärken und Vorteile erarbeitet werden. Auch soll dem Patienten die Sinnhaftigkeit seiner interaktionellen Verhaltensmuster als Anpassung an schwierige Sozialisationsbedingungen verständlich gemacht werden. **Störungsverständnis und Selbstakzeptanz** aufseiten des Patienten ermöglichen es dem Therapeuten, erste Anregungen für persönliche Entwicklungsmöglichkeiten sowie für den Aufbau sozialer Kompetenzen zu geben. Vor diesem Hintergrund entwickelten Schmitz und Mitarbeiter (1999) ein **psychoedukativ- und kompetenzorientiertes Gruppentherapieprogramm,** das aus einem psychoedukativen Teil und einem kompetenzorientierten Übungsteil besteht. Tab. 4.6 listet die allgemeinen Themen des psychoedukativen Teils auf.

Im kompetenzorientierten Übungsteil sollen den Patienten in einem lebendigen und kreativen Lernprozess (beispielsweise anhand von Rollenspielen, Wahrnehmungs-, Phantasie- oder Kommunikationsübungen) neue Erfahrungen und Kompetenzen im Erleben, Denken und Verhalten ermöglicht werden. In der Behandlung zwanghafter Patienten steht die Förderung von Gelassenheit und Genussfähigkeit im Vordergrund.

Spezifische Behandlungsansätze

Unabhängig von der psychotherapeutischen Schule wird aus der therapeutischen Praxis berichtet, dass die Behandlung zwanghafter Persönlichkeiten zwar häufig langwierig ist und hohe Anforderungen an die Geduld des Therapeuten stellt, aber die Prognose aufgrund der persönlichkeitsbedingten Selbstdisziplin und Beharrlichkeit nicht schlecht ist.

Psychodynamische Therapie

Die klassische psychoanalytische Behandlung von Patienten mit einer zwanghaften Persönlichkeitsstörung wird als schwierig angesehen. Eine Modifizierung und Flexibilisierung der therapeutischen Arbeitsweise aber erleichtert den Umgang mit dem intellektualisierenden Gesprächsstil mit seinen extensiven Rationalisierungen (The Qualitiy Assurance Project 1985, Salzman 1989). Anfangs hindert eine aktive, strukturierende therapeutische Haltung den gewissenhaften Patienten, sich in Detailanalysen seiner biografischen Erfahrungen zu verlieren. Der Patient sollte immer wieder zum momentanen Therapieschwerpunkt hingeführt und der Bezug zu den Konflikten in aktuellen Beziehungen herausgearbeitet werden. Erst in fortgeschrittenen Behandlungen können Detailschilderungen deutend unterbrochen und der Patient zur freien Assoziation ermutigt werden (Salzman 1980).

Inhaltlich wird es in den psychodynamisch orientierten Therapien darum gehen, die Isolation der Emotionen aufzuheben. Anstelle von Fakten wird nach emotionalen Eindrücken und Reaktionen auf aktuelle Ereignisse zu suchen sein, um mit der rationalen Bedeutung eine emotionale Bedeutung zu verbinden. Der **Zugang zur Emotionalität** und zu den (verbotenen) Bedürfnissen der Patienten kann durch die biografische Arbeit intensiviert werden: Behutsam wird dem Patienten das emotionale Nachempfinden der kindlichen Notsituation ermöglicht, die z. B. von einer Atmosphäre der ständigen Kontrolle und der Begrenzung von vitalen Impulsen geprägt war (Herpertz und Saß 2002). Hier können alte Wünsche und Sehnsüchte wieder aufgespürt werden und zur Realisierung von Autonomiewünschen ermutigt werden. In fortgeschrittenen Behandlungsphasen braucht der Patient die geduldige und wohlwollende Begleitung des Therapeuten bei der **Wiederbelebung rigide abgewehrter aggressiver Impulse.** Vorsicht ist in diesem Zusammenhang geboten gegenüber inhaltlichen Interpretationen und Deutungen, da sie intellektualisierende Abwehrreaktionen

Tabelle 4.6 Psychoedukative Schwerpunkte (nach Schmitz 2000)

1. Charakteristische Merkmale des Persönlichkeitsstils und seine Stärken und Risiken/Schwächen
2. Wenn der Persönlichkeitsstil zum Problem wird: Der Einfluss grundlegender Überzeugungen auf das Verhalten in konkreten Situationen
3. Der Einfluss von Kindheit und Jugendzeit auf die Entwicklung des Persönlichkeitsstils
4. Der Einfluss des Persönlichkeitsstils auf die persönliche und berufliche Beziehungsgestaltung: Welche Reaktionen löst das Verhalten bei anderen Menschen aus und welche Rückwirkungen hat dies für den Betroffenen?
5. Der Einfluss des Persönlichkeitsstils auf die Entwicklung psychischer und psychosomatischer Störungen und Beschwerden

hervorrufen können. Vielmehr benötigen die Patienten einen angstfreien Raum, um sich ihre Aggressionen einzugestehen und sie zuzulassen.

Kognitiv-behaviorale Ansätze

Verhaltentherapeutische Ansätze sind besonders geeignet für solche Patienten, die Schwierigkeiten haben, mit ihren Gefühlen in Kontakt zu kommen und zu Beginn vor allem von der klaren Struktur profitieren. Ersucht der Betroffene eine therapeutische Behandlung wegen Angst oder Depression, so konzentriert sich der Verhaltenstherapeut häufig zunächst auf diese dargestellten Beschwerden. Hier stehen ihm wirksame Standardmethoden (systematische Desensibilisierung, Exposition, kognitive Umstrukturierung, euthyme Therapie) zur Verfügung, um einen frühzeitigen, sichtbaren Therapieerfolg zu erzielen. Eine erfolgreiche Behandlung der als ich-dyston erlebten Achse-I-Störung erhöht das Vertrauen in die Kompetenz des Therapeuten und steigert die Motivation des Patienten.

Schwierigkeiten, Gefühle wahrzunehmen und auszudrücken sowie interaktionelle Konflikte zu bewältigen, können im Rahmen eines **sozialen Kompetenztrainings** abgebaut werden. Allgemeines Ziel dieser strukturierten Trainingsprogramme (z.B. Pfingsten und Hinsch 1991) ist die Förderung sozialer Kompetenzen und der Abbau bestehender Kompetenzprobleme, um Patienten zu einer verbesserten Selbststeuerung ihrer sozialen Erfahrungen zu verhelfen. Durch Rollenspiele (idealerweise mit Video-Feedback) lernen die anankastischen Patienten zum einen, zwischenmenschliche Situationen mit ihren relevanten, d. h. vor allem auch emotionalen Aspekten richtig wahrzunehmen und einzuschätzen sowie ihre eigenen Gefühle mitzuteilen. Darüber hinaus verbessern sie nicht nur vorhandene Problemlösestrategien durch das vielfache Üben konflikträchtiger sozialer Situationen, sondern erlangen auch mehr Flexibilität durch den Erwerb neuer Strategien.

Menschen mit einer zwanghaften Persönlichkeitsstruktur stehen häufig unter einem erhöhten Stress- und Anspannungsniveau. Hier empfiehlt sich das Vermitteln von **Entspannungstechniken** wie der progressiven Relaxation nach Jacobson (1938, 1990) oder dem autogenen Training (Schultz 1972, 1973). Den Patienten fällt es in der Regel leichter, die progressive Relaxation zu erlernen, da sie ihrem Kontrollbedürfnis entgegenkommt. Sie beeinflussen selbst den Wechsel von Anspannung und Entspannung und gewinnen so den Eindruck, selbst etwas zur Verbesserung ihres Befindens beitragen zu können. Allerdings sollte auf diese Techniken immer dann verzichtet werden, wenn Patienten sie als „Zeitverschwendung" und als nicht der Lösung ihrer Probleme dienlich erleben (Beck und Freeman al. 1993). In der **euthymen Therapie** lernt der zwanghafte Patient, Wohlbefinden zu initiieren und zuzulassen. Er entwickelt einen Oberplan, aus dem heraus Genießen als erlaubt abgeleitet werden kann und Askese dosiert wird (Lutz 1996). Dazu werden Verhaltensweisen vermittelt („Die kleine Schule des Genießens", Koppenhöfer und Lutz 1984), die dem Patient subjektiv gut tun und mit positiven Emotionen verbunden sind. Diese positiven Gefühle wie Freude oder Stolz sollen zugelassen und erlebt werden können.

■ **Kasuistik**

Eine 40-jährige Patientin verweigerte euthyme Maßnahmen mit dem Hinweis auf ihre vielen Pflichten und Aufgaben. Ihr fehle die Zeit Pausen einzulegen und sich zu entspannen. Erst nach einer intensiven Wertediskussion und nachdem der Therapeut qua Autorität die nachdrückliche Erlaubnis gegeben hatte, war die Patientin bereit, subjektives Wohlbefinden in kleinen Dosen zuzulassen. So wurde als erster Schritt der Kauf eines wohlriechenden Duschöls vereinbart. Einige Zeit später berichtete die Patientin stolz, dass sie sich in der Mittagspause mit ihrem Lieblingseis in die Sonne gesetzt habe. Zunehmend gelang es der Patientin, sich den Satz „Ohne Erfahrung kein Genuss" zu eigen zu machen. Die positiven Erfahrungen motivierten sie, auch für neue Erfahrungen im zwischenmenschlichen Bereich offener zu werden.

Liegt der **kognitiven Therapie** eine klare und konsequent umgesetzte Behandlungsstruktur zugrunde, lassen sich eine Reihe ihrer Methoden bei der zwanghaften Persönlichkeitsstörung erfolgversprechend anwenden (zur Methodenübersicht Kap. 2.6). Strukturierungen der einzelnen Therapiesitzungen, Aufstellen eines Therapieplanes und Ordnen der Probleme nach ihrer Priorität kommt der Struktur des Patienten entgegen (Beck und Freeman 1993). Er muss sich für ein spezifisches Problem entscheiden und dieses gezielt bearbeiten, so dass quälendes Grübeln und Hinauszögern von Tätigkeiten vermieden werden können. Inhaltlich wird es darum gehen, die typischen dysfunktionalen Grundannahmen wie „Ich darf keine Fehler machen, sonst bin ich ein Versager", „Ich muss alles, aber vor allem meine Gefühle unter Kontrolle haben" oder „Ich sollte Spaß an dieser Tätigkeit haben" zu identifizieren. Deren Modifizierung soll im Sinne des kognitiven Modells weitreichendere Auswirkungen auf die zwanghaften Einschränkungen des Verhaltens und der Emotionen haben. Zunächst werden anhand von Protokollen die dysfunktionalen Gedanken gesammelt, bevor sie durch **kognitive Umstrukturierung** oder gezieltes Austesten im Alltag (sog. **Verhaltensexperimente**) überprüft, abgeschwächt oder ggf. korrigiert werden. Empfehlenswert ist in diesem Zusammenhang, routinemäßig Gebrauch von (eindeutig formulierten) Hausaufgaben zu machen.

Weitere charakteristische kognitive Verzerrungen sind das dichotome Denken, d.h. die Tendenz Dinge in die Kategorien richtig oder falsch bzw. gut oder schlecht einzuordnen, sowie die Übertreibung oder Katastrophisierung in der Form, dass vor allem eigene Unzulänglichkeiten und Fehler überbewertet werden. Um die Fähigkeit zu differenzierter Beurteilung zu fördern, ist es hilfreich, extreme Interpretationen auf dimensionale Begriffe zu übertragen oder Einstufungen anhand einer Skala (beispielsweise 1–10) vornehmen zu lassen. So macht der Patient die Erfahrung, dass seine Leistungen nicht nur absolut perfekt oder völlig unzureichend, sondern auch sehr gut, gut, durchschnittlich, ausreichend oder schlecht sein können. Zur „**Entkatastrophisierung**" eignet sich das Führen eines Tagebuches, in dem in der ersten Spalte die vorhergesagte Katastrophe aufgeführt wird. In der zweiten Spalte vermerkt der Patient, ob die jeweilige Katastrophe eingetroffen ist oder nicht, und in der dritten Spalte bewertet er, wie er jede katastrophale Situation bewältigt hat und welche Konsequenzen aufgetreten sind. Im Laufe der Zeit erkennt der Patient, dass nur ein Bruchteil der befürchteten Katastrophen bzw. Konsequenzen tatsächlich eintreffen und er darüber hinaus eigene Fehler ertragen kann.

Behandlungsrahmen

Vonseiten der Psychoanalyse wird eine Langzeitbehandlung empfohlen, da sich in der therapeutischen Praxis gezeigt hat, dass zwanghafte Patienten nur selten von einer psychodynamischen Kurzzeittherapie profitieren (Horowitz 1980; McCullough und Maltsberger 1995). Außerdem wird darauf hingewiesen, dass die Tendenz dieser Patienten, sich zu sehr mit dem Therapeuten zu identifizieren, eine Gruppenbehandlung wegen der fehlenden Gruppenkohäsion problematisch und möglicherweise in-

effektiv werden lässt (Bohus et al. 1999). Daher ist zunächst eine Einzeltherapie empfehlenswert. Im weiteren Verlauf sollte eine Gruppenbehandlung zum Erwerb sozialer Kompetenzen oder Entspannungstechniken in Betracht gezogen werden.

Fazit für die Praxis

Eine gleichberechtigte Zusammenarbeit auf einer sachlichen Ebene erleichtert dem zwanghaften Patienten den Aufbau einer stabilen therapeutischen Beziehung.

Methoden der euthymen Therapie verhelfen dem Patienten zu mehr Wohlbefinden und Genussfähigkeit.

In der psychodynamischen Therapie soll der Patient insbesondere einen Zugang zu seinen (verdrängten oder abgewehrten) Bedürfnissen und Gefühlen bekommen.

Typische kognitive Verzerrungen und Schemata lassen sich gezielt durch Interventionen der kognitiven Therapie modifizieren.

Mögliche Fehler und Probleme

Bei Arbeitsstörungen und Rentenbegehren muss eine zwanghafte Persönlichkeitsstörung differenzialdiagnostisch erwogen werden, wenn bisherige Arbeitsstrategien sich unter verändernden Arbeitsbedingungen als dysfunktional erweisen und Versagensängste auftreten.

Die zwanghafte Persönlichkeitsstörung darf konzeptuell nicht mit Zwangsstörungen vermischt werden.

Folgende Behandlungsfehler sind zu vermeiden:
Frühzeitige Konfrontation mit der Diagnose „Persönlichkeitsstörung",
Überforderung durch Teilnahme an einer Gruppentherapie,
fehlende Hervorhebung der Stärken und Vorteile des gewissenhaften Lebensstils,
das Äußern von inhaltlichen Interpretationen und Deutungen, die intellektualisierende Abwehrreaktionen hervorrufen.

Was hat sich in den letzten 5 Jahren verändert?

Empirische Untersuchungen zur zwanghaften Persönlichkeitsstörung und ihrer Therapie fehlen weitgehend.

Literatur

Beck AT, Freeman A (1993) Kognitive Therapie der Persönlichkeitsstörungen. 2. Auflage, Beltz PsychologieVerlagsUnion, Weinheim

Bejerot S, Ekselius L, von Knorring L (1998) Comorbidity between obsessive-compulsive disorder (OCD) and personality disorders. Acta Psychiatrica Scandinavica 97(6):398–402

Benjamin LS (1987) An interpersonal approach. Journal of Personality Disorders 1(4):334–339 Salt Lake City Utah

Bohus M, Stieglitz R-D, Fiedler P, Berger M (1999) Persönlichkeitsstörungen. In: Berger M (Hrsg.) Psychiatrie und Psychotherapie. Urban, München S. 771–845

Borkenau, P, Ostendorf, F (1993) NEO-Fünf-Faktoren Inventar (NEO-FFI) nach Costa & McCrae. Handanweisung. Göttingen Hogrefe

Clifford CA, Murray RM, Fulker DW (1980) Genetic and environmental influences of obsessional traits and symptoms. Psychological Medicine 14:791–800

Devanand DP, Turret N, Moody BJ, Fitzsimons l, Peyser S, Mickle K, Nobler MS, Roose SP (2000) Personality disorders in elderly patients with dysthymic disorder. American Journal of Geriatric Psychiatry 8(3):188–195

Herpertz-Dahlmann B, Müller B, Herpertz SC, Heussen H, Hebelevand J, Remschmidt H (2001) Prospective ten-year follow-up in anorexia neurosa. Journal of Child Psychology and Psychiatry

Herpertz S, Saß H (2002) Persönlichkeitsstörungen. In: Ahrens S & Schneider W (Hrsg.) Lehrbuch für Psychosomatik und Psychotherapie. 2. erweiterte und überarbeitete Ausgabe. Schattauer Verlag, S. 221–244

Hoffmann SO, Hochapfel G (1999) Neurosenlehre, psychotherapeutische und psychosomatische Medizin. Schattauer, Stuttgart, New York
Horowitz MJ (1980) Personality styles and brief psychotherapy. Basic Books, New York
Jacobson E (1938) Progressive Relaxation. University of Chicago Press, Chicago
Jacobson E (1990) Entspannung als Therapie. Progressive Relaxation in Theorie und Praxis. Pfeiffer, München (amerik. Originalveröffentlichung 1957)
Koppenhöfer E & Lutz R (1984) Therapieprogramm zum Aufbau positiven Erlebens und Handelns bei depressiven Patienten. Weinsberg, Weissendorf
Livesley WJ, Jackson DN & Schroeder ML (1992) Factorial structure of traits delineating personality disorders in clinical and general population samples. Journal of Abnormal Psychology, 101, 432–440.
Loranger AW, Sartorius N, Andreoli A et al. (1994) The International Personality Disorders Examination. Archives of General Psychiatry 51:215–224
Lutz R (1996) Euthyme Therapie. In: Margraf J (Hrsg.) Lehrbuch der Verhaltenstherapie. Springer, Berlin, S. 335–351
McCullough PK & Maltsberger JT (1995) Obsessive-compulsive personality disorder. In: Gabbard GO (Ed.) Treatments of psychiatric disorders, 2nd. ed., Vol. 2. American Psychiatric Association, Washington DC, pp. 2367–2376
Mentzos S (1989) Hysterie: Zur Psychodynamik unbewußter Inzenierungen Geist und Psyche. Fischer, Frankfurt
Millon T, Davis RD (1996) Disorders of personality. DSM-IV and beyond, 2nd edition, Wiley, New York
Nestadt G, Samuels J, Riddle M, Bienvenu OJ 3rd, Liang KY, LaBuda M, Walkup J, Grados M, Hoehn-Saric R (2000) A family study of obsessive-conpulsive disorder. Archives of General Psychiatry 57(4):358–363
Nordahl HM, Stiles TC (1997) Perceptions of parental bonding in patients with variuos personality disorders, lifetime depressive disorders, and healthy controls. Journal of Personalty Disorders 11(4):391–402
Pfingsten U & Hinsch R (Hrsg.) (1991) Gruppentraining Sozialer Kompetenzen (GSK). PsychologieVerlagsUnion, Weinheim
Poston WS, Ericsson M, Linder J, Nilsson T, Goodrick GK, Foreyt JP (2000) Personality and the prediction of weight loss and relapse in the treatment. International Journal of Eating Disorders 25(3):301–309
Salzman L (1980) Treatment of the obsessive personality. Jason Aranson, New York
Salzman L (1989) Compulsive personality disorder. In: American Psychiatric Association (Ed.) Treatment of psychiatric disorders, Vol. 3. American Psychiatric Association, Washington DC, pp. 2771–2782
Schmitz B (1999) Kognitive Verhaltenstherapie bei Patienten mit Persönlichkeitsstörungen: Behandlungsansätze und Psychoedukation. In: Saß H & Herpertz S (Hrsg.) Psychotherapie von Persönlichkeitsstörungen. Beiträge zu einem schulenübergreifenden Vorgehen. Thieme, Stuttgart, S. 25–47
Schmitz B (2000) Kognitive Verhaltenstherapie bei Persönlichkeitsstörungen. In: Senf W & Broda M (Hrsg.) Praxis der Psychotherapie. Thieme, Stuttgart, S. 421–439
Schneider K (1923) Die psychopathischen Persönlichkeiten. Thieme, Leipzig
Schultz JH (1972) Übungsheft für das Autogene Training, 15. Aufl. Thieme, Stuttgart
Schultz JH (1973) Das Autogene Training. Thieme, Stuttgart
Shapiro D (1981) Autonomy and the rigid character. Basic Books, New York
Stein DJ, Hollander E, DeCaria CM, Simeon D, Cohen L, Aronowitz B (1996) M-CPP challenge in borderline personality disorder: Relationship of neuroendocrine response, behavioral response, and clinical measures. Biological Psychiatry 40:508–513
Sullivan HS (1953) The interpersonal theory of psychiatry. Norton, New York
The Quality Assurance Project (1985) Treatment outlines for the management of obsessive-compulsive disorders. Australian and New Zealand Journal of Psychiatry 19, 240–253

4.7 Selbstunsichere Persönlichkeitsstörung

Dieter Wälte

4.7.1 Definition

Der Begriff der selbstunsicheren Persönlichkeit beschreibt nach Millon (1969) Personen, die sich aus Angst und Misstrauen aktiv von anderen Menschen distanzieren. Die Definition der APA (1994) ist noch etwas weiter gefasst, danach zeigen Menschen mit selbstunsicherer Persönlichkeitsstörung ein chronisches und durchgängiges Muster von Hemmungen in sozialen Situationen, von Minderwertigkeitsgefühlen und extremer Empfindlichkeit gegenüber negativer Bewertung.

Die selbstunsichere Persönlichkeitsstörung (F60.6) ist im ICD-10 folgendermaßen operationalisiert:

Diagnosekriterien der selbstunsicheren Persönlichkeitsstörung (F60.6) nach ICD-10

Die Störung ist zu diagnostizieren, wenn mindestens 3 Kriterien erfüllt sind:
1. andauernde und umfassende Gefühle von Anspannung und Besorgtheit,
2. Überzeugung, selbst sozial unbeholfen, unattraktiv und minderwertig im Vergleich mit anderen zu sein,
3. ausgeprägte Sorge, in sozialen Situationen kritisiert oder abgelehnt zu werden,
4. Abneigung, sich auf persönliche Kontakte einzulassen, außer man ist sicher, gemocht zu werden,
5. eingeschränkter Lebensstil wegen des Bedürfnisses nach körperlicher Sicherheit,
6. Vermeidung sozialer und beruflicher Aktivitäten, die zwischenmenschliche Kontakte voraussetzen, aus Furcht vor Kritik, Missbilligung oder Ablehnung.

Überempfindlichkeit gegenüber Ablehnung und Kritik können zusätzliche Merkmale sein.

4.7.2 Klassifikation

Das Klassifikationssystem der amerikanischen Gesellschaft für Psychiatrie (DSM-IV; Saß et al. 1996) hebt mit dem Begriff „avoidant personality disorder" vor allem auf das Vermeidungsverhalten ab, während in der deutschen Übersetzung wie in der Operationalisierung durch das ICD-10 der schneidersche Aspekt der Selbstunsicherheit betont wurde.

Nach DSM-IV werden folgende Kriterien festgelegt: Ein tiefgreifendes Muster von sozialer Gehemmtheit, Insuffizienzgefühlen und Überempfindlichkeit gegenüber negativer Beurteilung. Der Beginn liegt im frühen Erwachsenenalter, und die Störung manifestiert sich in ver-

schiedenen Situationen. Mindestens 4 der folgenden Kriterien müssen erfüllt sein:
- vermeidet aus Angst vor Kritik, Missbilligung oder Zurückweisung berufliche Aktivitäten, die engere zwischenmenschliche Kontakte mit sich bringen,
- lässt sich nur widerwillig mit Menschen ein, sofern er/sie sich nicht sicher ist, dass er/sie gemocht wird,
- zeigt Zurückhaltung in intimeren Beziehungen, aus Angst beschämt oder lächerlich gemacht zu werden,
- ist stark davon eingenommen, in sozialen Situationen kritisiert oder abgelehnt zu werden,
- ist aufgrund von Gefühlen der eigenen Unzulänglichkeit in neuen zwischenmenschlichen Situationen gehemmt,
- hält sich für gesellschaftlich unbeholfen, persönlich unattraktiv oder anderen gegenüber unterlegen,
- nimmt außergewöhnlich ungern persönliche Risiken auf sich oder irgendwelche neuen Unternehmungen in Angriff, weil dies sich als beschämend erweisen könnte.

Fazit für die Praxis

Die Klassifikationssysteme stellen im wesentlichen drei Kernprobleme der selbstunsicheren Persönlichkeitsstörung heraus: negatives Selbstbild, Angst vor Kritik und Ablehnung und Vermeidungsverhalten.

Es fehlt jedoch das klinisch zu beobachtende widersprüchliche Verhaltensmuster der Vermeidung von Nähe und Bindung einerseits und der Suche nach Zuwendung und Sicherheit andererseits.

4.7.3 Epidemiologie und Risikogruppen

Aus neueren Studien kann man die Prävalenz der selbstunsicheren Persönlichkeitsstörung einigermaßen abschätzen. Nach einer Untersuchung von Loranger et al. (1994) beträgt die Prävalenzrate bei psychiatrischen Patienten nach den ICD-10-Kriterien 15,2% und nach den Kriterien des DSM-III-R 11%. Danach gehört die selbstunsichere Persönlichkeitsstörung ähnlich wie die Borderline-Persönlichkeitsstörung zu den häufigsten Persönlichkeitsstörungen in klinischen Gruppen. Nach einer Metaanalyse von Fiedler (1998) beträgt die unbehandelte Prävalenz etwa zwischen 0–1,3% der Bevölkerung.

Fazit für die Praxis

In klinischen Populationen gehört die Diagnose einer selbstunsicheren Persönlichkeitsstörung neben der Diagnose einer Borderline-Störung zu den häufigsten Persönlichkeitsstörungen.

4.7.4 Ätiologie und Risikofaktoren

Es existiert gegenwärtig kein allgemein akzeptiertes Modell zur Ätiologie und Pathogenese der selbstunsicheren Persönlichkeitsstörung mit hinreichender empirischer Absicherung. Vielmehr wurden konkurrierende und sich ergänzende Modelle aus psychoanalytischer, interpersoneller, kognitiv-behavioraler, biosozialer und neurobiologischer Perspektive vorgelegt.

Biologische Faktoren

Genetische Prädispositionen sind bei der selbstunsicheren Persönlichkeitsstörung wahrscheinlich. Nach Millon und Davis (1996) fallen hochirritierbare, ängstliche Säuglinge im weiteren Verlauf als sozial scheu und zurückgezogen auf. Biologische Mediatoren der genetischen Disposition sind z. B. die autonome Hyperreagibilität, die frontale Asymmetrie im EEG, der Cortisolserumspiegel in Ruhe und in Stresssituationen (Kap. 3.1.3). Biologische Prädispositionen können die Entstehung einer selbstunsicheren Persönlichkeitsstörung aber nicht alleine erklären, die Überformung durch soziale Determinanten ist einzubeziehen.

Psychosoziale Faktoren

Folgende psychosoziale Bedingungsfaktoren sind bekannt:
- Die Interaktion mit wichtigen (primären) Bezugspersonen trägt zur Entwicklung einer selbstunsicheren Persönlichkeitsstörung bei.
- Die Rekonstruktion des sich wiederholenden Musters von interpersonellen Erlebnissen und Erfahrungen der Patienten mit einer selbstunsicheren Persönlichkeitsstörung ist unentbehrlich.
- Selbst-Schemata des Patienten mit selbstunsicherer Persönlichkeitsstörung steuern die Wahrnehmung und Interpretation von neuen interpersonellen Beziehungen, die Kommunikation und das Verhalten.
- Die selbstunsichere Persönlichkeitsstörung wird durch interpersonelle Reaktionsketten aufrechterhalten.

Neben diesen allgemeinen Modellannahmen sind für ein vertiefendes Verständnis der Entwicklung und Aufrechterhaltung einer selbstunsicheren Persönlichkeitsstörung die Erklärungskonzepte der Kognitiven Verhaltenstherapie besonders hilfreich. Sie sind mit hoher klinischer Plausibilität von den entsprechenden Modellen bei Angststörungen abgeleitet, können aber nur so lange auf die selbstunsichere Persönlichkeit übertragen werden, bis der Forschungsmangel behoben ist. Im Weiteren liefert die Verhaltenstherapie eine hohe Affinität zwischen den Erklärungskonzepten und den darauf bezogenen Wirkprinzipien, aus denen sich klare Interventionsstrategien ableiten lassen.

Im Folgenden soll deutlich werden, dass für die ätiologische Erklärung der selbstunsicheren Persönlichkeit und die Entwicklung patientenbezogener Interventionen eine Integration der Ansätze besonders hilfreich ist. In Tab. 4.7 sind die wichtigsten Erklärungskonzepte und Wirkprinzipien zusammengefasst.

Klassische Konditionierung: ein traumatisches Ereignis in sozialen Situationen wird von einem Patienten so verarbeitet, dass er im Anschluss daran das Bedürfnis ver-

Tabelle 4.7 Erklärungskonzepte und therapeutische Wirkprinzipien bei der selbstunsicheren Persönlichkeitsstörung aus der Perspektive der kognitiven Verhaltenstherapie

Erklärungskonzepte	Wirkprinzipien
klassische Konditionierung	Gegenkonditionierung
operante Konditionierung	Verstärkung/Bestrafung
Lernen am Modell	Imitation
Kognitionen	kognitive Umstrukturierung
psychophysiologische Regelkreise	Modifikation der psychophysiologischen Reaktibilität
Interaktionen	Beziehungsgestaltung

spürt, sich vor unangenehmen Gefühlen und Bedrohungen durch andere Menschen zu schützen.

Operante Konditionierung: Durch mögliche Bestrafungen in der Kindheit entsteht soziale Unsicherheit. Darüber hinaus halten negative Verstärkungsprozesse die Ängste bei selbstunsicheren Personen aufrecht, da sie angstbesetzte soziale Reizsituationen in der Regel verlassen.

Beobachtung und Imitation (Bandura 1979): Für die Entstehung einer selbstunsicheren Persönlichkeit ist in der Exploration des Patienten zu überprüfen, ob das unsichere Verhalten in sozialen Situationen von signifikanten Bezugspersonen übernommen wurde oder vielleicht aufgrund der Schichtzugehörigkeit Verhaltensdefizite entstanden sind, die in einem anderen sozialen Kontext Stigmatisierungen zur Folge haben könnten.

Automatische Gedanken, kognitive Verzerrungen und Schemata (Beck 1979) bei selbstunsicherer Persönlichkeitsstörung:
- *Automatische Gedanken:* „Die anderen denken jetzt, dass ich ungeschickt bin", „Man findet mich nicht attraktiv", „Was ich sage, wirkt sicher lächerlich", „Die anderen lehnen mich ab".
- *Kognitive Verzerrungen:*
  - Übergeneralisierung (Regel ohne Grundlage),
  - selektive Abstraktion (Bezug auf ein Detail ohne Berücksichtigung des Kontextes),
  - Schwarz-weiß-Denken (Denken in Alles-oder-nichts-Kategorien),
  - katastrophisieren (Überschätzung negativer Folgen),
  - Gedanken lesen (ungeprüfte Fremdeinschätzung der Gedanken von anderen),
  - personalisieren (Attribution auf sich selbst),
  - Positives in Abrede stellen.
- *Schemata* (Beck und Freeman 1990):
  - Die Welt ist gefährlich.
  - Jede Kritik ist gleichbedeutend mit Niederlage.
  - Nur wenn ich absolut akzeptiert werde, kann ich in Beziehung treten.
  - Man muss mich mögen.
  - Ich darf nicht dumm oder ungeschickt erscheinen.

Das diesen Kognitionen zugrunde liegende negative Selbstbild ist diametral entgegengesetzt zur **Selbstkompetenzerwartung** (self-efficacy expectation, Bandura 1977, 1997), d. h. zur Überzeugung, angemessen in der

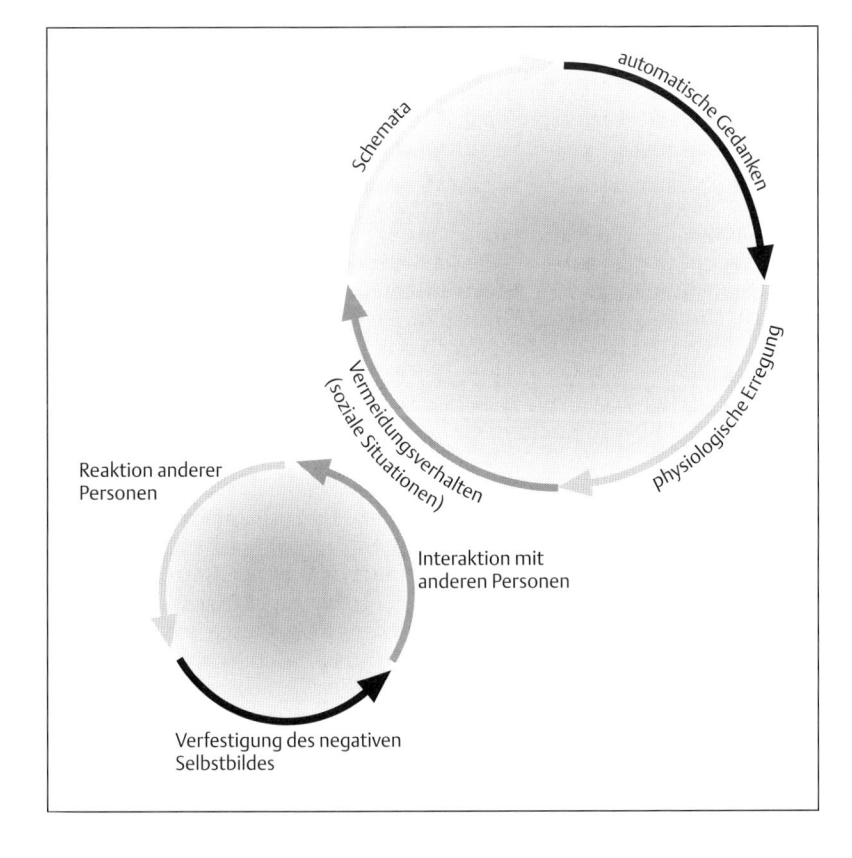

Abb. **4.8** Kognitiv-interaktionelles Erklärungsmodell bei der selbstunsicheren Persönlichkeitsstörung.

sozialen Umwelt interagieren zu können. Je geringer die Selbstkompetenzerwartung, umso mehr Stress, Leistungsbeeinträchtigungen und autonome Erregung tritt bei der direkten Konfrontation mit schwierigen sozialen Situationen auf. Das verfestigt eine Erwartungshaltung, in der Zukunft wieder einen Kontrollverlust mit körperlichen Begleiterscheinungen in sozialen Situationen zu erfahren (Angst vor der Angst). Diese körperlichen Reaktionen stellen für viele Patienten mit einer selbstunsicheren Persönlichkeitsstörung das eigentliche Problem dar, weil diese Symptome nach außen sichtbar werden können und als Grund für ablehnende oder negative Bewertung der Umwelt fehleingeschätzt werden. Das kann einen **psychophysiologischen Teufelskreislauf** in Gang setzen: Die irrationale Erwartungsangst vor sozialen Situationen löst körperliche Symptome aus, die andere Menschen vielleicht bemerken könnten und schürt das Vermeidungsverhalten des Patienten, welches wiederum die Furcht vor sozialen Situationen verstärkt.

Da Persönlichkeitsstörungen sich hauptsächlich in Interaktionen zeigen, erscheint schließlich die Analyse von **kognitiv-interpersonalen Kreisläufen** besonders fruchtbar (Pretzer 1996).

Für die Erklärung der selbstunsicheren Persönlichkeitsstörung ergibt sich demnach insgesamt folgendes Modell (Abb. 4.**8**), welches zwei miteinander verzahnte pathologische Regelkreisläufe umfasst.

Die im Uhrzeigersinn gedrehten Pfeile beschreiben die intrapsychischen Prozesse. Vor dem Hintergrund problematischer Schemata und kognitiver Verzerrungen aktivieren Patienten mit selbstunsicherer Persönlichkeitsstörung automatische Gedanken, bei denen die jeweilige konkrete soziale Situation als bedrohlich eingeschätzt und die eigene Person gleichzeitig abgewertet wird. Dadurch erhöht sich die physiologische Erregung, die im Lichte der Gedanken als unangenehm empfunden wird. Negative Gedanken und unangenehmes Arousal führen zum Vermeidungsverhalten in den sozialen Situationen, welches kurzfristig die unangenehme physiologische Erregung der Person reduziert und damit eine negative Verstärkung darstellt. In der Interaktion mit anderen Personen (Pfeile gegen den Uhrzeigersinn), denen die Kognitionen der selbstunsicheren Person nicht verfügbar sind, hat das Vermeidungsverhalten aber fatale Konsequenzen. Die Interaktionspartner reagieren auf das unangemessene Vermeidungsverhalten der selbstunsicheren Person in einer Weise, die wiederum kurz- und langfristig das negative Selbstbild der selbstunsicheren Person verfestigt und die Interaktionsspirale und den intrapsychischen Zirkel weiter verfestigt.

> **Fazit für die Praxis**
>
> Empirisch abgesicherte Modelle zur Erklärung der Ätiologie und Pathogenese der selbstunsicheren Persönlichkeitsstörung fehlen, für die konkrete Fallanalyse bietet aber insbesondere die Kognitive Verhaltenstherapie eine Reihe plausibler Erklärungskonzepte an.
> Klassische Konditionierung, operante Konditionierung und Lernen am Modell setzen beim Individuum einen kognitiven Selbstregulationsprozess in Gang, der durch automatische Gedanken, kognitive Verzerrungen, Schemata, irrationale Gedanken und negative Erwartungen in sozialen Situationen gesteuert wird.

4.7.5 Symptomatik

Patienten mit selbstunsicherer Persönlichkeitsstörung wirken beim ersten klinischen Eindruck angespannt, schüchtern und unsicher, als wollten sie sagen: „Entschuldigung, dass ich da bin." Bei näherer Exploration auf der Verhaltensebene lässt sich ein ausgeprägtes Vermeidungsverhalten in sozialen Situationen erkennen. Emotional sind sie ständig besorgt, angespannt und haben massive Ängste vor Ablehnung, Kritik, Missbilligung oder Zurückweisung durch andere. Auf der kognitiven Ebene weisen die Patienten ein **negatives Selbstbild** auf, welches sich durch die hartnäckige Überzeugung beschreiben lässt, sozial unbeholfen, unattraktiv und minderwertig im Vergleich mit anderen zu sein. Um sich nicht der Blamage preiszugeben, ist der kognitive Stil geprägt durch ein ausgesprochen hohes Aufmerksamkeitsniveau für potenzielle Gefahren durch soziale Kontakte. Das hat zur Folge, dass sie den Kontakt mit anderen Personen scheuen, so lange sie nicht deren Zuneigung gewonnen haben. Es fällt ihnen äußerst schwer, ihre eigenen Interessen in sozialen Situationen durchzusetzen. Sie sind äußerst abgeneigt, persönliche Risiken einzugehen oder sich in neuen Aktivitäten zu engagieren aus Angst, sich zu blamieren. Trotz der Scheu vor Sozialkontakten haben sie ein starkes Bedürfnis nach sozialer Nähe, Sicherheit und Geborgenheit, aber mit der Erwartung oder dem Gefühl abgelehnt zu werden. Auf Außenstehende wirken die Patienten einerseits anlehnend und unterwürfig mit verstärkten Anstrengungen, Zuwendung und Fürsorge zu bekommen, manchmal aber auch kühl und arrogant. Potenzielle Partner müssen oft jahrelange subtile „Testmanöver" über sich ergehen lassen, bis wirkliche Nähe zugelassen werden kann. Neben dem Vermeidungsverhalten durch Rückzug beobachtet man bisweilen auch ein Vermeidungsverhalten durch eine Art Vorwärtsstrategie, die darin besteht, durch ein vermeintlich sicheres Auftreten perfekt zu wirken. Diese Verhaltensweisen führen jedoch häufig dazu, dass Beziehungspartner den Patienten ihrerseits vermeiden oder ihn instrumentalisieren.

Kasuistik

Herr K. ist 35 Jahre alt und arbeitet als Buchhalter in einem mittelständischen Betrieb. Im Erstgespräch wirkt er anfangs gehemmt und achtet peinlich darauf, die Fragen korrekt zu beantworten. Er klagt über starke Blähungen und Druckgefühl in der Magengegend besonders bei Sozialkontakten. Im Verlauf des Gespräches bringt er auch seine Traurigkeit darüber zum Ausdruck, dass er im Beruf nicht vorwärts kommt, obgleich er immer bemüht ist, freundlich zu sein und anderen zu helfen. Angeordnete Überstunden nimmt er ohne Murren entgegen, ärgert sich jedoch oft darüber, dass seine Kollegen immer wieder Gründe finden, keine Überstunden machen zu müssen.

Bisher hat er es nicht gewagt, seinen Chef auf die ungerechte Überstundenregelung anzusprechen. Er befürchtet, dass er sich nicht durchsetzen kann und die anderen Kollegen sich über ihn lustig machen. Bei Fachfragen informiert er sich lieber durch Bücher als durch Nachfragen bei seinen Kollegen. Er hat große Angst davor, etwas Falsches zu sagen, sich lächerlich zu machen oder abgelehnt zu werden. Kürzlich wurde er von einem Kollegen gefragt, warum er immer so kurz angebunden sei. Seine Probleme mit sozialen Kontakten begannen bereits im Jugendalter. Er kam spät in die Pubertät und wurde von den anderen Schulkameraden wegen seiner „Unterentwicklung" gehänselt. Deshalb nahm er auch nur ungern am Sportunterricht teil und schlug auch die wenigen Einladungen der Klassenkameraden aus. Viel lieber beschäftigte er sich mit Science-Fiction-Romanen und Schularbeiten. Für seinen Fleiß wurde er von den Eltern und den Lehrern zwar viel gelobt, jedoch von den Mitschülern als Streber abgestempelt. Seinen Kontakt zu den Eltern beschreibt er als gut, jedoch hegt er seit seiner Kindheit Zweifel darüber, ob sie ihn auch wirklich lieben. Mit 18 Jahren hatte er für ein halbes Jahr eine Freundin, die ihn jedoch wegen seiner Kühlheit und Überheblichkeit bald verließ. Seit diesem „Reinfall" gab es nur oberflächliche Kontakte zu Frauen. Eigentlich wollte Herr K. nicht zum Erstgespräch kommen, wirkt jedoch etwas erleichtert darüber, sich mal ausgesprochen zu haben. Seine Blähungen und den Druck in der Magengegend möchte er am liebsten loswerden. Ob er je seine Schüchternheit ablegen kann, darüber hat er Zweifel, weil er sich anderen Menschen gegenüber als unterlegen empfindet.

Fazit für die Praxis

Ausgeprägte Angespanntheit, Selbstunsicherheit und Schüchternheit zeichnen das klinische Bild der selbstunsicheren Persönlichkeitsstörung aus.
Es besteht eine ständige Sorge, von anderen Menschen kritisiert, zurückgewiesen oder abgelehnt zu werden.
Das Selbstbild lässt sich durch die hartnäckige Überzeugung beschreiben, sozial unbeholfen, unattraktiv und minderwertig zu sein.
Im zwischenmenschlichen Kontakt zeigen sich Schüchternheit und Probleme, eigene Interessen durchzusetzen.
Trotz der ausgeprägten Scheu vor Sozialkontakten besteht ein starkes Bedürfnis nach Bindung und Nähe.
Für Außenstehende erscheint das Verhalten bisweilen widersprüchlich: einerseits unsicher, anlehnend und unterwürfig, andererseits aber auch vermeintlich perfekt, kühl und arrogant.

4.7.6 Differenzialdiagnose und Komorbidität

Für die Differenzialdiagnose zu anderen Persönlichkeitsstörungen des Clusters C nach DSM-IV ist besonders die abhängige Persönlichkeitsstörung hervorzuheben. Minderwertigkeitsgefühle, Überempfindlichkeit gegenüber Kritik und das Bedürfnis nach Bestätigung sind beiden Störungen gemeinsam. Jedoch liegt bei der vermeidend-selbstunsicheren Persönlichkeitsstörung das Hauptmotiv darin, Zurückweisung und Kritik zu vermeiden, während die abhängige Persönlichkeit ein überzogenes Bedürfnis nach Umsorgtwerden verspürt.

Stärkere Überschneidungen als zwischen den Differenzialdiagnosen der Gruppe C gibt es zwischen der selbstunsicheren Persönlichkeitsstörung und der generalisierten Form der sozialen Phobie, die nach bisherigen Befunden sich an unterschiedlichen Stellen eines Kontinuums der sozialen Ängstlichkeit befinden (Abb. 4.9). Für diese Kontinuitätshypothese liegen inzwischen eine Reihe einschlägiger empirischer Untersuchungsbefunde vor (Holt et al. 1992, Turner 1992, Herbert et al. 1992, Widiger 1992, Boone et al. 1999, van Velzen et al. 2000, Rettew 2000), die nachweisen, dass beide Störungsgruppen sich hauptsächlich in der Schwere der psychischen Auffälligkeiten unterscheiden. Insgesamt rechtfertigen die Ergebnisse nicht, die generalisierte Form der sozialen Phobie und die selbstunsichere Persönlichkeitsstörung als zwei unterschiedliche Diagnosen in einem Klassifikationssystem zu unterscheiden, in den meisten Fällen können demnach formal beide Diagnosen vergeben werden. Nach dem Literaturüberblick von Rettew (2000) beträgt die Höhe der Komorbiditätsrate zwischen generalisierter sozialer Phobie und selbstunsicherer Persönlichkeitsstörung mindestens 25%, es werden jedoch je nach Definition auch höhere Raten gefunden.

Deutliche Unterschiede im Kontext der Differenzialdiagnose zur sozialen Phobie lassen sich jedoch zwischen der spezifischen bzw. limitierten Sozialphobie (z. B. Angst vor öffentlichem Sprechen) und der selbstunsicheren Persönlichkeitsstörung finden. Bei der spezifischen Sozialphobie sind diagnostisch klar umgrenzte Situationen vorhanden, auf die sich die Angst bezieht, während die selbstunsichere Persönlichkeitsstörung mit einem situationsunspezifischen Störungsspektrum aufwartet. Schließlich lassen sich soziale Phobie und selbstunsichere Persönlichkeitsstörung deutlich von einer gering ausgeprägten unspezifischen sozialen Ängstlichkeit und Unsicherheit unterscheiden, die viele Personen erleben, wenn sie sich in Gruppen befinden, mit neuen sozialen Situationen oder sozialer Hierarchie konfrontiert sind. Als psychische Störung ist diese Ängstlichkeit und Unsicherheit nur dann zu werten, wenn die Person ein ausgeprägtes Vermeidungsverhalten und eine starke Erwartungsangst vor sozialen Situationen entwickelt hat.

Von den anderen Angststörungen ist die selbstunsichere Persönlichkeitsstörung eher leicht zu unterscheiden. Patienten mit Panikstörungen und Agoraphobien vermeiden zwar auch oft Gesellschaften und andere öffentliche Situationen, jedoch nur aus der Befürchtung heraus, dort einen Angstanfall zu erleiden, nicht jedoch aus Angst, sich wegen der eigenen Person dort zu blamieren. Agoraphobiker haben oft eine ausgeprägte Furcht, allein zu sein und keine Hilfe zu bekommen, während Patienten mit einer selbstunsicheren Persönlichkeitsstörung in Anwesenheit anderer Personen Unwohlsein oder Angst erleben.

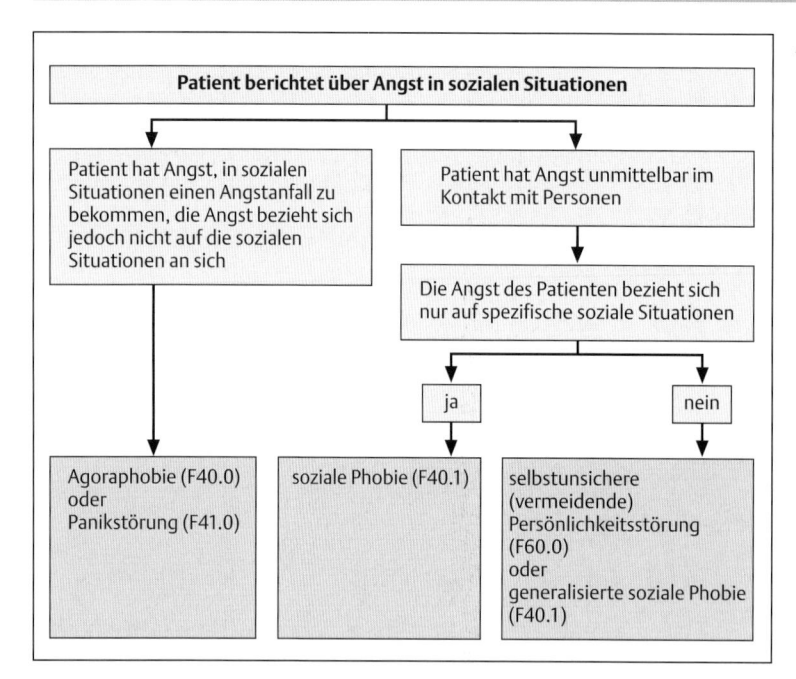

Abb. 4.9 Differenzialdiagnose der selbstunsicheren Persönlichkeitsstörung.

Patienten mit selbstunsicherer Persönlichkeit haben eine hohe Vulnerabilität für die Entwicklung von anderen psychiatrischen Erkrankungen, die in Klinik und Praxis den eigentlichen Grund zur Inanspruchnahme psychiatrischer, psychosomatischer oder psychologischer Diagnostik darstellen. Vor allem sind Angststörungen zu nennen, bei denen die Komorbiditätsrate nach dem Review von van Velzen et al. (2000) 37% beträgt, jedoch auch Depressionen, Zwangsstörungen und somatoforme Störungen und Substanzmittelmissbrauch sind häufig.

Fazit für die Praxis

Bei der Differenzialdiagnose einer selbstunsicheren Persönlichkeitsstörung ist zu überprüfen, ob die Angst in sozialen Situationen nicht besser durch eine Panikstörung oder Agoraphobie erklärt werden kann.

Falls die Angst sich auf den sozialen Kontakt als solchen bezieht, ist an eine soziale Phobie oder an eine selbstunsichere Persönlichkeitsstörung zu denken.

Falls die soziale Angst sich auf spezifische Situationen bezieht, ist eine spezifische soziale Phobie zu diagnostizieren.

Beim Vorliegen von situationsübergreifenden sozialen Ängsten liegt eine generalisierte soziale Phobie oder eine selbstunsichere Persönlichkeitsstörung vor.

Bei schwerer Ausprägung von situationsübergreifenden Ängsten kann man die Diagnose einer selbstunsicheren Persönlichkeitsstörung vorziehen, diese lässt sich jedoch klassifikatorisch nicht exakt von der generalisierten sozialen Phobie abgrenzen.

Aufgrund der hohen Komorbiditätsraten stellt die selbstunsichere Persönlichkeitsstörung offenbar einen Vulnerabilitätsfaktor für die Entstehung anderer psychiatrischer Erkrankungen dar.

4.7.7 Weiterführende Diagnostik

Neben Fragebogenverfahren, welche bestimmte Bereiche der Angst und der Interaktionsprobleme abbilden können, bietet insbesondere die Verhaltensdiagnostik eine unverzichtbare Voraussetzung, wenn verhaltenstherapeutische Methoden zum Einsatz kommen sollen. Sie hat die Funktion, entsprechende Informationen über den einzelnen Patienten zu erheben (Verhaltensmessung), um die aktuellen Verhaltensprobleme des Patienten zu beschreiben bzw. zu strukturieren (Problemstrukturierung) und um festzustellen, welche aufrecherhaltenden Bedingungen für jedes der unterschiedenen Verhaltensprobleme (**Verhaltens- und Bedingungsanalyse**) relevant sind.

Für die Verhaltens- und Bedingungsanalyse bei der selbstunsicheren Persönlichkeit bietet sich aber besonders das Strukturschema von Lazarus (1973, 1978) an, da es sowohl kognitive als auch interaktionelle Merkmale der Störung ausdrücklich einbezieht. Es unterscheidet sieben Grundmodalitäten: Behavior, Affect, Sensation, Imagery, Cognition, Interpersonal Relationship, Drugs – abgekürzt mit dem Akronym „BASIC-ID" (Abb. 4.10):

Die Verhaltensanalyse sollte möglichst in den wichtigsten Bereichen mit dem Patienten durchgesprochen werden, in denen er Sozialangst verspürt:
- Angst vor Fehlschlägen (Angst vor Blamage, Kritik und Missbilligung, öffentlicher Beachtung, Prüfungsangst); Folge: berufliche Nachteile
- Kontaktangst (Angst ein Gespräch anzuknüpfen, Angst vor Nähe); Folge: sozialer Rückzug
- Angst vor dem Äußern, Zulassen und Durchsetzen eigener Bedürfnisse; Folge: psychosomatische Symptome durch Ärgerschlucken, angestaute Wut und Ohnmacht
- Angst vor dem Nein-Sagen; Folge: Überanpassung, Ärgerschlucken, Überforderung und Erschöpfung

BASIC-ID		Beispiel (Patientin, 26, selbstunsichere PS)
Behaviors	(Verhaltensweisen)	vermeidet soziale Kontakte
Affects	(Affekte, Gefühle)	Angst, Entmutigung
Sensations	(Empfindungen)	Magendrücken in sozialen Situationen
Images	(Vorstellungen)	negatives Selbstbild
Cognitions	(Kognitionen)	„Andere Menschen sehen meine Schüchternheit."
Interpersonal relationships	(Sozialbeziehungen)	sozialer Rückzug
Drugs	(Medikamente und biologische Faktoren)	bei unvermeidbaren sozialen Kontakten Einnahme eines Beruhigungsmittels

Abb. **4.10** BASIC-ID nach Lazarus (1973, 1978) bei einer Patientin mit selbstunsicherer Persönlichkeitsstörung.

Auf der Grundlage der Verhaltensanalyse wird mit dem Patienten ein individuelles Krankheitsmodell für die Entstehung und Aufrechterhaltung der Beschwerden erarbeitet. Darüber hinaus bildet sie die Grundlage für die Festlegung der Therapieziele und der Interventionsstrategien.

Fazit für die Praxis

Die Diagnostik der selbstunsicheren Persönlichkeitsstörung kann wegen eingeschränkter Reliabilität und Validität nicht auf klassifikatorische Diagnostik beschränkt bleiben.

Neben Fragebogenverfahren bietet besonders die Verhaltens- und Bedingungsanalyse einen erweiterten diagnostischen Zugang, der in ein patientenbezogenes Erklärungsmodell für das konkrete Störungsbild einmündet und die Basis für die Ableitung der Therapieziele und das Behandlungskonzept bietet.

4.7.8 Psychotherapie

Allgemeine Therapieziele

Nach der ausführlichen Verhaltensanalyse werden mit dem Patienten zusammen die Therapieziele festgelegt und wird besprochen, welche Interventionsformen zur Anwendung kommen können. In Tab. 4.8 sind die wichtigsten Zielbereiche und beispielhaft mögliche Interventionsformen schematisch aufgelistet:

Fazit für die Praxis

Nach der Etablierung einer therapeutischen Beziehung stehen bei der Therapie der selbstunsicheren Persönlichkeitsstörung folgende Zielbereiche im Vordergrund: Abbau problematischen Verhaltens, Abbau physiologischer Erregung, Aufbau positiver Kognitionen und Erhöhung der Selbständigkeit.

Therapeutische Beziehung und Gesprächsführung

Patienten mit selbstunsicherer Persönlichkeitsstörung nehmen eine Behandlung in der Regel wegen einer Achse-I-Störung auf. Der Hilfeappell des Patienten an den Therapeuten konzentriert sich deshalb auf die Behandlung der ich-dyston erlebten Hauptsymptomatik, dabei bleibt die oft ich-synton erlebte Persönlichkeitsstörung für den Patienten zunächst verborgen. Nach der situationsübergreifenden Verhaltens- und Bedingungsanalyse ist es jedoch in der **Eingangsphase** wichtig, dass der Therapeut den Patienten nicht nur über Ätiologie und Therapie des klinischen Syndroms aufklärt, sondern auch die

Tabelle **4.8** Zielbereiche und differenzielle psychotherapeutische Intervention bei der selbstunsicheren Persönlichkeitsstörung

Zielbereich	Methode, Technik (Beispiel)
Entwicklung einer therapeutischen Beziehung	empathische Gesprächstechniken ohne Überfürsorglichkeit
Abbau der problematischen Verhaltensweisen: Vermeidungsverhalten in sozialen Situationen, aggressives Verhalten, überangepasstes Verhalten, Perfektionismus, Ja-Sage-Tendenz bei gleichzeitiger Stärkung der Äußerung und Durchsetzung eigener Bedürfnisse	systematische Desensibilisierung, Konfrontationsbehandlung, Selbstbehauptungstraining, Aufbau sozialer Kompetenz, Modellernen, Rollenspiele, Techniken des Problemlösens, Stressimpfung und Selbstinstruktionstherapie, Video-Feedback
Abbau physiologischer Erregung	progressive Muskelentspannung nach Jacobson
Aufbau positiver Kognitionen über sich und andere	positive Selbstverbalisation, kognitive Umstrukturierung der dominanten negativen Gedanken, Komplimente geben
Erhöhung der Selbständigkeit	Techniken des Selbstmanagements

persönlichkeitsgestörten Anteile (zeitlich überdauernde Verhaltensmuster, Einstellungen, Interaktionen, Kognitionen) anspricht und in Abstimmung mit dem Patienten einen Therapieplan entwirft, der die Behandlung der selbstunsicheren Persönlichkeitsstörung mit einbezieht. Bestandteil eines an den Patienten **adaptierten Behandlungsplanes** können nicht nur Einzeltherapien sein, sondern auch Interventionseinheiten im Gruppensetting, das sich bei der Behandlung der selbstunsicheren Persönlichkeitsstörung, z. B. im stationären Setting, besonders bewährt hat (Renneberg 1996).

Der Aufbau einer therapeutischen Beziehung ist bei der selbstunsicheren Persönlichkeitsstörung durch das geringe Selbstbewusstsein sowie die Angst des Patienten vor Zurückweisung, Kritik und Enttäuschungen erschwert. Deshalb ist die Therapeut-Patient-Beziehung betont kooperativ zu gestalten unter Vermeidung von Interventionen, die den Selbstschutz des Patienten verletzen könnten. Die ersten Therapieschritte, die zunächst in Einzeltherapie durchgeführt werden, betonen Empathie, stützende Zuwendung und Bestätigung mit dem Ziel, dass der Patient Vertrauen fassen kann und in sozialen Situationen belastbarer wird. In der Eingangsphase ist trotz empathischer Zuwendung jedoch darauf zu achten, dass wegen des starken Wunsches nach Zuwendung und Fürsorge der Patient sich an den Therapeuten nicht zu stark anklammert, was dann übersteuerte Autonomiebestrebungen des Patienten zur Folge hätte. Neben einer Einzeltherapie haben sich auch deshalb verhaltenstherapeutische Gruppenbehandlungen bewährt (Renneberg und Fydrich 1999), in denen eine Balance zwischen Bindung und Autonomie erprobt werden kann.

Fazit für die Praxis

Patienten mit selbstunsicherer Persönlichkeitsstörung kommen in der Regel mit der Behandlungserwartung, durch Psychotherapie eine Veränderung der Achse-I-Symptome zu bewirken. Dennoch sollten die Persönlichkeitszüge empathisch angesprochen werden.

Am Anfang der Psychotherapie ist darauf zu achten, dem Patienten wegen seines geringen Selbstbewusstseins durch empathische Gesprächsführung Unterstützung zu gewähren, ohne dabei jedoch die Autonomiewünsche des Patienten zu verletzen.

Psychoedukation

Um den Selbstschutz des Patienten nicht zu verletzen, greift der Therapeut drei verschiedene Beispiele aus dem Bereich „Interaktion mit anderen Menschen" auf, welche im Rahmen der ausführlichen Verhaltensanalyse gewonnen wurden. Dabei veranschaulicht der Therapeut die Problematik der Interaktionssituationen mit dem kognitiv-interaktionellen Regelkreismodell (Kap. 4.6.4.2). Es werden anhand der Fallbeispiele die Schemata des Patienten, die automatischen Gedanken, die physiologische Erregung, das Vermeidungsverhalten und die Interaktionen mit signifikanten Bezugspersonen analysiert. Ein besonderes Gewicht erhält dabei die Aufklärung über die vom Patienten eingesetzten Angststrategien: Vermeidung durch Rückzug (Tarnung in sozialen Situationen mit der Folge zu glauben, die Leute beachten mich nicht, weil ich unattraktiv bin, statt zu wissen, dass es mit der Tarnung zu tun hat); Vermeidung nach vorwärts (durch Perfektionismus mit der Folge eines Verhaltensexzesses zum Schutz vor irgendeinem bedrohlichen Ereignis bzw. vor negativen sozialen Konsequenzen, oft kombiniert mit Panikattacken und Agoraphobie oder mit Erschöpfung oder Herz-Kreislauf-Problemen).

Danach bemüht der Therapeut sich möglichst um eine biografische Rekonstruktion der Entwicklung der Persönlichkeitsstruktur. Es wird versucht, dem Patienten zu vermitteln, dass seine Verhaltensweisen, Gedanken und Gefühle eine biografisch verständliche Anpassungsleistung in der Kindheit oder Jugendzeit gewesen sind, welche damals einen Sinn hatten, jedoch heute sein Leben durch das Vermeidungsverhalten stark einschränken.

Im Anschluss daran erläutert der Therapeut an dem Beispiel bereits erfolgreich behandelter Patienten, welche therapeutischen Interventionen notwendig sind, um dem Patienten zu helfen. Dabei klärt der Therapeut den Patienten über mögliche differenzielle Indikationsentscheidungen auf, je nachdem, ob soziale Defizite, eine verzerrte Selbstwahrnehmung (problematische Einstellung zu sich selbst, Abwertung eigener Leistungen und automatisierte Gedankenprozesse) oder Angst und Hemmung im Vordergrund stehen. Die im Folgenden dargestellten Behandlungsansätze werden dem Patienten bei Indikationsstellung erläutert und sollen schließlich den Patienten zum Selbstmanagement befähigen.

Fazit für die Praxis

Nach der Entwicklung einer vertrauensvollen Therapeut-Patient-Beziehung klärt der Therapeut den Patient mit dem kognitiv-interaktionellen Regelkreis-Modell über seine Persönlichkeitsstörung auf.

Einen wesentlichen Stellenwert nehmen dabei konkrete Situationen ein, in denen der Patient vermeidet.

An dem Beispiel bereits erfolgreich behandelter Patienten werden die notwendigen therapeutischen Interventionen erläutert.

Spezifische Behandlungsansätze

Durch neuere theoretische und methodische Entwicklungen der Therapieschulen wird deutlich, dass Persönlichkeitsstörungen durch Psychotherapie modifiziert werden können. Entsprechend der theoretischen Ausrichtung bieten die großen Therapieschulen aber unterschiedliche Schwerpunkte an, die nach den wichtigsten allgemeinen Wirkprinzipien der Psychotherapie (Grawe 1995) geordnet werden können (Tab. 4.9):

Tabelle 4.9 Psychotherapeutische Wirkprinzipien bei Persönlichkeitsstörungen

Wirkprinzipien	tiefenpsychologisch fundierte Psychotherapie	interaktionelle Psychotherapie	Verhaltenstherapie
Klärungsarbeit	interpersonale Reziprozität von persönlichen Konflikten	Abklärung früherer und aktueller Beziehungskonflikte	Herausarbeitung typischer kognitiver Schemata
Hilfe zur Problembewältigung	thematische Fokusbildung	interaktionelle Transaktionen mit anderen Menschen	komplexe zwischenmenschliche Beziehungsstörungen
Problemaktualisierung	statt Regression Realitäts- und Gegenwartsbezug	konkrete Transaktionen	spezifische Übungen in Problemsituationen

Schulenübergreifende Therapieprinzipien

Die bisherige Forschungslage rechtfertigt die Integration aus den Ergebnissen verschiedener Therapieschulen, eine Festlegung nur auf eine Ausrichtung wäre noch verfrüht, da es zurzeit noch keine Studien gibt, die eine bestimmte Therapierichtung gegenüber einer anderen klar favorisiert. Die besonderen Probleme in der Behandlung von Persönlichkeitsstörungen haben den Omnipotenzanspruch der einzelnen Therapieschulen, wie er bisweilen bei der Behandlung der Achse-I-Störungen durchscheint, erst gar nicht aufleben lassen. Vielmehr ist innerhalb der einzelnen Therapieschulen ein deutliches Bemühen zu erkennen, auf eine Integration der Behandlungsmöglichkeiten hinzusteuern. Unter Abstraktion von schulenspezifischen Besonderheiten schälen sich deshalb immer deutlicher folgende Heuristiken heraus, die für die Behandlung der selbstunsicheren Persönlichkeitsstörung ausschlaggebend sind:
- differenzielle Positivierung der Persönlichkeitseigenschaften,
- gegenwarts- und realitätsorientierende Anfangsphasen,
- psychoedukative Konfrontation der Patienten mit den Negativfolgen der eigenen Verhaltensweisen,
- Abklärung zwischenmenschlicher Beziehungsmuster und Konfliktsituationen,
- keine Veränderung der Persönlichkeit als Therapieziel,
- Supervision der behandelnden Therapeuten,
- Nachbetreuung nach einer ambulanten oder stationären Psychotherapie.

Kognitiv-behaviorale Ansätze

Neben diesen allgemeinen, schulenübergreifenden Heuristiken setzt sich immer mehr die Erkenntnis durch, dass verhaltenstherapeutische Behandlungsmethoden in der Therapie der selbstunsicheren Persönlichkeitsstörung eine besondere Bedeutung haben. Einer der ausschlaggebenden Gründe dafür ist vor allem darin zu sehen, dass die Verhaltenstherapie besonders wirkungsvolle Methoden zur Behandlung von Angststörungen entwickelt hat (Margraf und Schneider 2000).

Für die Behandlung der selbstunsicheren Persönlichkeitsstörung eignen sich im Wesentlichen folgende **Standardmethoden der (kognitiven) Verhaltenstherapie** (Kanfer und Goldstein 1977, Fliegel et al. 1994, Linden und Hautzinger 1996), die im Verlauf der Therapie (Anfang, Mitte, Ende) bei der selbstunsicheren Persönlichkeitsstörung zum Einsatz kommen können. Wegen der starken Überschneidung mit der sozialen Phobie lassen sich auch Methoden einsetzen, die bereits erfolgreich für diese Störung eingesetzt wurden (Juster et al. 2000):
- Methoden zur Verbesserung von Beziehungen,
- progressive Relaxation,
- systematische Desensibilisierung,
- Methoden zum Training der Selbstbehauptung,
- Modellernen,
- Problemlösen,
- Stressimpfung und Selbstinstruktionstherapie,
- Methoden der kognitiven Therapie,
- Expositionsverfahren,
- Selbstmanagement.

In der Explorationsphase bzw. am Therapieanfang ist zu bedenken, dass die meisten Patienten mit selbstunsicherer Persönlichkeitsstörung ihre Achse-I-Symptome häufig als Bestätigung für ihr negatives Selbstbild auslegen in dem Sinne „Das ist mal wieder typisch für mich, ich bin ein Versager". In dieser Situation ist es hilfreich, den Patienten darüber aufzuklären, dass sein klinisches Syndrom (Achse I) nicht notwendig mit seiner Person verknüpft ist. Die Schilderung über Patienten mit ähnlichen klinischen Syndromen, jedoch ohne zusätzliche Diagnose einer selbstunsicheren Persönlichkeitsstörung, kann bereits eine erste Intervention sein, um den pathologischen kognitiven Zirkel zumindest zu relativieren. Dabei darf jedoch die Persönlichkeitsstörung nicht zur Nebensache erklärt werden, sondern Therapeut und Patient sollten gemeinsam nachvollziehen, welche Auswirkung die Achse-I-Störung für das Selbstbild des Patienten hat. Daran anknüpfend informiert der Therapeut den Patienten darüber, dass es in der kognitiven Verhaltenstherapie auch Methoden gibt, mit denen belastende Einstellungen und Persönlichkeitsanteile modifizierbar sind. Auf dieses Angebot wird der Patient jedoch vielleicht erst später zurückkommen, da er seine Persönlichkeitsstruktur als nicht pathologisch erlebt. Im Mittelpunkt der Anfangsphase stehen deshalb besonders **Methoden zur Verbesserung der Beziehung** (Goldstein 1979), von denen Vorstrukturierung der Therapie, einfühlendes Verstehen (Empathie) und Wärme bei selbstunsicheren Personen die wichtigsten sind. Darüber hinaus sollte es selbstverständlich sein, dass der Therapeut folgende Interventionen vermeidet,

Vorgehen:
1. Analyse, ob Anforderungen der Situation überschätzt werden,
2. Analyse, ob eigene Fähigkeiten unterschätzt werden,
3. Analyse der Ressourcen, um mit der Situation zurechtzukommen,
4. Analyse von Gedanken und Gefühlen, die den Einsatz der Fähigkeiten behindern.

Abb. 4.11 Steigerung der Selbstwirksamkeit.

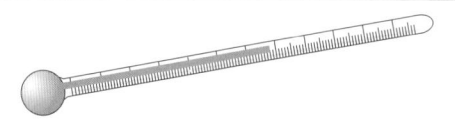

1. Aufstellen einer oder mehrerer Hierarchien angstauslösender Reize bzw. Situationen, die sich auf die Themen Angst vor Kritik, Angst vor Ablehnung und negatives Selbstbild beziehen.
2. Training in progressiver Muskelentspannung nach Jacobson.
3. Darbietung der Angstreize in der Vorstellung im entspannten Zustand.

Abb. 4.12 Systematische Desensibilisierung nach Wolpe.

um die Selbstschutzmechanismen des Patienten nicht zu verletzen:
- den Patienten zu kritisieren,
- den Patienten ironisch zu behandeln,
- den Patienten herabzusetzen,
- dem Patienten Vorwürfe zu machen.

Bei Patienten mit selbstunsicherer Persönlichkeitsstörung ist es notwendig, möglichst früh dem Inkompetenzgefühl des Patienten entgegenzuwirken, da die mangelnde Selbstwirksamkeit ein Schlüsselproblem darstellt. Für die Steigerung der Selbstwirksamkeit kann es in der Anfangsphase der Therapie bereits hilfreich sein, konkrete soziale Situationen mit dem Patienten daraufhin zu analysieren, ob die Anforderungen der Situation vor dem Hintergrund der eigenen Fähigkeiten nicht überschätzt werden (Abb. 4.11).

Patienten mit selbstunsicherer Persönlichkeitsstörung haben in sozialen Situationen – manchmal auch beim bloßen Nachdenken über soziale Situationen – ein erhöhtes Stressniveau. Daher empfiehlt sich ein Entspannungstraining. Patienten mit grüblerischen Gedanken können aber beim autogenen Training schlecht abschalten und reaktivieren gerade in Ruhephasen ihre Schemata zum negativen Selbstbild. Für solche Patienten ist dann die **progressive Relaxation** nach Jacobson die Methode der Wahl. Die konkrete Vorgehensweise bei der Progressiven Relaxation besteht in der maximalen Anspannung und nachfolgenden Entspannung der Gliedmaßen und Rumpfmuskulatur jeweils einige Sekunden lang in folgenden Schritten: Arme, Beine, Atem- und Bauchmuskulatur, Gesichtsmuskulatur. Anschließend wird die Entspannung analog wie beim autogenen Training aktiv zurückgenommen. Nach Anleitung durch den Therapeuten können die Patienten mit Audiokassetten auch zu Hause weiterüben.

Die progressive Relaxation ist Bestandteil der **systematischen Desensibilisierung**, die einen wichtigen Therapiebaustein darstellt, weil Patienten mit selbstunsicherer Persönlichkeitsstörung sich am Anfang der Therapie nur schwer für eine Reizkonfrontation in vivo gewinnen lassen. Wolpe (1972), der Begründer der systematischen Desensibilisierung ließ sich von der Annahme leiten, dass Angstreaktionen (z. B. Furcht vor geschlossenen Räumen) gehemmt werden können, indem man sie durch eine Aktivität ersetzt, die sich der Angstreaktion gegenüber antagonistisch verhält (Gegenkonditionierung). Zusammengefasst erfolgt der Gebrauch der systematischen Desensibilisierung bei der selbstunsicheren Persönlichkeitsstörung im Wesentlichen in drei Stufen (Abb. 4.12).

Eine Vielzahl von Untersuchungen hat allerdings inzwischen belegt, dass weder die Entspannung noch die Hierarchisierung der Angstitems von so großer Bedeutung sind. Wichtiger scheint vielmehr, dass der Patient mit den Angstsituationen konfrontiert wird. Die Wirkung der systematischen Desensibilisierung beruht nach kognitiver Interpretation vermutlich nicht auf einem quasi automatisch ablaufenden Konditionierungsprozess, entscheidend sei vielmehr die Art und Weise, wie der Angststimulus wahrgenommen bzw. bewertet wird. Bei der Desensibilisierung werden die Patienten mit dem Angststimulus konfrontiert und gewinnen aufgrund der Entspannung die Überzeugung, dass sie diese Situation jetzt bewältigen können, d. h. es wird die Kompetenzerwartung für zukünftige Situationen verändert.

Für die Behandlung von Patienten mit selbstunsicherer Persönlichkeitsstörung haben **Selbstbehauptungstrainings** ein besonderes Gewicht. Die unterschiedliche Einbeziehung der potenziellen Wirkprinzipien ließ eine Reihe von unterschiedlichen Interventionsformen entstehen. Der amerikanische Psychotherapeut Salter (1949) stützte sich noch auf die Lehre von den bedingten Reflexen von Pawlow und favorisierte die Hypothese, dass neurophysiologisch der Hemmungsprozess für die Selbstunsicherheit verantwortlich ist, wohingegen Selbstsicherheit durch ein Gleichgewicht zwischen zerebralen Hemmungs- und Erregungsprozessen zustande kommt. Auch Wolpes Konzept ist mit der Annahme der reziproken Hemmung der Angst noch stark an der klassischen Konditionierung orientiert. Wendlandt und Hoefert (1976) gründen die systematische Verhaltensmodifikation bei Selbstunsicherheit hingegen auf operante Lernkonzepte, indem eine Verstärkung erwünschten selbstsicheren und die Nichtverstärkung unerwünschten unsicheren Verhaltens angestrebt wird. Im Rahmen der kognitiven Verhaltenstherapie bezieht Meichenbaum

Ziele:	Bewältigung konkreter Probleme im Alltag des Patienten, Vermittlung allgemeiner Problemlösungskompetenz
Vorgehen:	1. Problembewusstsein wecken
	2. Benennung und Beschreibung des Problems
	3. Problemanalyse
	4. Zielanalyse
	5. Sammlung von Lösungsalternativen
	6. Treffen von Entscheidungen
	5. Verwirklichen der Entscheidung
	6. Bewertung des Probehandelns
	7. Transfer auf andere Probleme

Abb. 4.13 Verbesserung der Problemlösekompetenz.

Ziel:	Beeinflussung kognitiver Prozesse, besonders
	– Kontrollempfinden
	– Selbstattribuierung
	– emotionale Bewertung von Stimuli
Mittel:	Selbstgespräch des Patienten
Umgang mit der Angst:	
	1. Annäherung an bzw. Vorbereitung auf die angstauslösende soziale Situation
	2. Konfrontation und Umgang mit der Bedrohung
	3. Instruktion für ein mögliches Überwältigtwerden von der Angst
	4. Anschließende Selbstverstärkung für Aufsuchen und Umgang mit der Situation

Abb. 4.14 Selbstinstruktionstherapie nach Meichenbaum.

(1979b) die Methode der Selbstbekräftigung mit dem Ziel der kognitiven Restrukturierung des Selbstwertgefühles ein. Heute haben sich Programme durchgesetzt, in denen mehrere Prinzipien für die Erklärung und Modifikation des selbstunsicheren Verhaltens zum Tragen kommen. So spricht z. B. das Assertive Training Program (ATP) von Ullrich de Muynck und Ullrich (1978, 1996) im Einzelnen drei Bereiche an: die Einstellung zu sich selbst bzw. die Selbstbewertung, die soziale Angst bzw. Hemmung und soziale Fertigkeiten. Die Durchführung des Programmes geschieht im Gruppensetting in der Durcharbeitung verschiedener Standardsituationen zur Selbstbehauptung, die von den Therapeuten bzw. Modellen, die auf Video aufgezeichnet sind, vorgemacht werden (Lernen am Modell).

Die **Beobachtung** und **Imitation sozialer Modelle** als Methode findet dadurch eine sehr ökonomische Anwendung in der Gruppentherapie von Patienten mit selbstunsicherer Persönlichkeitsstörung. Der Therapeut oder auch Gruppenmitglieder übernehmen die Funktion eines Modells, von dem der Patient das Äußern von Affekten und Gefühlen, das Bewältigen von Problemen und Teile des Interaktionsverhaltens übernimmt (Einübung von Sozialverhalten im Rollenspiel). Methoden des Modellernens sind vor allem dann indiziert, wenn ein Patient eine neue Fertigkeit erwerben soll, die er durch bloße Instruktionen nicht erlernen kann.

Patienten mit selbstunsicherer Persönlichkeitsstörung haben oft Schwierigkeiten beim **Problemlösen**. D'Zurilla und Goldfried (1971) konnten zeigen, dass einigen Patienten für die Bewältigung konkreter Probleme im Alltag bereits durch die Vermittlung allgemeiner Problemlösungskompetenzen geholfen werden kann. Aufgrund ihrer Erfahrungen differenzieren sie sieben Schritte des Problemlösens (Abb. 4.13):

Meichenbaum (1979a, b, c) entwickelte die Methode der **Stressimpfung**, bei der Gefühls- oder Stressreaktionen mit dem Patienten diskutiert, Fähigkeiten zur Auseinandersetzung geübt und diese neuen Fähigkeiten unter Stressbedingungen erprobt werden. In diesem Training kommen mehrere der oben genannten Wirkfaktoren zu Geltung, da eine Vielfalt von Techniken wie Verstärkung, Modellernen, Einübung von neuem Verhalten, Selbstattribuierungen und Selbstinstruktionen einfließen. Auf ein großes fachliches Interesse ist vor allem die **Selbstinstruktionstherapie** gestoßen, die auf die Beeinflussung spezieller kognitiver Prozesse abzielt: Kontrollempfinden, Selbstattribuierung und emotionale Bewertung von Stimuli. Dabei wird der innere Dialog des Patienten, d. h. sein Selbstgespräch, als entscheidende kognitive Variable zur Aufrechterhaltung und Veränderung von Angstreaktionen angesehen. Beabsichtigt ist die Ausbildung von differenzierten Bewältigungsreaktionen in vier Stufen mit entsprechenden Selbstinstruktionen (Abb. 4.14):

Beck et al. (1992) haben in ihrer Arbeit eine Reihe von Methoden der kognitiven Therapie entwickelt bzw. reformuliert, die sich auch bei der selbstunsicheren Persönlichkeitsstörung anwenden lassen. Ein besonderer Indikationsbereich ist bei solchen Patienten gegeben, die auf Achse I eine depressive Erkrankung haben (Abb. 4.15).

Expositionen zielen bei der selbstunsicheren Persönlichkeit darauf ab, das Vermeidungs- und Fluchtverhalten in sozialen Situationen abzubauen, welches durch negative Verstärkung die Angst aufrechterhält. Der Patient soll also bewusst in die angstbesetzten sozialen Situationen hineingehen, sie üben, sich an sie gewöhnen und die Erfahrung machen, dass die negativen Befürchtungen nicht eintreffen. Nach gründlicher Aufklärung über die Entstehung der sozialen Angst, Vorbereitung der Übungen und mit ihrem expliziten Einverständnis werden die Patien-

> **Ziele in der kognitiven Therapie:**
> 1. Beobachtung der negativen, automatischen Gedanken
> 2. Erkennen des Zusammenhangs von Situationen, Kognitionen, Affekten und Verhalten
> 3. Prüfung der Evidenz der verzerrten automatischen Gedanken und die gegen sie sprechende Evidenz
> 4. Ersetzen der fehlerhaften Kognitionen durch mehr realitätsorientierte Interpretationen
> 5. Lernen dysfunktionale Annahmen selbstständig zu identifizieren und ändern
>
> **Techniken zur Veränderung des Verhaltens:**
> 1. Graduierte Aufgabenstellung im Hinblick auf Erfolge
> 2. Planung von (erfreulichen) Aktivitäten
> 3. Bewertung von Aktivitäten danach: Erfolg und Vergnügen
>
> **Techniken zur Veränderung der Kognitionen und des Verhaltens:**
> 4. Sammeln automatischer Gedanken
> 5. Auseinandersetzung mit den Gedanken (Zweispaltentechnik)
> 6. Identifizierung verzerrter Kognitionsmuster
> 7. Austesten von Kognitionen
> 8. Entwicklung von Alternativen
> 9. Umattribution
> 10. Technik der Entkatastrophisierung
> 11. Aufbau von Erwartungen

Abb. 4.15 Methoden der kognitiven Intervention nach Beck.

ten mit den angstauslösenden sozialen Situationen konfrontiert. Dabei lassen sich die Verfahren auf den zwei Dimensionen „in vivo versus in sensu" und „gestuft versus massiert" unterscheiden: Systematische Desensibilisierung (graduiert, meistens in sensu), Habituationstraining (graduiert, in vivo), Implosion (massiert, in sensu), Flooding (massiert, in vivo).

Habituationstraining und Flooding unterscheiden sich von der systematischen Desensibilisierung in drei entscheidenden Punkten:
- Flucht und Vermeidungsverhalten werden verhindert (Therapievertrag).
- Der Patient wird den Reizen bis zum Rückgang der Angst – ohne Entspannungshilfe – ausgesetzt.
- Das Abbruchkriterium der Therapiesitzung ist die Bewältigung bzw. das weitgehend angstfreie Ertragen der angstauslösenden Situation.

Welche Form auch immer zur Anwendung kommt, das wiederholte Erleben der Angstreduktion in den problematischen Situationen stellt das entscheidende Kriterium für die Dauer der Konfrontation dar. Obgleich der genaue Wirkmechanismus der Exposition noch unbekannt ist, beruht ihre Wirkung vermutlich auf eine physiologische Habituation und auf eine Veränderung kognitiver Prozesse. Deshalb fließen in die Angstbehandlung auch Elemente der kognitiven Therapie ein. Dabei werden mit dem Patienten realistische Bewertungen der körperlichen Missempfindungen erarbeitet. Ziel der Exposition ist dabei ausdrücklich nicht das angstfreie Erleben der Situationen, sondern das Erlernen eines veränderten Umgangs mit den Ängsten, die in den Situationen ausgelöst werden. Der Patient soll lernen, in der Situation trotz seiner Ängste und der damit verbundenen unangenehmen Körperempfindungen und Gefühle so lange zu bleiben, bis ein Abklingen der Angst erreicht wird. Durch diese Übungen kann der Patient erfahren, dass die befürchteten Katastrophen nicht eintreten und die körperlichen Reaktionen spontan zum Abklingen tendieren.

Die bisher aufgeführten Therapiemethoden finden alle unter der Regie des Therapeuten statt. Langfristig steuert die Verhaltenstherapie jedoch das Ziel an, dass der Patient zur Selbsthilfe befähigt wird. Dafür wurden in der Verhaltenstherapie besonders von Kanfer (Kanfer 1979; Kanfer, Reinecker und Schmelzer 1991; Reinecker 2000) Konzepte und Techniken der Selbstmodifikation bzw. des **Selbstmanagement** entwickelt. Das Gemeinsame dieser Techniken (wie Selbstbeobachtung; Festlegung von Verträgen mit sich selbst oder anderen; Belohnung nach Erreichen von selbstgesteckten Zielen; Planung, Durchführung und Auswertung von Aufgaben) besteht darin, dass nach einer Unterstützungsphase durch den Therapeuten alle therapeutischen Funktionen nach und nach vom Patienten selbst übernommen werden. Dabei regt der Therapeut an und motiviert den Patienten dazu, sein Veränderungsprogramm auch wirklich durchzuführen (von der Erfahrung lernen). Die eigentliche Veränderung des problematischen Verhaltens findet nicht während der Therapiesitzungen statt, sondern zwischen den einzelnen Treffen. Die Bedeutung des Verfahrens liegt besonders darin, dass der Patient in seiner Verantwortung angesprochen wird. Dadurch wird der Patient unabhängiger von der Beeinflussung durch seine Umgebung. Selbstmanagement-Techniken sind deshalb bei Patienten mit selbstunsicherer Persönlichkeitsstörung indiziert, da das problematische Verhalten die Selbstbewertung des Patienten betrifft und der Patient neu erworbene Verhaltensweisen auch ohne permanente Umweltkontrolle aufrechterhalten soll.

Fazit für die Praxis

Der bisherige Forschungsstand rechtfertigt die Einbeziehung der Erkenntnisse aus unterschiedlichen Psychotherapieschulen.

Einen besonderen Beitrag kann dabei die Verhaltenstherapie leisten, sie bietet einen umfassenden Katalog von Interventionstechniken und Methoden, die im Rahmen von Einzel- oder Gruppentherapie eingesetzt werden können.

Dazu gehören insbesondere Methoden zur Verbesserung von Beziehungen, progressive Relaxation, systematische Desensibilisierung, Methoden zum Training der Selbstbehauptung, Modelllernen, Problemlösen, Stressimpfung und Selbstinstruktionstherapie, Methoden der kognitiven Therapie, Expositionsverfahren und Selbstmanagement.

Behandlungsrahmen

Die Behandlung einer selbstunsicheren Persönlichkeitsstörung kann in der Regel nicht im Rahmen einer Kurzzeitpsychotherapie realisiert werden. Es sind mindestens 40–60 Stunden einzuplanen, wenn die Indikation für eine Einzeltherapie gegeben ist. Bei vielen Patienten bietet sich auch eine Gruppentherapie an, der jedoch in der Regel einzeltherapeutische Sitzungen vorausgehen sollten. Bei ausgeprägter psychiatrischer oder psychosomatischer Komorbidität ist auch an eine stationäre Psychotherapie zu denken, die in der Regel länger als 4 Wochen dauert und in eine nachstationäre ambulante Psychotherapie münden sollte. Es muss heute noch offen bleiben, in welchem Setting (ambulant, Tagesklinik oder stationär) die Behandlung am besten erfolgen kann (Shea 1996, Sanislow und McGlashan 1998, Perry et al. 1999, Bateman und Fonagy 2000).

Fazit für die Praxis

Für die Behandlung der selbstunsicheren Persönlichkeitsstörung bieten sich unterschiedliche Settings an: Einzeltherapie, Gruppentherapie oder stationäre Psychotherapie.

Welcher Behandlungsrahmen auch immer gewählt werden mag, die Behandlung einer selbstunsicheren Persönlichkeitsstörung braucht mehr Zeit als die Behandlung der meisten Achse-I-Störungen.

Wirksamkeitsnachweis, Effektivitätsstudien

Viele der hier angesprochenen kognitiv-verhaltenstherapeutischen Methoden haben sich bei der Behandlung von Ängsten im sozialen Bereich und Unsicherheiten empirisch bewährt, allerdings gibt es nur wenige aussagekräftige Studien mit Patienten, welche die Diagnose „selbstunsichere Persönlichkeit" eindeutig erfüllen. Die Ergebnisse dieser Studien (Renneberg 1996, Pfingsten 1996, Shea 1996, Juster et al. 2000) weisen aber in die Richtung, dass mehr als zwei Drittel der Patienten mit selbstunsicherer Persönlichkeitsstörung von einer **Methodenkombination** bestehend etwa aus progressiver Muskelrelaxation, systematischer Desensibilisierung, Training sozialer Fertigkeiten, Rollenspielen, graduierter Exposition in vivo und kognitiver Umstrukturierung am besten profitieren. Für welche spezifische Technik man sich auch bei der Behandlung eines Patienten mit selbstunsicherer Persönlichkeitsstörung entscheidet, es sollten möglichst Interventionen gewählt werden, die folgende Ebenen abdecken:
- kognitive Ebene
- behaviorale Ebene
- affektive Ebene
- interpersonale Ebene

Neuere Studien (Alden und Capreol 1993) weisen jedoch darauf hin, dass der Erfolg der Behandlung von einer Reihe spezifischer Moderatorvariablen abhängt. Das spricht dafür, bei der Behandlung der selbstunsicheren Persönlichkeitsstörung eine Balance zwischen Standardisierung der Verfahren und adaptiver Indikation zu finden.

Fazit für die Praxis

Die Diagnostik der selbstunsicheren Persönlichkeitsstörung kann wegen eingeschränkter Reliabilität und Validität nicht auf klassifikatorische Diagnostik beschränkt bleiben.

Neben Fragebogenverfahren bieten besonders die Verhaltens- und Bedingungsanalyse einen erweiterten diagnostischen Zugang, der in ein patientenbezogenes Erklärungsmodell für das konkrete Störungsbild einmündet und die Basis für die Ableitung der Therapieziele und das Behandlungskonzept bietet.

Hinsichtlich der Therapie ist davon auszugehen, dass etwa zwei Drittel der Patienten mit einer selbstunsicheren Persönlichkeitsstörung besonders von Verhaltenstherapie profitieren.

Mögliche Fehler und Probleme

Die Mitteilung der Diagnose trifft bei der selbstunsicheren Persönlichkeitsstörung auf zwei wesentliche Probleme: zum einen auf die Ich-Syntonie der Persönlichkeitsstörung und zum anderen auf die mit der Diagnosestellung verbundene potenzielle Kränkung, welche gerade Patienten mit selbstunsicherer Persönlichkeitsstörung vermeiden möchten. In dieser Situation kann der Diagnostiker zwei Fehler machen. Entweder er vermeidet die Mitteilung der Persönlichkeitsstörung, um den Patienten nicht zu verletzen, oder er spricht sie unter dem ethischen Druck der Aufklärungspflicht in einer Form an, dass der Patient sich in seinem Selbstschutz verletzt fühlt.

Der größte Fehler, den ein Therapeut bei der Behandlung der selbstunsicheren Persönlichkeitsstörung machen kann, ist, dass er einen Therapiestil anbietet, der Empathie, stützende Zuwendung und Bestätigung des Patienten vernachlässigt. Das hat zur Folge, dass der Patient kein Vertrauen fassen kann und wegen seines geringen Selbstbewusstseins aus Angst vor Zurückweisung, Kritik und Enttäuschungen die Beziehung abbricht.

Darüber hinaus neigen Patienten mit einer selbstunsicheren Persönlichkeitsstörung dazu, aus übergroßer Vorsicht, Übungen zur Bewältigung von sozialen Situationen zu vermeiden. Stattdessen verwickeln sie den Therapeuten in eine überstrapazierte Klärungsarbeit. Deshalb sollten biografische Hintergründe nur zu dem Zweck aufgearbeitet werden, dass der Patient weiß, wie seine Vermeidungsstrategien und Ängste entstanden sind. In diesem Zusammenhang muss der Therapeut darauf achten, dass er den Patienten nicht überfürsorglich behandelt.

Am Anfang der Behandlung ist es nicht immer einfach für den Therapeuten, die Masken der Angst zu erkennen, Unterwürfigkeit, Macht- und Geltungsstreben sowie Aggressivität lassen nicht gleich auf Selbstunsicherheit schließen.

Schließlich verharren Patienten mit selbstunsicherer Persönlichkeitsstörung oft in einem Konflikt zwischen Bindungs- und Autonomiebedürfnis, d. h., der Betroffene sehnt sich nach zwischenmenschlicher Nähe und Sicherheit, vermeidet jedoch enge Beziehungen, um nicht zurückgewiesen zu werden.

Was hat sich in den letzten 5 Jahren verändert?

Durch die neuesten Studienergebnisse (Holt et al. 1992, Turner 1992, Herbert et al. 1992, Widiger 1992, Boone et al. 1999, van Velzen et al. 2000) scheint der alte diagnostische Streit um die Einordnung der selbstunsicheren Persönlichkeitsstörung und der generalisierten sozialen Phobie geklärt worden zu sein. Danach befinden sich beide Störungen an unterschiedlichen Stellen eines Kontinuums der sozialen Ängstlichkeit, eine kategoriale Unterscheidung ist fragwürdig.

Neuere Überlegungen zur Diagnostik der selbstunsicheren Persönlichkeitsstörung lassen sich verstärkt von dem Gedanken leiten, dass Persönlichkeitsstörungen ihre Dynamik hauptsächlich im zwischenmenschlichen Bereich entfalten. Dadurch erhält die Analyse der Wechselwirkung zwischen kognitiven und interpersonellen Prozessen ein stärkeres Gewicht (Pretzer 1996).

Schließlich bemüht man sich in den neuesten empirischen Untersuchungen um die Identifikation von Konstrukten, mit denen eine Unterscheidung zwischen selbstunsicherer Persönlichkeit und anderen Angststörungen ermöglicht werden soll. Die bisherigen Befunde deuten darauf hin, dass das Konstrukt 'Introversion' zur Diskriminierung verschiedener Angststörungen beitragen kann (van Velzen et al. 2000).

Aktuelle Entwicklungen in der Therapie sind vor allem in der manualgeleiteten Gruppenbehandlung der selbstunsicheren Persönlichkeitsstörung zu sehen (Wlazlo 1995, Renneberg und Fydrich 1999, Juster et al. 2000).

Die Gruppenbedingung bietet insbesondere folgende Vorteile:
- die Konfrontation mit einer neuen sozialen Situation, die im Alltag vermieden wird,
- die Erkenntnis, dass man mit den Problemen nicht der einzige auf der Welt ist,
- die Möglichkeit, soziale Fertigkeiten im Umgang mit anderen Personen auszubilden, statt den Kontakt mit anderen Personen zu vermeiden,
- das Herausarbeiten typischer Auslöser für Entgleisungen im interpersonellen Kontext,
- Verbesserung der Wahrnehmung interpersoneller Risikomerkmale und emotionaler Reaktionen,
- die Einübung alternativer Fertigkeiten durch Modelle in der Gruppe oder Probehandeln,
- die Nutzung von Problemlösevorschlägen der anderen Gruppenmitglieder bei sozialen Konfliktsituationen,
- Überprüfung der eigenen Annahmen über sich durch Rückmeldungen von den anderen Gruppenteilnehmern.

Die Gruppenbehandlung ist folgendermaßen strukturiert:
In der Gruppe, die ambulant oder stationär stattfinden kann, arbeiten meist 6–8 Patienten beiderlei Geschlechts zusammen. So entstehen methodisch intendiert leicht angstbesetzte Situationen, die darin bestehen, dass man mit anderen reden und sich ihren „Bewertungen" stellen muss. Bei der Gruppenzusammensetzung sollte der Therapeut darauf achten, dass die Personen etwa vom Alter oder Bildungsniveau zusammenpassen. In Praxis und Klinik sollten diese Selektionskriterien jedoch nicht zu streng ausgelegt werden, weil die Gruppensituation sonst nur ein geringes Abbild der Realität darstellt.

Ablauf einer Gruppentherapie mit 20 Sitzungen nach Renneberg und Fydrich (1999):
1. Begrüßung, in der potenzielle Ängste der Teilnehmer angesprochen werden
2. Darstellung eines Störungsmodelles mit Einbeziehung der individuellen Entstehungsgeschichte,
3. Entspannungstraining nach Jacobson,
4. systematische Desensibilisierung individuell für jeden Patienten,.
5. Rollenspiele von kurzen Verhaltenssequenzen,
6. Video-Feedback,
7. paradoxe Intentionen für die physiologischen Symptome,
8. positive Selbstverbalisation über sich und andere,
9. Komplimente annehmen und geben,
10. individuelle Übungsaufgaben am Schluss der Sitzungen als Hausaufgaben.

Literatur

Alden LE & Capreol MJ (1993) Avoidant personality disorder: Interpersonal problems as predictors of treatment response. Behavior Therapy, 24, 337–376

APA (1994) Diagnostic and statistical manual of mental disorders (DSM-IV). American Psychiatric Press. Washington DC

Bandura A (1977) Self-efficacy: Toward a unifying theory of behavioral change. Psychological Review, Vol. 84, No. 2, 191–215

Bandura A (1979) Sozial-kognitive Lerntheorie. Klett-Cotta. Stuttgart

Bandura A (1997) Self-Efficacy. The Exercise of Control. Freeman & Company. New York

Bateman AW, Fonagy P (2000) Effectiveness of psychotheraputic treatment of personality disorder. British Journal of Psychiatry, 177, 138–143

Beck AT (1979) Kognitive Therapie: Beschreibung und Beziehung zur Verhaltenstherapie. In: Quekelberghe R (Hrsg.): Modelle kognitiver Therapie. Urban & Schwarzenberg. München. 103–117

Beck AT, Freeman A (1990) Cognitive therapy of personality disorders. Guildford Press. New York

Beck AT, Rush AJ, Shaw BF & Emery G (1992) Kognitive Therapie der depression (3. Aufl.). Weinheim: Psychologie verlags Union

Boone ML et al. (1999) Multimodal comparisons of social phobia subtypes and avoidant personality disorder. Journal of Anxiety Disorders, 13, 271–292

D'Zurilla TJ und Goldfried MR (1971) Problem solving and behavior modification. Journal of Abnormal Psychology 78, 107–126

Fiedler P (1998) Persönlichkeitsstörungen. In: Reinecker H. (Hrsg.): Lehrbuch der klinischen Psychologie. Hogrefe, Göttingen. 249–289

Fliegel S, Groeger WM, Künzel R, Schulte D, Sorgatz H (1994) Verhaltenstherapeutische Standardmethoden – Ein Übungsbuch. Beltz Psychologie Verlags Union, Weinheim

Goldstein AP (1979) Methoden zur Verbesserung von Beziehungen. In: Kanfer FH, Goldstein AP. Möglichkeiten der Verhaltensänderung. Urban & Schwarzenberg. München. 17–55

Grawe K (1995) Grundriß einer Allgemeinen Psychotherapie. Psychotherapeut 40, 130–145

Herbert JD, Hope DA, Bellack AS (1992) Validity of the distinction between generalized social phobia and avoidant personality disorder. J Abnormal Psychol, 101 (2), 332–339

Holt CS, Heimberg RG, Hope DA (1992) Avoidant personality disorder and the generalized subtype of social phobia. J Abnormal Psychol, 101 (2), 318–325

Juster HR, Brown EJ, Heimberg RG (2000) Sozialphobie. In: Margraf J. Lehrbuch der Verhaltenstherapie Band 2. Berlin. 43–59

Kanfer FH (1979) Selbstmanagement-Methoden. In: Kanfer FH, Goldstein AP. Möglichkeiten der Verhaltensänderung. Urban und Schwarzenberg. München. 350–406

Kanfer FH, Goldstein AP (1977) Möglichkeiten der Verhaltensänderung. Urban & Schwarzenberg. München

Kanfer FH, Reinecker H & Schmelzer, D (1991) Selbstmanagement-Therapie. Springer. Berlin

Lazarus AA (1973) Multimodal Behavior therapy: treating the „basic id": Journal of Nervous and Mental Disease 156 (1973), 404–411

Lazarus AA (1978) Multimodale Verhaltenstherapie. Fachbuchhandlung für Psychologie. Frankfurt

Linden M, Hautzinger M (1996) Verhaltenstherapie. Springer. Berlin

Loranger AW, Sartorius N, Andreoli A et al. (1994), The International Personality Disorders Examination. Arch Gen Psychiatry, 51. 215–224

Margraf J & Schneider S (2000) Paniksyndrom und Agoraphobie. In: Margraf J. Lehrbuch der Verhaltenstherapie Band 2. Berlin. 1–27

Meichenbaum DW (1979a) Kognitive Verhaltensmodifikation. In: Quekelberghe R (Hrsg.): Modelle kognitiver Therapie. Urban & Schwarzenberg. München. 138–168

Meichenbaum DW (1979b) Kognitive Verhaltensmodifikation. Urban & Schwarzenberg. München

Meichenbaum DW (1979c) Methoden der Selbstinstruktion. In: Kanfer F H, Goldstein AP. Möglichkeiten der Verhaltensänderung. Urban & Schwarzenberg. München. 407–450

Millon T (1969) Modern psychopathology: a biosocial approach to maladaptive learning and fuctioning. Saunders, Philadelphia

Millon T, Davis RD (1996) Disorders of personality. DSM-IV and beyond, 2nd ed. Wiley. New York

Perry JC, Banon E & Lanni F (1999) Effectiveness of Psychotherapy for Personality Disorders. Am J Psychiatry, 156, 1312–1321

Pfingsten U (1996) Soziale Ängste. In: Linden M, Hautzinger M (Hrsg.): Verhaltenstherapie. Springer. Berlin, Heidelberg. 353–359

Pretzer J (1996) Kognitive Therapie der Persönlichkeitsstörungen. In: Schmitz B, Fydrich & Limbacher K: Persönlichkeitsstörungen: Diagnostik und Psychotherapie. Psychologie Verlags Union. Weinheim. 149–178

Reinecker H (2000) Selbstmanagement. In: J. Margraf (Hrg.). Lehrbuch der Verhaltenstherapie Band 1. Berlin. 525–540

Renneberg B (1996) Verhaltenstherapeutische Gruppentherapie bei Patienten mit selbstunsicherer Persönlichkeitsstörung. In: Schmitz B, Fydrich T & Limbacher K. Persönlichkeitsstörungen: Diagnostik und Psychotherapie. Psychologie Verlags Union. Weinheim. 344–358

Renneberg B, Fydrich Th (1999) Verhaltenstherapeutische Therapieansätze in der Gruppenbehandlung der selbstunsicheren Persönlichkeitsstörung. In: Saß H, Herpertz S (Hrsg.): Psychotherapie von Persönlichkeitsstörungen. Thieme. Stuttgart New York. 159–170

Rettew DC (2000) Avoidant personality disorder, generalizied social phobia, and shyness: putting the personality back into personality disorders. Harv Rev Psychiatry, 8 (6) 283–297

Salter A (1949) Conditioned relex therapy. New York

Sanislow CA & McGlashan TH (1998) Treatment outcome of personality disorders. Can J Psychiatry, 43, 237–250

Saß H, Wittchen H-U, und Zaudig M (1996) Diagnostisches und Statistisches Manual Psychischer Störungen DSM-IV. Hogrefe. Göttingen. 200–218

Shea MT (1996) Wirksamkeit von Psychotherapie bei Persönlichkeitsstörungen. In: Schmitz B, Fydrich T & Limbacher K. Persönlichkeitsstörungen: Diagnostik und Psychotherapie. Psychologie Verlags Union. Weinheim. 359–375

Turner SM, Beidel DC, Townsley RM (1992) Social phobia: a comparison of spezific and generalized subtypes and avoidant personality disorder. J Abnormal Psychol, 101 (2), 326–321

Ullrich R & de Muynck R U (1978) Das Assertivitäts-Training-Programm (ATP). Pfeiffer. München

Ullrich R & de Muynck R U (1996) Aufbau sozialer Kompetenz: Selbstsicherheitstraining, Assertiveness-Training. Linden M, Hautzinger M (Hrsg.): Verhaltenstherapie. Springer. Berlin, Heidelberg. 85–92

Velzen van CJM, Emmelkamp PMG, Scholing A (2000) Generalized social phobia versus avoidant personality disorder: differences in psychopathology, personality traits, and social and occupational functioning. Journal of Anxiety Disorders, 14, 4, 395–411

Wendlandt W, Hoefert H-W (1976) Selbstsicherheitstraining. Salzburg

Widiger TA (1992), Generalized social phobia versus avoidant personality disorder: a commentary on three studies. J Abnormal Psychol, 101 (2), 340–343

Wlazlo Z (1995) Soziale Phobie. Karger. Freiburg-Basel

Wolpe J (1972) Praxis der Verhaltenstherapie. Huber. Bern

4.8 Dependente Persönlichkeitsstörung

Sabine C. Herpertz, Britta Wenning

4.8.1 Definition

Führendes Merkmal der abhängigen bzw. dependenten Persönlichkeitsstörung ist die Überzeugung, das eigene Leben nicht selbständig führen zu können und inständig der Unterstützung anderer zu bedürfen. Eine Beschreibung von abhängigen, hilflosen und willensschwachen Persönlichkeiten findet sich nicht als eigenständige diagnostische Kategorie in traditionellen Klassifikationen von Persönlichkeitsstörungen. Sie werden hier am ehesten dem asthenischen Psychopathen (K. Schneider 1923) zugeordnet. Mit Einführung von DSM wurde in der ersten Version der passiv-aggressive Subtyp spezifiziert (APA 1952), im DSM-III (APA 1980) wurde passiv-dependentes Verhalten in Anlehnung an Millon (1969) als einer der 8 Grundtypen der Persönlichkeit herausgestellt. Im ICD-10-System wurden dependente Persönlichkeitsmerkmale zunächst der asthenischen Persönlichkeitsstörung untergeordnet, ab der 2. Aufl. (1993) als eigene Kategorie konzeptionalisiert.

Gegenwärtige Operationalisierungen der dependenten Persönlichkeitsstörung differenzieren die folgenden diagnostischen Kriterien:

Diagnosekriterien der dependenten Persönlichkeitsstörung (F60.7) nach ICD-10

Die Störung ist zu diagnostizieren, wenn mindestes 3 Kriterien erfüllt sind:
1. Bei den meisten Lebensentscheidungen wird an die Hilfe anderer appelliert oder die Entscheidung wird anderen überlassen.
2. Unterordnung eigener Bedürfnisse unter die anderer Personen, zu denen eine Abhängigkeit besteht, und unverhältnismäßige Nachgiebigkeit gegenüber den Wünschen anderer,
3. mangelnde Bereitschaft zur Äußerung angemessener Ansprüche gegenüber Personen, zu denen eine Abhängigkeit besteht,
4. unbehagliches Gefühl beim Alleinsein aus übertriebener Angst, nicht für sich allein sorgen zu können,
5. häufige Angst, von einer Person verlassen zu werden, zu der eine enge Beziehung besteht, und auf sich selbst angewiesen zu sein,
6. eingeschränkte Fähigkeit, Alltagsentscheidungen zu treffen ohne ein hohes Maß an Ratschlägen und Bestätigung von anderen.

Zusätzlich kann vorliegen: Selbstwahrnehmung als hilflos, inkompetent und nicht leistungsfähig.

4.8.2 Klassifikation

Die Konzepte der abhängigen bzw. dependenten Persönlichkeitsstörung sind zwischen den beiden Klassifikationssystemen sehr ähnlich. In früheren ICD-Versionen wurde eine abhängige Beziehungsgestaltung als Merkmal der asthenischen Persönlichkeitsstörung aufgefasst, die deshalb unter den dazugehörigen Begriffen genannt wird.

4.8.3 Epidemiologie und Risikogruppen

Die Prävalenz der abhängigen Persönlichkeitsstörung wird in der Allgemeinbevölkerung auf 1–2% geschätzt. In klinischen Populationen finden sich recht unterschiedliche Angaben zwischen 4,6% in der WHO-Untersuchung (Loranger et al. 1994) und bis zu 20% unter stationären psychiatrischen Patienten (Blashfield und Davis 1993). Nachdem die diagnostischen Kriterien mit Einführung des DSM-III-R mit Blick auf den Vorwurf eines „typischen Hausfrauen-Syndroms" (Kaplan 1983) revidiert wurden, findet sich in Studien, die auf strukturierten Interviews beruhen, keine eindeutige Geschlechtspräferenz (Blashfield und Davis 1993).

4.8.4 Ätiologie

Biologische Faktoren

Zwillingsstudien verweisen auf eine höhere Bedeutung von familiären Faktoren gegenüber genetischen Faktoren bei der Entwicklung der dependenten Persönlichkeitsstörung (O'Neill und Kendler 1998).

Auf eine mögliche biologische Prädisposition für dependentes Verhalten verweisen Studien, die neurobiologische Grundlagen von Bindungssuche (affiliativeness) am Tiermodell untersucht haben. Danach stehen Bindungsverhalten, Wunsch nach sozialer Abhängigkeit oder auch soziale Verträglichkeit im Zusammenhang mit opioiden Projektionen von höheren limbischen Arealen auf den ventromedialen Hypothalamus sowie mit dem hypothalamischen Neuropeptid Oxyotocin (Panksepp 1986b, 1993). Empirisch gesicherte Befunde, die auf neurobiologische Vulnerabilitätsfaktoren für eine dependente Persönlichkeitsentwicklung verweisen, liegen allerdings bisher nicht vor.

Psychosoziale Faktoren

Die Operationalisierung der dependenten Persönlichkeitsstörung erinnert in vielen Aspekten an psychoanalytische Beschreibungen der oralen Charakterneurose (Freud 1908, Abraham 1925). Sie wird als Ausdruck einer Fixierung in der oralen Entwicklungsphase aufgefasst und mit Überversorgung, mangelnder Frustration und Verwöhnung vonseiten der primären Bezugspersonen in Zusammenhang gebracht. Fernerhin zeigt die dependente Persönlichkeitsstörung viel von der Beziehungsstörung, die Winnicott (1965) als „falsches Selbst" im Sinne eines fehlenden oder **falschen Selbstkonzeptes** beschrieben hat und die er in einen engen Zusammenhang mit Gefügigkeit, mit Aufgabe der eigenen Vitalität und Selbstentfaltung im Dienste der Beziehungssicherung verstand. Dependente Persönlichkeiten erleben aber z. T. auch die Ambivalenz von Wünschen nach Versorgung und Abhängigkeit auf der einen Seite und Autonomiewünschen auf der anderen Seite, wobei letztere z. T. auch in verdeckter Aggressivität zum Ausdruck kommen.

Dieses Konzept passt sich in lerntheoretische Vorstellungen zur Genese der abhängigen Persönlichkeitsstörung sowie in die (wenn auch sehr rare) empirische Befundlage ein, die auf einen Zusammenhang zwischen **autoritärem und überbehütendem Erziehungsstil** und Defiziten in der Autonomieentwicklung und schließlich auf einen dysfunktionalen, abhängigen Beziehungsstil verweist (Maccoby und Jacklin 1980). Anstelle von Selbstbehauptung und neugierig-expansiver Eroberung der Welt treten Hilfe suchendes Verhalten und die Bindung an stärkere, Schutz spendende Partner. Da ihnen Belastungen durch Frustration von Wünschen, Verlieren in kompetitiven Situationen oder Folgen von Fehlentscheidungen erspart bleiben, wird das hilflose Verhalten weiter verstärkt, d. h., es fehlt zunehmend an handlungsorientierten Lernerfahrungen. Das Problem erfährt eine weitere Verschärfung dadurch, dass keine positiven, auf die eigenen Fähigkeiten attribuierbaren Lernerfahrungen gemacht werden (Bohus et al. 2000).

Fazit für die Praxis

Abhängige Persönlichkeiten haben defizitäre Lernerfahrungen hinsichtlich der Entwicklung von Autonomie, Durchsetzungsvermögen und der selbstständigen Gestaltung des Alltages.

Ursächlich können ein autoritärer oder verwöhnender, in jedem Fall wenig zur Ausbildung einer eigenständigen Persönlichkeit ermutigender Erziehungsstil sein. Daneben werden prädisponierende biologische Faktoren diskutiert.

4.8.5 Symptomatik

Vor dem Hintergrund der Selbsteinschätzung als hilflos und schwach und einer mangelnden Bereitschaft zur Übernahme von Selbstverantwortung wird in allen Lebenssituationen Unterstützung durch andere, insbesondere den Partner, gebraucht. Dabei werden Partner vordringlich in der Funktion der Versorgung, der Hilfestellung und Schutzgewährung wahrgenommen, weshalb intensive **Verlassenheitsangst** mit **Insuffizienzerleben** gekoppelt ist. Bindung wird auf dem Wege der Nachgiebigkeit, der **Anpassung**, der Signalisierung von Hilflosigkeit und schließlich eines submissiven Interaktionsstils angestrebt. So vermeiden sie Konflikte und ordnen eigene Wünsche und Bedürfnisse Partnern unter. Beck und Freeman (1993) stellen zwei Grundannahmen bei der dependenten Persönlichkeitsstörung heraus: Betroffene sehen sich als naturgemäß unzulänglich und hilflos einer einsamen und gefährlichen Welt ausgesetzt und sie sehen die Lösung darin, jemanden zu finden, der das Leben meistert und sie zu beschützen und zu versorgen vermag.

Abhängig von der Partnerwahl können sich aufgrund der hohen Fähigkeit zur Empathie und Kooperation durchaus harmonische und stabile Beziehungen ausbilden, die allerdings immer bedroht erlebt werden von der möglichen Trennung oder dem Tod des Partners. Prototypisch hat Riemann (1978) die dependente Gestaltung einer Liebesbeziehung bei seinem „depressiven Charakter" beschrieben: „Man denkt und fühlt wie der andere, man errät seine Wünsche, man weiß, was er ablehnt und was ihn stört, und räumt es ihm aus dem Weg; man übernimmt seine Ansichten und teilt seine Meinungen – kurz: man lebt, als ob schon ein Andersdenken, eine andere Meinung, ein anderer Geschmack, überhaupt ein Sich-von-ihm-Unterscheiden und Man-selbst-Sein gefährlich wäre und die Verlustangst heraufbeschwören würde." (S. 67 f.) Aufgrund ihrer demonstrierten Hilflosigkeit und ihrer Anklammerungstendenz aber können dependente Persönlichkeiten auch Abgrenzungswünsche von Partnern verstärken mit der Folge recht konflikthafter Partnerschaften, die Ausgangspunkt krisenhafter Zuspitzungen aufseiten der Patienten sind. Empirische Studien an klinischen Populationen verweisen auf eine hohe Dysfunktionalität im familiären Bereich im Sinne von negativen partnerschaftlichen Erfahrungen (Overholser et al. 1996, Reich 1996). Depressive Störungen, die aus Verlustsituationen heraus entstanden sind und eine Chronifizierungstendenz zeigen, sind eine häufige Komplikation der dependenten Persönlichkeitsstörung.

Kasuistik

Eine 50-jährige schlicht, aber durchaus geschmackvoll gekleidete Patientin kommt nach einem gravierenden Suizidversuch in die Klinik. Bereits seit acht Monaten leidet sie unter einer schweren depressiven Episode, die nach der Trennung des Ehemannes, einem tatkräftigen, erfolgreichen Geschäftsführer einsetzte. Diesem Mann habe sie ihr ganzes Leben zu verdanken. Er habe ihr Sicherheit geboten, ihr ein gesellschaftlich anerkanntes Leben bereitet und ihr auch viel Abwechslung durch Reisen geboten. Sie habe das gemeinsame große Haus gepflegt, ihren Mann versorgt und für seine Geschäftsfreunde Empfänge bereitet. Traurig sei sie gewesen, dass ihr Mann keine Kinder wünschte, aber sie habe diesen Verzicht aus Liebe zu ihm geleistet. Sie habe ihren Mann bereits mit 20 Jahren geheiratet; bis dahin habe sie mit ihren Eltern auf einem Dorf gelebt. Obwohl sie gute Schulleistungen erbracht hätte, habe sie eine ungelernte Tätigkeit im Haushalt angenommen. Ihren Berufswunsch der Krankenschwester habe sie aufgegeben, weil die entsprechende Ausbildung einen Umzug in die Stadt erfordert hätte. Ihr Mann habe seit einigen Jahren eine Beziehung zu einer anderen Frau gehabt. Sie habe ihm allerdings nie zu erkennen gegeben, dass sie davon wisse, um nicht die Harmonie zwischen ihnen zu stören. Dass er sie dann schließlich doch wegen dieser Frau verlassen habe, habe sie in eine verzweifelte, aussichtslose Situation gestürzt. Es sei nicht nur so, dass das Leben ohne ihren Mann freudlos und sinnlos sei, sondern sie sehe sich gar nicht in der Lage, ihr Leben selbstständig zu führen, fühle sich schon von der Erledigung alltäglicher Aufgaben völlig überfordert. So habe sie schließlich den Entschluss gefasst, ihrem Leben ein Ende zu bereiten.

Fazit für die Praxis

Die Suche nach Harmonie, Versorgung und Sicherheit ist bestimmend für die Lebensgestaltung. Die für das menschliche Leben typische Ambivalenz zwischen Bindung einerseits und Autonomiewünschen andererseits wird einseitig gelöst, d. h., eigene Bedürfnisse und Wünsche nach Selbstverwirklichung werden durchgehend aufgegeben zugunsten der Sicherung von Beziehungen.

Abhängige Persönlichkeiten haben ein erhöhtes Risiko, affektive Störungen und Angststörungen zu entwickeln. Typische Auslösesituationen sind Trennungen vom Partner, seltener auch von Kindern, oder der Tod der Eltern. Der Verlauf ist nicht selten chronisch.

Abhängige Persönlichkeiten kommen häufig erst im fortgeschrittenen Erwachsenenalter in Behandlung und haben bis zum Krankheit auslösenden Ereignis gewöhnlich unauffällig und angepasst gelebt.

4.8.6 Differenzialdiagnose und Komorbidität

Hinsichtlich der Komorbidität mit Achse-I-Störungen sind insbesondere die Major Depression (Abb. 4.2) und bipolare affektive Störungen herauszuheben (Skodol et al. 1996, Loranger et al. 1996). Allerdings ist die Datenlage uneinheitlich hinsichtlich der Frage, ob affektive Störungen als spezifische Komplikation einer abhängigen Persönlichkeitsstörung aufzufassen sind. So wird auch über eine Häufung von Angststörungen (generalisierte Angststörung, Panikstörung mit und ohne Agoraphobie) und Bulimia nervosa bei entsprechenden Personen berichtet (Skodol et al. 1996).

Ein mit depressiven Episoden häufig einhergehendes Insuffizienzerleben und agitiert-anklammerndes Verhalten kann fälschlicherweise eine abhängige Persönlichkeitsstörung nahe legen; die vermeintlichen Persönlichkeitsmerkmale bilden sich dann zum Erstaunen der Therapeuten mit abklingender Depression zurück.

Dependente Verhaltensmuster treten auch bei verschiedenen anderen Persönlichkeitsstörungen, insbesondere der histrionischen, der selbstunsicher-vermeidenden und der Borderline-Persönlichkeitsstörung auf. Anhaltspunkte für die Differenzialtypologie gibt Abb. 4.16.

4.8.7 Weiterführende Diagnostik

Neben den Instrumenten, mit deren Hilfe die Diagnose nach dem entsprechenden Klassifikationsmodell erhoben werden kann, gibt es das hinsichtlich Gütekriterien geprüfte Interpersonal Dependency Inventory (Hirschfeld et al. 1977). Eine deutsche Version ist nicht publiziert.

4.8.8 Psychotherapie

Britta Wenning, Sabine C. Herpertz

Allgemeine Therapieziele

Für dependente Persönlichkeiten sind typische Anlässe therapeutische Hilfe zu suchen, depressive Verstimmungen im Rahmen von drohenden oder eingetretenen Verlusterlebnissen, die nicht selten mit akuter Suizidalität einhergehen. Ebenso können Angststörungen, hypochondrische Ängste oder auch Essstörungen infolge ähnlicher Krisensituationen auftreten. Ist den Betroffenen bei Aufnahme der Behandlung der Anteil der eigenen Persönlichkeit an den berichteten Symptomen nicht zugänglich, sollte diese Einsicht nicht forciert werden. Zur Behandlung der Achse-I-Störungen sei auf die bekannten Interventionen verwiesen.

Als generelles Therapieziel ist die **Förderung der Autonomie** anzusehen. Mit Birtchnell (1984) lässt sich Autonomie als Fähigkeit definieren, sowohl unabhängig von anderen zu handeln als auch enge und intime Beziehungen aufzubauen. Dies wird am ehesten gelingen, indem das Selbstvertrauen und die Selbstwirksamkeit des Patienten gefördert werden. Als konkrete Ziele sollte daher formuliert werden: Eigene Wünsche und Bedürfnisse erkennen und vertreten sowie Stärken und Fähigkeiten anerkennen und aktivieren. Dabei sollte allerdings beachtet werden, dass diametral zur Steigerung solcher Kompetenzen vom Patienten notwendigerweise eine allmähliche Abgrenzung von den Halt und Sicherheit gebenden Bezugspersonen gefordert wird.

Unabhängig von den konkreten, individuellen Zielvorstellungen sollte der Therapeut nicht der Versuchung erliegen, dem Patienten zu sagen, was zu tun sei. Vielmehr sollte er den Patienten ermutigen, eigene Zielvorstellungen zu formulieren, die ihn nicht beängstigen.

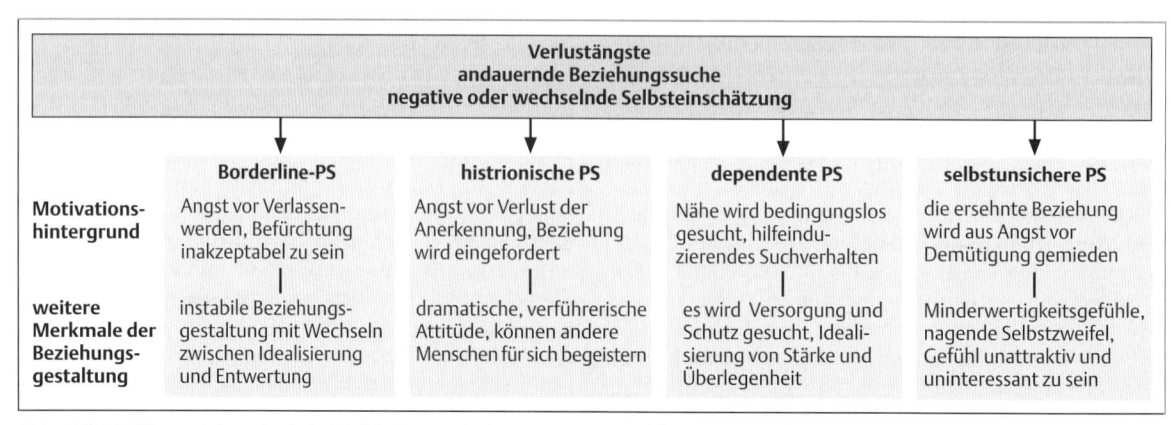

	Verlustängste andauernde Beziehungssuche negative oder wechselnde Selbsteinschätzung			
	Borderline-PS	histrionische PS	dependente PS	selbstunsichere PS
Motivationshintergrund	Angst vor Verlassenwerden, Befürchtung inakzeptabel zu sein	Angst vor Verlust der Anerkennung, Beziehung wird eingefordert	Nähe wird bedingungslos gesucht, hilfeinduzierendes Suchverhalten	die ersehnte Beziehung wird aus Angst vor Demütigung gemieden
weitere Merkmale der Beziehungsgestaltung	instabile Beziehungsgestaltung mit Wechseln zwischen Idealisierung und Entwertung	dramatische, verführerische Attitüde, können andere Menschen für sich begeistern	es wird Versorgung und Schutz gesucht, Idealisierung von Stärke und Überlegenheit	Minderwertigkeitsgefühle, nagende Selbstzweifel, Gefühl unattraktiv und uninteressant zu sein

Abb. 4.16 Differenzialtypologie in Verbindung mit dem Symptom „Abhängige Beziehungsgestaltung".

Therapeutische Beziehung und Gesprächsführung

Die in Therapien häufig beobachtbare hohe Kooperationsfähigkeit, Anpassungsfähigkeit und Freundlichkeit der Patienten ist für die Aufnahme einer therapeutischen Beziehung zunächst von Vorteil. Allerdings nehmen diese Patienten auch sehr sensibel die Erwartungen an einen „guten Patienten" wahr. Sie sind nur zu gerne bereit, ohne eigene Überzeugung Behandlungsvorschlägen Folge zu leisten, so dass das Ziel einer autonomen Lebensführung durch eine solche dependente Gestaltung der therapeutischen Beziehung nicht erreicht werden kann. Stattdessen besteht die **Gefahr**, dass der Patient nur vordergründig zu profitieren scheint und eine **pseudoprogressive Entwicklung** nimmt. Von dem Therapeuten ist also gefordert, die Entwicklung der Beziehungsgestaltung fortlaufend kritisch zu betrachten und ggf. gemeinsam mit dem Patienten zu reflektieren. In diesem Sinne kann die therapeutische Beziehungserfahrung genutzt werden, die typische dependente Beziehungsgestaltung offen zu legen und sie hin zu mehr Gleichberechtigung zu entwickeln. Zusammengefasst benötigen dependente Patienten eine Balance zwischen einer tragfähigen und Schutz gewährenden sowie gleichzeitig ermutigenden und Autonomie fördernden therapeutischen Haltung.

Psychoedukation

Da den meisten Patienten Abhängigkeit in der Beziehungsgestaltung nicht fremd ist – häufig haben sie diese Rückmeldung bereits im Freundeskreis erhalten –, erscheint es sinnvoll, den Patienten die Diagnose anhand von geschilderten Beispielen transparent zu machen. Dabei sollte nicht nur auf die Defizite, sondern gerade auch auf die Stärken einer dependenten Persönlichkeit aufmerksam gemacht werden: Sie zeichnet sich häufig durch eine hohe Sensibilität aus, die zu einer guten sozialen Integration sowie zu stabilen, sich wechselseitig unterstützenden Freundschaften und Partnerschaften beitragen kann (Bornstein 1993). Sind die individuellen dysfunktionalen Persönlichkeitsstile aufgedeckt, sollten sie in einen interpersonellen Gesamtzusammenhang gebracht werden. Es sollte erarbeitet werden, welche Auswirkungen sie auf die private und berufliche Beziehungsgestaltung haben, welche Reaktionen sie bei ihren Mitmenschen hervorrufen und welche Bedeutung und Konsequenzen diese wiederum für den Patienten selbst haben. Häufig lässt sich aus diesen Erkenntnissen ein „kognitiv-interpersoneller Teufelskreis" erstellen, aus dem Anregungen für Entwicklungsmöglichkeiten abgeleitet werden können (Schmitz 1999).

Spezifische Behandlungsansätze

Psychodynamische Ansätze

Psychodynamische Behandlungskonzepte sind besonders für solche dependenten Patienten geeignet, deren Ziel es ist, **eigene Wünsche**, Wertvorstellungen und Interessen zu entwickeln (Fiedler 2000). Durch das beziehungsorientierte Therapieangebot und der damit verbundenen Übertragungssituation lassen sich die typischen Interaktionsmuster aufdecken und vor dem Hintergrund lebenslanger Beziehungserfahrungen mit oft ungelösten Autonomie-Abhängigkeitskonflikten reflektieren und verstehen (Herpertz und Saß 2002). Sodann ermöglicht der sichere Therapieraum, vorhandene Ressourcen zu erkennen und zu aktivieren und darauf aufbauend neue (Beziehungs)Erfahrungen zu wagen. Auf diesem Wege kann langfristig eine Anhebung des Selbstvertrauens erreicht sowie eine autonomere Lebensgestaltung angeregt werden. Nicht selten treten in dieser Behandlungsphase diametral zu den Autonomieversuchen **Verlustängste** in nahen Beziehungen auf. Wird deren Auftreten vorausschauend angekündigt, gelingt es den Patienten eher, sich ihnen zu stellen und zu versuchen sie auszuhalten. Darüber hinaus sollte das Auftreten von Verlustängsten genutzt werden, das unvermeidliche Ende der therapeutischen Beziehung zu thematisieren. In fortgeschrittenen Behandlungsstadien ist anzustreben, dass der Patient wagt, sich mit verbotenen, aber unterschwellig oft vorhandenen **aggressiven Impulsen** zu beschäftigen.

Kognitiv-behaviorale Ansätze

Sind dependente Patienten bereits in der Lage eigene Wünsche und Interessen wahrzunehmen und zu benennen, ist häufig das **Training sozialer Kompetenzen** (z. B. Pfingsten und Hinsch 1991) indiziert, um diese um- bzw. durchzusetzen. Unter sozialer Kompetenz wird allgemein die erfolgreiche Durchführung von angemessenen Verhaltensweisen in sozialen Situationen verstanden (Bandura 1969). Wichtig ist zu beachten, dass es kein allgemein gültiges Idealverhalten sozialer Kompetenz gibt. Vielmehr sollte ein individueller **Kompromiss zwischen Selbstverwirklichung und sozialer Anpassung** gefunden werden. Erst die Balance zwischen beiden Anforderungen ermöglicht eine Beziehungsgestaltung, in der sich Patienten weder völlig ausschließen oder zurückziehen, noch unter Verlust eines Eigenlebens und eigener Ansprüche völlig in ihr aufgehen. Die konkreten Inhalte des Trainings sozialer Kompetenzen werden daher auf die individuellen Problemsituationen der Patienten ausgerichtet. Zentraler Bestandteil der einzelnen Sitzungen sind Rollenspiele inklusive Feedback durch Therapeuten bzw. weitere Gruppenmitglieder. Für die Effizienz der Rollenspielübungen ist entscheidend, ob durch ihre erfolgreiche Durchführung die Selbstwirksamkeitsüberzeugung des Patienten für die Zukunft gesteigert wird. In diesem Zusammenhang sei auf einige Kriterien aufmerksam gemacht:
- Die ausgewählte Situation muss für den Patienten persönlich relevant sein.
- Sie muss ausreichend schwierig sein, um einen Anreiz darzustellen.
- Sie muss ohne übermäßige Anstrengung zu bewältigen sein.
- Sie muss ohne Hilfe von außen zu bewältigen sein.

Kognitive Therapeuten verweisen darauf, dass durch die strukturierte Zusammenarbeit – beispielsweise durch das Erstellen eines konkreten Behandlungsplanes oder das Aufstellen realistischer Therapieziele – eine aktive Beteiligung des Patienten gefordert ist. Bei der Festlegung der Ziele sollte beachtet werden, auch einige „leichte", kurzfristig zu erreichende Ziele zu entwickeln. Zur Bekämpfung der angenommenen Unzulänglichkeit und Hilflosigkeit sollten die Patienten idealerweise konkrete Erfahrungen der persönlichen Kompetenz machen (Beck und Freeman 1993). Darüber hinaus eignen sich sämtliche kognitiven Interventionen; besonders empfohlen werden die **kognitive Umstrukturierung der dysfunktionalen Schemata** (Kap. 4.7.8) sowie **Techniken zur Förderung der Selbstkontrolle**. Kanfer und Kollegen verweisen darauf, dass therapeutisch geplante Selbstbeobachtung und bewusste Protokollierung unmittelbar, d. h. ohne weitere therapeutische Intervention, zu wünschenswerten Veränderungen führt (Kanfer, Reinecker und Schmelzer 1991). Dabei ist lediglich zu beachten, dass Beobachtungselemente, Protokollierungsmethode sowie der Beobachtungszeitraum genau festgelegt sind und neben der Registrierung störender Verhaltensweisen auch neue und günstige Verhaltensweisen Beachtung finden. Der gezielte Einsatz von Übungen und Hausaufgaben trägt somit maßgeblich zur Förderung von Selbstvertrauen und Selbstsicherheit bei.

Behandlungsrahmen

Aus den oben ausgeführten Interventionen der verschiedenen Therapieformen lässt sich die Empfehlung einer **gestuften Behandlung** ableiten: Zunächst sollte der Schwerpunkt auf der Wahrnehmung und Entwicklung eigener Bedürfnisse und Ansprüche liegen, was erfahrungsgemäß am ehesten im Einzelsetting zu verwirklichen ist, anschließend gilt es, diese wirkungsvoll umzusetzen. Hier empfiehlt sich das Training sozialer Kompetenzen in der Gruppe. In diesem Rahmen haben die Patienten verstärkt die Möglichkeit, von Rollenspielen Gebrauch zu machen sowie von den anderen Gruppenmitgliedern zu lernen. Gleichzeitig wird dadurch das Risiko einer eingeschränkten Ausrichtung auf bzw. Abhängigkeit von der Person des Therapeuten reduziert.

Um den Patienten darin zu unterstützen, seine von Unterwürfigkeit, Hilflosigkeit und Passivität geprägte Beziehungsgestaltung zu ändern, kann es hilfreich sein, den **Partner** in die Behandlung einzubeziehen. Hier ist das Ziel, den Partner ohne Vorwürfe und Schuldzuweisungen zu motivieren, seine die Dependenz begünstigenden Verhaltensweisen zu modifizieren (Saß 2000). Darüber hinaus kann die Bedeutung und Plausibilität der potenziell auftretenden Verlustängste gemeinsam mit dem betreffenden Partner reflektiert werden.

Abschließend sei noch darauf verwiesen, die Therapie zeitlich zu begrenzen und dies bereits zu Beginn der Behandlung zu verdeutlichen.

Fazit für die Praxis

> In der Behandlung dependenter Persönlichkeiten ist ein individueller Kompromiss zwischen Autonomie und sozialer Anpassung zu entwickeln.
> Psychodynamische Interventionen sind insbesondere in der Analyse der Beziehungsgestaltung sowie in der Entwicklung eigener Bedürfnisse und Wünsche wirksam.
> Kognitiv-behaviorale Interventionen wie Selbstmanagement-Therapie und Training sozialer Kompetenzen fördern Selbstvertrauen und Unabhängigkeit.

Mögliche Fehler und Probleme

> Bei depressiven Störungen, die im Anschluss an Trennungen oder Todesfällen auftreten, ist eine sorgfältige Persönlichkeitsdiagnostik durchzuführen, bevor eine Chronifizierungstendenz eintritt!
> Das in der Diagnostik von Persönlichkeitsstörungen stets zu beachtende Zeitkriterium des überdauernden Charakters ist zu beachten, da dependentes, anklammerndes Verhalten auch ein zeitlich befristetes Symptom einer depressiven Störung sein kann. Es sind fremdanamnestische Angaben einzuholen.
> Der Anschein von sozialer Kompetenz im Sinne eines zugewandten, freundlichen und hilfsbereiten Verhaltens darf nicht über die hohe Dysfunktionalität dependenter Persönlichkeiten im sozialen und familiären Bereich hinwegtäuschen; in unserer modernen, auf Autonomie, Selbstverwirklichung und Zielstrebigkeit ausgerichteten Gesellschaft finden dependente Personen nur noch selten einen lebenslangen Schutzraum.
> Es wird übersehen, dass der Patient auch in der therapeutischen Beziehung die dependente Rolle aufrechterhält.
> Überforderung des Patienten durch zu frühe Autonomie fördernde Interventionsstrategien.

Was hat sich in den letzten 5 Jahren verändert?

> Die dependente Persönlichkeitsstörung ist systematisch lediglich hinsichtlich ihrer Komorbidität mit Achse-I-Störungen beforscht worden. Hier hat sich die klinische Erfahrung bestätigt, dass diese Persönlichkeitsstörung eine Vulnerabilität für die Entwicklung und Chronifizierung von affektiven Erkrankungen und Angststörungen impliziert.

Literatur

Abraham K (1925) Psychoanalytische Studien zur Charakterbildung. In: Abraham K (Hrsg.) Gesammelte Schriften. Band 2. Fischer, Frankfurt, 103–160

American Psychiatric Association (1952) Diagnostic and statistical manual of mental disorders. In: American Psychiatric Association (Hrsg.) American Psychiatric Press, Washington

American Psychiatric Association (1980) Diagnostic and statistical manual of mental disorders, third edition, DSM-III. In: American Psychiatric Association Deutsche Bearbeitung und Einführung von Koehler K & Saß H Washington, Weinheim, Basel

Bandura A (1969) Principles of behavior modification. Holt, New York

Beck AT, Freeman A (1993) Kognitive Therapie der Persönlichkeitsstörungen. 2. Auflage Beltz PsychologieVerlagsUnion, Weinheim

Birtchnell J (1984) Dependence and its relationship to depression. British Journal of Medical Psychology, 57:215–225

Blashfield R, Davis RT (1993) Dependent and histrionic personality disorders. In: Sutker PB, Adams HE (eds) Comprehensive handbook of psychopathology. 2nd ed. Plenum, New York, pp 394–409

Bohus M, Stieglitz RD, Fiedler P, Berger M (2000) Persönlichkeitsstörungen. In: Berger M (Hrsg.) Psychiatrie und Psychotherapie. Urban & Schwarzenberg, München, Wien, Baltimore, 772–845

Bornstein RF (1993) The dependent personality. Guilford, New York

Fiedler P (2000) Integrative Psychotherapie bei Persönlichkeitsstörungen. Hogrefe, Göttingen

Freud S (1908) Charakter und Analerotik. GW VII Fischer, Frankfurt

Herpertz SC, Saß H (2002) Persönlichkeitsstörungen. In: Ahrens S & Schneider W (Hrsg) Lehrbuch für Psychosomatik und Psychotherapie. 2. erweiterte und überarbeitete Ausgabe. Schattauer Verlag, 221–244

Hirschfeld RMA, Klerman GL, Gough HG, Barnett J, Korchin SJ, Chodoff P (1977) A measure of interpersonal dependency. Journal of Personality Assessment 41:610–618

Kanfer FH, Reinecker H & Schmelzer D (1991) Selbstmanagement-Therapie. Springer, Berlin

Kaplan M (1983) A woman's view on DSM-III. American Psychologist 38:786–792

Loranger AW, Sartorius N, Andreoli A et al. (1994) The International Personality Disorders Examination. Archives of General Psychiatry 51:215–224

Loranger AW, Susman VL, Oldham HM, Russakoff LM (1996) International Personality Disorder Examination (IPDE): A structural interview for DSM-IV and ICD-10 personality disorders. German Translation by Mombour W et al. New York Hospital Cornell Medical Center, Westchester Division White Plain, New York

Maccoby EE, Jacklin CN (1980) Sex differences in aggression: a rejoinder and reprise. Child Development 51(4):964–980

Millon T (1969) Modern Psychopathology: A biosocial approach to maladaptive learning and functioning. Saunders, Philadelphia

O'Neill FA, Kendler KS (1998) Longitudinal study of interpersonal dependency in female twins. British Journal of Psychiatry 172:154–158

Overholser JC (1996) The dependent personality and interpersonal problems. Journal of Nervous and Mental Disease 184(1):8–16

Panksepp J (1986b) The neurochemistry of behavior. Annual Review of Psychology 37:77–107

Panksepp J (1993) Neurochemical control of moods and emotions: amino acids to neuropeptides. In: Lewis M, Haviland JM (Hrsg) Handbook of emotions. Guilford Press, New York, S 87–107

Pfingsten U & Hinsch R (Hrsg) (1991) Gruppentraining Sozialer Kompetenzen (GSK). PsychologieVerlagsUnion, Weinheim

Reich J (1996) The morbidity of DSM-III-R dependent personality disorder. Journal of Nervous and Mental Disease 184(1):22–26

Riemann F (1978) Grundformen der Angst – eine tiefenpsychologische Studie. Ernst Reinhardt Verlag, München, Basel

Saß H (2000) Persönlichkeitsstörungen. In: Helmchen H, Henn F, Lauter N, Sartorius N (Hrsg) Psychiatrie der Gegenwart. Erlebens- und Verhaltensstörungen, Abhängigkeit und Suizid. Springer, Berlin, Heidelberg

Schmitz B (1999) Kognitive Verhaltenstherapie bei Patienten mit Persönlichkeitsstörungen: Behandlungsansätze und Psychoedukation. In: Saß H & Herpertz S (Hrsg.): Psychotherapie von Persönlichkeitsstörungen. Beiträge zu einem schulenübergreifenden Vorgehen. Thieme, Stuttgart, 25–47

Schneider K (1923) Die psychopathischen Persönlichkeiten. Thieme, Leipzig

Skodol AE, Gallaher PE, Oldham JM (1996) Excessive dependency and depresion: is the relationship specific? Journal of Nervous and Mental Disease 184(3):165–171

Winnicott DW (1965) Ego disortion in terms of true and false self. In: Winnicott DW (ed) The maturational processes and the faciliating environment. International Universities Press, New York, pp 140–152

Sonstige spezifische Persönlichkeitsstörungen

Ergänzend zu den acht dargestellten Persönlichkeitsstörungen, die in die ICD-10-Klassifikation offiziell aufgenommen wurden, können weitere spezifische Persönlichkeitsstörungen kodifiziert werden (F60.8). Hier sind insbesondere die schizotypische und die narzisstische Persönlichkeitsstörung, die im amerikanischen Klassifikationssystem ausgeführt werden, wegen ihrer hohen klinischen Bedeutung hinzuzufügen.

4.9 Schizotypische Persönlichkeitsstörung

Sabine C. Herpertz

4.9.1 Definition

Die DSM-Klassifikation beschreibt mit der schizotypischen Persönlichkeitsstörungskategorie sonderlinghafte Menschen mit erheblichen sozialen und zwischenmenschlichen Defiziten und extremer sozialer Ängstlichkeit, die einen fließenden Übergang zu paranoiden Befürchtungen zeigt.

Das aktuelle Konzept der schizotypischen Persönlichkeitsstörungen greift traditionelle Vorstellungen von einem Zwischengebiet (borderline) zwischen krankhaften seelischen Zuständen und persönlichen Eigentümlichkeiten auf. Kraepelin stellte insbesondere ein Grenzgebiet zwischen einer kleinen Gruppe auffälliger Persönlichkeiten und der Dementia simplex heraus, die er in der 8. Aufl. seines Lehrbuches als unterentwickelte Fälle, Formes frustes einer Dementia simplex betrachtete (Kraepelin 1913, S. 947). Bleulers diagnostische Kategorie einer latenten Schizophrenie wird bis heute zuweilen auf Menschen mit merkwürdigem, exzentrischem Verhalten angewandt. Besondere Bedeutung erhielt das Konzept der pseudoneurotischen Schizophrenie von Hoch und Polatin (1949), das eine untypische Form der Schizophrenie beschrieb und durch spezifische diagnostische Merkmale charakterisiert war. Diese umfassten sowohl primäre Symptome, die in Anlehnung an die Grundsymptome Bleulers mit Autismus, Ambivalenz, Störungen des Denkens und der Affekte benannt wurden, sowie sekundäre Symptome, die neurotischen Merkmalen entsprachen und das variationsreiche klinische Bild ausmachten (insbesondere generalisierte Angstzustände und hypochondrische Befürchtungen). In Verlaufsuntersuchungen stellten Hoch et al. (1962) fest, dass 20% der Patienten später eine schizophrene Psychose entwickelten. Die genannten sekundären Symptome von Hoch et al. (1962) gingen in psychoanalytische Konzepte des Borderline-Syndroms ein, so bei Kernberg (1967), Grinker et al. (1968) und Rohde-Dachser (1979). Allerdings wurde von den Vertretern der Psychoanalyse nicht die Einschätzung übernommen, bei den Borderline-Patienten handele es sich eigentlich um Schizophrene im Gewand der Neurose. Alle diese Entwürfe eines Borderline-Syndroms betreffen den Übergangsbereich zu den Schizophrenien und sind Vorläufer des heutigen DSM-IV-Konzeptes der schizotypischen Persönlichkeitsstörung (nicht aber der Borderline-Persönlichkeitsstörung).

Diagnosekriterien der schizotypischen Persönlichkeitsstörung nach DSM-IV

Ein tief greifendes Muster sozialer und zwischenmenschlicher Defizite, das durch akutes Unbehagen in und mangelnde Fähigkeit zu engen Beziehungen gekennzeichnet ist. Weiterhin treten Verzerrungen der Wahrnehmung oder des Denkens und eigentümliches Verhalten auf. Die Störung beginnt im frühen Erwachsenenalter und zeigt sich in verschiedenen Situationen. Mindestens 5 der folgenden Kriterien müssen erfüllt sein:
1. Beziehungsideen (jedoch kein Beziehungswahn),
2. seltsame Überzeugungen oder magische Denkinhalte, die das Verhalten beeinflussen und nicht mit den Normen der jeweiligen subkulturellen Gruppe übereinstimmen (z. B. Aberglaube, Glaube an Hellseherei, Telepathie oder an den „sechsten Sinn"; bei Kindern und Heranwachsenden bizarre Phantasien und Beschäftigungen),
3. ungewöhnliche Wahrnehmungserfahrungen einschließlich körperbezogener Illusionen,
4. seltsame Denk- und Sprechweise (z. B. vage, umständlich, metaphorisch, übergenau, stereotyp),
5. Argwohn oder paranoide Vorstellungen,
6. inadäquater oder eingeschränkter Affekt,
7. Verhalten oder äußere Erscheinung sind seltsam, exzentrisch oder merkwürdig,
8. Mangel an engen Freunden oder Vertrauten außer Verwandten ersten Grades,
9. ausgeprägte soziale Angst, die nicht mit zunehmender Vertrautheit abnimmt und die eher mit paranoiden Befürchtungen als mit negativer Selbstbeurteilung zusammenhängt.

Fazit für die Praxis

Die schizotypische Persönlichkeitsstörung beschreibt (im Gegensatz zur Borderline-Persönlichkeitsstörung) am ehesten einen Übergangsbereich zwischen Persönlichkeitsauffälligkeiten und schizophrenen Erkrankungen.

4.9.2 Klassifikation

Die schizotypische Persönlichkeitsstörung wird nur im DSM-IV unter die Persönlichkeitsstörungen subsumiert. Im ICD-10 finden sich dagegen ähnliche Merkmale im F2-Kapitel bei den schizophrenen und wahnhaften Störungen in Form der schizotypen Störung und z. T. auch bei der Beschreibung der sog. Schizophrenia simplex.

4.9.3 Epidemiologie und Risikogruppen

Die wenigen vorliegenden Feldstudien verweisen auf Prävalenzdaten in der Allgemeinbevölkerung bis zu 3%. Oft zeigen sich schon in der Kindheit Verhaltensauffälligkeiten im Sinne von sozialen Ängsten, Sensitivität und skurrilem Verhaltensstil, so dass diese Kinder nicht selten Hänseleien auf sich ziehen. Ein erhöhtes Risiko haben Verwandte ersten Grades von schizophrenen Patienten.

4.9.4 Ätiologie und Risikofaktoren

Biologische Faktoren

Insgesamt hat die empirische Forschung eine Vielzahl von Befunden erbracht, die die (biologische) Nähe zur Schizophrenie nahe legen. Sowohl Familien- und Zwillingsuntersuchungen (Kendler et al. 1984, Battaglia et al. 1995) als auch Studien über schizophrene „Marker" aus der Schizophrenieforschung (Störungen der Augenfolgebewegungen, der Aufmerksamkeit und anderer kognitiver Funktionen sowie psychophysiologische Reaktionsmaße) sprechen für eine enge Verwandtschaft mit schizophrenen Erkrankungen. Schließlich legen auch Befunde aus struktureller und funktioneller Bildgebung nahe, dass es sich bei der schizotypischen Persönlichkeitsstörung um eine schizophrene Spektrumerkrankung handelt (Buchsbaum et al. 1997, Siever et al. 1993).

Psychosoziale Faktoren

Im Sinne des Diathese-Stress-Modells ist eine Zunahme der Symptomatik bei hohen sozialen Anforderungen und zwischenmenschlichen Konfliktsituationen zu erwarten (Fiedler 1997). Die interpersonellen Eigenarten lassen sich danach als Reaktion auf Belastungen (soziale Angst) oder als Bewältigungsversuch zum Schutz vor Belastung (soziale Isoliertheit) auffassen.

Fazit für die Praxis

Für die schizotypische Persönlichkeitsstörung konnten eindeutige biologische Zusammenhänge zu schizophrenen Spektrumerkrankungen empirisch gesichert werden.

4.9.5 Symptomatik

Schizotype Persönlichkeiten verfügen gewöhnlich nicht über die in einer Kultur oder in einem gesellschaftlichen Kontext üblichen sozialen Umgangsformen, wirken vielmehr **sonderlinghaft**, skurril oder eigenartig und leben **sozial isoliert**. Daneben zeigen schizotypische Persönlichkeiten auch Besonderheiten des Wahrnehmens und Denkens in unterschiedlichen Abstufungen, beispielsweise „Störungen der Aufmerksamkeit, der selektiven Wahrnehmung und der Filterung von Reizen, Phänomene des kognitiven Gleitens, der vermehrten Beziehungssetzung durch eigentümliche Auswahl und Bewertung von Informationen" (Saß 2000). Es dominiert eine vage, umständliche Sprechweise mit einer eigenwilligen, z. T. auch metaphorischen und überelaborierten Wortwahl. Schizotypische Persönlichkeiten fallen nicht selten wegen magischer, esoterischer oder abwegiger Vorstellungen und Überzeugungen auf. Ein weiteres wesentliches Merkmal ist eine **extreme soziale Ängstlichkeit**, die hypersensitive Züge trägt und mit Beziehungsideen und paranoiden Vorstellungen einhergehen kann. Insgesamt erinnert die Symptomatik an schizophrene Positivsymptome (e.g. Beziehungsideen, ungewöhnliche Wahrnehmungserfahrungen, paranoide Vorstellungen) und Negativsymptome (e.g. vages, umständliches, stereotypes Denken, Anhedonie, Verarmung in Affekt und Ausdruck).

Fazit für die Praxis

Die führenden Merkmale der schizotypischen Persönlichkeitsstörung sind sonderlinghaftes, skurriles, exzentrisches Verhalten, extreme soziale Ängstlichkeit mit fließenden Übergängen zu paranoiden Befürchtungen sowie leichtere kognitive und sprachliche Auffälligkeiten.

4.9.6 Differenzialdiagnose und Komorbidität

Die schwierigste Differenzialdiagnose betrifft die zur Schizophrenie. Deshalb ist es ein entscheidendes Ausschlusskriterium, dass schizotypische Merkmale nicht nur im Verlauf einer schizophrenen Erkrankungsepisode, einer affektiven Störung mit psychotischen Merkmalen, einer anderen psychotischen Störung oder einer tief greifenden Entwicklungsstörung auftreten, wie es auch im B-Kriterium der entsprechenden DSM-IV-Kategorie formuliert ist. Vielmehr müssen die allgemeinen Symptome einer Persönlichkeitsstörung erfüllt sein, nämlich die zeitliche Stabilität der Symptomatik seit dem Jugendalter, wenn nicht gar seit der Kindheit.

Die Symptomatik kann auch an die Asperger-Störung erinnern, die zwar meist schwieriger gegen die schizoide Persönlichkeitsstörung abzugrenzen ist, aber in Hinblick auf andauernde skurrile Verhaltens- und Interaktionsstereotypien durchaus differenzialdiagnostisch erwogen werden kann.

Im Bereich der Persönlichkeitsstörungen sind schizotypische Persönlichkeiten insbesondere von selbstunsicheren und schizoiden Menschen abzugrenzen, da eine Überlappung hinsichtlich der Symptomatik „soziale Isoliertheit" vorliegt (4.1). Gegenüber der Borderline-Persönlichkeitsstörung ergeben sich wenig Abgrenzungsprobleme, wenn die Diagnose auf der Basis der operationalisierten Kriterien gestellt wird, wohl aber gibt es eine Subgruppe von Borderline-Patienten mit komorbider schizotypischer Persönlichkeitsstörung.

4.9.7 Weiterführende Diagnostik

Zusätzlich zu den strukturierten Interviews sind weitere Instrumente verfügbar, die an die DSM-Konzeption der Schizotypie angelehnt sind, nämlich das Structured Interview for Schizotypy (SIS; Kendler et al. 1989, Vollema und Ormel 2000) und der Schizotypiefragebogen von Chapman et al. (1976). Allerdings erlauben diese Instrumente keine Abgrenzung gegenüber schizophrenen Störungen. Der SIS erfasst Auffälligkeiten von Affekt, Denken und Sprache, die Chapman Skala physische Anhedonie, Wahrnehmungsverzerrungen und magische Vorstellungen.

4.9.8 Psychotherapie

Die Therapie der schizotypischen Persönlichkeitsstörung ist bisher überwiegend unter biologischen Behandlungsmethoden betrachtet worden (Kap. 6.2.1). Daneben kann angenommen werden, dass solche psychotherapeutischen Interventionen aus der kognitiven Verhaltenstherapie Anwendung finden können, die sich bei der schizoiden Persönlichkeitsstörung bewährt haben (z. B. Protokolle über dysfunktionale Gedanken, soziales Kompetenztraining, Problemlösetraining) (Kap. 4.2.8).

Mögliche Fehler und Probleme

Bei der Diagnose einer schizotypischen Persönlichkeitsstörung ist das Zeitkriterium von Persönlichkeitsstörungen i.A. zu beachten, um sie von Persönlichkeitswandlungen im Vorfeld oder im Verlauf schizophrener Erkrankungen abzugrenzen.

Was hat sich in den letzten Jahren verändert?

Die empirische Befundlage, dass es sich bei der schizotypischen Persönlichkeitsstörung um eine schizophrene Spektrumerkrankung handelt, ist inzwischen als gut gesichert zu betrachten. Die kontrovers geführte Diskussion, ob es sich bei der Schizotypie um eine Persönlichkeitsvariante handelt oder aber um eine spezifische Verlaufsform der Schizophrenie ist bis heute nicht abgeschlossen.

Literatur

Battaglia M, Bernardeschi L, Franchini L, Bellodi L, Smeraldi E (1995) A family study of schizotypal disorder. Schizophrenia Bulletin 21:33–45

Buchsbaum MS, Yang S, Hazlett E, Siegel BV, Germans M, Haznedar M, Flaithbheartaigh S, Wie T, Silverman J, Siever LJ (1997) Ventricular volume and asymmetry in schotypal personality disorder and schizophrenia assessed with magnetic resonance imaging. Schizophrenia Research 27:45–53

Chapman LJ, Chapman JP, Raulin ML (1976) Scales for physical and social anhedonia. Journal of Abnormal Psychology 85(6):374–382

Fiedler P (1997) Persönlichkeitsstörungen. Beltz Psychologie-VerlagsUnion, Weinheim

Grinker RR, Werble B, Dry R (1968) The borderline syndrome: a behavioral study of ego function. Basic Books, New York

Hoch PH, Catell JP, Strahl MO, Pennes HH (1962) The course and outcome of pseudoneurotic schizophrenia. American Journal of Psychiatry 119:106–114

Hoch P, Polatin R (1949) Pseudoneurotic forms of schizophrenia. Psychiatric Quaterly 23:248–276

Kendler KS, Masterson CC, Ungaro R, Davis KL (1984) A family history study of schizophrenia-related personality disorders. American Journal of Psychiatry 141:424–427

Kendler KS, Lieberman JA, Walsh D (1989) Structured Interview for Schizotypy (SIS). A preliminary report. Schizophrenia Bulletin 15, 559–571

Kernberg OF (1967) Borderline personality organization. Journal of the American Psychoanalytic Association 15:641–685

Kraepelin E (1913) Psychiatrie. Ein Lehrbuch für Studierende und Ärzte. 2. Bd., 8. Aufl., Barth, Leipzig

Rohde-Dachser C (1979) Das Borderline-Syndrom. Huber, Bern, Stuttgart, Berlin

Saß H (2000) Erlebnis- und Verhaltensstörungen, Abhängigkeit und Suizid. In: Helmchen F, Henn F, Lauter H, Sartonrius N (Hrsg.) Psychiatrie der Gegenwart, 4. Auflage. Springer, Berline, Heidelberg, S. 275–330

Vollema MG, Ormel J (2000) The realibility of the structured interview for schizotypie-revised. Schizophrenia Bulletin 26:619–629

4.10 Narzisstische Persönlichkeitsstörung

Sabine C. Herpertz, Britta Wenning

4.10.1 Definition

Personen mit narzisstischer Persönlichkeitsstörung zeichnen sich durch Gefühle der Großartigkeit, der Überlegenheit und des strotzenden Selbstbewusstseins aus, sind aber gleichzeitig in hohem Maße kränkbar und haben Angst vor negativer Beurteilung.

Das Konzept der narzisstischen Persönlichkeitsstörung ging von psychoanalytischen Narzissmustheorien von Hartmann (1972), Kohut (1977) und Kernberg (1976) aus und wurde erstmals im DSM-III (APA 1980) in ein offizielles psychiatrisches Klassifikationssystem aufgenommen. Da diese diagnostische Kategorie nur im Anhang der ICD-10-Klassifikation genannt wird, werden im Folgenden die diagnostischen Kriterien der DSM-IV-Klassifikation genannt.

Diagnosekriterien der narzisstischen Persönlichkeitsstörung nach DSM-IV

Ein durchgängiges Muster von Großartigkeit (in Phantasie oder Verhalten), ein Bedürfnis nach Bewunderung und ein Mangel an Einfühlungsvermögen; der Beginn liegt im frühen Erwachsenenalter, und die Störung manifestiert sich in den verschiedensten Lebensbereichen. Die Störung ist zu diagnostizieren, wenn mindestens 4 Kriterien erfüllt sind:

1. zeigt ein übertriebenes Selbstwertgefühl (übertreibt z. B. die eigenen Fähigkeiten und Talente und erwartet, selbst ohne besondere Leistung als „etwas Besonderes" Beachtung zu finden),
2. beschäftigt sich ständig mit Phantasien grenzenlosen Erfolges, Macht, Glanz, Schönheit oder idealer Liebe,
3. ist der Ansicht, dass er oder sie besonders und einzigartig ist und dass er oder sie nur von besonderen Menschen (mit höherem Status oder in besonderen Institutionen) verstanden werden oder nur mit solchen verkehren könne,
4. verlangt ständig nach Bewunderung,
5. legt ein Anspruchsdenken an den Tag, stellt beispielsweise Ansprüche an eine bevorzugte Behandlung oder unmittelbare Zustimmung zu den eigenen Erwartungen,
6. nutzt zwischenmenschliche Beziehungen aus, um mithilfe anderer die eigenen Ziele zu erreichen,
7. zeigt einen Mangel an Einfühlungsvermögen: kann z. B. nicht erkennen und nachempfinden, wie andere fühlen und welche Bedürfnisse sie haben,
8. ist häufig neidisch auf andere oder glaubt, dass andere auf ihn oder sie neidisch seien,
9. zeigt ein arrogantes, überhebliches Verhalten oder hat entsprechende Einstellungen.

4.10.2 Klassifikation

Die narzisstische Persönlichkeitsstörung wurde in die ICD-10-Klassifikation nicht aufgenommen, weil sich ihre Konzeption als nicht kulturunabhängig, und die diagnostischen Kriterien (wie sie im DSM-III formuliert waren) als hinsichtlich der Reliabilitätswerte unbefriedigend herausstellten. Allerdings konnte auf der Basis von standardisierten Untersuchungsinstrumenten eine ausreichende

Reliabilität erreicht werden (Cooper und Ronningstam 1992), weshalb die narzisstische Persönlichkeitsstörung in den nachfolgenden DSM-Versionen, also auch im DSM-IV (APA 1994) verblieb. Merkmale der narzisstischen Persönlichkeitsstörung werden im ICD-10 der paranoiden Persönlichkeitsstörung zugeordnet (Kap. 4.1)

4.10.3 Epidemiologie und Risikogruppen

In Felduntersuchungen liegt die Prävalenz der narzisstischen Persönlichkeitsstörung unter 1%. In klinischen Populationen finden sich in der Studie von Kass et al. (1985) Angaben von 3%, z.T. werden auch höhere Zahlen genannt. Bei der Geschlechtsverteilung wird ein Überwiegen männlicher Personen diskutiert (Stone et al. 1987), allerdings ist die Datenlage widersprüchlich. Es kann vermutet werden, dass das männliche Rollenstereotyp – wenn auch nicht unbedingt in Hinblick auf die definitorischen Kriterien der gängigen Klassifikationssysteme, so doch in der intuitiven Konzeptbildung des Klinikers – weniger von der histrionischen als von der narzisstischen Persönlichkeitsstörung abgebildet wird (Kap. 4.5.5).

Die Diagnose einer narzisstischen Persönlichkeitsstörung sollte in der Adoleszenz nur mit großer Zurückhaltung gestellt werden, da Heranwachsende in ihrer Identitätssuche streckenweise nicht selten eine narzisstisch anmutende Selbstüberhöhung zeigen.

4.10.4 Ätiologie und Risikofaktoren

Biologische Faktoren

Hereditären Faktoren wird in der Genese des Persönlichkeitsmerkmals Narzissmus eine wichtige Bedeutung eingeräumt (Livesley et al. 1993), empirische Daten zum entsprechenden Persönlichkeitsstörungskonzept liegen nicht vor.

Psychosoziale Faktoren

Bis heute ist die narzisstische Persönlichkeitsstörung eine Domäne psychotherapeutischer und hier besonders psychodynamischer Modellbildungen. Kohut (1971) beschreibt die narzisstische Persönlichkeitsstörung als Ergebnis eines Entwicklungsstillstandes durch zumeist frustrierende und traumatisierende Beziehungserfahrungen in den ersten Lebensjahren. Sowohl Vorstellungen vom grandiosen Selbst als auch von idealisierten, allmächtigen Elternfiguren können nicht entwicklungsangemessen aufgegeben werden und bestimmen das Selbsterleben des Erwachsenen, das von nicht befriedigten Größenansprüchen und beschämenden Minderwertigkeitsgefühlen geprägt ist. Damit geht das Konzept von einem **brüchigen Selbstwertgefühl** aus, das durch Grandiosität zu kompensieren gesucht wird. Kernberg (1970) stellt die zentrale Bedeutung archaischer Aggressionen heraus, die er neben möglichen konstitutionellen Faktoren in frühen Mangelerfahrungen mit begleitenden Neidgefühlen begründet sieht. Narzisstische Persönlichkeiten seien am Abwehrmechanismus der Spaltung fixiert, d. h. sie könnten „gute" Anteile ihrer Selbst- und Objektrepräsentanzen nur auf dem Wege schützen, dass sie sie von den entsprechenden „bösen" Anteilen, nämlich ihren zerstörerischen Aggressionen, getrennt halten. Ihre ausgeprägte Selbstbezogenheit sei der Versuch, die eigene Unsicherheit und Beziehungsangst zu tarnen.

Von der Lerntheorie werden typische Merkmale in der Eltern-Kind-Interaktion wie elterliche Überbewertung (Millon 1969), **Verwöhnung**, Schmeicheleien und übertriebene Nachsicht sowie ein **unberechenbarer, inkonsequenter Erziehungsstil** (Beck et al. 1979) herausgestellt. Nicht selten nahm die Idealisierung der Eltern ihren Ausgang von besonderen äußeren Merkmalen, Fähigkeiten oder Talenten des Kindes, weshalb ihm oder ihr die Überzeugung mit auf den Weg gegeben wurde, alles Wünschenswerte, auch ohne hohen Einsatz, erreichen zu können. Anderen narzisstischen Persönlichkeiten kam als Kind in der Weise eine besondere Bedeutung zu, dass sie Mittelpunkt aller Aufmerksamkeit, Zuneigung und Bewunderung eines allein erziehenden Elternteils waren und Funktionen des Partnerersatzes übernahmen. Die narzisstische Persönlichkeit macht also sehr frühzeitig die Erfahrung, ohne persönliche Anstrengungen Objekt fortdauernder Bewunderung zu sein.

Fazit für die Praxis

Psychodynamisch gesehen sind der Wunsch nach Großartigkeit und die hohen Ansprüche eine Überkompensation und Schutzfunktion für ein beschädigtes Selbstwertgefühl, das in einer Situation kindlicher emotionaler Deprivation und Traumatisierung entstanden ist.

Nach lerntheoretischer Auffassung führen Verwöhnung und Schmeicheleien zu der frühzeitigen Erfahrung, ohne persönliche Anstrengungen alles Wünschenswerte erreichen zu können und Objekt fortdauernder Bewunderung zu sein.

4.10.5 Symptomatik

Vor dem Hintergrund eines brüchigen Selbstwertgefühls werden Fähigkeiten und Talente selbstherrlich inszeniert; es findet sich ein starkes **Bedürfnis nach Anerkennung und Bewunderung** mit einer häufig rastlosen Suche nach Erfolg, Macht und Bewunderung. Aussehen und Verhaltensweisen spiegeln den Versuch einer **attraktiven Selbstinszenierung** wider, der auf andere Menschen aber häufig arrogant, exhibitionistisch und affektiert wirkt. Sie zeigen eine **hohe Anspruchshaltung** und glauben, dass ihnen aufgrund ihrer besonderen Qualitäten und Fähigkeiten auch eine besondere Behandlung zusteht. Im zwischenmenschlichen Kontakt erweisen sich Menschen mit narzisstischer Persönlichkeitsstörung als selbstbezogen, zeigen wenig Empathie und sind kaum kompromissfähig. Partnerschaftliche Beziehungen werden ausbeuterisch gestaltet, indem sie der Selbstwertstabilisierung dienen. Schuldgefühle sind wenig ausgeprägt.

Narzisstische Persönlichkeiten kommen im jungen Erwachsenenalter häufig wegen Arbeitsstörungen in Behandlung, die sich dadurch auszeichnen, dass Leistungsüberprüfungen vermieden und Ausbildungen nicht abgeschlossen werden. Sie sind wenig intrinsisch motiviert und reagieren schnell mit Gefühlen der Langeweile und Leere, wenn die Leistungen selbst oder ihre soziale Anerkennung hinter den eigenen Phantasien grenzenlosen Erfolges und Beifalls zurückbleiben. In der Fixierung auf Erfolg wird nicht selten auch auf unlautere oder deviante Methoden zurückgegriffen. Narzisstische Persönlichkeiten neigen zu Stimmungswechseln zwischen Depressivität und Euphorie, die eng mit Schwankungen im Selbstwertgefühl zusammenhängen. Daneben sind sie anfällig für depressive Krisen, die das Ausmaß einer Episode einer Major Depression erreichen können und sich typischerweise an Erlebnisse der Zurückweisung, des Versagens, des Verlierens in kompetitiven Konstellationen oder der Konfrontation mit eigenen Leistungsgrenzen anschließen. Erst jenseits der Lebensmitte Behandlung suchende, bis dahin häufig erfolgreiche Patienten berichten, dass das Gefühl, alles erreicht zu haben, zum Verlust eines bis dahin Halt gebenden Ziels geführt habe mit in der Folgezeit auftretenden unerträglichen Gefühlen von Sinnlosigkeit.

Kasuistik

Ein 38-jähriger Werbefachmann kommt exzellent gekleidet und mit bemerkenswerter Eloquenz und intellektuellem Auftreten in die psychiatrisch-psychotherapeutische Behandlung. Seit Wochen ziehe er sich zurück, wechsle mit Lebensgefährtin und gemeinsamem Kind nur noch die notwendigsten Worte und suche den Arbeitsplatz nicht mehr auf. In den letzten Tagen habe er sich damit beschäftigt, sich das Leben zu nehmen, weshalb seine Partnerin ihn inständig gebeten habe, sich ärztliche Hilfe zu holen. Bis vor einem Jahr sei er ein sehr erfolgreicher Unternehmer gewesen, der zusammen mit einem Freund eine Werbeagentur gegründet hatte. Nach einem Studium, das ihn sehr gelangweilt habe und das er schließlich nach 18 Semestern abgebrochen habe, sei die Firma in der Werbebranche schnell sehr bekannt und er der bewunderte Senkrechtstarter gewesen. Er sei sehr kreativ, habe viele neue Projekte begonnen, aber mit längerer Laufzeit der Firma sei auch immer mehr zu Tage getreten, dass er zwar herausragende Projekte initiiere, sie aber nicht im Detail plane und schon gar nicht mit der notwendigen Ausdauer realisiere. Viel lieber als im Büro habe er sich auf Messen und Meetings aufgehalten, wo er genossen habe, Objekt der Bewunderung und des Neides zu sein. Er habe seine Leistungsmängel lange zu verdecken vermocht und habe sich auch in Betrügereien verzettelt, um wachsende finanzielle Schwierigkeiten auszugleichen. Vor einem halben Jahr sei nun sein beruflicher Erfolg wie ein Kartenhaus zusammengebrochen und er stehe als Versager und Verlierer da. Keinem könne er mehr unter die Augen treten. Mit dem Tod verbinde er Ruhe, Erlösung und Geborgenheit.

Fazit für die Praxis

Narzisstische Persönlichkeiten kommen gewöhnlich in depressiven Krisen, die mit gravierender Suizidalität einhergehen, in Behandlung. Neben der Borderline-Persönlichkeitsstörung weist die narzisstische Persönlichkeitsstörung mit ca. 8% (Stone et al. 1987) die höchste Suizidrate auf. Suizidale Krisen schließen sich an Erlebnisse der Kränkung im zwischenmenschlichen Bereich oder des Versagens im Leistungsbereich an.

Das Verhalten ist bestimmt von einem Hang nach Grandiosität und Bewunderung, wohinter sich aber nagende Selbstwertzweifel verbergen, die hartnäckig zu kaschieren gesucht werden.

4.10.6 Differenzialdiagnose und Komorbidität

Es ist zu prüfen, ob es sich bei den Gefühlen von Großartigkeit um Persönlichkeitseigenschaften handelt oder ob sie Ausdruck einer manischen oder hypomanischen Episode sein können oder auch unter dem Einfluss psychotroper Substanzen entstanden sein können.

Auf dem Gebiet der Persönlichkeitsstörungen liegen erhebliche konzeptionelle Überlappungen zwischen der histrionischen und narzisstischen Persönlichkeitsstörung vor, denkt man an die abrupten Wechsel zwischen strotzendem Selbstbewusstsein und übertriebenen Minderwertigkeitsgefühlen, an die Selbstbezogenheit, an die Abhängigkeit vom Beifall und der Bewunderung durch andere und den ausbeuterischen Charakter von Beziehungen, Merkmale, die sich bei beiden Persönlichkeitsstörungen finden. Bei einem flachen bzw. oberflächlichen emotionalen Erleben und einer weitgehenden Liebesunfähigkeit werden Beziehungen gleichermaßen zur Selbstwertstabilisierung genutzt. Demgegenüber liegen augenscheinliche Unterschiede darin, dass die zwischenmenschliche Welt des Narzissten „stabil, aber beschränkt" ist, die der histrionischen Persönlichkeit „unermüdlich ausfernd, aber auf schwankendem Grund" erscheint (Akhtar 2000, S. 376). Menschen mit narzisstischer Persönlichkeitsstörung zeigen auch Überlappungen mit der antisozialer Persönlichkeitsstörung, indem Betroffenen beider Störungen im zwischenmenschlichen Bereich Glattheit, mangelnde Empathie und Gefühlsarmut gemeinsam sind. Beim Auftreten von Delinquenz müssen ggf. beide Persönlichkeitsstörungsdiagnosen gestellt werden.

Hinsichtlich der Komorbidität mit psychiatrischen Erkrankungen sind insbesondere die Major Depression (Abb. 4.4), seltener somatoforme und Angststörungen zu nennen.

Fazit für die Praxis

Die narzisstische Persönlichkeitsstörung ist von affektiven Störungen mit (hypo)manischer Verfassung sowie von der histrionischen und der antisozialen Persönlichkeitsstörung abzugrenzen.

4.10.7 Weiterführende Diagnostik

Das Diagnostic Interview for Narcissism von Gunderson et al. (1990) erfasst Narzissmus auf den Ebenen Grandiosität, interpersonelle Beziehungen, Reagibilität, soziale und moralische Adaption, Affekte und Gefühlszustände. Im Deutschen liegt das Narzissmusinventar von Deneke und Hilgenstock (1989) vor, ein Selbstbeurteilungsinstrument, das zurückgehend auf das kohutsche Konzept Aspekte des normalen und pathologischen Narzissmus erfasst.

4.10.8 Psychotherapie

Britta Wenning, Sabine C. Herpertz

Allgemeine Therapieziele

Bei der Festlegung der Therapieziele ist der Ich-Syntonie, die gerade bei der narzisstischen Persönlichkeitsstörung deutlich in Erscheinung tritt, besondere Beachtung zu schenken. Betroffene kommen häufig nicht in Behandlung, weil sie an persönlichen Problemen arbeiten möchten, sondern weil sie „Probleme geändert haben möchten, die andere haben bzw. andere mit ihnen haben" (Fiedler 2000). Oder die persönliche Situation des Patienten hat sich derart zugespitzt, dass er unter schweren depressiven Verstimmungen leidet oder gar einen Suizidversuch unternommen hat. Daher sollte zunächst keine Fokussierung der hervorstechenden Persönlichkeitsstile, sondern entweder eine konsequent inhaltliche **Festlegung auf aktuelle Konfliktsituationen** oder eine Stabilisierung des Patienten unter verstärkter **Ressourcenorientierung** angestrebt werden. Mittelfristiger Schwerpunkt ist die Behandlung zwischenmenschlicher Krisen und Konflikte in der Art, dass konkrete Alternativen zur Erreichung persönlicher Ziele und Wünsche, die gegenüber konkret benennbaren Konfliktpartnern bestehen, erarbeitet werden. Hier ist das Ziel, das **typische Beziehungsmuster** aus Abwertung und überstürzter Trennung zu **erkennen** und vor dem biografischen Hintergrund des Patienten zu verstehen. Darauf aufbauend kann der Patient ermutigt werden, die (problematischen) Kontakte immer wieder aufzusuchen und so zu verändern, dass sie schließlich für beide Seiten zufriedenstellend gestaltet werden können. Dieses Vorgehen bereitet die Voraussetzung für die langfristige Auseinandersetzung mit den zentralen Symptomen des Narzissmus, nämlich der Großartigkeit, der Überempfindlichkeit gegenüber Kritik und der fehlenden Empathie.

Fiedler (2000) weist sehr eindringlich darauf hin, dass vor jeder Behandlung (gleiches gilt für die anderen Persönlichkeitsstörungen) genau zu prüfen ist, ob und welche weiteren persönlichen Stile oder Achse-I-Störungen (Depression, Substanzmissbrauch, soziale Phobie) bei den Betroffenen vorhanden sind. Entsprechend der jeweils vorliegenden Komorbidität sind weitere Ziele und Behandlungsstrategien, die für die Persönlichkeitsstörungen den jeweiligen Kapiteln zu entnehmen sind, auszuwählen und in die Therapie zu integrieren.

Therapeutische Beziehung und Gesprächsführung

Der therapeutischen Haltung kommt bei diesen Patienten eine zentrale Bedeutung zu. Hier ist eine empathische, interessierende sowie respektierende Grundhaltung förderlich, aus der heraus versucht wird, den Patienten und dessen Bezugsrahmen zu verstehen. Zu Beginn der Behandlung wird empfohlen, auf das Erkennen und Mobilisieren positiver Ressourcen zu fokussieren, um die Therapiemotivation des Patienten zu fördern (Herpertz und Saß 2002). Gleichzeitig sollte sich der Therapeut selbst als Empathiemodell, als Modell für den Umgang mit Unzulänglichkeiten und Fehlern sowie für gleichberechtigte zwischenmenschliche Interaktionen mit in die Therapie einbringen. Beispielsweise ist es hilfreich, bereits zu Behandlungsbeginn auf unvermeidbare Wartezeiten und Abwesenheiten durch Urlaub und Krankheit hinzuweisen sowie im weiteren Verlauf eigene Fehler und ungeschickte Interventionen offen zuzugeben und mit dem Patienten zu besprechen. Auf diesem Wege kann einer Überidealisierung des Therapeuten entgegengewirkt werden. Darüber hinaus sei davor gewarnt, sich verfrüht auf eine Diskussion des vermeintlich problematischen Interaktionsstils mit seinen negativen Konsequenzen einzulassen. Kritische Rückmeldungen und Hinterfragen der Persönlichkeitseigenarten des Patienten werden den gut eingeübten Widerstand in Form von selbstbewusst vertretener Überlegenheit bzw. Abwertung des anderen, in diesem Falle des Therapeuten, hervorrufen. Solchen aggressiven Entwertungen, aber auch den oben erwähnten schmeichelnden Idealisierungen sollten frühzeitig Grenzen gesetzt werden. Es ist daher unerlässlich, eigene Selbstachtung und Objektivität während des gesamten Behandlungsverlaufs – auch mithilfe einer therapiebegleitenden Supervision – aufmerksam zu reflektieren und ggf. wiederherzustellen (Beck und Freeman 1993).

Zusammenfassend lässt sich die therapeutische Grundhaltung in der Behandlung narzisstischer Persönlichkeiten als **Balance zwischen Wertschätzung und kritischen Rückmeldungen** (Menges 1999) beschreiben. Die Bedeutsamkeit dieses dialektischen Ansatzes als Balance zwischen Akzeptanz und Veränderungsstreben betont Linehan in der Behandlung von Patienten mit einer Borderline-Persönlichkeitsstörung (Kap. 4.4).

Psychoedukation

Unter Berücksichtigung des brüchigen Selbstbildes der Patienten sollten psychoedukative Maßnahmen besonders ressourcenorientiert und transparent sein und neben den Schwächen und Risiken gerade auch die Stärken herausarbeiten. Dabei wird die narzisstische Persönlichkeitsstörung als Übertreibung bzw. extreme Ausprägung des selbstbewussten Persönlichkeitsstils aufgefasst, der in unterschiedlichen Anteilen in jedem Menschen vorhanden ist (Schmitz 1999). Aus den gemeinsam gesammelten Informationen können Anregungen entwickelt werden, um neue Perspektiven, Erfahrungen und Kompetenzen zu fördern, beispielsweise Einfühlungsvermögen, Perspektivenübernahme und Umgang mit Kritik.

Spezifische Behandlungsansätze

Psychodynamischer Ansatz

Psychodynamisch orientierte Psychotherapien können sich entweder an Kohut (1971) oder an Kernberg (1970) orientieren (Kap. 3.2.4), die recht unterschiedliche psychogenetische Konzepte herausgearbeitet haben. Gemäß Kohut steht die Integration von grandiosem Selbst und idealisierten Eltern-Repräsentanzen in die Persönlichkeitsstruktur im Mittelpunkt der Behandlung; der Therapeut übernimmt in diesem Prozess Funktionen der Bestätigung und Spiegelung, bietet sich in „Selbstobjekt-Funktionen" an, um im fortgeschrittenen Behandlungsverlauf auch unvermeidliche Frustrationen zu wagen. Im Mittelpunkt steht hier also eine korrektive Beziehungserfahrung zum Zwecke der Nachreifung. Nach Kernberg stehen im Mittelpunkt psychodynamischer Behandlungen die aggressiv-destruktiven Impulse und Entwertungen des narzisstischen Patienten. Am Beispiel des Übertragungsgeschehens kann die „narzisstische Wutproblematik" erkannt, verstanden und verändert werden. Im Rahmen der „Übertragungsfokussierten Psychotherapie" (Kap. 4.4.4) steht die Übertragungsanalyse mit Klärung, Konfrontation und Interpretation unbewusster pathogener internalisierter Objektbeziehungen aus der Vergangenheit ganz im Mittelpunkt der Behandlung. Der Wunsch nach omnipotenter Kontrolle, Entwertung und projektiver Identifizierung unerwünschter Selbstaspekte auf den Therapeuten wird hier rasch fassbar und soll angesprochen und interpretiert werden. Entwertet also ein narzisstischer Patient offen oder auch subtil, so sollte dies eindeutig, sachlich und frühzeitig thematisiert werden (Deneke 2000). Das Verhalten wird auf dem **Hintergrund der Lebensgeschichte** des Patienten erklärbar und verstehbar. Die Kombination aus nicht-wertender Benennung und einfühlsamem Verstehen ermöglicht es dem Patienten, sich auch in seinen zentralen Aspekten – Wut, Verachtung, vermeintliche Grandiosität – wahr- und anzunehmen. Sie werden als Versuche verstehbar, die eigene Person vor Frustrationen und Traumatisierungen zu schützen. Letztlich wird eine Integration der bislang gespaltenen „guten" und „bösen" Selbst- und Objektrepräsentanzen ermöglicht (Kernberg 1970). Der Patient erlebt, dass er selbst wie auch der Therapeut gleichzeitig gute und schlechte Seiten haben kann.

Kognitiv-behaviorale Ansätze

Unter sorgfältiger Beachtung der therapeutischen Beziehung empfehlen Verhaltenstherapeuten die Behandlungsinterventionen nach den drei zentralen Merkmalen der narzisstischen Persönlichkeit auszurichten, d. h. Abbau des grandiosen Selbstbildes, Reduzierung der Überempfindlichkeit gegenüber der Einschätzung durch andere sowie Förderung der Empathie. Hier hat sich der differenzielle Einsatz verhaltenstherapeutischer Methoden, die der individuellen Problemanalyse entsprechend

Tabelle 4.10 Kognitiv-behavioraler Behandlungsplan bei der narzisstischen Persönlichkeitsstörung

Modalität	Problemverhalten	Therapieziele	Interventionen
Behaviors/Verhalten	Auseinandersetzungen mit Arbeitskollegen, überhebliches Auftreten, Kontrolle, Manipulation	Abbau von fassadenhaftem Verhalten, Erprobung alternativer Verhaltensweisen, Förderung kooperativer Interaktion	kognitive Umstrukturierung, Selbstbehauptungstraining mit Rollenspiel und -tausch, Übungsaufgaben
Affects/Emotionen	Ärger, Aggressionen, mangelnde Empathie, geringes Selbstwertgefühl, Verachtung, Ängste, Depressionen, Einsamkeit und Leere	konstruktiver Umgang mit negativen Gefühlen, Aufbau empathischen Verhaltens, Steigerung der Frustrationstoleranz	Rollenspiele und -tausch, euthyme Behandlungsstrategien, Förderung emotionaler Ausdrucksfähigkeit
Sensations/Empfindungen	Spannungen, Erschöpfung, Schmerzen	Abbau von Spannungen, von Unruhe und Schmerzgefühlen	Entspannungstraining, körpertherapeutische Übungen, Sensualitätsübungen
Images/Vorstellungen	Großartigkeitsphantasien, brüchiges Selbstbild	Abbau negativer Vorstellungen, realistische Selbsteinschätzung	Desensibilisierung, imaginative Übungen, Vorstellung „sicherer Ort"
Cognitions/Kognition	„Ich bin ein besonderer Mensch", „Andere haben nicht das Recht, mich zu kritisieren"	Abbau kognitiver Verzerrungen, Entwicklung neuer Einstellungen	kognitive Umstrukturierung, sokratischer Dialog
Interpersonal relationships/zwischenmenschliche Beziehungen	mangelnde interpersonelle Sensibilität, ausbeuterisches, streitsüchtiges, forderndes, manipulatives Verhalten, leichte Kränkbarkeit	Aufbau sozialer Kompetenzen, Akzeptanz der Einschätzung durch andere	Übungen zur Wahrnehmung nonverbaler Signale, soziales Kompetenztraining einschl. Rollenspiele, Feedbackübungen
Drugs/Drogen, biologische Faktoren	Substanzmissbrauch (Alkohol, Kokain), Medikamenteneinnahme	Abbau des Missbrauchs, Aufbau funktionaler Verhaltensweisen	Entzug, Entwöhnung, Erlernen von Fertigkeiten zur Stresstoleranz und -regulation

Tabelle 4.11 Kognitive Umstrukturierung bei der narzisstischen Persönlichkeitsstörung

Typische kognitive Schemata	Alternative Annahmen
Ich bin ein ganz besonderer Mensch.	Sei normal. Normale Dinge können sehr angenehm sein. Ich kann menschlich sein, wie jeder andere auch, und dennoch einzigartig sein.
Andere Menschen sollten alles tun, was in ihrer Macht steht, um meine Karriere zu fördern.	Es kann sich lohnen, in einem Team zu arbeiten. Kollegen können eine Hilfe sein, nicht nur Gegner.
Menschen haben nicht das Recht, mich zu kritisieren.	Rückmeldungen können wertvoll und hilfreich sein. Sie sind nur dann niederschmetternd, wenn ich sie dafür halte.
Andere Menschen sollten meine Bedürfnisse befriedigen.	Andere Menschen haben ebenfalls Bedürfnisse und Meinungen, die zählen. Niemand ist mir irgendetwas im Leben schuldig.
Andere Menschen verdienen keine Bewunderung oder Anerkennung.	Jeder ist auf seine Art etwas Besonderes. Jeder macht Fehler.

ausgewählt werden, als erfolgversprechend erwiesen. Wie in Tab. 4.10 dargestellt empfiehlt sich für die Verhaltens- und Problemanalyse das BASIC-ID-Strukturschema (Lazarus 1978), da es auch interaktionelle Probleme mit einbezieht (Seipel 1996, Kap. 4.7.7). Es führt potenzielle Interventionen auf, die – sorgfältig auf den jeweiligen Patienten abgestimmt – zur Anwendung kommen können.

Der Einsatz kognitiver Techniken wird von Beck und Mitarbeitern (1993) besonders zur **Relativierung des Großartigkeitsempfindens** empfohlen, um das verzerrte Selbstbild des Patienten zu verändern. Entsprechend ihres dichotomen Denkens mit strikter Entweder-oder-Kategorisierung schwankt das Selbstbild narzisstischer Personen zwischen sensationeller Überlegenheit und vollkommener Wertlosigkeit. Zum Aufbau alternativer Annahmen über sich und die Mitmenschen kann es hilfreich sein, den Patienten aufzufordern, nicht nach Unterschieden, sondern nach Gemeinsamkeiten in ihrem Selbstbild und ihrem Bild über andere Menschen zu suchen. Gelingt es dem Patienten, neue, alternative Einstellungen zu entwickeln, so ist der nächste Schritt, diese Annahmen im Alltag zu überprüfen, zugehörige Gedanken, Gefühle und Handlungen zu spezifizieren und schließlich zu akzeptieren (Tab. 4.11).

Die **Entwicklung von Einfühlungsvermögen** anderen Menschen gegenüber wird am effektivsten mittels Rollentausch und -spielen erreicht. Der Patient übernimmt die Rolle einer anderen Person und sollte dazu angeleitet werden, insbesondere darauf zu achten, wie sich diese andere Person möglicherweise fühlt, und nicht nur, wie er selbst als diese Person reagieren würde. Darauf aufbauend können alternative, angemessene Möglichkeiten für den Umgang mit anderen Menschen entwickelt und eingeübt werden. Die Übertragung in den Alltag kann durch konkrete Hausaufgaben unterstützt werden wie z. B. jemanden anrufen und herausfinden, wie er sich fühlt, oder jemandem ein Kompliment machen.

Unter der Annahme, dass die Hauptmerkmale der narzisstischen Persönlichkeitsstörung vor allem im interpersonellen Bereich liegen, empfiehlt Fiedler (2000) dem Patienten **psychosoziale Beratung und psychosoziales Konfliktmanagement** anzubieten. „Warum eigentlich keine Patienten-Beratung und Supervision durch Psychotherapeuten zur sachlichen Problemlösung und Hilfe bei interaktionellen Problemen, die Patienten mit anderen Menschen haben?" (Fiedler 2000). Damit komme der Therapeut dem Anliegen des Patienten entgegen, dass sich in seinem Umfeld etwas ändere. Der Patient selber sei zunächst häufig nicht bereit, über eigene Schwächen und Fehler zu berichten. Die therapeutische Aufgabe bestehe also darin, den Patienten zu unterstützen, seine Beziehungen aktiv zu verbessern. Gleichwohl sei eine wünschenswerte Nebenwirkung dieser Behandlungsstrategien, dass sich die Patienten selbst in ihrem Verhalten ändern müssen. Eine solche Beratungsperspektive sei jedoch nicht in Phasen persönlicher (suizidaler) Krisen des Patienten aufrechtzuerhalten; jetzt sei ein Wechsel in eine empathisch-verstehende Psychotherapiestrategie notwendig.

Schulenübergreifende Ansätze

Aufgrund der geringen Compliance und der oft hohen Anspruchshaltung der narzisstischen Patienten erscheint ein schulenübergreifendes Behandlungskonzept erwägenswert. Einerseits ist ein „psychodynamisches Verständnis der Störung als eine schwere Selbstwertregulationsstörung aufgrund traumatischer Lebenserfahrungen, die die so störend erlebten Verhaltensweisen bedingen, hilfreich, um eine kontinuierlich zugewandte, mitfühlende und empathische Haltung des Therapeuten zu gewährleisten" (Menges 1999, S. 137). Andererseits begegnet ein strukturiertes, Grenzen setzendes kognitiv-behaviorales Therapiekonzept den unrealistisch übertriebenen Forderungen der Patienten an Dauer, Intensität und Häufigkeit der Therapie sowie den extremen destruktiven Verhaltensweisen. Aufbauend auf Menges (1999) wird im Folgenden ein stufenweises, schulenübergreifendes Vorgehen dargestellt.

1. **Aufbau einer therapeutischen Grundlage:** In der Regel müssen Menschen mit einer narzisstischen Persönlichkeitsstörung zu einer Behandlung motiviert werden. Sie erleben den Gang zum Arzt oder Therapeuten als beschämende Kränkung. Bei der Motivationsarbeit ist es erforderlich, den Patienten die Schwere und Belastung ihrer Probleme zu verdeutlichen und sie gleichzeitig zu stützen und auf ihre Ressourcen

aufmerksam zu machen. Häufig ist ein Behandlungsvertrag angezeigt, der u. a. die Dauer der Behandlung sowie den Umgang mit selbst-, fremd- und therapieschädigenden Verhaltensweisen beinhaltet. Bereits zu Therapiebeginn sollte die Forderung nach einer Sonderbehandlung problematisiert und entsprechend den Bedingungen nicht erfüllt werden. Gegen Ende dieser ersten Phase werden gemeinsam konkrete und realistische Therapieziele erarbeitet, die weder aus den Größenideen noch aus dem Minderwertigkeitsgefühl des Patienten erwachsen sollten.
2. **Erkennen und Fördern positiver Ressourcen und funktionaler Fertigkeiten:** Um die Patienten zu stabilisieren und eine spätere Konfrontation mit ihren pathologischen Beziehungsmustern zu ermöglichen, sollten die vorhandenen Ressourcen und Fähigkeiten in angemessener Weise benannt, wertgeschätzt und aktiviert werden. Zusätzlich sollten in psychoedukativer Form neue Fertigkeiten zur Stresstoleranz und -regulation (Linehan 1993) sowie euthyme Methoden (Lutz 1996) vermittelt werden. Zur Förderung einer realistischen und stabilen Ich-Stärke sind die typischen verzerrten kognitiven Annahmen zu identifizieren und umzustrukturieren sowie alternative Annahmen zu erarbeiten. Erst wenn die Patienten ein verlässliches Handwerkszeug erworben haben und sich auf eine tragfähige, berechenbare therapeutische Beziehung stützen können, ist es möglich, sich der narzisstischen Selbstwertproblematik zuzuwenden.
3. **Erarbeitung und biografisches Verstehen der narzisstischen Selbstwertproblematik:** Anhand der therapeutischen Beziehung kann der zentrale Beziehungskonflikt (besonders im Sinne einer Übertragungs- und Gegenübertragungsanalyse) herausgearbeitet werden und die Patienten behutsam mit ihren störenden Verhaltensweisen und intrapsychischen Konflikten konfrontiert werden. Im nächsten Schritt können diese vor dem Hintergrund der biografischen Entwicklung verstanden und unveränderliche, belastende und benachteiligende Beziehungserfahrungen akzeptiert werden. An dieser Stelle ist es von großer Bedeutung, genügend Raum für Trauerarbeit zu lassen. Bilden sich die Beziehungskonflikte auch in der therapeutischen Beziehung ab, besteht für die Patienten die Möglichkeit, eine korrektive emotionale Erfahrung zu machen und neue Verhaltensweisen zu üben.
4. **Analyse aktueller Beziehungen und Förderung sozialer Kompetenzen:** Ist es in der Behandlung gelungen, eine gewisse Kritikfähigkeit und ein Problembewusstsein für interaktionelles Handeln zu entwickeln, kann die Analyse und Bearbeitung aktueller Beziehungen beginnen. Besondere Beachtung sollten dabei das mangelnde Einfühlungsvermögen in andere sowie das Ausnutzen und Manipulieren anderer finden. Alternative Verhaltensweisen können mithilfe eines sozialen Kompetenztrainings und Rollenspielen eingeübt werden. Nicht selten erweisen sich sorgfältig vorbereitete Paar- und Familiengespräche als hilfreich.
5. **Beendigung der Therapie:** Obwohl zu Beginn der Behandlung das Ende gemeinsam festgelegt wurde, erleben Patienten mit einer narzisstischen Persönlichkeitsstörung die Beendigung häufig als Kränkung. Deshalb muss diese Problematik vor dem biografischen Hintergrund verstanden und bearbeitet werden.

Behandlungsrahmen

Zu Beginn sollte einer längerfristigen, niederfrequenten ambulanten Einzeltherapie der Vorzug gegeben werden, um die Beschämung der Patienten zu begrenzen und den Zugriff auf den Selbstwert stabilisierende Ressourcen zu erhalten (Menges 1999). Später kann eine Gruppentherapie sehr fruchtbar sein, insbesondere zur Förderung von Perspektivenübernahme, Verständnis und Toleranz für das Verhalten der Mitmenschen und zur Entwicklung prosozialer Kompetenzen. Bei akuter Suizidalität, bei Substanzabhängigkeit oder wenn ein intensiver Therapieschritt unter geschützten Bedingungen sinnvoll erscheint, ist die Indikation für eine zeitlich begrenzte stationäre Psychotherapie (max. 3 Monate) zu stellen. Ein stationärer Behandlungsrahmen ermöglicht darüber hinaus eine schulenübergreifende Behandlung mit einem kombinierten Angebot aus Einzel- und Gruppentherapien.

Fazit für die Praxis

Entscheidend für den Behandlungsverlauf und -erfolg sind der Aufbau und die weitere Gestaltung der therapeutischen Beziehung.

Der Therapeut sollte um ein Gleichgewicht zwischen stützender Wertschätzung und behutsamer Konfrontation bemüht sein.

Neben der Analyse und Bearbeitung aktueller Krisen- und Konfliktsituationen sind die Hauptziele der Behandlung der Abbau des Großartigkeitempfindens, der Aufbau von Kritikfähigkeit sowie die Entwicklung von Einfühlungsvermögen.

Die genannten Therapieziele lassen sich auch im Rahmen eines schulenübergreifenden, phasenhaften Behandlungskonzeptes verwirklichen.

Mögliche Fehler und Probleme

Bei chronifizierten depressiven Syndromen, die sich im Anschluss an eine Kränkungssituation entwickeln, ist an eine narzisstische Persönlichkeitsstörung zu denken.

Die narzisstische Persönlichkeitsstörung wird bei Frauen übersehen!

Folgende Behandlungsfehler sind zu vermeiden:
Gefährdung des Selbstwertgefühls des Patienten durch zu frühe bzw. zu starke Konfrontation, so dass es zu krisenhafter Zuspitzung in Form von Therapieabbruch oder ernsthafter Suizidalität kommen kann.
   Hilflosigkeit des Therapeuten im Umgang mit Idealisierung und Entwertung
   Zu geringe Ressourcenorientierung

Was hat sich in den letzten 5 Jahren verändert?

Empirische Untersuchungen unterstützen das Konzept der narzisstischen Persönlichkeitsstörung, das sich zudem im klinischen Alltag bewährt.
   Es wurden von unterschiedlichen Psychotherapieschulen strukturierte, z. T. auch manualisierte Behandlungsansätze vorgestellt.

Literatur

Akhtar S (2000) Narzisstische und Borderline-Persönlichkeitsstörungen: zwei verwandte Bilder. In: Kernberg O, Sulz B, Sachsse U (Hrsg.) Handbuch der Borderline-Störungen. Schattauer, Stuttgart, 371–380

American Psychiatric Association (1980) Diagnostic and statistical manual of mental disorders, third edition, DSM-III. In: American Psychiatric Association Deutsche Bearbeitung und Einführung von Koehler K & Saß H Washington, Weinheim, Basel

American Psychiatric Association (1994) Diagnostic and statistical manual of mental disorders (4th ed.) American Psychiatric Association Washington, DC

Beck AT, Freeman A (1993) Kognitive Therapie der Persönlichkeitsstörungen. PsychologieVerlagsUnion, Weinheim

Beck AT, Rush AJ, Shaw BF, Emery G (1979) Cognitive therapy of depression. Guilford, New York

Cooper AM, Ronningstam E (1992) Narcisstic personality disorder. In: Tasman A, Riba MB (eds) Review of psychiatry, vol. 11. American Psychiatric Press, Washington DC, pp 80–97

Deneke FW (2000) Psychoanalytische Therapie bei narzisschen Störungen. In: Senf W & Broda M (Hrsg.) Praxis der Psychotherapie. Thieme, Stuttgart, 412–415

Deneke FW, Hilgenstock B (1989) Das Narzißmusinventar. Handbuch. Huber, Bern, Stuttgart, Toronto

Fiedler P (2000) Integrative Psychotherapie bei Persönlichkeitsstörungen. Hogrefe, Göttingen

Gunderson JG, Roninningstam E, Bodkin A (1990) The diagnostic interview for narcissistic patients. Archives of General Psychiatry 47:676–680

Hartmann, H (1972) Ich-Psychologie. Studie zur psychoanalytischen Theorie. Klett, Stuttgart

Herpertz S, Saß H (2002) Persönlichkeitsstörungen. In: Ahrens S & Schneider W (Hrsg.) Lehrbuch für Psychosomatik und Psychotherapie. 2. erweiterte und überarbeitete Ausgabe. Schattauer Verlag, 221–244

Kass F, Skodol A, Charles E, Spitzer RIL, Williams JBW (1985) Scaled ratings of DSM-III personality disorders. American Journal of Psychiatry 142:627–630

Kernberg OF (1970) Factors in the treatment of narcissistic personality disorder. Journal of the American Psychoanalytic Association 18:51–58

Kernberg OF (1976) Narcissistic personality disorder. The Personality Disorders and Neuroses 1:1–10

Kohut H (1971) The analysis of the self. A systematic approach to the psychoanalytic treatment of narcisstic personality disorders. International Universities Press, New York

Kohut H (1977) The restoration of the self. International Universities Press, New York

Lazarus AA (1978) Multimodale Verhaltenstherapie. Fachbuchhandlung für Psychologie, Frankfurt a. M.

Linehan MM (1993) Cognitive-behavioral treatment of borderline personality disorder. The Guilford Press, New York

Livesley WJ, Jang KL, Jackson DN, Vernon PA (1993) Genetic and environmental contributions to dimensions of personality disorder. American Journal of Psychiatry 150:1826–1831

Lutz R (1996) Euthyme Therapie. In: Margraf J (Hrsg.) Lehrbuch der Verhaltenstherapie. Springer, Berlin, 335–351

Menges C (1999) Psychotherapeutische Behandlungsansätze bei der narzisstischen Persönlichkeitsstörung. In: Saß H & Herpertz S (Hrsg.) Psychotherapie von Persönlichkeitsstörungen. Beiträge zu einem schulenübergreifenden Vorgehen. Thieme, Stuttgart, 133–143

Millon T (1969) Modern Psychopathology: A biosocial approach to maladaptive learning and functioning. Saunders, Philadelphia

Schmitz B (1999) Kognitive Verhaltenstherapie bei Patienten mit Persönlichkeitsstörungen: Behandlungsansätze und Psychoedukation. In: Saß H & Herpertz S (Hrsg.): Psychotherapie von Persönlichkeitsstörungen. Beiträge zu einem schulenübergreifenden Vorgehen. Thieme, Stuttgart, 25–47

Seipel KH (1996) Falldarstellung einer ambulanten kognitiv-verhaltenstherapeutischen Behandlung eines Patienten mit narzißtischer Persönlichkeitsstörung. In: Schmitz B, Fydrich I & Limbacher K (Hrsg.) Persönlichkeitsstörungen: Diagnostik und Psychotherapie. PsychologieVerlagsUnion, Weinheim, 244–258

Stone MH (1987) Psychotherapy of borderline subjects in light of long-term follow-up. Bulletin of the Menninger Clinic 51(3):231–247

Stone MH, Hurt SW, Stone DK (1987) The P.I.-500: Long-term follow-up of borderline inpatients meeting DSM-III criteria. Global outcome. Journal of Personality Disorders 1:291–298

5 Allgemeines zur Psychotherapie

5.1 Krisenintervention

Britta Wenning, Sabine Herpertz

Die Anlässe, warum Menschen mit Persönlichkeitsstörungen psychotherapeutische Behandlung suchen, sind unterschiedlich. Häufig handelt es sich um akute oder andauernde Belastungen, die vor dem Hintergrund unflexibler Persönlichkeitsstile nicht bewältigt werden können. Zu unterscheiden sind Krisen, die in Zusammenhang mit entwicklungsspezifischen Anforderungen stehen (z. B. Ablösung vom Elternhaus, Partnersuche, eigenverantwortliche Existenzsicherung, Familiengründung, Ausscheiden aus dem Beruf) von solchen, die im Rahmen von unerwarteten und einschneidenden Lebensereignissen auftreten (z. B. Trennung vom oder Tod des Partners, Arbeitslosigkeit, schwere Erkrankung, Schädigung durch eine Straftat). Angesichts dieser Krisenerfahrungen sind die Betroffenen nicht in der Lage, bis dahin noch vorhandene funktionale Handlungsmöglichkeiten einzusetzen, sie geraten in eine emotionale Krisenverfassung und werden hilfebedürftig.

Bei Patienten mit einer Persönlichkeitsstörung zeichnen sich Krisen insbesondere durch starke emotionale Instabilität bzw. Erregung, durch Suizidalität und selbst- oder fremdschädigendes Verhalten, im weiteren durch Drogenmissbrauch oder andere gefährdende Aktivitäten aus. Deshalb ist es wichtig, dass eine Krisenintervention darauf abzielt, emotionale Entlastung zu bewirken und die Menschen in die Lage zu versetzen, schnellstmöglich die Kontrolle über ihr Verhalten zurückerlangen. Sie sollten auf das Funktionsniveau zurückgebracht werden, das vor der Krise bestanden hat – auch wenn dieses unzureichend und schlecht angepasst war (Rudnick 1998). Dem zugrunde liegt, dass Persönlichkeitsstörungen überdauernd und nur langfristig zu ändern sind, so dass eine Verbesserung der Ausgangsniveaus während einer Krisenintervention wahrscheinlich nicht gelingen wird; eine Bearbeitung der persönlichen Defizite würde vielmehr die Krise verstärken.

Akute behandlungsbedürftige Krisen treten besonders bei der emotional instabilen und narzisstischen Persönlichkeitsstörung, etwas seltener bei der histrionischen Persönlichkeitsstörung auf. Bei der emotional instabilen Persönlichkeitsstörung kann unter dem Eindruck eines Beziehungsabbruchs oder der Reaktualisierung traumatischer Erfahrungen chronische Suizidalität in eine akute suizidale Gefährdung entgleisen, bei der narzisstischen Persönlichkeit führt eine Kränkung zu einem heftigen Wutaffekt, der selbst- und fremdgefährdende aggressive Impulse ausbrechen lässt. Bei histrionischen Menschen führen der Verlust von Beziehung und Anerkennung in eine tiefe Selbstwertkrise hinein, die zu demonstrativen parasuizidalen Handlungen, aber auch zu bilanzierender Suizidalität veranlassen kann.

Als Behandlungsstrategie bietet sich ein stufenweises Vorgehen an. In der akuten Krisensituation wird es zunächst um eine **sachliche Situations- bzw. Problemklärung** gehen. Der Therapeut sollte das zugrunde liegende Problem möglichst genau verstehen. Dabei sollten keine gefühlsaktivierende, sondern **beruhigende Interventionen** eingesetzt werden. Dem Therapeuten empfiehlt Fiedler (2000) während der Exploration eine innere Distanz zum Problem des Patienten herzustellen und dabei in Ruhe wiederholt über die folgende Frage nachzudenken: „Gesetzt den Fall, ich hätte die gleichen Probleme wie der Patient – wie würde ich selbst an Stelle des Patienten das vorliegende Problem in ethisch verantwortbarer Weise, sachlich und ruhig lösen?" Diese persönlichen Antworten könnten dann dem Patienten zur Problemklärung und ersten Problemlösungsversuchen unterbreitet werden. Im Anschluss gilt es abzuwägen, inwie weit der Patient eigene **Ressourcen** in Richtung Krisenmanagement aktivieren kann oder inwiefern er einer aktiven Unterstützung des Therapeuten zur Einleitung der ersten Schritte bedarf. Auch können psychosoziale Hilfestellungen angezeigt sein. Mittelfristig sollten bestehende psychosoziale Ressourcen wie Familie, Arbeitsplatz oder Hobbys stabilisiert bzw. aufgebaut werden.

Darüber hinaus haben sich folgende Interventionen als hilfreich erwiesen (Rudnick 1998):
- Die Notwendigkeit einer Psychiatrieeinweisung sollte kritisch geprüft werden. Auch ambulante multidisziplinäre Einrichtungen können unter Umständen hinreichenden Schutz bieten.
- Wurden aufgrund der Krisensituation bestimmte Therapiebedingungen modifiziert, z. B. der Ausgang während einer stationären Behandlung eingeschränkt, sollte die Rücknahme mit der Erreichung vorher festgelegter Fortschritte verknüpft sein.
- Es sollten regressive Entwicklungen vermieden werden, weshalb die Übernahme von Eigenverantwortung gefördert und unter Umständen auch gefordert werden muss. Die Dauer von stationären Kriseninterventionsmaßnahmen ist frühzeitig zu umgrenzen.
- Die Unterbringung auf einer geschlossenen Station soll bei Patienten mit chronisch suizidaler Verfassung mit großer Zurückhaltung erfolgen und wenn notwendig auf kurze Zeiträume beschränkt werden.
- Der Therapeut sollte Hoffnung vermitteln.
- Krisenhafte Zuspitzungen sind ernst zu nehmen, ohne eine Matter-of-Fact-Haltung aufzugeben.

- Die Behandlung sollte aktuelle Probleme und Symptome betreffen und nicht die Biografie oder unbewusstes Material.
- Es sollten konkrete Problemlösungen erarbeitet werden, die schrittweise aktiv umgesetzt werden.
- Die bevorzugten Interventionen sind supportiv und kognitiv-behavioral und sollten auf Symptombehandlung abzielen ohne den Patienten mit Angst zu überfluten.
- Bei der Vermittlung neuer Fertigkeiten sollten Übungstechniken wie Rollenspiele eingesetzt werden.
- Bei repetitiven selbstschädigenden Verhaltensweisen bietet sich der Einsatz von Therapieverträgen an.
- Ressourcen und bekannte, hilfreiche Copingstrategien des Patienten sollten gefördert werden.
- Nach Möglichkeit sollte das vorhandene soziale Netzwerk – z. B. in Form von Paar- oder Familiengesprächen – einbezogen werden.

Zeigt sich im Verlauf der Krisenintervention die Notwendigkeit für eine länger dauernde Psychotherapie zur Stabilisierung, Flexibilisierung oder Nachentwicklung der Persönlichkeit, so hat sich ein übergangsloser Therapiebeginn als ungünstig erwiesen. Empfehlenswert ist eine planmäßige Aufnahme, so dass der Patient im Vorfeld private und berufliche Angelegenheiten klären und ordnen kann. Das Ende von Behandlungen, die in einer subjektiv ausweglos empfundenen Situation begonnen haben, wird häufig bedrohlich erlebt und kann in neue Krisen und damit letztlich in eine regressive Entwicklung einmünden.

Fazit für die Praxis

In der Krisenintervention persönlichkeitsgestörter Patienten sollte auf gefühls- und biografie-aktivierende Interventionen verzichtet und supportive, kognitiv-behaviorale Interventionen eingesetzt werden.

Ziel ist nach Möglichkeit die baldige soziale Reintegration; Kriseninterventionen sollen von einer stationären Psychotherapie zeitlich abgegrenzt werden.

Literatur

Fiedler P (2000) Integrative Psychotherapie bei Persönlichkeitsstörungen. Hogrefe, Göttingen

Rudnick A (1998) Modified crisis intervention for personality disorder. Crisis 19, 177–184

5.2 Wirksamkeitsnachweis, Effektivitätsstudien

Britta Wenning, Dieter Wälte

Einschränkungen hinsichtlich der Möglichkeit therapeutischer Interventionen von Persönlichkeitsstörungen drängen sich auf, wenn man die aktuellen Definitionen der Persönlichkeitsstörung in den modernen Klassifikationssystemen betrachtet. So wird in DSM-IV von einem überdauernden Muster von innerem Erleben und Verhalten gesprochen, das merkliche Abweichungen von den Erwartungen der soziokulturellen Umgebung zeigt, tief greifend und unflexibel ist, seinen Beginn in Adoleszenz oder frühem Erwachsenenalter hat und einen stabilen Zeitverlauf aufweist. Derart tiefgreifende, unflexible und im Zeitverlauf stabile Eigenschaften lassen Versuche einer therapeutischen Intervention von vornherein als problematisch erscheinen und haben nur wenig dazu eingeladen, Forschungsbemühungen in den Wirksamkeitsnachweis für Therapien von Persönlichkeitsstörungen zu investieren.

Erste Longitudinalstudien über die Entwicklung von Persönlichkeitsstörungen unterstreichen diese Skepsis, indem sie für Persönlichkeitsstörungen eine ausgeprägte Konsistenz auch über lange Zeitperioden nachwiesen. Neuere Forschungsergebnisse weisen jedoch in die Richtung, dass Persönlichkeitsstörungen in einem gewissen Umfang remittieren (Sanislow und McGlashan 1998). Diese Ergebnisse wecken Hoffnung, dass Persönlichkeitsstörungen durch therapeutische Interventionen modifiziert werden könnten. Sie wird inzwischen von allen Therapieschulen geteilt, auch wenn in deren Anfangsphasen die Behandlung von Persönlichkeitsstörungen für unmöglich gehalten wurde (z. B. Psychoanalyse) oder die Existenz von Persönlichkeitskonstrukten an sich geleugnet wurde (z. B. Verhaltenstherapie). So haben sich (kognitive) Verhaltenstherapeuten z. B. wegen traditioneller Vorbehalte gegenüber psychiatrischen Klassifikationen erst in den vergangenen Jahren intensiver um die Entwicklung spezifischer Interventionen bei Persönlichkeitsstörungen, insbesondere auch bei der selbstunsicheren Persönlichkeitsstörung, bemüht (Ecker 1996, Fiedler 1996, 1997, Freeman 1994, Pfingsten 1994).

Die wenigen vorliegenden Effektivitätsstudien belegen die Wirksamkeit von psychotherapeutischen Interventionen bei Persönlichkeitsstörungen (s. für einen Überblick Perry et al. 1999, Bateman und Fonagy 2000, Gabbard 2000). In einer Metaanalyse über 15 Studien (3 randomisierte und kontrollierte Studien, 3 randomisierte Studien und 9 unkontrollierte Beobachtungsstudien) fanden Perry et al. (1999) Effektstärken zwischen 1,11 in der Selbstbeurteilung und 1,29 in der Fremdbeurteilung unter Berücksichtigung von Symptomen und Verhaltensweisen. Diese Effektstärken sind nach der Klassifikation von Cohen (1988) als erstaunlich hoch zu bezeichnen, da sie deutlich über 0,80 liegen. Dabei fand sich eine eindeutige Wirksamkeit in allen drei methodisch am besten fundierten Effektivitätsstudien (Alden 1989, Winston et al. 1994, Linehan et al. 1994). Insgesamt belegen die Ergebnisse eine Rückbildung der Persönlichkeitsstörung unter die diagnostische Schwelle bei 25,8% der Patienten pro Behandlungsjahr, das bedeutet eine ca. siebenfach schnellere Besserung als unter naturalistischen Bedingungen.

Ungeklärt ist allerdings die Frage, welche Therapieform bei welchen Persönlichkeitsstörungen zu favorisieren ist. Die stärksten Wirksamkeitsnachweise werden für Langzeittherapien mit kognitiv-behavioraler sowie psychodynamischer Orientierung gesehen (Bateman und Fonagy 2000). Einigkeit scheint darin zu bestehen, dass die Art der Persönlichkeitsstörung den Behandlungserfolg beeinflusst: Patienten aus dem Cluster C scheinen besser zu profitieren als Patienten mit einer Cluster B Persönlichkeitsstörung, diese wiederum besser als Patienten mit Störungen aus dem Cluster A (Karterud et al. 1992, Sanislow und McGlashan 1998). Einschränkend ist zu bemerken, dass in den vorliegenden Effektivitätsstudien vor allem Patienten mit einer Borderline- bzw. vermeidenden Persönlichkeitsstörung untersucht wurden; sie werden deshalb ausführlicher in den Kapiteln dieser beiden Störungen dargestellt (Kap. 4.4 und 4.7). Einige Persönlichkeitsstörungen – insbesondere jene aus dem Cluster A – wurden bislang kaum untersucht, vermutlich weil Patienten aus diesen Störungsclustern selten und unregelmäßig eine psychotherapeutische Behandlung aufsuchen. Beispielsweise waren unter 100 Patienten, die um eine psychoanalytische Therapie am Columbia Psychoanalytic Center nachsuchten, vier mit einer paranoiden und nur einer mit einer schizoiden Persönlichkeitsstörung diagnostiziert (Oldham und Skodol 1994).

Viele Studien sind konfundiert durch folgende Faktoren: Mangel an Randomisierung und Kontrollprobanden, gleichzeitige stationäre und ambulante Behandlung, Komorbidität von Achse-I-Erkrankungen, hohe Drop-out-Rate, Einsatz von Medikamenten sowie die Möglichkeit, dass Spontanveränderungen durch Reifungsprozesse oder Lebensereignisse zumindest teilweise für die gemessenen Veränderungen verantwortlich sind (Gabbard 2000). Da das Wissen über den „natürlichen" Verlauf gering ist (Kap. 7) und gesicherte Daten nur zum Langzeitverlauf einzelner Persönlichkeitsstörungen vorliegen, ist der Einfluss von Spontanveränderungen noch nicht zu quantifizieren. Schließlich werden Wirksamkeitsnachweise für Psychotherapie bei Patienten mit Persönlichkeitsstörungen erst seit den 1990er Jahren geführt, da bis dahin ein weitgehender therapeutischer Nihilismus dominierte und die Diagnose einer Persönlichkeitsstörung wegen ihrer stigmatisierenden Implikationen nur mit großer Zurückhaltung gestellt wurde.

Zusammenfassend lässt sich sagen, dass sämtliche Therapieverfahren, die sich als effektiv erwiesen haben, folgende gemeinsame Merkmale aufweisen (Bateman und Fonagy 2000):

- gute Struktur sowohl der einzelnen Behandlungseinheiten als auch des gesamten Therapieverlaufs,
- Bemühen um eine Erhöhung der Compliance des Patienten,
- klarer Fokus (z. B. selbstschädigendes Verhalten oder problematische interpersonelle Beziehungsmuster) und konkrete Zielvereinbarungen,
- hohe theoretische Kohärenz für Therapeut und Patient,
- Langzeitbehandlung,
- starke, tragfähige und flexible therapeutische Beziehung,
- eher aktive, denn passive Haltung des Therapeuten,
- enge Kooperation mit verfügbaren psycho-sozialen Diensten.

Einen Ausblick wagend scheint sich abzuzeichnen, dass sich die Behandlungsangebote für Persönlichkeitsstörungen weg von schulenspezifischen hin zu störungsspezifischen, multimodalen oder sogar integrativen Psychotherapien entwickeln (Wälte und Saß 2000). Diese werden sich durch eine verstärkte Ressourcenorientierung auszeichnen sowie die Möglichkeit der verbesserten Anpassung der Umweltbedingungen an die Persönlichkeit einbeziehen. Des weiteren bleibt zu erwarten, dass die Zahl der manualisierten Verfahren weiter ansteigt.

Fazit für die Praxis

Die traditionellen Vorbehalte der Psychotherapieschulen gegen die Behandelbarkeit von Persönlichkeitsstörungen haben lange Zeit die Forschungsbemühungen gehemmt, in der Zwischenzeit ist man sich jedoch darüber einig, dass Persönlichkeitsstörungen psychotherapeutisch modifizierbar sind.

Die wenigen Wirksamkeitsstudien zeigen gute Effektstärken.

In den letzten Jahren findet die Notwendigkeit der Klärung der Wirksamkeit von Psychotherapien bei Patienten mit Persönlichkeitsstörungen zunehmende Beachtung.

Wirksamkeitsstudien beziehen sich insbesondere auf die Borderline und die selbstunsichere Persönlichkeitsstörung.

In der aktuellen Therapielandschaft zeichnet sich eine verstärkte Entwicklung störungsspezifischer Therapien ab.

Literatur

Alden L (1989) Short-term structured treatment for avoidant personality disorder. Journal of Consulting and Clinical Psychology, 56:756–764

Bateman AW, Fonagy P (2000) Effectiveness of psychotherapeutic treatment of personality disorder. British Journal of Psychiatry, 177:138–143

Cohen J (1988) Statistical Power Analysis for Behavioral Sciences. Lawrence Erlbaum Associates, Hillsdale, NJ

Ecker W (1996) Persönlichkeitsstörungen. In: Linden M, Hautzinger M (Hrsg.): Verhaltenstherapie. Springer. Berlin, Heidelberg. 381–386

Fiedler P (1996) Psychotherapeutische Ansätze bei Persönlichkeitsstörungen. In: Schmitz B, Fydrich & Limbacher K: Persönlichkeitsstörungen: Diagnostik und Psychotherapie. Psychologie Verlags Union. Weinheim. 200–218

Fiedler P (1997) Persönlichkeitsstörungen. In: Hahlweg K & Ehlers A: Psychische Störungen und ihre Behandlung. Klinische Psychologie 2 (Enzyklopädie der Psychologie). Hogrefe. Göttingen. 799–900

Freeman A (1994) Kognitive Verhaltenstherapie bei Persönlichkeitsstörungen. In: Hautzinger M (Hrsg.): Kognitive Verhaltenstherapie bei psychischen Erkrankungen. Qintessenz. München. 219–242

Gabbard GO (2000) Psychotherapy of personality disorders. The Journal of Psychotherapy, Practice and Research, 9:1–6

Karterud S, Vaglum S, Friis S, Irion T, Johns S, Vaglum P (1992) Day hospital therapeutic community treatment for patients with personality disorders: an empirical evaluation of the containment function. Journal of Nervous and Mental Disease. 180:238–243

Linehan MM, Tutek DA, Heard HL, Armstrong HE (1994) Interpersonal outcome of cognitive behavioral treatment for chronically suicidal borderline patients. American Journal of Psychiatry, 151:1771–1776

Oldham JM, Skodol AE (1994) Do patients with paranoid personality disorder seek psychoanalysis? In: Oldham JM, Bone S (Eds.) Paranoia: New Psychoanalytic Perspectives. International University Press, Madison, CT, pp. 151–166

Perry JC, Banon E, Ianni F (1999) Effectiveness of psychotherapy for personality disorders. American Journal of Psychiatry, 156:1312–1321

Pfingsten U (1994) Kognitive Verhaltenstherapie bei sozialen Ängsten, Unsicherheiten und Defiziten. In: Hautzinger M (Hrsg.): Kognitive Verhaltenstherapie bei psychischen Erkrankungen. Qintessenz. München. 117–136

Sanislow CA, McGlashan TH (1998) Treatment outcome of personality disorders. Canadian Journal of Psychiatry, 43:237–250

Wälte D, Saß H (2000) Wirksamkeitsnachweis für Therapien von Persönlichkeitsstörungen. In: Engel RR, Maier W, Möller HJ (Hrsg.) Methodik von Verlaufs- und Therapiestudien in Psychiatrie und Psychotherapie. Hogrefe, Göttingen, S. 96–103

Winston A, Laikin M, Pollack J, Samstag LW, McCullough L, Muron JC (1994) Short-term psychotherapy of personality disorders. American Journal of Psychiatry, 151:190–194

6 Pharmakotherapie bei Persönlichkeitsstörungen

Hans Peter Kapfhammer

6.1 Einleitung

Eine moderne psychiatrische Sicht auf Persönlichkeit und Persönlichkeitsstörung betont ein multifaktorielles Modell, in dem psychobiologische und psychosoziale Faktoren eng miteinander verwoben sind (Rutter 1987, Paris 1998). Während **Temperamentseigenschaften** höchstwahrscheinlich eine unmittelbare neurobiologische Grundlage mit vermutlich starker genetischer Transmission besitzen, sind **Persönlichkeitsmerkmale** am besten als Ergebnis einer Interaktion dieser biologischen Dispositionen einer Person mit ihrer individualtypischen sozialen Lerngeschichte zu konzeptualisieren. **Persönlichkeitsstörungen** wiederum werden als abnorme bzw. Extremvarianten von solchen Persönlichkeitsmerkmalen beschrieben. Sie verweisen also folgerichtig immer sowohl auf relevante psychobiologische als auch auf psychosoziale Einflussfaktoren hin. Die psychiatrische und hier insbesondere psychopharmakologische Forschung auf dem Gebiet der Persönlichkeitsstörungen wurde in den letzten Jahren durch das psychobiologische Modell der Persönlichkeit von Cloninger et al. (1993) angeregt (Kap. 3.1.5). Es geht davon aus, dass die vier grundlegenden **Temperamentsdimensionen** (Neuigkeitssuche, Schadensvermeidung, Belohnungsabhängigkeit, Persistenz) biologisch verankert sind, und eine Reihe von neuropsychiatrischen Forschungsergebnissen sprechen dafür, dass sie mit bestimmten psychopathologischen Dimensionen z.B. Regulationsstörungen in der perzeptiv-kognitiven, affektiven und impulsiv-behavioralen Sphäre korrelierbar sind, die wiederum Dysfunktionen in Neurotransmittersystemen signalisieren könnten (Coccaro 1998 a).

In einer Behandlungsperspektive scheint sich für Persönlichkeitsstörungen erst allmählich die Beachtung eines multifaktoriellen Modells durchzusetzen. Lange Zeit kennzeichnete den therapeutischen Umgang mit dieser Patientengruppe eine überwiegend pessimistische Einstellung. Allenfalls von langfristig durchzuführenden psychotherapeutischen Verfahren erwartete man eine Modifizierbarkeit von maladaptiven Persönlichkeitszügen und interpersonalen Beziehungsstilen. Psychopharmakologische Interventionen spielten meist eine nur sehr untergeordnete Rolle. Sie blieben auf passagere Zeiten einer symptomatischen Krise beschränkt. Für einen längerfristigen Einsatz von Medikamenten gab es kein überzeugendes Therapierationale. Mittlerweile existieren sowohl zahlreiche differenzierte psychotherapeutische Ansätze (Saß und Herpertz 1999) als auch eine Reihe von empirischen Studien zu einer fokussierten psychopharmakologischen Vorgehensweise.

Drei prinzipielle Modelle eines psychopharmakologischen Zugangs zeichnen sich hierbei ab (Coccaro und Siever 1995, Gitlin 1993, Kapfhammer 1998, Siever und Davis 1991):

- **Psychopharmaka behandeln eine Persönlichkeitsstörung direkt.** Hierbei wird Persönlichkeit als eine vorrangig biologisch vermittelte Konstitution oder ein Grundtemperament konzipiert mit jeweils typischen intrapsychischen und interpersonalen Manifestationen. Die Vorstellung eines Spektrums von Störungen, die eine gemeinsame biologische Basis teilen, ist charakteristisch für dieses Modell. Psychopharmakologische Effekte können demnach sowohl bei Achse-I-Störungen, z.B. Schizophrenie, als auch bei Achse-II-Störungen, z.B. schizoptypischer Persönlichkeitsstörung, erwartet werden.

- **Psychopharmaka beeinflussen bestimmte Kernmerkmale bzw. Symptomcluster bei einer Persönlichkeitsstörung.** Diese Symptomcluster repräsentieren distinkte psychopathologische Dimensionen wie z.B. kognitiv-perzeptive Organisation, Impulsivität/Aggressivität, affektive Instabilität, Ängstlichkeit/Hemmung. Sie sind mit biologischen Dispositionen korreliert, die wiederum besondere Relationen zu einzelnen Neurotransmittersystemen erkennen lassen. Sie können jenseits kategorialer Abgrenzungen sowohl bei unterschiedlichen Achse-I- als auch Achse-II-Störungen vorliegen.

- **Psychopharmaka behandeln die mit einer Persönlichkeitsstörung assoziierten komorbiden Achse-I-Störungen.** Eine z.B. im Verlauf einer Persönlichkeitsstörung auftretende depressive Störung kann durch eine antidepressive Medikation therapiert werden. In diesem Modell herrscht die Überzeugung vor, dass nach Abklingen der psychopathologischen Symptome der komorbiden Achse-I-Störung die Grundzüge der Persönlichkeitsstörung wieder hervortreten, die wiederum andere Maßnahmen erfordern, z.B. psycho- oder soziotherapeutische. Indirekt stellt sich hiermit auch die klinisch relevante Frage, inwieweit eine zugrunde liegende Persönlichkeitsstörung eine bestimmte Achse-I-Störung komplizieren, inwieweit sich hierdurch ferner die Ansprechbarkeit auf unterschiedliche psychopharmakologische Strategien verändern kann.

Epidemiologisch relevant ist, dass zwischen einzelnen Persönlichkeitsstörungen und komorbiden Achse-I-Störungen keine bloß zufälligen Assoziationen bestehen (Tyrer et al. 1997, Paris 1999): Mäßige bis starke Relationen existieren z.B. für schizotypische Persönlichkeitsstörungen aus dem A-Cluster mit Schizophrenie, für Persönlichkeitsstörungen des B-Clusters mit Substanzmissbrauch, Stimmungs-, Ess- und Somatisierungsstörungen, des C-Clusters wiederum mit unterschiedlichen Angst-, aber auch mit Stimmungs- und Somatisierungsstörungen. Die skizzierten drei Modelle dürfen also nicht exklusiv verstanden werden. Es deuten sich vielmehr Gemeinsamkeiten und Übergänge an.

In einer klinisch-pragmatischen Sicht kommt dem Einsatz von Psychopharmaka auch ohne unmittelbaren Ätiologiebezug ein eigenständiger Stellenwert zu, wenn es im Kontext toxischer, infektiöser, traumatischer, metabolischer, endokriner, vaskulärer oder neoplastischer Faktoren zu einer krankheitswertigen Abwandlung der Normalpersönlichkeit gekommen ist und behandlungsbedürftige psychopathologische Symptome intermittierend auftreten. Eine psychopharmakologische Intervention gestaltet sich hier vorteilhaft syndromorientiert.

Übersichtsarbeiten zur Pharmakotherapie der Persönlichkeitsstörungen unterscheiden zwischen einer „Vor-DSM-III-Zeit" und einer „DSM-III/III-R/IV-Ära" (Liebowitz et al. 1986, Soloff 1990, Stein 1992, Coccaro 1993, Gitlin 1993, Hori 1998, Kapfhammer und Hippius 1998). Ergebnisse aus den früheren Studien lassen sich aufgrund unterschiedlicher diagnostischer Kategorien und divergierender psychometrischer Methoden nicht so ohne weiteres auf Gruppen von Persönlichkeitsstörungen beziehen, die nach modernen Standards diagnostiziert wurden. Und doch liegt ihre historische Bedeutung in dem prinzipiellen Nachweis, dass als Persönlichkeitsstörungen konzipierte klinische Zustände durch psychopharmakologische Substanzen überhaupt wirksam verändert werden können. Dies wurde nachgewiesen für das komplexe Syndrom aus massiven Ängsten, Anhedonie, wiederkehrender Agitiertheit und zwanghaft-hypochondrischen Wesenszügen bei der „**pseudoneurotischen Schizophrenie**", für die episodisch auftretenden, kurzfristigen, in aller Regel nicht situationsbezogenen Stimmungsschwankungen bei der „**emotional instabilen Charakterstörung**", für eine typische interpersonale Kränkbarkeit und Kritikempfindlichkeit bei der „**hysteroiden Dysphorie**" und für die manchmal nur diskrete, aber doch chronisch persistierende depressive Verstimmung bei der „**subaffektiven Dysthymie**".

Bisher vorliegende psychopharmakologische Therapiestudien bei Persönlichkeitsstörungen gemäß DSM-III(-R)- bzw. DSM-IV-Kriterien erlauben noch nicht die Aussage, dass eine bestimmte psychopharmakologische Strategie für die Behandlung einer spezifischen Persönlichkeitsstörung grundsätzlich empfohlen werden könne. Eine wachsende Anzahl von empirischen Untersuchungen konzentriert sich vorrangig auf die **Borderline- und schizotypische Persönlichkeitsstörung**. Ein zweiter Schwerpunkt beginnt sich für die **ängstlich-vermeidende Persönlichkeitsstörung** abzuzeichnen. Die Ergebnisse der Studien sollen entsprechend der DSM-Cluster-Bildung von Persönlichkeitsstörungen summarisch referiert und im Hinblick auf mögli zugrunde liegende psychobiologisch-psychopathologische Dimensionen reflektiert werden. Es wird vorrangig auf die kontrollierten Studien Bezug genommen.

6.2 Psychopharmakotherapie bei den unterschiedlichen Persönlichkeitsstörungsclustern

6.2.1 Psychopharmakotherapie bei Persönlichkeitsstörungen des Clusters A

Das Cluster A der Persönlichkeitsstörungen umfasst die **paranoide**, die **schizoide** und die **schizotypische Persönlichkeitsstörung**. Symptomatologisch imponieren bei dieser Gruppe eine Tendenz zur abnormen Interpretation von Wahrnehmungen, eine Einengung der emotionalen Erlebnisfähigkeit sowie eine interpersonale Distanziertheit. Diese Auffälligkeiten könnten eine Störung in der psychobiologischen Dimension der Wahrnehmung und Verarbeitung von sensorischen Stimuli reflektieren und mit pathologischen Veränderungen im dopaminergen System einhergehen (Siever und Davis 1991).

Empirische Daten zur Wirksamkeitsprüfung von Psychopharmaka liegen lediglich für die schizotypische Persönlichkeitsstörung vor. Mehrheitlich waren bei den Studien-Patienten aber auch die Kriterien einer Borderline-Persönlichkeitsstörung erfüllt. Die kontrollierten Studien zeigten eine statistisch gesicherte Wirksamkeit von **niedrig dosierten Neuroleptika** (Goldberg et al. 1986, Serban und Siegel 1984, Soloff et al. 1986, 1989). Ausgeprägte Störungen in der perzeptiv-kognitiven Dimension einerseits, Zustände einer psychotischen Dekompensation oder anhaltenden Dissoziation andererseits erwiesen sich im Vergleich zu eher blanden Syndromen als deutlich günstigere Indizes für ein positives Ansprechen auf niedrig dosierte Neuroleptika. Hinsichtlich der eingesetzten unterschiedlichen Neuroleptika wie Pimozid, Haloperidol, Thioridazin oder Thiothixen deutete sich keine differenzielle Wirksamkeit an (Coccaro 1993).

Die beobachteten Effekte sind gut vereinbar mit der bekannten antipsychotischen Wirksamkeit der **traditionellen Neuroleptika** speziell bei produktiv-psychotischen Symptomen. Ein Fehlen von klar identifizierbaren positiven Zielsymptomen hingegen und ein Überwiegen von Minussymptomen wie z. B. Affektarmut, wie sie häufig bei schizoiden oder paranoiden Persönlichkeiten vorliegen können, reduzieren jedoch die Wahrscheinlichkeit einer günstigen Response auf traditionelle Neuroleptika stark. Um so dringender erscheinen empirische Untersuchungen, welche die therapeutischen Erfahrungen mit **atypischen Neuroleptika** aus der Behandlung einer schizophrenen Minussymptomatik konsequent auch bei dieser Gruppe von persönlichkeitsgestörten Patienten überprüfen würden (Kirrane und Siever 2000). Erste günstige Erfahrungen mit atypischen Neuroleptika aus offenen Studien an Patienten mit Borderline-Persönlichkeitsstörungen können möglicherweise auch auf Patienten mit schizotypischer Persönlichkeitsstörung extrapoliert werden.

Antidepressiva wurden in ihrer Effizienz bei schizotypischen Persönlichkeitsstörungen bisher nur in zwei Studien überprüft. Amitriptylin erwies sich hierbei nicht nur als wenig wirksam in der Beeinflussung zentraler Charaktereigenschaften, sondern führte bei einigen Patienten sogar zu verstärkter Feindseligkeit und paranoidem Misstrauen (Soloff et al. 1986, 1989). Als äußerst interessant mussten wiederum Befunde einer offenen Studie eingestuft werden, in der hoch dosiertes Fluoxetin (80 mg/die) deutliche Besserungen in zahlreichen Zielsymptomen bewirkte, in keinem Fall aber eine Exazerbation provozierte (Markovitz et al. 1991, Coccaro 1998 b).

Die neurochemische Bedeutsamkeit einer reduzierten cholinergen Aktivität in der Pathophysiologie kognitiver Defizite innerhalb des schizophrenen Spektrums hat möglicherweise auch Konsequenzen für die pharmakologische Behandlung der schizotypischen Persönlichkeitsstörung, wie sich in einer Studie mit Physostigmin zeigte (Kirrane et al. 2001).

Fazit für die Praxis

Der Einsatz von niedrig dosierten Neuroleptika scheint vor allem für die schizotypische Persönlichkeitsstörung als wirksam belegt zu sein.
Eine zunehmende Erprobung atypischer Neuroleptika ist forschungsmäßig zu fordern.

6.2.2 Psychopharmakotherapie bei Persönlichkeitsstörungen des Clusters B

Das Cluster B der Persönlichkeitsstörungen umfasst die **Borderline-**, die **narzisstische**, die **antisoziale** und die **histrionische Persönlichkeitsstörung.** Zentral sind bei dieser Gruppe Beeinträchtigungen in der Impuls- und Aggressionsregulation und eine auffällige affektive Labilität mit rasch fluktuierender Stimmungslage einerseits, heftiger emotionaler Reagibilität andererseits. Daneben können aber auch Auffälligkeiten in der perzeptiv-kognitiven Organisation und in der angstbestimmten Verhaltenshemmung auftreten. Pathologische Veränderungen bevorzugt im serotonergen und im noradrenerg-cholinergen System müssen für die psychopathologischen Kerndimensionen diskutiert werden (Siever und Davies 1991).

Die bisher durchgeführten Untersuchungen beziehen sich fast ausschließlich auf die Gruppe der Borderline-Persönlichkeitsstörung. Hier typischerweise auftretende Zustände einer gestörten Impulskontrolle, einer schwerwiegenden affektiven Dysregulation oder einer massiven Angstbesetztheit machen einen Einsatz von Psychopharmaka höchst plausibel. Andererseits sind aber auch einige prinzipielle Schwierigkeiten einer psychopharmakologischen Behandlung bei dieser Patientengruppe kritisch zu bedenken, was in die Bewertung vorliegender Studienergebnisse mit einfließen muss. Typischerweise unterliegen die psychopathologischen Syndrome bei Patienten mit Borderline-Persönlichkeitsstörungen starken Fluktuationen, so dass es methodisch sehr schwierig sein kann, zwischen therapeutischem „Erfolg" und „Misserfolg" klar zu unterscheiden. Publizierte Behandlungsresultate beziehen sich möglicherweise auf Patientenstichproben, die durch unterschiedliche diagnostische Kriterien erfasst wurden, und deshalb nicht ohne weiteres generalisiert werden dürfen. Der Aspekt von diagnostischen Subtypen wie z. B. von Patienten mit besonders ausgeprägten schizotypischen Zeichen vs. Patienten mit vorrangiger emotionaler Instabilität ist vor allem in den früheren Studien nicht klar expliziert. Dies betrifft in diesen Studien z. B. die Hinweise auf eine vermeintlich positive Beeinflussbarkeit von psychotischen Symptomen unter Neuroleptika. In einer modernen diagnostischen Konzeptualisierung sind aber echte produktiv psychotische Symptome bei der Borderline-Persönlichkeitsstörung in der Regel nicht nachweisbar, wohl aber bei der schizotypischen Persönlichkeitsstörung. Als letztlich noch unbeantwortet muss die Frage einer sinnvollen Behandlungsdauer im Sinne einer „Kurzzeitintervention vs. Langzeitbehandlung" gelten. Auch ist es gut vorstellbar, dass Patienten, die ihren „informed consent" zur Teilnahme an einer wissenschaftlichen Medikamentenprüfung geben, eine eher untypische Subgruppe bilden (Koenigsberg 1994). Andererseits werden mehr als 80% der Patienten mit Borderline-Persönlichkeitsstörung zumindest passager oder auch intermittierend im Verlauf ihrer Erkrankung mit Psychopharmaka behandelt (Stein 1992).

Ein Rationale für eine differenzielle Psychopharmakotherapie bei Patienten mit Borderline-Persönlichkeitsstörung muss deshalb immer auf diese grundlegenden Einschränkungen hinweisen. Die Darstellung hier referiert die wichtigsten empirischen Ergebnisse gemäß der psychopharmakologischen Wirkgruppen und setzt sie schließlich in vorläufige Handlungsanweisungen um. Selbstverständlich können diese nur orientierenden Charakter haben (Kapfhammer 2000).

Behandlungsresultate mit Neuroleptika

Die neuroleptische Beeinflussung von Störungen in der perzeptiv-kognitiven Sphäre bei Patienten mit Borderline-Störung wurde bereits früh systematisch erforscht. Die theoretische Annahme einer Wirksamkeit von Neuroleptika bezog sich auf eine unterstellte gemeinsame Störung in der **dopaminergen** Neurotransmission. Aus einer Sichtung der kontrollierten Studien zum Wirksamkeitsnachweis von Neuroleptika lassen sich einige allgemeine Trends ableiten (Cowdry und Gardner 1988, Goldberg et al.1986, Leone 1982, Montgomery 1987, Montgomery und Montgomery 1982, Serban und Siegel 1984, Soloff et al. 1986, Soloff et al. 1993):

- Neuroleptika erwiesen sich in einer niedrigen Dosierung als relativ konsistent Placebo überlegen. Lediglich Soloff und Mitarbeiter (1993) misslang es, in einer Zweitstudie die früher gefundene Überlegenheit von Haloperidol gegenüber Placebo zu replizieren.
- Unterschiedliche Neuroleptika (Chlorpromazin, Flupenthixol, Thiothixen, Haloperidol, Trifluperazin) zeigten eine gut miteinander vergleichbare Wirksamkeit.
- Die Therapieeffekte von Neuroleptika waren insgesamt als mäßig einzustufen, streuten aber breiter, als ursprünglich erwartet. Sie beeinflussten nicht nur Symptome in der perzeptiv-kognitiven Dimension,

sondern kontrollierten auch affektive Symptome wie Angst und Depression günstig und trugen zu einem positiveren Selbstbild bei.
- Neuroleptika wurden aber von den Patienten infolge auftretender Nebenwirkungen häufig nur schlecht toleriert. Eine hohe Drop-out-Quote in den einzelnen Studien musste festgehalten werden.
- Unter dem Aspekt der besseren Verträglichkeit und der damit assoziierten Compliance sind Studien mit atypischen Neuroleptika besonders wichtig. Erste Ergebnisse mit Clozapin waren diesbezüglich vielversprechend. Clozapin zeigte syndromal eine gute Besserung vor allem aggressiver und selbstverletzender Verhaltensweisen (Benedetti et al. 1998, Chengappa et al. 1999, Frankenburg und Zanarini 1993). Günstige Verbesserungen in einem ganz ähnlichen Symptomprofil fanden Schulz et al. (1999) auch für Olanzapin.
- All diese Studien waren auf die Dauer von nur wenigen Wochen angelegt. Bisher überprüfte nur eine Untersuchung die Effekte einer Erhaltungsmedikation mit Haloperidol vs. Phenelzin über einen Zeitraum von 16 Wochen (Cornelius et al. 1993). Weder Haloperidol (bis zu 6 mg/die) noch Phenelzin (bis zu 90 mg/die) konnten nach Abklingen der akuten Symptomatik zu weiteren therapeutischen Besserungen beitragen.

Behandlungsresultate mit Antidepressiva

Die große emotionale Vulnerabilität mit wiederkehrenden depressiven Einbrüchen, einer hohen Kränkbarkeit, mit chronischer Leere und Langeweile, einer ärgerlich-feindseligen Dysphorie sowie mit häufigen Verlassenheitsängsten mit gelegentlicher panischer Zuspitzung begründen bei Borderline-Patienten ein Rationale für eine thymoleptische Behandlung. Eine vermutete Dysregulation in den **serotonergen** und **noradrenergen** Neurotransmittersystemen wird neurobiologisch diskutiert. Auch hierzu liegen eine Reihe von Placebo-kontrollierten Studien vor. Es können allgemeine Trends zur Wirksamkeit von Antidepressiva unter dieser Indikationsstellung formuliert werden. Es empfiehlt sich aber sowohl in psychobiologisch-theoretischer als auch in behandlungspragmatischer Hinsicht zwischen den einzelnen Subklassen von Antidepressiva zu unterscheiden:
- Antidepressiva zeigten insgesamt inkonsistentere Effekte als Neuroleptika. Entgegen einer theoretischen Annahme scheinen Borderlinepatienten bei vorliegender Major Depression nicht mit höherer Wahrscheinlichkeit positiv auf Antidepressiva anzusprechen als Patienten ohne diese Komorbidität (Soloff et al. 1991). Möglicherweise stellt eine Major Depression bei Vorliegen einer Borderline-Persönlichkeitsstörung ein anderes Syndrom dar als eine Major Depression allein. So zeigten z. B. Westen et al. (1992), dass die Qualität der depressiven Erfahrung von Borderline-Patienten häufig durch Gefühle der Leere, der Einsamkeit, der verzweifelten Anklammerung an Partner und durch eine diffuse negative Affektivität gekennzeichnet sei. Ähnliche Erkenntnisse berichtete auch Fava (1998) in der Skizzierung einer durch Ärger und feindselige Affekte getragenen depressiven Verstimmung von Borderline-Patienten.
- Der unmittelbar antidepressive Effekt von **Trizyklika** (Amitriptylin, Imipramin, Desipramin) war bei den vorliegenden Studien verschwindend, im jeweiligen Vergleich mit dem Neuroleptikum (Haloperidol) bzw. dem MAO-Hemmer (Phenelzin) unterlegen (Cowdry und Gardner 1988, Liebowitz et al. 1988, Links et al. 1990, Parsons et al. 1989, Soloff et al. 1986, 1989).
- Bei Borderline-Patienten mit schizotypischen Zeichen wurden unter Trizyklika (Amitriptylin) auch **paradoxe Effekte** mit einem Anstieg der Feindseligkeit und paranoiden Ideen beobachtet (Soloff et al. 1986).
- **MAO-Hemmer** (Phenelzin, Tranylcypromin) beeinflussten **Ärgeraffekte** und **Impulskontrollstörungen** positiv (Cowdry und Gardner 1988, Liebowitz und Klein 1981, Liebowitz et al. 1988). Bei weiteren „atypischen" Depressionssymptomen wie Hypersomnie, Hyperphagie und interpersonaler Zurückweisungsempfindlichkeit waren die Behandlungsresultate mit MAO-Hemmern inkonsistent (Parsons et al. 1989, Soloff et al. 1993).
- Die unter theoretischen Aspekten gerade hinsichtlich einer Kontrolle von **Impulshandlungen, aggressiven und parasuizidalen Akten** interessanten **selektiven Serotonin-Wiederaufnahmehemmer** (SSRI) wurden überwiegend nur in offenen Studien überprüft. Fluoxetin erwies sich in diesen Untersuchungen als besonders effektiv in der Reduktion von Symptomen einer gestörten Impulskontrolle und Aggressivität, wobei diese Wirkkomponente relativ unabhängig von einem unmittelbar antidepressiven Effekt zu sein schien (Coccaro et al. 1989, Cornelius et al. 1990, Markowitz et al. 1991, Norden 1989). Kavoussi et al. (1994) berichteten für Sertralin über analoge Erfahrungen. In der ersten doppel-blind durchgeführten, Placebo-kontrollierten Studie konnten Salzman et al. (1995) diese positiven Effekte von Fluoxetin bestätigen. Coccarro und Kavoussi (1997) belegten ebenfalls in einer doppel-blind durchgeführten Placebo-kontrollierten Untersuchung eine gute antiaggressive Wirksamkeit von Fluoxetin bei Impulsstörungen. Neue **Antidepressiva** wie z. B. Venlafaxin versprechen ähnlich günstige Effekte. Mit einem dualen Wirkprinzip als „selektiver Serotonin-Noradrenalin-Wiederaufnahmehemmer" (SSNI) könnte es eventuell sogar Vorteile in der gleichzeitig positiven Beeinflussung von Impuls- und Stimmungssymptomen zeigen (Markowitz und Wagner 1995). Weitere doppel-blind durchgeführte und Placebo-kontrollierte Studien sind dringend notwendig, um den Stellenwert der SSRI und SSNI für diese Indikation klarer zu bestimmen (Hirschfeld 1997).

Behandlungsresultate mit Benzodiazepinen

Ein pharmakotherapeutischer Einsatz von anxiolytisch wirksamen Substanzen bei Borderline-Persönlichkeitsstörungen erscheint zunächst durch die hohe Prävalenz von koexistenten Angstsymptomen und -störungen gerechtfertigt. Hierbei ist neurobiologisch bedeutsam, dass klinisch relevante Angststörungen nicht nur auf Störungen in einem Neurotransmittersystem verweisen. Es werden vor allem sowohl noradrenerge, serotonerge als auch GABA-erge Dysregulationen nachgewiesen. Benzodiazepine als Hauptgruppe der Anxiolytika wirken vorrangig auf das GABA-erge System ein. Neben einigen offenen Fallstudien, in denen ein günstiges Wirkprofil von Alprazolam mit einer guten Angstkontrolle und auch Verbesserungen in den Symptomen „Feindseligkeit", „Misstrauen", „kognitive Auffälligkeit" und „gestörter Schlaf" gefunden wurde (Faltus 1984, Soloff 1994), existiert bisher nur eine kontrollierte Studie. Cowdry und Gardner (1988) belegten zwar in Einzelfällen eine gute Kontrolle von Angstsymptomen und Schlafstörungen. Bei mehr als der Hälfte der kleinen Patientengruppe traten aber unter Alprazolam ernsthafte Durchbrüche von Ärgeraffekten und aggressiven Impulsen auf. Diese Gefahr einer Enthemmung und verringerten Impulskontrolle scheint unter langwirksamen Benzodiazepinen wie z. B. Clonazepam nicht so der Fall zu sein. Angesichts der häufigen Missbrauchs- und Abhängigkeitsprobleme bei Borderline-Patienten ist aber insgesamt eine starke Zurückhaltung gegenüber einer mittel- und längerfristigen Anwendung von Benzodiazepinen angezeigt (Dulit et al. 1990).

Behandlungsresultate mit Lithium und Antikonvulsiva

In theoretischer wie auch klinischer Hinsicht muss überraschen, wie selten die Gabe von **Lithium** unter der Indikationsstellung einer Kontrolle und Prävention von Stimmungsschwankungen einerseits, von Impulsstörungen andererseits bei Borderline-Patienten überprüft wurde. In den wenigen Studien, die bereits in den 70er-Jahren durchgeführt wurden, fanden sich recht ermutigende Resultate hinsichtlich **Impulskontrolle und Aggressivität** (Rifkin et al. 1972, Sheard 1971, Sheard et al. 1976). Zur Beschreibung der Rahmenbedingungen dieser Untersuchungen muss aber betont werden, dass es sich um Gefängnisinsassen handelte, die durch besonders ausgeprägte und häufige aggressive Impulshandlungen auffielen. Nach modernen diagnostischen DSM-III-R/IV-Kriterien dürfte es sich bei ihnen wohl mehrheitlich um antisoziale Persönlichkeiten bzw. Borderline-Patienten mit antisozialen Zügen gehandelt haben.

Die mangelhafte Compliance von Borderline-Patienten unter stationären, vor allem aber unter ambulanten Behandlungsbedingungen mag ein Grund dafür sein, dass in jüngerer Zeit keine größeren kontrollierten Studien zur Wirksamkeit von Lithium konzipiert wurden. Vorläufige Ergebnisse aus einer kleineren offenen klinischen Prüfung zeigten nur eine leichte Überlegenheit von Lithium gegenüber Placebo in der Beeinflussung von depressiven Stimmungssymptomen. In Einzelfällen zeichneten sich aber durchaus positive Effekte auf Impulsivität, Suizidalität und Aggressivität ab (Links et al. 1990). Eine definitive Aussage über die Effizienz, aber auch auch die realistische und sichere Handhabung einer Lithiumtherapie unter konkreten psychiatrischen Versorgungsbedingungen ist derzeit für Borderline-Patienten aber noch nicht möglich.

Spärliche Erfahrungen existieren auch hinsichtlich anderer **Mood-Stabilizer.** In der Untersuchung von Cowdry und Gardner (1988) war bemerkenswert, dass Carbamazepin zu einer guten Verbesserung der Impulskontrolle und zu einer signifikanten Reduktion von Ärger und Suizidalität beitrug, jedoch bei einem Viertel der Patienten Zeichen einer melancholischen Verstimmung auftraten. Erste Ergebnisse über positive Effekte von **Valproat** auf aggressive Durchbrüche bei Borderline-Patienten legten Wilcox (1995), Hollander et al. (2001) und Townsend et al. (2001) vor. Ermutigend zu weiterführenden Untersuchungen sind auch Ergebnisse zum Einsatz von Lamotrogin, wie Pinto und Akiskal (1998) an einer kleinen Gruppe von Borderline-Patienten nachweisen konnten, die zuvor eine ausgeprägte Therapieresistenz gegenüber einer Reihe von Pharmaka aus unterschiedlichen Wirkklassen zeigten.

Behandlungsresultate mit Opiatantagonisten

Eines der klinisch heikelsten Behandlungsprobleme bei Borderline-Patienten stellen rezidivierende parasuizidale Handlungen im Sinne impulshafter Selbstverletzungen dar (Linehan et al. 1991). Nicht selten werden diese selbstdestruktiven Akte in einem dissoziativen Zustand verübt. Die neurobiologische Basis dieses Verhaltens erscheint sehr komplex (Krystal et al. 1998). Aus einer klinischen Perspektive muss zunächst festgehalten werden, dass die üblichen pharmakologischen Strategien in der Kontrolle dieser selbstverletzenden Symptome oft nur wenig effektiv sind (Roth et al. 1996). Ein mehr Erfolg versprechender Ansatz gelingt möglicherweise durch die Beachtung, dass diese Verhaltensweisen offenkundig bedeutsam mit einer Dysregulation des endogenen Endorphin-Systems korreliert sind (Winchel und Stanley 1991). Zentrale Symptome der Borderline-Störung wie Selbstverletzung, Flashbacks, dissoziative Störungen, Heißhungerattacken scheinen als Folgen einer wahrscheinlichen posttraumatischen Entwicklung zu einer starken Aktivierung des organismuseigenen Opiatsystems zu führen (van der Kolk 1996). Die Erprobung eines Einsatzes von Opiatantagonisten erweist sich deshalb pharmakologisch als nur folgerichtig. Erste Ergebnisse aus bisher lediglich offenen Studien oder klinischen Fallberichten über die Effekte von kurz- und langwirksamen Opiatantagonisten (Naloxon bzw. Naltrexon) auf diese hartnäckigen Symptome sind sehr ermutigend und rechtfertigen eine intensive Erforschung in kontrollierten Untersuchungen (Roth et al. 1996, Sonne et al. 1996, McGee 1997, Bohus et al. 1999, Schmahl et al. 1999).

Die hier kurz skizzierten empirischen Studien erlauben in einer vorsichtigen Schlussfolgerung vorläufige Handlungsanweisungen für den differenziellen Einsatz von Psychopharmaka bei Patienten mit Borderline-Persönlichkeitsstörungen. In die tabellarische Übersicht fließen auch algorhithmische Überlegungen zu sequenziellen psychopharmakologischen Strategien mit ein, wenn Medikamente der ersten Wahl nicht zu den intendierten Symptomverbesserungen geführt haben (Tab. 6.1, vgl. auch Soloff 1998, 2000, APA Practice Guideline 2001).

Tabelle 6.1 Orientierende Richtlinien für den differenziellen Einsatz von Psychopharmaka bei Patienten mit Borderline-Persönlichkeitsstörung (aus: Kapfhammer 2000)

Zielsyndrom	Substanzklasse der 1. Wahl	sequenzielle Alternativen	Anmerkungen
perzeptiv-kognitive Symptome, prolongierte Dissoziationen	niedrig dosierte typische Neuroleptika, selektive Serotonin-Reuptake-Inhibitoren (SSRI) Dosisbereich: typische Neuroleptika, z. B. Haloperidol 1–5 mg/die SSRI, z. B. Fluoxetin 40–60 mg/die Dauer: für 3–4 Monate Anwendung empirisch erprobt, im klinischen Einzelfall auch längerfristig möglich	atypische Neuroleptika Dosisbereich: z. B. Olanzapin 2–5 mg/die Dauer: im klinischen Einzelfall festzulegen	zwar geringes Risiko einer Spätdyskinesie bei Niedrigdosierung typischer Neuroleptika, bei längerfristiger Applikation unter Atypika (besonders Clozapin aber zu beachten) Laborkontrollen, bedeutsames Letalitätsrisiko von Clozapin bei suizidaler Intoxikation, SSRI wahrscheinlich nur positive Effekte auf diskretes paranoides Misstrauen, nicht aber auf floride psychotische Symptome
affektive Instabilität, feindselige Depressivität, prominente Ärgeraffekte, "hysteroide Dysphorie"	SSRI Dosisbereich: z. B. Fluoxetin 60–80 mg/die Dauer: für 3–4 Monate Anwendung empirisch erprobt, im klinischen Einzelfall auch längerfristig möglich	andere SSRI, Venlafaxin, niedrig dosierte typische Neuroleptika, MAO-Hemmer, Lithium	SSRI gegenüber Trizyklika deutliche therapeutische Überlegenheit, oftmals aber Hochdosierung notwendig (2fache Normaldosis), unter Trizyklika symptomatische Verschlechterung möglich bei Vorliegen von schizotypischen Symptomen, gegenüber SSRI auch deutlich höherer Letalitätsindex bei suizidaler Intoxikation, MAO-Hemmer bei „hysteroider Dysphorie", Diätvorschriften: über Interaktionen bedeutsames Komplikationsrisiko zu beachten, schmaler therapeutischer Dosisbereich von Lithium zu beachten
prominente Angstaffekte	SSRI Dosisbereich: SSRI, z. B. Fluoxetin 40–60 mg/die Dauer: für 3–4 Monate Anwendung empirisch erprobt, im klinischen Einzelfall auch längerfristig möglich	Clonazepam Dosisbereich: z. B. 2–6 mg/die Dauer: auf wenige Tage der Krisenintervention zu beschränken	allenfalls kurzfristiger Einsatz von Benzodiazepinen, unter kürzer wirksamen Präparaten Impulskontrollstörungen möglich, allgemein Missbrauchspotenzial bei Benzodiazepinen zu beachten
gestörte Impulskontrolle	SSRI Dosisbereich: SSRI, z. B. Fluoxetin 40–60 mg/die Dauer: für 3–4 Monate Anwendung empirisch erprobt, im klinischen Einzelfall auch längerfristig möglich	niedrig dosierte typische Neuroleptika, Lithium, Carbamazepin, atypische Neuroleptika, Valproat, Lamotrigin	unter Carbamazepin Auftreten melancholischer Symptome möglich, unter Lamotrigin vorsichtige Aufdosierung (Woche 1: 25 mg, Woche 2: 50 mg, Höherdosierung um 25 mg/weitere Woche bis Erhaltungsdosis von 200–400 mg/die), dermatologische Nebenwirkungen zu beachten Dauer: langfristiger Einsatz von Mood Stabilizer im Einzelfall bei gesicherter Compliance zu vertreten

(Fortsetzung nächste Seite)

Tabelle 6.1 (Fortsetzung)

Zielsyndrom	Substanzklasse der 1. Wahl	sequenzielle Alternativen	Anmerkungen
episodisches Selbstverletzen, v. a. in Dissoziation	Naltrexon Dosisbereich: 4 x 25 mg/die bis maximal 4 x 100 mg/die (Dosissteigerung nach klinischer Effizienz vorzunehmen) Dauer: Erfahrungen liegen lediglich für den Einsatz von wenigen Wochen vor	Naloxon, SSRI, Lithium, niedrig dosierte typische/atypische Neuroleptika	bei unerkannter koexistenter Opiatabhängigkeit durch Gabe eines Opiatantagonisten akutes Entzugssyndrom auslösbar
Stimmungsschwankungen – Prophylaxe	Lithium Dauer: langfristiger Einsatz im Einzelfall bei gesicherter Compliance zu vertreten	Carbamazepin, Valproat, niedrig dosierte typische Neuroleptika	besondere Compliance-Probleme in der Langzeitapplikation

Eine Orientierung an den kurz skizzierten psychopathologisch-psychobiologischen Dimensionen empfiehlt sich vermutlich auch für eventuelle psychopharmakologische Überlegungen bei den anderen Persönlichkeitsstörungen des B-Clusters, für die bisher noch keine systematischen empirischen Studien vorliegen. Erfahrungsberichte verdeutlichen, dass vor allem die unterschiedlichen Behandlungsstrategien bei impulsiver Aggressivität für pharmakologische Interventionen bei der antisozialen Persönlichkeitsstörung lohnenswert sein könnten (Goodman und New 2000, Reid und Gacono 2000).

Fazit für die Praxis

Eine syndromorientierte differenzielle Pharmakotherapie wurde vor allem für die Borderline-Persönlichkeitsstörung wissenschaftlich untersucht.

Den größten Stellenwert können insgesamt die selektiven Serotonin-Wiederaufnahmehemmer beanspruchen. Gegenüber den traditionellen Trizyklika zeigen sie ein günstigeres Nebenwirkungsprofil und weisen auch einen niedrigeren Letalitätsindex auf, der bei eventuellen suizidalen Handlungen bedeutsam ist. Sie besitzen ihre Indikation insbesondere bei Stimmungs-, Angst- und Impulskontrollstörungen. Sie können aber auch bei perzeptiv-kognitiven Auffälligkeiten und dissoziativen Zuständen versucht werden.

Bei perzeptiv-kognitiven Auffälligkeiten und dissoziativen Zuständen erscheinen auch niedrig dosierte Neuroleptika angezeigt. Atypische Neuroleptika sollten künftig stärker beachtet werden. Für sie zeichnen sich günstige Effekte auf aggressive und selbstverletzende Verhaltensweisen ab.

Wenn selbstschädigende Handlungen bevorzugt während dissoziativer Zustände auftreten, kann der Einsatz von Opiatantagonisten gewagt werden.

Gegenüber Benzodiazepinen muss große Zurückhaltung geübt werden, da ein erhöhtes Risiko einer missbräuchlichen Einnahme besteht. Zudem ist hierunter auch eine verschlechterte Impulskontrolle beobachtet worden.

Bisherige Studien liefern vorläufig nur orientierende Richtlinien für den Akuteinsatz. Eine empirische Untersuchung in der Langzeitmedikation steht noch aus. Dies gilt insbesondere für prophylaktische Strategien mit Stimmungsstabilisatoren.

6.2.3 Psychopharmakotherapie bei Persönlichkeitsstörungen des Clusters C

Das Cluster C der Persönlichkeitsstörungen umfasst die **ängstlich-vermeidende**, die **dependente** und die **zwanghafte Persönlichkeitsstörung**. Angst, Ängstlichkeit, Gefahrenvermeidung und Verhaltenshemmung definieren die für das C-Cluster typischen Kernmerkmale. Ein Zusammenhang mit einer Vulnerablität in autonomen Funktionen, die z. B. über eine Yohimbin- oder Lactat-Exposition aufgedeckt werden kann, wird diskutiert (Siever und Davis 1991).

Psychopharmakologische Therapieerfahrungen betreffen vorläufig noch fast ausschließlich die **ängstlich-vermeidende Persönlichkeitsstörung** (Kapfhammer und Rothenhäusler 1999, Boerner et al. 2001). Wichtige Erkenntnisse stammen hierbei aus der Pharmakotherapie der sozialen Phobie. Liebowitz et al. (1984) wiesen schon früh darauf hin, dass sich die Kernmerkmale einer interpersonalen Kränkbarkeit und Kritikempfindlichkeit oft durch Phenelzin erstaunlich bessern ließen. Das innere Erleben eines mit Kritik und Kränkung verknüpften besonderen seelischen Schmerzes, eine hiermit assoziierte Schüchternheit und soziale Ängstlichkeit definieren aber in einer Generalisierung auch die ängstlich-vermeidende Persönlichkeitsstörung.

Unter den getesteten Präparaten erzielten in den kontrollierten Studien vor allem **MAO-Hemmer** wie die klassischen Phenelzin und Tranylcypromin, aber auch die selektiven und reversiblen Moclobemid und Brofaromin (Fahlen et al. 1995, Liebowitz et al. 1992, Van Vliet et al. 1992, Versiani et al. 1992) sowie **selektive Serotonin-Wiederaufnahmehemmer** (Fluvoxamin, Sertralin) recht ermutigende Ergebnisse (Katzelnick et al. 1995, Van Vliet et al. 1994). Positive Effekte konnten auch den potenten **Benzodiazepinen Alprazolam** und **Clonazepam** zugesprochen werden (Munjack et al. 1990, Davidson et al. 1993).

Bei der Interpretation der vorliegenden Studien zur Pharmakotherapie der sozialen Phobie ist zu berücksichtigen, dass nicht immer die Unterscheidung zwischen einem „limitierten Subtypus" vs. einem „generalisierten Subtypus" getroffen wurde (Kap. 4.7.6). Nur letzterer Subtypus der sozialen Phobie ist mit der Konzeptualisierung der ängstlich-vermeidenden Persönlichkeitsstörung praktisch gleichzusetzen. Ferner intendierten nur zwei der aufgeführten Studien in ihrem Design methodologisch auch einen direkten Wirknachweis hinsichtlich situationsübergreifender, persönlichkeitsgebundener Aspekte sozialer Ängstlichkeit (Fahlen et al. 1995, Versiani et al. 1992). Diese aber vermochten frühere positive Erfahrungen aus offenen Therapiestudien gut zu bestätigen (Delitito und Stam 1989, Reich et al. 1989, Schneier et al. 1992, Sternbach 1990).

Bei der **dependenten Persönlichkeitsstörung** liegen im Vergleich zur ängstlich-vermeidenden Persönlichkeitsstörung sehr viel weniger pharmakotherapeutische Daten vor. Es existiert bisher keine Studie, in der gezielt an einer nach DSM-III-R- oder -IV-Kriterien diagnostizierten Patientengruppe die Wirksamkeit eines Psychopharmakons überprüft worden wäre. Aus wenigen Untersuchungen können nur sehr indirekte Erkenntnisse abgeleitet werden. Reich et al. (1987) fanden, dass Patienten mit einer Panikstörung und Agoraphobie in ca. 40% zusätzlich eine dependente Persönlichkeitsstörung aufwiesen. Eine zu einer Panikstörung koexistente dependente Persönlichkeitsstörung verringert aber ganz offenkundig die Rate der Response auf Benzodiazepine (Reich 1988) oder MAO-Hemmer (Shawcross und Tyrer 1985). In einer älteren Studie erzielten stationär behandelte Patienten mit passiv-aggressiven und passiv-dependenten Persönlichkeitszügen nach DSM-II unter Imipramin, Chlorpromazin oder Placebo kaum Effekte (Klein et al. 1973). Lauer (1976) berichtete über diskrete Therapieerfolge von trizyklischen Antidepressiva bei Patienten mit koexistenten passiv-abhängigen Persönlichkeitszügen. Unter Trizyklika zeigten diese Patienten weniger Angst, mehr Tatkraft und Selbstbehauptung. Shea und Mitarbeiter (1990) wiesen nach, dass Patienten mit einer Major Depression und einer koexistenten dependenten Persönlichkeitsstörung unter Imipramin signifikant seltener eine Vollremission erreichten als solche ohne Achse-II-Diagnose. Tyrer et al. (1992) kamen bei ihrer Patientengruppe mit einem „allgemeinen neurotischen Syndrom", das einerseits Symptome einer gemischten Angst-Depression, andererseits koexistente dependente oder zwanghafte Persönlichkeitszüge mit einschloss, zu einer ähnlichen Einschätzung. Es zeichneten sich in ihrer Studie möglicherweise auch differenzielle Therapieeffekte ab, wenn Patienten mit einer koexistenten dependenten Persönlichkeitsstörung von kognitiv-verhaltenstherapeutischen Interventionen weniger profitierten als solche ohne zusätzliche Persönlichkeitsstörung. Unter antidepressiver Medikation (Dothiepin) konnte hingegen kein derartiger Unterschied aufgedeckt werden (Tyrer et al. 1993).

Insgesamt darf wohl die allgemeine Schlussfolgerung von Shea et al. (1992) Gültigkeit beanspruchen, wonach Patienten mit einer Achse-I *und* einer Achse-II-Diagnose für eine klinische Besserung sehr viel längerfristig angelegte Behandlungsperioden erfordern, speziell auch für einen psychopharmakologischen Ansatz bei Patienten mit koexistenter dependenter Persönlichkeitsstörung.

Es existieren bisher auch keine Studien zur Wirksamkeitsüberprüfung von Psychopharmaka bei einer eng nach modernen Diagnosekriterien definierten Patientengruppe mit **zwanghafter Persönlichkeitsstörung**. Anekdotische Berichte verweisen auf positive Effekte von selektiven Serotonin-Wiederaufnahmehemmern (Stein und Hollander 1993). Aber nach wie vor ist das Urteil von Insel und Zohar (1987) empirisch nicht widerlegt, wonach das bei der Therapie von Zwangsstörungen so erfolgreiche Clomipramin keine vergleichbare Effizienz in der Behandlung der zwanghaften Persönlichkeitsstörung entfaltet. Epidemiologisch von Bedeutung ist, dass eine zwanghafte Persönlichkeitsstörung relativ seltener mit einer Zwangsstörung vergesellschaftet (Baer et al. 1990), hingegen relativ häufiger mit einer depressiven Störung assoziiert ist (Shea et al. 1987). Hinweise, dass sich eine antidepressive Medikation bei Patienten mit einer zusätzlichen zwanghaften Persönlichkeitsstörung als nicht so aussichtsreich erweise wie bei solchen ohne diese zusätzliche Achse-II-Diagnose (Shawcross und Tyrer 1985, Ekselius und von Knorring 1998), dürfen nicht unbedingt verallgemeinert werden. So zeigten Ansseau et al. (1991), dass eine koexistente zwanghafte Persönlichkeitsstörung u. U. sogar als positiver Prädiktor für ein positives Ansprechen einer depressiven Symptomatik auf Fluvoxamin zu werten sei. Pollitt und Tyrer (1992) kamen zu einer ähnlichen Einschätzung.

Fazit für die Praxis

Für Persönlichkeitsstörungen des C-Clusters bestehen noch große Forschungsdefizite.

Eine Ausnahme bildet der psychopharmakologische Ansatz bei der ängstlich-vermeidenden Persönlichkeitsstörung. In Analogie zur generalisierten sozialen Phobie sind hier vermehrt selektive Serotonin-Wiederaufnahmehemmer und selektive und reversible MAO-Hemmer (vor allem Moclobemid) erprobt worden.

6.3 Durchführung einer Pharmakotherapie bei Persönlichkeitsstörungen im Kontext der Arzt-Patient-Beziehung

Selbst eine noch unzureichende empirische Datenlage, wie sie oben kurz referiert wurde, lässt berechtigten Zweifel an dem über viele Jahrzehnte bekundeten therapeutischen Pessimismus hinsichtlich einer psychopharmakologischen Beeinflussbarkeit von Persönlichkeitsstörungen aufkommen. Orientierende Leitlinien für pharmakotherapeutische Strategien können bei einzelnen Clustern von Persönlichkeitsstörungen formuliert werden. Klinisch sollte ein Einsatz von Psychopharmaka in symptomatischen Krisen, speziell auch bei einer sich sekundär entwickelnden psychiatrischen Komorbidität diskutiert werden. Beobachtungen, wonach pharmakotherapeutische Ansätze ganz offenkundig auch zentralere Aspekte einer Persönlichkeitsorganisation positiv verändern können, verdienen eine intensive weitere Erforschung (Allnut und Links 1996).

Persönlichkeitsstörungen verweisen neben grundlegenden psychobiologischen Eigenschaften immer auch auf eine eigenständige intrapsychische Entwicklung und psychosoziale Lerngeschichte. Es ist festzuhalten, dass Psychopharmaka selbst bei bescheiden gewählten Therapiezielen nur im Kontext einer Arzt-Patient-Beziehung verabreicht werden können. Diese ist einerseits supportiv zu gestalten und soll zu konstruktiven Lernschritten motivieren. Andererseits bildet sie aber immer auch, gewollt oder ungewollt, bewusst reflektiert oder unbewusst verzerrend, das Medium für fortlaufende Übertragungs- und Gegenübertragungsprozesse. Die impliziten Bedeutungen einer Medikation für den Patienten und für den Behandler in einer aktuellen therapeutischen Beziehung sind deshalb von grundlegender Relevanz (Silk 1996, Tab. 6.2).

Bereits zu Beginn einer Behandlung, d. h. auch bei Einleitung einer spezifischen Psychotherapie, sollte mit dem Patienten die Möglichkeit eines psychopharmakologischen Ansatzes erörtert werden. Bei einer späteren Entscheidung für Medikamente darf nicht vermittelt werden, dass hiermit ein Rückzug aus einem gesprächs- und/oder handlungsorientierten Ansatz intendiert sei. Vielmehr ist es notwendig, ein Grundverständnis zu erarbeiten, dass psychotherapeutische Maßnahmen häufig nur greifen können, wenn sowohl in psychologisch-interpersonaler als auch in biologisch-pharmakologischer Hinsicht ein „**Holding Environment**garantiert" ist. Es muss mit dem Patienten klar besprochen werden, welche Beschwerden als Zielsymptome für eine pharmakologische Intervention identifiziert worden sind, welches Medikament mit welchem Therapieziel gegeben werden soll, welche Nebenwirkungen auftreten können und innerhalb welcher realistischen Zeitspanne das Erreichen oder aber Verfehlen eines definierten Therapieziels überprüft werden sollte. Oft ist es unumgänglich, sich die besonderen psychodynamischen Voraussetzungen zu verdeutlichen, unter denen ein individueller Patient mit einer bestimmten Persönlichkeitsstörung den Modus der Medikamentenverschreibung erlebt, die pharmakologischen Haupt- und Nebenwirkungen verarbeitet und mit Compliance oder Noncompliance reagiert (Gabbard 1994, 1998, 2000).

Erst in einer allmählichen Konzeptualisierung zeichnet sich eine Rationale für eine Kombination von Pharmakotherapie und Psychotherapie bei Patienten mit Persönlichkeitsstörungen ab (z. B. für die Borderline-Persönlichkeitsstörung, Koenigsberg 1994). Klinische Beobachtungen können vorläufig nur in Hypothesen (z. B. „Pharmakotherapie erleichtert Psychotherapie", „Psychotherapie erleichtert Pharmakotherapie", „Psychotherapie und Pharmakotherapie interferieren negativ", „Psychotherapie und Pharmakotherapie interagieren positiv") formuliert werden. Eine empirische Validierung bzw. Überprüfung dieser Hypothesen aber steht noch völlig aus.

Tabelle 6.2 Schritte in einer psychopharmakologischen Behandlung von Patienten mit Persönlichkeitsstörungen (nach: Silk 1996)

1. Vorentscheidung:
Erfolgen Psychotherapie und Pharmakotherapie bei einem Patienten mit Persönlichkeitsstörung innerhalb eines therapeutischen Dreiecks, müssen sich Psychotherapeut und Pharmakologe auf eine kollegiale Beziehung stützen können. Diese schließt ein:
   - offene Diskussion dieser Beziehung,
   - Grenzen und Gemeinsamkeit in der Verantwortlichkeit für Patienten,
   - gegenseitigen Respekt.

Auch ein nichtärztlicher Psychotherapeut sollte sich mit den gängigen Psychopharmaka, den prinzipiellen Indikationen und den häufigsten Nebenwirkungen vertraut machen.

2. Frühe Behandlungsstadien:
Vor Beginn einer Psychotherapie, bei Erörterung des Behandlungsplans und der Therapieziele auch auf die Möglichkeit einer Pharmakotherapie hinweisen und späteren eventuellen Einsatz begründen.
Wenn Medikation indiziert, sollte betont werden:
   - Pharmakotherapie bedeutet nicht, dass Psychotherapie fehlgeschlagen ist.
   - Medikamente können spezielle Symptome behandeln, aber keine interpersonalen Probleme lösen.

Wenn Medikation begonnen, sollte bedacht werden:
   - Identifikation jener Symptome/Syndrome von Achse-I-Störungen, für die eine medikamentöse Therapie-Response erwartbar,
   - Bedeutung der Medikation für Therapeuten und Psychopharmakologen,
   - Bedeutung der Medikation für Patienten,
   - Stellenwert der Pharmakotherapie im Gesamtbehandlungsplan unter spezieller Beachtung von Übertragungs- und Gegenübertragungsprozessen,
   - potenzielle Letalität von Medikamenten z. B. bei Suizidalität,
   - Auftrennung in Psychotherapeut und Psychopharmakologen als interpersonale Grundlage für Spaltungs- und Projektionsvorgänge.

Besondere Vorsichten bei einer Pharmakotherapie:
Alle psychotropen Substanzen besitzen einen gewissen Grad an Letalität, einige Präparate wie z. B. die trizyklischen Antidepressiva sind diesbezüglich besonders gefährlich.
   - Medikamente können keine interpersonalen Konflikte lösen oder psychosoziale Defizite beheben.

Fazit für die Praxis

Medikamentöse Therapien scheinen in dreifacher Hinsicht legitimiert zu sein: Persönlichkeitsstörungen werden stärker in einer nosologischen Nähe zu Achse-I-Störungen konzeptualisiert. Sie teilen mit diesen häufig distinkte psychopathologische Syndrome, die medikamentös beeinflussbar sind. Und sie weisen in der Verlaufsperspektive eine bedeutsame Komorbidität mit unterschiedlichen psychischen Störungen der Achse I auf, die wiederum psychopharmakologisch behandelt werden können.

Eine differenzielle Pharmakotherapie zeichnet sich derzeit am ehesten für Patienten mit Borderline-Störungen ab. Diese erfolgt am besten syndromorientiert.

Hierbei ist zu beachten, dass die erwartbare Symptomlinderung häufig nur bescheiden ist.

Vorläufig existieren nur für den akuten und allenfalls mittelfristigen Einsatz empirische Daten. Dies macht eine sehr sorgfältige Nutzen-Risiko-Kalkulation im individuellen Einzelfall notwendig, wenn eine langfristige Applikation von Medikamenten erwogen wird.

Mögliche Fehler und Probleme

Es werden zu wenig die möglichen letalen Wirkungen von Psychopharmaka im Rahmen von Intoxikationen in suizidaler Absicht beachtet. Mögliche Nebenwirkungen und Risiken einer medikamentösen Behandlung müssen insbesondere bei Patienten mit Borderline-Persönlichkeitsstörung berücksichtigt werden, da hier auf Grund der persönlichkeitsinhärenten Problematik Medikamente auch verstärkt zu parasuizidalen Handlungen verwendet werden können.

Psychopharmakologische Behandlungsverfahren werden beiläufig in die Behandlung integriert. Stattdessen sollten bei jedem Patienten mit einer ausgeprägten Persönlichkeitsstörung bereits in der initialen Phase der Therapieplanung neben den unterschiedlichen psychotherapeutischen Verfahren auch psychopharmakologische Optionen aufgezeigt werden. Diese sollten in ihrer Zielsetzung, ihrer regelmäßigen Überprüfbarkeit, ihren möglichen Nebenwirkungen und Risiken mit dem Patienten detailliert erörtert werden.

Medikamente werden in Zeiten therapeutischer Krisen eingeführt oder verändert. Ein solches Prozedere kann negative Auswirkungen auf psychotherapeutische Prozesse implizieren, die bei der medikamentösen Behandlung von Patienten mit Persönlichkeitsstörungen stets sensibel beachtet werden müssen.

Bei Patienten mit schwierigen Behandlungsverläufen wird zu häufig zu einer Polypharmazie Zuflucht genommen. Diese aber ist in aller Regel wenig nützlich und führt eher zu therapeutischer Konfusion als zu therapeutischer Klarheit.

Was hat sich in den letzten 5 Jahren verändert?

Eine multifaktorielle Genese wird in den letzten Jahren verstärkt auch für Persönlichkeitsstörungen beachtet, was Auswirkungen auf therapeutische Ansätze hat. Diese schließen nunmehr auch psychopharmakologische Optionen mit ein, die zusammen mit psychotherapeutischen Verfahren im Rahmen eines integrierten Behandlungskonzeptes erfolgen.

Es findet sich eine steigende Zahl kontrollierter pharmakologischer Studien bei Patienten mit reliabel erhobenen spezifischen Persönlichkeitsstörungen.

Es wurden erste Studien mit atypischen Neuroleptika, Opiatantagonisten, Mood Stabilizern und cholinerg wirksamen Substanzen durchgeführt, die in Zukunft das Spektrum der Behandlungsmöglichkeiten erweitern könnten.

Literatur

Allnut S, Links PS (1996) Diagnosing specific personality disorders and the optimal criteria. In: Links PS (ed): Clinical assessment and management of severe personality disorders. American Psychiatric Press, Washington, DC, London, 21–47

Ansseau M, Troisfontaines B, Papart P, Von-Frenckell R (1991) Compulsive personality as predictor of response to serotonergic antidepressants. BMJ 303:760–761

APA (2001) Practice guideline for the treatment of patients with borderline personality disorder. Am J Psychiatry 158 (suppl): 1–52

Baer L, Jenike MA, Ricciardi JN II, Holland AD, Seymour RJ, Minichello WE, Buttolph ML (1990) Standardized assessment of personality disorders in obsessive-compulsive disorder. Arch Gen Psychiatry 47:826–830

Benedetti F, Sforzini L, Colombo C, Maffei C, Smeraldi E (1998) Low-dose clozapine in acute and continuation treatment of severe borderline personality disorder. J Clin Psychiatry 59:103–107

Boerner RJ, Kapfhammer HP, Möller HJ (2001) Pharmakotherapie von Cluster-C-Störungen – Empirischer Forschungsstand und Möglichkeiten eines therapeutischen Ansatzes von Persönlichkeitsstörungen. Persönlichkeitsstörungen Theorie und Therapie 8:98–103

Bohus MJ, Landwehrmeyer GB, Stiglmayr CE, Limberger MF, Bohme R, Schmahl CG (1999) Naltrexone in the treatment of dissociative symptoms in patients with borderline personality disorder: An open-label trial. J Clin Psychiatry 60:598–603

Chengappa KN, Ebeling T, Kang JS, Levine J, Parepally H (1999) Clozapine reduces severe self-mutilation and aggression in psychotic patients with borderline personality disorder. J Clin Psychiatry 60:477–484

Cloninger CR, Svrakic DM, Pryzbeck TR (1993) A psychobiological model of temperament and character. Arch Gen Psychiatry 50:975–990

Coccaro EF (1998a) Neurotransmitter function in personality disorders. In: Silk KR (ed) Biology of personality disorders. American Psychiatric Press, Washington, DC, 1–25

Coccaro EF (1998b) Clinical outcome pf psychopharmacologic

treatment of borderline and schizotypal personality disordered subjects. J Clin Psychiatry 59 (suppl 1): 30–35

Coccaro EF, Kavoussi RJ (1997) Fluoxetine and impulsive aggressive behavior in personality-disordered subjects. Arch Gen Psychiatry 54:1081–1088

Coccaro EF, Siever LJ, Klar HM, Maurer G, Cochrane K, Cooper TB, Mohs RC, Davis KL (1989) Serotonergic studies in patients with affective and personality disorders. Correlates with suicidal and impulsive aggressive behavior. Arch Gen Psychiatry 46:587–599

Coccaro EF (1993) Psychopharmacologic studies in patients with personality disorders: Review and perspective. Journal of Personality Disorders, supplement, 181–192

Coccaro EF, Siever LJ (1995) The neuropharmacology of personality disorders. In Bloom FE, Kupfer DJ (Eds.). Psychopharmacology: The fourth generation of progress. New York: Raven Press, 1567–1579

Cornelius JR, Soloff PH, Perel JM, Ulrich RF (1990) Fluoxetine trial in borderline personality disorder. Psychopharmacol Bull 26:149–152

Cornelius JR, Soloff PH, Perel JM, Ulrich RF (1993) Continuation pharmacotherapy of borderline personality disorder with haloperidol and phenelzine. Am J Psychiatry 150:1843–1848

Cowdry R, Gardner DL (1988) Pharmacotherapy of borderline personality disorder. Arch Gen Psychiatry 45:111–119

Davidson JRT, Potts N, Richichi E, Krishnan R, Ford SM, Smith R, Wilson WH (1993) Treatment of social phobia with clonazepam and placebo. J Clin Psychopharmacol 13:423–428

Deltito JA, Stam M (1989) Psychopharmacological treatment of avoidant personality disorder. Compr Psychiatry 30:498–504

Dulit RA, Fyer MR, Haas GL, Sullivan T, Frances AJ (1990) Substance use in borderline personality disorder. Am J Psychiatry 147:1002–1007

Ekselius L, von Knorring L (1998) Personality disorder comorbidity with major depression and response to treatment with sertraline or citalopram. Int Clin Psychopharmacol 13:205–211

Fahlen T, Nilsson HL, Borg K, Humble M, Pauli U (1995) Social phobia: The clinical efficacy and tolerability of the monoamine oxydase-A and serotonin uptake inhibitor brofaromine. A double-blind placebo-controlled study. Acta Psychiatr Scand 92:351–358

Faltus FJ (1984) The use of alprazolam in the treatment of three patients with borderline personality disorder. Am J Psychiatry 141:802–803

Fava M (1998) Depression with anger attacks. J Clin Psychiatry 59 (suppl 18):18–22

Frankenburg FR, Zanarini MC (1993) Clozapine treatment of borderline patients: A preliminary study: Compr Psychiatry 34:402–405

Gabbard GO (1994) Treatment of borderline patients in a multiple-treater setting. Psychiatr Clin North Am 17:839–850

Gabbard GO (1998) Treatment-resistant borderline personality. Psychiatr Annals 28:651–656

Gabbard GO (2000) Combining medication with psychotherapy in the treatment of personality disorders. In: Gunderson JG, Gabbard GO (eds) Psychotherapy for personality disorders. Review of Psychiatry Vol 19. American Psychiatric Press, Washington, DC, 65–94

Gitlin MJ (1993) Pharmacotherapy of personality disorders: Conceptual framework and clinical strategies. J Clin Psychopharmacol 13:343–353

Goldberg SC, Schulz SC, Schulz PM, Resnick RJ, Hamer RM, Friedel RO (1986) Borderline and schizotypal personality disorders treated with low-dose thiothixene versus placebo. Arch Gen Psychiatry 43:680–686

Goodman M, New A (2000) Impulsive aggression in borderline personality disorder. Curr Psychiatry Rep 2:56–61

Hirschfeld RMA (1997) Pharmacotherapy of borderline personality disorder. J Clin Psychiatry 58 (suppl 14): 48–52

Hollander E, Allen A, Lopez RP, Bienstock CA, Grossman R, Siever LJ, Merkatz L, Stein DJ (2001) A preliminary double-blind, placebo-controlled trial of divalproex sodium in borderline personality disorder. J Clin Psychiatry 62:199–203

Hori A (1998) Pharmacotherapy for personality disorder. Psychiatry Clin Neurosci 52:13–19

Insel TR, Zohar J (1987) Psychopharmacologic approaches to obessesive-compulsive disorder. In: Meltzer HY (ed): Psychopharmacology: The third generation in progress. Raven Press, New York, 1205–1210

Kapfhammer HP (1998) Psychotherapie und Pharmakotherapie – Eine Übersicht zur Kombinationsbehandlung bei neurotischen und Persönlichkeitsstörungen. Psychotherapeut 43:331–351

Kapfhammer HP (2000) Der Stellenwert von Psychopharmaka in der Behandlung von PatientInnen mit Borderline-Persönlichkeitsstörungen. Psychotherapie im Dialog 4:77–83

Kapfhammer HP, Hippius H (1998) Special feature: Pharmacotherapy in personality disorders. J Personal Dis 12:277–288

Katzelnick DJ, Kobak KA, Greist JH, Jefferson JW, Mantle JM, Serlin RC (1995) Sertraline for social phobia: Placebo-controlled crossover study. Am J Psychiatry 152:1368–1371

Kavoussi RJ, Liu J, Coccaro EF (1994) An open trial of sertraline in personality disordered patients with impulsive aggression. J Clin Psychiatry 55:137–141

Kirrane RM, Mitropoulou V, Nunn M, Silverman J, Siever LJ (2001) Physostigmine and cognition in schizotypal personality disorder. Schizophr Res 48:1–5

Kirrane RM, Siever LJ (2000) New perspectives on schizotypal personality disorder. Curr Psychiatry Rep 2:62–66

Klein DF, Honigfeld G, Feldman S (1973) Predictions of drug effects in personality disorders. J Nerv Ment Dis 156:183–197

Koenigsberg HW (1994) The combination of psychotherapy and pharmacotherapy in the treatment of borderline patients. J Psychother Pract Res 3:93–107

Krystal JH, Bremner JD, Southwick SM, Charney DS (1998) The emerging neurobiology of dissociation: Implications for treatment of posttraumatic stress disorder. In: Bremner JD, Marmar CR (eds) Trauma, memory, and dissociation. American Psychiatric Press, Washington, DC, 321–363

Lauer J (1976) The effect of tricyclic antidepressant compounds on patients with passive-dependent personality traits. Curr Ther Res 19:495–505

Leone NF (1982) Response of borderline patients to loxapine and chlorpromazine. J Clin Psychiatry 43:148–150

Liebowitz MR, Klein DG (1981) Inter-relationship of hysteroid dysphoria and borderline personality disorder. Psychiatr Clin North Am 4:67–87

Liebowitz MR, Quitkin FM, Stewart JW, McGrath PJ, Harrison W, Rabkin J, Tricamo E, Markowitz JS, Klein DF (1984) Phenelzine vs. imipramine in atypical depression: A preliminary report. Arch Gen Psychiatry 41:669–677

Liebowitz MR, Quitkin FM, Stewart JW, McGrath PJ, Harrison WM, Markowitz JS, Rabkin J, Tricamo E, Goetz DM, Klein DF (1988) Antidepressant specificity in atypical depression. Arch Gen Psychiatry 45:129–137

Liebowitz MR, Schneier F, Campeas R, Hollander E, Hatterer J, Fyer A, Gorman J, Papp l, Davies S, Gully R (1992) Phenelzine vs atenolol in social phobia. Arch Gen Psychiatry 1992; 49:290–300

Liebowitz MR, Stone MH, Turkat ID (1986) Treatment of personality disorders. In Tasman A, Hales RE, Frances AJ (Eds.) Review of psychiatry. Vol. 8. Washington, DC: American Psychiatric Press, 356–393

Linehan M, Armstrong H, Suarez A, Allmon D, Heard HL (1991) Cognitive-behavioral treatment of chronically parasuicidal borderline patients. Arch Gen Psychiatry 48:1060–1064

Links PS, Steiner M, Boiago I et al (1990) Lithium therapy for borderline patients: Preliminary findings. J Pers Dis 4:173–181

Markovitz PJ, Calabrese JR, Schulz SC, Meltzer HY (1991) Fluoxetine treatment of boderline and schizotypal personality disorder. Am J Psychiatry 148:1064–1067

Markovitz PJ, Wagner SC (1995) Venlafaxine in the treatment of borderline personality disorder. Psychopharmacol Bull 31:773–777

McGee MD (1997) Cessation of self-mutilation in a patient with borderline personality disorder treated with naltrexone. J Clin Psychiatry 58:32–33

Montgomery SA (1987) The psychopharmacology of borderline personality disorder. Acta Psychiatr Belgica 87:260–266

Montgomery SA, Montgomery D (1982) Pharmacological prevention of suicidal behaviour. J Affect Dis 4:291–298

Munjack DJ, Baltazar PL, Bohn PB, Cabe DD, Appleton AA (1990) Clonazepam in the treatment of social phobia: A pilot study. J Clin Psychiatry 51 (suppl 5): 35–40

Norden MJ (1989) Fluoxetine in borderline personality disorder. Prog Neuropsychopharmacol Biol Psychiatry 13:885–893

Paris J (1998) Significance of biological research for a biopsychosocial model of the personality disorders. In: Silk KR (ed) Biology of personality disorders. American Psychiatric Press, Washington, DC, 129–148

Paris J (1999) A diathesis-stress model of personality disorder. Psychiatr Annals 29:692–697

Parsons B, Quitkin FM, McGrath PJ, Stewart JW, Tricamo E, Ocepek-Welikson K, Harrison W. Rabkin JG, Wagner SG, Nunes E (1989) Phenelzine, imipramine, and placebo in borderline patients meeting criteria for atypical depression. Psychopharmacol Bull 25:524–534

Pinto OC, Akiskal HS (1998) Lamotrigine as a promising approach to borderline personality: An open case series without concurrent DSM-IV major mood disorder. J Affect Disord 51:333–343

Pollitt J, Tyrer P (1992) Compulsive personality as predictor of response to serotonergic antidepressants. Br J Psychiatry 161:836–838

Reich J (1988) DSM-III personality disorders and the outcome of treated panic disorder. Am J Psychiatry 145:1149–1152

Reich J, Noyes R, Troughton ED (1987) Dependent personality disorder associated with phobic avoidance in patients with panic disorder. Am J Psychiatry 144:323–326

Reich J, Noyes R, Yates W (1989) Alprazolam treatment of avoidant personality traits in social phobic patients. J Clin Psychiatry 50:91–95

Reid WH, Gacono C (2000) Treatment of antisocial personality, psychopathy, and other characterologic antisocial syndromes. Behav Sci Law 18:647–662

Rifkin A, Quitkin F, Carrillo G, Blumberg AG, Klein DF (1972) Lithium carbonate in emotionally unstable character disorders. Arch Gen Psychiatry 27:519–523

Roth AS, Ostroff RB, Hoffman RE (1996) Naltrexone as a treatment for repetitive self-injurious behavior: An open-label trial. J Clin Psychiatry 57:233–237

Rutter M (1987) Temperament, personality and personality disorder. Br J Psychiatry 150:443–458

Salzman C, Wolfson AN, Schatzberg A, Looper J, Henke R, Albanese M, Schwartz J, Miyawaki E (1995) Effect of fluoxetine on anger in symptomatic volunteers with borderline personality disorder. J Clin Psychopharmacol 15:23–29

Saß H, Herpertz S (Hrsg.) (1999) Psychotherapie von Persönlichkeitsstörungen. Beiträge zu einem schulenübergreifenden Vorgehen. Thieme, Stuttgart

Schmahl C, Stiglmayr C, Bohme R, Bohus M (1999) Behandlung von dissoziativen Symptomen bei Borderline-Persönlichkeitsstörungen mit Naltrexon. Nervenarzt 70:262–264

Schneier FR, Chin SJ, Hollander E, Liebowitz MR (1992) Fluoxetine in social phobia. Journal of Clinical Psychopharmacology 12:62–64

Schulz SC, Camlin KL, Berry SA, Jesberger JA (1999) Olanzapine safety and efficacy in patients with borderline personality disorder and comorbid dysthymia. Biol Psychiatry 46:1429–1435

Serban G, Siegel S (1984) Response of borderline and schizotypal patients to small doses of thiothixene and haloperidol. Am J Psychiatry 141:1455–1458

Shawcross CR, Tyrer P (1985) The influence of personality on response to monoamine oxidase inhibitors and tricyclic antidepressants. J Psychiat Res 19:557–562

Shea MT, Glass DR, Pilkonis PA, Watkins J, Docherty JP (1987) Frequency and implications of personality disorders in a sample of depressed outpatients. J Personality Dis 1:27–42

Shea MT, Klein MH, Widiger TA (1992) Comorbidity of personality disorders and depression: Implication for treatment. J Consult Clin Psychol 60:857–868

Shea MT, Pilkonis PA, Beckham E, Collins JF, Elkin I, Sotsky SM, Docherty JP (1990) Personality disorders and treatment outcome in the NIMH Treatment of Depression Collaborative Research Program. Am J Psychiatry 711–718

Sheard MH (1971) Effect of lithium on human aggression. Nature 230:113–114

Sheard MH, Marini JL, Bridges CL, Wagner E (1976) The effect of lithium on impulsive aggressive behavior in man. Am J Psychiatry 133:1409–1413

Siever LJ, Davis KL (1991) A psychobiological perspective on personality disorders. Am J Psychiatry 148:1647–1568

Silk KR (1996) Rational pharmacotherapy for patients with personality disorders. In: Links PS (ed): Clinical assessment and management of severe personality disorders. American Psychiatric Press, Washington, DC, London, 109–142

Sternbach H (1990) Fluoxetine treatment of social phobia. Journal of Clinical Psychopharmacology 10:230–231

Soloff PH (1998) Algorithms for pharmacological treatment of personality dimensions: Symptom-specific treatments for cognitive-perceptual, affective, and impulsive-behavioral dysregulation. Bull Menninger Clin 62:195–214

Soloff PH (2000) Psychopharmacology of borderline personality disorder. Psychiatr Clin North Am 23:169–192

Soloff PH (1994) Is there any drug treatment of choice for the borderline patient? Acta Psychiatr Scand 89:50–55

Soloff PH, Cornelius J, George A (1991) The depressed borderline: One disorder or two? Psychopharmacol Bull 27:23–30

Soloff PH, Cornelius J, George A, Nathan S, Perel M, Ulrich RF (1993) Efficacy of phenelzine and haloperidol in borderline personality disorder. Arch Gen Psychiatry 50:377–385

Soloff PH, George A, Nathan RS, Schultz PM, Ulrich RF, Perel JM (1986) Progress in pharmacotherapy of borderline disorders: A double blind study of amitriptyline, haloperidol and placebo. Arch Gen Psychiatry 43:691–697

Soloff PH, George A, Nathan RS, Schultz PM, Cornelius JR, Herring J, Perel JM (1989) Amitriptyline vs haloperidol in borderline: Final outcomes and predictors of response. J Clin Psychopharmacol 9:238–246

Soloff PH (1990) What's new in personality disorders? An update on pharmacologic treatment. Journal of Personality Disorders, 4, 233–243

Sonne S, Rubey R, Brady K, Malcom R, Morris T (1996) Naltrexone treatment of self-injurious thoughts and behaviors. J Ment Nerv Dis 184:192–195

Stein DJ, Hollander E (1993) The spectrum of obsessive-compulsive-related disorders. In: Hollander E (ed): Obsessive-compulsive-related disorders. American Psychiatric Press, Washington DC, London, 241–270

Stein G (1992) Drug treatment of the personality disorders. Br J Psychiatry 161:167–184

Townsend MH, Cambre KM, Barbee J (2001) Treatment of borderline personality disorder with mood instability with divalproex sodium: Series of ten cases. J Clin Psychopharmacol 21:249–251

Tyrer P, Gunderson J, Lyons M, Tohen M (1997) Special feature: Extent of comorbidity between mental state and personality disorders. J Personality Dis 11:242–259

Tyrer P, Seivewright N, Ferguson B, Murphy S, Johnson AL (1993) The Nottingham study of neurotic disorder: Effect of personality status on response to drug treatment, cognitive therapy and self-help over two years. Br J Psychiatry 162:219–226

Tyrer P, Seivewright N, Ferguson B, Tyrer J (1992) The general neurotic syndrome: A coaxial diagnosis of anxiety, depression and personality disorder. Acta Psychiat Scand 85:201–206

van der Kolk B (1996) The body keeps the score: Approaches to the psychobiology of posttraumatic distress disorder. In: van der Kolk B, McFarlane AC, Weisaeth L (eds) Traumatic stress. The effects of overwhelming experience on mind, body, and society. Guilford Press, New York, 214–241

Van Vliet I, den Boer JA, Westenberg HGM (1992) Psychopharmacological treatment of social phobia: Clinical and biochemical effects of brofaromine, a selective MAO-A-inhibitor. Eur Neuropsychopharmacol 2:21–29

Van Vliet I, den Boer JA, Westenberg HGM (1994) Psychopharmacological treatment of social phobia – a double-blind placebo-controlled study with fluvoxamine. Psychopharmacol 115:128–134

Versiani M, Nardi AE, Mundim FD, Alves AB, Liebowitz MR, Amrein R (1992) Pharmacotherapy of social phobia – a controlled study with moclobemide and phenelzine. Br J Psychiatry 161:353–360

Westen D, Moses J, Silk KR, Lohr NE, Cohen R, Segal H. (1992) Quality of depressive experience in borderline personality disorder and major depression: When depression is not just depression. J Pers Dis 6:382–393

Wilcox JA (1995) Divalproex sodium as a treatment for borderline personality disorder. Annals Clin Psychiatry 7:33–37

Winchel RM, Stanley M (1991) Self-injurious behavior: A review of the behavior and biology of self-mutilation. Am J Psychiatry 148:306–317

7 Allgemeine Epidemiologie, Verlauf und Prognose

Sabine Herpertz, Henning Saß

7.1 Prävalenz

In der unausgelesenen Gesamtbevölkerung liegt die Häufigkeit von Menschen, die die diagnostischen Kriterien einer Persönlichkeitsstörung erfüllen, bei 3–10% (Reich et al. 1989; Zimmermann und Coryll 1990; Maier et al. 1992). Nach Saß (2000) treten Persönlichkeitsstörungen häufiger in der Stadtbevölkerung als in ländlichen Populationen auf und sind eher in sozial schwächeren Schichten anzutreffen. Es gibt keine Geschlechtspräferenz hinsichtlich der Gesamtheit der Persönlichkeitsstörungen, allerdings gibt es einige, zum Teil widersprüchliche Daten zur geschlechtsspezifischen Prävalenzverteilung bei einzelnen Persönlichkeitsstörungen (Kap. 4.5). In unausgelesenen psychiatrischen Populationen werden Prävalenzraten von 40–60% angegeben (Mellsop et al. 1982; Saß und Mende 1990; Oldham et al. 1992). Unter forensisch-psychiatrischen Patienten finden sich Prävalenzraten von bis zu 80% (Merikangas und Weissman 1986; Saß 1986). Die wohl repräsentativste Studie über Prävalenzraten bei psychiatrischen Patienten wurde von der WHO durchgeführt (Loranger et al. 1994). In dieser Studie erfüllten 39,5% der 716 untersuchten ambulanten und stationären psychiatrischen Patienten die Kriterien mindestens einer Persönlichkeitsstörung nach ICD-10.

7.2 Verlauf

Von der Konzeptbildung her sind Persönlichkeitsstörungen als stabil und überdauernd über den Lebenszyklus anzusehen. Allerdings wird dieses Postulat der Zeitstabilität der Persönlichkeitsstörungen zunehmend kritisch diskutiert, dies insbesondere auch unter Berücksichtigung erster zeitlicher Verlaufsstudien bei Patienten mit Persönlichkeitsstörungen. Nach klinischer Erfahrung können sich zugespitzte Persönlichkeitsmerkmale mit zunehmendem Alter und nachlassender Vitalität abschwächen. Dies gilt besonders für Persönlichkeitszüge, die die soziale Funktionsfähigkeit nachhaltig beeinträchtigen, wie Impulsivität, dissoziales Verhalten, Haltschwäche, Unstetigkeit. Cohen et al. (1994) untersuchte die Prävalenz von Persönlichkeitsstörungen getrennt nach unter und über 50-Jährigen. In dieser Studie zeigten die Älteren mit 6,6% eine geringere Prävalenzrate als die Jüngeren mit 10,5%. Weiterhin liegen die Prävalenzen für die antisoziale, die histrionische und die Borderline-Persönlichkeitsstörung in Bevölkerungsgruppen jenseits des 55. Lebensjahres weit unter denen in jüngeren Gruppen (Tyrer und Seivewright 1988; Stone 1993). Andere Merkmale können aber auch mit zunehmendem Alter eine Zuspitzung erfahren, denkt man z. B. an den Eigensinn und die Rigidität mancher älterer Menschen (Saß 2000). Insgesamt zeigen Persönlichkeitsstörungen bei aller grundsätzlichen Stabilität ein größeres Maß an Flexibilität, Anpassungsfähigkeit und auch therapeutischer Veränderbarkeit als das theoretische Konzept nahe legt, so wie der Grad der Dysfunktionalität auch von situativen Bedingtheiten und Ansprüchen des jeweiligen Lebensabschnittes abhängt (Herpertz und Saß 2002): Beispielsweise wird eine narzisstisch akzentuierte Persönlichkeit insbesondere in Prüfungssituationen, wie sie im jungen Erwachsenenalter gehäuft auftreten, ausgeprägte Wechsel zwischen strotzendem Selbstbewusstsein und übertriebenen Minderwertigkeitsgefühlen zeigen. Im jungen Erwachsenenalter wird auch die ängstliche Persönlichkeit unter ihrer mangelnden sozialen Kompetenz leiden, weil hier in besonderem Maße Entscheidungen, Selbständigkeit und Selbstbewusstsein gefordert sind. Zuspitzungen treten aber auch nicht selten (dies gilt z. B. auch für die narzisstische Persönlichkeit) mit zunehmendem Lebensalter in der Konfrontation mit eigenen Leistungsgrenzen, nachlassender körperlicher Attraktivität oder fehlenden Kompensationsmöglichkeiten auf. Zusammenfassend dürfte es sich bei Persönlichkeitsstörungen anstelle von Kontinuität und Kontextunabhängigkeit in vielen Fällen eher um langwellige Verlaufsformen mit relativer Trägheit ihrer Änderung bzw. Variationen handeln (Loranger et al. 1991).

7.3 Prognose

Hinsichtlich der Prognose von Persönlichkeitsstörungen nimmt das Suizidrisiko eine zentrale Rolle ein. Es zeigt in der Gesamtgruppe der persönlichkeitsgestörten Individuen eine dreifache Erhöhung gegenüber der Allgemeinbevölkerung. Betrachtet man die verschiedenen Persönlichkeitsstörungstypen, so findet sich die höchste Suizidrate bei Patienten mit Borderline-Persönlichkeitsstörungen, die mit 8% angegeben wird (Bronisch 1995), des Weiteren ist die Suizidgefahr besonders hoch bei der antisozialen und bei der narzisstischen Persönlichkeitsstörung. Die Bedeutung des Suizidrisikos bei persönlichkeitsgestörten Menschen wird auch bekräftigt durch Studien, die bei ca. einem Drittel der durch Suizid Verstorbenen eine Persönlichkeitsstörung zusätzlich zu einem depressiven Syndrom oder einer Alkoholabhängigkeit diagnostizierten.

Bestimmt wird die Prognose vom speziellen Typus der Persönlichkeitsstörung, eventueller Komorbiditäten (insbesondere mit Suchtstörungen und depressiven Erkrankungen) sowie vom Schweregrad (Saß 2000). Als wichtiges prognostisches Merkmal werden auch der psychostrukturelle Reifegrad sowie das Niveau der psychischen und sozialen Funktionen angesehen. In einer katamnestischen Untersuchung von Tölle (1966) an 539 stationär behandelten Patienten mit Persönlichkeitsstörungen zeigten jeweils ein Drittel eine günstige, eine kompromisshafte bzw. eine ungünstige Lebensbewältigung. Studien zu prognostischen Faktoren bei einzelnen Persönlichkeitsstörungen liegen nur zur Borderline-Persönlichkeitsstörung vor. Hier erwiesen sich hohe Intelligenz, Attraktivität, künstlerische Talente und begleitende anankastische Züge als günstige Out-come-Kriterien, während eine Vorgeschichte mit elterlicher Gewalt und sexuellem Missbrauch, begleitende schizotypische und antisoziale Persönlichkeitszüge, ausgeprägte Impulsivität und Suchtverhalten sich als ungünstige Out-come-Kriterien darstellten (Links et al. 1990; Stone 1993). Auch wenn bisher keine empirischen Daten zu Prognosekriterien bei anderen Persönlichkeitsstörungen vorliegen, so zeigt die klinische Erfahrung, dass Motivation, Vertrauen in andere Menschen, Flexibilität sowie Einsicht in ein eigenes Beteiligtsein an zwischenmenschlichen Schwierigkeiten prognostisch günstig sind. Demgegenüber zeigen Patienten mit hoher Externalisierungstendenz, geringer Reflexions- und Introspektionsfähigkeit sowie mit schlechtem sozialen Funktionsniveau eine eher ungünstige Prognose.

Fazit für die Praxis

Persönlichkeitsstörungen zeigen ein höheres Maß an Veränderung im Lebensverlauf sowie therapeutischer Beeinflussbarkeit als bisher angenommen.

Die Prognose ist unterschiedlich in Abhängigkeit vom Typus und komorbiden psychiatrischen Störungen.

Literatur

Bronisch T (1995) Suicidal behavior in extreme stress. Fortschritte der Neurologie und Psychiatrie 63(4):139–148

Cohen BJ, Mestadt G, Samuels JF, Romanzski AJ, McHugh PR, Rahins PV (1994) Personality disorders in later life: a community study. British Journal of Psychiatry 165:493–499

Herpertz S, Saß H (2002) Persönlichkeitsstörungen. In: Ahrens S, Schneider W (Hrsg.), Lehrbuch für Psychosomatik und Psychotherapie. Schattauer, Stuttgart, S. 215–218 und 221–238

Links PS, Steiner M, Boiago I, Irwin D (1990) Lithium therapy for borderline patients: preliminary findings. Journal of Personality Disorders 4:173–181

Loranger AW, Lenzenweger MF, Gartner AF, Lehmann Susman V, Herzig J, Zammit GK, Gartner JD, Abrams RC, Young RC (1991) Trait-state artifacts and the diagnosis of personality disorders. Archives of General Psychiatry 48:720–728

Loranger AW, Sartorius N, Andreoli A et al. (1994) The International Personality Disorders Examination. Archives of General Psychiatry 51:215–224

Maier W, Lichtermann D, Minges J, Heun R (1992) The familial relation of personality disorders (DSM-III-R) to unipolar major depression. Journal of Affective Disorders 26:151–156

Mellsop GW, Varghese F, Stephens J, Hicks A (1982) The reliability of axis II of DSM-III. American Journal of Psychiatry 139:1360–1361

Merikangas KR, Weissman MM (1986) Epidemiology of DSM-III Axis II personality disorders. In: Frances AJ, Hales RE (eds) American Psychiatric Association annual review, vol 5. American Pychiatric Press Washington DC pp 258–278

Oldham JM, Skodol AE, Kellmann D, Hyler SE, Rosnick L, Davies M (1992) Diagnosis of DSM-III-R personality disorders by two structured interviews: patterns of comorbidity. American Journal of Psychiatry 149:213–220

Reich J, Yates W, Nduaguba M (1989) Prevalence of DSM-III personality disorders in the community. Social Psychiatry and Psychiatric Epidemiology 24:12–16

Saß H (1986) Zur Klassifikation der Persönlichkeitsstörungen. Nervenarzt 56:193–203

Saß H (2000) Persönlichkeitsstörungen. In: Helmchen H, Henn F, Lauter H, Sartorius N (Hrsg.) Psychiatrie der Gegenwart. Bd 6, 4. Aufl. Springer, Berlin, Heidelberg, New York, S. 275–330

Saß H, Mende M (1990) Zur Erfassung von Persönlichkeitsstörungen mit einer integrierten Merkmalsliste gem. DSM-III-R und ICD-10 bei stationär behandelten psychiatrischen Patienten. In: Baumann K, Fähndrich E, Stieglitz RD, Woggon B (eds) Veränderungsmessung in Psychiatrie und Klinischer Psychologie, Profil-Verlag, München pp 195–206

Stone MH (1993) Long-term outcome in personality disorders. British Journal of Psychiatry 162:299–313

Tölle R (1966) Katamnestische Untersuchungen zur Biographie abnormer Persönlichkeiten. Springer, Berlin, Heidelberg, New York

Tyrer P, Seivewright N (1988) Studies of outcome. In: Tyrer P (ed) Personality disorders: diagnosis, management and course. Wright, London, pp 119–136

Zimmermann M, Corryll W (1990) Diagnosing personality disorders in the community. A comparison of self-report and interview measures. Archives of General Psychiatry 47:527–531

8 Persönlichkeitsstörungen aus kinder- und jugendpsychiatrischer Sicht

Beate Herpertz-Dahlmann

8.1 Definition

Im Gegensatz zur Psychiatrie des Erwachsenenalters hat die Kinder- und Jugendpsychiatrie in den letzten Jahrzehnten den Begriff der Persönlichkeitsstörung bei der Klassifikation jugendlicher Störungen weitgehend vermieden. Laut Definition beinhaltet er stabile und rigide Verhaltensweisen, die sich in unterschiedlichen Lebenssituationen manifestieren und zu persönlichem Leid und/oder gestörter sozialer Funktionsfähigkeit führen. Demgegenüber hat die Kinder- und Jugendpsychiatrie vor allem den **Entwicklungsaspekt** bei der Entstehung und Behandlung psychischer Störungen betont, der in gewissem Widerspruch zu der Persistenz und Stabilität persönlichkeitsimmanenter Reaktionsmuster steht. Allerdings gibt es eindeutige Kontinuen zwischen Verhaltensweisen in Kindheit und Jugend und denen im Erwachsenenalter. Auf der Basis der genetischen Forschung, die zunehmend an Bedeutung gewonnen hat, hat sich die Kinder- und Jugendpsychiatrie in jüngster Zeit mit der Bedeutung von Temperamentseigenschaften und Persönlichkeitsmerkmalen für die Entstehung kinder- und jugendpsychiatrischer Erkrankungen auseinander gesetzt und versucht, Kontinuität und Diskontinuität von Reaktionsmustern über die Lebensspanne hinweg zu erforschen.

Die Entwicklung eines Kindes ist dabei als **interaktioneller Prozess** von individuellen Verhaltensweisen auf der einen Seite und der Reaktion der Umwelt auf der anderen Seite anzusehen. Während noch vor wenigen Jahren vielfach die Auffassung vertreten wurde, dass ein junges Kind eher passiv den Einflüssen seiner Umwelt ausgesetzt ist, geht man heute davon aus, dass die Kind-Umwelt-Interaktion bereits in den ersten Lebenstagen ein subtiler reziproker Prozess ist, der von beiden Beteiligten – Kind und Bezugsperson – aktiv gestaltet wird. Beispielsweise können Fehlbildungen oder eine Behinderung des Kindes das Verhältnis zu seiner Umgebung vom ersten Lebenstag an prägen; aber auch Phänomene wie akute Lebensereignisse, unzureichende soziale Unterstützung, Vernachlässigung oder Unfallfrequenz beruhen nicht nur auf Umwelteinflüssen, sondern können in bestimmtem Maße als Folge genetisch-vermittelter Persönlichkeitsmerkmale angesehen werden (Rutter 1996; Herpertz-Dahlmann und Remschmidt 2000).

Die Kinder- und Jugendpsychiatrie hat sich vor allem mit den Auswirkungen kindlicher Temperamentseigenschaften auf die Eltern-Kind-Interaktion auseinander gesetzt. Dabei meint **Temperament** basale psychologische Prozesse, die Affektivität, Aktivität (Ausmaß und Energieniveau motorischer Reaktionen) und Aufmerksamkeit als konstitutionelle, biologisch fundierte Kernmerkmale umfassen. Demgegenüber bezieht sich der **Persönlichkeitsbegriff** auf ein breiteres Spektrum menschlichen Verhaltens, u. a. auf Fähigkeiten, Gewohnheiten, Wertmaßstäbe und soziale Kognition, die einerseits das Selbstkonzept, andererseits die Einstellung des Individuums zu anderen beinhaltet (Rothbart und Bates 1998). Zwischen Temperamentseigenschaften und Persönlichkeitsmerkmalen besteht ein enger Zusammenhang (Abb. 8.1).

Allerdings wird in jüngster Zeit die Unterscheidung zwischen eher biologisch vermittelten Temperamentseigenschaften und individuell entwicklungsgeschichtlich bedingten Persönlichkeitsmerkmalen vielfach kontrovers diskutiert, da sich auch zunehmend Hinweise für genetische Komponenten von Persönlichkeitsvariablen finden (Livesley et al. 1998) (Kap. 3.4).

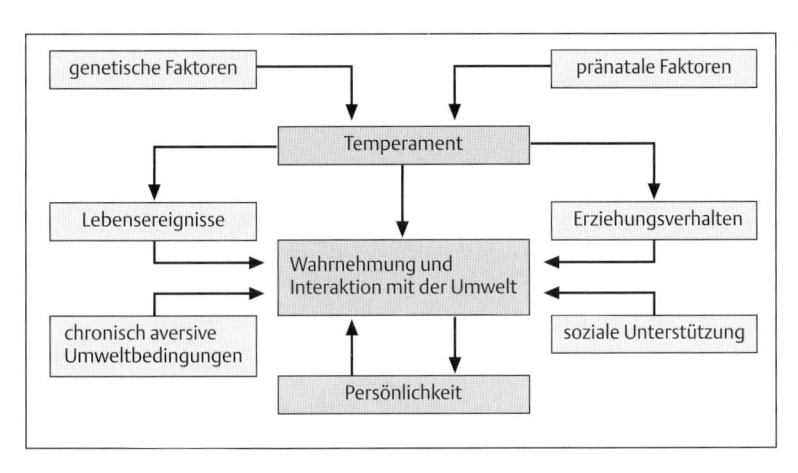

Abb. 8.1 Entwicklung von Temperament und Persönlichkeit (die genannten Einflussfaktoren erheben keinen Anspruch auf Vollständigkeit).

Das folgende Kapitel will versuchen, neben Ausführungen zu Epidemiologie und Symptomatik von Persönlichkeitsstörungen im Jugendalter Ergebnisse zur Stabilität von Persönlichkeitszügen in Kindheit, Jugend und Erwachsenenalter aufzuzeigen. Weiterhin soll versucht werden, einen Zusammenhang zwischen kinder- und jugendpsychiatrischen Krankheitsbildern und Persönlichkeitsstörungen im Erwachsenenalter darzustellen.

> **Fazit für die Praxis**
>
> Die Diagnose einer Persönlichkeitsstörung wird in der Kinder- und Jugendpsychiatrie nur selten vergeben.
>
> Es wird der Entwicklungsaspekt von psychischen Störungen bei jugendlichen Patienten betont, der dem Stabilitätskriterium der Persönlichkeitsstörungen widerspricht.

8.2 Klassifikation

Laut ICD-10 beginnen Persönlichkeitsstörungen in der Kindheit oder Jugend und manifestieren sich endgültig im Erwachsenenalter. Vor Abschluss der Pubertät, d. h. vor dem 16.–17. Lebensjahr ist die Diagnose einer Persönlichkeitsstörung „wahrscheinlich unangemessen" (ICD-10: F 60). Sie sollte vor diesem Lebensalter nur dann gestellt werden, wenn die geforderte Mindestzahl der Kriterien für die jeweilige Störung erfüllt ist und die Verhaltensmerkmale bereits im Jugendalter andauernd und situationsübergreifend auftreten und zu Einschränkungen der schulischen, beruflichen und sozialen Leistungsfähigkeit führen. Allerdings sollte beachtet werden, dass Persönlichkeitsstörungen im Jugendalter vielfach **ego-synton** und erst im Erwachsenenalter mit „subjektivem Leiden" verbunden sind (Wewetzer et al. 2000).

Nach den Definitionskriterien des DSM-IV wird der Persönlichkeitsstörungsbegriff etwas großzügiger als in der ICD-10 gehandhabt. Er darf auch für Kinder und Jugendliche verwandt werden, wenn bestimmte Persönlichkeitszüge (traits) sich als pervasiv und persistent und nicht auf eine Entwicklungsepisode beschränkt erweisen. Allerdings müssen die Reaktionsmuster mindestens über ein Jahr vor Diagnosestellung kontinuierlich vorhanden sein. Die Diagnose einer antisozialen Persönlichkeitsstörung darf vor dem Alter von 18 Jahren nicht gestellt werden (s. u.).

Vor dem Hintergrund der in beiden Klassifikationssystemen gemachten Einschränkungen sollen im Folgenden diejenigen Störungsbilder differenzierter dargestellt werden, die aufgrund empirischer Studien im Jugendalter relevant sind oder bei denen eine ausdrückliche Beziehung zu anderen psychiatrischen Störungen dieses Lebensalters gegeben ist (z. B. dissoziale Persönlichkeitsstörung, Borderline-Persönlichkeitsstörung) (Wewetzer et al. 2000).

Zur allgemeinen Klassifikation der spezifischen Persönlichkeitsstörungen wird auf die jeweiligen Kapitel verwiesen.

8.3 Epidemiologie und Risikogruppen

Im Vergleich zu Studien bei Erwachsenen wird eine höhere **Prävalenzrate** von Persönlichkeitsstörungen im Kindes- und Jugendalter angegeben. Schwerwiegendere Persönlichkeitsstörungen lassen sich in Feldstudien bei 15–20% aller 11–17-Jährigen nachweisen (Bernstein et al. 1993; Johnson et al. 2000a). Bei Inanspruchnahmepopulationen (ambulant und stationär) liegen die Prävalenzraten noch höher: Nach Angaben in der Literatur erhalten 50–60% aller stationären adoleszenten Patienten die zusätzliche Diagnose einer Persönlichkeitsstörung (Mattanah et al. 1995; Grilo et al. 1996; Becker et al. 1999). Die Angaben zu Häufigkeiten spezifischer Persönlichkeitsstörungen differieren stark zwischen den einzelnen Autoren; in den Studien bei stationären Patienten wurden am häufigsten Borderline-Störungen gefunden (Mattanah et al. 1995; Levy et al. 1999). **Geschlechtsunterschiede** bei der Häufigkeit von Persönlichkeitsstörungen im Jugendalter wurden nur selten untersucht. Dabei fanden sich signifikant mehr Borderline-Störungen bei weiblichen Patienten gegenüber männlichen (Grilo et al. 1996). Allerdings erweisen sich Diagnosen von Persönlichkeitsstörungen im Kindes- und Jugendalter im Vergleich zu Studien bei Erwachsenen als wenig stabil (Mattanah et al. 1995). Zwischen dem frühen Jugendalter und dem frühen Erwachsenenalter fallen die Prävalenzraten deutlich ab (Johnson et al. 2000a). Dieser Befund entspricht der Abnahme des Ausprägungsgrades von psychiatrischer Symptomatik während dieser Lebensspanne und hängt damit zusammen, dass jungen Erwachsenen die Anpassung an gesellschaftliche Normen leichter fällt als Adoleszenten. Der Reifungsprozess führt bei vielen Individuen zu einer Abschwächung exzessiver Verhaltensmuster, so dass die Kriterien für eine Persönlichkeitsstörung nicht mehr erfüllt sind, obwohl sich eine Kontinuität der jeweiligen **Persönlichkeitszüge** nachweisen lässt. Ein Rückgang von Persönlichkeitsstörungen lässt sich auch in späteren Lebensphasen feststellen; er vollzieht sich i.A. aber langsamer als zwischen Jugend und frühem Erwachsenenalter. Die spezifischen diagnostischen Kategorien erweisen sich ebenfalls nicht als zeitlich stabil. Allerdings hatten Patienten, die in jungem Lebensalter die Diagnose einer Persönlichkeitsstörung erhielten, zu späteren Untersuchungszeitpunkten ein höheres Risiko, erneut eine psychiatrische Diagnose (Achse I oder II nach DSM-IV) zu erhalten (Bernstein et al. 1993; Johnson et al. 2000a).

> **Fazit für die Praxis**
>
> Die geringe diagnostische Spezifität und Stabilität von Persönlichkeitsstörungen im Kindes- und Jugendalter steht im Widerspruch zu den in den Klassifikationssystemen geforderten Kriterien der Persistenz und Situationsunabhängigkeit von Verhaltensmustern.
>
> Empirische Untersuchungen bestätigen die Vorbehalte von ICD-10 und DSM-IV, die Diagnose einer Persönlichkeitsstörung in dieser Altersgruppe zu stellen.
>
> Der Untersucher sollte sich vergewissern, ob die zur Vorstellung führenden Verhaltensweisen eines Jugendlichen bereits in der Kindheit offensichtlich

waren oder erst im Rahmen pubertärer Krisen entstanden sind.

Die Diagnose einer Persönlichkeitsstörung bei einem Jugendlichen sollte nur mit großer Zurückhaltung gestellt werden.

Besondere Vorsicht ist gegenüber der Diagnose der Borderline-Persönlichkeitsstörung geboten, die überproportional häufig im Jugendalter vergeben wird.

8.4 Ätiologie und Risikofaktoren

8.4.1 Biologische Faktoren

Temperament

Das kindliche Temperament scheint in hohem Maße biologisch fundiert zu sein. Eines der für die Kinder- und Jugendpsychiatrie bedeutendsten typologischen Klassifikationsschemata geht auf die Beobachtungen von Thomas und Chess (1977) zurück. Sie unterschieden drei sog. Temperamentstypen, das „pflegeleichte Kind" (easy child), das „schwierige Kind" (difficult child) und das „langsam auftauende Kind" (slow to warm-up child) (Thomas und Chess 1977). Heute geht man immer noch von drei Temperamentscharakteristika aus, die als „impulsiv-unbeherrscht" (undercontrolled), „gehemmt-überkontrolliert" (overcontrolled) und „ich-stark" bezeichnet werden (Zentner 2000).

Die beiden Typen des impulsiv-unbeherrschten bzw. gehemmt-überkontrollierten Kindes zeigen enge Zusammenhänge mit den beiden basalen Motivationssystemen menschlichen Verhaltens von Gray (1983) auf, die dieser als „behavioral activation system" (approach) und „behavioral inhibition system" (anxiety) bezeichnete. Ersteres kennzeichnet Verhaltensaktivierung durch die Aussicht auf Belohnung und neuartige Stimuli, während das zweite eine Verhaltenshemmung impliziert, die durch Angst vor Bestrafung und evolutionär gebahnte Befürchtungen ausgelöst wird. Zwillingsstudien zeigen konsistente Heriditätseffekte für diese Verhaltenscharakteristika auf (Aktivität, Annäherungsverhalten, Rückzug) (Übersicht bei Rothbart und Bates 1998) (Kap. 3.1.3). Beiden motivational-affektiven Systemen werden spezifische neuroanatomische Regionen, Neurotransmitter und psychophysiologische Reaktionen zugeordnet.

Bereits bei Neugeborenen lassen sich ausgeprägte individuelle Unterschiede in der Reaktivität auf äußere Stimuli nachweisen. Während einige Neugeborene oder Kleinkinder gar nicht oder positiv auf bestimmte umweltbedingte Reize reagieren, reagieren andere auf die gleichen Reize mit Angst und Fluchtreaktionen. Reizsuchende oder vermeidende Verhaltensweisen scheinen über die Lebensspanne hinweg sehr konstant zu sein. So fanden Raine et al. (1998) heraus, dass Angstfreiheit und vermehrte Reizsuche bei 3-jährigen Kindern bereits als Risikofaktoren für späteres antisoziales Verhalten anzusehen ist, während Kerr et al. (1997) Verhaltenssteuerung bzw. erhöhte Ängstlichkeit gegenüber Fremden und Bestrafung als protektives Persönlichkeitsmerkmal bezüglich einer delinquenten Entwicklung herausstellten (Kap. 3.1.4).

Elterliches Betreuungs- und Erziehungsverhalten konnte für die unterschiedlichen Temperamentseigenschaften keine ausreichende Erklärung liefern. Thomas und Chess verglichen die Temperamentsvariablen ihrer New Yorker Stichprobe, die aus mittleren und oberen Mittelschichtfamilien bestand, mit denen einer Stichprobe aus Arbeiterfamilien in Puerto Rico und fanden keine Unterschiede in der Temperamentsverteilung. Auch frühgeborene Kinder zeigten ähnliche Temperamentsmuster, obwohl sich ihre Eltern von den Eltern der New Yorker Stichprobe durch ein verständlicherweise hohes Maß an Besorgtheit und Ängstlichkeit unterschieden (Chess und Thomas 1996).

Während bei einem sehr jungen Kind Temperamentsmerkmale die gesamte Persönlichkeit auszumachen scheinen, kommen im Laufe der Entwicklung zahlreiche Faktoren hinzu, die auf die Persönlichkeitsdifferenzierung einwirken (Chess und Thomas 1996). Dabei nehmen genetische bzw. angeborene Reaktionsmerkmale Einfluss auf die Interaktion des Individuums mit seiner Umwelt, die ihrerseits zu einer Verstärkung oder Abschwächung initialer Prädispositionen führen kann.

> **Fazit für die Praxis**
>
> Temperamentseigenschaften sind bedeutende „Ausgangsvariablen" der Persönlichkeitsentwicklung.
> Bereits Neugeborene zeigen unterschiedliche Reaktionen auf äußere Stimuli, die sich nicht durch elterliches Betreuungsverhalten erklären lassen.

8.4.2 Psychosoziale Faktoren

Thomas und Chess (1977) postulierten, dass sich die Kombination eines spezifischen Temperamentes mit spezifischen Umweltfaktoren fördernd oder hemmend auf die seelische Entwicklung eines Kindes auswirkt (**Goodness-of-fit-Modell**). So wird das Erziehungsverhalten der Eltern durch angeborene Reaktionsmuster des Säuglings positiv oder negativ beeinflusst. Ein negativ verändertes Erziehungsverhalten verstärkt über die Zeit die Verhaltensprobleme des Kindes, so dass sich ein Teufelskreis von problematischem Verhalten aufseiten des Kindes und negativen Reaktionen aufseiten der Eltern entwickelt. Ein typisches Störungsbild, bei dem sich Temperaments- und Verhaltensmerkmale auf die frühe Eltern-Kind-Beziehung auswirken, ist das hyperkinetische Syndrom, das im Erwachsenenalter mit einer erhöhten Prävalenz von antisozialen und möglicherweise auch Borderline-Störungen einhergeht (s. u.). Hyperaktive Kinder sind bereits als Säugling irritierbar und werden als hyperexzitabel und motorisch unruhig charakterisiert. Sie schreien häufig, haben Ernährungsprobleme und ein gestörtes Schlafverhalten. Das Erziehungsverhalten von Eltern hyperaktiver Kinder wird als kontrollierender, „eingreifender" und weniger lobend beschrieben als das der Eltern von altersentsprechend gesunden Kindern. Demgegenüber provoziert ängstliches und vermeidendes Verhalten des Kindes eher überprotektives Verhalten der Eltern. Indessen können ausgleichende und die Ressourcen des Kindes betonende Reaktionen der Eltern problematische kindliche Verhaltensweisen mildern.

Neben diesen subtilen Einflüssen der Beziehung von Bezugsperson und Kind gibt es **psychosoziale Belastungen**, die tiefgreifende Auswirkungen auf die Persönlichkeitsentwicklung des Individuums haben. Diese Auswirkungen sind im Allgemeinen umso gravierender, je längerfristiger die belastenden Situationen auf das Kind einwirken. Hierzu gehören **Verlusterfahrungen,** unzureichende Möglichkeiten zum Aufbau von Bindungen sowie **chronische Vernachlässigung** und **körperliche** bzw. **sexuelle Misshandlung.**

In einer Feldstudie, die mehr als 700 Familien mit Kindern zwischen 1–10 Jahren über einen Zeitraum von 18 Jahren untersuchte, ließ sich ein signifikanter Zusammenhang zwischen emotionaler und körperlicher Vernachlässigung des Kindes sowie unzureichender Beaufsichtigung und Betreuung durch die Eltern und Persönlichkeitsstörungssymptomen bei den entsprechenden Adoleszenten und jungen Erwachsenen nachweisen (Johnson et al. 2000b). Emotionale und körperliche Vernachlässigung waren mit einem erhöhten Risiko für eine Symptomatik aus dem Cluster-A-Formenkreis der Persönlichkeitsstörungen nach DSM-IV verbunden, während unzureichende Beaufsichtigung mit einer vermehrten Symptomatik der Cluster-B-Persönlichkeitsstörungen assoziiert war. Die Untersuchung bestätigte damit frühere Studien, die ebenfalls einen Zusammenhang zwischen Vernachlässigung im Kindesalter und einem erhöhten Risiko für Persönlichkeitsstörungen im Erwachsenenalter nachgewiesen hatten (Übersicht bei Johnson et al. 2000b). Obwohl Nachteile dieser Studie die mangelnde Erfassung kindlicher Variablen sowie die Beschränkung auf schwere Vernachlässigungsformen waren, sprechen die wiederholten Untersuchungen und der lange Beobachtungszeitraum für eine Konsistenz der Ergebnisse.

Noch gravierender für die Entwicklung von Persönlichkeitsstörungen in der Adoleszenz und im jungen Erwachsenenalter sind die Auswirkungen von wiederholter körperlicher oder sexueller Misshandlung im Kindesalter. So wurde in mehreren Studien bei Patienten mit sexueller Misshandlung eine Atrophie hippokampaler Strukturen nachgewiesen, die mit einer erhöhten Prävalenz dissoziativer Symptomatik einherging (Literaturübersicht bei Sapolsky 2000). Dissoziative Störungen sind wiederum ein typisches Merkmal der Borderline-Persönlichkeitsstörung.

Fazit für die Praxis

Umwelteinflüsse, insbesondere das Erziehungsverhalten der Eltern, hemmen oder verstärken angeborene Verhaltensmuster eines Kindes.

Chronische traumatische Erfahrungen in der Kindheit, wie Verlust einer engen Bezugsperson, Vernachlässigung und Misshandlung zeigen einen engen Zusammenhang mit Persönlichkeitsstörungen in späteren Lebensphasen.

8.5 Kontinuität von Persönlichkeitsmerkmalen und -störungen von der Kindheit bis ins Erwachsenenalter

Langzeitstudien wie die Kauai-Studie, die Berkeley-Guidance-Studie und die British-Medical-Research-Council's-National-Survey-of-Health-and-Development-Studie zeigen nur geringe Zusammenhänge zwischen Verhaltensmerkmalen eines sehr jungen Kindes und der Psychopathologie des Erwachsenen auf (Übersicht bei Kagan und Zentner 1996). Allerdings lassen sich für die beiden Extreme des Verhaltensspektrums – Impulsivität und mangelnde Steuerung auf der einen Seite vs. ausgeprägte gehemmte Verhaltensweisen auf der anderen Seite – durchaus Korrelate in der adulten Psychopathologie im Sinne von Persönlichkeitsstörungen nachweisen.

Im Rahmen der bekannten **Dunedin-Studie,** Neuseeland, wurde ein ganzer Geburtenjahrgang (1972/1973) prospektiv untersucht (Caspi 2000). Ungefähr 1000 Kinder (je zur Hälfte Mädchen und Jungen) konnten von Geburt an in 2- und 3-Jahresabständen bis zum Alter von 21 Jahren nachverfolgt werden. 10% dieser Stichprobe wurden im Alter von 3 Jahren als unkontrolliert (irritierbar, impulsiv, affektlabil und unbeständig bei Aufgaben) bezeichnet. Während der Kindheit dieser Probanden beurteilten Eltern und Lehrer die Erziehung als schwierig. Im Alter von 18 Jahren zeichneten sich die Jugendlichen durch hohe Impulsivität und erregungssuchendes Verhalten aus (sensation seeking), aber auch durch Aggressivität und Entfremdung von ihren Bezugspersonen. Im Alter von 21 Jahren hatten diese jungen Erwachsenen zahlreiche Probleme am Arbeitsplatz sowie häusliche Konflikte und Schwierigkeiten in ihren Zweierbeziehungen. Ihr Verhalten war durch häufige Gesetzesübertretungen und Alkoholmissbrauch gekennzeichnet. Personen, die diesen Kindern und späteren Erwachsenen nahe standen, beschrieben sie als wenig verlässlich und vertrauenswürdig.

Weitere 8% der Dunedin-Stichprobe wurden im Alter von 3 Jahren als gehemmt, schüchtern und sozial überängstlich eingeschätzt. Als Adoleszente litt diese Gruppe häufig an introversiven Störungen. Mit 18 Jahren zeichnete sich ihre Persönlichkeit durch rigides und übervorsichtiges Verhalten sowie Selbstunsicherheit aus. Diese Probanden vermieden es, Führungspositionen zu übernehmen oder Einfluss auf andere auszuüben. Im Alter von 21 Jahren klagten die jungen Erwachsenen über unzureichende soziale Unterstützung und litten häufig an Depressionen. Bezugspersonen, die diese ehemals sehr schüchternen Kinder über lange Zeit begleitet hatten, schilderten sie als wenig sozial engagiert, als passiv und an ihren Lebenswelten wenig interessiert.

Die Autoren der Dunedin-Studie stellten fest, dass die von ihnen beschriebenen Entwicklungen keineswegs als deterministisch anzusehen waren. So hatten „unkontrollierte" Kinder ein wesentlich geringeres Risiko, delinquent zu werden, wenn sie ihre Schullaufbahn zu Ende führten. Auch positive, beständige Zweierbeziehungen konnten eine antisoziale Entwicklung im Jugendalter beenden (Übersicht bei Caspi 2000).

Langzeitstudien haben gezeigt, dass der Zusammenhang zu einer Persönlichkeitsstörung des Erwachsenenalters umso deutlicher wird, je älter ein Kind ist und je ausgeprägter seine Psychopathologie. Insbesondere extroversive Störungen, Angststörungen und depressive Erkrankungen im Kindes- und Jugendalter erhöhen das Risiko, an einer späteren Persönlichkeitsstörung zu erkranken. Liegt zusätzlich zu einer Achse-I-Störung eine Persönlichkeitsstörung im Jugendalter vor, ist die Wahrscheinlichkeit für eine spätere Achse-II-Störung noch höher (Kasen et al. 1999).

Fazit für die Praxis

Bei Patienten, die im Kindes- oder Jugendalter an einer psychiatrischen Störung erkranken, treten im Erwachsenenalter signifikant häufiger Persönlichkeitsstörungen auf.

Im Folgenden wird auf einzelne kinder- und jugendpsychiatrische Krankheitsbilder eingegangen, die mit einem besonders hohen Risiko für spätere Persönlichkeitsstörungen einhergehen.

8.5.1 Introversive Störungen

Zwangserkrankungen

Retrospektive Untersuchungen bei Erwachsenen weisen darauf hin, dass bei einem Drittel bis zwei Drittel aller Patienten die Zwangserkrankung vor dem 18. Lebensjahr beginnt. In klinischen Stichproben liegt der durchschnittliche Erkrankungsbeginn bei 10 Lebensjahren (Herpertz-Dahlmann und Simons, im Druck). Die Prognose der jugendlichen Zwangsstörung ist als insgesamt ungünstig zu beurteilen. In einer eigenen Untersuchung konnten 55 Patienten, die vor dem 18. Lebensjahr an einer Zwangsstörung (vornehmlich Zwangsgedanken und Zwangshandlungen) erkrankt waren, durchschnittlich 11 Jahre später nachuntersucht werden. Das mittlere Lebensalter zum Zeitpunkt der katamnestischen Untersuchung betrug 26 Jahre (Wewetzer et al. 2001). Etwa ein Drittel der nachuntersuchten Patienten wies zum Katamnesezeitpunkt eine Persönlichkeitsstörung auf. In einer vergleichbaren Verlaufsuntersuchung von Thomsen und Mikkelsen (1993) wurde bei zwei Dritteln der ehemals jugendlichen zwangskranken Patienten eine Persönlichkeitsstörung festgestellt. Bei beiden Studien waren die zwanghafte und selbstunsichere Persönlichkeitsstörung die häufigste Achse-II-Diagnose bei Katamnese. Abb. 8.2 weist darauf hin, dass Patienten mit chronischem Verlauf der Zwangserkrankung signifikant häufiger von einer komorbiden Persönlichkeitsstörung betroffen waren als ehemalige Patienten, die die Zwangserkrankung überwunden hatten.

Während einige Studien bei erwachsenen Patienten keinen Zusammenhang zwischen Zwangserkrankung und zwanghaften Persönlichkeitsstörungen nachweisen können (Mavissakalian et al. 1990), muss im Verlauf von einem Kontinuum zwischen einer Zwangsstörung im Kindes- und Jugendalter und einer zwanghaften Persönlichkeitsstörung ausgegangen werden. Swedo et al. (1989) postulieren, dass Kinder mit einer Zwangserkrankung ihren Widerstand gegen Zwangshandlungen aufgeben, diese in den Alltag integrieren und schließlich nicht mehr als ego-dyston erleben. Diese Annahme würde den Anstieg von zwanghaften Persönlichkeitsstörungen von der Kindheit in das Erwachsenenalter erklären.

Fazit für die Praxis

Kinder und Jugendliche mit einer Zwangsstörung weisen als Erwachsene häufig eine zwanghafte oder selbstunsichere Persönlichkeitsstörung auf.

Essstörungen

Anorektische Patienten mit vornehmlich restriktiver Symptomatik zeichnen sich durch typische Persönlichkeitsmerkmale wie Beharrlichkeit und Zähigkeit, auch Ri-

persönlich nachuntersuchte Stichprobe (n = 55)		
	Patienten mit Zwangsstörung (n = 20)	Patienten ohne Zwangsstörung (n = 35)
keine PS	11 (55%)	24 (69%)
zwanghafte PS	8 (40%)	6 (17%)
selbstunsichere PS	7 (35%)	5 (14%)
paranoide PS	5 (25%)	2 (6%)
schizoide PS	3 (15%)	2 (6%)
Borderline-PS	0 (0%)	2 (6%)
übrige PS	3 (20%)	4 (11%)
Mehrfachnennungen möglich		

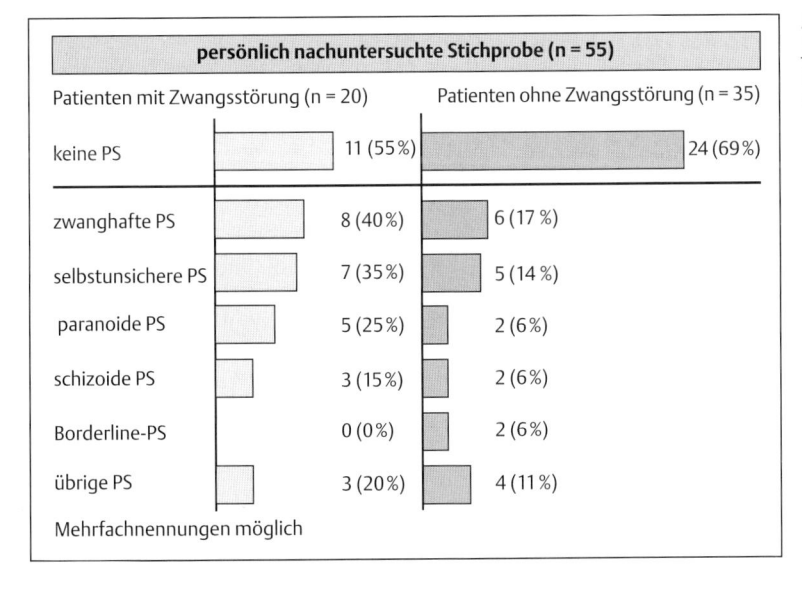

Abb. 8.2 Persönlichkeitsstörungen bei jugendlicher Zwangsstörung zum Zeitpunkt der Nachuntersuchung (Wewetzer et al. 2001).

gidität sowie Introvertiertheit aus. Die jungen Mädchen sind oft sehr angepasst und bemüht, es anderen recht zu machen. Sie gehen Konflikten aus dem Wege, sind wenig autonom, haben ein niedriges Selbstwertgefühl und vermeiden unbekannte Situationen. Da alle Untersuchungen von Persönlichkeitszügen und Temperamentseigenschaften erst nach Manifestation der Essstörung durchgeführt wurden, ist nicht klar, ob es sich um Vulnerabilitätsfaktoren oder Folgezustände der Starvation, d. h. des Hungerzustandes handelt. In einer jüngeren australischen Studie, bei der Kinder ab dem 5.–8. Lebensmonat bis zum 12.–13. Lebensjahr (Risikoalter für eine Essstörung) insgesamt 5-mal untersucht wurden, zeigte sich, dass die beiden Temperamentsfaktoren „negativer Affekt" (am ehesten assoziiert mit depressiven Symptomen) und „Persistenz" (Beständigkeit, Zähigkeit, Fähigkeit bei der Sache zu bleiben) einen deutlichen Zusammenhang mit dem Auftreten von Essstörungssymptomen in der Pubertät zeigten (Martin et al. 2000; Herpertz-Dahlmann, im Druck). Mütter anorektischer Patientinnen berichten im Vergleich zu Müttern gesunder Mädchen über ausgeprägtere Schlafstörungen ihrer Töchter in der Kleinkindzeit, erhebliche Schwierigkeiten in Trennungssituationen und über ein signifikant späteres Lebensalter des Kindes beim ersten „Auswärtsschlafen" (Shoebridge and Gowers 2000). Im weiteren Verlauf der Erkrankung ist die Komorbidität bei der Anorexia nervosa hinsichtlich weiterer psychiatrischer Erkrankungen und Persönlichkeitsstörungen hoch. In Langzeitstudien, die die Patienten mehr als 10 Jahre nach Krankheitsbeginn nachuntersuchten, werden vorwiegend ängstlich-abhängige und zwanghafte Persönlichkeitsstörungen (Cluster C des DSM-III-R bzw. DSM-IV) beschrieben (Herpertz-Dahlmann et al. 2001). Die hohe Morbidität an ängstlich-abhängigen und zwanghaften Verhaltensweisen ordnet sich in das Konzept einer anorektischen Persönlichkeit ein, die durch die Merkmale „zwanghaft-beherrscht", „risikovermeidend" und „sozial phobisch" charakterisiert ist.

Primär bulimische Patienten scheinen weniger sthenisch und kontrolliert, dafür aber frustrationsintoleranter, sexuell aktiver und extrovertierter zu sein als anorektische Patientinnen. Patienten mit bulimanorektischen Essstörungen haben Persönlichkeitszüge, die eher denen bulimischer Patienten entsprechen, zeigen aber einen ähnlichen Perfektionismus wie die restriktiv-anorektischen Patienten.

Bei bulimischen Patientinnen werden im Langzeitverlauf etwa gleich häufig Störungen aus dem Cluster-B- als auch aus dem Cluster-C-Formenkreis des DSM-IV gefunden. Unter den Cluster-B-Persönlichkeitsstörungen sind Borderline-Störungen am häufigsten (Rosenvinge et al. 2000).

Fazit für die Praxis

Aufgrund der häufigen Komorbidität von Essstörungen und Persönlichkeitsstörungen sollten alle Patienten mit Essstörungen auf das Vorliegen einer Persönlichkeitsstörung untersucht werden.

Bei einem chronischen Verlauf der Essstörung ist die Wahrscheinlichkeit für eine komorbide Persönlichkeitsstörung besonders hoch.

8.5.2 Extroversive Störungen

Hyperkinetisches Syndrom (Aufmerksamkeitsstörung mit Hyperaktivität)

Zahlreiche Studien haben aufgezeigt, dass hyperaktive Kinder, vor allem Jungen, ein erhöhtes Risiko für eine spätere antisoziale Persönlichkeitsstörung aufweisen. Vor allem drei nordamerikanische Langzeitstudien (Montreal-Studie, Iowa-Studie und New-York-Studie, Übersicht bei Mannuzza und Klein 2000) machten deutlich, dass hyperaktive Kinder als junge Erwachsene im Vergleich zu gesunden Kontrollpersonen signifikant häufiger dissoziales Verhalten und Substanzmissbrauch entwickelten. Viele der ehemaligen Patienten waren wiederholt straffällig geworden und mussten Haftstrafen absitzen. Vor allem die New-York-Studie ist durch eine große Stichprobe, eine lange Katamnesedauer und niedrige Ausfallraten gekennzeichnet. Im Alter von durchschnittlich 24 Jahren konnten 82% der Ausgangsstichprobe nachuntersucht werden. Dabei wiesen 12% der Probanden im Vergleich zu 4% der Kontrollgruppe eine antisoziale Persönlichkeitsstörung auf. Als prognostisch ungünstig erwies sich vor allem eine Chronifizierung der Aufmerksamkeits- und Hyperaktivitätsstörung während der späten Adoleszenz (Mannuzza und Klein 2000). Bei allen drei Studien wurde jedoch unseres Wissens nach nicht überprüft, ob ein Teil der Probanden bereits zu Beginn der Untersuchung eine komorbide hyperaktive und dissoziale Störung aufwies (sog. hyperkinetische Störung des Sozialverhaltens, ICD-10: F 90.1). In einer eigenen Studie konnten wir nachweisen, dass Kinder mit einer komorbiden Störung ähnliche psychophysiologische Reaktionsmuster aufwiesen wie adulte Psychopathen, die als Straftäter auffällig geworden waren, wohingegen Kinder, die ausschließlich eine Aufmerksamkeitsstörung mit Hyperaktivität aufwiesen, ähnliche Reaktionsmuster hatten wie die Kontrollpersonen (Herpertz et al. 2001). Die Kinder mit der kombinierten Störung zeigten verminderte autonome Reaktionen auf neue und aversive Stimuli (z. B. Hautleitwert), was auch in anderen Studien als ungünstiger prognostischer Indikator für späteres kriminelles Verhalten eruiert wurde (Raine et al. 1990). Die psychophysiologischen Reaktionen werden dabei als Persönlichkeitsmerkmale angesehen, die über genetische Transmission vermittelt oder sehr früh erworben werden (Rothbart und Bates 1998) (Kap. 3.1.4).

Störungen des Sozialverhaltens

Die Kriterien für die antisoziale Persönlichkeitsstörung nach DSM-IV setzen voraus, dass die Betroffenen bereits als Kinder durch dissoziales Verhalten auffällig geworden sind. Hingegen haben Verlaufsuntersuchungen bei unterschiedlichen Stichproben ergeben, dass weniger als 50% aller Kinder und Jugendlichen mit Störungen des Sozialverhaltens auch als junge Erwachsene dissoziales Verhalten aufweisen. Bei Jungen ist die Kontinuität in Form einer antisozialen Persönlichkeitsstörung höher als bei Mädchen, die eher introversive Symptome entwickeln. Kinder, bei denen dissoziales Verhalten schon im Vor-

Tabelle 8.1 Merkmale kindlichen dissozialen Verhaltens mit hohem Risiko für die Entwicklung einer antisozialen Persönlichkeitsstörung (nach Kazdin 1996)

Merkmal	Ausprägung
Alter bei Beginn	früher Beginn dissozialen Verhaltens (vor dem Alter von 10–12 Jahren)
Breites Spektrum dissozialer Verhaltensweisen	viele unterschiedliche dissoziale Verhaltensweisen wie Lügen, Streunen *und* Grausamkeit gegenüber Tieren; eine Vielzahl von Situationen, in denen dissoziales Verhalten beobachtet wird, z. B. zu Hause, in der Schule *und* im Verein; unterschiedliche Personen, gegen die sich das dissoziale Verhalten richtet
Häufigkeit dissozialen Verhaltens	große Anzahl dissozialer Akte
Schweregrad des antisozialen Verhaltens	schwerwiegendes antisoziales Verhalten, das z. B. mit Grausamkeit verbunden ist, oder Delinquenz
Art der dissozialen Verhaltensweisen	spezifisches antisoziales Verhalten, v. a. Lügen, Impulshandlungen, Betrug, Weglaufen, Diebstahl und nächtliches Heimkehren
Merkmale der Eltern	dissoziales und delinquentes Verhalten der Eltern, Vorstrafen, Arbeitslosigkeit und Alkoholismus; inkonsistentes Erziehungsverhalten und mangelnde Beaufsichtigung des Kindes
Familie	Eheprobleme und höhere Kinderzahl

schulalter beobachtet wurde, haben eine ungünstigere Prognose als diejenigen, bei denen das antisoziale Verhalten erstmals im Jugendalter beobachtet wird. Aus Tab. 8.1 geht hervor, welche Charakteristika antisozialen Verhaltens in Kindheit und Jugend mit einer hohen Wahrscheinlichkeit für eine antisoziale Persönlichkeitsstörung im Erwachsenenalter verbunden ist.

Fazit für die Praxis

Je früher und je schwerwiegender dissoziales Verhalten im Kindesalter beobachtet wird, desto höher ist die Wahrscheinlichkeit für eine antisoziale Störung des Erwachsenenalters.

8.6 Symptomatik von spezifischen Persönlichkeitsstörungen im Jugendalter

Die Symptomatik von Persönlichkeitsstörungen im Jugendalter unterscheidet sich im allgemeinen wenig von der des Erwachsenenalters (entsprechende Kap. 4). An dieser Stelle sollen die Borderline-Störungen und die antisoziale Persönlichkeitsstörung exemplarisch beschrieben werden, weil sie häufig im Jugendalter auftreten, differenzialdiagnostisch Schwierigkeiten bereiten und therapeutisch meist schwer zu beeinflussen sind.

Borderline-Persönlichkeitsstörung

Die Symptomatik der Borderline-Persönlichkeitsstörung im Jugendalter ist der von jungen Erwachsenen ähnlich (Kap. 4.4 Borderline-Persönlichkeitsstörung) und durch mangelhafte Impulskontrolle, Affektinstabilität, Neigung zu aggressivem Verhalten und zu Wutausbrüchen gekennzeichnet. Weiterhin werden selbstverletzendes Verhalten, häufig wechselnde heterosexuelle Beziehungen sowie Unsicherheit über die eigene Identität beobachtet. Im Vergleich zu anderen jugendlichen psychiatrischen Patienten berichten Patienten mit Borderline-Störungen in ihrer Anamnese vermehrt über Vernachlässigung, sexuelle und körperliche Misshandlung sowie Delinquenz (Pinto et al. 1996).

Empirische Untersuchungen haben aufgezeigt, dass adoleszente Patienten mit Borderline-Störungen über ein deutlich unsichereres Selbstkonzept und unzureichendere Identitätsbildung verfügen als Nicht-Borderline-Patienten (Pinto et al. 1996). Jugendliche Patienten mit Borderline-Störungen weisen eine höhere Komorbidität mit anderen psychiatrischen Störungen auf, vor allem mit depressiven Störungen, Drogenmissbrauch und posttraumatischen Belastungsstörungen. Darüber hinaus erhöht das Vorliegen einer Borderline-Störung in der Adoleszenz die Wahrscheinlichkeit, im Erwachsenenalter an rekurrierenden psychiatrischen, insbesondere affektiven Störungen zu erkranken (Lewinsohn et al. 2000).

Kasuistik

Birgit wurde im Alter von 16 Jahren stationär aufgenommen, nachdem sie sich bereits vorher in stationärer Therapie aufgrund zunehmender Suizidgedanken und -impulse befunden hatte. Anamnestisch berichtete die Patientin über traumatische Erfahrungen mit ihrem Vater, der Alkoholiker gewesen sei. Seit dem frühen Kindesalter, besonders zwischen 9 und 11 Jahren, habe er sie wiederholt sexuell misshandelt. Als aktuelle Problematik kam hinzu, dass die Patientin mit ihrer Mutter und ihren beiden Geschwistern aus einem nicht-europäischen Land nach Deutschland zurückgekehrt war und sich entwurzelt fühlte. Sie litt seit ungefähr einem Jahr an einer depressiven Verstimmung mit gereizt-dysphorischer Grundstimmung, Antriebsarmut, häufigem Grübeln, Schlafstörungen, Konzentrationsstörungen und ausgeprägtem sozialen Rückzug. In den letzten Monaten seien außerdem Alpträume, schwere Angstzustände, Neigung zu Dissoziation und Flash-back-Erlebnissen, teilweise mit Hyperventilation, hinzugekommen. In Form von oberflächlichem Ritzen verletzte sich Birgit immer wieder selbst. Seit ihrer Übersiedlung habe sie keine stabilen sozialen Kontakte zu Gleichaltrigen gefunden. Auch während der ersten Wochen des stationären Aufenthaltes zeigte Birgit ein deutliches Rückzugsverhalten sowie eine ausgeprägte Anstrengungsvermeidung und mangelnde Leistungshaltung. Wiederholt kam es zu Flash-back-Erlebnissen und Dissoziationen, bei denen Birgit die Situation des sexuellen Missbrauchs wieder erlebte, die mit Hyperventilation und schweren Erregungszuständen einhergingen. Sie forderte immer wieder Gesprächskontakte ein, wollte diese Erfahrungen erneut thematisieren und reagierte mit selbstverletzendem Verhalten, wenn ihr nicht sofort Aufmerksamkeit zuteil wurde.

Antisoziale Persönlichkeitsstörung

Oben wurde bereits auf den engen Zusammenhang zwischen dissozialen Störungen des Kindes- und Jugendalters und den antisozialen Persönlichkeitsstörungen verwiesen (Kap. 8.4). Die Klassifikationskriterien des DSM-IV machen dissoziale Verhaltensweisen vor dem Alter von 15 Jahren zur Bedingung für die Diagnose einer antisozialen Persönlichkeitsstörung im Erwachsenenalter. Allerdings darf diese Diagnose nach DSM-IV nicht vor dem 18. Lebensjahr vergeben werden. Bereits bei Kindern und Jugendlichen lassen sich Symptome einer antisozialen Persönlichkeitsstörung nachweisen. So konnten bei 69% von 7–12-jährigen Jungen mit Störungen des Sozialverhaltens bereits drei oder mehr Symptome einer antisozialen Persönlichkeitsstörung im Vergleich zu nur 38,5% der Jungen ohne Störung des Sozialverhaltens nachgewiesen werden (Loeber et al. 2000). Andere Autoren weisen nach, dass dissoziale Kinder und Jugendliche, die mangelnde Empathie und emotionale Abgestumpftheit zeigten, ein höheres Risiko für eine antisoziale Persönlichkeitsstörung und häufige Polizeikontakte im Erwachsenenalter hatten als dissoziale Probanden ohne entsprechende Charakteristika. Viele Beobachtungen sprechen dafür, dass zusätzlicher Drogen- oder Alkoholmissbrauch die Entwicklung einer antisozialen Persönlichkeitsstörung begünstigt (Loeber et al. 2000).

Kasuistik

Sebastian wurde 16-jährig zur Begutachtung vorgestellt. Seine Familie stammt aus der ehemaligen DDR. Aufgrund eines Fluchtversuches wurde seine Mutter für drei Monate in der DDR inhaftiert; während dieser Zeit musste der damals Zweieinhalbjährige in einem Heim untergebracht werden.

Kurz nach der Wende trennten sich die Eltern, und Sebastian zog mit seiner Mutter und seinen Geschwistern nach Westdeutschland, wo die Familie für mehr als 4 Jahre in Übergangswohnheimen lebte. Die Mutter berichtete, dass Sebastian im Kindergarten und in der Schule die strengen DDR-Regularien gefehlt hätten. Er hatte viele Konflikte mit Gleichaltrigen, verweigerte Leistungsanforderungen und reagierte schnell gereizt und aggressiv auf geringfügige Hänseleien. Er spielte lieber allein als mit anderen. Aufgrund erheblicher Disziplinschwierigkeiten, Sprunghaftigkeit und Zündeln wurde er bereits in der Grundschulzeit auf eine Sonderschule für Erziehungshilfe umgeschult. Ab dem 5. Schuljahr besuchte er eine Hauptschule; durch häufige Umzüge der Familie erfolgten 4 weitere Schulwechsel. Zum Zeitpunkt der Begutachtung drohte Sebastian ein Schulverweis aufgrund schwerwiegender körperlich-aggressiver Auseinandersetzungen mit anderen Schülern. Bei der Exploration gab Sebastian an, ständig neue Erfahrungen sammeln zu wollen. Er suche intensive und neuartige starke Gefühle und nehme Gesetzesübertretungen dabei in Kauf. In seiner Clique betreibe er regelmäßigen Drogenkonsum und verkaufe diese Substanzen mit hohem Gewinn. Er trinke regelmäßig Alkohol, fahre ein frisiertes Mofa ohne Führerschein und habe sich auch schon „das notwendige Kleingeld" besorgt. Als Hobby gab er U-Bahn-Surfen an. Sexualität und männliches Rollenverständnis assoziierte er mit aktivem Eroberungswillen, während er Zurückhaltung und Scham als Looser-Mentalität bewertete.

8.7 Differenzialdiagnose und Komorbidität

Die wichtigste Differenzialdiagnose der jugendlichen Persönlichkeitsstörung ist die sog. Adoleszentenkrise. Dieser Begriff findet sich weder in der ICD-10 noch im DSM-IV, sondern ist als pragmatischer Begriff für eine Reihe von Störungsmustern zu verstehen, deren gemeinsames Merkmal der Zeitpunkt des Auftretens und eine oft dramatisch verlaufende Symptomatik ist (Remschmidt 1992). Adoleszentenkrisen können sich als Störung der Sexualentwicklung, Autoritäts-, Identitätskrisen, narzisstische Krisen, aber auch als Depersonalisationserscheinungen äußern und sind als Überspitzung normaler adoleszenter Entwicklungsvorgänge zu erklären (Remschmidt 1992). Im Gegensatz zur Persönlichkeitsstörung zeichnet sich die Adoleszentenkrise durch einen meist plötzlichen Beginn aus. Vielfach erfolgt eine völlige Normalisierung des Verhaltens und Erlebens; die Adoleszentenkrise kann aber auch Vorläufer einer Persönlichkeitsstörung oder einer psychotischen Erkrankung sein.

8.8 Therapie

Auf die Therapie von Jugendlichen mit Persönlichkeitsstörungen kann an dieser Stelle nur sehr begrenzt eingegangen werden.

Ähnlich wie bei Erwachsenen wird auch bei Jugendlichen mit **Borderline-Persönlichkeitsstörung** die dialektisch-behaviorale Therapie (DBT) angewandt. Dabei ist die Einbeziehung der Familie von besonderer Bedeutung, da der Jugendliche durch selbstverletzendes Verhalten und bei Dissoziation eine vermehrte Zuwendung und damit Verstärkung durch seine Eltern und Geschwister erfährt. Aus diesem Grunde sind familienbezogene Programme entwickelt worden, die den Angehörigen Fertigkeiten für die Kommunikation und im Bereich der Affektregulation vermitteln sollen (Hoffmann und Hooley 1998). Bei ausgeprägten Störungen der familiären Interaktion sollte auch eine außerhäusliche Unterbringung im Rahmen der Jugendhilfe (§ 35a KJHG) in Erwägung gezogen werden. Kontrollierte Studien zur Wirksamkeit der DBT bei adoleszenten Patienten liegen bisher nicht vor. Hier besteht ein großer Forschungsbedarf, da – ähnlich wie bei der kognitiv-behavioralen Therapie – Behandlungserfolge bei erwachsenen Patienten nicht ohne weiteres auf jugendliche Patienten übertragen werden können. Nach unserer Erfahrung profitieren Jugendliche weniger von entsprechenden Therapieverfahren als junge Erwachsene, da sie oft über unzureichende Krankheitseinsicht verfügen und noch weniger als Erwachsene in der Lage sind, Gefühlsqualitäten und situative Auslöser für Impulsdurchbrüche wahrzunehmen.

Bei der Entwicklung **antisozialer Verhaltensweisen** sind Interventionsmaßnahmen umso wirksamer, je früher sie einsetzen. Unter den verhaltenstherapeutischen Behandlungsformen hat sich vor allem das Problemlösetraining als wirksam erwiesen. Es hat zum Ziel, soziale Situationen differenzierter wahrzunehmen und die Steuerungsfähigkeit der impulsiven Kinder und Jugendlichen zu verbessern. Obwohl die Vermeidung dissozialer Handlungen und prosoziales Verhalten in einem engen Zusammenhang stehen, müssen beide im Therapieprozess geübt werden. Bei jungen Kindern hat sich das Elterntraining als besonders effektiv erwiesen. Die Wirksamkeit dieser Behandlung beruht auf der Erkenntnis, dass elterliche Erziehung dissoziale Verhaltensweisen verstärken kann, indem adäquates Verhalten nicht wahrgenommen wird, die Eltern aber schon bei kleineren Vergehen mit Ermahnung und Strafe (und damit verbundener „Zuwendung") reagieren. Die Hilfestellung des Therapeuten besteht darin, den „Teufelskreis" in der Eltern-Kind-Interaktion aufzuzeigen und die Eltern anzuleiten, sozial angepasstes Verhalten ihres Kindes zu beachten und zu verstärken, mit Aufforderungen und Ermahnungen sparsam und effektiv umzugehen und familiäre Umgangsregeln konsequent zu beachten (Übersicht bei Herpertz-Dahlmann 2000).

Mögliche Fehler und Probleme

Bei psychiatrischen Erkrankungen (Achse I nach DSM-IV) im Jugendalter werden Persönlichkeitsstörungen häufig übersehen. Essstörungen, Angst- und depressive Erkrankungen in der späten Adoleszenz sind in vielen Fällen mit einer Persönlichkeitsstörung assoziiert. Dies sollte auch bei der Therapie berücksichtigt werden.

Die Diagnose einer Borderline-Persönlichkeitsstörung im Jugendalter wird zu häufig gestellt. Adoleszente Krisen äußern sich oft als „dramatische" und akute Symptomatik einschließlich selbstverletzendem Verhalten, ohne den Schweregrad und die Chronizität der Borderline-Persönlichkeitsstörung des Erwachsenenalters zu implizieren.

Therapeutische Strategien zur Behandlung von Persönlichkeitsstörungen im Erwachsenenalter sind nicht ohne Überprüfung auf das Jugendalter übertragbar. Bei Jugendlichen sollte grundsätzlich die Familie in die Therapie einbezogen werden; bei schwerwiegenden Störungen kann eine außerhäusliche Unterbringung mit zusätzlichen pädagogischen und therapeutischen Interventionsmöglichkeiten hilfreich sein.

Persönlichkeitsstörungen im Jugendalter werden vielfach als therapieresistent eingeschätzt. Durch therapeutische Maßnahmen, Veränderungen der Lebenswelt und kognitive Reifungsprognose ist die Prognose von jugendlichen Patienten mit Persönlichkeitsstörungen vielfach besser als die von Erwachsenen.

Was hat sich in den letzten 5 Jahren verändert?

Die Vorläufer einer Persönlichkeitsstörung des Erwachsenenalters (Temperamentsfaktoren, Persönlichkeitszüge und psychiatrische Erkrankung) finden in der Kinder- und Jugendpsychiatrie – auch im Rahmen der genetischen Forschung – zunehmende Beachtung. Ursachen für Kontinuität und Diskontinuität von Verhalten werden – auch unter therapeutischen Aspekten – erforscht.

Die „Täterrolle" der Eltern für die Genese von psychiatrischen Erkrankungen wurde aufgegeben zugunsten einer aktiven Kind-Umwelt-Interaktion, die u. a. durch Temperaments- und Persönlichkeitsvariablen des Kindes mitbestimmt wird.

Die Komorbidität von psychiatrischer Erkrankung (Achse I) und Persönlichkeitsstörung in der späten Adoleszenz und ihre Auswirkung auf die Prognose findet bei der Planung der Therapie größere Berücksichtigung.

Literatur

Becker DF, Grilo CM, Morey LC, Walker ML, Edell WS, McGlashan TH (1999) Applicability of personality disorder criteria to hospitalized adolescents: evaluation of internal consistency and criterion overlap. J Am Acad Child Adolesc Psychiatry. 38:200–205

Bernstein DP, Cohen P, Noemi Velez C, Schwab-Stone M, Siever LJ, Shinsato L (1993) Prevalence and stability of the DSM-III-R personality disorders in a community-based survey of adolescents. Am J Psychiatry. 150:1237–1243

Caspi A (2000) The child is father of the man: personality continuities from childhood to adulthood. J Personal Soc Psychology. 78:158–172

Chess S, Thomas A (1996) Temperament. In: Lewis M (ed.) Child and adolescent psychiatry (2nd ed.). Baltimore: Williams & Wilkins; 170–181

Gray JA, Owen S, Davis N, Tsaltas E (1983) Psychological and physiological relations between anxiety and impulsivity. In: Zuckerman M (ed). The biological bases of sensation seeking, impulsivity, and anxiety. Erlbaum, Hillsdale NJ: 181–227

Grilo CM, Becker DF, Fehon DC, Walker ML, Edell WS, McGlashan TH (1996) Gender differences in personality disorders in psychiatrically hospitalized adolescents. Am J Psychiatry. 153:1089–1091

Herpertz S, Wenning B, Müller B, Qunabi M, Sass H, Herpertz-Dahlmann B (2001) Psychophysiological responses in ADHD boys with and without conduct disorder – implications for adult antisocial behavior. J Am Acad Child Adoles Psychiatry, 40(10):1222–1230

Herpertz-Dahlmann B (im Druck) Essstörungen. In: Herpertz-Dahlmann B, Resch F, Schulte-Markwort B. Warnke A, (Hrsg.) Entwicklungspsychiatrie. Stuttgart: Schattauer

Herpertz-Dahlmann B (2000) Störungen des Sozialverhaltens, Dissozialität und Delinquenz. In: Remschmid H (Hrsg.). Kinder- und Jugendpsychiatrie. Stuttgart: Thieme; 278–284

Herpertz-Dahlmann B, Simons M (im Druck) Zwangserkrankungen im Kindes- und Jugendalter. In: Schlottke PF, Silbereisen RK, Schneider S, Lauth GK (Hrsg.) Enzyklopädie der Psychologie, Bd. 5. Störungen bei Kindern und Jugendlichen. Göttingen; Hogrefe

Herpertz-Dahlmann B, Remschmidt H (2000) Störungen der Kind-Umwelt-Interaktion und ihre Auswirkungen auf den Entwicklungsverlauf. In: Petermann F, Niebank K, Scheithauer H, (Hrsg.) Risiken der frühkindlichen Entwicklung. Göttingen: Hogrefe; 224–240

Herpertz-Dahlmann B, Müller B, Herpertz S, Heussen N., Hebebrand J, Remschmidt H (2001) Prospective 10-year Follow-up in Adolescent Anorexia Nervosa – Course, Outcome, Psychiatric Comorbidity, and Psychosocial Adaption. J Child Psychol Psychiatry. 42:603–612

Hoffman PD, Hooley JM (1998) Expressed emotion and the treatment of borderline personality disorder. Psychotherapy Pract; 4:39–54

Johnson JG, Cohen P, Kasen S, Skodol AE, Hamagami F, Brook JS (2000a) Age-related change in personality disorder trait levels between early adolescence and adulthood: a community-based longitudinal investigation. Acta Psychiatr Scand. 102:265–275

Johnson JG, Smailes EM, Cohen P, Brown J, Bernstein DP (2000b) Associations between four types of childhood neglect and personality disorder symptoms during adolescence and early adulthood: findings of a community-based longitudinal study. J Pers Disord. 2000b;14:171–187

Kagan J, Zentner M (1996) Early childhood predictors of adult psychopathology. Harvard Rev Psychiatry. 3:341–350

Kasen S, Cohen P, Skodol AE, Johnson JG, Brook JS (1999) Influence of child and adolescent psychiatric disorders on young adult personality disorder. Am J Psychiatry. 156:1529–1535

Kazdin AE (1996) Conduct disorders in childhood and adolescence. 2nd edition. London, New Delhi: SAGE Publications

Kerr M, Tremblay RE, Pagani L, Vitaro F (1997) Boys' behavioral inhibition and the risk of later delinquency. Arch Gen Psychiatry. 54:809–816

Levy KN, Becker DF, Grilo CM, Mattanah JJ, Garnet KE, Quinlan DM, Edell WS, McGlashan TH (1999) Concurrent and predictive validity of the personality disorder diagnosis in adolescent inpatients. Am J Psychiatry. 156:1522–1528

Lewinsohn PM, Rohde P, Seeley JR, Klein DN, Gotlib IH (2000) Natural course of adolescent major depressive disorder in a community sample: predictors of recurrence in young adults. Am J Psychiatry. 157:1584–1591

Livesley WJ, Jang KL, Vernon PA (1998) Phenotypic and genetic structure of traits delineating personality disorder. Arch Gen Psychiatry. 55:941–948

Loeber R, Burke JD, Lahey BB, Winters A, Zera M (2000) Oppositional defiant and conduct disorder: a review of the past 10 years, part I. J Am Acad Child Adolesc Psychiatry. 39:1468–1484

Mannuzza S, Klein RG (2000) Long-term prognosis in attention-deficit/hyperactivity disorder. Child Adolesc Psychiatry. 9:711–726

Martin GC, Wertheim EH, Prior M, Smart D, Sanson A, Oberklaid F (2000) A longitudinal study of the role of childhood temperament in the later development of eating disorders. Int J Eat Disord. 27:150–162

Mattanah JJF, Becker DF, Levy KN, Edell WS, McGlashan TH (1995) Diagnostic stability in adolescents followed up 2 years after hospitalization. Am J Psychiatry. 152:889–894

Mavissakalian M, Hamann MS, Jones B (1990) Correlates of DSM-III personality disorder in obsessive-compulsive disorder. Compr Psychiatry. 31:481–489

Pinto A, Grapentine WL, Francis G, Picariello CM (1996) Borderline personality disorder in adolescents: affective and cognitive features. J Am Acad Child Adolesc Psychiatry. 35:1338–1343

Raine A, Venables PH, Williams M (1990) Relationships between CBS and ANS measures of arousal at age 15 and criminality at age 24. Arch Gen Psychiatry. 47:1003–1007

Raine A, Reynolds C, Venables PH, Mednick SA, Farrington DP (1998) Fearlessness, stimulation-seking, and large body size at age 3 years as early predispositions to childhood aggression at ages 11 years. Arch Gen Psychiatry. 55:745–751

Remschmidt H (1992) Sogenannte Adoleszentenkrisen. In: Remschmidt H (Hrsg) Psychiatrie in der Adoleszenz. Stuttgart: Thieme. 278–283

Rosenvinge JH, Martinussen M, ¥stensen E (2000) The comorbidity of eating disorders and personality disorders: a meta-analytic review of studies published between 1983 and 1998. Eat Weight Disord 2:52–61

Rothbart MK, Bates JE (1998) Temperament. In: Damon W, Eisenberg N, (eds.) Handbook of child psychology. Vol 3. Social emotional and personality development (5th ed.). New York: Wiley; 105–176.

Rutter M (1996) Stress research: accomplishments and tasks ahead. In: Haggerty RJ, Sherrod LR, Garmezy N, Rutter M, (eds.) Stress, risk and resilience in children and adolescents. Cambridge: Cambridge University Press. 354–386

Sapolsky RM (2000) Glucocorticoids and Hippocampal Atrophy in Neuropsychiatric Disorders. Arch Gen Psychiatry. 57:925–935

Shoebridge P, Gowers SG (2000) Parenteral high concern and adolescent-onset anorexia nervosa. A case-control study to investigate direction of causality. Br J Psychiatry. 176:132–137

Swedo S, Rapoport J, Leonard H, Lenane M, Cheslow D (1989) Obsessive-compulsive disorder in children and adolescents. Arch Gen Psychiatry. 46:335–341

Thomas A, Chess S (1977) Temperament and development. New York: Brunner/Mazel

Thomsen P, Mikkelsen H (1993) Development of personality disorders in children and adolescents with obsessive-compulsive disorder. A 6- to 22-year follow-up study. Acta Psychiatr Scand. 87:456–462

Wewetzer C, Herpertz S, Herpertz-Dahlmann B (2000) Persönlichkeitsstörungen. In: Leitlinien zu Diagnostik und Therapie von psychischen Störungen im Säuglings-, Kindes- und Jugendalter. Deutsche Gesellschaft für Kinder- und Jugendpsychiatrie und Psychotherapie. Köln: Deutscher Ärzte-Verlag; 142–149

Wewetzer C, Jans T, Bücherl U, Neudörfl A, Müller B, Remschmidt H, Warnke A, Herpertz-Dahlmann B (2001) Long-term outcome and prognosis of obsessive-comprehensive disorder with onset in childhood or adolescence. Euro Child Adolesc Psychiatry. 10:37–46

Zentner MR (2000) Das Temperament als Risikofaktor in der frühkindlichen Entwicklung. In: Petermann F, Niebank K, Scheithauer H, (Hrsg.) Risiken der frühkindlichen Entwicklung. Göttingen: Hogrefe; 258–281

9 Persönlichkeit, Persönlichkeitsstörung und Verantwortung: forensisch-psychiatrische und anthropologische Aspekte

Henning Saß

9.1 Einleitung

Aspekte gewaltsamen und kriminellen Verhaltens waren von Anfang an mit der Ideengeschichte und den Lehren über abnorme Persönlichkeiten verbunden. In der deutschen Psychopathietradition (Kap. 1) gab es viele pejorative Betrachtungsweisen abnormer Persönlichkeiten; sie beginnt mit Kochs „psychopathischen Minderwertigkeiten" (1893–1899), E. Bleulers Begriff des „geborenen Verbrechers" (1896), Ziehens Konzept der „konstitutionellen Degeneration" (1905) und Kraepelins (1903–1915) Rede von den Gesellschaftsfeinden als einer Untergruppe abweichender Persönlichkeiten noch in der Nähe der Degenerationslehre. Später folgten konstitutionstypologische Entwürfe, z. B. von Kretschmer (1921), sowie strukturanalytische Theorien (Birnbaum 1926).

Die Psychopathielehre von Kurt Schneider (1923) hat seither national und international die größte Bedeutung für die Konzeptualisierung der Persönlichkeitsstörungen (Saß 1987) erhalten. K. Schneider versuchte, einen betont neutralen psychopathologischen Standpunkt ohne soziologische Wertung bei der Beschreibung der abnormen Persönlichkeiten einzunehmen, obwohl auch in seiner Konzeption das Kriterium des gesellschaftlichen Störens ein wesentliches Element darstellt. Dies fließt in seine bis heute grundlegend gebliebene Definition für die psychopathischen Persönlichkeiten ein: Abnorme Persönlichkeiten sind solche, deren Persönlichkeitseigenschaften von einer nicht näher bezeichneten Norm abweichen. Von psychopathischen Persönlichkeiten spricht er dann, wenn die Person an ihrer Abnormität leidet oder wenn die Gesellschaft unter ihrer Abnormität leidet.

Schon dieser knappe historische Abriss belegt also die Notwendigkeit einer klaren konzeptionellen Differenzierung zwischen psychopathologisch bedeutsamen Auffälligkeiten der Persönlichkeit auf der einen Seite und sozialer Devianz auf der anderen Seite (Saß 1987). Zwischen beiden Dimensionen gibt es einen breiten Überlappungsbereich, der vor allem für die forensische Psychiatrie von Bedeutung ist und im Folgenden näher erläutert werden soll.

Dabei spielen gerade für das Problem der Gewaltkriminalität diejenigen Persönlichkeitsauffälligkeiten, die dem amerikanischen Psychopathy-Konzept im Sinne von Cleckley (1941) und Hare et al. (2000) entsprechen, eine besondere Rolle. Empirisch konnten sie auch in einer qualitativen Untersuchung an forensischen Probanden als „dissozialer Charakter" aufgefunden werden (Saß 1987). Hierzu gehören: geringe Introspektion/Selbstkritik, Egozentrizität, Mangel an Empathie/Gefühlskälte, überhöhter Anspruch, paradoxe Anpassungserwartung, Unter- bzw. Fehlbesetzung sozialer Normen.

Die so verstandenen psychopathischen bzw. antisozialen Persönlichkeitsstörungen umfassen eine Gruppe von Auffälligkeiten in Charakter und Verhalten, die für die Gesellschaft eine der größten Herausforderungen darstellen. Erschreckende und spektakuläre Fälle rezidivierender Gewalt- und Sexualdelinquenz verdeutlichen immer wieder, dass es in diesem Feld viele enttäuschte Hoffnungen gibt, die zu tiefem Leiden, Wut bis hin zu irrationalen Rachegelüsten führen. Soll die Gesellschaft psychopathische Straftäter als verantwortlich für ihre Handlungen ansehen und sie bestrafen? Darf die Gesellschaft festlegen, bei welchen der psychopathisch gestörten Personen keine Hoffnung mehr auf Behandlung und Rehabilitation besteht, so dass der Schutz der übrigen Bürger vor ihrer Destruktivität und ihren Misshandlungen im Vordergrund steht (Felthous und Saß 2000)?

Unabhängig davon müssen wir die Natur und den Verlauf der Störung sowie die moderierenden Variablen weiter studieren und die Entwicklung von Therapieverfahren fördern, um die gefährlichen Verfassungen, wenn sie schon nicht beseitigt werden können, zumindest zu lindern (Herpertz und Saß 2000; Reid und Gacono 2000).

9.2 Definitionen

Für die forensische Anwendung hat sich die folgende, gegenüber den gängigen Klassifikationssystemen etwas spezifiziertere Definition bewährt:

Eine **Persönlichkeitsstörung** liegt dann vor, wenn durch Ausprägungsgrad und/oder die besondere Konstellation von psychopathologisch relevanten Merkmalen dieser Bereiche erhebliche subjektive Beschwerden und/oder nachhaltige Beeinträchtigungen der sozialen Anpassung entstehen (Saß 1987). Die Betonung der psychopathologischen Relevanz der auffälligen Merkmale geschieht vor allem im Hinblick auf die notwendigen forensischen Differenzierungen. Gemeint ist damit, dass sozial abweichendes Verhalten allein nicht ausreicht, um eine Persönlichkeitsstörung festzustellen, vielmehr müssen symptomatologische Beziehungen zu den psychischen Erkrankungen im engeren Sinne bestehen.

Für die sozial devianten Persönlichkeitsformen besitzen die modernen Klassifikationssysteme unterschiedliche diagnostische Kategorien: DSM-IV die antisoziale Persönlichkeitsstörung und ICD-10 die dissoziale Persönlichkeitsstörung; daneben aber auch die psychopathische Persönlichkeitsstörung nach dem amerikanischen Psychopathy-Konzept im Sinne von Cleckley (1941) und Hare (1970, 1991). Der recht weit gefasste Begriff von antisozialer Persönlichkeitsstörung in DSM-IV erfordert eine Abgrenzung zur reinen Dissozialität ohne zusätzliche psychopathologische Auffälligkeiten, um in der forensischen Auseinandersetzung die Klärung von Fragen der Schuldfähigkeit, der Prognose und der Therapie zu ermöglichen. Dies erfordert eine Differenzierung in mehr pathische und mehr kriminelle Varianten antisozialer Persönlichkeitsformen (Saß 1987), was zu folgender Gliederung führt:

- **Persönlichkeitsstörungen** liegen bei Menschen vor, die aufgrund ihrer psychopathologischen Auffälligkeiten und Verhaltensweisen subjektiv leiden und/oder in ihrer sozialen Kompetenz beeinträchtigt sind, ohne deshalb aktiv sozial deviant zu sein. Durch das Gesamtbild ihrer psychischen Symptome stehen diese Menschen in Nähe zu den psychiatrisch Kranken im engeren Sinne.
- Ein Teil dieser Menschen weist darüber hinaus dauerhaft konfliktträchtige soziale Verhaltensweisen mit aktiver Devianz und Delinquenz auf, die erkennbar mit ihren psychologischen Besonderheiten in Beziehung stehen. Wegen des engen Zusammenhangs zwischen sozialer Devianz und psychopathologischer Auffälligkeit erscheint die Bezeichnung als **antisoziale (bzw. dissoziale) Persönlichkeitsstörung** gerechtfertigt.
- Darin bilden diejenigen Menschen eine identifizierbare Untergruppe, bei denen im Gefolge mit einer dissozialen Charakterstruktur (Saß 1987) eine im gesamten Lebenslauf erkennbare, hartnäckige Disposition zu devianten und delinquenten Verhaltensweisen besteht. Diese Kerngruppe, die inzwischen auch biologisch recht gut definierbar ist (Herpertz und Saß 1999), entspricht dem **Psychopathy-Konzept** von Hare (1970, 1991).
- Rezidivierendes **sozial deviantes Verhalten** und Delinquenz allein, wie sie bei chronischen Rückfalltätern

oder Berufskriminellen vorliegt, sollte dagegen nicht ausreichen, um von einer Persönlichkeitsstörung zu sprechen, da dieser diagnostische Begriff zur fälschlichen Konnotation von krankheitsähnlicher Störung führen könnte.

In Abb. 9.1 wird diese Differenzierung schematisch dargestellt.

9.3 Forensische Aspekte

Die §§ 20, 21 StGB benennen die Voraussetzungen für „Schuldunfähigkeit wegen seelischer Störungen" bzw. für eine verminderte Schuldfähigkeit. Die Schuldfähigkeitsuntersuchung besitzt eine zweistufige Struktur. Zunächst wird auf der psychopathologisch/diagnostischen Ebene untersucht, ob eine der vier in §§ 20, 21 StGB genannten Eingangsvoraussetzungen vorliegt, nämlich
- krankhafte seelische Störung,
- tiefgreifende Bewusstseinsstörung,
- Schwachsinn,
- andere schwere seelische Abartigkeit (d. h. Psychopathien, Neurosen und sexuelle Deviationen, die in ICD-10 und DSM-IV unter den Oberbegriff der „Persönlichkeitsstörungen" fallen; Saß 1986).

Ist dies der Fall, werden auf der zweiten, der psychopathologisch/psychologischen und normativen Ebene die Auswirkungen der vorliegenden Störungen auf die psychischen Funktionen geprüft, insbesondere die Frage, ob beim Untersuchten zum Tatzeitpunkt eine erhebliche Verminderung oder sogar Aufhebung der „Einsichts- und/oder Steuerungsfähigkeit" im Sinne der § 20, 21 StGB bestand.

Die Begutachtung unter der Fragestellung, ob die rechtliche Schuldfähigkeit durch eine psychische Störung beeinträchtigt war, ist Aufgabe des Psychiaters. Dabei kann für die vergleichende Schweregradeinschätzung der vier im Gesetz benannten Störungsbereiche das Prinzip des psychopathologischen Referenzsystems (Saß 1991)

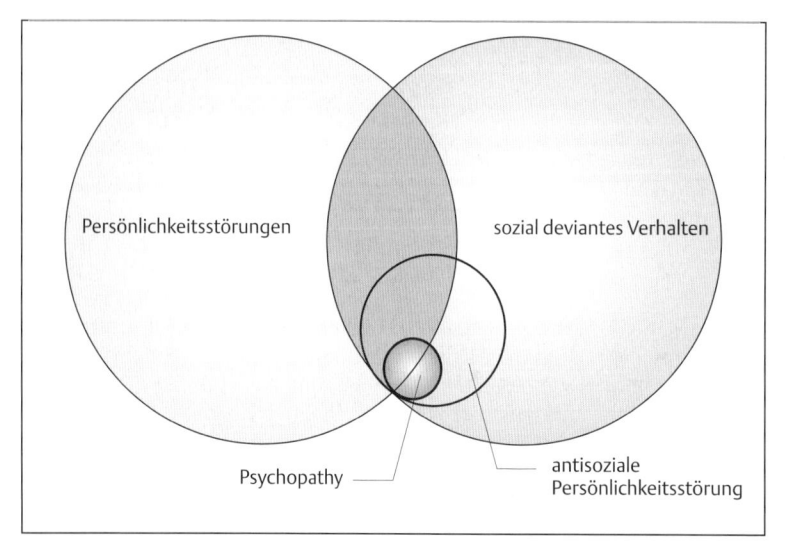

Abb. 9.1 Differenzierung unterschiedlicher Formen sozialer Abweichung.

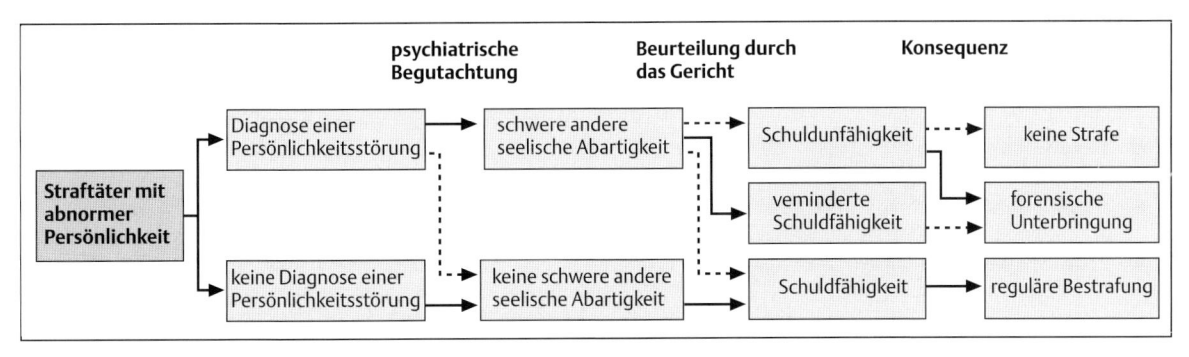

Abb. 9.2 Prüfung der Schuldfähigkeit von Probanden mit Persönlichkeitsstörungen.

herangezogen werden. Es besteht im Vergleich aller vorliegenden psychischen Auffälligkeiten des Untersuchten mit dem breiten psycho(patho)logischen Erfahrungshintergrund von den krankhaften seelischen Verfassungen. Diese machen in Hinsicht einer Kernkategorie mit hohem Evidenzcharakter den markantesten Typus der forensisch relevanten psychischen Störungen aus. Das psychopathologische Referenzsystem stützt sich in erster Linie auf die deskriptiv-phänomenologische Erfassung der abnormen seelischen Erscheinungen und die Analyse ihrer Auswirkungen auf das Verhalten. Die Einschätzung der auffälligen psychischen Phänomene geschieht vor dem Hintergrund biografischer Kenntnisse von langen Verläufen in gesunden und kranken Entwicklungsstadien des Lebens, von Reaktionsweisen unter konflikthaften Belastungen und von Veränderungen infolge der natürlichen Reifungs- und Alterungsschritte sowie der therapeutischen Maßnahmen. Entgegen einem häufigen Missverständnis in der forensischen Diskussion bedeutet das psychopathologische Vorgehen keine Beschränkung in der Beurteilung auf pathologische psychische Erscheinungen, sondern die Psychopathologie gründet selbstverständlich auch auf dem gesamten Erfahrungsbereich des mit den pathologischen und normvarianten psychischen Phänomenen kontrastierenden gesunden Seelenlebens.

Die einzelnen Schritte bei der Prüfung der Schuldfähigkeit von Probanden mit Persönlichkeitsstörungen sind im Flussdiagramm der Abb. 9.2 dargestellt. Dort ist auch markiert, dass im Anfangsbereich der Prüfung die psychiatrische/psychopathologische/psychologische Kompetenz gefragt ist, während die Prüfung der Auswirkungen eventuell vorhandener psychischer Störungen auf die Schuldfähigkeit eigentlich eine normative, vom Gericht zu leistende Aufgabe darstellt. Generell lässt sich sagen, dass in aller Regel durch Persönlichkeitsstörungen allenfalls eine erhebliche Verminderung des Steuerungsvermögens im Sinne des § 21 StGB herbeigeführt wird, während es zu einer Aufhebung im Sinne des § 20 StGB nur in ganz seltenen Ausnahmefällen und bei komplizierenden Zusatzfaktoren (z. B. Alkoholisierung) kommt. Eine differenzierte Beschreibung der Relevanz unterschiedlicher Formen von Persönlichkeitsstörungen für eventuelle Beeinträchtigungen der Einsichts- und Steuerungsfähigkeit findet sich bei Kröber und Lau (2000).

Sollte im Gutachten bzw. durch das Gericht das Vorliegen der Voraussetzungen des § 20 – selten – oder des § 21 StGB bestätigt werden, so stellt sich die Frage einer Unterbringung von Patienten mit Persönlichkeitsstörungen im Maßregelvollzug gemäß § 63 StGB. Dies sollte bei Patienten mit Persönlichkeitsstörungen mit kritischer Zurückhaltung geschehen. Zum einen handelt es sich gerade bei den antisozialen Formen um recht therapieresistente Verfassungen, zum anderen bereiten diese Menschen in den Maßregelvollzugseinrichtungen wegen ihrer sozialen Dominanz und manipulativen Energie häufig große Probleme für Mitpatienten und Personal. Dagegen spielt die Unterbringung in einer Entziehungsanstalt (gemäß § 64 StGB) wegen der beträchtlichen Komorbidität von Persönlichkeitsstörungen und Substanzabhängigkeit einschließlich Alkoholsucht eine große Rolle.

In Analogie zu den Merkmalskatalogen für die Beurteilung von Affektdelikten (Saß 1983) seien im Folgenden zwei Gruppen von Gesichtspunkten zusammengestellt, die *für* bzw. *gegen* die Annahme einer erheblich verminderten oder aufgehobenen Einsichts- und Steuerungsfähigkeit sprechen können, nachdem zunächst im ersten, diagnostischen Schritt durch den Nachweis relevanter psychopathologischer Auffälligkeiten das Vorliegen einer „schweren anderen seelischen Abartigkeit" plausibel gemacht worden ist.

Die Merkmale besitzen lediglich indiziellen Charakter und müssen vor dem gesamten Hintergrund des Persönlichkeitsbildes, der Lebensumstände und der Tatkonstellation gewichtet werden. Einer festen, skalierbaren Regelung allerdings muss sich die Beurteilung der Schuldfähigkeit bei Persönlichkeitsstörungen wegen der fließenden Übergänge zwischen Normalität sowie allen Schweregraden und Konstellationen abnormer Persönlichkeit auch weiterhin entziehen.

Fazit für die Praxis

Gesichtspunkte, die *für* die Beeinträchtigung der Schuldfähigkeit beim Vorliegen einer „schweren anderen seelischen Abartigkeit" sprechen:

- psychopathologische Disposition der Persönlichkeit,
  chronische konstellative Faktoren, z. B. Abusus, depravierende Lebensumstände,
- Schwäche der Abwehr- und Realitätsprüfungsmechanismen,
- Einengung der Lebensführung,
- Stereotypisierung des Verhaltens,

- Häufung sozialer Konflikte auch außerhalb des Delinquenzbereiches,
- emotionale Labilisierung in der Zeit vor dem Delikt,
- aktuelle konstellative Faktoren, z. B. Alkohol, Ermüdung, affektive Erregung,
- Hervorgehen der Tat aus neurotischen Konflikten bzw. neurotischer Primordialsymptomatik,
- bei sexuellen Deviationen Einengung, Fixierung und Progredienzphänomen.

Gesichtspunkte, die *gegen* die Beeinträchtigung der Schuldfähigkeit sprechen:
- Tatvorbereitungen,
- planmäßiges Vorgehen bei der Tat,
- Fähigkeit zu warten,
- lang hingezogenes Tatgeschehen,
- komplexer Handlungsablauf in Etappen,
- Vorsorge gegen Entdeckung,
- Möglichkeit anderen Verhaltens unter vergleichbaren Umständen,
- Hervorgehen des Delikts aus dissozialen Charakterzügen.

9.4 Verantwortlichkeit bei abnormen Persönlichkeiten

Neben der unter 9.3 skizzierten Verantwortlichkeit abnormer Persönlichkeiten im engeren forensischen Rahmen, also Schuldfähigkeit für ein spezielles Delikt als Konsequenz von aktuellem Einsichts- und Steuerungsvermögen (Saß 1987, 1991) geht es in diesem Abschnitt vielmehr um den mit dem Entwicklungsaspekt verbundenen Gedanken der Verantwortlichkeit dafür, wie die Persönlichkeit geworden ist. Was hat zur Entstehung dauerhafter, eventuell auch forensisch relevanter Verhaltensdispositionen im Persönlichkeitsgefüge geführt, und besteht dafür, in anderem Sinne als für eine konkrete Tat, eine Verantwortlichkeit? Die damit angesprochenen Gedanken der **Freiheit und der Verantwortlichkeit** im Laufe der Lebensgeschichte betont bereits Jaspers (1913, 1959), etwa wenn die Formung durch die Entwicklung als geistiges Geschehen bezeichnet wird, in dem der Mensch verarbeitet, was er erfährt und was er getan hat. Die Ausbildung einer **inneren Verfassung** wird verstanden als Ergebnis einer hierarchischen Gestaltung von Lebensantrieben, Erinnerungen, Wissen und Symbolik. Dabei steckt für Jaspers im Ausdruck Gestaltung, verstanden als Aufgabe der Wesensverwirklichung unter Führung geistiger Ideen, ein aktives, personales Element, das Wahl, Freiheit und Verantwortung impliziert.

Die Berücksichtigung der zeitlichen Dimension beim Persönlichkeitsproblem führt hinsichtlich der Freiheitsfrage zu zweierlei Konsequenzen. Betrachten wir den Menschen im gegenwärtigen Querschnitt unter dem Blickwinkel künftigen Werdens, seines Sich-verhalten-Könnens und der Entscheidung, die er bei der Gestaltung seines Lebensschicksals hat, so zeigen sich die genannten Aspekte von Freiheit, Wahl und Verantwortung. Derartige Züge enthält auch der Begriff der Intentionalität, der die Vorstellung einer gewählten, bewusst durchgehaltenen Ausrichtung auf ein Ziel und damit wohl auch die Annahme von Wahl, Entscheidung und Freiheit beinhaltet. Konzentrieren wir uns dagegen auf die bisherige Entwicklung als etwas Vergangenes, das mit Prägungen, Vorentscheidungen, Festlegungen und daraus entstandenen Dispositionen oder gar Zwängen verbunden ist, so erscheint der Mensch mit seiner gewordenen Persönlichkeit als ein Produkt oder gar Gefangener seiner Lebensgeschichte, die ihn prägt. Dies schränkt gegenwärtige und künftige Freiheitsgrade ein und könnte so im Sinne einer Minderung von Verantwortlichkeit verstanden werden.

9.5 Wertgefüge, Freiheit und Verantwortlichkeit

Damit nähern wir uns dem vor allem in der strukturdynamischen Konzeption bedeutungsvoll gewordenen Begriff des Wertgefüges, der abschließend ebenfalls auf seine Beziehungen zur Freiheitsfrage und zur Verantwortlichkeit betrachtet werden soll. Das ursprünglich von Janzarik (1957) bei der strukturpsychologischen Bearbeitung der zyklothymen Schuldthematik entwickelte Konstrukt des individuellen Wertgefüges führt zu dem Begriff Struktur als einem relativ dauerhaften, ganzheitlichen Gefüge von psychischen Dispositionen. Ihren Kern macht eine Hierarchie richtungsgebender Strukturen aus, die als Wertgefüge bezeichnet wird (Janzarik 1988). Grundlegende Strukturanteile werden früh ausgebildet, wobei der Anteil von Anlage und Formung nicht sicher bestimmt werden kann. Hierbei kommt es auch zu den von negativen Vorbildern übernommenen Devianzen in der wertorientierten Strukturbildung. Beide Begriffe, Wertgefüge und seelische Struktur, stehen allerdings in der Gefahr, als relativ statische Gegebenheiten aufgefasst zu werden. Demgegenüber spielt gerade der in unserem Zusammenhang von Persönlichkeit und Verantwortlichkeit immer wieder betonte Entwicklungsaspekt auch bei der Ausbildung der Struktur eine wichtige Rolle. Hiermit korrespondieren übrigens auch die neueren entwicklungspsychologischen und neurobiologischen Erkenntnisse zur neuronalen Plastizität (Braun und Bogerts 2000). Prinzipiell ist die Strukturentwicklung der Persönlichkeit offenbar in biologischer wie in psychologischer Sicht lebenslang unabgeschlossen.

Weitreichender und problematisch wären Gedanken zum Vorverschulden bei den forensisch relevanten länger dauernden Persönlichkeitsfehlentwicklungen antisozialer Prägung, für die nach den obigen Ausführungen über Freiheit, Wahl und Entscheidung, also Strukturerwerb, durchaus Verantwortlichkeit erwogen werden könnte. Hier liegt übrigens neben allen forensischen Implikationen auch eine konstitutive Voraussetzung für alle Psychotherapie, denn nur da, wo es eine persönliche Verfügung, einen Verhaltensspielraum und eine Möglichkeit der Wahl zwischen Alternativen gibt, kann man an der Möglichkeit zur Veränderung von Verhalten und Erleben therapeutisch arbeiten.

Die Frage nach der Verantwortlichkeit bei abnormer Persönlichkeit ist also zu erweitern zur Frage nach der Verantwortlichkeit für die Persönlichkeitsentwicklung

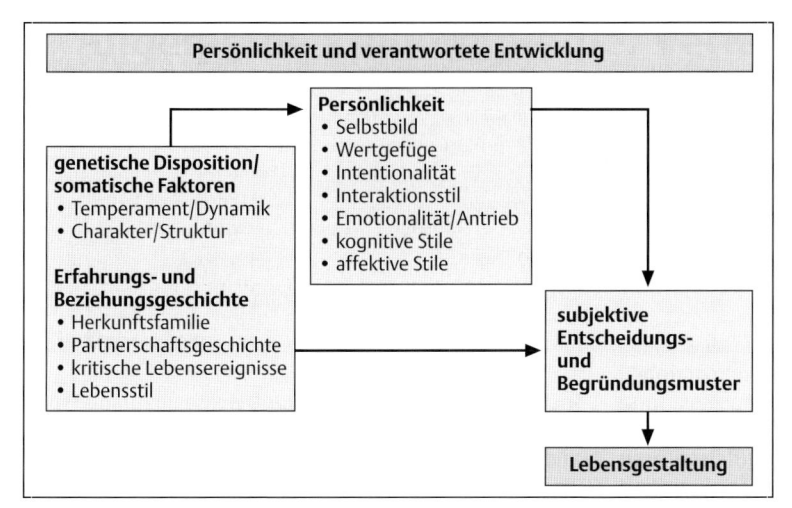

Abb. 9.3 Persönlichkeit und Entwicklung.

Persönlichkeit und verantwortete Entwicklung

- **genetische Disposition/somatische Faktoren**
  - Temperament/Dynamik
  - Charakter/Struktur
- **Erfahrungs- und Beziehungsgeschichte**
  - Herkunftsfamilie
  - Partnerschaftsgeschichte
  - kritische Lebensereignisse
  - Lebensstil
- **Persönlichkeit**
  - Selbstbild
  - Wertgefüge
  - Intentionalität
  - Interaktionsstil
  - Emotionalität/Antrieb
  - kognitive Stile
  - affektive Stile
- **subjektive Entscheidungs- und Begründungsmuster**
- **Lebensgestaltung**

überhaupt. Beide Fragen verweisen auf die Mitgestaltung und Freiheit des Individuums im Lebenslauf. Zwar mögen Deterministen argumentieren, Freiheit bedeute lediglich Unerkennbarkeit angesichts der Fülle determinierender Faktoren. Dagegen spricht die Erfahrung der Möglichkeit von Freiheit, Wahl und Verantwortung, die ein unentbehrliches Regulativ im zwischenmenschlichen Zusammenleben ist.

Kommen wir zurück zur forensischen Situation. Da, wo die Schuld liegt, muss auch die Verantwortlichkeit liegen, also im Charakter des Menschen, formuliert Schopenhauer. Er hält ihn allerdings für angeboren und unabänderlich. Dagegen wurden hier Aspekte angeführt, wonach die Welt keineswegs bloß erlittene Umwelt, sondern Aufgabe der Gestaltung ist (Jaspers 1965). Nicht nur im Menschenbild unseres Strafrechts, sondern auch bei therapeutischen Vorhaben wird davon ausgegangen, dass es selbst gegenüber schwerwiegenden Anlage- und Umweltfaktoren einen Entscheidungsspielraum der Person gibt. Richard Lange (1990) formuliert knapp, unsere Dispositionen stehen zu unserer Disposition, und gegen Freuds Aussage, dass wir nicht leben, sondern gelebt werden, sei die Maxime Gehlens zu halten, dass der Mensch nicht lebt, sondern sein Leben führt. Dies begründet Verantwortlichkeit für konkrete Handlungen und Delikte, aber auch für die Entwicklung der Persönlichkeit in Vergangenheit, Gegenwart und Zukunft.

Schematisch sind diese – zweifellos kontrovers zu diskutierenden – Gedanken in Abb. 9.3 über die Entwicklung der Persönlichkeit zusammengefasst.

Hier finden sich auf der einen Seite genetische und somatische Vorbedingungen, die als dispositionelle Basis für die Ausprägung von Eigenschaften und Verhaltenstendenzen anzusehen sind. Hinzu kommen Prägungen durch die frühe soziale Umgebung, etwa primordiale Beziehungsmuster und Erziehungsstil sowie kritische Lebensereignisse im Sinne traumatisierender Einflüsse. Mit fortschreitendem Alter gewinnen dann aber solche Anteile an Bedeutung, die eigener Wahl und Gestaltung unterliegen, etwa das Aufsuchen einer bestimmten ‚peer group', die gerade in forensischer Hinsicht eine große Bedeutung für die weitere soziale und Persönlichkeitsentwicklung haben kann. Ähnlich verhält es sich mit der Partnerwahl, der Ausbildung und Berufslaufbahn, die neben peristatischen Gegebenheiten sehr stark auch der eigenen Beeinflussung unterliegt, ferner dem Lebensstil. Daraus entwickelt sich die Persönlichkeit mit ihren verschiedenen, in der Abbildung benannten Aspekten, die sämtlich von Bedeutung auch für forensisch relevante Verhaltenstendenzen sein können. Am Ende stehen dann die – jeweils selbst zu verantwortenden – Entscheidungs- und Begründungsmuster, die die Individualität jedes Menschen ausmachen und in seine Lebensgestaltung einfließen, dies auch in Hinblick auf Normentreue und soziale Devianz.

Mögliche Fehler und Probleme

Viele Probleme entstehen im forensischen Bereich mit persönlichkeitsgestörten Probanden, wenn konzeptionell und diagnostisch die Differenzierung in bloße Dissozialität vs. psychopathologische Störung nicht beachtet wird (Abb. 9.1).

Forensische Relevanz im Hinblick auf Fragen der Schuldfähigkeit und eventueller Maßregeln in einem psychiatrischen Krankenhaus besitzt nicht das sozial abweichende Verhalten allein, sei es auch noch so gehäuft wie bei einem Rückfalldelinquenten, vielmehr müssen psychopathologische Störungen mit ihrem inhaltlichen Bezug zum speziellen Delikt oder Delikttyp hinzutreten.

Was hat sich in den letzten Jahren verändert?

Wichtige wissenschaftliche Entwicklungen lagen in der Ergänzung der ehemals deskriptiven, später dann der operationalisierten Diagnostik durch neurobiologische und entwicklungsbiologische Untersuchungen zur Ätiopathogenese von Persönlichkeitsstörungen. Dies hat Auswirkungen auf Fragen der Schuldfähigkeit, der Prognose und Therapie.

In Entwicklung begriffen und künftig von wachsender Bedeutung sind operationalisierte Kriterien und standardisierte Untersuchungsinstrumente für die Beurteilung von therapeutischen Prozessen und fortbestehenden Risiken bei der Straftäterbehandlung.

Das Wissen um Grenzen der therapeutischen Möglichkeiten und prognostisch schwierige Fälle ist gewachsen, auch ist das Problem fälschlich im Maßregelvollzug untergebrachter Probanden im Sinne von Fehleinweisungen besser herausgearbeitet worden.

Literatur

Birnbaum K (1926) Die psychopathischen Verbrecher. 2. Aufl., Thieme, Leipzig

Bleuler E (1896) Der geborene Verbrecher. Eine kritische Studie. Lehmann, München

Braun K, Bogerts B (2000) Erfahrungsgesteuerte neuronale Plastizität. Nervenarzt 72:3–10

Cleckley H (1941) The mask of sanity: An attempt to clarify some issues about the so-called psychopathic personality (5th edn. 1976). Mosby, St. Louis

Felthous AR, Saß H (2000) International Perspectives on Psychopathic Disorders. Behav Sciences and law, 18:557–566

Hare RD (1970) Psychopathy: Theory and research. Wiley, New York

Hare RD (1991) Manual for the Hare Psychopathy Checklist-Revised. Multi Health Systems, Toronto

Hare RD, Clark D, Grann M, Thornton D (2000) Psychopathy and the Predictive Validity of the PCL-R: An International Perspective. Behav Sciences and law, 18:623–646

Herpertz S, Saß H (1999) Personality disorders and the law, with a German perspective. Curr Opin Psychiatry 12:689–693

Herpertz S, Saß H (2000) Emotional Deficiency and Psychopathy. Behav Sciences and law, 18:567–580

Janzarik W (1957) Die zyklothyme Schuldthematik und das individuelle Wertgefüge. Schweiz.Arch.Neurol.Psychiat. 80:173–208

Janzarik W (1988) Strukturdynamische Grundlagen der Psychiatrie. Enke, Stuttgart

Janzarik W (1993) Steuerung und Entscheidung, deviante Strukturierung und Selbstkorrumpierung im Vorfeld affektiv akzentuierter Delikte. In: Saß H (Hrsg.) Affektdelikte. Springer, Berlin, Heidelberg, New York, 57–76

Jaspers K (1913) Allgemeine Psychopathologie (7. Aufl. 1959). Springer, Berlin

Koch JLA (1891–1893) Die psychopathischen Minderwertigkeiten. Maier, Ravensburg

Kraepelin E. (1883–1915) Psychiatrie. Ein Lehrbuch für Studierende und Ärzte. (1.-8. Aufl.), Leipzig, Barth

Kretschmer E (1921) Körperbau und Charakter. (23./24. Aufl. 1961) Springer, Berlin

Kröber HL, Lau S (2000) Bad or mad? Personality Disorders and Legal Responsibility – The German Situation. Behav Sciences and law, 18:679–690

Krümpelmann (1993) Die strafrechtliche Beurteilung der so genannten Affekttaten. In: Saß H (Hrsg.) Affektdelikte. Springer, Berlin, Heidelberg, New York, 18–42

Lange R (1990) Die Verantwortung der Strafrechtswissenschaft. In: Kerner HJ, Kaiser G (Hrsg.). Kriminalität – Persönlichkeit, Lebensgeschichte und Verhalten. Festschrift für Hans Göppinger. Springer, Berlin, Heidelberg, New York, Tokio; 103–114

Reid WH, Gacono C (2000) Treatment of antisocial personality, psychopathy and other characterologic antisocial syndromes. Behav Sciences and law, 18:647–662

Saß H (1983) Affektdelikte. Nervenarzt 54:557–572

Saß H (1986) Zur Klassifikation der Persönlichkeitsstörungen. Nervenarzt 57:193–203

Saß H (1987) Psychopathie-Soziopathie-Dissozialität. Zur Differentialtypologie der Persönlichkeitsstörungen. Springer, Berlin Heidelberg New York London Paris Tokyo

Saß H (1991) Forensische Erheblichkeit seelischer Störungen im psychopathologischen Referenzsystem. In: Schütz H, Kaatsch HJ, Thomsen H (Hrsg.) Medizinrecht – Psychopathologie – Rechtsmedizin – Diesseits und jenseits der Grenzen von Recht und Medizin. Festschrift für Günter Schewe. Springer, Berlin 266–281

Schneider K (1950) Die psychopathischen Persönlichkeiten. 9. Aufl, Deuticke, Wien (1. Aufl. 1923, Thieme, Leipzig)

Ziehen Th (1905) Zur Lehre von den psychopathischen Konstitutionen. Charité-Annalen 29

Sachverzeichnis

A

Abartigkeit, seelische 179
Abrahams, Karl 28
Abstinence violation effect s. Rückfallschock
Abwehr 27
Abwehrmechanismus 26, 108
Abweichung, soziale 178
Acetylcholin 23
ADHS s. Aufmerksamkeitsdefizit-/Hyperaktivitätsstörung
Adler, Alfred 28
Affekt 29 f, 87
Affektausdruck 93
Affekterleben 93
Affektregulation
– Störung 88
– Verbesserung 96
Aggressivität
– Befund, biochemischer 23
– Lithium 156
Akkuratheit 111
Akt
– aggressiver 155
– parasuizidaler 155
Alprazolam 156, 159
Amitriptylin 155
Amygdala, Interkonnektion 20
Amygdalaaktivität, gesteigerte 86
Anerkennungsbedürfnis 141
Angehöriger 13
Angst
– interpersonelle 61
Ängstlichkeit, soziale 139
Angstreaktion, konditionierte, verminderte 21
Anorexia nervosa
– Persönlichkeitsstörung, anankastische 112 f
– Störung, introversive 171
Anpassung 133
– soziale 135
Ansatz, dimensionaler, Persönlichkeitsforschung 53
Anspruchshaltung, hohe 141
Antidepressiva
– – Cluster A 153
– – Cluster B 155
Antikonvulsiva, Cluster B 156
Arbeitsscheuer 6
Ärgeraffekt 155, 157
Arzt-Patient-Beziehung, Pharmakotherapie 159
Aspekt
– anthropologischer 177 f
– forensisch-psychiatrischer 178 ff
Asperger-Störung 67
Ätiologie 17 ff
– Persönlichkeitsstörung, spezifische 60 ff
Auffälligkeit
– hirnfunktionelle 18
– hirnstrukturelle 18 f
Aufmerksamkeitsdefizit-/Hyperaktivitätsstörung (ADHS) 98 f
Aufmerksamkeitsstörung 172
Autarkie, emotionale 111
Authentizität 106
Authoritarian personality 7
Autonomie, Förderung 134
Aversionsmethode 78

B

Bandura, Albert 41
Barratt-Impulsivitäts-Skala 99
BASIC-ID s. Behaviors Affects Sensations Images Cognitions
Basic-Six-Modell 54
Beck, Intervention, kognitive 128
Bedingungsanalyse 122
Befund
– biochemischer 22
– neurophysiologischer 21 f
– neuropsychologischer 18
– psychophysiologischer 21 f
Begrifflichkeit, psychoanalytische 26
Begriff 4
Begriffsbestimmung 4
Begutachtung, psychiatrische 179
Behandlungsansatz
– kognitiv-behavioraler
– – Borderline-Persönlichkeitsstörung 92
– – Persönlichkeitsstörung
– – – anankastische 115
– – – dependente 135
– – – dissoziale 77 f
– – – histrionische 107
– – – narzisstische 144
– – – paranoide 64
– – – schizoide 70
– – – selbstunsichere 125
– psychodynamischer
– – Borderline-Persönlichkeitsstörung 91
– – Persönlichkeitsstörung
– – – anankastische 114
– – – dependente 135
– – – histrionische 107
– – – narzisstische 144
– – – paranoide 63 f
– – – schizoide 69
– psychoedukativer 80
– schulenübergreifender 94
– – Borderline-Persönlichkeitsstörung 94
– – Persönlichkeitsstörung
– – – histrionische 107 f
– – – narzisstische 145 f
– – – selbstunsichere 125
– traditioneller
– – Persönlichkeitsstörung, dissoziale 78
– traumazentrierter
– – – Borderline-Persönlichkeitsstörung 93
Behandlungsform, supportive 63
Behandlungsplan
– adaptierter 124
– kognitiv-behavioraler 144
– phasenorientierter 107 f

Behandlungsrahmen
- Borderline-Persönlichkeitsstörung 90
- Persönlichkeitsstörung
- – anankastische 116
- – dependente 136
- – emotional instabile 95
- – histrionische 108
- – narzisstische 146
- – paranoide 64
- – schizoide 70
- – selbstunsichere 129
Behandlungsverfahren, nicht-verbales 96
Behaviors Affects Sensations Images Cognitions (BASIC-ID) 123
Belastung, psychosoziale 170
Belastungsstörung, posttraumatische 88
Benzodiazepine 155 f
Beobachter-Technik 93
Beratung, psychosoziale 145
Beschreibungsebene
- genotypische 57
- phänotypische 57
Beziehung, therapeutische
- – Persönlichkeitsstörung
- – – anankastische 113
- – – Borderline-Typ 89
- – – dependente 135
- – – dissoziale 77
- – – emotional instabile 100
- – – histrionische 106
- – – paranoide 62
- – – schizoide 69
- – – selbstunsichere 123
- – – Typ, impulsiver 100
Beziehungsangst 69
Beziehungserfahrung, traumatisierende 97
Beziehungsgestaltung, abhängige 134
Beziehungsschwierigkeit 26
Beziehungsstil, defizitärer 69
Beziehungsverbesserung, Methode 125
Beziehungsverhalten, zwischenmenschliches, Störung 48
Bezugsgruppe 95
Big-Five-Modell 53
Big-Five-Struktur 54
Bildgebung 20 f
Bildschirmtechnik 93
Bindungstheorie 38
Borderline-Identität 91
Borderline-Organisationsniveau 32
Borderline-Persönlichkeitsorganisation 32
- höhere 33
- niedrige 33
Borderline-Persönlichkeitsstörung (s. auch Persönlichkeitsstörung, emotional instabile) 84 ff
- Behandlungsrahmen 95
- Bildgebungsstudie 20
- Frontalhirnsyndrom 19
- Genese, Modell, neurobiologisches 86
- Items, diagnostische 12 f
- Jugendalter 173
- Psychopharmaka, Einsatz, differenzieller 157
- Psychotherapie 153
- – schulenübergreifende 94
- Selbstbeurteilungsbogen 10, 14
- Studie, neuropsychologische 19
- Wirksamkeitsnachweis 96
Borderline-Typ (s.auch Persönlichkeitsstörung, emotional instabile, Borderline-Typ) 84 ff
Bulimie 172

C

Carbamazepin 156 ff
Charakter 4
- phallisch-narzisstischer 7
Charakterisierung
- genotypische 56 f
- klinische 56
- phänotypische 56 f
Charakterstörung 4
- emotional instabile 153
Checkliste 10
Circumplex, interpersonaler 54 f
Circumplex-Modell
- – Benjamin 10
- – Kiesler 9
- – Millon 10
Clonazepam 157, 159
Cloninger, Temperamentsfunktion 22
Clozapin 155
Cluster 7
Cluster A 7 f, 153 f
- Psychopharmakotherapie 153 f
- Psychotherapie 159
Cluster B 7 f, 154 ff
- Psychopharmakotherapie 154 ff
- Psychotherapie 149
Cluster C 7 f, 158 f
- Psychopharmakotherapie 158 ff
- Psychotherapie 149
Cluster-Konzept 8
Cortex
- Interkonnektionen 20
- präfrontal 20, 21
- ventromedialer 86

D

DBT s. Therapie, dialektisch-behaviorale
DBT-Therapieprogramm 92
Definition 5 ff
- Anwendung, forensische 177
- nach DSM-III-IV 5
- nach ICD-10 5
Delay-of-Gratification-Paradigma 99
Dependence 49
Depression 68
Depressivität, feindselige 157
Desensibilisierung, systematische 126
Desipramin 155
Diagnose 60 ff
- Erleben, depressives
- Instrument 10 f
- psychoanalytische 6
Diagnose-Checkliste 12 f
Diagnosekategorie 4
Diagnosekriterium
- nach DSM-IV
- – Persönlichkeitsstörung
- – – narzisstische 140
- – – schizotypische 138
- nach ICD-10
- – Persönlichkeitsstörung
- – – anankastische 110
- – – dependente 132
- – – dissoziale 71
- – – emotional instabile 84
- – – histrionische 102
- – – paranoide 60
- – – schizoide 65
- – – selbstunsichere 117
Diagnosesystem, kategoriales 52 f

Sachverzeichnis

Diagnostik
– klinische 8
– psychoanalytische 31 f
– reliable 12
– verhaltenstherapeutische 47
Diagnostikinstrument 14
Diathese-Stress-Modell 48
Dienstverweigerer 6
Differenzialtypologie 67, 134
Dimension 53
Dissoziation 157
Drei-Cluster-Einteilung 7 ff
Dritte, Angaben 13 f
DSM-III (s. auch Definition) 4 f
DSM-III-R 7 f
DSM-III-R-Persönlichkeitsstörung
– Diagnostikinstrument 12 f
– Reliabilität, Erfassung 14
DSM-IV (s. auch Diagnosekriterium) 6 ff
Dunedin-Studie 170
Dysphorie, hysteroide 153, 157
Dysthymie 7
– subaffektive 153

E

Effekt, paradoxer 155
Effektgesetz 41
Einfluss, schulischer 74
Einfühlungsvermögen, Entwicklung 145
Einzelgänger 74
Einzeltherapie 95
Elektroenzephalogramm (EEG)
Emotionsregulation 90
Empathiemangel 75
Emphathietraining 78
Entkatastrophisierung 116
Entscheidung, scheinbar irrelevante 79
Entscheidungsmatrix 79
Entspannungstechnik 115
Entwicklung 47
– pseudoprogressive 135
Epidemiologie, allgemeine 165 f
Erfassung, dimensionale 9 f, 56
Erhebungsinstrument 11
Erklärungsmodell, kognitiv-interaktionelles 119
Erleben
– depressives 68
– dissoziatives 84
Erziehungsstil
– bestrafender 111
– inkonsequenter, unberechenbarer 141
– überkontrollierender 111
Essstörung 171 f
Exposition 127
Eye Movement Desensitization and Reprocessing (EMDR) 93

F

Faktor
– biologischer
– – Persönlichkeitsstörung
– – – anankastische 110
– – – Borderline-Typ 85
– – – dependente 132
– – – dissoziale 73
– – – histrionische 103
– – – im Kindes-und Jugendalter 169
– – – narzisstische 141
– – – schizoide 66
– – – schizotypische 138
– – – selbstunsichere 118
– – – Typ, impulsiver 98
– genetischer
– – Persönlichkeitsstörung
– – – dissoziale 73
– kriminogener 77
– psychosozialer
– – Persönlichkeitsstörung
– – – anankastische 111
– – – Borderline-Typ 86
– – – dependente 132
– – – dissoziale 74
– – – histrionische 103 f
– – – im Kindes-und Jugendalter 169
– – – narzisstische 141
– – – schizoide 66
– – – schizotypische 138 f
– – – selbstunsichere 118
– – – Typ, impulsiver 98
Familienvariable 74
Fanatischer 6
Ferenczi, Sandor 28
Fertigkeitentraining 95
Flexibilität, adaptive 46
Fluoxetin 155, 157
Fragebogen 11
Fragebogenverfahren, Konzept, dimensionales 56 f
Freiheit 180 f
Freud
– Anna 28
– Sigmund 28
Frontalhirnsyndrom 19
Fünf-Faktoren-Modell 53

G

Gedanken
– automatische 119
– dysfunktionelle 70
Gefühlsarmut 75
Gegenübertragung 26, 36
Gegenübertragungsgefühl 34
Gehorsam versus Sich-Auflehnen 111
Gemeinschaftsunfähiger 6
Genetik 17 f
Gericht, Beurteilung 179
Geschlechtsunterschied 168
Gesellschaftsverhältnisse 6
Gesprächsführung s. Beziehung, therapeutische
Gesprächsstil, sachlicher 69
Gewalt, elterliche 86
Glucocorticoidausschüttung 23
Goodness-of-fit-Modell 169
Grenzfall, kategorialer 52
Großartigkeitsempfinden 145
Gruppenbehandlung, manualgeleitete 130
Gruppentherapie
– interaktionell-psychodynamische 70
– nach Renneberg und Fydrich 130
– themenzentrierte 95
Gruppentherapieprogramm
– kompetenzorientiertes 114
– psychoedukatives 114

H

Habit-System 45
Haltloser 6
Häufig, familiäre 85
Hauptgruppe (s. auch Cluster) 8
Heimann, Paula 26, 28

Hereditätsschätzung 17
High-Risk-Studie 61
Hilfs-Ich-Funktion 90
Hirnläsion, orbitofrontale 19
Holding Environment 160
Horowitz, M.Y., Behandlungsplan, phasenorientierter 107
Hyperaktivität 172
Hyperkinetisches Syndrom (s. auch Aufmerksamkeitsdefizit-/Hyperaktivitätsstörung) 172
Hyperthymie 7
Hypometabolismus, Cortex
– – frontaler 73
– – präfrontaler 21
– – temporaler 73
Hysterie 103

I

ICD-9 7 f
ICD-10 (s. auch Diagnosekriterium nach ICD-10) 7 f
ICD-10-Persönlichkeitsstörung
– Diagnostikinstrument 12 f
– Reliabilität, Erfassung 14
Ich 26
Ich-Formation, pathologische 30
Ich-Syntonizität 30
Identität 27
Identitätsproblematik 26 f
Imipramin 155
Imitation 119
Impulshandlung 87
– Antidepressiva 155
Impulsiveness Questionnaire 99
Impulsivität 23, 75
Impulskontrolle, gestörte 155, 157
– – Lithium 156
– – Verbesserung 96
Instabilität
– affektive 84, 157
– Beziehungsgestaltung 84
Insuffizienzerleben 133
Interpretation 35
– Hier/Jetzt 35
Interrater-Übereinstimmung 14
Intersubjektivismus 38
Intervention 76 f, 148
– kognitiv-behaviorale 100, 128
Interview
– standardisiertes 10
– strukturiertes 10
Intracortical integration stage 47
Isoliertheit, soziale 67, 139

J

Jacobson, Edith 28
Jugendalter 173

K

Kanfer, F.H. 46
Kappa 14
Kasuistik (s. auch Persönlichkeitsstörung, spezifische) 35
Kernberg, Otto, F. 32 ff
Kind, Entwicklung 168
Kinder-und Jugendpsychiatrie 167 f
Klärung 33
Klassifikation 5
Klassifikationssystem 5 f, 11
– Vergleich 8

Klein, Melanie 28 f
Kommunikationsstrategie 108
Kompetenzerwartung 43
Kompetenztraining, soziales 115, 135
Komplikation
– perinatale 73
– pränatale 73
Konditionierung
– klassische 41, 118
– operante 41, 119
Konditionierungsmethode, verdeckte 78
Konflikt 29
Konfliktmanagement, psychosoziales 107, 145
Konfrontation 35
Konsequenz 15
Konsequenzerwartung 43
Konstrukt, persönliches 45
Kontaktschwäche 67
Konzept 27
– dimensionales 56
– französisches 1
Konzeptbildung
– lerntheoretische 40
– Persönlichkeitspsychologie 52 ff
– psychoanalytische 26
– psychodynamische 37
– Psychologie, klinische 52
Körpertherapie 96
Kreislauf, kognitiv-interpersonaler 120
Krisenintervention 148 f
Krisenplan, individueller 92

L

Lamotrigin 156 f
Landstreicher 6
Lebensgeschichte 144
Leitlinien 36
Lerntheorie
– biosoziale 47 ff
– Verhalten 40
Lithium 156
Locus of Control 45
Lokalisation, frontoorbitale 18

M

Marketing-Charakter 7
Matter-of-Fact-Haltung 90
Meichenbaum, D.W. 127
Mentalisierung 38
Methodenkombination 129
Methylphenidat 100
Millon, Theodore 47 f
Missbrauch, sexueller 86
Misshandlung
– körperliche 170
– sexuelle 170
Misstrauen 61
Modell
– behavioristisches 41
– dimensionales, Charakterisierung 56
– lerntheoretisches 47 ff
– neurobiologisches 86
– psychoanalytisches 32 f
– – Diagnostik 32 f
– psychobiologisches 54
– soziales
– – Beobachtung 127
– – Imitation 127

Monoaminooxydase-Hemmer
- Borderline-Persönlichkeitsstörung 157
- Cluster B 155
- Cluster C 158
Mood-Stabilizer 156
Münchner Diagnosen Checkliste 12
Muskelentspannung, progressive, Jacobson 126

N

Naloxon 156, 158, s. auch Opiatantagonist
Naltrexon 156, 158, s. auch Opiatantagonist
Neuroleptika
- atypische 157
- – Cluster A 153
- – Cluster B 154 f
- niedrig dosierte 157
- – – Cluster A 153
- traditionelle
- – Cluster A 153
Neuromodulator 22 f
Neurotizismus 17
Neurotransmission, dopaminerge 154
Neurotransmittersystem
- noradrenerges 22, 155
- serotonerges 22, 155

O

Objekt 26
Objektbeziehung
- Affekt 29 f
- Selbstentwicklung 28 f
Objektbeziehungstheorie 33 f
- psychoanalytische 29
Objektpsychologie 28
- britische 28
- nach Freud 28
Ödipuskomplex 103
Olanzapin 155, 157
Opiatantagonist 156, s. auch Naloxon und Naltrexon
Ordentlichkeit 111

P

Pawlow, Iwan 41
Peer-Gruppe 74
Persönlichkeit 4, 177 ff
- abnorme 180
- Entwicklung 167, 181
- impulsive 18
- infantile 6
- paranoid-anankastische 60
- paranoid-antisoziale 60
- paranoide-narzisstische 60
- überwertige 7
- unbewusste 27
- Veränderung, strukturelle 27
Persönlichkeitsbegriff 167
Persönlichkeitsforschung, Ansatz, dimensionaler 53 f
Persönlichkeitskonstrukt, lerntheoretisches 44 ff
Persönlichkeitsmerkmal, Definition 152
Persönlichkeitsorganisation 27
- Borderline-, höhere 33
- Borderline-, niedrige 33
- neurotische 33
- psychotische 33
Persönlichkeitsstörung
- anankastische 110 ff
- – Ätiologie 110 f
- – Definition 110
- – Diagnostik, weiterführende 113
- – Differenzialdiagnose 112 f
- – Epidemiologie 110
- – Klassifikation 110
- – Komorbidität 112
- – Psychotherapie 113
- – Risikofaktor 110
- – Risikogruppe 110
- – Symptomatik 111
- ängstlich-vermeidende 158 (s. auch selbstunsichere Persönlichkeitsstörung)
- – Psychopharmakotherapie 158
- – Psychotherapie 153
- antisoziale 19 (s. auch dissoziale Persönlichkeitsstörung)
- – Bildgebungsstudie 20
- – Entwicklung 173
- – Forschung, psychophysiologische 21
- – Jugendalter 174
- dependente 132 ff
- – Ätiologie 132
- – Definition 132
- – Diagnostik, weiterführende 134
- – Differenzialdiagnose 134
- – Epidemiologie 132
- – Komorbidität 134
- – Psychopharmakotherapie 159
- – Psychotherapie 134 ff
- – Risikogruppe 132
- – Symptomatik 133
- dissoziale 71 ff
- – Ätiologie 72
- – Definition 71
- – Diagnosekriterium 71
- – Differenzialdiagnose 75 f
- – Epidemiologie 72
- – Fehleinschätzung, diagnostische 81
- – Klassifikation 72
- – Komorbidität 75
- – Psychotherapie 76
- – Risikofaktor 72
- – Risikogruppe 72
- – Symptomatik 74
- ego-syntone 168
- emotional instabile 19, 84 ff
- – – Ätiologie
- – – – Borderline-Typ 85
- – – – Typ, impulsiver 98
- – – Diagnosekriterium 84
- – – Diagnostik, weiterführende
- – – – Borderline-Typ 89
- – – – Typ, impulsiver 99
- – – Differenzialdiagnose
- – – – Borderline-Typ 88
- – – – Typ, impulsiver 99
- – – Epidemiologie 85
- – – Klassifikation 84 f
- – – Komorbidität
- – – – Borderline-Typ 88
- – – – Typ, impulsiver 99
- – – Psychotherapie
- – – – Borderline-Typ 89 f
- – – – Typ, impulsiver 99
- – – Risikofaktor
- – – – Borderline-Typ 85 f
- – – – Typ, impulsiver 98
- – – Risikogruppe 85
- – – Symptomatik
- – – – Borderline-Typ 87 f
- – – – Typ, impulsiver 98 f
- histrionische 102 ff
- – Ätiologie 103
- – Behandlungsrahmen 108

Persönlichkeitsstörung, histrionische
– – Diagnostik, weiterführende 105
– – Differenzialdiagnose 105
– – Epidemiologie 103
– – Klassifikation 103
– – Komorbidität 105
– – Psychotherapie 106
– – Risikofaktor 103
– – Risikogruppe 103
– – Symptomatik 104
– – Wahrnehmungsmodell 106
– im Kindes-und Jugendalter 168
– – – Ätiologie 169
– – – Definition 167
– – – Differenzialdiagnose 174
– – – Epidemiologie 168
– – – Klassifikation 168
– – – Komorbidität 174
– – – Kontinuität 170
– – – Risikofaktor 169
– – – Risikogruppe 168
– – – Therapie 174
– narzisstische 140 ff
– – Ätiologie 141
– – Behandlungsplan, kognitiv-behavioraler 144
– – Definition 140
– – Diagnostik, weiterführende 143
– – Differenzialdiagnose 142
– – Epidemiologie 141
– – Klassifikation 140
– – Komorbidität 142
– – Psychotherapie 143
– – Risikofaktor 141
– – Risikogruppe 141
– normalisierte 6
– paranoide 60 ff
– – Ätiologie 61
– – Definition 60
– – Diagnostik 60
– – Differenzialdiagnose 62
– – Epidemiologie 60
– – Klassifikation 60
– – Komorbidität 62
– – Prävalenz 60
– – Psychotherapie 62
– – Risikofaktor 61
– – Risikogruppe 60
– – Symptomatik 61
– schizoide 65 ff
– – Ätiologie 66
– – Diagnosekriterium 65 f
– – Diagnostik, weiterführende 68
– – Differenzialdiagnose 67
– – Epidemiologie 66
– – Klassifikation 66
– – Komorbidität 67 f
– – Psychotherapie 68 f
– – Risikofaktor 66
– – Risikogruppe 66
– – Symptomatik 66
– schizotypische 137
– – Ätiologie 138
– – Definition 137 f
– – Diagnostik, weiterführende 139
– – Differenzialdiagnose 139
– – Epidemiologie 138
– – Klassifikation 138
– – Komorbidität 139
– – Psychotherapie 139 f, 153
– – Risikofaktor 138
– – Risikogruppe 138
– – Symptomatik 139
– schwere 33

– selbstunsichere 117
– – Diagnostik, weiterführende 122
– – Differenzialdiagnose 121 f
– – Epidemiologie 118
– – Klassifikation 117 f
– – Komorbidität 121
– – Psychotherapie 123 ff
– – Risikogruppe 118
– – Symptomatik 120
– – Wirkprinzip, therapeutisches 119
– spezifische 60 ff
– zwanghafte s. Persönlichkeitsstörung, anankastische
Persönlichkeitsstörungscluster s. Cluster
Persönlichkeitsstruktur 4
Persönlichkeitstheorie
– idiographische 44
– nomothetische 44
Persönlichkeitsveränderung, andauernde
– Extrembelastung 88
– Hirnläsion, orbitofrontale 19
Persönlichkeitszug 4
Perspektive, evolutionäre 72
Phänomenologie 68
Pharmakotherapie s. Psychopharmakotherapie
Phenelzin 155
Prävalenz 165
Prevention, relapse 79
Problem of immediate gratification (PIG) 79
Problemaktualisierung 125
Problembewältigung 125
Problemlösekompetenz, Verbesserung 127
Problemlösetraining 100
– interpersonales 79
Problemlösung
– perfektionistische 111
– Schwierigkeiten 127
Problemklärung, sachliche 148
Prognose 165
Programmpaket, multimodal kognitiv-behaviorales (R&R-Programm) 80
Protokoll, Gedanken, dysfunktionelle 70
Psychoanalyse, moderne 36
Psychoedukation 63
– Borderline-Persönlichkeitsstörung 90
– Persönlichkeitsstörung
– – anankastische 114
– – dependente 135
– – emotional instabile 90
– – histrionische 106 f
– – narzisstische 143
– – paranoide 63
– – schizoide 69
– – selbstunsichere 124
Psychopathie, Begriffsbestimmung 4
Psychopathy-Checkliste 76
Psychopathy-Konzept 178
Psychopharmakotherapie 152 ff
– Behandlungsstadium 160
– Borderline-Persönlichkeitsstörung 157 f
– Kontext Arzt-Patient-Beziehung 159 f
– Cluster A 153 f
– Cluster B 154 ff
– Cluster C 158 f
– Vorsicht, besondere 160
Psychostimulans 100
Psychotherapie 148 ff
– Borderline-Persönlichkeitsstörung 89 f
– Effektivitätsstudie 149
– interaktionelle 125
– Krisenintervention 148 f
– Persönlichkeitsstörung
– – anankastische 113
– – dependente 134

– – dissoziale 76 f
– – emotional instabile 99
– – histrionische 106 f
– – narzisstische 143
– – paranoide 62
– – schizoide 68
– – selbstunsichere 123
– – dialektisch-behaviorale 96
– schulenübergreifende 94
– stationäre 95
– tiefenpsychologisch fundierte 125
– übertragungsfokussierte 89, 91
– Wirksamkeitsnachweis 149 f
Pubertal gender identity stage 47

Q

Querulant 6

R

Reagibilität 23
– affektive, erhöhte 87
Reaktionsstil, psychophysiologischer 73
Reflexionsfähigkeit, fehlende 75
Reichs, Wilhelm 28
Reizsuche 17
Relaxation, progressive 126
Reliabilität 14, 52
Reliabilitätsstudie 14
Repräsentanz 26
Ressourcen, psychosoziale 148
Ressourcenorientierung 143
Rigidität 112
R&R-Programm s. Programmpaket, multimodal kognitiv-behaviorales
Rückblick, historischer 1 ff
Rückfallvermeidungsmodell 78 f

S

Schema 119
– frühes fehlangepasstes 49
– Persönlichkeitsstörung, selbstunsichere 119
Schema-Avoidance 49
Schema-Compensation 49
Schema-Maintainance 49
Schizophrenie 7
– pseudoneurotische 153
Schneider, Kurt 7 f
Schuldfähigkeit, verminderte 178 ff
Schule, deutschsprachige 2 f
Sechs-Faktoren-Modell 54
Selbst
– Begriff 26
– Entwicklung 28
Selbstakzeptanz 114
Selbstbehauptungstraining 126
Selbstbeobachtung 100
Selbstbeurteilungsfragebogen 10 f
Selbstbeurteilungsinventar 56
Selbstbild, stabiles 107
Selbstinstruktion 100
Selbstinstruktionstherapie, Meichenbaum 127
Selbstinszenierung, attraktive 141
Selbstkompetenzerwartung 119
Selbstkontrolle, Förderung 136
Selbstkonzept, falsches 132
Selbstmanagement 128
Selbstmanagementdimension, interne 79

Selbstpsychologie, psychoanalytische, supportive 31
Selbstregulation 20
– Konzept 42
Selbstregulationsmodell 43
Selbstverletzen, episodisches 158
Selbstverwirklichung 135
Selbstwertgefühl, brüchiges 141
Selbstwertproblematik 104
Selbstwirksamkeit, Steigerung 126
Self-monitoring s. Selbstbeobachtung
Sensorimotor-autonomy stage 47
Sensory-attachment stage 47
Serotonin-Wiederaufnahmehemmer, Cluster C 159
Serotonin-Wiederaufnahmehemmer, selektiver (SSRI) 155, 157
Sieben-Faktoren-Modell, psychobiologisches 54
Situationsanalyse 92
Situationserwartung 43
Skinner, Frederick 41
Sozialverhalten, Störung 172
Soziopathie, Begriffsbestimmung 4
Spaltungskonzept 27
Spannungsabbau 87
Spannungsaufbau 87
Spannungstoleranz 90
Spannungszustand, aversiver 87
Spektrumhypothese 18
Spitzenaffekt 29
SSRI s. Serotonin-Wiederaufnahmehemmer, selektiver
Stabilisierung, Zustand, mentaler 108
Stigmatisierungsgefahr 53
Stimmungsschwankung 158
Stimuluskontrolle 100
Störung
– explosible, intermittierende 84
– extroversive 172
– introversive 171 f
– psychische 46 ff
– strukturelle 26.0
– – Diagnostik 31 f
Störungsmodell, biologisches 17 ff
Störungsverständnis 114
Straftäter 76, 179
Straftäterbehandlung
– Behandlungsansatz
– – kognitiv-behavioraler 78
– – Programmpaket, kognitiv-behaviorales, multimodales
– – traditioneller 78
– erfolgreiche 77
– Rückfallvermeidungsmodell 79
Stressimpfung 127
Stresstoleranz 146
Suchterkrankung 76
Supervision 145
– externe 79
System
– attentionales 20
– motivationales 20
– noradrenerges 22
– serotonerges
– – Persönlichkeitsstörung, dissoziale 73
– – Befund, biochemischer 22

T

Technik, imaginative 93
Temperament 4
– Entwicklung 167
Temperamentsdimension 152
Temperamentseigenschaft, Definition 152
Temperamentsfunktion 22
Test-Retest-Reliabilität 14
Teufelskreislauf, psychopsychologischer 120

Theorie
- interpersonelle 31
- Lernen, soziales 41
- selbstpsychologische 30
Therapie
- dialektisch-behaviorale (DBT) 89, 92
- euthyme 115
- kognitive 115
- manualgeleitete, psychodynamische (TFP) 38
Therapieprinzip, schulenübergreifendes 125
Therapievertrag 78
Thorndike, Edward 41
Token-Economies 78
Top-down-Kontrolle 86
Tradition
- anglo-amerikanische 1
- deutsche 1 f
- französische 1
Transference-Focused-Psychotherapie (TFP) s. Psychotherapie, übertragungsfokussierte
Transmitter 22 f
Tranylcypromin 155
Traumaexpositionstechnik 93
Trauma-Konzeption 37 f
Trizyklika 155
Typ 44
- asthenischer 5
- dependenter 5 (s. auch Persönlichkeitsstruktur, dependente)
- impulsiver (s. auch Persönlichkeitsstörung, emotional instabile) 84, 98
- universell akzeptierter 5
Typologie 7 f
- historische 5
Typus melancholicus 113

U

Über-Ich-Problem 27
Übertragung 26
Umkonditionierung 78
Umstrukturierung, kognitive 115
- - Persönlichkeitsstörung, narzisstische 145
Umwelt, invalidierende 86
Umwelteinfluss, individuumspezifischer 17
Unbewusstes, dynamisches 27

V

Validität
- diskriminante 53
- konvergente 52
Valproat 156 ff
Verdrängungsprozess 103
Verfassung, innere 180
Verhalten
- aggressives, kurzschlüssiges 99

- antisoziales, Therapie 175
- coverantes 45
- dissoziales, kindliches 173
- Erwerb 40 ff
- Lebensqualität schädigendes 89
- Modifikation 40 ff
- narzisstisches 144
- operantes 45
- selbstschädigendes 87
- Steuerung 40 ff
- suizidales 89
- therapieschädigendes 89
Verhaltensanalyse 93, 122
- experimentelle 41
Verhaltensbeschreibung, Sammlung 52
Verhaltensexperiment 115
Verhaltensformel 46
Verhaltenskette, multimodale 79
Verhaltenstherapie 46 f
- kognitive 125
Verhaltensweise s. Verhalten
Verlassenheitsangst 133
Verlauf 165
Verlustangst 135
Verlusterfahrung 170
Vernachlässigung
- chronische 170
- schwerwiegende 86
Verstärkungserwartung 45
Verstärkungswert 45
Verwöhnung 141
Verzerrung, kognitive 119
Vulnerability to harm and illness 49

W

Wahrnehmungsmodell 106
Wahrnehmungsübung 70
Wahrnehmungsverzerrung 106
Wertgefüge 180
Wertvorstellung, moralische 6
Widerstand 30
Willenloser 6
Wirkprinzip, psychotherapeutisches 125
Wutproblematik, narzisstische 144

Y

Young, Y.E. 49

Z

Zwangserkrankung 171
Zwei-Faktoren-Modell, psychobiologisches 54 f
Zyklothymie 7